DIREITO PROCESSUAL PENAL

Introdução

Paulo Queiroz

Com a colaboração de Pedro Barbosa Reis

DIREITO PROCESSUAL PENAL

Introdução

5ª Edição | revista atualizada ampliada

2025

EDITORA *Jus*PODIVM

www.editorajuspodivm.com.br

EDITORA *Jus*PODIVM
www.editorajuspodivm.com.br

Rua Canuto Saraiva, 131 – Mooca – CEP: 03113-010 – São Paulo – São Paulo
Tel: (11) 3582.5757
• Contato: https://www.editorajuspodivm.com.br/central-de-relacionamento

Diagramação: Futura (*rogerio@futuraeditoracao.com*)

Capa: Ana Caquetti

Q3d Queiroz, Paulo.
Direito Processual Penal - Introdução/Paulo Queiroz – 5.ed., rev., atual. e ampl. – São Paulo: Editora JusPodivm, 2025.
512 p.

ISBN 978-85-442-5777-7

1. Direito Processual Penal. I. Queiroz, Paulo. II. Título.

CDD 341.43

BIBLIOTECÁRIA RESPONSÁVEL

Ana Carolina Ribeiro Mois – CRB7 – RJ 007348/0

"Pois toda vida repousa sobre a aparência, a arte, a ilusão, a óptica, a necessidade do perspectivístico e do erro".

(**Nietzsche**. O Nascimento da tragédia. São Paulo: Companhia das Letras, 1992, p.19.)

"Não nos enganemos: grandes espíritos são céticos. Zaratustra é um cético. A fortaleza, a liberdade que vem da força e sobreforça do espírito, prova-se mediante o ceticismo. Homens de convicção não devem ser levados em conta em nada fundamental referente a valor e desvalor. Convicções são prisões. Eles não veem longe o bastante, não veem abaixo de si: mas, para poder falar sobre valor e desvalor, é preciso ver quinhentas convicções abaixo de si – atrás de si. Um espírito que quer coisas grandes, que quer também os meios para elas, é necessariamente um cético. Ser livre de todo tipo de convicção faz parte da força, poder olhar livremente".

(**Nietzsche**. O anticristo. São Paulo: Companhia das Letras, 2007, aforismo 54, p. 65.)

Para Tarso, que partiu para a eternidade.

Para Théo, que trouxe luz.

Para Bia, que não deixou de me amar.

Para Vanda, que me acolheu.

E para Érika, que trouxe paz, alegria de viver e vontade de recomeçar.

APRESENTAÇÃO

O presente texto trata inicialmente do conceito de direito processual penal e aborda alguns temas controvertidos do direito de processo penal contemporâneo, partindo de uma perspectiva integradora das relações entre direito penal, processo penal e execução, os quais, não obstante a autonomia acadêmica, "científica" e legislativa, formam um *continuum*.

Com efeito, apesar dessa tríplice autonomia, tais disciplinas têm um ponto fundamental em comum e unificador, que é a Constituição, fundamento de validade da ordem jurídica. O que importa especialmente, por conseguinte, não são as diferenças, mas as semelhanças.

Justo por isso, direito, processo e execução penal hão de ser vistos como partes de um todo indissociável, já que, juntos, formam uma *trindade* e cumprem as mesmas finalidades de política criminal, sintetizáveis na fórmula do devido processo legal (formal e substancial). Direito penal (em sentido estrito), processo e execução penal são, pois, o próprio direito penal em ação.

Nesse sentido, propomos uma perspectiva unificadora, que refletirá sobre a interpretação e a sistematização do sistema penal, repercutindo, por exemplo, sobre os princípios processuais penais, que são também princípios penais e executórios (e vice-versa).

Desse ponto de vista, já não cabe distinguir, por exemplo, para efeito de retroatividade da lei, entre normas penais e normas processuais penais. Quer se trate de normas penais, quer de normas processuais, o que de fato importa é saber se ela prejudica ou beneficia o investigado ou acusado. O princípio da irretroatividade das leis penais incide, pois, também aqui: a lei não pode retroagir, salvo para beneficiar o réu.

Nesse contexto, defende-se um modelo acusatório-garantista-minimalista de processo penal que se limite à persecução de condutas especialmente graves e ofensivas de bens jurídicos fundamentais (segundo o devido processo legal), uma vez que a intervenção penal é a forma mais violenta de intervenção sobre a liberdade dos cidadãos, razão pela qual há de constituir a *ultima ratio* do controle social formal.

Para tanto, analisamos criticamente a justificação da pena segundo Ferrajoli e Roxin.

Por fim, tratamos também de temas fundamentais de direito processual penal, tais como: inquérito policial, prisões provisórias, colaboração premiada, revisão criminal, ação penal, competência, sentença, recursos, ações autônomas de impugnação, entre outros assuntos.

O Autor

PREFÁCIO

Não é fácil prefaciar qualquer trabalho de Paulo Queiroz, principalmente quando ele homenageia o prefaciador. O largo tirocínio no Ministério Público Federal, os longos anos de magistério universitário e as inúmeras palestras proferidas por esses Brasis afora, congeminados, descortinaram-lhe novos horizontes. E aí está a literatura jurídica pátria engrandecida com mais um trabalho que honra sobremodo as nossas tradições.

A linguagem fluente, com simplicidade e limpidez, fascinou-me, mais ainda ao constatar a segurança doutrinária do penalista e do novel processualista. Vi de perto, por outro lado, o que raramente acontece, o jurista e o escritor. Aquele sem nada dever a este e vice-versa. Concluí, então, que não se tratava, apenas, de um trabalho para o estudante, também e principalmente para todos aqueles que já atuam na área jurídica, seja na Magistratura, da mais singela à mais alta Instância, que o velho Ruy denominava "Juiz dos Juízes", seja dos Membros do Ministério Público de todos os graus, seja dos Advogados.

Em rápida síntese cuidou com esmero de vários temas do Direito Processual Penal. O fato de sobre alguns deles o prefaciador ouse discordar, a razão do seu ousio não deslustra o trabalho magnífico. Ao cuidar da *emendatio libelli,* o art. 383 do CPP permite ao Juiz dar nova definição jurídica ao fato. Daí a expressão *emendatio.*

O eminente H. Garraud já ensinava que "la qualification, dans le sens technique du mot, c'est la détermination du rapport légale existant entre un fait délictueux et les dispositions de loi qui lui sont applicables; qualifier, c'est dire quel délit constitue le fait incrimine et par quel texte il est prévu et puni" (Traité théorique et pratique d'instruction criminelle et de procedure pénale, Paris,1909, II Tome, p.333).

Daí o cuidado que o MP ou querelante, na peça exordial, ao narrar o fato criminoso com todas as circunstâncias que tenham importância, deve ter em estabelecer uma relação entre o fato descrito e a respectiva norma que o prevê e o pune, mesmo porque como proclamava Bettiol, antes de mais nada não pode haver "*una diversità tra l'accusa e la sentenza per quanto riguarda il loro oggetto*"(Giuseppe Bettiol, Milano Giuffrè, 1936, p.87). E, à p. 39, observa; "*il giudice non può conoscere di un fato diverso da quello per cui il pubblico ministero ha esperito l'azione penale*". Às vezes, contudo, o acusador narra o fato, mas por um descuido, dá-lhe uma qualificação jurídica diversa. Como deve haver uma absoluta correlação entre fato contestado e sentença, sob pena de grave ofensa ao princípio do contraditório, o Juiz ao prolatá-la, corrige a errada qualificação, sem que haja qualquer lesão à defesa.

No que respeita às observações feitas a respeito do art. 385, apenas e tão somente no que tange às agravantes deve o Juiz ouvir a parte ex-adversa, sob pena de afronta indisfarçável ao princípio do contraditório, dogma constitucional.

Cuidando da legitimidade, ou não, do Ministério Público promover revisão criminal, cumpre observar que a primeira Constituição republicana no § 1º do art. 81, além de conferir legitimidade a qualquer do povo, permitia que o Procurador Geral da República o fizesse *ex-officio*. No mesmo sentido, o art. 76 da Constituição de 1934. O CPP restringiu a legitimidade apenas àquelas pessoas elencadas no art. 623. Mas, se pode impetrar ordem de *habeas corpus*, se pode interpor recurso de apelo *pro reo*, se a Constituição lhe confere poderes para a defesa dos interesses sociais e individuais indisponíveis e a defesa da ordem jurídica, não há como se negar ao MP legitimidade para ingressar no juízo revidendo, na defesa da liberdade daquele que foi condenado injustamente. Observe-se que uma das mais importantes legislações do mundo ocidental, a italiana, no seu art. 632, I, 8, *b*, confere legitimidade ao "*procuratore generale presso la corte di apelo nel cui distretto fu pronunciata la sentenza di condanna*". O CPP português, de 1983, é mais amplo, ao proclamar no art. 350, I, a, legitimidade ao Ministério Público para promover a revisão.

Não lhe passou despercebido o recente erro conspícuo da Suprema Corte autorizando a execução de sentença condenatória confirmada em segunda instância, ante o flagrante desrespeito ao princípio constitucional da presunção da inocência. Se a Constituição proclama que "ninguém será considerado culpado até o trânsito em julgado da sentença penal condenatória", constitui heresia sem nome a execução de uma sentença condenatória que ainda pode comportar recurso especial ou recurso extraordinário e, como dizia há mais de 200 anos o grande Beccaria, "só o direito da força pode, pois, autorizar um juiz a infligir uma pena a um cidadão quando ainda se duvida se ele é inocente ou culpado"(São Paulo, Edipro, 2003, p. 37).

E aí está em síntese magnífica e riqueza de detalhes um dos mais belos trabalhos que Paulo Queiroz, que, numa demonstração de generosidade e agradando-me como a maciez de um afago, pediu-me para prefaciar. E não precisava de prefácio.

São Paulo, abril de 2018.

Fernando da Costa Tourinho Filho

SUMÁRIO

Capítulo X

Capítulo XI

Capítulo XII

Capítulo XV

CAPÍTULO XVI

CAPÍTULO XVII

Capítulo I

CONCEITO DE DIREITO PROCESSUAL PENAL

Num sentido amplo, o direito processual penal é a parte do ordenamento jurídico que regula a investigação, o processo, a execução e os acordos penais. Em síntese, é um procedimento legal destinado a apurar e decidir os casos penais, isto é, os crimes e contravenções penais.

Num sentido restrito, é o ramo do direito público que dispõe sobre a investigação, o processo e os acordos penais[1]. Nesse sentido, a execução penal não faria parte do direito processual penal.

É justo, porém, considerar a execução penal como parte do processo penal, visto que: a) é possível a execução provisória da sentença penal (LEP, art. 2°, parágrafo primeiro), isto é, ainda no curso do processo propriamente dito; b) a execução da sentença (provisória ou definitiva) constitui, ela mesma, um processo, que reúne institutos penais, processuais penais e administrativos, tanto é assim que o Código de Processo Penal e o Código de Processo Civil (art. 771 e ss) regulam-na; c) a execução penal é um procedimento que há de se realizar tanto quanto possível em contraditório; d) as medidas cautelares (pessoais e reais) são imediatamente executáveis; e) também os acordos penais são prontamente executáveis tão logo formalizados na forma da lei.

Como há uma tendência de se resolver os casos penais já na investigação, durante o processo ou mesmo na fase da execução da sentença penal por meio de acordos penais, o conceito de direito processual penal deve também compreendê-los, por sua relevância. São exemplos dessa

1. De acordo com Franco Cordero, foi Robert-Joseph Pothier (1699-1772), conselheiro do tribunal de Orleans e catedrático daquela universidade, quem cunhou o termo *procedimento penal*, considerando só seus aspectos formais, pois no século passado, em Carmignani e em Carrara, aparece incrustado dentro do direito penal; é uma disciplina *impura*, comparada com as clássicas, e, portanto, vital, que contém ricos aspectos culturais e que se apresenta mais exposta ao impulso prático, por vezes agitada por tensões de caráter sociais e políticas. Procedimiento penal, tomo 1. Bogotá: Temis, 2000, p. 3.

tendência: o acordo de não persecução penal (CPP, art. 28-A), a colaboração premiada (Lei n° 12.850/2013), a suspensão condicional do processo (art. 89 da Lei n° 9.099/95), os acordos de admissão de culpa etc[2].

É possível também conceituar o direito processual penal como um sistema de princípios e regras jurídicas que regulam a investigação e o processo penal e assim estabelecem as condições de legitimação da jurisdição penal.

De acordo com José Frederico Marques, o direito processual penal é o conjunto de princípios e normas que regulam a aplicação jurisdicional do direito penal, bem como as atividades persecutórias da polícia judiciária, e a estruturação dos órgãos da função jurisdicional e respectivos auxiliares[3]. Um conceito semelhante é dado por Júlio Maier, para quem, o direito processual penal é a parte do ordenamento jurídico interno estatal cujas normas instituem e organizam os órgãos públicos que cumprem a função jurisdicional penal do Estado e disciplinam os atos que integram o procedimento necessário para impor e executar uma pena ou medida de segurança.[4]

A expressão *direito processual penal* é mais ampla do que *processo penal*, já que o processo é um procedimento realizado em contraditório[5], razão pela qual este não compreende os atos de investigação que o pre-

2. Ver Vitor Souza Cunha. Acordos de admissão de culpa no processo penal. Salvador: Juspodivm, 2019.
3. Elementos de direito processual penal, v.1. São Paulo: Forense, 1965, p.20. Já Inocêncio Borges da Rosa dizia que o direito processual penal é o conjunto das regras que definem e regulam o processo penal, e, como tal, entende-se a série de atos destinados à descoberta da verdade relativa à prática de fato previsto em lei penal. Processo penal brasileiro, v.1. Porto Alegre: Oficina gráfica de livreiros do Globo, 1942, p.19. Para Vicente Greco Filho, o direito processual penal é o ramo do direito público que consiste no conjunto sistemático de normas e princípios que regula a atividade da jurisdição, o exercício da ação e o processo em matéria penal, bem como a tutela da liberdade de locomoção, quando o direito penal aplicável, positiva ou negativamente, é o direito penal comum. Manual de processo penal. São Paulo: Saraiva, 2013, p.87/88.
4. Maier, Julio B. J. Derecho procesal penal, t. 1, p.75. Buenos Aires: Editores del Puerto, 2004.
5. Fazzalari, Elio. Instituições de direito processual. Campinas: Bookseller, 2006. João Porto Júnior considera, porém, que o inquérito policial é, sim, processo, sua primeira fase, por se tratar de um procedimento em contraditório, ainda que este se realize de modo diverso, segundo o provimento final a que se presta (*opinio delicti*). Processo penal fraterno. Curitiba: Juruá editora, 2014. Na doutrina portuguesa, Germano Marques da Silva afirma que o inquérito é lógica e cronologicamente uma fase processual, mais precisamente, a sua primeira fase. Direito processual penal português, v. 3, p. 71 e ss. Lisboa: Universidade Católica editora, 2015.

cedem, que podem ou não resultar num processo criminal propriamente dito, mas que são também regulados pelo direito processo penal. Apesar disso, é comum o uso dos termos *processo penal* e *direito processual penal* como sinônimos.

As normas processuais penais, especialmente as constitucionais e convencionais, traduzem, ainda, ao menos em parte, a respectiva conformação político-jurídica estatal: liberal, democrática, autoritária, teocrática etc. Os limites do direito processual penal são, pois, os limites do próprio Estado. Afinal, o processo criminal é um capítulo da Constituição, um desdobramento. E a Constituição é o alfa e o ômega, o começo e o fim do ordenamento jurídico. É possível, porém, que as convenções internacionais sobre direitos humanos – ou mesmo uma constituição supranacional ou uma Constituição da Terra, como propõe Ferrajoli – assumam esse lugar hoje ocupado pela Constituição.

O termo direito processual penal designa também a ciência do direito processual penal. Nesse sentido, o saber ou a ciência penal tem por objeto o conhecimento, a interpretação, a sistematização e a crítica do direito positivo.[6]

É importante também notar que o processo penal é uma forma de legitimação da violência (prisões cautelares etc.) que se pressupõe justa e necessária relativamente às violências que regula e reprime (as infrações penais), de modo que é violência – nem sempre legítima – a serviço do controle da violência – nem sempre ilegítima.

Nesse sentido, o processo criminal é uma espada de duplo fio, porque é lesão de bens jurídicos para proteção de bens jurídicos (Franz von Liszt), já que pretende prevenir e reprimir crimes por meio de graves constrangimentos à pessoa humana, os quais podem variar de uma simples prestação de fiança ou pagamento de multa ao extremo da prisão preventiva ou da pena de morte, que é um caso de assassinato legal. A

6. Antonio Garcia-Pablos. Derecho penal, introduccion. Universidad Complutense de Madrid. Madrid:1995, p. 298. Nesse sentido, Aníbal Bruno dizia que, "ao lado do Direito-penal-norma, o Direito positivo, representado pela legislação vigente, existe o Direito-penal-ciência, que tem por fim a elaboração sistemática dos princípios que governam as normas penais" (Direito penal, parte geral, tomo 1. Rio de Janeiro: Forense, 2003, p.12). Cabe aqui apenas substituir a palavra *penal* por *processo penal*.

Constituição (art. 5°, XLVII, a) admite essa possibilidade no caso de crime militar praticado em período de guerra.

A violência não é, por conseguinte, estranha ou extrínseca ao direito,[7] mas inerente à ideia e à realidade mesma do direito. O direito processo penal é, pois, violência a serviço do controle da violência. E tão importante quanto o controle da violência é a violência do controle penal[8].

---

7. Jacques Derrida escreveu: "…tal situação é, de fato, a única que nos permite pensar a homogeneidade do direito e da violência, a violência como exercício do direito e o direito como exercício da violência. A violência não é exterior à ordem do direito. Ela não consiste, essencialmente, em exercer sua potência ou uma força brutal para obter tal ou tal resultado, mas em ameaçar ou destruir determinada ordem de direito, e precisamente, nesse caso, a ordem de direito estatal que teve de conceder esse direito à violência, por exemplo, o direito de greve." Força de Lei. Martins Fontes: S. Paulo, 2007, p. 81. Também Kelsen observou "O Direito e a força não devem ser compreendidos como absolutamente antagônicos. O Direito é uma organização da força. Porque o Direito vincula certas condições para o uso da força nas relações entre os homens, autorizando o emprego da força apenas por certos indivíduos e sob certas circunstâncias. O Direito autoriza certa conduta que, sob todas as outras circunstâncias, deve ser considerada 'proibida'; ser considerada proibida significa ser a própria condição para que tal ato coercitivo atue como sanção. O indivíduo que, autorizado pela ordem jurídica, aplica a medida coercitiva (a sanção) atua como um agente dessa ordem ou – o que equivale a dizer o mesmo – como um órgão da comunidade, constituído por ela. Apenas esse indivíduo, apenas o órgão da comunidade, está autorizado a empregar a força. Por conseguinte, pode-se dizer que o Direito faz o uso da força um monopólio da comunidade. E, precisamente por fazê-lo, o Direito pacifica a comunidade." Teoria geral do direito e do estado. Tradução: Luíz Carlos Borges. 4. ed. São Paulo: Martins Fontes, 2005, p. 30.
8. Vera Regina Pereira de Andrade. A ilusão de segurança jurídica: do controle da violência à violência do controle penal. Porto Alegre: Livraria do Advogado editora, 1997.

Capítulo II

RELAÇÃO COM O DIREITO PENAL E A EXECUÇÃO PENAL

1) INTRODUÇÃO: AUTONOMIA DO PROCESSO E DA EXECUÇÃO PENAL

Atualmente não se discute a autonomia do processo e da execução penal relativamente ao direito penal, disciplinas que contam com sistematização, legislação, doutrina e princípios próprios, e tudo mais que a especialização ou a tecnicização do saber jurídico-penal implica.

Mas essa autonomia do direito processual penal e da execução penal é um tanto recente, porque originariamente tudo isso constituía um capítulo ou aspecto do direito penal em sentido lato.[1] Francesco Carrara, por exemplo, no seu *programa de direito criminal* (de 1859), tratou do processo penal na terceira seção da parte geral do seu curso sob o título do *julgamento criminal.* Carrara escreveu:

> O julgamento criminal é o terceiro momento de fato em que, depois de haver regulamentado a *proibição* e a *sanção* desta proibição, se

1. Segundo Manzini, a cátedra de direito penal (*lectura criminalis*) foi instituída em Bolonha em 1509 e em Pádua em 1540. Ensinava-se, então, direito penal junto ao direito processual penal. Em 1805 Napoleão instituiu em Pávia o ensino de processo penal e civil, mas em 1808 o processo civil foi separado do penal, que voltou à cátedra de direito penal. Tratado de derecho procesal penal, v. 1. Buenos Aires: Libreria El foro, 1996, p.19. Já Luis Jiménez de Asúa afirma que "os fundadores da ciência do Direito Penal, como Fuerbach e von Grolman, na Alemanha, e Carmignani na Itália, consideravam o Procedimento penal como parte integrante do Direito Penal. Todavia, em nossos dias Pessina (Elementos, págs. 16-17) e o Padre Jerónimo Montes, se inclinam por este critério." Tratado de derecho penal, tomo 1. Buenos Aires: Editorial Losada, 1964, p.67. De acordo com Niceto Alcalá-Zamora y Castilho, a chamada "fase científica" do processo penal teve início com a obra de Oscar Bülow, de 1868, A teoria das exceções e dos pressupostos processuais, que operou a independência do processo penal relativamente ao direito penal, já iniciada pelos judicialistas da escola de Bolonha e acentuada quando da codificação napoleônica, que difundiu o modelo de legislação separada. Estudios de teoría general e historia del proceso. México: Universidad Nacional Autónoma de México, 1992, tomo 2, pp.308/309.

> desenvolve e se completa, conforme a ciência, a função punitiva. Este terceiro assunto é mais importante que os anteriores, porque é ele que põe em contato com os seres vivos e sensíveis a palavra da lei criminal que proíbe e castiga. A *proibição* seria uma fantasia se não fosse seguida da *sanção*, e esta seria uma quimera se não fosse acompanhada do *julgamento*, com a subsequente efetiva execução da sentença.[2]

Daí por que autores, como Cavaleiro de Ferreira, diziam que o direito penal (em sentido amplo) compreendia o direito penal (em sentido estrito), o direito processual penal e o direito da execução penal, os quais estão interligados e sua distinção é de caráter formal ou metodológico.[3] Justo por isso, no passado se estudava o direito penal e o direito processo penal conjuntamente, como testemunha a bibliografia jurídica com os seus livros sobre "Prática Criminal".[4] Nesse sentido, o processo penal é uma parte do direito penal[5]. O processo é a dimensão procedimental do direito penal.

Com o passar do tempo, a unidade entre direito, processo e execução penal foi se perdendo ou sendo progressivamente superada com a especialização do saber penal, processual penal e executório. Atualmente, existe uma clara separação dessas disciplinas, a ponto de, com alguma

2. Programa de derecho criminal, parte general. Bogotá: Temis, 1973, v. II, p. 227. Também Giovanni Carmignani, que foi professor de Carrara, referiu-se ao processo penal no livro segundo de seu *Elementi di diritto criminale*, cuja primeira edição é de 1.808, sob o título de *Dei Giudizj Criminali* (dos julgamentos criminais). Elementi di diritto criminale. Milano: Carlo Brigola editore, 1882. E Gaetano Filangieri, in *La Scienza della legislazione* (Nápoles, 1780), tomo 1, no livro terceiro sobre as leis criminais (*Delle leggi criminali)* tratou do procedimento penal (*della procedura*). Roma: Instituto Poligrafico e Zecca dello Stato, 1984, p.385.
3. Manuel Cavaleiro de Ferreira. Lições de Direito Penal. Coimbra: Almedina, 2010, p.35. De modo similar, na doutrina penal portuguesa: José de Faria Costa (Noções fundamentais de direito penal. Coimbra: Coimbra editora, 2015), Germano Marques da Silva (Direito processual penal português. Universidade Católica editora. Lisboa: 2013), Maria João Antunes (Direito processual penal. Almedina: Coimbra, 2017) e Mário Ferreira Montes. Da realização integral do direito penal. In *Ars Ivdicandi*. Estudos em homenagem ao professor doutor António Castanheira Neves. Coimbra: Coimbra editora, 2008, v.2.
4. Manuel Cavaleiro de Ferreira, idem.
5. Figueiredo Dias, Jorge. Direito processual penal. Coimbra: Coimbra editora, 1974.

frequência, professores de direito penal não ensinarem processo penal e vice-versa.

Apesar disso, entre direito, processo e execução penal não há independência, mas relativa autonomia, dado o caráter indissolúvel dessa relação. Afinal, não existe direito sem um processo de legitimação do direito. O direito pressupõe um poder de dizer o direito – a jurisdição[6].

Ademais, o princípio do justo processo ou do devido processo legal, segundo o qual "ninguém será privado da liberdade ou de seus bens sem o devido processo legal" (CF, art. 5°, LIV), tem um conteúdo a um tempo penal e processual penal, já que pressupõe a prática de uma conduta penal punível (crime ou contravenção) apurada, processada e julgada na forma da lei7. Sem crime (ou contravenção), não há processo; sem processo, não há pena. Crime-processo-pena formam, pois, uma trindade-unidade.8 Os acordos penais são exceção, e por isso são duramente criticados por alguns autores, que veem neles um processo sem verdade, sem garantias, sem igualdade. Nesse sentido, Luigi Ferrajoli.

Com efeito, só por meio do processo é possível determinar, entre outras coisas: a materialidade e a autoria da infração penal, a sua exata definição jurídico-penal (tipificação), o caráter doloso, preterdoloso ou culposo da ação, a ocorrência de legítima defesa, a imputabilidade, a legalidade da prova e da prisão processual, a culpa ou a inocência do

---

6. Como escreve Castanheira Neves, se é certa a autonomia (normativa e dogmática) entre o direito penal material e o direito processual penal, não é menos certo que eles concorrem numa integrante unidade, aquela que encontra expressão numa relação de complementariedade. Ainda de acordo com o autor, o processo penal é a forma juridicamente válida da jurisdição criminal. Sumários de processo criminal. Coimbra: 1968.
7. De modo similar, Daniel Pastor. Acerca de presupuestos e impedimentos procesales y sus tendencias actuales. In Tensiones: Derechos fundamentales o persecución penal sin limites. Buenos Aires: Editores del Puerto, 2004. Segundo Eugênio Pacelli, o direito ao contraditório não constitui uma norma de direito processual, ainda que no processo é que se efetive e se exerça, pois toda garantia individual relativa ao due process of law tem conteúdo eminentemente material. Curso de processo penal. São Paulo: Atlas, 2016, p.371.
8. Isso não significa, por óbvio, que o processo deva conduzir forçosamente à condenação. Também assim deve ser entendida a afirmação de Aury Lopes Júnior de que "não existe delito sem pena, nem pena sem delito e processo, nem processo senão para determinar o delito e impor uma pena". Direito processual penal. São Paulo: Saraiva, 2015, p.34.

réu, aplicando-lhe, conforme o caso, pena ou medida de segurança. Ou se firmará acordo penal na forma da lei.

Por fim, o processo penal nasceu como direito penal, e, em que pese a autonomia, essa relação se mantém fortíssima. Tão forte é essa relação, que não seria incorreto se o chamássemos (o processo penal) *direito penal processual*. Mas um tal neologismo não nos ajudaria em nada.

Como ensina Fernando da Costa Tourinho Filho:

> O Direito Processual Penal dita as normas segundo as quais deve o Direito Penal atuar. Tão íntimas são as suas relações que por muito tempo estavam as duas disciplinas formando um só todo, dizendo-se até que o Direito Processual Penal era um ramo, um apêndice do Direito Penal. Ainda hoje há institutos, como os da ação, suspensão condicional da pena, livramento condicional, regulados pelas duas disciplinas. Direito, diz Lucchini (*Elementi*, p.2), é a substância; o processo é a forma; o Direito é a força em potência; o processo é a força-ato. Direito, graças somente ao processo, passa e pode passar do abstrato ao concreto, da ideia à realidade. É o Direito Processual Penal que dinamiza o Direito Penal. O Direito Penal material é a energia potencial; o Direito Processual Penal é o meio pelo qual essa energia pode colocar-se, concretamente, em ação. "Ninguna norma de derecho penal", doutrina Manzini, "puede aplicarse sin recurrir a los medios, a las garantías del proceso penal" (*Derecho*, cit., p.127). Tão estreitas são as relações entre ambos que não se concebe a existência do Direito Processual Penal sem que haja um Direito Penal. É por meio do processo que o *jus puniendi* adquire sua esplendorosa força. Não se concebe, no Estado de Direito, a aplicação da pena senão por meio de regular processo.[9]

2) POR UM SISTEMA INTEGRADO DE DIREITO PENAL, PROCESSO E EXECUÇÃO PENAL

Do ponto de vista legislativo, parece relativamente fácil distinguir direito penal e direito processual penal: o direito penal é parte do ordenamento jurídico que define os crimes e comina as penas; e o processo penal, que é uma dimensão ou desdobramento do direito penal, é a parte do ordenamento jurídico que estabelece a forma e os meios de investi-

9. Processo penal. São Paulo: Saraiva, 2013, p.54.

gação, processamento e julgamento das infrações penais, aí incluídos o procedimento recursal e os acordos penais.

O artigo 121, *caput*, do Código Penal, por exemplo, ao definir o crime de homicídio simples (matar alguém) e cominar a respectiva pena (reclusão, de 6 a 20 anos), é uma norma penal; já o art. 70 do Código de Processo Penal é uma típica norma processual penal:

> A competência será, de regra, determinada pelo lugar em que se consumar a infração, ou, no caso de tentativa, pelo lugar em que for praticado o último ato de execução.

Simplificadamente, portanto, a legislação penal diz o que é crime e qual é sua pena, enquanto a processual penal diz como investigá-lo, processá-lo e julgá-lo validamente.

Além de definir crimes e cominar penas, o direito penal dispõe sobre os princípios fundamentais que regulam a atividade penal do Estado e prevê os institutos indispensáveis ao exercício desse poder: crime, pena, dolo, culpa, autoria, participação etc.

De todo modo, a distinção é perfeitamente possível no plano da legislação. Mas, mesmo aqui cabe questionar a natureza penal ou processual penal de certas normas, se penais ou processuais penais.

Afinal, também o Código Penal, que contém a legislação penal fundamental, prevê normas de caráter processual. De acordo com o artigo 100 do CP, por exemplo, a ação penal é pública, salvo quando a lei expressamente a declara privativa do ofendido. E é pública condicionada quando a lei exige representação do ofendido ou requisição do Ministro da Justiça. A ação penal é também regulada pelo Código de Processo Penal (art. 24 e seguintes).

Ademais, nem sempre é fácil distinguir normas penais de processuais penais, como as que dizem respeito: 1) à suspensão condicional da pena; 2) ao livramento condicional; 3) aos efeitos da condenação; 4) à reabilitação; 5) à extinção da punibilidade; e, 6) ao perdão judicial. A indicação poderia prosseguir, citando as figuras do agente infiltrado, da colaboração premiada, dos regimes de cumprimento de pena, da prescrição, da detração penal etc.

Esses institutos têm, no mínimo, conteúdo misto: penal, processual penal e/ou executório. Caberia referir ainda a reincidência e outros institutos com tríplice repercussão: penal (individualização da pena), processual (decretação de prisões) e executória (progressão de regime). A colaboração premiada (Lei n° 12.850/2013) pode ocorrer, inclusive, em qualquer fase (investigação, processo e execução penal), podendo acarretar o perdão judicial, a redução da pena, a suspensão do prazo prescricional, a progressão de regime etc. Os prêmios legais podem ser os mais diversos.

É certo ainda que o atual CPP dedica ou dedicava todo um livro (o Livro IV) à execução das penas e medidas de segurança (art. 668 e ss), embora revogados pela Lei n° 7.210/84, que instituiu a lei de execução penal.

Por fim, é impossível falar de justa causa no processo penal sem se recorrer ao direito penal material e seus conceitos fundamentais, especialmente o conceito de crime e seus elementos constitutivos (tipicidade, ilicitude e culpabilidade). Evidentemente, faltará justa causa para o processo se, por exemplo, o fato não constituir crime (legítima defesa etc.) ou incidirem causas de extinção de punibilidade (prescrição ou decadência etc.). Não se investiga ou se processa alguém por um fato manifestamente atípico ou já atingido pela prescrição etc.

Se é relativamente fácil, ou pensávamos que o era, distinguir direito penal de direito processual penal, de uma perspectiva dinâmica, porém, há uma tal interação entre os dois ramos do direito que a distinção parece inconsistente. Aqui a separação é mais aparente do que real.

É que o direito penal não é autoaplicável ou não é voluntariamente aplicável, ao contrário do que se passa com o direito e o processo civil. Porque somente por meio do processo é possível determinar se há ou não há um crime, quem é seu autor, e, se existe uma conduta típica, ilícita, culpável e punível. E, uma vez comprovada a punibilidade do crime, poder-se-á aplicar uma pena e submeter o condenado à sua execução forçada. Ou se admitir acordo penal na forma da lei.

Não há, por conseguinte, crime sem pena, nem pena sem processo – *nullum crimen, nulla poena sine iudicio*. O processo, é o processo de construção – ou desconstrução – jurídica do crime.[10]

10. Como escreve Manzini, o direito penal não é um direito de coação direta, mas de coação indireta (ou de justiça). O poder punitivo não pode atuar-se imediatamente, com

É preciso reconhecer, contudo, que há uma tendência de se resolver os casos penais por meio de acordos penais entre a acusação e a defesa, os quais podem ocorrer já na fase de investigação, inclusive. Trata-se de um novo paradigma processual penal.

Daí dizer-se que entre direito penal e direito processual penal há uma relação de mútua referência e complementariedade funcional[11]: um e outro prestam-se à definição legal da culpa penal.

Com efeito, o crime não existe a *priori*, mas a *posteriori*, por meio do processo; o processo penal é, pois, o modo constitucionalmente legítimo de realização do direito penal.[12] *Realizar o direito* não significa aqui condenar o réu, mas, concretizar uma decisão justa, isto é, conforme a lei penal e as garantias do devido processo legal. Uma *decisão justa* pode, portanto, ter conteúdo variadíssimo: condenação, absolvição, anulação do processo, reconhecimento de prescrição etc.

A finalidade do processo penal é assim complexa: a condenação do culpado, a proteção do inocente, a legalidade do procedimento e a estabilidade das decisões.[13]Como é óbvio, tais fins podem se chocar, seja porque é natural que as partes advoguem teses e interesses contraditórios ou divergentes, seja porque essas finalidades são diversamente interpretáveis. Assim, por exemplo, contra a pretensão de produção da verdade processual sempre se poderá opor a ilicitude dos meios de prova, o princípio da não autoincriminação, a preclusão etc.

É importante perceber ainda que, ao recorrer à dogmática penal e processual penal, o juiz não se limita a constatar um crime e a aplicar-lhe uma pena, mas a construí-lo socialmente, afinal, o direito – e, pois, o crime – não preexiste à interpretação, mas é dela resultado, razão pela qual a interpretação do fato punível não é um modo de constatar ou desvelar

---

o uso direto da força, como pode fazer, ao contrário, o poder policial. As condições são diversas e são diversos os fins. A polícia tem a necessidade de ação imediata para impedir que ocorra ou que se prolongue a perturbação da ordem. Já o poder judicial, que sobrevém quando o ilícito já se realizou, não tem essa urgente necessidade, senão que pode atuar com plena ponderação, com as cautelas e garantias da justiça. Tratado de derecho procesal penal, v. 1. Buenos Aires: Libreria El Foro, 1996, p. 106.

11. Jorge de Figueiredo Dias. Direito processual penal. Coimbra: Coimbra editora, 1974.
12. Nesse sentido, Júlio Maier. Derecho procesal penal argentino. Buenos Aires: Editorial Hammurabi, 1989.
13. Claus Roxin. Derecho procesal penal. Buenos Aires: Editores del Puerto, 2000, p.4.

um direito ou um crime preexistente, mas a forma mesma de construção do direito e do crime. Porque o sentido das coisas (fatos, provas, textos etc.) não é dado pelas próprias coisas, mas por nós, ao atribuirmos um determinado sentido num universo de possibilidades – aí incluída a falta de sentido inclusive.

Assim, o processo, ao dispor sobre o modo como se dará a investigação, o processamento e o julgamento dos crimes, estabelece as condições de legitimação – e também de deslegitimação – da jurisdição penal, que é o poder de dizer o direito no caso concreto.

Nesse sentido, o processo penal é um *continuum* do direito penal, ou seja, é o próprio direito penal em ação, em movimento, razão pela qual formam uma unidade, um todo incindível. Afinal, não há direito penal sem processo penal, nem processo penal sem direito penal, pois estão logicamente implicados. O processo é, pois, o motor que põe em funcionamento o sistema penal. Não por acaso, ele é mais sensível às mudanças e reformas políticas, marcadas por avanças e retrocessos.

Além disso, rigorosamente falando, não existem fenômenos criminosos, mas uma interpretação criminalizante dos fenômenos.[14] Consequentemente, não existem fenômenos típicos, antijurídicos, culpáveis e puníveis, mas uma interpretação tipificante, antijuridicizante, culpabilizante e punibilizante dos fenômenos.

A interpretação é, pois, o ser do direito; e o ser do direito é um devir. O direito, com ou sem alteração dos textos legais, está em permanente mutação. A rigor, o direito não está nos fatos nem nas leis, mas em nós. Parafraseando o evangelho de Lucas (17:21), cabe dizer: o reino do direito é em nós que ele existe. É uma metáfora produzida pelas relações de poder.

Justo por isso, a relação entre direito penal e processo penal não é propriamente instrumental, mas substancial[15]. Como ensinava Calmon

---

14. Estou parafraseando Nietzsche, que disse (*Além do bem e do mal*, aforismo 108): "Não existem fenômenos morais, mas apenas uma interpretação moral dos fenômenos". Para maiores detalhares, ver Paulo Queiroz. Direito penal, parte geral. Salvador: Juspodivm, 2018.

15. De acordo com Cintra, Grinover e Dinamarco, "o direito processual é, assim, do ponto de vista de sua função jurídica, um instrumento a serviço do direito material: todos os seus institutos básicos (jurisdição, ação, exceção, processo) são concebidos e justificam-se, no quadro das instituições do Estado, pela necessidade de garantir

de Passos, "não há um direito independente do processo de sua enunciação, o que equivale a dizer-se que o direito pensado e o processo do seu enunciar fazem um."[16]

O processo, por sua vez, não pode traduzir o exercício arbitrário do poder de punir; deve antes consistir num procedimento dialético capaz de assegurar um confronto de teses e antíteses a um tempo franco, aberto e igual entre as partes. O *due process of law,* em suma.

Com efeito, o processo é uma espécie de arena onde devem ser asseguradas as condições de um combate justo e democrático, como pressupostos de validade e legitimidade. Terminada a disputa, o juiz declarará o vencedor, o vencido e as consequências jurídicas da contenda judicial, além de decidir sobre a própria regularidade da disputa. Exceção a isso são os acordos penais nos quais a disputa dá lugar ao consenso.

3) IMPLICAÇÕES DE UM SISTEMA INTEGRADO

Quais as implicações da unidade ou circularidade dessa relação entre direito penal e processo penal?

Possivelmente o mais importante é que os princípios devem incidir de modo unitário, porque os princípios penais são princípios processuais penais e vice-versa.

---

a autoridade do ordenamento jurídico". A teoria geral do processo. São Paulo: Malheiros editores, 2014, p.59. Como observa, porém, Mário Ferreira Monte, o direito processual penal não pode ser visto como uma disciplina meramente instrumental, ainda que o seja funcionalmente em certo sentido. Se assim fosse, significaria que não lhe estaria reservado qualquer espaço criativo na realização do direito penal. Com efeito, tendo autonomia teleológica, isso significa, entre outras coisas, que, na prossecução do interesse material de realização concreta da própria ordem jurídica, o direito processual penal também conforma as restantes ciências no sentido e solução de alguns dos concretos problemas dogmáticos. Da realização integral do direito penal, p. 754/755. In Ars Ivdicandi. Estudos em homenagem ao professor doutor António Castanheira Neves. Coimbra: Coimbra editora, 2008, v.2. Também Germano Marques da Silva assinala que o processo não tem natureza meramente instrumental, mas alto significado ético e político. Direito processual penal português, cit., p. 18.

16. Instrumentalidade do processo e devido processo legal. Revista de processo, n° 102. São Paulo: RT, 2001, ano 26, abril-junho de 2001.

Assim, a vedação da prova ilícita e o princípio do juiz natural, por exemplo, não são senão o princípio da legalidade penal, embora com outro nome. E os princípios da intranscendência, *nemo tenetur se detegere* e *ne bis in idem* têm repercussão penal, processual penal e executória.[17]

Nesse sentido, o princípio da individualização da pena no processo penal – aqui chamado individualização das medidas cautelares etc. – incide sobre toda medida cautelar pessoal ou real, já que, havendo concurso de agentes (CP, art. 29), o juiz, ao determiná-las, deverá fundamentar, de modo circunstanciado, e, individualizadamente, por exemplo, cada uma das prisões decretadas, sob pena de nulidade. Assim, é ilegal (em parte) uma decisão que, depois de justificar a prisão preventiva de um dos investigados ou acusados, pretende dar-se por justificada também para os demais corréus pelo simples fato da coautoria ou da participação.

O que muda é a intensidade, os efeitos e o modo como incidem em cada fase do processo e da execução penal; a construção da verdade no processo penal, por exemplo, comporta graus (*standards*): a verdade que se requer para receber uma denúncia não é a mesma que se exige para a condenação. A verdade sofre ainda variações conforme o procedimento: ordinário, sumário e sumaríssimo.

Também não faz sentido tratar diversamente o princípio da irretroatividade da lei: quer trate de norma penal, quer de norma processual, a lei há de retroagir sempre que for mais favorável ao imputado. A lei não retroagirá quando prejudicial ao réu. O princípio é, pois, o mesmo: a lei (penal ou processual penal) não pode retroagir para prejudicar o

17. O princípio da não auto-incriminação (*nemo tenetur se detegere*, *nemo tenetur ipsum accusare*, *privilegie against Self-Incrimination* etc.), inerente à ampla defesa e à presunção de inocência, assegura ao suposto autor de crime (investigado, denunciado, testemunha) o direito de não produzir prova contra si mesmo. Significa que o possível acusado de infração penal pode ou não colaborar com a investigação; mas, se não quiser cooperar, ninguém poderá obrigá-lo a tanto, razão pela qual, quando houver ilegal constrangimento, a confissão ou prova assim obtida será ilícita e arbitrária a eventual prisão. O *nemo tenetur* tem, portanto, caráter essencialmente negativo, pois consagra um direito de não fazer, de não colaborar, mas não um direito de fazer; é assegurada, por conseguinte, uma omissão, não uma ação. Justamente por isso, não se presta a justificar condutas como destruição de provas (queima de documentos, remoção de sangue do local do crime etc.). Não fosse assim, aliás, seria possível (em tese) invocá-lo para legitimar os mais diversos crimes, a exemplo da morte da testemunha que presenciou o homicídio e a respectiva ocultação do cadáver.

acusado. Apesar disso, cada instituto penal ou processo penal poderá ter repercussão distinta e distinto tratamento legal.

Ademais, os constrangimentos previstos na legislação processual jamais podem exceder àqueles que resultariam da própria condenação, sob pena de violação ao princípio da proporcionalidade. Assim, por exemplo, não é possível a prisão processual se a respectiva infração penal não cominar pena privativa da liberdade ou admitir a substituição por pena restritiva de direito etc.

Já o princípio *in dubio pro reo*, tradicionalmente associado à valoração da prova, é também um princípio penal porque constitui uma dimensão da presunção de inocência (CF, art. 5°, LVII). Assim, quando houver fundada dúvida, por exemplo, sobre se há dolo, preterdolo ou culpa, se há consumação ou tentativa etc., deverá prevalecer a tese mais favorável ao réu.

Mais: é ônus da acusação, não da defesa, fazer prova dos fatos alegados na denúncia/queixa, ou seja, é seu dever demonstrar o cometimento de uma infração penal punível com todos os seus elementos constitutivos (fato típico, ilícito, culpável e punível). Não se prova a inocência, que se presume legalmente, mas a culpa, que deve ser demonstrada com base em fatos e provas, segundo o devido processual legal, não a partir de ilações ou conjecturas.

Por fim, também a execução da sentença penal, que é uma etapa de realização do direito penal – direito, processo e execução penal formam um *continuum* –, há de reger-se pelos princípios constitucionais do direito e processo penal. Assim, modificações legislativas criadas em desfavor do condenado não podem atingir as condenações por crimes cometidos anteriormente à sua entrada em vigor, sob pena de violação ao princípio da irretroatividade da lei mais severa (v. g., uma lei que abolisse o livramento condicional deveria ser aplicada somente aos crimes cometidos posteriormente à sua vigência).

É importante notar ainda que, por força dessa unidade, as reformas penais e processuais penais não deveriam ser feitas isoladamente, sem considerar as possíveis implicações nas legislações afins. Não faz sentido, por exemplo, que a Lei n° 12.403/2011 tenha ampliado consideravelmente as hipóteses de medida cautelar diversa da prisão (CPP, art. 319), mas não haja alterado o elenco das penas restritivas de direito (CP, arts. 43 e

44). Com efeito, era possível e recomendável que a reforma se estendesse ao Código Penal (comum e militar) e à Lei de Execução Penal, a fim de que o rol das penas alternativas fosse também aumentado. Ou seja, as medidas cautelares diversas da prisão deveriam figurar também como penas (v.g., pena de monitoração eletrônica etc.). Mais: as penas privativas da liberdade (reclusão, detenção e prisão simples) deveriam deixar de ser as penas principais para serem penas subsidiárias às penas restritivas de direito, mudando-se a configuração atual. Assim, por exemplo, o réu que foi mantido em monitoração eletrônica durante o processo poderia ser também condenado à pena de monitoração, fazendo-se a respectiva detração penal (CP, art. 42).

Também é inconsistente, devendo ser superada, a distinção entre provas ilícitas, que violariam normas de direito material[18] (v.g., prova obtida mediante tortura), e provas ilegítimas, que ofenderiam regras processuais (v.g., prova produzida sem contraditório), visto que[19]: a) o direito penal e o direito processual penal formam uma unidade; b) num e noutro caso há

---

18. De acordo com Ada Pelegrini Grinover e outros, principal responsável pela difusão (com base na doutrina italiana) entre nós dessa distinção, "diz-se que a prova é ilegal toda vez que sua obtenção caracterize violação de normas legais ou de princípios gerais do ordenamento, de natureza processual ou material. Quando a proibição for colocada por uma lei processual, a prova será ilegítima (ou ilegitimamente produzida); quando, pelo contrário, a proibição for de natureza material, a prova será ilicitamente obtida". Nulidades no processo penal. São Paulo: RT, 2011, p. 126/127. A distinção referida por Ada Pelegrini foi proposta por Pietro Nuvolone num artigo de 1966, intitulado *Le prove vietate nel processo penale nei paesi di diritto latino*. Nele Nuvolone propõe distinguir proibições (de prova) processuais e substanciais. Para o autor, uma proibição é de natureza processual quando é instituída no interesse da lógica e da finalidade do processo; e é de caráter material quando, apesar de também atender a interesse processual, é instituída em favor dos direitos reconhecidos pelo ordenamento jurídico, independentemente do processo. Nos dois casos, há *ilegalidade*; mas, enquanto a violação de direito processual é um *ato ilegítimo*, a violação de direito substancial é um *ato ilícito*. A prova ilegítima implica nulidade do ato. Já, com relação à prova ilícita, então bastante controvertida, Nuvolone dizia que, por ser uma prova ilegal, não poderia ser utilizada. Justo por isso, aplaudia o artigo 233 do nosso CPP, que previa, e ainda prevê, que "as cartas particulares, interceptadas ou obtidas por meios criminosos, não serão admitidas em juízo". Pietro Nuvolone. *Trent'anni di diritto e procedura penale*. Padova: Cedam, 1969, p. 524/528. Parece que a distinção ainda é adotada pela doutrina italiana, como se vê, por exemplo, em Paolo Tonini. A prova no processo penal italiano. São Paulo: RT, 2002, p.76 e seguintes.
19. No mesmo sentido, Fernando da Costa Tourinho, que tem a distinção por superada. Código de processo penal comentado, v1. São Paulo: Saraiva, 2009, p. 507/508.

violação ao devido processo legal; c) nem a Constituição nem o Código de Processo Penal fazem distinção no particular (CF, art. 5°, LVI, e art. 157, *caput,* do CPP[20]); d) o direito material e o processual constituem um capítulo da Constituição, um seu desdobramento; e, e) as provas ilícitas e as que se pretendem ilegítimas produzem o mesmo resultado prático: nulidade do ato processual. Afinal, uma prova é juridicamente inválida ou porque é vedada pela ordem jurídica (ilícita, v.g., obtida mediante tortura) ou, porque, embora lícita, foi colhida em desacordo com a lei (v.g., um interrogatório sem a presença do advogado).

Em conclusão, e contrariamente à doutrina e à jurisprudência ainda hoje dominantes, os princípios penais são também aplicáveis ao processual penal e à execução penal e vice-versa, ainda que com repercussão e efeitos distintos. Porque os princípios penais são princípios processuais penais e vice-versa.

Afinal, direito penal, processo penal e execução da sentença penal constituem momentos de um mesmo fenômeno, que é a concretização e o exercício do poder punitivo estatal, destinados a legitimar/deslegitimar uma forma especial de violência: a pena, a qual pode variar de uma simples multa ao extremo da pena de morte, que é um caso de assassinato legal.

Em suma, por terem uma fundamentação constitucional comum, os princípios incidem sobre todo o direito infraconstitucional, pois o direito penal (em sentido amplo), compreensivo do processo e da execução penal, é um capítulo da Constituição e o braço armado do Estado.

---

20. Com efeito, a Constituição (art. 5°, LVI) diz que "são inadmissíveis, no processo, as provas obtidas por meios ilícitos". Já o art. 157 do CPP prevê que "são inadmissíveis, devendo ser desentranhadas do processo, as provas ilícitas, assim entendidas as obtidas em violação a normas constitucionais ou legais".

Capítulo III

FUNÇÕES DO DIREITO PROCESSO PENAL

1) INTRODUÇÃO

A função do direito penal é a função de todo direito: prevenir e reprimir lesões graves à ordem jurídica; mas com uma singularidade: por ser a forma mais violenta de constrição sobre a liberdade dos indivíduos, a intervenção penal só deve ocorrer em *ultima ratio,* isto é, quando não forem suficientes outros modos de prevenção e controle social. Ou ainda: a missão do direito penal é a proteção subsidiária de bens jurídicos. Como dizia Alfonso de Castro, o direito penal é a fortaleza e os canhões dos demais direitos[1].

Assim, se o direito penal somente se realiza por meio do processo penal (e da execução penal), se o processo é, em última análise, o motor que põe em funcionamento o sistema penal, segue-se que os fins de um e outro são exatamente os mesmos: prevenir e reprimir (subsidiariamente), em caráter geral e especial, reações públicas ou privadas arbitrárias e evitar novos delitos[2]. Obviamente, tais finalidades (tradicionalmente confiadas ao direito penal, não ao processo penal) são só passíveis de realização por meio do devido processo legal, e não sem choques e tensões, em virtude das diversas perspectivas sobre o que vem a ser o *due process of law*.

Porque a finalidade principal (não a única) do processo penal é assegurar as condições formais e materiais de um julgamento justo, isto é, conforme as garantias do devido processo legal. Nesse sentido, o processo penal existe e se justifica como um instrumento a serviço da

1. Citado por Ignacio Berdugo Gomes de La Torre e outros. Curso de Derecho penal. Parte General. Salamanca: 2010.
2. Nesse sentido, Ferrajoli, Direito e razão. São Paulo: RT, 2014.

realização do projeto democrático, objetivando a máxima eficácia dos direitos fundamentais e pautando-se na dignidade da pessoa humana[3].

Justo por isso, não é possível, por exemplo, decretar-se uma prisão preventiva com base apenas na prática de um delito pelo investigado ou denunciado. Porque, além da prova do cometimento do crime e de sua autoria (*fumus commissi delicti*), é indispensável a necessidade cautelar ditada por razões legais especiais (*periculum libertatis*), em virtude do princípio da presunção de inocência. A prática de uma infração penal é, por conseguinte, uma condição necessária, mas não suficiente, para a decretação – e manutenção – da prisão provisória.

Convém, pois, tratar de duas perspectivas legitimadoras da pena, por serem mais afinadas com as teses que pretendemos defender aqui. Refiro-me aos modelos de justificação de Luigi Ferrajoli e de Claus Roxin. Como é óbvio, não são os únicos, nem necessariamente os melhores[4].

2) A JUSTIFICAÇÃO DA PENA SEGUNDO LUIGI FERRAJOLI

Luigi Ferrajoli propõe uma teoria garantista do sistema penal. Garantismo significa aqui três coisas:

a) É *um modelo normativo de direito*, que, relativamente ao direito penal, é regido pela estrita legalidade, própria do Estado de Direito, que sob o plano epistemológico se caracteriza como um sistema cognitivo ou de poder mínimo; já sob o plano político é uma técnica de tutela idônea que visa a minimizar a violência e a maximizar a liberdade; e sob o plano jurídico é um sistema de vínculos impostos à função punitiva do estado em garantia dos direitos dos cidadãos;

b) É uma *teoria do direito e crítica do direito*, já que designa uma teoria jurídica da validade e da efetividade como categorias distintas não só entre si, mas também pela existência ou vigor de normas. Nesse sentido, a palavra garantismo exprime uma aproximação teórica que mantém separado o ser e o dever ser no direito, pondo como questão central a divergência existente entre os modelos normativos (tendencialmente garantistas) e a práticas operacionais (tendencialmente antigarantistas);

3. Germano Marques da Silva. Direito processual penal português, v.1. Universidade católica editora: Lisboa, 2015, p.19.

4. Ver Paulo Queiroz, *funções do direito penal – legitimação versus deslegitimação do sistema penal*. São Paulo: RT, 2005.

c) Garantismo designa ainda uma *filosofia política* que requer do direito e do estado o ônus da justificação externa com base em bens e nos interesses dos quais a tutela ou a garantia constituem a finalidade. Nesse sentido, garantismo pressupõe a doutrina laica da separação entre direito e moral, entre validade e justiça, entre ponto de vista interno e ponto de vista externo na valoração do ordenamento jurídico[5].

Para Ferrajoli (*garantismo e minimalismo penal*), só a prevenção geral negativa, entendida como prevenção de futuros delitos e prevenção de reações públicas ou privadas arbitrárias, é capaz de legitimar o sistema penal[6].

Para ele, o abolicionismo penal, para além de suas intenções libertárias e humanitárias, é uma utopia regressiva que, sob pressupostos ilusórios de uma sociedade boa ou de um estado bom, pretende legitimar modelos desregulados ou autorregulados de vigilância e/ou castigo, e em relação aos quais o direito penal, com seu complexo, difícil e precário sistema de garantias, constitui, histórica e axiologicamente, uma alternativa progressista[7].

Com efeito, a pena serve tanto para prevenir os injustos delitos como para evitar os injustos castigos, porque não tutela apenas a pessoa ofendida pelo delito, mas também o próprio delinquente em relação às penas informais arbitrárias, públicas ou privadas[8].

O sistema penal cumpre, assim, uma dupla função geral preventiva negativa: prevenção de delitos e (principalmente) prevenção de reações públicas ou privadas arbitrárias, que é o fim fundamental da pena. E isso porque Ferrajoli duvida[9], por um lado, da efetiva idoneidade do direito penal para prevenir crimes futuros; e, por outro, acredita que a

5. Direito e razão. São Paulo: RT, 2014, p.785/787.

6. Para a compreensão e crítica ao garantismo, Ana Cláudia Pinho e Fernando Albuquerque. *Precisamos falar sobre garantismo*. Florianópolis: Empório do direito, 2017; Salo de Carvalho. Penas e medidas de segurança no direito penal brasileiro. São Paulo: Saraiva, 2013; e Elmir Duclerc. Introdução aos fundamentos do direito processual penal. Florianopólis: *Emporio do direito*, 2017.

7. Derecho y razón. Madrid: Trotta, 1995, p. 341.

8. Idem, p. 332.

9. Textualmente: "Em rigor, qualquer delito cometido demonstra que a pena prevista para ele não foi suficiente para preveni-lo e que para tal fim seria necessária uma maior"(...). É duvidosa a idoneidade do direito penal para satisfazer eficazmente a primeira (a prevenção geral de delitos) – não se podendo ignorar as complexas razões

intervenção penal seja mais adequada para prevenir reações informais arbitrárias, "ainda que com penas modestas ou puramente simbólicas"[10]; segundo, porque apenas esse segundo fim é necessário e suficiente para fundamentar um modelo de direito penal mínimo e garantista. Além disso, somente a tutela do inocente e a minimização da reação ao delito servem para distinguir o direito penal de outros sistemas de controle social (policial, disciplinário etc.).

Ferrajoli considera que, enquanto a prevenção geral de delitos define o limite mínimo das penas, a prevenção de penas arbitrárias ou desproporcionais (vinganças, linchamentos etc.), determina o limite máximo da pena. Com efeito, se a prevenção geral de crimes reflete o interesse da maioria não desviada, a prevenção geral de penas informais reflete a prevenção de reações sem controle, o interesse do réu e de todo aquele que é suspeito ou acusado. Certamente tais fins e interesses entram em conflito, e são seus portadores as partes no processo penal em contraditório: a acusação, interessada na defesa social e, pois, em maximizar a prevenção e o castigo aos delitos; e a defesa, interessada na defesa individual e, portanto, em maximizar a prevenção das penas arbitrárias.[11] E o direito penal nasce, assim, da necessidade política e social de administrar esse conflito de interesses, com o fim de controlar a violência e evitar o arbítrio.[12]

Daí justificar a intervenção do sistema penal por meio de uma equação: "um sistema penal está justificado só se a soma das violências – delitos, vinganças e castigos arbitrários – que está em condições de prevenir é superior às violências constituídas por delitos não prevenidos e pelas penas estabelecidas para estas. Naturalmente um cálculo deste tipo é impossível. Pode-se dizer, porém, que a pena está justificada como mal menor – o que é tanto como dizer só se é menor, ou seja, menos aflitivo e menos arbitrário – em face de outras reações não jurídicas que é lícito supor que se produziriam em sua ausência; e que, em geral,

---

sociais, psicológicas e culturais dos delitos, certamente não neutralizáveis mediante o mero temor das penas", ibidem, pp. 332-334.

10. Ibidem, p. 334.
11. Ibidem, p. 334.
12. Segundo Ferrajoli, o direito penal nasce precisamente no momento em que a relação bilateral parte ofendida/ofensor é substituída por uma relação trilateral em que se situa numa posição de terceiro e imparcial uma autoridade judicial, *Ibidem*, pp. 332-333.

o monopólio estatal da potestade punitiva está tanto mais justificado quanto mais baixos sejam os custos do direito penal frente aos custos da anarquia punitiva"[13].

Ferrajoli – que propõe a abolição gradual da pena de prisão, que não deve exceder a dez anos, e a extinção das prisões provisórias, por lhe parecerem excessiva e inutilmente aflitivas – é contrário à ideia de prevenção especial ou de ressocialização. Para ele, o Estado não tem o direito de forçar os cidadãos a não serem malvados, mas apenas o de impedir que se danem entre si, razão pela qual tampouco pode alterar (reeducar, ressocializar etc.) a personalidade dos condenados. Porque o cidadão, embora tenha o dever jurídico de não cometer crimes, tem o direito de ser interiormente malvado e continuar sendo o que é. As penas não devem perseguir, por isso, fins pedagógicos ou correcionais, senão que devem consistir em sanções taxativamente predeterminadas e não agraváveis com tratamentos diferenciados e personalizados do tipo ético ou terapêutico[14].

Coerente com a proposta de um direito penal mínimo (limitado aos casos de absoluta necessidade), que exige o máximo de certeza da intervenção jurídico-penal, Ferrajoli critica a flexibilização da pena na fase executiva, seja para agravá-la, seja para atenuá-la, razão pela qual ou bem devem ser extintos os atuais benefícios da execução (progressão e regressão de regime etc.) ou bem devem ser convertidos em direitos do preso já na sentença condenatória, visto que "a pena quantitativamente flexível e qualitativamente diferenciada na fase executiva não é menos despótica que as penas arbitrárias pré-modernas".[15]

Em suma, a lei penal representa a lei do mais débil ou mais fraco – débil, quando ofendido ou ameaçado pelo delito, assim como débil quando ofendido ou ameaçado pela vingança – lei do mais débil que se dirige à proteção dos direitos fundamentais destes contra a violência arbitrária do mais forte.

Com efeito, ao monopolizar a força, delimitar seus pressupostos e modalidades e excluir seu exercício arbitrário por parte dos sujeitos não autorizados, a proibição e a ameaça penais protegem as possíveis partes

13. Derecho y razón. Madrid: Trotta, 1995, p. 336.
14. Ibidem, pp. 223-224.
15. Derecho y razón, cit., p. 408-409.

ofendidas contra os delitos, enquanto que a imposição da pena protege os réus e inocentes suspeitos de crime, contra vinganças ou reações arbitrárias públicas ou privadas. As duas finalidades preventivas – prevenção de delitos e prevenção de penas arbitrárias – estão assim conectadas entre si sobre esta base: legitimam conjuntamente a necessidade política do direito penal como instrumento de tutela dos direitos fundamentais.[16]

Para Ferrajoli, o direito penal, dada a exigência de certeza e razão que devem presidir a intervenção do Estado, é um modelo que represente o máximo de bem-estar possível para os não desviados (os não delinquentes) e o mínimo de mal-estar para os desviados (os delinquentes)[17], modelo que corresponde a um meio termo entre um dois extremos, um modelo máximo de direito penal e o abolicionismo penal: um modelo de direito penal mínimo, como técnica de tutela dos direitos fundamentais, como lei do mais fraco.

Por "direito penal mínimo", considera-se um direito penal maximamente condicionado e maximamente limitado, isto é, limitado às situações de absoluta necessidade – "pena mínima necessária" –, que corresponda, não só ao máximo grau de tutela de liberdade dos cidadãos frente à potestade punitiva do Estado, mas também a um ideal de racionalidade e de certeza, razão pela qual a intervenção penal será ilegítima sempre que forem incertos ou indeterminados os seus pressupostos.[18] E, por "garantismo", entende-se a proteção daqueles valores ou direitos fundamentais cuja satisfação, ainda que contra interesses da maioria, é o fim justificador do direito penal: a imunidade dos cidadãos contra a arbitrariedade, das proibições e dos castigos, a defesa dos débeis mediante regras iguais para todos, a dignidade da pessoa do imputado e, por conseguinte, garantia de sua liberdade mediante o respeito de sua verdade[19].

Evidentemente a proposta de um direito penal mínimo não é incompatível com a necessidade permanente de atualização dos tipos penais e de neocriminalização, desde que respeitadas as garantias penais e processuais penais. Afinal, uma teoria do bem jurídico não pode ficar

16. Ibidem, p. 335.
17. Ibidem, p. 332.
18. Ibidem, p. 104.
19. Ibidem, p. 336.

presa a fórmulas arcaicas, como se o direito estivesse alheio aos influxos do tempo.

Esse sistema de garantias mínimas do cidadão frente ao poder punitivo do Estado é representado pela adoção de dez garantias penais e processuais penais, a saber[20]:

1) *Nulla poena sine crimine* (não há pena sem crime);

2) *Nullum crimen sine lege* (não há crime sem lei);

3) *Nulla lex* (poenalis) *sine necessitate* (não há lei sem necessidade);

4) *Nulla necessitas sine iniuria* (não há necessidade sem lesão);

5) *Nulla iniuria sine actione* (não há lesão sem ação);

6) *Nulla actio sine culpa* (não há ação sem culpa);

7) *Nulla culpa sine iudicio* (não há culpa sem processo);

8) *Nullum iudicium sine accusatione* (não há processo sem acusação);

9) *Nulla accusatio sine probatione* (não há acusação sem prova);

10) *Nulla probatio sine defensione* (não há prova sem defesa).

Tais axiomas podem ser combinados, gerando outros tantos (p. ex., *nullum crimen, nulla poena sine lege*)[21].

Finalmente, se, de um lado, o modelo garantista se presta à relegitimação do direito penal, por outro, presta-se também à deslegimitação de sistemas penais concretos que, total ou parcialmente, violem o modelo de direito penal mínimo proposto. E certamente todos os sistemas penais o violam, em maior ou menor grau. Não por caso, Ferrajoli reconhece que talvez a verdadeira utopia não seja a alternativa ao direito penal, mas o direito penal mesmo e suas garantias; não o abolicionismo penal, que ele critica como uma utopia regressiva, senão o próprio garantismo, inevitavelmente parcial e imperfeito[22].

Por último, temos que a justificativa político-criminal dada por Ferrajoli ao problema da pena coincide, no essencial, com a teoria dialética unificadora de Claus Roxin, para quem, o direito penal se presta à proteção subsidiária de bens jurídicos. Nesse sentido, o direito criminal

20. Ferrajoli. Diritto e ragione. Bari: Editori Laterza, 2011, 10ª edição, p.69.

21. Ibidem, p. 103-104.

22. Ibidem, p. 342.

protegeria o cidadão duplamente: por meio do direito penal e contra o direito penal, já que seu uso excessivo provocaria precisamente as situações que pretende combater[23].

3) A JUSTIFICAÇÃO DA PENA SEGUNDO CLAUS ROXIN

De acordo com Roxin (*teoria dialética unificadora*), é preciso considerar, na justificação do poder punitivo, três momentos distintos, embora interdependentes e incindíveis: a) a ameaça ou cominação da pena pelo tipo penal em abstrato; b) a individualização judicial da pena; e c) a execução da pena, as quais correspondem, em última análise, ao esquema atualmente vigente: direito penal, processo penal e execução penal.

Para Roxin, a finalidade do direito penal dependerá dos fins cometidos constitucionalmente ao Estado, por ser uma dimensão do poder político, razão pela qual os limites do direito penal são os limites do próprio Estado. Justo por isso, ao menos na vigência do Estado Constitucional de Direito, em que todo poder emana do povo, já não se pode perseguir a realização de fins divinos ou transcendentais de qualquer outro tipo. Tampouco pode a pena se prestar a corrigir moralmente o indivíduo. Porque a finalidade do direito penal é "criar e garantir a um grupo reunido, interior e externamente, no Estado, as condições de uma existência que satisfaça às suas necessidades vitais".[24]

Roxin concluirá então que: a) o direito penal tem natureza subsidiária, motivo pelo qual a sua intervenção só é legítima se for indispensável para uma vida em comum ordenada, pois, quando forem suficientes outras formas de prevenção e controle social, cabe substituir, no caso, a intervenção penal; b) o direito penal não pode se ocupar de condutas puramente imorais ou que não lesionem bem jurídico algum.

Nesse primeiro momento de intervenção (cominação de penas), a finalidade principal da pena é, pois, a proteção subsidiária de bens jurídicos (prevenção geral).

---

23. Problemas fundamentais de direito penal. Lisboa: Vega, 1993. Aníbal Bruno dizia exatamente o mesmo que Roxin: O direito penal é um sistema jurídico de dupla face, que protege a sociedade contra a agressão do indivíduo e protege o indivíduo contra os possíveis excessos de poder da sociedade na prevenção e repressão dos fatos puníveis. Direito penal, parte geral, tomo 1. Rio de Janeiro: Forense, 2013, p.7/8.

24. Problemas fundamentais, p. 27.

Quanto à individualização judicial da pena, o fim essencial da intervenção jurídico-penal é ressocializar o condenado (prevenção especial), limitada pela culpabilidade, isto é, não para fundamentar a pena, mas para evitar possíveis excessos que poderiam resultar da prevenção geral, passando a funcionar como limite da prevenção geral, motivo pelo qual a pena não pode ultrapassar a medida da culpabilidade. Mas nada impediria que pena fosse aplicada aquém da culpa.

Roxin diz textualmente: "o fim de prevenção geral da punição apenas se pode conseguir na culpa individual, pois se vai além e, portanto, se pretende que o autor expie as tendências criminosas de outros, atenta-se realmente contra a dignidade humana."[25]

A culpabilidade serviria assim à limitação do direito de punir, razão pela qual não se poderia, em nome da prevenção geral ou especial, pretender transformar, por exemplo, mediante vários anos de trabalho reeducativo, um mendigo notório num diligente guarda-livros, pois o mínimo conteúdo da culpa proíbe o direito penal de levar a cabo tal tarefa.[26]

A conclusão de Roxin é no sentido de que a pena tem por finalidade a proteção subsidiária e preventiva (geral e especial) de bens jurídicos e de prestações estatais, por meio de um processo que salvaguarde a autonomia da personalidade e que esteja limitado pela medida da culpa.

Quanto à execução, a pena tem por fim a reintegração social do delinquente na comunidade. Mas, em respeito à garantia constitucional da autonomia da pessoa, é proibido um tratamento coercitivo que interfira com a estrutura da personalidade, mesmo que de eficácia ressocializante, razão pela qual seria inadmissível, por exemplo, a castração de delinquentes sexuais, como também a operação cerebral que transformasse "um desordeiro num manso e obediente sonhador", pois o Estado deve proteger o indivíduo com e contra o direito penal.

Como se pode ver, existem grandes semelhantes entre a justificação de Ferrajoli e Roxin. Mas há também divergências importantes. Em primeiro lugar, há um certo ceticismo e radicalismo de Ferrajoli que não se vê em Roxin, mais otimista e moderado, cuja formação é mais dogmática. Em segundo lugar, ao contrário de Ferrajoli, Roxin defende

25. Problemas fundamentais de direito penal, cit., p. 35 e ss.
26. Problemas fundamentais, idem.

a prevenção especial ou ressocialização como um fim legítimo da pena, se bem que em termos que pouco diverge da proposta do jurista italiano.

Dizemos que a ressocialização aí proposta não difere, em termos essenciais, da tese de Ferrajoli, porque, para Roxin, a reintegração ou ressocialização do condenado deve dar-se segundos fins racionais e compatíveis com os princípios do Estado Democrático de Direito. Com efeito, "as consequências da garantia constitucional da autonomia da pessoa devem, pois, respeitar-se igualmente na execução da pena. É proibido um tratamento coactivo que interfira com a estrutura da personalidade, mesmo que possua eficácia ressocializante – o que é válido tanto quanto à castração de delinquentes sexuais, como quanto à operação cerebral que transforma contra a sua vontade o brutal desordeiro num manso e obediente sonhador".

A justificação da pena formulada por Roxin está assim sintetizada[27]:

> Com isto, chegamos ao fim. Se quiséssemos consagrar numa só frase o sentido e os limites do direito penal, poderíamos caracterizar a sua missão como proteção subsidiária de bens jurídicos e prestações de serviços estatais, mediante a prevenção geral e especial, que salvaguarda a personalidade no quadro traçado pela medida da culpa individual. Trata-se, se me é permitido dar um nome a esta concepção, de uma teoria unificadora dialética, a qual deve ser claramente distinguida, tanto do ponto de vista metodológico como pelo seu conteúdo, das tradicionais teorias monistas, assim como da teoria dominante da unificação por adição.

Naturalmente, autores há que, apesar de partidários de um modelo de direito penal mínimo, ao menos como trânsito para a abolição do sistema penal, insurgem-se contra semelhante forma de justificação do poder punitivo.

Eugênio Raúl Zaffaroni, por exemplo, considera que o argumento iluminista da necessidade do sistema penal para prevenir a vingança pública ou privada jamais se confirmou, pois no plano real ou social a experiência indicaria que já parece estar bem demonstrada a desnecessidade do exercício do poder do sistema penal para evitar a generalização da vingança, porque o sistema penal só atua em reduzidíssimo número de casos e a imensa maioria de crimes impunes não generaliza vin-

27. Problemas fundamentais, cit., p. 43.

ganças ilimitadas. Ademais, na América Latina foram cometidos cruéis genocídios que ficaram praticamente impunes, sem que tenham ocorrido episódios de vingança massiva.

Contrariamente ao argumento iluminista ou utilitarismo reformado proposto por Ferrajoli, Zaffaroni pretende justificá-lo diferentemente: o direito penal, como programação da operatividade da agência judicial, deve permanecer, e inclusive ampliar o seu âmbito, na medida em que a sua intervenção resulte menos violenta que as outras formas ou modelos efetivamente disponíveis de decisão de conflitos.

Diz ser um absurdo – prossegue Zaffaroni – pretender que os sistemas penais respeitem o princípio de legalidade, de culpabilidade, humanidade e, sobretudo, o de igualdade, já que estão "estruturalmente armados para violá-los a todos". Considera, por isso, que o direito penal deve servir à programação da minimização da violência e da arbitrariedade do sistema penal: "ante a evidente carência do poder da agência judicial para abolir o sistema penal e substituí-lo por mecanismos de solução de conflitos (análoga à falta de poder da Cruz Vermelha Internacional para suprimir os conflitos bélicos), as agências judiciais, como objetivo imediato, devem proceder conforme a um discurso que trace os limites máximos da irracionalidade tolerável na seleção criminalizante do sistema penal.[28]

A teoria de Zaffaroni, hoje batizada de *teoria agnóstica da pena*[29], não está isenta de críticas. Smaus, por exemplo, tem que essa forma de justificação da pena encerra uma contradição insuperável, por entender que pena é manifestação de violência em defesa e reprodução de um sistema profundamente desigual, razão pela qual não faz sentido invocá-la para outros fins[30].

4) CONCLUSÃO

Falar de direito penal (em sentido amplo) é falar inevitavelmente de violência, mas não apenas da violência que é constituída pelas ações e

28. En busca de las penas perdidas. Bogotá: Temis, 1990, cit., p. 190.

29. Nesse sentido, Salo de Carvalho. Anti-munaual de criminologia. São Paulo: Saraiva, 2013.

30. Apud Martínez Sánchez, Mauricio. Que pasa en la criminologia moderna? Bogotá: Temis, 1990, p. 36-40.

omissões que o sistema penal define como crime. Falar de direito penal é falar também da violência que é o próprio sistema criminal, pois é em si mesmo violência, seletiva, discriminatória, desigual e de discutível utilidade, de modo que tão grave e importante quanto o controle da violência é a violência do controle.[31] Com efeito, a pena de morte e as prisões, por exemplo, distinguem-se dos crimes de homicídio e sequestro pelo fato de que são legitimados pelo direito, razão pela qual a pena de morte e as prisões (provisórias e definitivas) outra coisa não são senão assassinatos e sequestros legais com outro nome.

Nesse sentido, o sistema de justiça criminal é uma espada de duplo fio, porque é lesão de bens jurídicos para proteção de bens jurídicos[32], ou seja, é violência a serviço do controle da violência.

Justo por isso, quem quiser compreender o sistema penal não pode ignorar que o direito, o processo e a execução penal assentam sobre fundamentos (prevenção geral, igualdade, culpabilidade etc.) no mínimo duvidosos; e sua necessidade é em todo caso questionável, sobretudo em razão da excepcionalidade de sua intervenção, da duvidosa eficácia motivadora de suas normas, da possibilidade de utilização de outras formas mais adequadas de controle social e da arbitrária seletividade inerente ao seu normal funcionamento.

Mas, se isso é correto, também é certo que não podemos, aqui e agora, abolir o sistema penal, como pretende o abolicionismo penal, mesmo porque, ainda quando semelhante pretensão fosse realmente factível, teríamos de passar por um processo gradual de descriminalização e despenalização. Mais: abolir o direito penal constituiria, como assinala Juan Bustos Ramírez, uma "fraude de etiquetas", porque continuaria a existir, ainda que com outro nome, um direito sancionador também seletivo e discriminador, já que não desapareceriam as estruturas de poder que lhe dão vigência e, pior, sem nenhum controle ou garantia.[33]

Ferrajoli está certo, portanto: o abolicionismo, para além de suas intenções libertárias e humanitárias, constitui uma *utopia regressiva* que, sob os pressupostos ilusórios de uma sociedade boa e um Estado bom, apresenta modelos em realidade desregulados ou autorregulados de vigilância e/ou castigo, em relação aos quais é o direito penal, com seu

31. A expressão é de Vera Andrade.
32. A expressão é de Franz von Liszt.
33. Introducción al derecho penal, Bogotá: Ed. Temis, 1994, p. 195-196.

complexo, difícil e precário sistema de garantais, que constitui, histórica e axiologicamente, uma alternativa progressista.[34]

Parece também que, apesar das muitas divergências, tanto os autores que pregam um direito penal máximo quanto os que defendem a sua pronta abolição alimentam uma mesma ilusão: os primeiros supõem que mais leis (mais repressão) importam em mais proteção; e os segundos creem que suprimir o sistema penal significaria mais liberdade e menos violência, atribuindo-se, num e noutro caso, um certo caráter mágico à lei.[35]

Abolicionismo penal e direito penal do inimigo são, pois, em última análise, dois extremos que de algum modo se tocam em seus excessos e dogmatismos, ao darem ao sistema penal uma importância que ele de fato não tem, seja como meio de produção e reprodução da violência do sistema social (função latente), seja como instrumento de prevenção e controle social (função declarada).

É mais razoável, por conseguinte, defender um direito penal conforme a Constituição, isto é, um direito penal mínimo, limitado aos casos de absoluta necessidade. Direito penal mínimo implica processo penal mínimo, execução penal mínima.

Naturalmente que um direito penal mínimo não é em si mesmo uma solução, mas parte da solução, pois o decisivo, para o controle racional da criminalidade, é privilegiar intervenções estruturais (etiológicas), não apenas individualizadas e localizadas (sintomatológicas), especialmente por meio de políticas sociais de integração social dos indivíduos. Um direito penal assim residual não é só, portanto, o programa de um direito penal mais justo e mais eficaz; é também parte de um grande programa de justiça social e de pacificação dos conflitos.[36] Assim postas as coisas, terá o direito penal um papel bastante modesto e subsidiário de uma política social de largo alcance, mas nem por isso menos importante. Uma boa política social ainda é a melhor política criminal.[37]

---

34. Derecho y razón, cit., p. 341.

35. Como assinalam Zaffaroni e Pierangeli, o sistema penal é somente uma forma de controle social institucionalizado e, como é lógico, o controle social não desaparecerá, porque não desaparecerá a estrutura de poder dentro da sociedade. O lógico será que, se o sistema penal cede muita margem de controle social, este será igualmente exercido com outras formas que nem sempre serão melhores quanto ao respeito à dignidade humana. Manual, cit., p. 309.

36. Baratta, La política criminal y el derecho penal de la Constitución: nuevas reflexiones sobre el modelo integrado de las ciencias penales, Revista Brasileira de Ciências Criminais, ano 8, jan./mar. 2000.

37. A expressão é de Franz von Liszt.

Porque segurança e proteção têm pouco a ver com proteção penal ou com o aumento da repressão, isto é, o controle da criminalidade tem pouco a ver com o controle penal[38]. Porque mais policiais, mais juízes, mais prisões significa mais presos, mas não necessariamente menos delitos (Jeffery).

Mais: a necessidade de segurança dos cidadãos não é somente, como ensinava Baratta, uma necessidade de proteção da criminalidade e de processo de criminalização, pois a segurança dos cidadãos corresponde, também, à necessidade de estarem e sentirem-se garantidos no exercício de todos os seus próprios direitos: direito à vida, à liberdade, ao livre desenvolvimento da personalidade e de suas próprias capacidades; direito de expressar-se, de comunicar-se, direito à qualidade de vida, assim como direito de controlar e influir sobre as condições das quais depende, em concreto, a existência de cada um. Enfim, a relação entre garantismo negativo (limites ao poder punitivo) e garantismo positivo (assegurar as condições de poder viver condignamente – realização dos direitos sociais) equivale à relação que existe entre a política de direito penal e a política integral de proteção dos direitos.[39]

Finalmente, se o sistema penal, como um conjunto de relações e interações humanas e comunitárias, é em nós que ele existe, segue-se que, se quisermos suprimi-lo de fato, teremos de começar por suprimir nossos microssistemas punitivos que lhe dão forma e conteúdo, vigência e sustentação. Se um dia tal ocorrer, a abolição se dará naturalmente. Porque, em última análise, a justiça penal é uma transformação do ressentimento e, pois, uma forma de vingança com outro nome[40].

38. A pena, como assinala García-Pablos, que não convence, só atemoriza, reflete mais a impotência, o fracasso e a ausência de soluções que a convicção e a energia necessárias para abordar os problemas sociais. Por isso, uma verdadeira e eficaz prevenção há de ser programada a médio e longo prazos, e não deve ser entendida em sua estrita e negativa acepção intimidatória, quase policial, senão positivamente: como prevenção social e comunitária (El principio de intervención mínima, cit., www.direitocriminal.com.br, 1º-62-001).

39. Baratta, La política criminal…, Revista, cit.

40. A genealogia da moral. São Paulo: Centauro editora, 2004.

Capítulo IV

DIREITO E INTERPRETAÇÃO

1) INTRODUÇÃO

O mundo verdadeiro, alcançável para o sábio, o devoto, o virtuoso – ele vive nele, ele é ele. (A mais velha forma da ideia, relativamente sagaz, simples, convincente. Paráfrase da tese: 'Eu, Platão, sou a verdade'"). Nietzsche. Crepúsculo dos ídolos. São Paulo: Companhia das Letras, 2006, p.9, aforismo 1.

De um modo geral, a doutrina repete a fórmula de que interpretar é extrair o sentido exato da lei, como se a interpretação do direito fosse uma simples questão de descoberta da suposta verdade contida nas normas jurídicas.

Carlos Maximiliano, por exemplo, dizia, no clássico hermenêutica e aplicação do direito, de 1924, que "interpretar é explicar, esclarecer; dar o sentido de vocábulo, atitude ou gesto; reproduzir por outras palavras um pensamento exteriorizado; mostrar o sentido verdadeiro de uma expressão; extrair, de frase, sentença ou norma, tudo o que na mesma se contém".[1] Interpretar era, pois, descobrir e fixar o sentido verdadeiro da regra positiva.[2]

Afirmações similares são feitas por Aníbal Bruno: "interpretar a lei, isto é, penetrar-lhe o verdadeiro exclusivo sentido, é o primeiro problema do jurista em face do Direito positivo"; e Nélson Hungria: "a fonte única do direito penal é a norma legal. Não há direito penal vagando fora da lei escrita. Não há distinguir, em matéria penal, entre lei e direito (...). A lei penal é, assim, um sistema fechado: ainda que se apresente omissa ou lacunosa, não pode ser suprida pelo arbítrio judicial, ou pela analogia, ou pelos princípios gerais de direito, ou pelo costume. Do ponto de

1. Hermenêutica e aplicação do direito. Rio de Janeiro: Forense, 2003, p. 7.
2. Carlos Maximiliano, idem.

vista de sua aplicação pelo juiz, pode mesmo dizer-se que a lei penal não tem lacunas"[3].

Como se vê, a doutrina penal ainda repete, ou repetia, Montesquieu, que dizia, em 1748, que o juiz era boca que pronunciava as palavras da lei.[4]

Ocorre, porém, que a interpretação não é um modo de constatar um direito preexistente, mas a própria realização do direito. A interpretação é, pois, o ser do direito; e o ser do direito é um devir. Porque, com ou sem modificação da redação dos textos legais, o direito está em permanente transformação. Afinal, não existe direito vagando fora ou além da história, ou fora ou além das relações de poder que o constituem.

Matar, roubar ou estuprar pode ser conforme o direito, inclusive, porque o que seja "matar", "roubar" ou "estuprar", e as possíveis formas de legitimação dessas ações (legítima defesa etc.) e de isenção de culpa (doença mental etc.) não estão previamente dadas, apesar de existir certo consenso sobre tais assuntos. O direito é uma construção social relativamente arbitrária que não existe *a priori,* mas a *posteriori*, podendo legitimar formas muito cruéis de violência sem que percebamos como tal[5].

---

3. Comentários ao Código Penal, cit. Apesar disso, Hungria afirma, mais adiante, que "no estado atual da civilização jurídica, ninguém pode negar ao juiz a faculdade de afeiçoar a rigidez da lei ao progressivo espírito da sociedade, ou de imprimir ao texto legal a possível elasticidade, a fim de atenuar os contrastes que acaso surjam entre ele e a cambiante realidade. Já passou o tempo do rigoroso tecnicismo lógico, que abstraía a lei do seu contato com o mundo real e a consciência social." Comentários, p. 79-80.
4. Montesquieu. O espírito das leis, cit., Livro XI, VI, p. 123. Também Beccaria dizia em 1764 (Dos delitos e das penas) que "o juiz deve fazer um silogismo perfeito. A maior deve ser a lei geral; a menor, a ação conforme a lei; a consequência, a liberdade ou a pena. Se o juiz for constrangido a fazer um raciocínio a mais, ou se o fizer por conta própria, tudo se torna incerto e obscuro. Nada mais perigoso do que o axioma de que é preciso consultar o espírito da lei. Adotar tal axioma é romper todos os diques e abandonar as leis à torrente das opiniões".
5. Como escreveu Pascal, "o latrocínio, o incesto, o assassinato das crianças e dos pais, tudo encontrou seu lugar entre as ações virtuosas. Pode haver algo de mais absurdo que um homem ter direito de matar-se porque mora do outro lado do rio, e seu príncipe é contendor com o meu, embora eu não tenha nada contra ele?". Pensamentos sobre política. São Paulo: Martins Fontes, 1994.

Com efeito – são palavras de Foucault – não há nada absolutamente primeiro a interpretar, porque no fundo já tudo é interpretação; cada símbolo é em si mesmo não a coisa que se oferece à interpretação, mas a interpretação de outro símbolo.[6]

Ademais, a interpretação e a aplicação do direito formam um processo único[7] e complexo que compreendem a análise e a apreciação de fatos, provas e textos etc., de modo que constituem um momento crucial da construção da realidade jurídica.

Também por isso, o aforismo *in claris non fit interpretatio* (nas coisas claras não se faz interpretação) é uma falácia, porque confunde a ausência de dificuldades interpretativas com a ausência de interpretação,[8] visto que afirmar que um texto é dúbio, claro ou claríssimo já é interpretá-lo, inevitavelmente.

Günter Abel tem, pois, razão quando diz que não é possível pensar que haja um mundo pré-fabricado e um sentido prévio que simplesmente estejam à nossa disposição aguardando por sua representação em nossa consciência, afinal nos processos de interpretação não se trata de descobrir/desvelar uma vontade preexistente e pronta, porque não é a interpretação que depende do direito (ou da lei), mas o direito (ou a lei) que depende da interpretação.[9]

Em resumo: o direito não preexiste à interpretação, mas é dela resultado, razão pela qual constitui a realização mesma do direito, afinal não existem fenômenos jurídicos, nem jurídico-penais, mas apenas uma

---

6. Nietzsche, Freud, Marx. São Paulo: Princípio Editora, 1997, p. 22.
7. Como diz Eros Grau, "interpretação e aplicação não se realizam autonomamente. O intérprete discerne o sentido do texto a partir e em virtude de um determinado caso (Gadamer, 1991:397) A interpretação do direito consiste em concretar a lei em cada caso, isto é, na sua aplicação (Gadamer, 1991:301). Assim, existe uma equação entre interpretação e aplicação: não estamos, aqui, diante de dois momentos distintos, porém, frente a uma só operação (Marí, 1991:236). Interpretação e aplicação consubstanciam um processo unitário (Gadamer, 1991:381), se superpõem". Ensaio e discurso sobre interpretação/aplicação do direito. São Paulo: Malheiros, 2002, p. 84.
8. Cobo del Rosal e Vives Antón, Derecho penal, p. 103.
9. Günter Abel. Verdade e interpretação, in Nietzsche na Alemanha, org. por Scarlett Merton. S. Paulo: Discurso Editorial, 2005.

interpretação jurídica e jurídico-penal dos fenômenos[10]. Por conseguinte, não existem fenômenos criminosos, típicos, antijurídicos, culpáveis ou puníveis, mas uma interpretação criminalizante, tipificante, antijuridicizante, culpabilizante e punibilizante dos fenômenos.[11]

E mais, todos interpretam no processo penal (promotores, advogados, testemunhas, peritos, vítimas, réus etc.), e não só juízes e tribunais.

Finalmente, conforme ensina Castanheira Neves, o problema jurídico-normativo da interpretação não é apenas o de determinar a significação jurídica que exprimem as leis ou quaisquer normas jurídicas, mas o de obter dessas leis ou normas um critério prático normativo adequado de decisão dos casos concretos, motivo pelo qual uma boa interpretação não é aquela que, numa perspectiva hermenêutico-exegética, determina corretamente o sentido textual da norma; é antes aquela que, numa perspectiva prático-normativa, utiliza bem a norma como critério da justa decisão do problema concreto.[12]

Também por isso, "o caso não é apenas a condição histórico-situacional da compreensão da norma, o factor situacionalmente hermenêutico dessa compreensão, mas a própria determinante problemática da intenção interpretativa. O que significa, evidentemente, que é o caso, e não a norma, o prius problemático-intencional e metódico – não se intenciona o problema interpretativo, nem se parte metodicamente nele da norma para o caso (em ordem a uma 'aplicação' da norma que a sua prévia e abstrata interpretação possibilitasse), mas do caso para a norma (mediante a interrogação do critério normativo adequado que a norma possa oferecer para o caso)".[13]

---

10. Mesmo na Física não é diversa a situação, porque, como assinala Fritjof Capra, "na Física moderna, o universo é, pois, experimentado como um todo dinâmico e inseparável, que sempre inclui o observador, num sentido essencial. Nessa experiência, os conceitos tradicionais de espaço e tempo, de objetos isolados, de causa e efeito, perdem seu significado". O Tao da Física. S. Paulo: Cultrix, 1995, p. 68.
11. Ver Paulo Queiroz. Direito penal, parte geral. Salvador: Juspodivm, 2018.
12. Metodologia jurídica. Coimbra: Coimbra Editora, 1993, p. 84.
13. A. Castanheira Neves. O actual problema metodológico da interpretação jurídica. Coimbra Editora, 2003, p. 80-81. O autor cita ainda M. Kriele: "no princípio está o caso, real ou imaginário, e não o texto"; Fikentscher: "o ponto de partida é o caso concreto decidendo"; e R. Gröschner: "não o texto legal, mas o caso é o A e o O dos juristas".

2) INTERPRETAR É COMPREENDER

Interpretar é, pois, compreender e resolver os casos penais, aí incluída a compreensão de textos, provas, fatos, teses e antíteses etc. Ou, ainda, interpretar é argumentar corretamente num sistema aberto[14]. Como múltiplas são as possibilidades de compreender e argumentar corretamente, múltiplas são igualmente as possibilidades de compreensão e solução adequada do caso penal.

Justo por isso, a interpretação não conduz, ou não conduz necessariamente, a uma única solução correta, mas a diversas soluções possíveis. Como ensinou Kelsen, o direito a aplicar forma, em todas as hipóteses, uma moldura dentro da qual existem várias possibilidades de aplicação, razão pela qual é conforme o direito todo ato que se mantenha dentro desse quadro ou moldura, que preencha essa moldura em qualquer sentido possível[15].

Porque, como assinala Margarida Camargo, ao contrário das posições monolíticas, o que se aponta agora sob o viés da pós-modernidade é que, no lugar do universal, encontra-se o histórico; no lugar do simples, o complexo; no lugar do único, o plural; no lugar do abstrato, o concreto; e no lugar do formal, o retórico, pois o direito consiste na realização de uma prática que envolve o método hermenêutico e a técnica argumentativa[16].

Também por isso, interpretar um texto legal, isto é, compreender e fazer compreender o seu significado, não é uma simples questão de aplicação de métodos,[17]visto que pertence ao todo da experiência do homem no mundo[18]; e isso se dá de tal modo que aquele que compreende já está incluído num acontecimento em razão do qual se faz valer o que

14. Arthur Kaufmann, Panorámica histórica de los problemas de la filosofía del derecho, in El pensamiento jurídico contemporáneo, Ed. Debate, 1992, p. 131.

15. Teoria pura do direito, cit., p. 390.

16. Hermenêutica e argumentação. Rio de Janeiro-São Paulo: Renovar, 2003, p. 250.

17. Como assinala Hassemer, não há uma metarregra das regras interpretativas, isto é, não há uma pauta que prescreve ao juiz a aplicação de um determinado método em cada caso, pois, metodicamente, o juiz é livre na eleição das regras interpretativas, e como as diferentes regras conduzem a resultados diferentes quanto à compreensão "correta" da norma, não podem elas, por consequência, garantir a vinculação estrita do juiz à lei (El pensamiento jurídico contemporáneo, cit., p. 212). No mesmo sentido, Kelsen, Teoria pura do direito, cit.

18. Gadamer, Verdade e método. Petrópolis: Vozes, 1999, p. 31.

tem sentido, por isso que não existe compreensão que seja livre de todo preconceito, por mais que a vontade do nosso conhecimento tenha de estar dirigida no sentido de escapar ao conjunto dos nossos preconceitos[19]. Assim, a compreensão do sentido linguístico implica inevitavelmente a autocompreensão do próprio sujeito que realiza a compreensão, fazendo surgir o direito histórico, concreto[20].

Ou seja, a interpretação do direito é realizada por meio de um processo circular de compreensão em que entre o texto e o intérprete se estabelece uma relação de mútua referência, pois, como observa Saavedra, o leitor entende o texto a partir da posição de parcialidade que decorre de sua relação com o objeto mencionado no texto. Se o texto,

19. Gadamer, Verdade e método, cit., p. 708-709. Escreve o citado autor textualmente: "Aquele que compreende já está sempre incluído num acontecimento, em virtude do qual se faz valer o que tem sentido. Está justificado que, para o fenômeno hermenêutico, se empregue o mesmo conceito do jogo que para a experiência do belo. Quando compreendemos um texto nos vemos tão atraídos por sua plenitude de sentido como pelo belo (...). Na medida em que compreendemos, estamos incluídos num acontecer da verdade e quando queremos saber o que temos que crer, parece-nos que chegamos demasiado tarde (...). Assim, é certo que não existe compreensão que seja livre de todo preconceito, por mais que a vontade do nosso conhecimento tenha de estar sempre dirigida no sentido de escapar ao conjunto dos nossos preconceitos. No conjunto da nossa investigação evidencia-se que, para garantir a verdade, não basta o gênero de certeza, que o uso dos métodos científicos proporciona. Isso vale especialmente para as ciências do espírito, mas não significa, de modo algum, uma diminuição de sua cientificidade, mas, antes, a legitimação da pretensão de um significado humano especial, que elas vêm reivindicando desde antigamente. O fato de que, em seu conhecimento, opere também o ser próprio daquele que conhece, designa certamente o limite do 'método', mas não o da ciência. O que a ferramenta do 'método' não alcança tem de ser conseguido e pode realmente sê-lo através de uma disciplina do perguntar e do investigar, que garante a verdade."

20. Arthur Kaufmann, Panorámica..., in El pensamiento, cit., p. 129. Já Heidegger escrevera que "a interpretação de algo como algo funda-se, essencialmente, numa posição prévia, visão prévia e concepção prévia. A interpretação nunca é apreensão de um dado preliminar, isenta de pressuposições. Se a concreção da interpretação, no sentido da interpretação textual exata, se compraz em se basear nisso que 'está' no texto, aquilo que, de imediato, apresenta como estando no texto nada mais do que opinião prévia, indiscutida e supostamente evidente, do intérprete. Em todo princípio de interpretação, ela se apresenta como sendo aquilo que a interpretação necessariamente já 'põe', ou seja, que é preliminarmente dado na posição prévia, visão prévia e concepção prévia" (Ser e tempo, Petrópolis: Vozes, 2002, p. 207).

escreve Saavedra, "fala de poder, de justiça, de arte ou da vida, o leitor compreenderá o texto em função de suas próprias experiências sobre o poder, a justiça, a arte ou a vida. Essas experiências podem mudar, evidentemente, e pode mudar também a consequência do contato que o leitor mantém com o texto, mas o que parece evidente é que não há nenhuma leitura ingênua, porque o intérprete sempre leva consigo uma compreensão prévia daquilo que quer compreender quando empreende a leitura do texto"[21].

Daí porque, como ensina Arthur Kaufmann, não é possível interpretar corretamente conforme métodos ou segundo a hierarquia de argumentos, pois em última análise sobre o valor e a hierarquia de um meio interpretativo ou de um argumento decide o próprio intérprete,[22] mesmo porque não há um método para a escolha do método.[23] E o juiz, que supõe tomar seus critérios de decisão unicamente da lei, é vítima de fatal engano, pois (inconscientemente) permanece dependente dele mesmo, quando em realidade só o juiz que tenha plena consciência de que sua pessoa está implicada no processo interpretativo pode ser verdadeiramente independente.[24]

Nietzsche tinha razão, portanto, quando dizia que nós introduzimos nossos valores nas coisas por meio da interpretação[25]. A rigor, o direito não está nos fatos, nas leis, nas coisas: o direito é em nós que ele existe.

No fundo, as coisas são relativamente simples, portanto: juízes corajosos e imparciais interpretam e decidem corajosa e imparcialmente; promotores implacáveis interpretam e acusam implacavelmente; e advogados apaixonados compreendem e advogam apaixonadamente. A interpretação é o próprio homem. E a aplicação do direito, mais do que técnica e razão, exige talento e sensibilidade.

---

21. Citado por Amilton Bueno de Carvalho. Papel dos juízes na democracia, Doutrina, Rio de Janeiro, nº 1, 2002.
22. Arthur Kaufmann, Panorámica..., in El pensamiento, cit., p. 129.
23. Lédio Rosa de Andrade. O que é direito alternativo? Florianópolis: Habitus, 2001, p. 54.
24. Arthur Kaufmann, Panorámica..., in El pensamiento, cit., p. 130.
25. A vontade de poder, cit., p. 310, aforismo 590.

Cabe notar, ainda, com Foucault, que, por meio do direito penal, julgam-se também as paixões, os instintos, as anomalias, as enfermidades, as inadaptações, os efeitos do meio ambiente ou de hereditariedade; punem-se as agressões, mas, por meio delas, as agressividades, e, ao mesmo tempo, as perversões, impulsos e desejos humanos; julga-se, enfim, a "alma" do criminoso, de sorte que a sentença que condena ou absolve não é simplesmente um julgamento de culpa, pois implica uma apreciação de normalidade e uma prescrição técnica para uma normalização possível.[26]

É inútil, pois, estudar interpretação a partir de métodos, visto que: a) não existe um método para a eleição do método; b) toda compreensão é uma autocompreensão determinada pelos preconceitos do intérprete; c) a eventual adoção de um método (v.g., o histórico) não é garantia de uma mesma solução, nem de uma solução adequada do caso penal; d) o intérprete não extrai sentidos da lei, mas atribui sentidos à lei.

3) LIMITES DA INTERPRETAÇÃO

Atualmente há um certo consenso no sentido de que, por maior que seja a clareza e a exatidão de um texto legal, é sempre possível interpretá-lo de várias formas, em virtude do caráter aberto da linguagem e, pois, dos conceitos jurídicos. Há quem afirme inclusive que as possibilidades de interpretação são infinitas (Nietzsche, Derrida, Umberto Eco etc.). Mas isso significa que qualquer interpretação é válida? Existem limites à interpretação?

Parece-nos que tais limites existem ou devem existir realmente.[27]

26. Vigiar e punir: história da violência nas prisões, trad. Raquel Ramalhete, 12. ed., Petrópolis: Vozes, 1995, p. 21 e ss.

27. Nesse sentido, Umberto Eco: dizer que um texto é potencialmente sem fim não significa que todo ato de interpretação possa ter um final feliz. Até mesmo o desconstrucionismo mais radical aceita a ideia de que existem interpretações clamorosamente inaceitáveis. Isso significa que o texto interpretado impõe restrições a seus intérpretes. Os limites da interpretação coincidem com os direitos do texto, o que não quer dizer que coincidem com os direitos do seu autor. Os limites da interpretação. S. Paulo: Editora Perspectiva, 2000, p. XXII. E Nietzsche: "Infinita possibilidade de interpretação do mundo: cada interpretação é um sintoma de crescimento ou de declínio," in Vontade de Poder, cit.

Em primeiro lugar, é preciso reconhecer que há interpretações erradas, isto é, tecnicamente incorretas. Exemplo disso são as decisões que se fundam em leis já revogadas como se ainda estivessem em vigor; as que desconhecem a legislação específica; as que convalidam cálculos matemáticos incorretos, relativamente à prescrição, decadência, prazos etc.; as que se baseiam numa leitura equivocada do texto; as tomadas por juízes manifestamente incompetentes; as que contrariam princípios e regras por desconhecimento; as que encerram contradição insuperável etc.

Mas, que dizer da interpretação tomada conscientemente e sem erros técnicos? Pode um juiz deixar de condenar alguém por crime contra a liberdade sexual por julgar que a vítima, por ser prostituta ou similar, não é digna ou passível de proteção jurídica? É sustentável ainda, como no passado, que mulher casada não poderia ser vítima de estupro praticado pelo marido, em razão dos deveres do casamento? Policiais podem matar fora dos casos legalmente admitidos?

Temos que, seja qual for o rótulo que se associe a cada comportamento (prostituta etc.), toda pessoa humana, independentemente de qualquer outra condição, tem o direito de ser respeitada enquanto tal, fazendo por isso jus à proteção da vida, da honra e da liberdade em toda e qualquer circunstância, motivo pelo qual o juiz não pode negar proteção à prostituta ou à mulher casada sob nenhum pretexto.

Pela mesma razão, não se pode considerar legítima a ação de policiais que torturam e matam supostos criminosos fora dos casos legalmente autorizados (legítima defesa) em nome da segurança pública ou semelhante, porque do contrário não existirá diferença alguma entre policiais e criminosos, entre o lícito e o ilícito, entre o direito e o torto.

Não obstante isso, por mais que consideremos determinadas decisões como incorretas, inaceitáveis ou teratológicas, uma coisa é certa: os limites de uma interpretação são dados por uma outra interpretação, afinal a afirmação de que uma determinada sentença é incorreta, inaceitável ou teratológica encerra igualmente uma interpretação.[28]

---

28. Como assinala Hassemer, apenas uma compreensão jurídica obtusa, mas não aquela orientada pela teoria linguística, poderia supor que existem fronteiras abstratas entre linguagem e compreensão fora da linguagem e da compreensão. A interpretação judicial das leis é um ato de compreensão de texto e, por isso, provida de todas as limitações, pré-conceitos, subjetivismos, rotinas e caráter espontâneo das demais formas de compreensão. Cit., p. 66.

Naturalmente que a interpretação predominante (majoritária) não é necessariamente a melhor, porque tal encerra uma decisão de poder, motivo pelo qual prevalecerá a de quem (pessoa, órgão ou instituição) tiver atribuição legal (poder) para a impor ou institucionalizar, podendo inclusive ser a mais arbitrária dentre as possíveis, afinal só é direito o que o poder reconhece como tal[29]. Dito sem rodeios: quem tem poder cria o direito; quem não o tem o sofre!

Porque é o poder (um conjunto de relações histórica e permanentemente em construção) que, em última análise, cria e extingue estados, promulga leis e revoga constituições, institui exércitos e parlamentos, declara a guerra e a paz, forja deuses e demônios, distingue mito e realidade, saber e ignorância, bem e mal, verdade e mentira, direito e torto.

4) EXISTE A RESPOSTA JURIDICAMENTE CORRETA?

Apesar de tudo quanto foi dito até aqui, há quem sustente que existe a resposta juridicamente correta ou constitucionalmente adequada. Nesse sentido é o livro de Lenio Luiz Streck, cujo título é: "o que é isto? – decido conforme a minha consciência?"[30]

O texto pretende combater o "juiz solipsista",[31] uma espécie de Juiz Robinson Crusoé, que decidiria, não segundo a Constituição, mas segundo a sua consciência (e vontade) apenas.

---

29. De acordo com François Ewald, "não há saber 'neutro', purificado, desafectado, como foi dito a respeito da ciência. Todo o saber é político, não porque dele se possam deduzir consequências em política, nem porque a política se possa servir dele ou utilizá-lo, mas, muito mais profundamente, porque não há saber que não seja fundado ou não encontre as suas condições de possibilidade em relações de poder". Foucault e o direito, cit., p. 55.
30. O que é isto – Decido conforme a minha consciência? Livraria do Advogado Editora. Porto Alegre: 2010.
31. De acordo com o Dicionário Oxford de Filosofia (Rio de Janeiro: Jorge Zahar Editor, 1997, p. 367), solipsismo é "a crença de que, além de nós, só existem as nossas experiências. O solipsismo é a conseqüência extrema de se acreditar que o conhecimento deve estar fundado em estados de experiências interiores e pessoais, e de não se conseguir encontrar uma ponte pela qual esses estados nos dêem a conhecer alguma coisa que esteja além deles. O solipsismo do momento presente estende este ceticismo aos nossos próprios estados passados, de tal modo que tudo o que resta é o eu presente. Russel conta-nos que conheceu uma mulher que se dizia solipsista e que estava espantada por não existirem mais pessoas como ela."

Lenio Streck escreve textualmente: "Desse modo, quando falo aqui – e em tantos outros textos – de um sujeito solipsista, refiro-me a essa consciência encapsulada que não sai de si no momento de decidir. É contra esse tipo de pensamento que volto minhas armas. Penso que seja necessário realizar uma desconstrução (abbau) crítica de uma ideia que se mostra sedimentada (ou entulhada, no sentido da fenomenologia heideggeriana) no imaginário dos juristas e que tem se mostrado de maneira emblemática no vetusto jargão: 'sentença vem de sentire...' (para citar apenas um entre tantos chavões, que, como já demonstrei, transformaram-se em enunciados performáticos)".

Em verdade, o autor parte de um falso problema e chega a conclusões igualmente falsas.

Com efeito, a primeira questão reside em saber se existiria de fato um tal juiz/sujeito. Afinal, de acordo com o autor, "...não é mais possível pensar que a realidade passa a ser uma construção de representações de um sujeito isolado (solipsista). O giro ontológico-linguístico já nos mostrou que somos, desde sempre, seres-no-mundo, o que implica dizer que, originariamente, já estamos 'fora" de nós mesmos nos relacionando com as coisas e com o mundo. Esse mundo é um ambiente de significância; um espaço no interior do qual o sentido – definitivamente – não está à nossa disposição".[32]

Se isto é correto, parece então que um juiz solipsista jamais existiu realmente, ainda que ele (o juiz) pensasse decidir isoladamente, com base exclusivamente em sua consciência. E mesmo um Robinson Crusoé, cuja consciência era o resultado de toda a tradição moral, religiosa, jurídica (etc.) que lhe fora ensinada antes do naufrágio que o vitimara, tinha na ilha a companhia de um Sexta-Feira. Tinha, pois, além de seus próprios limites, os limites de um semelhante e da ilha/natureza em que passou a habitar.

Enfim, nem mesmo para Robinson Crusoé é possível falar de "um grau zero de sentido". E como assinala Gadamer, "não é a história que pertence a nós, mas nós que pertencemos à história. Muito mais do que nós compreendemos a nós mesmos na reflexão, já estamos compreendendo de uma maneira auto-evidente na família, na sociedade e no Estado em que vivemos. A lente da subjetividade é um espelho deformante. A

32. Idem, p. 57.

auto-reflexão do indivíduo não é mais que uma centelha na corrente cerrada da vida histórica. Por isso, os pré-conceitos de um indivíduo são, muito mais que seus juízos, a realidade histórica de seu ser".[33]

Justamente por isso, carece de sentido a pergunta: "onde ficam a tradição, a coerência e integridade do direito? Cada decisão parte (ou estabelece) um 'grau zero de sentido'?".[34]

Aliás, é o próprio autor quem conclui que "é exatamente por isso que podemos dizer, sem medo de errar, que o sujeito solipsista foi destruído (embora sobreviva em grande parte do ambiente jusfilosófico). Afinal, como diz Gadamer, 'quem pensa a linguagem já se movimenta para além da subjetividade'."[35]

Mas não só. Para Lenio Streck, que cita voto proferido por um certo ministro que afirma não importar o que os doutrinadores pensam, "já como preliminar é necessário lembrar – antes mesmo de iniciar nossas reflexões no sentido mais crítico – que o direito não é (e não pode ser) aquilo que o intérprete quer que ele seja. Portanto, o direito não é aquilo que o Tribunal, no seu conjunto ou na individualidade de seus componentes, dizem que é".[36] Uma das conclusões a que chega é exatamente nesse sentido: "o direito não é aquilo que o judiciário diz que é. E tampouco é/será aquilo que, em segundo momento, a doutrina, compilando a jurisprudência, diz que ele é a partir do repertório de ementários ou enunciados com pretensões objetivadoras."[37]

A pergunta que sempre fica é: se o que os tribunais (e juízes) dizem que é o direito, direito não é, o que seria isso então? O não direito, o torto, o arbítrio? E o que seria o direito?

Segundo Lenio Streck, a decisão judicial não é um ato de vontade. O que seria, então? Um ato de verdade, entendida como a resposta constitucionalmente adequada ou similar?[38] Mas a verdade, escreveu

---

33. Verdade e Método. Petrópolis: Editora Vozes, 1999, 3. ed.
34. Ibidem, p. 27.
35. Ibidem, p. 58.
36. Ibidem, p. 25.
37. Ibidem, p.107.
38. Em Verdade e consenso (Rio: Lumen Juris, 2007, p. 309), Lenio Streck diz que "...a resposta correta aqui trabalhada é a resposta hermeneuticamente correta, que, limitada àquilo que se entende por fenomenologia hermenêutica, poderá ser denominada de

Nietzsche, "não é algo que existisse e que se houvesse de encontrar, de descobrir – mas algo que se há de criar e que dá o nome a um processo; mais ainda: uma vontade de dominação que não tem nenhum fim em si: estabelecer a verdade como um *processus in infinitum*, um determinar ativo, não um tornar-se consciente de algo que fosse em si firme e determinado. Trata-se de uma palavra para a 'vontade de poder'".[39]

Precisamente por isso é que Günter Abel diz que não é mais a interpretação que depende da verdade, mas justamente o contrário, que é a verdade que depende da interpretação, pois nos processos de interpretação não se trata, primariamente, de descobrir uma verdade preexistente e

---

verdadeira, se por verdadeiro entendermos a possibilidade de nos apropriarmos de pré-juízos autênticos, e, dessa maneira, podermos distingui-los dos pré-juízos inautênticos...". Tem ainda que "na medida em que o caso concreto é irrepetível, a resposta é, simplesmente, uma (correta ou não) para aquele caso. A única resposta acarretaria uma totalidade, em que aquilo que sempre fica de fora de nossa compreensão seria eliminado. O que sobra, o não-dito, o ainda não-compreendido, é o que pode gerar, na próxima resposta a um caso idêntico, uma resposta diferente da anterior. Portanto, não será a única resposta; será sim, 'a' resposta." (idem, p. 317). E mais: "a única reposta correta é, pois, um paradoxo: trata-se de uma impossibilidade hermenêutica e, ao mesmo tempo, uma redundância, pois a única resposta acarretaria o seqüestro da diferença e do tempo (não esqueçamos que o tempo é a força do ser na hermenêutica). E é assim porque conteduística, exsurgindo do mundo prático"(Ibidem, p. 317). Conclui que "em síntese, a afirmação de que sempre existirá uma resposta constitucionalmente adequada – que, em face de um caso concreto, será a resposta correta (nem a melhor nem a única) – decorre do fato de que uma regra somente se mantém se estiver em conformidade com a Constituição..." (idem, p. 364). Em o que é isto? Decido conforme a minha consciência? Lenio Streck volta a afirmar que a resposta que propõe não é nem a única nem a melhor, mas "simplesmente se trata 'da resposta adequada à Constituição', isto é, uma resposta que deve ser confirmada na própria Constituição, na Constituição mesma (no sentido hermenêutico do que significa a 'Constituição mesma'..." (cit., p. 97). Idem, p. 84, nota de rodapé 96, Lenio Streck escreve: "de se ressaltar que, por certo, não estou afirmando que, diante de um caso concreto, dois juízes não possam chegar a respostas diferentes. Volto a ressaltar que não estou afirmando, com a tese da resposta correta (adequada constitucionalmente) que existam respostas prontas a priori, como a repristinar as velhas teorias sintáticas-semânticas do tempo posterior à revolução francesa. Ao contrário, é possível que dois juízes cheguem a respostas diferentes, e isso o semanticismo do positivismo normativista já havia defendido desde a primeira metade do século passado. Todavia, meu argumento vem para afirmar que, como a verdade é que possibilita o consenso e não contrário; no caso das respostas divergentes, ou um ou ambos os juízes estarão equivocados".

39. Nietzsche. Vontade de Poder. Rio de Janeiro: Contraponto, 2008, p. 288.

pronta, uma vez que não é possível pensar que haja um mundo pré-fabricado e um sentido prévio que simplesmente estejam à nossa disposição aguardando por sua representação e espelhamento em nossa consciência.[40]

E se existem apenas perspectivas sobre a verdade, não existe, por conseguinte, a verdade; consequentemente, não existe a resposta constitucionalmente adequada (ou correta etc.), mas apenas perspectivas sobre a resposta constitucionalmente adequada.[41] A resposta constitucionalmente adequada/correta é uma ficção inútil, portanto. Porque o que quer que possa ser pensado, como quer que seja pensado, por quem quer que seja pensado, sempre poderá ser pensado de diversas outras formas e, por isso, conduzir a resultados também diversos. Quem propõe semelhante ficção oculta o essencial: "eu sou a resposta correta". Narciso acha feio o que não é espelho[42].

Evidentemente, quem pensa assim jamais dirá que a única resposta correta ou *a* resposta correta (o que dá no mesmo) é aquela com a qual ele está em desacordo. A interpretação incorreta é sempre a interpretação dos outros. A incerteza do direito é a incerteza do amanhã: podemos fazer previsões, mais ou menos exatas, mas sem nenhuma garantia.

E mais, como não há conhecimento humano desinteressado, visto que a vontade de conhecer já constitui, ela mesma, um impulso e um interesse de saber, pensamos, interpretamos e argumentamos estratégica e interessadamente.

Ademais, o legal e o ilegal, o justo e o injusto, o correto e o incorreto não são qualidades daquilo que designamos como tal, mas uma relação (interação) entre o sujeito e a coisa assim designada. Consequentemente, nada existe de legal, justo ou correto em si mesmo, mas apenas perspectivas sobre a legalidade, a justiça e a correção.[43]

---

40. Verdade e interpretação, in Nietzsche na Alemanha, org. Scarlett Merton, discurso editorial, S. Paulo, 2005, p. 179-199.
41. Nietzsche escreveu: "há muitos olhos. Também a esfinge tem olhos; consequentemente, há muitas verdades e, consequentemente, não há nenhuma verdade". Vontade de poder, cit., p. 282.
42. Trecho da música "Sampa" de Caetano Veloso.
43. Nietzsche escreveu: "até onde vai o caráter perspectivista da existência, ou mesmo se ela tem algum outro caráter, se uma existência sem interpretação, sem "sentido" (Sinn), não vem a ser justamente "absurda" (Unsinn), se, por outro lado, toda a existência não é essencialmente interpretativa – isso não pode, como é razoável, ser

Queiramos ou não, e ainda que em caráter de exceção, quase tudo é, em tese, legitimável – logo, também deslegitimável – por meio do direito. O que é verdadeiramente trágico é saber quando, como e sob que condições isso é possível.

Como assinala Wolfgang Müller-Lauter, todas as interpretações são apenas perspectivas, razão pela qual não há qualquer parâmetro que permita provar qual é a "mais correta" e a "menos correta"; o único critério para a verdade de uma exposição da efetividade consiste se e em que medida ela está em condições de se impor contra outras exposições. Cada exposição tem tanto direito quanto tem poder.[44]

Quem não percebe suas opiniões (as mais poderosas, inclusive) como simples opiniões é um tolo ou um fanático. Afinal, o que se pretende como *a* resposta correta ou adequada é apenas isso: a interpretação que uma determinada pessoa (grupo de pessoas, instituição etc.) propõe ou reconhece como tal num dado momento e contexto, segundo as suas necessidades e interesses, e a quer, por isso, impor aos outros. A vontade de poder interpreta (Nietzsche). Daí porque num processo criminal há, no mínimo, três pretensões à resposta correta: a do acusador, a da defesa e a do juiz, a qual pode ou não coincidir, no todo ou em parte, com o que as partes propõem.

decidido nem pela mais diligente e consciencioso análise e auto-exame do intelecto: pois nessa análise o intelecto humano não pode deixar de ver a si mesmo sob suas formas perspectivas e apenas nelas. Não podemos enxergar além de nossa esquina: é uma curiosidade desesperada querer saber que outros tipos de intelecto e de perspectiva poderia haver: por exemplo, se quaisquer outros seres podem sentir o tempo retroativamente ou, alternando, progressiva e regressivamente (com o que se teria uma outra orientação da vida e uma outra noção de causa e efeito). Mas penso que hoje, pelo menos, estamos distanciados da ridícula imodéstia de decretar a partir de nosso ângulo, que somente dele pode-se ter perspectivas. O mundo tornou-se novamente "infinito" para nós: na medida em que não podemos rejeitar a possibilidade de que ele encerre infinitas interpretações. Mais uma vez nos acomete o grande tremor – mas quem teria vontade de imediatamente divinizar de novo, à maneira antiga, esse monstruoso mundo desconhecido? E passar a adorar o desconhecido como "o ser desconhecido"? Ah, estão incluídas demasiadas possibilidades não divinas de interpretação nesse desconhecido, demasiada diabrura, estupidez, tolice de interpretação – a nossa própria, humana, demasiado humana, que bem conhecemos. " Nietzsche, Friederich. A gaia ciência. S. Paulo: Companhia das Letras, 2009, aforismo 374, p. 278.

44. Wolfgang Müller-Lauter: a doutrina da vontade de poder em Nietzsche. São Paulo: ANNABLUME editora, 1997, p. 131.

E o que é (e quem diz qual é) essa resposta constitucionalmente adequada? E o que a torna a resposta adequada, relativamente às demais (não adequadas)?

É certo que Lênio Streck entende existir a resposta correta (não a única), isto é, "adequada à Constituição e não à consciência do intérprete"[45], chegando a defender, inclusive, um direito fundamental a isso.[46] Mas o que seria de fato a resposta constitucionalmente adequada senão aquela que o próprio intérprete (juiz, tribunal etc.) pretende como tal, segundo a sua perspectiva (consciência etc.)? Como toda pretensão ao universal e, portanto, ao impessoal, a tese da resposta correta oculta a singularidade que a produz.[47]

Kelsen tinha razão, portanto, quando assinalava que "todos os métodos de interpretação até o presente elaboradas conduzem sempre a um resultado apenas possível, nunca a um resultado que seja o único correto. (...). Na aplicação do Direito por um órgão jurídico, a interpretação cognoscitiva (obtida por uma operação de conhecimento) do Direito a aplicar combina-se com um ato de vontade em que o órgão aplicador do Direito efetua uma escolha entre as possibilidades reveladas através daquela mesma interpretação cognoscitiva."[48]

Parece-nos, por conseguinte, que podemos criticar um certo tipo de vontade (v. g., de condenar sem prova, de absolver um culpado etc.), mas não a vontade mesma, que está na raiz de toda decisão (judicial ou não), inevitavelmente. E, por mais que consideremos uma determinada decisão (interpretação) arbitrária, incorreta ou injusta, uma coisa é certa: os limites de uma interpretação são dados por uma outra interpretação.

Finalmente, a possibilidade de decisões absurdas ou teratológicas (contra legem) é, em princípio, necessária à democracia. O que diria, com efeito, a doutrina da época sobre a primeira decisão (solipsista?) que, no auge do regime, declarava a nulidade do contrato de compra e venda de escravos, que admitia a adoção por casais homoafetivos, que

---

45. O que é isto?, p. 101.
46. O que é isto?, p. 84.
47. Leon Kossovitch. Signos e poderes em Nietzsche. Rio de Janeiro: Azougue editorial, 2004, p. 96.
48. KELSEN, Hans. Teoria pura do Direito. 6ª ed. Trad. João Baptista Machado. São Paulo: Martins Fontes, 2003, p. 394-395.

recusava a distinção legal entre filhos legítimos e ilegítimos, que permitia a mudança de sexo etc.?

E mais: a questão fundamental não reside (mais) em saber se a sentença encerra ou não um ato de vontade, se há ou não uma resposta constitucionalmente adequada, mas na legalidade e legitimidade do controle dos atos do poder público, aí incluídas as decisões judiciais.

O direito, como as línguas, nasce mais ou menos inconscientemente e se realiza e se desenvolve mais ou menos arbitrariamente, por mais que os ordenamentos jurídicos tentem moldá-lo e sistematizá-lo.

5) DIREITO E ANALOGIA

É comum dar-se à analogia tratamento secundário,[49] por se pressupor, em geral, que o meio mais apropriado para a interpretação/aplicação do direito é a subsunção, em nome da segurança jurídica principalmente. Afirma-se assim que a analogia só é admitida no direito penal quando for para beneficiar o réu (*in bonam partem*), não para prejudicá-lo (*in malam partem*); distingue-se ainda analogia de interpretação analógica, que seriam institutos distintos.

Mas, como um conceito surge da postulação de identidade de coisas não idênticas (v. g., a única coisa em comum entre matar alguém e soltar balões é sua tipificação jurídico-penal), segue-se que a analogia não constitui um elemento acidental, mas essencial ao conhecimento, porque os juízos sobre o belo, o justo ou o legal são construídos em verdade a partir de comparações, de analogias, isto é, recorrendo-se, conscientemente ou não, a experiências (sempre novas) de beleza, de justiça e de legalidade, uma vez que algo é belo, justo ou legal em relação (comparação) a alguma outra coisa. Nossos juízos de valor são juízos analógicos.

Significa dizer que a analogia está assim subjacente a nossos juízos éticos, estéticos, jurídicos etc., ainda quando dela não nos apercebemos,

49. Apesar de alguns autores, como Bobbio, para quem, a analogia é um procedimento pelo qual se atribui a um caso não regulamentado a mesma disciplina que a um caso regulamentado semelhante, reconhecer que "a analogia é certamente o mais típico e o mais importante dos procedimentos interpretativos de um sistema normativo: é o procedimento mediante o qual se explica a assim chamada tendência de cada ordenamento jurídico a expandir-se além dos casos expressamente regulamentados". Teoria do ordenamento jurídico. Brasília: UnB: 1999, p. 151.

de modo que, quando afirmamos, por exemplo, que algo ou alguém é bom ou ruim, partimos sempre de nossas referências/experiências (permanentemente em mutação) sobre tais assuntos; e se eventualmente somos questionados ou contestados sobre o juízo que expressamos a esse respeito, não raro dizemos que "não tem comparação", "é incomparável", "não há nada igual" etc., explicitando assim o que está subjacente aos nossos julgamentos.

Justo por isso, isto é, por formarmos nossos juízos a partir de experiências analógicas, é que, com frequência, o que antes julgávamos belo ou justo julgamos agora feio ou ultrapassado ou injusto e vice-versa. É que mudam nossos objetos de comparação, mudam as nossas experiências, mudam os nossos juízos sobre as coisas, mudamos enfim nós mesmos. Naturalmente que isso não significa que coisas antigas se tornem necessariamente piores ou desinteressantes com o passar do tempo, embora possam se tornar ultrapassadas (v. g., arquitetura, automóveis etc.); e ainda quando as coisas não mudam, muda nossa percepção sobre elas.

Mas a analogia é essencial à realização do direito por um outro motivo: ao recorrerem, na fundamentação de suas decisões, a leis, precedentes judiciais ou doutrina, juízes e tribunais, a pretexto de fazerem subsunção, em realidade fazem analogia, pois as situações em comparação nunca são idênticas, mas mais ou menos semelhantes. Dito de outro modo: as leis, doutrina ou precedentes e situações a que se referem nunca são absolutamente iguais nem absolutamente desiguais, e sim, mais ou menos análogos; e quando as semelhanças prevalecem sobre as dessemelhanças – e isso requer um juízo de valor sempre questionável –, damos tratamento unitário; caso contrário, damos solução diversa. Com efeito, não existe, v. g., um furto nem um homicídio absolutamente idêntico a outro, porque as múltiplas variáveis, de tempo e espaço inclusive, que sempre envolvem tais atos, tornam cada ação singular, única.

Por isso que os casos habituais de subsunção são em verdade casos de analogia, pois, conforme observa Arthur Kaufmann, só se poderia separar logicamente subsunção e analogia, se existisse uma fronteira lógica entre igualdade e semelhança, mas tal fronteira não existe, porque a igualdade material é sempre mera semelhança e a igualdade formal não ocorre na realidade, existindo apenas no domínio dos números e sinais matemáticos (lógico-formais).[50] Daí dizer Castanheira Neves que a analogia é metodologicamente um elemento da interpretação e a interpretação é normativamente um resultado da analogia.[51]

Também Hassemer considera que "toda interpretação é analogia", pois toda interpretação, toda compreensão de uma lei pressupõe a comparação do caso a ser resolvido com outros casos, que – imaginados ou judicialmente decididos – são "casos desta lei" isentos de dúvida. Não há interpretação sem um *tertium comparationis*, por mais que este seja pobre de conteúdo e que a decisão seja ainda assim inevitável. Interpretação e analogia são estruturalmente idênticas.[52]

6) ANALOGIA E INTERPRETAÇÃO ANALÓGICA?

Mas a doutrina ainda insiste em distinguir analogia e interpretação analógica, afirmando, como faz Damásio de Jesus, que "a diferença entre interpretação analógica e analogia reside na *voluntas legis*: na primeira, a vontade da norma pretende abranger os casos semelhantes por ela regulados; na segunda, ocorre o inverso: não é pretensão da lei aplicar o seu conteúdo aos casos análogos, tanto que silencia a respeito, mas o intérprete assim o faz, suprindo a lacuna".[53] De acordo com esse entendimento, haveria interpretação analógica, por exemplo, no art. 28, II, do CP, quando se utiliza da expressão "substância de efeitos análogos"; no art. 71, caput, quando refere "e outras semelhantes" etc. Diferentemente, haverá analogia, quando, não existindo previsão legal expressa,

50. Filosofia do Direito, cit., p. 186.

51. O Princípio da Legalidade Criminal. Coimbra, 1988, p. 142-143. Como escreve Stratenwerth, interpretação é um caso de pensamento analógico e a analogia é, por sua vez, um meio para a interpretação, razão pela qual a interpretação da lei não é possível sem analogia. Com efeito, dado que os fatos juridicamente relevantes jamais são completamente iguais, é tarefa própria do jurista descobrir suas coincidências e suas diferenças – analogia –. Apesar disso, se demonstrada a analogia como tal, não significa ainda que os casos comparáveis mereçam ser equiparados em seus efeitos jurídicos. O decisivo é, pois, determinar se, do ponto de vista em que se verifica a coincidência, é legítima ou não a equiparação jurídico-penal. Stratenwerth, Gunter. Derecho penal, parte general. Madrid: Edersa, 1982, p. 38.

52. Direito Penal. Fundamentos, Estrutura, Política. Organização e revisão por Carlos Eduardo de Oliveira Vasconcelos. Porto Alegre: Sergio Fabris, 2008, p. 64-65.

53. Direito Penal. Parte Geral. S. Paulo: Saraiva, 2003, p. 46.

o intérprete puder suprir essa lacuna recorrendo a uma lei ou precedente que trate de caso semelhante.

Enfim, haveria analogia sempre que a lei nada dissesse expressamente sobre um dado assunto (lacuna legal)[54], omitindo-se; e haveria interpretação analógica, quando a própria lei, depois de uma sequência casuística, recorresse a uma fórmula genérica interpretável de acordo com os casos anteriormente citados.

Mas a distinção entre analogia e interpretação analógica é ilusória. Sim, porque, tanto num como noutro caso, trata-se de fazer um juízo analógico simplesmente. A diferença consiste unicamente nisto: se a lei expressamente permitir o uso da analogia, haveria interpretação analógica; se não o fizer, o caso seria de analogia. O que ocorre, portanto, é sempre analogia, ora expressa, ora tácita, mas sempre analogia, isto é, um juízo comparativo entre duas ou mais situações semelhantes para se tirar uma determinada conclusão, razão pela qual a assim chamada interpretação analógica é apenas um sinônimo para analogia tácita. É que interpretar analogicamente e fazer analogia são uma só e mesma coisa, uma vez que se está em ambos os casos a interpretar por meio de comparações.

Ademais, se mesmo a lei mais perfeitamente redigida demanda interpretação, ainda mais evidente será a atividade interpretativa quando se tratar de omissão normativa, já que maior será o esforço do intérprete para construir uma resposta justa e adequada para o caso. Enfim, não faz sentido algum falar de interpretação na presença da lei e de integração na sua ausência.

O que os autores pretendem como interpretação analógica é, portanto, analogia com outro nome.

Além do mais, semelhante distinção parte do pressuposto de que a interpretação jurídica é, como regra, um ato lógico-subsuntivo e não analógico. Ocorre que a analogia (comparação), um modo de inferência misto dedutivo-indutivo, constitui o próprio critério de determinação do direito, conforme vimos. Sim, porque o fato e a norma (o ser e o

---

54. De acordo com Carlos Maximiliano, "a analogia consiste em aplicar a uma hipótese não prevista em lei a disposição relativa a um caso semelhante." Hermenêutica e Aplicação do Direito. Rio de Janeiro: Forense, 2003, p. 169.

dever ser), que têm de ser postos em relação recíproca no processo de determinação do direito, nunca são iguais, mas apenas mais ou menos semelhantes, uma vez que nunca existe uma absoluta igualdade ou uma absoluta desigualdade, porque qualquer ente é igual a todos os outros, pelo menos no fato de ser, e distingue-se ao menos pelo fato de estar numa diferente posição espacial.[55]

Assim, a pretexto de fazer subsunção (lógica) do fato ao tipo legal de crime, o juiz em realidade faz analogia, pois, entre as previsões legais (normas jurídicas) e as ações humanas (fatos), sempre novas, há relação de aproximação, de semelhança, de correspondência.

Finalmente, a pretendida distinção entre analogia e interpretação analógica parte da premissa – equívoca – de que, quando da interpretação/aplicação, o direito já está previamente dado, cabendo ao intérprete a cômoda tarefa de descobrir uma suposta vontade da lei ou do legislador, ignorando que, em verdade, o crime (e o próprio direito) não existe materialmente, que é socialmente construído, conforme os processos de criminalização (primária e secundária), motivo pelo qual o juiz não descobre um sentido prévio à interpretação, mas o constrói por meio dela.

É impossível, assim, estabelecer uma diferenciação entre analogia e interpretação analógica, porque é impossível pensar que uma palavra descreva uma gama limitada de fatos, ficando outras, embora semelhantes, fora dela.[56]

---

55. Arthur Kaufmann. Filosofia do Direito. Lisboa: Fundação Calouste Gulbenkian, 2004, p. 119-120. De modo similar, Rosa Maria Cardoso da Cunha assinala que "relativamente à proibição da analogia in malam partem, há de se considerar que esta constitui um procedimento lógico e semiótico indeclinável no processo de interpretação da lei. É que o direito, e particularmente o direito penal, não se comunica de uma forma digital, como a linguagem algébrica, por exemplo. O estabelecimento da significação jurídica reclama, em todos os níveis, raciocínios 'por imagens', de tipo ou caráter analógico. Assim, quando surge um caso que os critérios estabelecidos ainda não assimilaram aos casos paradigmáticos relacionados com o tipo, é necessário ampliar-lhe a significação para fazer caber o novo caso". O caráter retórico do princípio da legalidade. Porto Alegre, 1979, p. 104.

56. Andrei Schmidt. O Princípio da legalidade penal no Estado Democrático de Direito. Porto Alegre: Livraria do Advogado Editora, 2001, p. 189.

Também por isso, não cabe distinguir, como a doutrina e a legislação ainda fazem (CPP, art. 3°),[57] entre interpretação, aplicação e integração do direito, e entre interpretação extensiva e analogia etc., as quais devem ser superadas.[58]

7) PROIBIÇÃO DE ANALOGIA?

Como vimos, a doutrina considera que a analogia não é admitida em direito penal, salvo para beneficiar o réu (*in bonam partem*). Justamente por isso, seria razoável isentar de pena o companheiro que, na vigência de união estável, praticasse crime na forma do art. 181, I, do CP, embora a lei não o mencione, inclusive porque tal figura não existia à época de sua promulgação.[59]

Já a chamada analogia *in malam partem* é terminantemente proibida, pois o juiz estaria atuando como se legislador fosse, invadindo-lhe a competência constitucional. Exemplo: antes da reforma da Lei n° 13.531/2017, que alterou o CP no particular, não seria possível considerar qualificado o dano cometido contra empresa pública, pois o art. 163, parágrafo único, III, do CP, não a referia expressamente, embora mencionasse as empresas concessionárias de serviço público e as sociedades de economia mista. Atualmente, essa discussão está superada em virtude da citada reforma que incluiu as empresas públicas como possíveis vítimas do dado qualificado.

A doutrina admite, porém, sem problemas, a interpretação analógica contra ou a favor do réu. Tal ocorreria quando a lei, depois de referir as hipóteses de incidência do dispositivo legal, recorresse a uma fórmula genérica a ser interpretada conforme os casos antes mencionados. Exemplo disso é o art. 121, § 2°, I, do CP, que, depois de citar a paga ou promessa de recompensa como circunstâncias que qualificam o homicídio, alude ao "ou por outro motivo torpe". Outros exemplos dessa cláusula: "ou

57. Diz o art. 3º do CPP que "a lei processual penal admitirá interpretação extensiva e aplicação analógica, bem como o suplemento dos princípios gerais de direito".
58. Criticamente, A. Castanheira Neves. Metodologia jurídica, cit. Idem, Alf Ross, cit.
59. Art. 181 – É isento de pena quem comete qualquer dos crimes previstos neste título, em prejuízo: (Vide Lei nº 10.741, de 2003)
I – do cônjuge, na constância da sociedade conjugal.

substâncias de efeitos análogos" (CP, art. 28, II), "qualquer outro meio" (CP, art. 146), "qualquer outro meio simbólico" (CP, art. 147).

De acordo com a doutrina, que claramente prestigia uma interpretação literal da lei, a analogia não seria nem sequer uma forma de interpretação, mas de integração.

O consenso doutrinário descansa, porém, sobre falsas premissas.

Com efeito, o direito não é um saber lógico, mas analógico; logo, interpretar é inevitavelmente uma atividade analógica, seja porque o legislador legisla a partir da comparação de casos mais ou menos similares, seja porque ao decidir o juiz recorre a juízos analógicos.

Como assinala Rosa Maria Cardoso da Cunha, "relativamente à proibição de analogia in malam partem, há de se considerar que esta constitui um procedimento lógico e semiótico indeclinável no processo de interpretação da lei. É que o direito, e particularmente o direito penal, não se comunica de uma forma digital, como a linguagem algébrica, por exemplo. O estabelecimento da significação jurídica reclama, em todos níveis, raciocínios por imagens de tipo ou caráter analógico."[60]

Também por isso, a chamada interpretação analógica é analogia com outro nome. E o que se convencionou chamar integração é igualmente interpretação. Afinal, se a interpretação é inevitável mesmo quando a lei é claríssima, sê-lo-á com maior razão quando for ambígua, lacunosa ou omissa.

A questão fundamental não é, portanto, saber se há ou não analogia, se existe analogia in malam ou *in bonam partem*, porque analogia há sempre, mas em interpretar e argumentar corretamente num sistema aberto (Arthur Kaufmann), isto é, conforme o direito, aí incluídos, princípios e regras, notadamente a Constituição.

Em tese, pois, a analogia *in malam partem* é tão legítima ou tão ilegítima quanto *in bonam partem*. O que é verdadeiramente trágico é determinar quando o é e sob que condições.

Temos, por exemplo, que, embora o art. 163, parágrafo único, III, do Código não referisse, de modo explícito, as empresas públicas,

60. O caráter retórico do princípio da legalidade. Porto Alegre: Editora Síntese, 1979, p. 104.

é evidente que a expressão "patrimônio da União" havia de também compreendê-las, já que, nos termos do art. 5°, II, do Decreto-lei 200/67, trata-se de entidade composta de capital exclusivo da União; logo, capital da União.

É justamente por isso que compete aos juízes federais processar e julgar (CF, art. 109, I e IV), entre outras hipóteses, as causas em que empresa pública federal for interessada e os crimes políticos e as infrações penais praticadas em detrimento de bens, serviços ou interesse dessas empresas. Nem se compreenderia que fossem qualificados os crimes de dano praticados contra empresa concessionária de serviço público e de economia mista e por simples aqueles delitos, mais graves e que afetam mais gravemente os interesses da União, cometidos contra as empresas públicas.

Excluir a empresa pública do rol dos entes qualificáveis do tipo legal de dano seria prestigiar, indevidamente, uma interpretação literal do dispositivo legal, como se não fizesse parte dum sistema mais amplo, e em cujo contexto deve ser compreendido e interpretado.

Ademais, se faz todo sentido admitir-se que o companheiro, na vigência da união estável, possa se valer da causa de isenção de pena do art. 181, I, do CP, embora sem previsão legal expressa, o mesmo já não ocorreria se, a pretexto de se fazer analogia *in bonam partem*, quiséssemos invocá-lo para todo e qualquer delito praticado sem violência ou grave ameaça envolvendo essas mesmas pessoas (cônjuge etc.).

Os limites da analogia são, pois, os limites da interpretação; logo, proibir a analogia seria proibir a própria interpretação, mas isso é impossível, já que a interpretação não é a constatação de um direito preexistente, e sim a realização mesma do direito.

8) O QUE É ANALOGIA *IN MALAM PARTEM* E QUANDO É RAZOÁVEL PROIBI-LA. ANALOGIA APLICADA AO PROCESSO PENAL

De acordo com a doutrina, a analogia só é admissível em direito penal (em sentido amplo) em favor do réu (*in bonam partem*), não contra ele (*in malam partem*), sob pena de violação ao princípio da legalidade penal.

Segundo esse entendimento, a analogia não seria um método de interpretação do direito, mas um método de integração, que teria lugar sempre que houvesse omissão legal sobre determinado assunto. Já a interpretação analógica ocorreria quando a lei, já prevendo a inevitabilidade da omissão sobre certo tema, usasse fórmulas que permitissem ao intérprete supri-la. Assim, por exemplo, o art. 121, §2°, I, do CP, considera qualificado o homicídio praticado "mediante paga ou promessa de recompensa, *ou outro motivo torpe*". O *outro motivo torpe* seria um caso de interpretação analógica, pois deve ser considerado como tal qualquer motivação análoga à paga ou à promessa de recompensa. Aqui, porém, admite-se a interpretação *in malam partem*.

É que, apesar de condenarem a analogia *in malam partem*, a doutrina e a jurisprudência admitem, sem problemas, tanto a chamada interpretação analógica quanto a interpretação extensiva contra o réu.

Com relação à analogia propriamente dita, que é o que nos interessa aqui, vamos usar o seguinte exemplo: o art. 1°, l, da Lei n° 7.960/89 prevê a prisão temporária para o crime de associação criminosa (CP, art. 288), mas nada diz sobre a organização criminosa (Lei n° 12.850/2013), razão pela qual não seria possível a decretação de prisão temporária para esse delito, apesar de análogo e mais grave.

Foi esse inclusive o posicionamento adotado pelo Ministro Gilmar Mendes no julgamento da ADI nº 4.109 e a ADI nº 3.360:

"Assim, a prisão temporária deve ser cabível somente aos crimes previstos expressamente na legislação, visto que definido rol exaustivo no dispositivo aqui em análise. Cita-se, por exemplo, a sua inadmissibilidade em hipóteses de imputação por organização criminosa, visto que o crime de quadrilha ou bando, tipificado no art. 288 do Código Penal (previsto no rol temporária), é totalmente autônomo com relação àquele previsto na Lei 12.850/13. Ainda que se considere o crime do art. 2° da Lei n° 12.850/13 mais grave, não há autorização legal específica para a prisão temporária para esse delito, sendo importante destacar que o princípio da legalidade estrita ou cerrada é corolário da proteção dos direitos fundamentais dos investigados, que deveriam ficar livres das considerações de ordem subjetiva, pessoal ou arbitrária sobre a gravidade em abstrato de crimes que podem acarretar ou não em ordens de prisão."[61]

Temos que há vários equívocos sobre o tema em discussão, visto que: 1) analogia é interpretação e, portanto, a chamada *integração* do direito é também interpretação; 2) nossos juízos de valor são analógicos; logo, toda interpretação envolve analogia; 3) os limites da analogia são, pois, os limites da interpretação, os quais são grandemente indeterminados e não estão previamente dados; 4) analogia *in malam partem* e *in bonam partem* são em tese legítimas, exceto se forem incompatíveis com os princípios da legalidade e proporcionalidade.

Expliquemos.

1) Todo texto, claro, obscuro ou lacunoso, exige interpretação

Como é óbvio, qualquer texto normativo, por mais claro, preciso e bem redigido, exige interpretação. A antiga máxima segundo a qual *in claris non fit interpretatio* confunde a ausência de dificuldades interpretativas com a ausência de interpretação. O direito é interpretação. Parafraseando Nietzsche, cabe dizer, então: Não existem fenômenos jurídicos, mas uma interpretação jurídica e jurídico-penal dos fenômenos (Além do bem e do mal, aforismo 108). Consequentemente, não existem fenômenos criminosos, mas uma interpretação criminalizante dos fenômenos, isto é, tipificante, antijuridicizante, culpabilizante ou punibilizante.

Assim, por exemplo, mesmo uma norma que diga claramente que "é proibida a entrada de cães" requer interpretação sobre casos impossíveis de serem listados. Proibiria também a entrada de um único cão (a norma usa o termo no plural), o ingresso de cão-guia de deficiente visual, a entrada de gatos etc.?

Se há, por conseguinte, interpretação mesmo quando a lei é claríssima, haverá interpretação, com maior razão, quando a lei for omissa (integração), a exigir, possivelmente, maior esforço argumentativo. Aliás, existe também interpretação quando dizemos que a lei é omissa e temos de recorrer à analogia proibida ou permitida etc. Afinal, a interpretação

61. Texto extraído da minuta de voto disponível em:https://www.migalhas.com.br/arquivos/2020/11/27682b91942753_votogm.pdf.

não é um modo de constatar um direito preexistente, mas a própria realização do direito.

2) O direito não é um saber lógico, mas analógico

Além disso, nossos juízos de valor são juízos analógicos. Sim, porque dizemos que algo é alto ou baixo, grande ou pequeno, justo ou injusto, legal ou ilegal, pleno ou lacunoso a partir de comparações, conscientes ou não. Em todo ato de julgar há um ato de comparar. E ao comparar (fazer analogia), valoramos, interpretamos, decidimos.

Por isso, o direito não é um saber lógico, mas analógico. Como ensina Arthur Kaufmann, só se poderia separar logicamente subsunção e analogia se existisse uma fronteira lógica entre igualdade e semelhança, mas tal fronteira não existe, pois a igualdade material é sempre mera semelhança e a igualdade formal não ocorre na realidade, existindo apenas no domínio dos números e sinais matemáticos (lógico-formais). Assim sendo, fracassa qualquer proibição de analogia por mais enfaticamente invocada, porque não pode ser materialmente definida.[62]

Por que então a organização criminosa não permitiria a prisão temporária?

Em favor da prisão temporária para a delito de organização criminosa[63], é possível invocar, dentre outros, os seguintes argumentos: a) a organização criminosa é uma forma especial e qualificada de associação criminosa. Há aqui uma relação de gênero e espécie, já que toda organização criminosa é uma associação criminosa, mas nem toda associação é uma organização. Justamente por isso, o princípio da especialidade incide no caso de conflito de normas, fazendo prevalecer a imputação especial (organização criminosa), sob pena de *bis in idem*; b) a organização criminosa é um tipo penal mais grave, podendo ser punida com penas muito superiores às cominadas ao delito de associação criminosa (CP, art. 288); c) por ser um crime mais grave, a organização criminosa, diferentemente da associação criminosa, admite a prisão preventiva

62. KAUFMANN, Arthur. *Filosofia do Direito.* Lisboa: Fundação Calouste Gulbenkian, 2004. p. 184 – 191.

63. Art. 2º da Lei nº 12.850/2013: Promover, constituir, financiar ou integrar, pessoalmente ou por interposta pessoa, organização criminosa: Pena – reclusão, de 3 (três) a 8 (oito) anos, e multa, sem prejuízo das penas correspondentes às demais infrações penais praticadas.

inclusive; d) se é possível a prisão mais grave (preventiva), por que não caberia a menos grave (temporária)?

Por fim, a organização criminosa é crime equiparado a hediondo quando direcionado à prática de delitos hediondo ou afins (art. 1°, parágrafo único, V, da Lei n° 8.072/90).

Não vemos, portanto, por que não se admitir, também para a organização criminosa, a prisão temporária.

Por fim, imaginemos que a lei previsse a prisão temporária apenas para os crimes culposos, tentados e de perigo (mais leves). Se assim fosse, a prisão temporária deveria ser também admitida para os crimes dolosos, consumados e de dano (mais graves). Já o contrário seria terminantemente proibido e constituiria um caso de analogia *in malam partem*, pois seria incompatível com os princípios da legalidade e proporcionalidade.

Com efeito, se a lei admitisse a prisão temporária apenas para os crimes dolosos (mais graves) consumados e de dano e pretendêssemos estendê-la para os delitos culposos, tentados e de perigo (menos graves), haveria analogia proibida. Ou ainda: se a lei previsse a prisão temporária para o crime de organização criminosa (mais grave) e quiséssemos aplicá-la também ao crime de associação criminosa (menos grave), haveria analogia/interpretação proibida.

Em suma, só se pode falar rigorosamente de analogia proibida quando a interpretação proposta for incompatível com os princípios penais. A lacuna legal é, pois, uma condição necessária, mas não suficiente para se falar de analogia (proibida ou permitida).

Por isso, temos que não é cabível o uso da analogia para criar crimes não previstos em lei expressamente.

Assim, embora evidente a mora legislativa em criar leis que protejam a comunidade LGBTQ+, a criminalização da homofobia/transfobia por meio de analogia com o crime de racismo viola o princípio da legalidade penal, uma vez que não compete ao Poder Judiciário definir crimes e cominar penas. Não obstante a proteção necessária do Estado contra crimes envolvendo a violência de gênero, é certo que apenas o Poder Legislativo pode criminalizar condutas e penalizá-las.

Aqui houve analogia proibida.

O que é dito aqui sobre analogia *in malam partem* vale, *mutatis mutandis*, para a analogia *in bonam partem*.

Conclusões: 1) toda norma exige interpretação, inevitavelmente; 2) a interpretação é a própria realização do direito; 3) toda interpretação envolve analogia; 4) a chamada interpretação analógica é também analogia, que é interpretação; 5) os limites da interpretação/analogia são os limites do direito (o contrário também é verdade), que são grandemente indeterminados; 6) a analogia *in malam* e *in bonam partem* são legítimas, se compatíveis com os princípios penais.

Capítulo V

CONSTRUÇÃO DA VERDADE NO PROCESSO PENAL

A verdade é o tipo de erro sem o qual uma espécie de seres vivos não poderia viver. O valor para a vida decide em última instância (Nietzsche. A vontade de poder: Contraponto, 2008, p.264).

1) INTRODUÇÃO

A verdade é essencial ao processo (civil e penal), já que o autor deve provar a veracidade de sua pretensão a fim de obter uma decisão favorável; no processo civil a não comprovação dos fatos implica a improcedência do pedido; no processo criminal, a absolvição do réu, inclusive quando houver dúvida razoável sobre a veracidade da imputação (*in dubio pro reo*). As partes e seus procuradores têm, ainda, o dever de agir lealmente no processo, devendo expor os fatos em juízo conforme a verdade (CPC, art. 77, I).

Sem o conceito de verdade – ou equivalente –, nenhuma ciência é possível[1].

1. André Comte-Sponville está certo: "Quer isso dizer que não há verdade, como às vezes ouvimos afirmar? Claro que não: se nada fosse verdade, não seria verdade que não é verdade, e é por isso que a proposição 'não há verdade' se destrói a si mesma. Aliás, se não houvesse verdade, tampouco haveria diferença entre nossos conhecimentos e nossas opiniões, entre nossos conhecimentos e nossas ilusões, entre o que pode ser verdade e o que não pode, e todo conhecimento, toda ciência (e inclusive todo erro e toda ignorância!) seriam por conseguinte impossíveis (já que não haveria nada a conhecer ou a ignorar), o que é suficientemente refutado pelo fato(...). É o que poderíamos chamar de postulado da razão teórica, que é a condição necessária de um racionalismo pelo menos mínimo: há verdade, já que há conhecimento. Mas esse racionalismo não tem mais os meios de pretender o absoluto. O conhecimento *não é* a verdade: é um ponto de vista sobre ela, que não pode, nem de fato nem de direito, se identificar ou se confundir com o que seria para Deus ou em si, em outras palavras, com a verdade do ser ou, como

Apesar disso, como o direito admite presunções de veracidade, pode ocorrer, e de fato ocorre, de uma falsidade tornar-se uma verdade. Assim, por exemplo, se o réu não contestar a ação, será considerado revel e presumir-se-ão verdadeiras as alegações de fato formuladas pelo autor (CPC, art. 344). Mas mesmo nessa hipótese a verdade é essencial, embora presumida por lei.

Provar a verdade de uma imputação jurídico-penal pode significar, inclusive, comprovar a falsidade de algo, a exemplo do que se passa nos crimes de falsificação documental e de moeda (CP, art. 289), de falso testemunho (CP, art. 342) e de denunciação caluniosa (CP, art. 339), nos quais cumpre comprovar a falsidade de um documento ou cédula, de um testemunho ou de uma *notitia criminis*. Prova-se aqui a verdade de uma não verdade.

No processo não vale, porém, qualquer tipo de verdade, mas somente a verdade produzida segundo o devido processo legal. Porque tão importante quanto a prova da verdade é a legitimidade dos meios de prova da verdade. Assim, por exemplo, por mais verdadeira, é imprestável uma confissão de crime obtida mediante tortura.

E um fato bem provado no inquérito policial pode ser um fato mal provado no processo criminal, a ensejar a absolvição, já que a lei (como regra) não permite condenação com base apenas em "prova" produzida no inquérito (CPP, art. 155). Exige-se mais: comprovação dos fatos no processo perante a autoridade judiciária competente, de acordo com o contraditório e a ampla defesa.

Além disso, no direito vale a máxima *quod non est in actis non est in mundo* (o que não existe nos autos não existe no mundo), razão pela qual apenas a prova introduzida nos autos – licitamente introduzida – tem valor legal.

Mais: a lei condiciona a forma de produção da verdade de diversos modos: na sua proposição (normalmente só as partes, não o juiz, podem propor a prova num determinado momento do processo), na sua admissão e na sua valoração pelas partes e pelo juiz ou tribunal.

---

dizia Pascal, com a verdade 'essencial', (...) que é todo a pura e toda verdadeira". Valor e verdade. São Paulo: Martins Fontes, 2008, p.357.

A verdade é, por conseguinte, uma condição necessária, mas não suficiente, de legitimação da decisão (*veredicto*) judicial.

Por fim, não faz sentido falar-se de uma *verdade real* ou *material* (no processo penal) em oposição a uma *verdade formal* (no processo civil). É certo que a verdade comporta graus, mesmo no processo penal, ora se exigindo mais, ora menos (v.g., exige-se mais para condenar e menos para absolver), mas a verdade judicial (civil e penal) é sempre relativa ou perspectiva, nunca real ou absoluta. A circunstância de em geral o processo civil se contentar com menos, ao admitir, por exemplo, certas presunções legais que o processo penal repele, em razão do princípio da presunção de inocência, não confere, só por isso, à verdade processual penal *status* de superioridade ou absolutilidade, comparativamente com outras verdades possíveis, aí incluída aquela produzida no processo civil, trabalhista etc. O correto é, pois, não abolir a verdade ou substituí-la por outro termo (certeza etc.), mas usá-la criticamente e não pedir mais do que ela pode dar.

2) O QUE É A VERDADE?

Mas o que é a verdade?

De acordo com a célebre definição de Aristóteles: "Dizer que *o que é* não é, ou que *o que não é é*, é falso; mas dizer que *o que é* é, e que *o que não é* não é, é verdadeiro".[2] Uma fórmula semelhante foi dada por Alfred Tarski, para quem "uma sentença verdadeira é uma sentença que diz que o estado de coisas é tal e tal, e o estado de coisas é, de fato, tal e tal"[3].

Como se percebe, trata-se, em ambos os casos, de uma tautologia[4] (redundância), cujo enunciado é sempre verdadeiro (*v.g.*, "o sal é salga-

2. Metafísica, livro IV. São Paulo: Edipro, 2012, p.125. De acordo com Nicola Abbagnano, Platão (no *Crátilo* e outros) foi o primeiro autor a formular a teoria da correspondência, nos seguintes termos: "Verdadeiro é o discurso que diz as coisas como são; falso é o que as diz como não são". Dicionário de filosofia. São Paulo: Martins Fontes, 2003, p. 994.
3. A concepção semântica de verdade. São Paulo: editora Unesp, 2007, p.22.
4. De acordo com Wittgenstein (aforismo 4.461): "A proposição mostra o que diz; a tautologia e a contradição, que não dizem nada. A tautologia não tem condições de verdade, pois é verdadeira incondicionalmente; e a contradição, sob nenhuma condição. Tautologia e contradição não têm sentido." Tractatus logico-philosopihicus. São Paulo: Editora da USP, 2008, p.197.

do"), que, em processo penal, equivale a dizer que é crime o que é crime, legal o que é legal, verdadeiro o que é verdadeiro, falso o que é falso etc.

Apesar de seu caráter tautológico, ou justamente por isso, a formulação aristotélica é correta, já que ninguém dirá o contrário, isto é, que a verdade é dizer *daquilo que é que não é, e daquilo que não é que é*. Um lobo é um lobo e um hipopótamo é um hipopótamo, não um rinoceronte.

Embora exata, a definição de Aristóteles é abstratíssima e não indica os critérios para a verificação da verdade, falsidade ou verossimilhança de uma proposição.

Mais: o problema da verdade só se coloca quando há divergência ou dúvida sobre uma determinada afirmação; se, por exemplo, aponto um "cão" e alguém me contesta dizendo tratar-se de um "lobo", ou se afirmo que um certo quadro é falso e me é dito que é verdadeiro, ou que, se falso, foi adquirido de boa-fé. E uma vez instalada a dúvida sobre a veracidade de uma afirmação, a teoria nada pode oferecer para dissipá-la.

Em suma, a teoria da correspondência, como possivelmente todas as teorias da verdade[5], não diz ou pode dizer o que torna uma sentença verdadeira e outra falsa. Daí a crítica de Donald Davidson[6]:

> A teoria da correspondência seria de alguma ajuda se fôssemos capazes de dizer, de um modo *instrutivo*, que fato ou segmento de realidade é o que torna a sentença verdadeira. Ninguém teve êxito nisso. Se perguntarmos, por exemplo, o que torna "A lua está a um quarto de milhão de milhas distante" verdadeira, a única resposta que imaginamos é o fato de que a lua está a um quarto de um milhão de milhas distante...
>
> Não há nenhuma entidade interessante e apropriada disponível, cuja

5. De acordo com Ferrajoli, não faz sentido contrapor coerência e/ou a aceitabilidade justificada à correspondência, porque aqueles dois critérios, dada a obrigação de julgar do juiz, são necessários no plano sintático e no pragmático para estabelecer a verdade, pois a verdade é caracterizável no plano semântico como correspondência apenas pelo sabemos e somente de forma aproximativa: a coerência, para afirmar que a tese avençada está confirmada e/ou não desmentida por uma ou por várias provas coletadas e por uma ou várias interpretações jurídicas de outras normas e que, portanto, é verdadeira em relação ao conjunto dos conhecimentos de que dispomos; a aceitabilidade justificada, para afirmar que tal conjunto, incluída a tese avençada, é mais satisfatório ou plausivelmente verdadeiro que qualquer outro por causa de sua maior capacidade explicativa. Direito e razão. São Paulo: RT, 2014, p.68.
6. Ensaios sobre a verdade. São Paulo: Unimarco, 2002, p.132.

existência se relacione a sentenças, que possa explicar porque algumas sentenças são verdadeiras e outras não. Há boas razões, então, para ser cético em relação à importância da verdade como correspondência.

Mas não só. A verdade não é objetiva, isto é, não é uma qualidade das coisas ou uma simples relação entre as coisas, mas uma relação entre o sujeito/sujeitos e as coisas. E o sentido das coisas não é dado pelas próprias coisas, mas por nós, ao atribuirmos um determinado sentido num universo de possibilidades, aí considerada a falta de sentido, inclusive. Ou seja, nós introduzimos nossos valores nas coisas por meio da interpretação[7] – e a verdade é um valor, logo, é relativa, e, como tal, diversamente interpretável. A verdade, como as cores, admite mil variações. A verdade é plural, democrática, não singular, autocrática, por mais que a nossa vontade queira singularizá-la e tiranizá-la.

Como assinala Günter Abel, não é mais a interpretação que depende da verdade, mas justamente o contrário, que é a verdade que depende da interpretação, pois nos processos de interpretação não se trata, primariamente, de descobrir uma verdade preexistente e pronta, uma vez que não é possível pensar que haja um mundo pré-fabricado e um sentido prévio que simplesmente estejam à nossa disposição aguardando por sua representação e espelhamento em nossa consciência.[8]

Assim, por meio do processo penal não se constata uma verdade preexistente ou se realiza uma reprodução icônica dos fatos, mas uma construção a partir do material disponível, isto é, a partir dos meios de prova admitidos, produzidos e valorados (dialeticamente) em juízo, segundo as múltiplas versões – não raro, contraditórias, parciais etc. – dadas pelos sujeitos que participam do processo: autores, vítimas, testemunhas, peritos, advogados, promotores e juízes etc. Logo, a verdade judicial não é uma revelação de uma verdade preexistente, mas uma interpretação, mais ou menos exata, do evento.

E todo valor, inclusive o valor da verdade, resulta de um arranjo, mais ou menos eficaz, do discurso. Só há valor e/ou verdade, para e pela

7. Nietzsche. Vontade de poder. São Paulo: Contraponto, 2008.
8. Verdade e interpretação, in Nietzsche na Alemanha, org. Scarlett Merton, discurso editorial, S. Paulo, 2005, p. 179-199.

linguagem, na medida em que esta exprime, não uma racionalidade objetiva e absoluta, mas a defesa de certo ponto de vista ou de certo interesse[9].

Maria Clara Calheiros está certa quando afirma que o processo judicial é uma construção retórica e dialética em que o verossímil se mostra superior ao verdadeiro, pois o processo judicial não contém fatos, mas apenas narrativas de fatos, de muitas origens e com múltiplas intenções, de que a sentença judicial ficará inevitavelmente contaminada, sendo que ela própria não deixa de ser em si mesma narração[10].

Com alguma frequência, aliás, essa construção da verdade no processo se assemelha a um quebra-cabeça no qual faltam peças essenciais, mas que ainda assim é preciso montar.

Como não existem, portanto, fenômenos verídicos, mas uma interpretação veridicizante dos fenômenos[11], segue-se que mais importante do que saber o que é a verdade é verificar como ela é produzida no processo, por quem o é, e com que fins. O essencial são, pois, as condições de produção da verdade. Afinal, não existe verdade fora ou além da história ou fora ou além das relações de poder que a constituem.

Como escreveu Nietzsche, a verdade não é algo que existisse e que se houvesse de encontrar, de descobrir – mas algo que se há de criar e que dá o nome a um processo, mais ainda: uma vontade de dominação que não tem nenhum fim em si: estabelecer a verdade como um *processus in infinitum*, um determinar ativo, não um tornar-se consciente de algo que fosse "em si" firme e determinado. Trata-se de uma palavra para a "vontade de poder".[12]

Justo por isso, não amamos a verdade e odiamos a mentira; amamos, isto sim, as verdades, as mentiras ou ficções que nos protegem, nos salvam, nos edificam ou nos divertem; e odiamos as verdades, as mentiras ou ficções que nos enfraquecem, nos ameaçam ou nos matam.

---

9. André Comte-Sponville. Valor e verdade. São Paulo: Martins Fontes, 2008, p. 38.
10. A construção retórica do processo penal, *in* Que futuro para o direito processual penal? Coimbra: Coimbra editora, 2009.
11. Nietzsche. Além do bem e do mal, aforismo 108: Não existem fenômenos morais, mas uma interpretação moral dos fenômenos.
12. Vontade de poder. São Paulo: Contraponto, 2008, p.288.

Com exceção dos mártires, dos heróis e dos fanáticos, ninguém ama a verdade que conduz à ruína, à desonra, à prisão ou à forca.[13]

Daí dizer Nietzsche que a falsidade de um juízo não constitui uma objeção contra esse juízo. A questão é saber em que medida esse juízo (falso ou verdadeiro) promove ou conserva a vida[14]. Casos há, inclusive, em que dizer a verdade pode ser não só inconveniente, como ilegal e mesmo criminoso, podendo configurar, por exemplo, crime contra a honra ou violação de segredo profissional (CP, art. 154[15]).

Por último, e como adverte Gianni Vattimo, a verdade como algo absoluto, como correspondência objetiva, entendida como última instância e valor de base, é um perigo, muito mais que um valor. Leva à república dos filósofos, dos especialistas, dos técnicos e, no limite, ao Estado ético, que pretende poder decidir qual seja o verdadeiro bem dos cidadãos, mesmo contra a opinião e as preferências deles. Lá onde a política busca a verdade não pode existir democracia[16].

---

13. É tão pouco verdadeiro que os mártires provem algo quanto à verdade de uma causa, que eu negaria que um mártir tenha tido jamais alguma coisa a ver com a verdade. O tom com que o mártir lança ao rosto do mundo o que se considera verdadeiro já exprime um grau tão baixo de retidão intelectual, tamanha obtusidade para a questão da verdade, que jamais é preciso refutar um mártir. A verdade não é algo que uma pessoa teria e outra não: quando muito, camponeses ou apóstolos-camponeses à maneira de Lutero podem pensar assim sobre a verdade (...). Verdade, como todo profeta, todo sectário, todo livre-pensador, todo socialista, todo eclesiástico entende a palavra, é a perfeita prova de que nem mesmo teve início aquela auto-superação e disciplina do espírito necessária para encontrar alguma verdade, por menor que seja. Nietzsche. O anticristo. São Paulo: Companhia das Letras, 2007, aforismo 53, p. 64.
14. Além do bem e do mal. São Paulo: Lafonte, 2017, 1, 4, p.18.
15. Violação do segredo profissional.

    Art. 154 - Revelar alguém, sem justa causa, segredo, de que tem ciência em razão de função, ministério, ofício ou profissão, e cuja revelação possa produzir dano a outrem:

    Pena - detenção, de três meses a um ano, ou multa.

    Parágrafo único - Somente se procede mediante representação.
16. Adeus à verdade. São Paulo: Vozes, 2016, p.26. Também Nuccio Ordine observa que "nenhuma religião e nenhuma filosofia poderão jamais reivindicar a posse de uma verdade absoluta, válida para todos os seres humanos. Crer que se possui uma só e única verdade significa sentir-se no dever de a impor, também à força, para o bem da humanidade. O dogmatismo produz intolerância em todos os campos do saber: no plano ético, religioso, político, filosófico e científico. Considerar a própria verdade como a única possível significa negar toda a busca da verdade" (...). Desse modo,

3) SOBRE A MENTIRA

> *Por eso los hombres no huyen tanto de ser engañados como de ser perjudicados mediante el engaño; en este estadio tampoco detestan en rigor el embuste, sino las consecuencias perniciosas, hostiles, de ciertas clases de embustes. El hombre nada más que desea a la verdade en um sentido análogamente limitado: ansía las consecuencias agradables de la verdad, aquellas que mantienen la vida; es indiferente al conocimiento puro y sin consecuencias e incluso hostil frente a las verdades susceptibles de efectos perjudiciales o destructivos.* Nietzsche. Sobre verdade y mentira. Madrid: Tecnos, 2008, p.21.

De acordo com Kant, jamais deveríamos mentir, porque a verdade é um dever moral categórico (incondicional) que nos dignificaria enquanto pessoas humanas. Para Kant, o que de fato importava era a verdade, não suas consequências (boas ou más). Justo por isso, o dever de declarar a verdade não comportaria exceção alguma e deveríamos inclusive revelá-la mesmo ao assassino que perseguisse a vítima que ocultávamos e assim protegíamos.

Kant escreveu: "Cada homem, porém, tem não somente o direito, mas até mesmo o estrito dever de enunciar a verdade nas proposições que não pode evitar, mesmo que prejudique a ele ou a outros. Ele mesmo por conseguinte não *faz* com isso propriamente nenhum dano a quem é lesado, mas é o acaso que *causa* este dano. Porque neste caso o indivíduo não é absolutamente livre para escolher, porquanto a veracidade (desde que seja obrigado a falar) é um dever incondicionado"[17].

---

quem está certo de possuir a verdade não a precisa procurar, não sente a necessidade de dialogar, de escutar o outro, de se confrontar de modo autêntico com a pluralidade e com o múltiplo. Somente quem ama a verdade a procura continuamente. E é por isso que a dúvida não é inimiga da verdade, mas permanente estímulo para a sua busca. Somente quem acredita na verdade sabe que o único modo de a manter sempre viva é exatamente colocá-la continuamente em dúvida. Não pode haver espaço para tolerância sem a negação de uma verdade absoluta". A utilidade do inútil. São Paulo: Zahar, 2016, p.173.

17. Textos seletos. Petrópolis: Editora Vozes, 2018, p.76. Também Santo Agostinho entendia que a mentira era uma iniquidade que leva a alma à morte e não deve ser admitida nem mesmo em prol da salvação temporal de alguém. Dizia então: "...e se um homem pede socorro a ti e a tua mentira poderia salvá-lo da morte? Essa morte que os ignorantes temem, sem temer o pecado, não mata a alma, mas o corpo: como ensina o Senhor no Evangelho, em que nos instrui que a morte não deve ser temida.

Nem todos pensavam assim. Schopenhauer[18], por exemplo, defendia o direito de mentir em autodefesa (p.ex., contra criminosos): "Todavia, tem de ser rigorosamente mantida a limitação proposta ao caso de autodefesa, pois, fora disso, esta doutrina daria lugar a abusos abomináveis, porque, em si, a mentira é um instrumento perigoso (...). Excetuado o caso de autodefesa contra a força ou a astúcia, toda mentira é uma injustiça e por isso a justiça exige veracidade diante de todos. Mas, contra a reprovação incondicional da mentira sem exceções, que está na essência da própria coisa, fala o fato de que há casos em que mentir é até mesmo um *dever*, sobretudo para os médicos..."[19].

A razão está com Schopenhauer. De fato, a verdade nem sempre é um bem, nem a mentira um mal. Mais: se, como dizia Spinoza, não desejamos algo por ser bom, mas o contrário, é por desejarmos uma

---

Porque a boca que mente mata a alma, não o corpo (...). Assim, ninguém poderia nos convencer de que ocasionalmente devêssemos mentir, a não ser que pudesse mostrar que a mentira nos obteria algum bem eterno. Todavia, como alguém se distancia da eternidade na mesma proporção em que se afasta da verdade, é absurdo declarar que algum bem eterno poderia advir desse afastamento". Sobre a mentira. Petrópolis: Vozes, 2018, p. 22 e seguintes.

18. Sobre o fundamento da moral. São Paulo: Martins Fontes, 2001, p.157.

19. Ainda de acordo com Schopenhauer: "Todas as vezes que tenho direito de constrangimento, um direito absoluto de usar as minhas forças contra o outro, posso igualmente, segundo as circunstâncias, opor a astúcia à violência do outro; não cometerei injustiça com isso: por consequência, possuo um direito de mentir, na mesma medida em que possuo um direito de constrangimento. Assim, um indivíduo é detido por ladrões de estrada; eles revistam-no; ele assegura-lhes que não tem consigo mais nada do que aquilo que eles encontraram: ele está no seu pleno direito. Do mesmo modo, também, se um ladrão se introduziu durante a noite em casa, se, com uma mentira, o fizeram entrar num porão e aí o fecharam. Um homem é capturado por salteadores, barbarescos, suponho. Ele vê-se levado para o cativeiro. Para readquirir a sua libertação, não pode recorrer à força aberta; ele usa da manha e mata-os: está no seu direito. - É por esse mesmo motivo que um juramento arrancado pela força pura e simples não obriga moralmente aquele que o faz. A vítima deste abuso da força podia, com pleno direito, livrar-se do seu agressor, matando-o, e principalmente podia livrar-se dele, enganando-o. Roubaram a vossa fortuna e não estais em estado de recobrá-la pela força; se o conseguirdes pela artimanha, não fareis mal. E mesmo se o meu ladrão joga contra a mim o dinheiro que me roubou, tenho o direito de me servir de dados falsos contra ele; o que lhe recupero é, apesar de tudo, apenas a minha fortuna; para negar tudo isso, seria preciso primeiro negar a legitimidade dos estratagemas da guerra, visto que, em suma, eles são outras tantas mentiras...".

coisa que a julgamos boa[20], o valor da verdade (e da mentira) dependerá de como a interpretamos num dado contexto. Normalmente é bom e necessário dizer a verdade; mas há também verdades más, inconvenientes, ilegais e mesmo criminosas. E assim como existem verdades que matam, mentiras há que salvam.

Da perspectiva ateísta, religião seria essencialmente isso: mitologia com outro nome[21]. A Torá, a Bíblia, o Corão, os Vedas e todo livro que se pretende sagrado não seriam, pois, outra coisa senão uma compilação de fábulas que confortariam o crente e eventualmente o salvariam. Obra humana, portanto, como todo livro. O mesmo se poderia dizer da literatura, do cinema etc.[22].

Por que mentimos? Mentimos pelas mesmas razões que dizemos a verdade: porque nos é necessária ou apenas conveniente. E mentimos por mil razões: mentimos porque temos medo; mentimos porque nos sentimos impotentes ou incapazes de dizer a verdade; mentimos para não contrariar alguém que apreciamos; mentimos para evitar pessoas desagradáveis ou situações embaraçosas; mentimos para não parecer rudes ou indelicados; mentimos para proteger um amigo ou prejudicar um inimigo; mentimos para evitar a reprovação alheia; mentimos para obter a verdade e também para ocultá-la; e, mais frequentemente, mentimos para nós mesmos.

---

20. Ética. Belo Horizonte: Autêntica, 2009, p. 106. Textualmente: "Torna-se, assim, evidente, por tudo isso, que não é por julgarmos uma coisa boa que nos esforçamos por ela, que a queremos, que a apetecemos, que a desejamos, mas, ao contrário, é por nos esforçarmos por ela, por querê-la, por apetecê-la, por desejá-la, que a julgamos boa".
21. Ateísmo não significa ausência de religião ou de religiosidade, já que existem religiões sem deus ou deuses (v.g., budismo, jainismo etc.), mas falta de crença em deus ou deuses.
22. De acordo com Flávio Kothe (Arte comparada. Brasília: Editora UnB, 2016, p.646), "Mitologia, religião, ideologia política, arte – todas são produtos da faculdade de fingir como se fosse real o que ficção é e que, afetando atos, acaba sendo real. Mesmo a ciência exata, que se baseia na matemática e na generalização a partir de algumas observações e, se possível, experiências, também é produto da *facultas fingendi*. A matemática finge que é bem igual o que é apenas semelhante, faz de conta que conjuntos não iguais sejam idênticos entre si, ela finitiza o infinito para fins de cálculo, ela cria a ficção do zero para poder operar".

E todos mentimos. Mentem os políticos por mais poder[23]; mentem os pais para proteger os filhos; mentem os casais para preservar o casamento; mentem os que recorrem à pintura, à maquiagem ou à cirurgia para parecer mais jovens ou mais belos; mentem os criminosos para consumar seus crimes; mentem os policiais para prender os criminosos; mentem os advogados para defender seus clientes; mentem os médicos para atenuar o sofrimento dos pacientes; mentem os comerciantes para vender seus produtos e os consumidores para conseguir melhores preços; mentem os generais para vencer a guerra[24]; mentem os jornalistas para vender notícias; mentem os que fazem promessas e juramentos etc.

De certo modo, somos todos mitômanos, em maior ou menor grau. E frequentemente, não bastar dizer a verdade para convencer; é preciso mentir. Que mal há em atenuar uma verdade terrível com uma mentira tranquilizadora (notícia de acidentes, doenças, mortes etc.)?

Daí dizer Pascal que "a vida humana não passa de uma ilusão perpétua; não se faz mais do se entrenganar e se entreadular. Ninguém fala de nós em nossa presença como fala em nossa ausência. A união que existe entre os homens não é baseada senão nessa mútua enganação; e poucas amizades subsistiriam se cada um soubesse o que o amigo diz dele quando não está presente, embora fale então sinceramente e sem paixão. O homem não é, portanto, senão disfarce, mentira e hipocrisia, tanto em si mesmo como para com os outros. Não quer que lhe digam a

23. Maquiavel escreveu, a propósito, que: "Necessitando, portanto, um príncipe saber usar bem o animal, desse deve tomar como modelos a raposa e o leão, porque o leão não sabe se defender das armadilhas e a raposa não tem defesa contra os lobos. É preciso, portanto, ser raposa para conhecer as armadilhas e leão para aterrorizar os lobos. Aqueles que usam apenas os modos de leão, nada entendem dessa arte. Um senhor prudente, portanto, não pode nem deve manter sua palavra quando isso se torna prejudicial e quando desapareceram as causas que o levaram a empenhá-la". O príncipe. São Paulo: La fonte, 2017, p.86.

24. Em a Arte da Guerra se lê o seguinte: "Haverá ocasiões que te rebaixarás, e outras em que simularás medo. Finge ser fraco a fim de que teus inimigos, abrindo a porta para a presunção e para o orgulho, venham atacar-te em hora errada, ou sejam surpreendidos e derrotados vergonhosamente. Age de tal forma que teus inferiores jamais descubram teus projetos (...). Toda campanha militar repousa na dissimulação. Finge desordem. Jamais deixes de oferecer um engodo ao inimigo para ludibriá-lo. Simula inferioridade para encorajar sua arrogância". Tzu, Sun. A arte da guerra. Porto Alegre: L&P, 2016, p.25.

verdade. Evita dizê-la aos outros; e todas essas disposições, tão afastadas da justiça e da razão, têm uma raiz natural em seu coração"[25].

E por vezes a própria lei protege, e até estimula, a mentira. Que são os espiões e os agentes infiltrados senão mentirosos legais, que mentem em nome da lei e do Estado?

Casos há também em que a lei não só protege ou tolera a mentira, como condena a verdade. Com efeito, em nome da ampla defesa e do princípio da não autoincriminação, o investigado ou acusado pode não só calar a verdade (ficar em silêncio), como dar a versão que lhe parece mais favorável, não raro falsa (no todo ou em parte). Ademais, uma confissão de crime obtida por meios ilícitos (tortura etc.), por mais verdadeira, não tem valor legal algum.

Certas pessoas são, inclusive, proibidas de testemunhar, isto é, não podem declarar a verdade, conforme dispõe o art. 207 do Código de Processo Penal: "São proibidas de depor as pessoas que, em razão de função, ministério, ofício ou profissão, devam guardar segredo, salvo se, desobrigadas pela parte interessada, quiserem dar o seu testemunho".

Se, por exemplo, um padre, violando o segredo da confissão, revelar a autoria de um crime, prestará um depoimento inválido, embora verdadeiro; e, mais, responderá pelo crime do art. 154 do Código Penal (violação do segredo profissional)[26].

Normalmente a mentira é penalmente irrelevante. Mas há formas de mentir que podem constituir crime (falsificação documental, estelionato, calúnia etc.) ou apenas agravar seu cometimento (homicídio qualificado pela traição, emboscada etc.) e outras há que podem atenuá-lo ou justificá-lo, como nos casos de legítima defesa ou estado de necessidade (p.ex., a vítima finge-se de morta ou ferida para golpear seu agressor).

É possível também falar-se de participação (cumplicidade) em delito por parte de quem presta (dolosamente) informações valiosas (verda-

---

25. Pascal, Blaise. Pensamentos. São Paulo: Martins Fontes, 2005, p.425.
26. Violação do segredo profissional

    Art. 154 - Revelar alguém, sem justa causa, segredo, de que tem ciência em razão de função, ministério, ofício ou profissão, e cuja revelação possa produzir dano a outrem:

    Pena - detenção, de três meses a um ano, ou multa.

deiras) a criminosos e assim os auxilia na identificação e localização de suas potenciais vítimas.

Por fim, a mentira é um meio absolutamente legítimo contra condutas ilícitas ou criminosas. O professor que mente sobre a etnia ou credo dos alunos para protegê-los da ação de um grupo terrorista, além de cumprir seu dever legal de proteção, faz um grande bem. A verdade é boa sob certas circunstâncias, não sempre.

Em resumo, é possível mentir para o bem e para o mal, com boas ou más razões, de modo legal ou ilegal, de forma vergonhosa ou heroica.

A verdade e a mentira não são, pois, em si mesmas louváveis ou condenáveis; tudo depende do porquê e de como mentimos.

Capítulo VI

RETROATIVIDADE DA LEI PROCESSUAL PENAL

1) INTRODUÇÃO

De acordo com o art. 2° do CPP, "A lei processual penal aplicar-se-á desde logo, sem prejuízo da validade dos atos realizados sob a vigência da lei anterior". Já o CPC (art. 14) diz que "A norma processual não retroagirá e será aplicável imediatamente aos processos em curso, respeitados os atos processuais praticados e as situações jurídicas consolidadas sob a vigência da norma revogada". Como se vê, ambos os Códigos asseguram igualmente: a) a aplicação imediata da lei nova; b) a validade dos atos processuais praticados sob a vigência da lei anterior. O CPC diz mais, porém: a lei processual civil não retroagirá.

No entanto, dizer que a lei tem aplicação imediata pouco significa, já que qualquer lei é aplicável imediatamente pelo só fato de entrar em vigor. É, pois, um simples pleonasmo afirmar que a lei processual penal é imediatamente, não mediatamente, aplicável[1].

A questão fundamental é saber se a lei nova retroage, quando, como e por que retroage, e quais são as consequências concretas disso.

Uma reforma tão importante e complexa, como a feita pela Lei n° 13.964/2019 (*pacote anticrime*), por exemplo, que altera diversos dispositivos de direito material, de direito processual e da lei de execução penal, exigiria um tratamento cuidadoso e detalhado relativamente à vigência

1. A doutrina clássica fazia distinção entre retroatividade e imediatidade. Hélio Tornaghi dizia que: "A norma de direito judiciário penal tem que ver com os atos processuais, não com o ato delitivo. Nenhum ato do processo poderá ser praticado a não ser na forma da lei que lhe seja anterior, mas nada impede que ela seja posterior à infração penal. Não há, nesse caso, retroatividade da lei processual, mas aplicação imediata. Retroatividade haveria e a lei processual nova modificasse ou invalidasse atos processuais praticados antes de sua entrada em vigor". Instituições de processo penal. São Paulo: Saraiva, 1977, p.174.

da lei no tempo. Mas não foi o que aconteceu, pois absolutamente nada se disse a respeito.

O Código de Processo Penal português (art. 5º[2]), por exemplo, ao dispor sobre o assunto, previu que a lei processual penal tem aplicação imediata, sem prejuízo da validade dos atos realizados na vigência da lei anterior. Além disso, dispôs que a lei processual penal não se aplica aos processos iniciados anteriormente à sua vigência quando da sua aplicabilidade imediata puder resultar: a) o agravamento sensível e ainda evitável da situação processual do arguido, nomeadamente uma limitação do seu direito de defesa; b) quebra da harmonia e unidade dos vários atos do processo[3].

Embora o Código português tenha dado tratamento mais completo e adequado a esse complexo tema, temos que é preciso ir além e superar a distinção aí pressuposta, entre leis penais, leis processuais penais e lei de execução penal. Para nós, direito penal, direito processual penal e lei de execução penal são apenas nomes para designar um mesmo fenômeno: o poder punitivo estatal em seus vários momentos de incidência, isto é, o processo penal e a execução penal são o próprio direito penal em ação, implicando uma unidade essencial. Logo, os princípios que valem para o direito penal material hão de valer para todo o resto. Por isso, no particular é irrelevante a distinção entre normas penais, processuais ou normas mistas etc.

O que de fato importa é saber se a lei é favorável ou prejudicial ao investigado, réu, condenado ou apenado. Se favorável, retroage; se prejudicial, não retroage. Em resumo, quer trate de lei penal, quer de lei

---

2. 1 - A lei processual penal é de aplicação imediata, sem prejuízo da validade dos actos realizados na vigência da lei anterior.

   2 - A lei processual penal não se aplica aos processos iniciados anteriormente à sua vigência quando da sua aplicabilidade imediata possa resultar:

   a) Agravamento sensível e ainda evitável da situação processual do arguido, nomeadamente uma limitação do seu direito de defesa; ou

   b) Quebra da harmonia e unidade dos vários atos do processo.

3. De acordo com Germano Marques da Silva: "Em termos gerais, é de aplicar a que lei que concretamente se mostre mais favorável ao arguido e recusar aplicação retroativa da lei mais gravosa". Direito processual penal português. Lisboa: Universidade Católica Editora: 2017, p. 123, v. 1.

processual etc., o princípio é o mesmo: a lei não retroagirá, salvo para beneficiar o réu.

Em resumo, a retroatividade da lei penal (em sentido lato) há de ser pensada a partir de uma perspectiva constitucional-garantista[4].

Também por isso, a interpretação correta a ser dada ao art. 5°, XL, da Constituição, é compreender *lei penal* como lei penal em sentido amplo, isto é, compreensiva da lei penal em sentido estrito, da lei processual penal e da lei de execução penal[5]. Mais: o art. 2º, parágrafo único, do CP, deve ser aplicado também ao processo e à execução penal, cuja redação é a seguinte: A lei posterior, que de qualquer modo favorecer o agente, aplica-se aos fatos anteriores, ainda que decididos por sentença condenatória transitada em julgado.

Urge, pois, superar a interpretação tradicional e pré-constitucional dada ao princípio da irretroatividade da lei penal.

Naturalmente que a retroatividade da lei processual penal não implica solução única para os diversos problemas de direito penal intertemporal, pois institutos distintos demandam soluções distintas. O juiz das garantias, por exemplo, suscita problemas e soluções diversas do acordo de não persecução penal.

Retroagir significa aqui que a lei regerá infrações penais (crimes e contravenções) cometidas antes da sua entrada em vigor, consumadas ou tentadas, não importando a data da instauração da investigação ou do respectivo processo. Não retroagir significa o contrário: que a lei só incidirá sobre os delitos praticados após a sua vigência.

Evidentemente, não seria justo nem conforme o princípio da isonomia se a aplicação da lei ficasse na dependência de ter sido proferida ou não a sentença, ainda que os crimes fossem praticados na mesma data. Assim, por exemplo, se, num caso de coautoria ou de participação, os processos tramitassem separadamente, um com mais, outro com menos celeridade[6]. Além disso, a aplicação ou não de um dado instituto penal

---

4. Ver Paulo Queiroz e Antônio Vieira. Retroatividade da lei processual penal e garantismo. São Paulo: Boletim do Ibccrim. Boletim 143, outubro de 2004.
5. Art. 5º, XL - a lei penal não retroagirá, salvo para beneficiar o réu.
6. Nesse sentido, José Jairo Gomes (Manifestação n° 5797/2020/JJGD/PRR 1ª Região): "Entendimento diverso implicaria afronta direta ao princípio da **isonomia**. Assim, *e.g.*, duas pessoas que cometeram o mesmo delito, na mesma data, a depender do

(v.g., acordo de não persecução penal) dependeria de dados aleatórios e alheios à vontade do investigado/denunciado: a celeridade do processo, a postura do órgão do MP e do Juiz etc.

Retroagir não significa, porém, que os atos processuais praticados na forma da lei do tempo sejam inválidos. Como é óbvio, a validade de um ato processual só pode ser apurada segundo a lei vigente à sua época (*tempus regit actum*), não com base numa lei nova, inexistente quando da prática do ato.

No entanto, com base no art. 2° do CPP, a doutrina processual penal considera, em geral, que a nova lei processual penal pode incidir sobre investigação ou processo relativo a delito cometido antes da sua entrada em vigor, ainda que em prejuízo do réu. Assim, por exemplo, se uma determinada lei passasse a considerar como hediondo determinado crime, aumentando-lhe a pena cominada, e, além disso, abolisse determinado recurso, deveria ser aplicada retroativamente quanto à parte processual (abolição do recurso), embora o mesmo não pudesse ocorrer quanto à parte penal (equiparação a crime hediondo e aumento de pena). Nesse sentido, a extinção de um recurso, como ocorreu com o *protesto por novo júri* em 2008 (exclusivo do réu condenado a pena igual ou superior a 20 anos), aplicar-se-ia a todos os processos em curso, retroativamente, não importando a data do crime. Aliás, foi essa a interpretação que acabou por prevalecer nos tribunais.

2) RETROATIVIDADE NUM SISTEMA INTEGRADO

Temos, porém, que o princípio da irretroatividade deve também compreender a lei processual penal. Assim, sempre que a nova lei processual for prejudicial ao réu, porque suprime ou diminui garantias – *v. g.*, facilita a decretação de prisões, extingue recursos etc. –, limitar-se-á a reger as infrações penais consumadas ou tentadas após a sua entrada

andamento processual célere ou lento do inquérito policial e processo penal, poderiam estar ou não acobertados pela possibilidade do acordo. Ou seja, onde houve o procedimento célere e já tendo havido o oferecimento da denúncia, restaria prejudicado o réu, o que é inconcebível frente ao postulado constitucional da igualdade. A afronta à isonomia seria ainda mais evidente - e grave - na hipótese de concurso de pessoas, em que um coautor ou partícipe só viesse a ser identificado posteriormente, pois, nesse caso, o denunciado não faria *jus* ao benefício que teria de ser oferecido ao seu parceiro no crime".

em vigor; afinal, também aqui, a lei deve cumprir sua função de garantia, entendendo-se como prejudicial toda norma que importe em diminuição de garantias, e por mais favorável a que implique aumento de garantias processuais.[7]

Assim, sempre que a lei processual dispuser de modo favorável ao réu – *v. g.*, amplia as medidas cautelares diversas da prisão etc. –, terá aplicação retroativa.

Tratando-se de normas meramente procedimentais, que não impliquem aumento ou diminuição de garantias – v.g., modifica a tramitação do inquérito policial –, terão aplicação retroativa, alcançando o processo no estado em que se encontra e respeitados os atos validamente praticados. Assim, se, por exemplo, a inovação do *pacote anticrime* quanto ao inquérito policial, que agora tramitará diretamente entre a Polícia Judiciária e o Ministério Público, sem a mediação do juízo.

Em suma, ao menos para efeito de aplicação da lei no tempo, temos que é irrelevante a distinção entre lei penal e lei processual penal, visto que uma e outra cumprem a mesma função político-criminal, de proteção do mais débil (o acusado) em face do mais forte (o Estado), não podendo a lei ser garantista num momento (direito penal material) e antigarantista noutro (processual). Ou seja, o que importa não é a natureza jurídica da norma – se penal, se processual penal, a distinção nem sempre fácil –, mas o quanto de proteção encerra. Além disso, as regras do jogo devem ser conhecidas antes de seu início[8], não podendo ser modificadas depois de iniciado, salvo para favorecer o réu.

Imagine-se que uma lei definisse como hediondo determinado crime, cominando-lhe pena mais grave, proibisse a substituição da prisão preventiva por medida cautelar diversa e alterasse o procedimento. Nesse

---

7. No mesmo sentido: Aury Lopes Júnior (Direito processual penal. São Paulo: Saraiva, 2017), Fernando da Costa Tourinho Filho (Manual de direito processual penal. São Paulo: Saraiva, 2017), Alberto Binder (Introdução ao direito processual penal. Rio: Lumen juris, 2003), Paulo César Busato e Sandro Monte Huapaya (Introdução ao Direito Penal. Fundamentos para um Sistema Penal Democrático. Rio de Janeiro: Lumen Juris, 2007) e Américo Bedê Júnior e Gustavo Senna. Princípios do processo penal. São Paulo: RT, 2009.
8. Sobre a teoria dos jogos aplicada ao processo penal, ver Alexandre Morais da Rosa. Guia do processo penal conforme a teoria dos jogos. Florianópolis: *emporiododireito*, 2017.

caso, a nova lei não poderia ser aplicada retroativamente, exceto (em tese) quanto ao procedimento.

Mas, se a lei fizesse o contrário, isto é, abolisse o caráter hediondo, cominasse pena mais branda, passasse a admitir a substituição da prisão por medida cautelar diversa e adotasse procedimento mais favorável ao réu, haveria de retroagir no todo, incidindo retroativamente.

A propósito, segundo o Decreto-Lei n° 3.931/41 (Lei de introdução ao CPP): a) os atos processuais praticados sob a vigência da lei anterior são válidos; b) à prisão preventiva e à fiança aplicar-se-ão os dispositivos que forem mais favoráveis; c) o prazo já iniciado, inclusive o estabelecido para a interposição de recurso, será regulado pela lei anterior, se esta não prescrever prazo menor do que o fixado no CPP.

Em todos os casos supra, prevalecerá, portanto, o princípio da retroatividade da lei mais favorável; se tal vale para os casos citados, há de valer para todos os demais. Não há por que fazer distinção no particular entre lei penal (em sentido estrito), lei processual penal e lei de execução penal.

Cuidando-se de normas de conteúdo misto – em parte favorável e em parte desfavorável ao réu –, vale o que já se disse sobre a irretroatividade da lei penal, admitindo-se em tese a combinação de normas. Mas se isso não for possível, em razão do caráter unitário da alteração levada a efeito, a decisão da regra aplicável ao caso deverá considerar o significado político-criminal prevalecente da reforma para os interesses do acusado.

Exemplo disso foi dado pela Lei nº 9.271/96, que, modificando a redação do art. 366 do CPP, determinou que, quando o réu, citado por edital, não comparecesse em juízo nem constituísse advogado, ficariam suspensos o processo e o prazo prescricional. Assim, enquanto a parte relativa à suspensão do processo é favorável ao réu, por implicar aumento de garantia, já que a redação original do art. 366 previa o prosseguimento do feito no caso de citação por edital e revelia, a parte alusiva à suspensão do prazo de prescrição lhe era prejudicial, pois antes a prescrição corria normalmente. Nesse caso, a combinação de normas é impossível, uma vez que a suspensão do prazo prescricional pressupõe logicamente a suspensão do processo. Daí ter decidido o STF que a reforma introduzida pela Lei nº 9.271/96 era irretroativa, visto que no todo era prejudicial aos interesses do acusado.

Em conclusão, a lei processual penal não retroagirá, salvo para beneficiar o réu (CF, art. 5°, XL). A lei penal a que se refere a Constituição é lei penal em sentido amplo, compreendendo o processo e a execução penal, que são um *continuum* daquela.

3) RETROATIVIDADE DAS REGRAS SOBRE EXECUÇÃO PENAL

O mesmo deve ser dito, *mutatis mutandis*, quanto à Lei de Execução Penal, porque também aqui se trata de preservar o caráter garantidor do princípio da legalidade em seus vários momentos de concretização (penal, processual e execução), de modo que sempre que as modificações forem prejudiciais ao sentenciado não poderão retroagir, só incidindo, em consequência, sobre os crimes consumados ou tentados após a sua entrada em vigor.

Aliás, aqui, mais do que no processo de conhecimento, importa respeitar o princípio, pois é na execução penal onde se verifica o maior déficit de proteção jurídica (menor grau de garantismo), tal é a relativização ou inexistência mesma das garantias que o informam. E onde há maior vulnerabilidade, maiores devem ser os níveis de tutela legal (maior grau de garantismo), conforme o princípio da proporcionalidade.

E os princípios devem repercutir unitariamente, porque, apesar da distinção, direito penal, processo penal e execução penal constituem fases de um mesmo fenômeno, que é o exercício do poder punitivo estatal, destinados a legitimar uma forma especial de violência: a pena.

Em suma, a lei de execução penal não retroagirá, salvo para beneficiar o réu (CF, art. 5°, XL). Semelhante entendimento vem sendo acolhido pela jurisprudência, ao menos em parte, e se mostra cada vez mais relevante, especialmente em face de inovações legislativas que tornam mais severa a execução das penas, como ocorrido com a Lei n. 13.964/2019 e a Lei n. 14.843/2024 (Lei Sargento PM Dias), com aumento da fração para progressão de regime, obrigatoriedade de realização de exame criminológico, restrições à saída temporária e a outros benefícios etc.

Por fim, segundo o art. 66, I, da LEP, compete ao juiz da execução aplicar aos casos julgados lei posterior que de qualquer modo favorecer o condenado.

4) RETROATIVIDADE DA LEI PENAL EM SENTIDO AMPLO: CONCLUSÕES

1) O direito penal em sentido lato compreende o direito penal material, o processo e a execução penal, que são um *continuum* daquele.

2) Os princípios e regras constitucionais penais incidem igualmente sobre o direito, o processo e a execução penal.

3) O princípio da irretroatividade penal (CF, art. 5°, XL) incide sobre o direito penal em sentido amplo. *A lei penal* a que se refere a Constituição é a lei penal em sentido lato, compreensiva do direito penal material, do processo e da execução penal.

4) Para efeito de retroatividade da lei, é irrelevante distinguir normas penais, processuais e executórias ou mistas. O que de fato importa é saber se a lei aumenta ou diminui a proteção do acusado, se é mais ou menos garantista.

5) A lei penal (em sentido lato) não retroage, salvo para beneficiar o réu. Logo, a lei mais protetiva (mais garantista) retroage. Não retroage a lei menos protetiva ou menos garantista.

6) A retroatividade da lei penal significa que a lei incidirá sobre infrações penais (crimes e contravenções) praticadas antes da sua entrada em vigor, consumadas ou tentadas. É irrelevante a data da instauração da investigação ou do processo, que não pode servir de pretexto para impedir a retroatividade da lei mais favorável.

7) Como regra, a retroatividade da lei penal não compromete ou invalida os atos processuais praticados antes dela, já que a validade do ato processual só pode ser aferida com base na lei do tempo do crime (*tempus regit actum*).

8) As alterações meramente procedimentais que não afetam direitos fundamentais têm aplicação retroativa, respeitados os atos já praticados segundo a lei vigente à época.

9) A previsão legal de que a lei terá aplicação *imediata* é um pleonasmo e nada acresce de relevante à discussão, já que a lei é imediatamente aplicável pelo só fato de entrar em vigor.

10) A retroatividade da lei mais favorável pode ocorrer em qualquer fase da investigação, do processo ou da execução penal. A só pro-

lação de sentença não obsta a retroatividade da lei mais favorável. Mas, dependendo do instituto, a prolação da sentença pode impedir a retroatividade da lei processual penal. É o caso, por exemplo, do juiz das garantias. Afinal, nem sempre é fácil compatibilizar a validade dos atos processuais com o advento da nova lei.

5) RETROATIVIDADE DA LEI 13.964/2019

5.1) Interpretação da reforma a partir de um sistema integrado

5.1.1) Juiz das garantias

Com a introdução do juiz das garantias (CPP, art. 3° B), haverá doravante dois juízes: um que atuará na fase de investigação (juiz das garantias), se e quando provocado na forma da lei, e outro que funcionará durante a instrução e o julgamento do processo (juiz da instrução). As competências são excludentes. O juiz que tiver atuado como juiz das garantias ficará impedido para a instrução e o julgamento do processo. A ideia é dar mais efetividade ao princípio da imparcialidade.

Pois bem, o juiz de garantias (art. 3° B do CPP) implica novas regras de competência e tem aplicação *imediata* (CPP, art. 2°), devendo incidir sobre inquéritos e processos em curso. Além disso, é mais favorável ao investigado, devendo retroagir também por isso, isto é, incidir sobre infrações penais cometidas antes de sua entrada em vigor, consumadas ou tentadas.

A retroatividade do juiz das garantias significa mais concretamente o seguinte: 1) não incide sobre processos já sentenciados, com ou sem trânsito em julgado da sentença, já que tramitaram na forma da lei vigente; logo, são válidos. Evidentemente não faria sentido anular atos processuais com base numa lei superveniente, inexistente à sua época; 2) nos processos já instaurados, sem instrução iniciada, o juiz que interveio durante a investigação ficará impedido para a instrução e o julgamento do processo; 3) nos processos com instrução já iniciada, o juiz que interveio durante a investigação ficará impedido para prosseguir no processo, apesar do princípio da identidade física do juiz. Os atos instrutórios que presidiu na forma da lei então vigente são válidos; 4) nos processos com instrução já concluída que aguardam julgamento, outro juiz proferirá a sentença, se o atual tiver atuado durante a investigação, apesar do princípio da identidade física do juiz. Também aqui os atos instrutórios são válidos porque praticados conforme a lei do tempo; 5) o juiz que tiver proferido decisão no inquérito policial ou PIC (procedimento de investigação criminal) ficará impedido para a instrução e julgamento do processo que for instaurado.

5.1.2) Acordo de não persecução penal

A lei prevê o acordo de não persecução penal (ANPP) para os crimes praticados sem violência ou grave ameaça à pessoa cuja pena mínima seja inferior a 4 anos e desde que haja confissão formal e circunstanciada (art. 28-A). Evidentemente é mais favorável ao investigado: evita a prisão cautelar e o processo, bem como a condenação criminal e seus efeitos (cumprimento de pena, reincidência etc.).

Faltar-lhe-á justa causa sempre que for o caso de arquivamento. Faltando justa causa para a denúncia, faltará justa causa para o acordo. O ANPP é uma alternativa à denúncia, não uma alternativa ao arquivamento. O juiz deve, pois, rejeitá-lo quando for manifesto o abuso do poder de acusar ou carecer de amparo legal (art. 28-A, §§4°, 5° e 7°).

Como é mais favorável ao investigado, o novo instituto: a) incidirá sobre inquéritos e processos criminais já instaurados, devendo o juiz ouvir o MP sobre o tema; b) incidirá sobre processo com sentença condenatória recorrível. Nesse caso, o juiz ou tribunal ouvirá o MP. Se proposto e celebrado o acordo, o processo ficará suspenso enquanto aguarda a sua execução. Se cumprido o acordo, o processo é extinto. Se não, o processo retomará seu curso.

A propósito, o STF (ADI 1.719-9, de 2007) deu interpretação conforme ao art. 90 da Lei n. 9.099/95 (as disposições desta Lei não se aplicam aos processos penais cuja instrução já estiver iniciada) no sentido de: a) admitir a retroatividade da lei penal mais benéfica com ou sem instrução iniciada ou que implicasse despenalização, a exemplo dos institutos da suspensão condicional do processo e da transação penal, que teriam caráter misto (penal e processual penal); b) considerar conforme a Constituição o artigo questionado quanto às normas de caráter estritamente processual penal.

O precedente faz remissão ao voto do Ministro Celso de Mello, proferido no Inquérito n° 1.055-3 Amazonas, de 1996, o qual assinalou que "as prescrições que consagram medidas despenalizadoras em causa qualificam-se como normas penais benéficas, necessariamente impulsionadas, quanto à sua aplicabilidade, pelo princípio constitucional que impõe à *lex mitior* uma insuprimível carga de retroatividade virtual e, também, de incidência imediata". O Ministro Celso de Mello referia-se aos institutos da Lei n° 9.099/95 (transação penal, suspensão condicional do processo etc.)

Nesse mesmo sentido, o STF decidiu que o art. 90-A da Lei n° 9.099/95 (as disposições desta Lei não se aplicam no âmbito da Justiça Militar), introduzido pela Lei n° 9.839/99, ao vedar a aplicação daqueles institutos despenalizadores à Justiça Militar, era irretroativo, só podendo incidir sobre os crimes cometidos após a sua entrada em vigor. Entendeu-se que a nova regra tinha caráter processual *material9.*

Apesar disso, existe precedente no sentido da não aplicabilidade da suspensão condicional do processo depois de proferida a sentença condenatória, que certamente será invocado por analogia[10].

Não vemos também por que não aplicar o ANPP aos processos com sentença transitada em julgado, ouvindo-se o MP e suspendendo-se a execução penal quando celebrado o acordo[11]. Incide o art. 2°, parágrafo único, do Código Penal:

> A lei posterior, que de qualquer modo favorecer o agente, aplica-se aos fatos anteriores, ainda que decididos por sentença condenatória transitada em julgado.

Afinal, tem-se aqui uma *novatio legis in mellius*. Mais: se no caso de abolição do crime ou de atenuação da pena, a lei penal retroage, com ou sem trânsito em julgado da sentença penal, por que motivo não retroagiria na hipótese de um instituto como o acordo de não persecução penal que evita o processo penal e assim impede a eventual condenação

9. STF, HC n° 79.390/RJ, 1999, relator Ministro Ilmar Galvão.

10. HC n° 74.463-0, relator Ministro Celso de Mello, de 7/3/1997.

11. De modo similar, Leonardo Schmitt de Bem e João Paulo Martinelli. O limite temporal da retroatividade do acordo de não persecução penal. Disponível no Jota, acessado em 9/3/2020.

e execução penal, com todos os efeitos penais que implicam? Também aqui fica clara a inconsistência da distinção entre normas penais, processuais penais e executórias.

Em 7/11/2019, porém, o plenário do STF voltou a discutir o tema e considerou inconstitucional a execução imediata da sentença na pendência de recurso extraordinário ou especial. Atualmente está vedada, portanto, a prisão provisória sem cautelaridade, exceção feita à sentença condenatória proferida pelo tribunal do júri, como veremos. Decisão proferida nas ADCs 43, 44 e 54.

5.1.3) Reexame obrigatório da prisão preventiva e prisão preventiva obrigatória

A reforma estabeleceu o dever de reanálise dos fundamentos da prisão preventiva a cada 90 dias (CPP, art. 316, parágrafo único). Se, decorrido o prazo legal, não houver pronunciamento judicial algum, a prisão tornar-se-á ilegal, devendo ser relaxada.

Quando o juiz ou tribunal entender que a prisão preventiva deve ser mantida, proferirá decisão, motivando a manutenção da prisão. Trata-se de uma decisão que reaprecia a anterior, acolhendo ou rejeitando seus fundamentos, acrescentando novos argumentos quando houver.

Como se trata de uma alteração favorável ao réu, tem aplicação retroativa. Assim, as prisões preventivas decretadas há mais de 90 dias deverão ser reexaminadas imediatamente ou num prazo razoável. As demais deverão ser revistas tão logo completem aquele prazo legal.

De acordo com o art. 3º C, §2°, do CPP, o juiz da instrução e julgamento deverá reexaminar a necessidade das medidas cautelares em curso, no prazo máximo de 10 (dez) dias. Como a lei não ressalva a prisão preventiva, segue-se que também ela deverá ser revista no prazo de 10 dias pelo juiz da instrução, ainda que não tenha decorrido o prazo legal de 90 dias da decretação da preventiva ou do seu reexame.

No entanto, é irretroativa a prisão preventiva obrigatória para condenações iguais ou superiores a 15 anos, proferidas pelo tribunal júri (CPP, 492, I, e, segunda parte), razão pela qual não pode ser aplicada aos crimes cometidos antes da sua entrada em vigor.

No particular, temos inclusive que a inovação é inconstitucional, por violação ao princípio da presunção de inocência.

5.1.4) Outros temas de processo penal

A lei contém outras inovações que beneficiam o investigado ou acusado, razão pela qual têm aplicação retroativa, tais como: 1) vedação da prisão preventiva de ofício; 2) transformação do estelionato (CP, art. 171, §5°) em crime de ação penal pública condicionada (antes era crime de ação penal pública incondicionada); a lei prevê exceções, porém; 3) o impedimento do juiz que conheceu da prova declarada inadmissível, em virtude de ilicitude (CPP, art. 157, §5°); 4) atuação de advogado em favor de agentes da segurança pública investigados em inquérito policiais etc. (CPP, art. 14-A); 5) a definição legal de decisão fundamentada/desfundamentada (CPP, art. 315, §2°).

Cada uma dessas alterações produz, contudo, efeitos distintos. Assim, por exemplo, as preventivas já decretadas de ofício são válidas, porque praticadas conforme a lei do tempo, devendo ser revistas a cada 90 dias, cuja manutenção dependerá de requerimento. Quanto aos inquéritos e processos relativos a crime de estelionato, a autoridade competente deverá notificar o interessado para formular representação no prazo legal de 6 meses, sob pena de extinção do feito. No item 3, o juiz ficará impedido para prosseguir no processo. No item 4, o advogado intervirá imediatamente. As novas decisões terão de se ajustar ao conceito legal de fundamentação.

Em todos os casos supra (itens 1 a 5) as sentenças já proferidas são válidas, com ou sem trânsito em julgado.

São também aplicáveis retroativamente as regras meramente procedimentais que não prejudicam ou beneficiam o investigado ou acusado. Assim, por exemplo, a tramitação direta do inquérito policial entre a polícia e o MP, bem como diversas regras sobre o procedimento da colaboração premiada.

5.1.5) Novas regras de execução penal

Aqui o princípio há de ser o mesmo: a lei retroagirá se beneficiar o condenado e não retroagirá se o prejudicar.

Alguns exemplos de irretroatividade: 1) o novo limite de cumprimento e de unificação de penas (40 anos); 2) as novas regras mais gravosas do regime disciplinar diferenciado; 3) a nova falta grave (a recusa do condenado em submeter-se ao procedimento de identificação do perfil genético etc.); 4) o aumento do prazo (de 1 para 3 anos, passível de prorrogação) para a inclusão e permanência de preso em estabelecimento federal de segurança máxima (Lei n° 11.671/2008, 10, §1°). Quanto aos novos parâmetros de progressão de regime, há necessidade de verificar, caso a caso, se a inovação é ou não favorável ao réu.

Também aqui há regras meramente procedimentais que não causam prejuízo ao réu, devendo ter aplicação retroativa, como a execução da multa perante o juiz da execução penal (CP, art. 51).

5.1.6) Novas regras de direito penal material

Não retroagem: 1) a ampliação do rol dos crimes hediondos; 2) a nova causa de aumento do roubo com emprego de arma branca (CP, art. 157, §2°, VII); 3) a nova causa de aumento do roubo com emprego de arma de fogo de uso restrito (CP, art. 157, §2° B); 4) a nova pena do crime de concussão (CP, art. 316), que foi aumentada; 5) os novos efeitos da sentença penal condenatória (CP, art. 91-A); 6) a nova causa suspensiva de prescrição (CP, art. 116, III): pendência de embargos de declaração ou de recursos dos tribunais superiores, quando inadmissíveis.

A lei prevê também a suspensão do prazo prescricional enquanto não cumprido ou não rescindido o acordo de não persecução criminal (CP, art. 116, IV). Aqui, porém, o acordo retroage no todo, não podendo ser cindido. Logo, também a nova causa suspensiva retroagirá com a celebração do acordo.

Capítulo VII

PRINCÍPIOS PROCESSUAIS PENAIS

1) INTRODUÇÃO

Os princípios processuais penais são normas jurídicas (constitucionais, convencionais, legais etc.) que estabelecem as condições de legitimação da jurisdição penal; são especialmente relevantes porque fundam e estruturam um dado sistema jurídico, e, pois, orientam a sistematização e a interpretação do direito[1].

1. De acordo com Robert Alexy, princípios e regras são normas jurídicas. Os princípios são normas (permissivas, proibitivas etc.) que ordenam que algo seja realizado na maior medida possível dentro das possibilidades jurídicas e fáticas existentes. São mandamentos de otimização, no sentido de que podem ser satisfeitos em graus variados e pelo fato de que a medida devida de sua satisfação não depende somente das possibilidades fáticas, mas também das possibilidades jurídicas. Já as regras são normas que são sempre satisfeitas ou não satisfeitas. Se uma regra vale, então, deve se fazer exatamente aquilo que ela exige, nem mais, nem menos. Regras contêm, portanto, determinações no âmbito daquilo que é fática e juridicamente possível. Isso significa que a distinção entre regras e princípios é uma distinção qualitativa, e não uma distinção de grau. Toda norma é ou uma regra ou um princípio. Um conflito entre regras somente pode ser solucionado se for introduzida, em uma delas, uma cláusula de exceção que elimine o conflito, ou se uma delas for declarada inválida. Já no conflito entre princípios, tal não ocorre e a solução é distinta. Com efeito, os princípios são válidos, logo, o que ocorre é que um deles (ou mais) terá de ceder, pois o princípio prevalecente tem precedência sobre certas condições. Aqui, o conflito não ocorre na dimensão da validade, como nas regras, mas na dimensão de peso (Robert Alexy. Teoria dos direitos fundamentais. São Paulo: Malheiros, 2015). Apesar de (aparentemente) dominante a teoria de Alexy, não a adoto aqui, seja porque não estou convencido de seus fundamentos, seja porque considero a discussão em grande parte irrelevante, visto que: 1)princípios e regras são igualmente normas jurídicas com a mesma força normativa; 2)a distinção não preexiste à interpretação, mas é dela resultado, razão pela qual, dependendo do critério adotado (ou mesmo partindo do mesmo critério) - e há muitos -, diremos se há uma coisa ou outra, podendo dizer coisas muito distintas; 3)como não há hierarquia entre princípios e regras, o que de fato importa, para fim de interpretação/aplicação do direito, é o *status* da norma (se constitucional, legal etc.), não o nome ou o modo como ela é classificável (princípio

Apesar de há muito consagrada, já vimos que a distinção entre princípios penais e princípios processuais penais é mais aparente do que real, seja porque o processo é uma dimensão essencial do direito penal, seja porque os princípios têm repercussão penal e processual penal, seja porque todos se prestam, em última análise, a um mesmo fim, que é a realização do justo processo (formal e substancial).

É preciso reconhecer ainda que, embora fundamentais, os princípios têm um caráter inevitavelmente retórico[2], pois são diversamente interpretáveis segundo as necessidades e interesses de quem os invoca (juiz, MP, defesa etc.). O que vem a ser, por exemplo, razoável duração do processo ou presunção de inocência não está previamente dado, mas é

---

ou regra); 4)não há mal algum em chamar um princípio de regra ou uma regra de princípio; 5)seja qual for a classificação adotada, a questão fundamental consiste dar uma solução justa para o caso, a qual não é necessariamente a mais técnica, nem a mais sofisticada ou a mais conforme a doutrina vigente. Em suma, o melhor método é aquele que resolve justamente um caso.A propósito, para Humberto Ávila (Teoria dos princípios. São Paulo: Malheiros, 2018, p.92), que propõe uma classificação inclusiva, não exclusiva entre as espécies normativas, um mesmo dispositivo pode ser classificado como princípio, regra e postulado. Exemplo disso é a norma exige lei em sentido formal para a instituição ou aumento de tributos (legalidade tributária), equivalente à legalidade penal (não há crime nem pena sem lei anterior que o defina). De acordo com Ávila, é possível considerá-la uma regra, porque condiciona a validade da criação ou o aumento de tributos à observância de um procedimento determinado que culmine com a aprovação de uma lei; como princípio, já que estabelece como devida a realização dos valores de liberdade e de segurança jurídica; e, ainda, como postulado, por vincular a interpretação e a aplicação à lei e ao direito, excluindo o uso de parâmetros alheios ao ordenamento jurídico. Para uma crítica à distinção entre princípios e regras, ver Luigi Ferrajoli. Constitucionalismo principialista e constitucionalismo garantista. Garantismo, hermenêutica e (neo) constitucionalismo. Porto Alegre: Livraria do Advogado, 2012.

2. De acordo com Aristóteles (Retórica. São Paulo: Edipro, 2013, p.44/5), pode-se definir a retórica como a faculdade de observar, em cada caso, o que este encerra de próprio para criar a persuasão; ou, ainda, é o poder de observar e descobrir o que é adequado para persuadir; em suma, é arte de persuadir por meio do discurso. Ainda segundo o autor, há três tipos de persuasão supridos pela palavra falada: o primeiro depende do caráter pessoal do orador; o segundo, de levar o auditório a uma certa disposição de espírito; e o terceiro, do próprio discurso no que diz respeito ao que demonstra ou parece demonstrar. E Perelman (Lógica jurídica. São Paulo: Martins Fontes, 2000, p.141) diz que a retórica tem por objeto o estudo das técnicas discursivas que visam a provocar ou aumentar a adesão das mentes às teses apresentadas a seu assentimento. Conforme Nicola Abbagnano (Dicionário de filosofia. São Paulo: Martins Fontes, 2003, p.856), retórica é arte de persuadir com o uso de instrumentos linguísticos.

retoricamente construído e está em permanente evolução. Não seria exagero, inclusive, se disséssemos que são ficções reguladoras. O homem, cujo instituto fundamental é a construção de metáforas[3], é um animal que se alimenta (também) de ficções (políticas, jurídicas, religiosas etc.).

Como nasceram historicamente (iluminismo) e permanecem constitucionalmente como garantias individuais, não como garantias sociais ou estatais, prestam-se, essencialmente, à proteção do indivíduo contra excessos do poder punitivo, e não para legitimar atuações abusivas em nome do interesse público. Justo por isso é que a lei penal pode, por exemplo, retroagir para beneficiar o réu, mas não o pode para prejudicá-lo.

Mais: se, por um lado, os princípios constituem limites à intervenção do Estado, por outro, prestam-se também à justificação da intervenção penal, razão pela qual tanto servem à legitimação quanto à deslegitimação do sistema penal. Afinal, dependendo de como as partes vão argumentar, é possível legitimar ou deslegitimar a prisão preventiva, por exemplo, com base nos mesmos princípios (v.g., presunção de inocência e proporcionalidade)[4].

É certo, por fim, que a previsão legal de princípios democráticos não significa que de fato tenhamos um direito democrático, quer porque teoria e prática jurídicas são coisas distintas e inconfundíveis, quer porque de nada servem ordenamentos jurídicos democráticos sem instituições democraticamente estruturadas e orientadas e, pior, que violem

3. Nietzsche. Sobre la verdad y mentira. Madrid: Tecnos, 2008, p.51.

4. Bernardo Montalvão Varjão de Azevedo tem razão quando diz: "O ato de decisão judicial não é silogístico. O silogismo é técnica dedutiva que simplifica em demasia o que de fato se dá quando da composição do ato de decisão judicial. E o fenômeno que realmente se desencadeia quando da elaboração do ato de decisão judicial não é o da dedução silogística entre texto (lei), caso (conflito processual) e norma (decisão judicial), mas, sim, o da interação dialética entre tais elementos. Uma interação que já aponta para um ato de decisão judicial que não se ajusta à lógica da subsunção do caso ao texto, antes se orienta a partir do caso, em direção à melhor estratégia para torná-lo convincente. E a melhor estratégia a propiciar poder de convencimento ao ato de decisão judicial não se limita à interação dialética entre caso, lei e norma, vez que o ato de decisão judicial persuasivo não despreza os valores ideologicamente disseminados entre os sujeitos envolvidos no processo judicial. Quanto mais o ato de decisão judicial se aproveitar dos valores que sensibilizam as partes do processo, mais persuasivo ele será". O ato de decisão judicial. Rio de Janeiro: Lumen Juris, 2011, p.175. De modo similar, Nilo Bairros de Brum. Requisitos retóricos da sentença penal. São Paulo: RT, 1980.

sistematicamente direitos fundamentais. Como dizia Louk Hulsman, o mapa não é o território, o cardápio não é a refeição[5].

2) PRESUNÇÃO DE INOCÊNCIA

2.1) Significado e implicações

De acordo com a Constituição (CF, art. 5°, LVII), *ninguém será considerado culpado até o trânsito em julgado de sentença penal condenatória*[6]. Trata-se de uma presunção *juris tantum* (relativa), não *juris et de jure* (absoluta), porque, se o fosse, absolutamente nada poderia ser feito contra o suposto autor de um crime antes da sentença definitiva.

Embora a CF fale de *culpado*, o princípio é aplicável também aos *condenados* a medidas de segurança (internação em hospital psiquiátrico etc.).[7]Se o princípio vale para os imputáveis, há de valer, com maior razão, para os semi-imputáveis e inimputáveis, porque mais vulneráveis (princípio da proporcionalidade). E é também aplicável à pessoa jurídica criminosa.

Diz-se culpado todo aquele que for assim declarado por sentença em razão da prática de infração penal punível (crime ou contravenção).

Presumir inocente ou não considerar culpado são fórmulas equivalentes que não afirmam que o investigado, o denunciado ou o sentenciado seja de fato inocente, mas que, apesar de eventualmente preso em flagrante e ter confessado o crime, de responder a uma investigação, a processo

5. Hulsman, Louk; Bernat de Celis, Jacqueline. Penas perdidas: o sistema penal em questão. Trad. Maria Lúcia Karam. Niterói: Ed. Luam, 1993.

6. O princípio, que remonta ao direito romano, constou da declaração de direitos do homem e do cidadão de 1789 (art. 9°) e está previsto em vários tratados internacionais, a exemplo do Pacto de São José da Costa Rica (art. 8º, 2).

7. De um modo geral, a doutrina considera que a sentença que aplica medida de segurança ao inimputável autor de crime é "absolutória imprópria"; absolutória porque reconheceria uma causa excludente de culpabilidade (a inimputabilidade) e imprópria porque aplicaria, apesar isso, uma sanção penal (medida de segurança). Temos, porém, que se trata de uma sentença condenatória, seja porque todos os requisitos exigidos para a condenação devem estar presentes (fato típico, ilícito, culpável e punível, exceção feita à inimputabilidade por transtorno mental grave), seja porque a medida de segurança é tão ou mais lesiva à liberdade quanto a pena propriamente dita. Para maiores detalhes, ver Paulo Queiroz, direito penal, parte geral. Salvador: Juspodivm, 2020.

ou já condenado (sem trânsito em julgado), e tudo mais conspirar contra ele, deve ser tratado como se inocente fosse.

Nesse sentido, o presumido inocente não é necessariamente inocente, assim como aquele que foi declarado culpado não o é forçosamente. De todo modo, a sentença penal condenatória resolve e define juridicamente a culpa; e a absolutória firma a inocência.

Cuida-se, pois, de uma regra de tratamento – e de prova – que permanece válida ainda que contrarie todas as circunstâncias e provas do crime, de modo que o princípio incide (em todos os graus de jurisdição) independentemente da verossimilhança da imputação que recai sobre o acusado.

Também por isso, o juiz, ao valorar a prova e decretar medidas de coação, deve partir do pressuposto da inocência, por mais que a culpa lhe pareça evidente, só podendo afastá-la com base na apreciação e valoração ponderadas dos elementos de prova produzidos nos autos, jamais com apoio em ilações infundadas ou arbitrárias.

O princípio é aplicável não só às questões de fato, mas também às de direito, de modo que, havendo dúvida razoável sobre a exata definição jurídico-penal dos fatos ou sobre o direito incidente, há de vingar a tese mais favorável ao investigado ou imputado, razão pela qual, por exemplo, a alegação de tentativa haverá de prevalecer, nesse contexto, sobre a de consumação, a de imprudência sobre a de dolo, a de contravenção sobre a de crime, a de furto sobre a de roubo, a de concurso formal sobre a de concurso material de delitos etc.

Como se trata de uma presunção relativa de não culpabilidade, é possível a adoção, mas sempre em caráter excepcional, de medidas cautelares pessoais e reais contra o investigado ou acusado. A prisão provisória obrigatória é, pois, vedada, por mais grave o delito. Assim, por exemplo, só é legítima a decretação de prisão preventiva se houver prova da materialidade do delito e indícios suficientes de autoria (*fumus commissi delicti*) e o *periculum libertatis*.

Por fim, o princípio não é incompatível com a realização de acordos penais (acordo de não persecução penal etc.), embora haja quem diga o contrário. Tampouco nos parece incompatível com um processo penal garantista[8].

8. Para uma crítica à justiça negocial ou consensual, ver Luigi Ferrajoli, Direito e razão, cit.

2.2) Ônus da prova e outros temas: Súmula 444 do STJ, revisão criminal etc.

Dado o status legal de não culpado, de inocente, cabe à acusação (MP ou querelante), e não ao réu, todo o ônus de provar – validamente – a punibilidade do denunciado (ou querelado) segundo o devido processo legal. Não se prova a inocência, mas a culpa.

Justo por isso, compete ao acusador (e somente a ele) demonstrar a veracidade dos fatos alegados na denúncia/queixa, isto é, o cometimento de uma infração penal punível (crime ou contravenção) com todos os seus elementos essenciais e acidentais[9]. Mais concretamente: é dever seu provar que houve um crime (*v.g.*, um homicídio, não um suicídio), praticado dolosamente, e não por imprudência, que não concorreram excludentes de tipicidade, de ilicitude, de culpabilidade (erro de tipo, legítima defesa, erro de proibição inevitável etc.) ou causas extintivas de punibilidade (prescrição etc.).

Com efeito, se o crime é, do ponto de vista descritivo-analítico, um fato típico, ilícito e culpável (e também punível, segundo alguns), não faria sentido que o ônus da prova que recai sobre o acusador público ou privado se limitasse a apenas uma parte desses elementos.

Logo, além de fazer prova da prática de um delito, deve também provar eventuais circunstâncias qualificadoras, causas de aumento de pena e agravantes (v.g., emprego de veneno, motivo fútil ou torpe, reincidência etc.). Se houver dúvida razoável quanto aos fatos, ao direito ou quanto às circunstâncias, tal deverá favorecer o imputado. O princípio *in dubio pro reo* vale, pois, para as questões fáticas e jurídicas, para os temas principais e acessórios.

Assim, não cabe ao acusado provar o seu álibi (embora recomendável que o faça), nem demonstrar a presença de causas de justificação (legítima defesa etc.)[10]. Mas isso não quer dizer que a defesa deva se limi-

---

9. Nesse sentido, Jorge de Figueiredo Dias, Direito processual penal. Coimbra: Coimbra editora, 1974, p.211 e ss.

10. Em sentido contrário, Fernando da Costa Tourinho Filho (Código de Processo Penal Comentado. Vol. I. 12ª ed. São Paulo: Saraiva, 2009, p. 505): "ônus da prova nada mais é senão o encargo, que compete à parte que fizer a alegação, de demonstrá-la. Provar não é obrigação; é simples encargo. Se a parte que fizer a alegação não prová-

tar a fazer alegações sem se preocupar com a prova e a verossimilhança de suas teses, seja em razão dos riscos inerentes a uma tal postura, seja em virtude da possibilidade de anulação do processo por ausência de defesa.

Como escreve Renato Brasileiro de Lima, enquanto o Ministério Público e o querelante têm o ônus de provar os fatos delituosos além de dúvida razoável, produzindo no magistrado um juízo de certeza, à defesa é suficiente gerar dúvida fundada sobre a incidência das excludentes legais de criminalidade, causas extintivas de punibilidade e eventual álibi, bastando-lhe criar um estado de incerteza[11].

Germano Marques da Silva, que lhe atribui conteúdo amplíssimo, considera que o princípio constitui o fundamento de todos os demais direitos do investigado ou acusado, em especial os: a) de ser tratado como possível inocente; b) de ser absolvido se houver dúvida razoável sobre a culpa; c) de defender-se como lhe convier, particularmente não se manifestando sobre os fatos que são imputados; d) de ver protegida sua honra e reputação[12].

Justo por isso, não são aplicáveis ao processo penal as regras sobre a repartição ou inversão do ônus da prova, próprias do processo civil; e nem sempre valem aqui as presunções legais do Código de Processo Civil (CPC, arts. 373 e 374). Também por isso, é de todo criticável o art. 156, do CPP, ao atribuir ao réu a prova das suas alegações, isto é, a prova dos fatos impeditivos, extintivos ou modificativos do direito do autor, segundo a terminologia do processo civil[13]. Não tem valor algum

---

-la, sofrerá amarga decepção. Cabe à acusação demonstrar, e isto de modo geral, a materialidade e a autoria. Já à defesa incumbe provar eventual alegação de exclusão da antijuridicidade do fato típico (causas excludentes da criminalidade, excludentes da antijuridicidade, causas justificativas ou descriminantes) ou excludentes de culpabilidade. Se o réu invoca um álibi, o ônus da prova é seu. Se argui legítima defesa, estado de necessidade etc..., o onus probandi é inteiramente seu (…) Se alegar e não provar, a decepção também será sua...".

11. Manual de direito processual penal. Salvador: Juspodivm, 2016, p.598.

12. Direito processual penal português, v.1. Universidade católica editora: Lisboa, 2015, p.53.

13. Art.156. **A prova da alegação incumbirá a quem a fizer,** sendo, porém, facultado ao juiz de ofício:

I– ordenar, mesmo antes de iniciada a ação penal, a produção antecipada de provas consideradas urgentes e relevantes, observando a necessidade, adequação e proporcionalidade da medida;

tampouco o frequentemente invocado *in dubio pro societate*, por implicar uma inversão indevida do dever de provar imposto ao MP[14]. Já vimos que o art. 156, I, do CPP foi revogado (tacitamente) pelo art. 3º-A da Lei n° 13.964/2019.

De acordo com a Súmula 444 do Superior Tribunal de Justiça, é vedada a utilização de inquéritos policiais e ações penais em curso para agravar a pena-base. Não é possível, por isso, aumentar-se a pena a pretexto de o condenado responder a inquéritos, a processos ou já ter contra si outras condenações (não transitadas em julgado), sob pena de violação ao princípio da presunção de inocência, independentemente do nome que se dê à circunstância judicial (personalidade voltada para o crime, maus antecedentes, má conduta social etc.).

Apesar disso, há precedentes do próprio STJ contra a aplicação da causa de redução de pena do art. 33, §4°, da Lei n° 11.343/2006, que exige primariedade e bons antecedentes, se o agente responder a inquéritos ou a processos. A contradição é evidente, já que, se não há maus antecedentes para fim de majorar a pena-base, tampouco haverá para efeito de negar o privilégio da referida lei de drogas (redução de 1/6 a 2/3). Num e noutro caso, o fundamento para impedir a valoração contra o réu é precisamente o mesmo: violação ao princípio da presunção de inocência.

É bem verdade que a lei, ao estabelecer o privilégio em discussão, criou uma espécie de inversão do ônus da prova, cabendo ao condenado fazer prova de que faz jus ao benefício, mas semelhante inversão é incompatível com o princípio de que estamos tratando.

Apesar de a Súmula 444 do STJ vedar o uso de inquéritos e processos criminais como maus antecedentes para efeito de aplicação da pena, podem justificar a imposição de medidas cautelares, as quais são decretáveis com ou sem registro de antecedentes.

O princípio é aplicável também à execução penal, já que sempre que houver dúvida, por exemplo, sobre se o condenado praticou ou não falta grave, se tem ou não direito à progressão de regime, se violou ou não as

---

II–determinar, no curso da instrução, ou antes de proferir sentença, a realização de diligências para dirimir dúvida sobre ponto relevante.

14. Ver Maurício Zanoide de Moraes (Presunção de inocência no processo penal brasileiro. Rio de Janeiro: Lumen Juris, 2010) e Aury Lopes Júnior. Direito processual penal. São Paulo: Saraiva, 2017.

regras do livramento condicional, tal contará em seu favor, devendo ser concedido o benefício legal.

Quanto à revisão criminal (CPP, art. 621), cabe ao condenado fazer prova das alegações que autorizariam a rescisão da coisa julgada. Mas, ao contrário do que pretende parte da doutrina[15], havendo dúvida razoável sobre a legitimidade da condenação, é possível desconstituí-la. Assim, por exemplo, se o autor da revisão alega inocência e as novas provas produzidas instalam dúvida fundada sobre a plausibilidade da condenação, é justo anulá-la. Afinal, não seria razoável manter uma condenação que possivelmente encerra um erro judiciário.

No famoso caso de erro judiciário envolvendo os irmãos Naves[16], acusados de latrocínio consumado, ainda que a suposta vítima não tivesse reaparecido alguns anos depois da condenação, provando que tudo não passara de uma trágica história construída a partir de confissões obtidas mediante tortura, e persistisse dúvida razoável sobre a culpa dos condenados, seria justo rescindir a sentença.

2.3) Execução provisória da sentença

2.3.1) Introdução: execução pro reo

Como regra, a execução da sentença penal condenatória só é possível após o trânsito em julgado, em razão do princípio da presunção de inocência. Assim, só depois de exauridos os recursos cabíveis, aí incluídos os recursos extraordinários, é lícito determinar o cumprimento da pena (ou medida de segurança).

---

15. Assim, por exemplo, Renato Brasileiro de Lima. Manual de direito processual penal. Salvador: Juspodivm, 2016.

16. Os irmãos Sebastião e Joaquim Naves foram presos e condenados por supostamente roubar e matar, em 1937, em Araguari, Minas Gerais, Benedito Pereira Caetano, que havia desparecido; torturados continuamente, confessaram o suposto crime, embora não tivessem ideia do dinheiro subtraído. Em 24 de julho de 1952, Benedito Caetano reapareceu e declarou que, na madrugada de 29 de novembro de 1937, depois de ser assaltado por desconhecidos, endividado e envergonhado, resolveu partir da cidade sem dar notícia. Em 1953, os irmãos Naves foram inocentados. Joaquim Naves já estava morto (1948), Sebastião viria a morrer em 1964. Atuou como advogado João Alamy Filho. Para maiores detalhes, ver João Alamy Filho. O caso dos irmãos Naves – um erro judiciário. Belo Horizonte: Del-Rey, 2000.

Apesar disso, é possível a execução provisória ou antecipada da sentença *em favor do condenado* que se encontre preso em caráter provisório (prisão preventiva etc.), desde que já tenha ocorrido o trânsito em julgado para a acusação, malgrado a defesa haja interposto recurso (apelação etc.).[17] Justo por isso, a interposição de recurso apenas pela defesa não impede o condenado de gozar os benefícios previstos na LEP (livramento condicional etc.), desde que tenha cumprido os requisitos legais para tanto.

Essa execução antecipada em favor do réu (preso provisório) que recorreu da sentença condenatória é possível pelos seguintes motivos: 1) como só a defesa recorreu, não é possível *reformatio in pejus*; 2) não seria razoável que o condenado provisório tivesse tratamento mais duro que o condenado definitivo; 3) não faria sentido que o condenado fosse prejudicado por exercer um direito, o de recorrer; 4) o princípio da presunção de inocência foi instituído histórica e constitucionalmente em favor do indivíduo, não do Estado, razão pela qual não sofre aí violação alguma; 5) a execução provisória tem previsão legal expressa (LEP, art. 2°, parágrafo único[18]).

Como é óbvio, a execução provisória é igualmente possível quando houver recurso do MP para absolver o réu ou atenuar-lhe a pena aplicada (recurso ministerial *pro reo*). Mas raramente o MP assim procede. Evidentemente, a função do MP não é acusar arbitrariamente, mas justamente, sem excessos, se e quando houver amparo probatório e legal para tanto. Tampouco cabe contabilizar as condenações como vitórias e as absolvições como derrotas.

Em suma, proferida a sentença condenatória e havendo recurso em favor do réu, o preso/condenado provisório pode requerer todos os direitos postuláveis pelo preso/condenado definitivo.

---

17. Nesse sentido, a Súmula 716 do STF: "Admite-se a progressão de regime de cumprimento de pena ou a aplicação imediata de regime menos severo nela determinada, antes do trânsito em julgado da sentença condenatória." Também assim, a Súmula 717 do STF: "Não impede a progressão de regime de execução de pena, fixada na sentença não transitada em julgado, o fato de o réu se encontrar em prisão especial."

18. Art. 2º A jurisdição penal dos Juízes ou Tribunais da Justiça ordinária, em todo o Território Nacional, será exercida, no processo de execução, na conformidade desta Lei e do Código de Processo Penal. Parágrafo único. Esta Lei aplicar-se-á igualmente ao preso provisório e ao condenado pela Justiça Eleitoral ou Militar, quando recolhido a estabelecimento sujeito à jurisdição ordinária.

Se houver recurso da acusação para aumentar a pena, como regra, não é possível a execução provisória da sentença penal condenatória.

Mas é possível a execução provisória da sentença em favor do preso mesmo se houver recurso da acusação, inclusive para aumentar a pena, se o seu eventual provimento não tiver repercussão sobre o pedido formulado pelo condenado. Assim, por exemplo, se o Ministério Público apelar para ser reconhecida uma causa de aumento de pena de um terço sobre uma condenação de 6 anos, elevando-a para 8 anos, tal acréscimo não afetaria em nada o direito ao livramento condicional, se o réu, primário e sem antecedentes criminais, já houvesse cumprido mais de metade da pena. É que, nesse caso, bastar-lhe-ia o cumprimento de mais de um terço da pena (CP, art. 83, I). Com efeito, ainda que provido o recurso ministerial, o sentenciado já teria atingido mais de 1/3 da nova pena (8 anos).

Em resumo, somente o recurso da acusação que vise a agravar a situação do réu e prejudicar, concretamente, o benefício postulado pode impedir a execução provisória em seu favor.

2.3.2) Execução provisória pro societate

A partir de 17/02/2016 o Supremo Tribunal Federal, conforme decisão proferida no habeas corpus 126.292/SP, relator Ministro Teori Zavascki, passou a admitir a execução provisória também *em prejuízo do réu* que foi condenado e aguardava o julgamento do processo em liberdade e havia interposto recurso especial ou extraordinário, ao fundamento de tais recursos não terem efeito suspensivo.[19] Em 5/10/2016, o plenário do STF reafirmou a possibilidade de execução da pena tão logo mantida a sentença condenatória em segundo grau. Por se tratar de decisão proferida em controle abstrato/concentrado de constitucionalidade (CF, art. 102, §2º), vinculava os demais órgãos do Poder Judiciário.

Em síntese, de acordo com o STF, era possível a execução provisória da sentença *pro societate*, com imediata expedição de mandado de prisão, sempre que: 1) exauridos os recursos ordinários (apelação

---

19. Assim também, a Súmula 267 do STJ já dispunha: A interposição de recurso, sem efeito suspensivo, contra decisão condenatória não obsta a expedição de mandado de prisão.

etc.); 2) pender de julgamento apenas recurso especial (STJ) ou extraordinário (STF).

Essa posição do STF, permitindo a expedição de mandado de prisão antes do trânsito em julgado da condenação definitiva violava o princípio da presunção de inocência? Temos que sim, dada a clareza e literalidade da norma constitucional, que diz (art. 5°, LVII): "ninguém será considerado culpado até *o trânsito em julgado* de sentença penal condenatória".

Que decisões *contra legem* sejam possíveis, é fora de dúvida. No âmbito penal, porém, tal só é tolerável em favor do investigado ou acusado, não contra ele. Justamente por isso, é admissível, por exemplo, prova ilícita para inocentá-lo, não para condená-lo, apesar do disposto no art. 5°, LVI, da CF[20].

E assim deve ser porque historicamente os princípios (penais e processuais) nasceram como garantias individuais para prevenir reações públicas ou privadas arbitrárias, razão pela qual se prestam a evitar abusos do poder punitivo estatal. Além disso, são assim tratados pela Constituição, sob o título *dos direitos e garantias fundamentais.*

Mas, como vimos, não há, em direito, a única resposta correta, razão pela qual cumpre reconhecer que havia bons argumentos, especialmente de política criminal, em favor da tese adotada pelo STF, como assinalado no voto do Ministro Luís Roberto Barroso, em defesa de uma prestação jurisdicional pronta, justa e eficaz[21]: 1) os recursos extraordinário e especial não se prestam a apreciar questões de fato e não têm efeito suspensivo; 2) os princípios e regras jurídicas não têm caráter absoluto; 3) tratados internacionais subscritos pelo Brasil não vedam a execução da sentença depois de desprovida a apelação em segundo grau; 4) frequentes abusos do direito de recorrer, com finalidade puramente procrastinatória; 5) a legitimação da seletividade do sistema penal, já que poucos, em geral, os que podem bancar grandes escritórios

---

20. O art. 5°, LVI, diz: são inadmissíveis, no processo, as provas obtidas por meios ilícitos.
21. Ações declaratórias de constitucionalidade 43 e 44, relator Ministro Marco Aurélio de Mello.

de advocacia, têm acesso ao STF e ao STJ; 6) o baixo índice de provimento dos recursos extraordinários, inferior a 1,5%; 7) o descrédito gerado no sistema penal.

Por fim, a Súmula 643 do STJ veda a execução provisória da sentença que aplique pena restritiva de direito: "A execução da pena restritiva de direitos depende do trânsito em julgado da condenação".

E não poderia ser diferente, porque ou a execução provisória da sentença penal condenatória (contra o réu) é incompatível com o princípio da presunção de inocência, logo, não pode ser admitida absolutamente, qualquer que seja a pena imposta, ou é compatível com a Constituição, e, portanto, é irrelevante se a sentença penal impõe pena de prisão ou pena de outra natureza.

Afinal, o que importa não é saber o tipo de pena que se impõe, mas determinar se a sentença penal pode ou não ser executada antes do trânsito em julgado contra o réu que aguardava o julgamento em liberdade.

Além disso, não faz sentido algum e viola o princípio da proporcionalidade admitir-se a execução de pena mais grave (privativa da liberdade) e vedar a menos grave (restritiva de direito etc.).

Mais recentemente (7/11/2019), porém, o plenário do STF voltou a discutir o tema e considerou inconstitucional a execução imediata da sentença na pendência de recurso extraordinário ou especial. Atualmente está vedada, portanto, a prisão provisória sem cautelaridade, exceção feita às sentenças proferidas pelo Tribunal do Júri, como veremos. Decisão proferida nas ADCs 43, 44 e 54.

2.3.3) *Execução imediata das condenações do júri?*

Embora houvesse argumentos plausíveis (ainda que discordemos) relativamente à antecipação dos efeitos da condenação depois de assegurado o duplo grau de jurisdição, o mesmo já não ocorre com relação à execução imediata das decisões do tribunal do júri, ora rechaçada (medida cautelar no habeas corpus 174.759-CE, de 2019) ora admitida (HC n°118.770/SP) pelo Supremo Tribunal Federal, com fundamento na soberania dos veredictos, tese parcialmente acolhida pela reforma da Lei n° 13.964/2019 (pacote anticrime), como ainda veremos.

É que a soberania dos veredictos não significa irrecorribilidade das decisões do júri, mas recorribilidade limitada, já que, apesar de não poder reformá-la no mérito, condenando ou absolvendo o réu[22], o tribunal poderá prover a apelação, anular a decisão do júri e mandar o réu a novo julgamento sempre que a decisão dos jurados for manifestamente contrária à prova dos autos (CPP, art. 593, III, *d*). Cabe também apelação quando: a) a sentença do juiz-presidente for contrária à lei expressa, ou à decisão dos jurados; b) houver erro ou injustiça no tocante à aplicação da pena ou da medida de segurança.

A soberania dos veredictos implica, essencialmente, uma restrição ao poder de revisão das decisões de mérito. Mas esse poder não é absoluto, razão pela qual as decisões do júri, além de apeláveis, são passíveis de revisão criminal (CPP, art. 621), seja para absolver o réu, seja para atenuar a condenação.

Assim, havendo apelação para reformar a decisão do júri, a execução imediata da sentença condenatória ofenderá, claramente, o devido processo legal, a presunção de inocência e a garantia do duplo grau de jurisdição.

No particular, René Ariel Dotti tem razão, portanto, quando assinala que falar aqui de interpretação conforme a Constituição ou de *mutação constitucional*[23] é puro eufemismo com a finalidade de alterar a redação

---

22. De acordo com José Frederico Marques, "se soberania do Júri, no entender da *communis opinio doctorum,* significa a impossibilidade de outro órgão judiciário substituir ao Júri na decisão de uma causa por ele proferida, soberania dos veredictos traduz, *mutatis mutandis*, a impossibilidade de uma decisão calcada em veredicto dos jurados ser substituída por uma sentença sem esta base. Os veredictos são soberanos, porque só os veredictos é que dizem se é procedente ou não a pretensão punitiva. Marques, José Frederico. A instituição do júri. Campinas: Bookseller, 1997, p.80.

23. O Ministro Luís Roberto Barroso valeu-se, especialmente, do conceito de *mutação constitucional*. De acordo com Barroso, além do poder constituinte originário e do poder de reforma constitucional, existe uma terceira modalidade de poder constituinte: o que se exerce em caráter permanente, por mecanismos informais, não expressamente previstos na Constituição, mas por ela admitidos, como são a interpretação de suas normas e o desenvolvimento de costumes constitucionais. Embora proponha limites à mutação constitucional (as possibilidades semânticas das normas, isto é, os sentidos possíveis do texto, bem como a preservação dos princípios fundamentais que dão identidade àquela específica Constituição), Barroso parece admitir mutações constitucionais inconstitucionais, isto é, que contrariem o texto da Constituição. Apesar disso, reconhece que "os conceitos e possibilidades semânticas do texto figuram como

do texto legal, razão pela qual equivaleria a dizer que "o branco é preto, que onde se lê quadrado, deve-se passar a ler círculo; onde está escrito escuro, leia-se iluminado; no lugar de "a apelação *terá* efeito suspensivo", entenda-se "a apelação *não terá* efeito suspensivo"[24].

No plano legislativo, o pacote anticrime previu a prisão preventiva obrigatória, isto é, sem cautelaridade (CPP, art. 492) para os crimes dolosos contra a vida, de competência do tribunal do júri, conforme a gravidade da pena aplicada. A reforma ressuscitou a velha e má prisão preventiva obrigatória prevista na redação original do Código de 1941.

Com efeito, ao ser proferida sentença condenatória pelo júri, o juiz-presidente determinaria (art. 492, I, e), no caso de condenação a uma pena igual ou superior a 15 anos de reclusão, a execução provisória das penas, com expedição do mandado de prisão, se for o caso, sem prejuízo do conhecimento de recursos que vierem a ser interpostos.

---

ponto de partida e como limite máximo da interpretação", razão pela qual "o intérprete não pode ignorar ou torcer o sentido das palavras, sob pena de sobrepor a retórica à legitimidade democrática, à lógica e à segurança jurídica. A cor cinza pode compreender uma variedade de tonalidades entre o preto e o branco, mas não é vermelha nem amarela". *Curso de direito constitucional contemporâneo* (São Paulo: Saraiva, 2009, p.291/2 e 127). Em sentido diverso, Cláudio Souza Neto e Daniel Sarmento têm que a visão excessivamente judicialista da mutação constitucional, embora frequente no Brasil, é equivocada do ponto de vista descritivo e prescritivo, seja porque não descreve corretamente como o fenômeno da mutação opera no mundo real, seja porque não fixa uma orientação adequada sobre a forma como deveria funcionar (*Direito constitucional*. Belo Horizonte: Fórum, 2012, p.345). Para Konrad Hesse, os limites da mutação seriam os limites da própria Constituição (*Temas fundamentais do direito constitucional*. São Paulo: Saraiva, 2009). Embora haja quem defenda que não há limite algum à mutação constitucional (Uadi Lammego Bulos. *Mutação constitucional*. São Paulo: Saraiva, 1997), em geral a doutrina reconhece tais limites. Nélson Nery Júnior (*Anotações sobre mutação constitucional – Alteração da Constituição sem modificação do texto, decisionismo e Verfassungsstaat*) considera que "A mutação constitucional não pode ser prévia e intencionalmente anunciada, pois isso constitui *ruptura da Constituição*, circunstância que ocorre em Estados totalitários, não informados pelo princípio do Estado Democrático de Direito ou Estado Constitucional (Verfassungsstaat). No caso do Brasil, em que um dos fundamentos da república é o estado democrático de direito (CF, art. 1°, *caput*), não se pode romper voluntariamente, intencionalmente, com a Constituição sem alteração formal do texto – por emenda constitucional –, sob pretexto de que teria havido mutação constitucional, pois isso caracteriza ofensa ao devido processo legislativo (CF, art. 5°, LIV)".

24. Execução imediata da condenação pelo júri – um equivocado exemplo de ativismo judicial. Disponível em migalhas.com.br, acessado em 9/4/2018.

Nos demais casos (condenação inferior a 15 anos), a prisão seria facultativa, isto é, requereria cautelaridade.

A lei previu ainda hipóteses em que o presidente do conselho de sentença poderá deixar de autorizar a execução provisória das penas (§3°). Afirma também que a apelação interposta contra decisão condenatória do tribunal do júri a uma pena igual ou superior a 15 anos de reclusão não terá efeito suspensivo (§4°). Apesar disso, admite exceções (§5°), conferindo efeito suspensivo à apelação.

Semelhante previsão (prisão preventiva obrigatória), além de incoerente e ilógica, é claramente inconstitucional, visto que: 1) ofende o princípio da presunção de inocência, segundo o qual ninguém será considerado culpado até o trânsito em julgado de sentença penal condenatória (CF, art. 5°, LVII), razão pela qual toda medida cautelar há de exigir cautelaridade, especialmente a prisão preventiva; 2) viola o princípio da isonomia, já que condenações por crimes análogos e mais graves (v.g., condenação a 30 anos de reclusão por latrocínio) não admitem tal exceção, razão pela qual a prisão preventiva exige sempre cautelaridade; 3) estabelece critérios facilmente manipuláveis e incompatíveis com o princípio da legalidade penal, notadamente a pena aplicada pelo juiz-presidente; 4) o só fato de o réu sofrer uma condenação mais ou menos grave não o faz mais ou menos culpado, já que a culpabilidade tem a ver com a prova produzida nos autos e com os critérios de valoração da prova, não com o quanto de pena aplicado; 5) a gravidade do crime é sempre uma condição necessária, mas nunca uma condição suficiente para a decretação e manutenção de prisão preventiva. Como é óbvio, a exceção está em manifesta contradição com o novo art. 313, §2º, que diz: "**Não será admitida a decretação da prisão preventiva com a finalidade de antecipação de cumprimento de pena**."

Já vimos também que tal exceção não é legitimável com base na soberania dos veredictos.

Ocorre que o STF, por maioria, ao julgar o RE 1.235.340/SC, em 2024, fixou a seguinte tese para o Tema de Repercussão Geral n. 1.068: "A soberania dos veredictos do Tribunal do Júri autoriza a imediata execução de condenação imposta pelo corpo de jurados, independentemente do total da pena aplicada."

Além de considerar constitucional a prisão preventiva obrigatória, na forma da Lei n° 13.964/2019, o STF deu interpretação conforme a Constituição, com redução de texto, para admitir a possibilidade de execução imediata da sentença condenatória do tribunal do júri independentemente da pena imposta, não importando se superior ou inferior a 15 anos de reclusão. Assim, as condenações, por exemplo, por homicídio ou feminicídio, consumado ou tentado, simples ou qualificado, autorizam a prisão imediata. O mesmo ocorrerá com os demais crimes dolosos contra a vida de competência do tribunal do júri: aborto, instigação ao suicídio e infanticídio.

O STF rejeitou, pois, a restrição feita pelo legislador, por entender que o fundamento da execução imediata não seria o quanto de pena aplicado, mas a soberania dos veredictos e o direito à vida, considerando ainda o sentimento de justiça, a credibilidade no poder judiciário e a baixa taxa de provimento dos recursos, muitos dos quais seriam protelatórios.

Apesar disso, ressalvou-se a possibilidade de *suspensão cautelar* da execução até o julgamento da apelação, caso haja indícios de nulidade processual ou de sentença manifestamente contrária à prova dos autos.

Claramente, com essa nova orientação da jurisprudência, temos um quadro dos mais contraditórios. Com efeito, o autor de crimes diversos (latrocínio, estupro com resultado morte etc.) só iniciará em tese o cumprimento da pena com o trânsito em julgado da condenação, independentemente do juízo de plausibilidade de eventual apelação, salvo se houver necessidade de prisão preventiva. Já o acusado de crime doloso contra a vida e conexos (v.g., ocultação de cadáver) deverá como regra ser preso tão logo condenado pelo júri, ainda que ausentes os requisitos da prisão preventiva.

A presunção de inocência de que trata o art. 5.º, LVII, da CF foi afastada com base numa interpretação equívocada soberania dos veredictos, à semelhança do debate sobre o sentido da expressão "trânsito em julgado da sentença penal condenatória" ocorrida no julgamento do ADCs 43, 44 e 54. A posição minoritária, que excepcionara o princípio no julgado anterior, sagrou-se vencedora no caso específico de condenações proferidas pelo tribunal do júri, em parte em razão da mudança de composição do Tribunal[25].Mudam os juízes, mudam as interpretações,

25. No julgamento das ADCs 43, 44 e 54, em 2019, houve maioria apertada de 6 votos a 5 para reconhecer a constitucionalidade do art. 283 do CPP e de que o início do cumprimento da pena se dá com o trânsito em julgado da condenação. Ocorre que

que mudam com ou sem mudança dos juízes. A interpretação é o ser do direito; e o ser do direito é um devir, já anotamos.

3) CONTRADITÓRIO E AMPLA DEFESA

3.1) Introdução

O contraditório é uma dimensão essencial do processo, pois o processo é justamente isso: um procedimento realizado em contraditório[26]. Logo, se não houver previsão legal de contraditório, haverá simples procedimento.

Embora exista uma tendência no direito processual civil no sentido de equiparar contraditório e ampla defesa[27], não é possível fundi-los no direito processual penal, seja porque só há contraditório no processo (não há contraditório no inquérito policial, por exemplo[28]), seja porque a ampla defesa é exercitável em qualquer procedimento investigativo, haja ou não previsão legal de contraditório. Quando, por exemplo, o investigado, ao prestar declarações perante a autoridade policial, se vale do direito ao silêncio, não está exercendo o contraditório, mas o seu direito de defesa. O mesmo ocorre quando pede acesso aos autos do inquérito policial ou

---

em 2024, no julgamento do RE 1.235.340/SC, quatro dos ministros que compuseram a maioria anterior se aposentaram, apesar de dois deles terem proferido votos antes disso, sendo que dois novos ministros adotaram entendimento diverso, admitindo a execução imediata da pena imposta pelo tribunal do júri.

26. Nesse sentido, Elio Fazzalari: "Onde é ausente o contraditório – isto é, onde inexista a possibilidade, prevista pela norma, de que ele se realize – não existe processo. Instituições de direito processual. Campinas: Bookseller, 2006, p.121. E Aroldo Plínio Gonçalves: "Há processo sempre onde houver o procedimento realizando-se em contraditório entre os interessados, e a essência deste está na 'simétrica paridade' da participação, nos atos que preparam o provimento, daqueles que nele são interessados porque, como seus destinatários, sofrerão seus efeitos". Técnica processual e teoria do processo. Belo Horizonte: Del-Rey, 2016, p.98.

27. Nesse sentido, Fredie Didier Jr.: "Atualmente, tendo em vista o desenvolvimento da dimensão substancial do princípio do contraditório, pode-se dizer que eles se fundiram, formando um amálgama de um único direito fundamental. A ampla defesa corresponde ao aspecto substancial do princípio do contraditório". Curso de direito processual civil 1. Salvador: Juspodivm, 2015, p.86.

28. Em sentido contrário, João Porto Silvério Júnior. Direito penal fraterno. Curitiba: Juruá, 2014.

requer determinada diligência. Afinal, não há aqui acusação formal contra o investigado, apesar dos graves constrangimentos que pode sofrer.

É que o exercício do direito de defesa não está relacionado ao grau de formalização do procedimento; muito ao contrário, quão mais informal for a investigação, maior será a necessidade de defesa[29].

Além disso, o contraditório é igualmente aplicável à acusação e à defesa, razão pela qual ambos devem ser informados dos atos praticados para (eventualmente) refutá-los. Já a ampla defesa diz respeito apenas à defesa mesma. Não existe, por conseguinte, um direito à ampla acusação.

Em suma, assim como é possível contraditório sem ampla defesa, é possível ampla defesa sem contraditório.

Apesar disso, é evidente a conexão entre um e outro, tanto que a Constituição (CF, art. 5°, LV) previu-os num mesmo dispositivo: "aos litigantes, em processo judicial ou administrativo, e aos acusados em geral são assegurados o contraditório e ampla defesa, com os meios e recursos a ela inerentes".

3.2) Implicações

Juntos, o contraditório e a ampla defesa se prestam a assegurar um processo penal minimamente paritário, isto é, com o máximo grau de informação e o máximo grau de refutabilidade das questões de fato e de direito; têm, pois, as seguintes implicações, dentre outras: 1) o direito de informação e comunicação dos atos processuais (acesso à prova, direito de intimação e de citação dos atos processuais etc.); 2) o direito de ter conhecimento da imputação jurídico-penal (denúncia, queixa, aditamentos etc.); 3) o direito de participação (de ser ouvido, de não colaborar etc.); 4) o direito a um advogado, aí incluído o direito de, quando preso, entrevistar-se reservadamente com ele antes do interrogatório; 5) o direito a um tradutor ou intérprete, quando necessário (estrangeiros, surdo-mudo analfabeto, índio etc.[30]); 6) o direito de contestar as pretensões e alegações

---

29. Alberto Binder. Introdução ao direito processual penal. Rio: Lumen juris, 2003, p.116.

30. O CPP dispõe que:

Art. 192. O interrogatório do mudo, do surdo ou do surdo-mudo será feito pela forma seguinte:

I - ao surdo serão apresentadas por escrito as perguntas, que ele responderá oralmente;

das partes em prazo razoável; 7) o direito de produzir, de refutar e valorar as provas; 8) o direito de recorrer; 9) o direito de influenciar as decisões judiciais; 10) direito de acessar os atos de investigação, ainda que sob sigilo etc. Além disso, a defesa tem certos privilégios, a exemplo da proibição de *reformatio in pejus* e recursos exclusivos (embargos infringentes etc.); 11) o direito à fundamentação das decisões (CPP, art. 315).

Como o processo penal é um processo de comunicação e persuasão, as manifestações das partes, de seus procuradores e do juiz devem ser fundamentadas, fundamentação que variará conforme a complexidade da matéria em discussão. Com efeito, embora o art. 261, parágrafo único, do CPP, preveja que a defesa técnica, quando realizada por *defensor público* ou *dativo*, será sempre exercida através de manifestação fundamentada, trata-se, em verdade, de dispositivo legal aplicável a todos, ao Ministério Público, inclusive[31]. Todos, sem exceção, e não só os juízes, têm o dever de motivar suas manifestações.

Normalmente (na ação penal condenatória) os atos processuais são estruturados segundo a seguinte ordem lógica e cronológica dos discursos: acusação-defesa-juiz. Como regra, portanto, a acusação (MP, querelante, assistente) fala primeiro, seguindo-se a defesa e a decisão judicial, de modo a efetivar o contraditório. Essa ordem é, pois, a regra, cuja alteração (contraditório diferido) só deve ser admitida em situações extremas. Assim, ressalvados os casos de urgência ou de perigo de ineficácia da medida, o juiz, ao receber um pedido de medida cautelar (*v.g.*, um pedido de prisão preventiva), deverá determinar a prévia intimação da parte contrária para se manifestar no prazo de 5 dias, acompanhada de cópia do requerimento e das peças necessárias (CPP, art. 282, §3°).

Justo por isso, não faz sentido algum que um ato processual dos mais relevantes, como é a decisão de recebimento da denúncia, fira essa ordem e não preveja a prévia citação do denunciado (CPP, art. 396[32]),

---

II - ao mudo as perguntas serão feitas oralmente, respondendo-as por escrito;

III - ao surdo-mudo as perguntas serão formuladas por escrito e do mesmo modo dará as respostas. Parágrafo único. Caso o interrogando não saiba ler ou escrever, intervirá no ato, como intérprete e sob compromisso, pessoa habilitada a entendê-lo.

31. Nesse sentido, João Porto Júnior, processo penal fraterno, cit.

32. Nos procedimentos ordinário e sumário, oferecida a denúncia ou queixa, o juiz, se não a rejeitar liminarmente, recebê-la-á e ordenará a citação do acusado para responder à acusação, por escrito, no prazo de 10 (dez) dias.

a ensejar, por vezes, a admissão de acusações infundadas (total ou parcialmente) e a consequente impetração de *habeas corpus* que pretende trancar o processo e discutir matéria não submetida à apreciação do juiz precisamente porque aquela decisão não é precedida de contraditório.

3.3) Defesa técnica e autodefesa

A defesa técnica será realizada necessariamente por advogado inscrito na Ordem dos Advogados do Brasil, podendo fazê-lo o próprio réu, se for advogado, não se admitindo bacharel em direito sem inscrição na OAB, tampouco rábulas ou simples estagiários, que podem, no máximo, assisti-los (art. 3°, §2°, do Estatuto da Ordem)[33]. Quando se tratar de necessitados, a defesa será promovida pela defensoria pública (CF, art. 5°, LXXIV). Naturalmente que nenhum acusado, ainda que ausente ou foragido, será processado ou julgado sem defensor (CPP, art. 261). O advogado é indispensável à administração da justiça (CF, art. 133) ainda que se trate de crime de menor potencial ofensivo de competência dos juizados especiais criminais (Lei n° 9.099/95). Idem, quanto à apuração de falta grave praticada durante a execução da pena (Súmula 533 do STJ[34]).

O advogado é também indispensável à realização de acordos penais (transação penal, suspensão condicional do processo, acordo de não persecução penal, colaboração premiada etc.).

O réu tem o direito de escolher seu próprio defensor, razão pela qual, se houver renúncia sem substabelecimento, o juiz deverá intimá-lo para constituir novo advogado; se, intimado, não o fizer, fá-lo-á o próprio juiz. É nulo o julgamento da apelação se, após a manifestação nos autos da renúncia do único defensor, o réu não foi previamente intimado para constituir outro (Súmula 708 do STF). E constitui nulidade a falta de in-

---

33. O Estatuto da Ordem prevê (art. 3°, §2°):
Art. 3º O exercício da atividade de advocacia no território brasileiro e a denominação de advogado são privativos dos inscritos na Ordem dos Advogados do Brasil (OAB).
§ 2º O estagiário de advocacia, regularmente inscrito, pode praticar os atos previstos no art. 1º, na forma do regimento geral, em conjunto com advogado e sob responsabilidade deste.

34. Para o reconhecimento da prática de falta disciplinar no âmbito da execução penal, é imprescindível a instauração de procedimento administrativo pelo diretor do estabelecimento prisional, assegurado o direito de defesa, a ser realizado por advogado constituído ou defensor público nomeado.

timação do denunciado para oferecer contrarrazões ao recurso interposto contra a rejeição da denúncia, não a suprindo a nomeação de defensor dativo (Súmula 707 do STF).

Advogado constituído é aquele indicado pelo próprio investigado ou acusado; diz-se *dativo* quando nomeado pelo juiz para promover a defesa do réu, o qual poderá, a qualquer tempo, constituir advogado de sua preferência, a defensoria pública, inclusive, se pobre. Por fim, *ad hoc* é aquele também nomeado pelo juiz, mas para a prática de um ato processual específico (v.g., acompanhar depoimento de testemunha ouvida por precatória). Normalmente a nomeação *ad hoc* ocorre em casos em que o réu já tem defensor, mas que não compareceu ao ato, embora devidamente intimado.

O investigado ou denunciado poderá constituir quantos advogados quiser e puder; e nada impede que um mesmo advogado promova a defesa de mais de um réu, desde que as defesas não sejam conflitantes entre si.

Como o juiz deve zelar pelo contraditório efetivo, poderá nomear defensor ao acusado, quando considerá-lo indefeso, podendo, inclusive, no caso de crime de competência do tribunal do júri, dissolver o conselho de sentença e designar novo dia para o julgamento (CPP, art. 497, V).

Como é óbvio, o advogado atuará sempre no interesse do réu/cliente, sob pena de nulidade do processo (Súmula 523 do STF[35]); mas isso não significa que deva sempre postular a absolvição, podendo alegar as mais diversas teses, inclusive o simples reconhecimento de causas de diminuição de pena ou circunstâncias atenuantes. A melhor estratégia de defesa não é, ou não é forçosamente, a mais ambiciosa, mas a mais persuasiva e eficaz. O processo é o *locus* de um agir estratégico[36]. Agir estratégico em que sombra e luz, falas e silêncios são igualmente importantes.

---

35. No processo penal, a falta da defesa constitui nulidade absoluta, mas a sua deficiência só o anulará se houver prova de prejuízo para o réu.

36. De acordo com Michele Taruffo, "...o propósito do advogado é somente influenciar na opinião do juiz ou do jurado, a fim de obter uma decisão favorável. Em verdade, o advogado não é alguém que busca a verdade de maneira neutra e desinteressada: seu objetivo é buscar a vitória, pouco importando se a verdade é descoberta. Ademais, na perspectiva do advogado, é muito melhor que a verdade não seja descoberta se essa for contrária aos interesses do seu cliente. Todavia, o ponto de vista do juiz e do jurado é substancialmente diferente: supõe-se que sejam neutros e imparciais, uma vez que se espera que decidam o caso elegendo uma versão verdadeira dos fatos em

Contrariamente ao ditado[37], a melhor defesa não é o ataque, mas a defesa mesma. O advogado deve, por conseguinte, procurar desqualificar juridicamente a acusação, não o acusador, tampouco o juiz; acusar o acusador (público ou privado) é má estratégia de defesa e dá sempre a impressão de falta de razão e de técnica. Como é óbvio, se houver justo motivo para alegar impedimento ou suspeição do juiz ou do MP, o advogado deverá fazê-lo.

Dir-se-á indefeso o réu sempre que a sua defesa técnica for manifestamente incompetente ou negligente, quando, por exemplo, admitir, sem mais, a acusação, formular defesas genéricas ou contraditórias, demonstrar ausência de conhecimento jurídico-penal mínimo, não produzir prova ou, ainda, advogar contra os interesses do defendido.

O réu poderá praticar alguns atos processuais pessoalmente (autodefesa), sem advogado, a exemplo de apelar, impetrar *habeas corpus* e ajuizar revisão criminal ou peticionar na execução. No caso de apelação e revisão criminal, o juiz intimará ou designará advogado para que apresente as razões do recurso ou os fundamentos da revisão.

É comum a afirmação de que a autodefesa é disponível, já que o acusado poderá se valer no interrogatório do direito ao silêncio ou não peticionar nos casos em que a lei permite. O equívoco é manifesto. É que, ao fazer uso do *nemo tenetur*, por exemplo, o réu não renuncia ou dispõe de direito algum, mas, ao contrário, exerce-o plenamente, adotando a estratégia que lhe parece mais adequada.

No exercício da ampla defesa, o advogado do investigado/acusado tem o direito de acessar todas as provas produzidas e já documentadas nos autos, ainda que se trate de investigação sob sigilo (inquérito policial ou investigação a cargo do MP) envolvendo organização criminosa[38].

litígio. Assim, requer-se que usem os meios de prova como um recurso heurístico e não como argumento persuasivo". A prova. São Paulo: Marcial Pons, 2014, p.27.

37. O ditado diz que a melhor defesa é o ataque.

38. Assim dispõe o art. 23, parágrafo único, da Lei n° 12.850/2013: "O sigilo da investigação poderá ser decretado pela autoridade judicial competente, para garantia da celeridade e da eficácia das diligências investigatórias, assegurando-se ao defensor, no interesse do representado, amplo acesso aos elementos de prova que digam respeito ao exercício do direito de defesa, devidamente precedido de autorização judicial, ressalvados os referentes às diligências em andamento. Parágrafo único. Determinado o depoimento do investigado, seu defensor terá assegurada a prévia vista dos

Nesse sentido, Súmula Vinculante n° 14 e art. 7° do Estatuto da Ordem dos Advogados[39].

O art. 32 da Lei n° 13.869/2019 define como crime inclusive o ato de "Negar ao interessado, seu defensor ou advogado acesso aos autos de investigação preliminar, ao termo circunstanciado, ao inquérito ou a qualquer outro procedimento investigatório de infração penal, civil ou administrativa, assim como impedir a obtenção de cópias, ressalvado o acesso a peças relativas a diligências em curso, ou que indiquem a realização de diligências futuras, cujo sigilo seja imprescindível". E o art. 15, parágrafo único, II, da lei, pune quem dá prosseguimento a interrogatório de pessoa que tenha optado por ser assistida por advogado ou defensor público, sem a presença de seu patrono.

Com relação ao tribunal do júri (CF, art. 5°, XXXVIII), vigora a *plenitude de defesa*, isto é, a possibilidade de defesa ainda mais ampla, visto que incidem aí regras especiais, podendo os jurados absolver por simples piedade, por exemplo. De acordo com o art. 472 do CPP, formado o Conselho de Sentença, o presidente, levantando-se, e, com ele, todos os presentes, fará aos jurados a seguinte exortação: "Em nome da lei, concito-vos a examinar esta causa com imparcialidade e a proferir a vossa decisão de acordo com a vossa consciência e os ditames da justiça".

Com efeito, o direito de defesa, que há de ser amplo (CF, art. 5°, LV) e pleno, não simples defesa ou defesa limitada ou tutelada, há de compreender a liberdade de alegar toda e qualquer tese, moral ou imoral, justa ou injusta, provável ou improvável, comprovada ou não, plausível, ilógica ou contraditória. Assim, ressalvados os limites que a lei impõe, em caráter excepcional, a certas ações ou recursos (v.g., recursos extraordinários e especial, ação rescisória e revisão criminal etc.), bem como os casos que podem configurar crime contra a pessoa (ameaça

---

autos, ainda que classificados como sigilosos, no prazo mínimo de 3 (três) dias que antecedem ao ato, podendo ser ampliado, a critério da autoridade responsável pela investigação".

39. A Súmula Vinculante n° 14 dispõe: É direito do defensor, no interesse do representado, ter acesso amplo aos elementos de prova que, já documentados em procedimento investigatório realizado por órgão com competência de polícia judiciária, digam respeito ao exercício do direito de defesa. Já o art. 7°, XIV, da Lei n°8.906/94 diz ser direito do advogado "examinar, em qualquer instituição responsável por conduzir investigação, mesmo sem procuração, autos de flagrante e de investigações de qualquer natureza, findos ou em andamento, ainda que conclusos à autoridade, podendo copiar peças e tomar apontamentos, em meio físico ou digital".

etc.), não há limites ao direito de defesa. Como regra, o direito de defesa é, pois, ilimitado, amplíssimo.

Apesar disso, o art. 478 do CPP veda o uso de argumento de autoridade. E o Supremo Tribunal Federal considerou inconstitucional a tese de legítima defesa da honra, por violar os princípios da dignidade da pessoa humana, da proteção à vida e da igualdade de gênero (ADPF 779).

3.4) Correlação entre acusação e sentença – o art. 385 do CPP

O assim chamado princípio da congruência ou correlação entre acusação, defesa e sentença é uma dimensão essencial do princípio do contraditório e ampla defesa e da inércia da jurisdição (*ne procedat iudex ex oficio*), inerentes ao sistema de tipo acusatório garantista, determina que haja um mínimo de conformação entre acusação e sentença.

Como regra, uma vez oferecida a denúncia ou queixa e, portanto, fixado o objeto do processo penal, não é possível alterá-lo, exceto nos casos de *emendatio* e *mutatio libelli* (CPP, arts. 383/418 e 384). Ou de aditamento na forma do art. 569 do CPP.

Quando, fora dessas hipóteses, surgirem novos fatos ou novos personagens (coautores ou partícipes) durante o processo, caberá ao MP (ou querelante): a) promover a necessária investigação; b) propor uma nova denúncia; c) aditar a denúncia já oferecida na forma do art. 569 do CPP.

A denúncia ou queixa deve narrar os fatos criminosos e sua exata definição jurídico-penal, com indicação do tipo penal violado e eventuais circunstâncias qualificadoras, causas de aumento de pena e agravantes etc., devendo a sentença limitar-se aos termos da acusação. De um modo geral, o juiz não pode, por conseguinte, deferir pedidos que não constem, explícita ou implicitamente, da denúncia ou das alegações finais, sob pena de violação ao princípio da correlação.

A interpretação do que foi ou não pedido pela acusação considerará o conjunto da postulação e observará o princípio da boa-fé, nos termos do art. 322, §2°, do CPC, aplicável subsidiariamente à espécie.

Assim, por exemplo, se a denúncia imputa homicídio simples, o juízo não poderá pronunciar o réu por homicídio qualificado, embora possa pronunciar por homicídio simples se a denúncia atribuir homicídio qualificado. Afinal, quem pode o mais (absolver etc.), há de poder o menos (acolher parcialmente a denúncia, desclassificar o crime etc.).

Como escreve Gustavo Badaró, "separadas as funções, cabe ao juiz, somente ao juiz, apenas julgar. A função de acusar deve ser reservada a órgão distinto do juiz. Assim, não poderá o juiz iniciar o processo, sendo-lhe vedado o exercício da ação. Do *ne procedat iudex ex officio* deriva que o juiz não pode prover sem que haja um pedido e, como consequência, daí decorre outro princípio: o juiz não pode prover diversamente do que lhe foi pedido. O *ne procedat iudex ex officio* nada mais é do que corolário ou consequência do direito de ação. E, reflexo de ambos, surge a vedação de o juiz pronunciar-se sobre algo que não integrou o objeto do processo, isto é, a proibição de que o juiz profira um provimento sobre matéria que não foi trazida ao processo quando uma das partes exerceu o direito de ação; o juiz agiria de ofício e violando a regra da inércia da jurisdição" (Correlação entre acusação e sentença. São Paulo: RT, 2013, p.39).

O princípio da correlação, que é também uma dimensão do princípio da legalidade penal, presta-se, pois, a evitar excessos do poder punitivo.

É bem verdade que o art. 385 do CPP permite que o juiz reconheça agravante (CP, arts. 61 e 62) mesmo de ofício, o que é compreensível em se tratando de um Código editado em plena Ditadura Vargas (1941). No entanto, com o advento do art. 3°-A do CPP, que adota expressamente o sistema acusatório de processo penal, parece evidente que isso não pode ocorrer mais.

Se não cabe reconhecer agravante de ofício, com maior razão não é possível admitir-se causa de aumento de pena sem provocação do Ministério Público. Aliás, embora autorize a incidência de agravante, o art. 385 do CPP não chega a tolerar a aplicação de majorante sem pedido do MP.

Também por isso, não é possível reconhecer concurso de crimes (formal, material e continuidade delitiva) quando claramente o MP propuser a condenação por crime único. Nem cabe reconhecer concurso de infrações mais gravoso (concurso material) quando a acusação propõe o mais brando (continuidade delitiva).

Por fim, é preciso aplicar ao processo penal (art. 3°) o art. 10 do CPC, que veda decisões que surpreendam o réu e, pois, inviabilizem o contraditório e a ampla defesa. Ei-lo:

> O juiz não pode decidir, em grau algum de jurisdição, com base em fundamento a respeito do qual não se tenha dado às partes oportunidade

de se manifestar, ainda que se trate de matéria sobre a qual deva decidir de ofício.

Afinal, se o processo é procedimento realizado em contraditório (Fazzalari), cumpre efetivá-lo maximamente.

Em suma, aplicar agravante, causa de aumento de pena ou concurso material de infrações de ofício é admitir pena sem o devido processo legal e ofender o princípio da legalidade das penas.

Apesar disso, o art. 385 do CPP prevê que, nos crimes de ação pública, o juiz poderá proferir sentença condenatória, ainda que o MP tenha requerido a absolvição, bem como reconhecer agravantes, mesmo que não tenham sido alegadas.

Temos que a primeira parte do artigo, que admite condenação sem pedido condenatório, viola o sistema acusatório (CPP, art. 3° A) e não foi recepcionada pela Constituição, como veremos no tópico específico[40]. O dispositivo não é aplicável à ação penal privada porque a falta de pedido de condenação nas alegações finais implica perempção (CPP, art. 60, III).

A mesma crítica deve ser feita à possibilidade de reconhecimento de circunstância agravante (CP, art. 61), seja porque não foi submetida ao contraditório e à ampla defesa, seja porque fere o sistema acusatório e a regra da correlação. Se, por exemplo, o MP nada disse, de modo explícito, sobre a incidência da agravante da reincidência, do motivo fútil ou torpe etc., não é lícito reconhecê-las de ofício embora seja isso comum na prática forense[41].

Nada impede, todavia, que o juiz reconheça causas de diminuição de pena ou circunstâncias atenuantes (CP, art. 65), ainda que sem pro-

---

40. Como assinala Juan Montero Aroca (Principios del proceso penal. Valencia: Tirant lo blanch, 1997, p. 28 e ss), não existe, a rigor, *processo inquisitivo*, já que todo processo pressupõe a existência de partes e de um juiz imparcial (*actus trium personarum*); e, portanto, todo processo é acusatório, razão pela qual *processo inquisitivo* é uma contradição nos termos (*contraditio in terminis*) e *processo acusatório* é um pleonasmo. Em suma, todo processo é acusatório, embora mais ou menos garantista, dependendo de sua conformação constitucional e legal.

41. Nesse sentido, Weber Martins Batista: o que não se pode fazer é considerar essa agravante (a reincidência) ou qualquer outra com base em prova juntada aos autos depois de feitas as alegações finais, sem ouvir sobre isso o réu, pois ninguém mais do que ele sabe se tem ou não condenação anterior. Direito penal e direito processual penal, cit., p. 167.

vocação da acusação ou da defesa. É que quem pode o mais (absolver) há de poder o menos: condenar aquém do pedido.

Enfim, numa perspectiva acusatório-garantista de processo, é vedado surpreender as partes, especialmente a defesa, não importando, em princípio, se a decisão agrava ou atenua a imputação jurídico-penal[42].

3.5) Emendatio libelli[43]

Normalmente, o juiz só pode condenar (ou absolver) nos exatos termos da acusação formulada na denúncia ou na queixa, sob pena de violação ao princípio da correlação (ou congruência) entre acusação e sentença. Como regra, não lhe é dado, por conseguinte, conhecer e apreciar fatos ou circunstâncias não mencionadas pelo órgão acusador no momento oportuno. Quem acusa não julga, quem julga não acusa (princípio acusatório).

Apesar disso, o juiz pode perfeitamente discordar da qualificação jurídico-penal pretendida pela acusação e dar a tipificação que lhe parecer mais adequada, mais ou menos gravosa (*emendatio libelli*), desde que observe o contraditório e, pois, não surpreenda as partes.

Pode também ocorrer de, durante a instrução, surgir prova de elemento ou circunstância da infração penal não contida na acusação, modificando (em parte) a própria descrição dos fatos (*mutatio libelli*), podendo alterar ou não a definição jurídico-penal inicialmente proposta pela acusação (*emendatio libelli*). Nesse caso, há necessidade de intimar o MP, que aditará (ou não) a denúncia, seguindo-se o contraditório sobre o possível aditamento (CPP, art. 384).

---

42. Como escreve Germano Marques da Silva, o acusado defende-se da acusação e por isso não pode ser surpreendido com alterações de fatos ou qualificações jurídicas relevantes para a sua defesa. A plenitude de defesa implica que a sentença só possa incidir sobre fatos constantes da acusação notificada ao acusado e por consequência o julgamento, de modo que a sentença não pode incidir sobre fatos não contidos no processo. Direito processual português. Lisboa: Universidade católica editora, 2015, v. 1, p.385.

43. Embora haja quem, com certa razão, o critique (*v.g.*, Badaró), o termo está consagrado na doutrina nacional. O instituto agora comentado não se confunde com a *mutatio libelli* de que trata o art. 384 do CPP, porque aqui os fatos permanecem os mesmos, sem alteração, já na *mutatio libelli*, há mudança dos fatos e, possivelmente (não necessariamente), da definição jurídico-penal que incide sobre eles.

Em verdade, as questões de fato e as questões de direito são inseparáveis, já que, como ensinou Castanheira Neves, o jurista pensa o fato a partir do direito e pensa o direito a partir do fato[44].

Quanto à questão jurídica, o Código adota a regra *iura novit curia* (o juiz conhece a lei), segundo a qual o réu se defende dos fatos, e não da tipificação que se lhe dá. Assim, o juiz, sem modificar a descrição do fato contida na denúncia ou queixa, poderá atribuir-lhe definição jurídica diversa, ainda que, em consequência, tenha de aplicar pena mais grave (CPP, art. 383), podendo, por exemplo, condenar, não por furto, mas por estelionato, não por roubo, mas por extorsão etc. O juiz ou tribunal pode, portanto, divergindo da acusação ou da defesa, dar a tipificação que lhe parecer mais correta ou adequada.

Já vimos, porém, que não existem fenômenos criminosos, mas uma interpretação criminalizante dos fenômenos. Logo, a qualificação jurídica dos fatos é essencial à compreensão e à refutação da denúncia, seja porque cada tipo penal tem seus próprios elementos objetivos e subjetivos etc., seja porque a nova tipificação pode surpreender absolutamente a acusação e a defesa e, pois, ferir de morte o contraditório[45].

A exata tipificação é relevantíssima também porque tem implicações diretas sobre o tipo de procedimento (comum, especial etc.) e sobre diversos institutos penais e processuais (competência do juízo, prisões,

---

44. Textualmente: "...Pois geralmente se reconhece que a distinção absoluta, ou logicamente pura, entre 'o direito' e o 'facto' não é realizável, dado que, se por um lado, os 'factos relevantes' são já em si seleccionados e determinados em função da norma aplicável, em função de uma perspectiva jurídica, a norma aplicável (o direito), por outro lado, não pode deixar de ser seleccionada e determinada em função da estrutura concreta do caso a decidir. Ao considerar-se a questão-de-facto está implicitamente presente e relevante a questão-de-direito; ao considerar-se a questão-de-direito não pode prescindir-se da solidária influência da questão-de-facto. Ou, numa formulação bem mais expressiva: 'para dizer-se a verdade 'o puro facto" e o 'puro direito' não se encontram nunca na vida jurídica: o facto não tem existência senão a partir do momento em que se torna matéria de aplicação do direito, o direito não tem interesse senão no momento em que se trata de aplicar o facto; pelo que, quando o jurista pensa o facto, pensa-o como *matéria* do direito, quando pensa o direito, pensa-o como *forma* destinada ao facto. António Castanheira Neves. Questões-de-facto – Questões de direito. Coimbra: Livraria Almedina, 1967, p.55/56.

45. No mesmo sentido, ação penal 545, do STF, relator Ministro Luiz Fux.

prescrição, acordo de não persecução penal etc.), razão pela qual não pode ser relegada a segundo plano.

Como escreve Fabiano Pimentel, "a premissa de que o réu se defende tão somente dos fatos é falsa, e partindo-se de uma premissa falsa, falsa é a conclusão do discurso doutrinário tradicional (...). Dizer-se que o juiz pode mudar esta classificação jurídica é gerar nova acusação sem defesa, é dar ao magistrado o poder de alterar a acusação, aplicando pena mais gravosa ao réu, com violação ao sistema acusatório constitucional. É, enfim, e mais uma vez, surpreender o acusado ao final do processo, com uma acusação desconhecida, reduzindo o contraditório e cerceando o princípio da amplitude de defesa"[46].

Imagine-se, por exemplo, que, denunciado por furto simples (CP, art. 155, *caput*), o réu defenda três teses: princípio da insignificância, uma das causas especiais de isenção de pena do art. 181 do CP (crime contra cônjuge etc.) e prescrição, mas o juiz, surpreendentemente, condene por roubo simples (CP, art. 157, *caput*), delito que não admite tais alegações e cuja prescrição é o dobro do prazo (16 anos). Ora, é evidente que, além de surpreender as partes, a sentença violou o contraditório e a ampla defesa. Afinal, não houve contraditório algum, relativamente à inovação admitida na sentença. Nada mudaria substancialmente se, com a nova definição jurídico-penal, incidisse crime menos grave, já que a surpresa persistiria.

O que importa, portanto, não é se a decisão agrava ou atenua a acusação formulada, mas se as partes foram devidamente informadas da possível inovação, se foram ou não surpreendidas, em suma, se foi ou não respeitado o direito ao contraditório e à ampla defesa.

Em suma, apesar de o réu se defender, em princípio, de fatos, não de números ou de artigos de lei, é evidente que a qualificação jurídica que incide sobre os fatos pode surpreender e prejudicar a defesa, que há de ser ampla, e não simples defesa[47]. Ademais, os fatos são ou não relevantes, produzem ou não determinada consequência jurídica de acordo com a valoração jurídico-penal que recaia sobre eles.

Aliás, se decisões surpresas são terminantemente proibidas no processo civil (CPC, art. 10[48]), devem sê-lo com maior razão no pro-

46. Processo Penal. Belo Horizonte: D'Plácido, 2020, p. 875/876.

47. Weber Martins Batista. Direito penal e direito processual penal. Rio de Janeiro: Forense, 1996, p.163.

48. O juiz não pode decidir, em grau algum de jurisdição, com base em fundamento a respeito do qual não se tenha dado às partes oportunidade de se manifestar, ainda que

cesso penal, razão pela qual o juiz há de provocar o prévio debate sobre a possível *emandatio libelli*, não importando se favorável ou prejudicial à defesa[49]. Afinal, quem não pode ser surpreendido num processo civil que discute uma simples multa de trânsito, por exemplo, tampouco poderá sê-lo num processo criminal que possivelmente o privará da liberdade.

Se, ao ser consultado, o Ministério Público mantiver o pedido condenatório como formulado na denúncia, parece-nos que o juiz não poderá condenar diversamente, exceto se *in bonam partem* (ou *pro reo*) e desde que haja prévio debate sobre o tema. Assim, se o MP insistiu na condenação por furto, o juiz não poderia condenar por roubo; poderia, no entanto, condenar por furto se o MP postulasse a condenação por roubo.

Naturalmente que, nos processos em que a exata definição jurídico-penal do fato vem sendo discutida desde sempre, pela acusação e defesa, não haverá surpresa, tampouco violação ao sistema acusatório. Cuidar-se-á apenas de acolher, ou rejeitar, uma das teses suscitadas pelas partes. Assim, por exemplo, se as partes discutem desde sempre se o crime praticado foi doloso (dolo eventual) ou culposo.

3.6) Pode o juiz condenar sem que haja pedido de condenação?

De acordo com o artigo 385 do CPP, o juiz pode condenar ainda que o Ministério Público proponha a absolvição[50].

---

se trate de matéria sobre a qual deva decidir de ofício.

49. No mesmo sentido, Gustavo Badaró: "A permissão dada ao juiz para mudar a qualificação jurídica do fato não significa que possa fazê-lo diretamente, sem qualquer comunicação às partes. Os princípios *iura novit curia* e *narra mihi factum, dabo tibi ius* apenas asseguram que o juiz pode alterar a capitulação dos fatos constantes da denúncia. Porém, outro princípio, o do contraditório, impõe-lhe a comunicação prévia às partes, antes de tomar uma decisão, ainda que se trate daquelas que podem ser tomadas de ofício. O respeito ao contraditório visa, também, a evitar surpresas às partes". Correlação entre acusação e sentença. São Paulo: RT, 2013, p.142. E Rômulo de Andrade Moreira. Estudos críticos sobre o processo penal brasileiro, livro 1. Florianópolis: Empório do Direito, 2017. Em sentido contrário, Eugênio Pacelli de Oliveira. Curso de processo penal. São Paulo: Atlas, 2017.

50. Nos crimes de ação pública, o juiz poderá proferir sentença condenatória, ainda que o Ministério Público tenha opinado pela absolvição, bem como reconhecer agravantes, embora nenhuma tenha sido alegada. No caso de ação penal privada, porém, se o

Temos, porém, que esse dispositivo não foi recepcionado pela Constituição de 1988, a qual adotou, ainda que de modo sumário, o sistema acusatório de processo penal[51], que distingue, claramente, as funções de acusar, defender e julgar (*actum trium personarum*), razão pela qual compete ao Ministério Público, como regra, e ao ofendido, como exceção (ação penal privada subsidiária), promover a ação penal pública, na forma da lei (CF, art. 129, I, art. 5°, LIX[52]). Viola, igualmente, o art. 3º-A do CPP, com a redação dada pela Lei n° 13.964/2019.

Justo por isso, ao juiz não é dado iniciar o processo de ofício (*ne procedat iudex ex officio*), tampouco condenar o réu quando o Ministério Público, titular da ação penal, com boas ou más razões, propuser a absolvição.

De todo modo, o que não possível é o juiz natural substituir-se, sem mais, ao acusador constitucional (Ministério Público ou querelante) e condenar na falta de pedido condenatório por parte do órgão competente, porque a ausência de pedido de condenação equivale à ausência mesma de acusação. Condenar sem pedido de condenação é, pois, condenar arbitrariamente, com violação ao devido processo constitucional.

Também por isso, o juiz não pode condenar além do pedido formulado pelo órgão da acusação (*ultra petita*), sob pena de violação ao princípio da correlação entre a acusação, a defesa e a sentença. Aliás, se não pode o menos (condenar além do pedido), sem observância das regras da *emendatio* e da *mutatio libelli* (CPP, arts. 383 e 384), não há de poder o mais: condenar sem pedido de condenação.

Ademais, se admitirmos que o juiz pode condenar por sua conta e risco, sem pedido condenatório, por que não poderia condenar *ultra petita*?

---

querelante não pedir a condenação, haverá perempção, logo, extinção da punibilidade (CPP, art.60, III).

51. De acordo com Ferrajoli, pode-se chamar acusatório todo sistema processual que tem o juiz como um sujeito passivo rigidamente separado das partes e o julgamento como um debate paritário, iniciado pela acusação, à qual compete o ônus da prova, desenvolvida com a defesa mediante um contraditório público e oral e solucionado pelo juiz, com base em sua livre convicção (...) De todos os elementos constitutivos do modelo teórico acusatório, o mais importante, por ser estrutural e logicamente pressuposto de todos os outros, indubitavelmente é a separação entre juiz e acusação. Direito e Razão – Teoria do garantismo penal. São Paulo: RT, 2014, p. 519 e ss.

52. Será admitida ação privada nos crimes de ação pública, se esta não for intentada no prazo legal.

Releva notar, ainda, que as alegações finais é uma peça importantíssima, pois se prestam a apreciar e a valorar todas as questões relevantes suscitadas no curso do processo, razão pela qual devem prevalecer sobre a denúncia, substituindo-a, seja porque traduzem o posicionamento final do órgão acusador, seja porque têm lugar após a produção da prova em contraditório perante o juiz natural.

Em suma, o artigo 385 do CPP só faz sentido num sistema inquisitório ou tendencialmente inquisitório, próprio de modelos autoritários de processo penal (no caso, ditadura Vargas), não num sistema de tipo acusatório, tampouco acusatório-garantista-democrático de processo penal[53], que atribui a órgãos distintos e independentes as funções de acusar, defender e julgar, e que prima, ou deve primar, pela imparcialidade dos julgamentos, como garantia fundamental dos acusados, essencial à realização do *due process of law*, formal e substancial.

Daí dizer Figueiredo Dias[54] que a acusação define e fixa, perante o juiz ou tribunal, o objeto do processo, que, por sua vez, delimita e fixa os limites dos poderes de cognição e decisão do juízo ou tribunal. Em suma, o objeto do processo penal é o objeto da acusação. Apesar disso, o autor, cuja obra é de 1974, admite a possibilidade de condenação sem pedido condenatório, se bem que fazendo remissão a dispositivos do Código de Processo Penal português de 1929, revogado pelo Código de 1987.

Figueiredo Dias escreve textualmente:

> A acusação define e fixa, perante o tribunal, o objecto do processo. No processo de tipo inquisitório puro a acusação, mesmo quando existisse, condicionaria apenas o se da investigação judicial, não seu como nem o seu quanto: poderíamos ter aqui de novo uma "forma

53. Um sistema garantista é necessariamente acusatório, mas a recíproca não é verdadeira, isto é, um sistema acusatório não é necessariamente garantista. O sistema acusatório é, pois, uma condição necessária, mas não suficiente, para a realização de um modelo garantista de processo. Daí figurar apenas como um dos axiomas do garantismo, o oitavo (*nullum iudicium sine accusatione*). Ver Jacinto Nélson de Miranda Coutinho. Sistema acusatório: cada parte no lugar constitucionalmente demarcado. Revista de informação legislativa, v. 46, n. 183, p. 103-115, jul./set. 2009.

54. Figueiredo Dias, Jorge de. Direito processual penal. Coimbra: Coimbra editora, 2004, pp. 144/145.

> acusatória" mas não um "princípio de acusação", pois que a cognição do tribunal se poderia dirigir indiscriminadamente (inquisitorialmente) a qualquer suspeita de infracção ou de infractor, mesmo que aquela não tivesse nenhum reflexo no contexto da acusação. Segundo o princípio da acusação, pelo contrário – e é esta sem dúvida a sua implicação mais relevante –, a actividade cognitória e decisória do tribunal está estritamente limitada pelo objecto da acusação.
>
> Deve-se pois firmar-se que o objecto do processo penal é o objecto da acusação, segundo este que, por sua vez, delimita e fixa os poderes de cognição do tribunal e a extensão do caso julgado.[55]
>
> (...)
>
> O último ponto enunciado vale, sobretudo, perante as alegações orais na audiência de discussão e julgamento (arts. 467, 533 e 539 do CPP). `Pode o MP ter pedido a absolvição do arguido e o tribunal condená-lo – como pode a defesa, considerando provado o crime, pedir apenas a condenação em uma pena leve e o tribunal absolver o arguido.[56]

Entre nós, Gustavo Badaró observa que "separadas as funções, cabe ao juiz, somente ao juiz, apenas julgar. A função de acusar deve ser reservada a órgão distinto do juiz. Assim, não poderá o juiz iniciar o processo, sendo-lhe vedado o exercício da ação. Do *ne procedat iudex ex officio* deriva que o juiz não pode prover sem que haja um pedido e, como consequência, daí decorre outro princípio: o juiz não pode prover diversamente do que lhe foi pedido. O *ne procedat iudex ex officio* nada mais é do que corolário ou consequência do direito de ação. E, reflexo de ambos, surge a vedação de o juiz pronunciar-se sobre algo que não integrou o objeto do processo, isto é, a proibição de que o juiz profira um provimento sobre matéria que não foi trazida ao processo quando uma das partes exerceu o direito de ação; o juiz agiria de ofício e violando a regra da inércia da jurisdição".[57]

No sentido da não recepção do art. 385 do CPP, escrevem, entre outros, Vladimir Aras, Geraldo Prado e Aury Lopes Júnior, respectivamente:

---

55. Figueiredo Dias, Jorge de. Direito processual penal. Coimbra: Coimbra editora, 2004, pp. 144/145.
56. Figueiredo Dias, cit., p.195.
57. Correlação entre acusação e sentença. São Paulo: RT, 2013, p.39.

Vladimir Aras:

O inciso LIII do art. 5º da CF reclama uma leitura atenta, pois dele são extraídos os princípios do promotor natural e do juiz natural. Quanto ao primeiro, é forçoso convir que, nas ações penais públicas – e ressalvada a ação penal privada subsidiária –, cabe privativamente ao Ministério Público processar alguém por uma infração penal qualquer. Se a autoridade processante estatal – a única competente para acusar o réu naquela jurisdição – abandonar fundamentadamente a pretensão punitiva, não pode esse mesmo Estado condená-lo.

O juiz pode muito mas não pode tudo. Como garantidor dos direitos fundamentais do acusado e do seu estado de inocência, o juiz criminal é antes de mais nada um óbice à pretensão condenatória do que um facilitador dela. Deste modo, não tem respaldo constitucional o art. 385 do CPP, que foi introduzido no ordenamento jurídico brasileiro sob a égide da Constituição autoritária de 1937, num processo penal marcadamente inquisitivo.

Enfim, é evidente a não recepção do art. 385 do CPP pela Constituição de 1988, carta que adotou o modelo acusatório de processo penal. Sua aplicação no Brasil equivale a uma condenação sem acusação, prática judicial inquisitorial, violadora do dever de imparcialidade judicial e do devido processo legal. O juiz criminal não é um assistente de acusação, que se levanta contra o réu quando o Ministério Público claudica ou se convence de sua inocência. O juiz criminal é um garantidor; jamais um acusador.[58]

Geraldo Prado:

Isso não significa que o juiz está autorizado a condenar naqueles casos em que o Ministério Público haja requerido a absolvição do réu, como pretende o artigo 385 do Código de Processo Penal.

Pelo contrário. Como o contraditório é imperativo para a validade da sentença que o juiz venha a proferir, ou, dito de outra maneira, como o juiz não pode fundamentar sua decisão condenatória em provas ou argumentos que não tenham sido objeto de contraditório,

---

58. Vladimir Aras. O art. 385 do CPP e o juiz inquisidor, disponível no blogdovladimir.com, acessado em 13/09/2016. No mesmo sentido, Bruno Calabrich. Vinculação da sentença ao pedido de absolvição pelo Ministério Público: reafirmando o princípio acusatório. *In Sentença criminal e aplicação da pena*. Salvador: Juspodivm, 2017; e Américo Badê Júnior e Gustavo Senna (Princípios do processo penal. São Paulo: RT, 2009). Não admitindo o reconhecimento de circunstâncias agravantes sem prévio debate, Antônio Scarance Fernandes. Teoria geral do procedimento e procedimento no processo penal. São Paulo: RT, 2005.

é nula a sentença condenatória proferida quando a acusação opina pela absolvição.

(...)

Assim, quando em alegações finais o Ministério Público opina pela absolvição do acusado o que ocorre em concreto, no processo, é que o acusador subtrai do debate contraditório a matéria referente à análise das provas que foram produzidas na etapa anterior e que possam ser consideradas desfavoráveis ao réu. Como poderá a defesa reagir a argumentos que não lhe foram apresentados.

(...)

Nesses termos, se o Assistente do Ministério Público, devidamente habilitado, se pronunciar em alegações finais pela condenação, opondo argumentos que poderão ser respondidos pela Defesa, a exigência do contraditório terá sido atendida.[59]

Aury Lopes Júnior:

E por que, então, o juiz não pode condenar quando o Ministério Púbico pedir a absolvição?

Exatamente porque o poder punitivo estatal — nas mãos do juiz — está condicionado à invocação feita pelo Ministério Público através do exercício da pretensão acusatória. Logo, o pedido de absolvição equivale ao não exercício da pretensão acusatória, isto é, o acusador está abrindo mão de proceder contra alguém. Como consequência, não pode o juiz condenar, sob pena de exercer o poder punitivo sem a necessária invocação, no mais claro retrocesso ao modelo inquisitivo. Condenar sem pedido é violar, inequivocamente, a regra do fundante do sistema acusatório que é o *ne procedat iudex ex officio*. Também é rasgar o Princípio da Correlação, na medida em que o espaço decisório vem demarcado pelo espaço acusatório e, por decorrência, do espaço ocupado pelo contraditório, na medida em que a decisão deve ser construída em contraditório (Fazzalari).

O poder punitivo é condicionado à existência de uma acusação. Essa construção é inexorável, se realmente se quer efetivar o projeto acusatório da Constituição. Significa dizer: aqui está um elemento fundante do sistema acusatório.[60]

---

59. Sistema acusatório. Rio: Lumen Juris, 2006, pp. 116/117.

60. Aury Lopes Júnior. Por que o Juiz não pode condenar quando o Ministério Público pedir a absolvição? Disponível em conjur.com.br, acessado em 14/09/2016. No mesmo sentido, Alexandre Rosa: "Anote-se que o art. 385 do CPP não é compatível com o processo entre jogadores e constitucional. Logo, se o jogador acusador requerer a

É bem verdade que nem todos estão de acordo com isso. Tourinho Filho, por exemplo, considera que o art. 385 do CPP é consectário lógico do princípio da indisponibilidade da ação penal pública, expressamente previsto no art. 42 do CPP, razão pela qual, se o juiz devesse proferir decreto absolutório quando o Ministério Público entendesse conveniente, o direito de punir passaria a pertencer-lhe. Bastaria o promotor público pedir a absolvição e o juiz estaria obrigado a atendê-lo, tornando disponível o que é indisponível. Assim, ainda que o Ministério Público postule a absolvição do réu, nada impede que o juiz profira decreto condenatório.[61] De modo similar, Guilherme de Souza Nucci[62] e Eugênio Pacelli[63], entre outros.

Também nesse sentido, Afrânio Silva Jardim e Pierre Amorim[64]:

> Na verdade, o mencionado art. 385 de Processo Penal não poderia dispor de forma diferente e é resultante do princípio da indisponibilidade da ação penal pública (art. 42 do CPP). O pedido de condenação não é retirado, sendo que, nas alegações finais, apenas e dá um "parecer" sobre a pretensão punitiva estatal, que está manifestada na denúncia e nela permanece. De qualquer forma, o legislador não tem saída: a) ou obrigaria o Ministério Público a insistir sempre e sempre na condenação do réu, o que seria um absurdo; b) ou obrigaria o juiz a absolver o réu e, nesse caso, a decisão seria do próprio Ministério Público, que mandaria o juiz prolatar uma decisão meramente formal de absolvição, o que seria um despautério...

Ocorre que o assim chamado "princípio da obrigatoriedade" da ação penal é, em verdade, um aspecto do princípio da legalidade, segundo

absolvição, a decisão do julgador estará vinculada aos limites do pedido em alegações finais, não podendo condenar, sob pena de trazer para si o objeto do processo. " MORAIS DA ROSA, Alexandre. Guia Compacto do Processo Penal conforme a Teoria dos Jogos. Florianópolis: Empório do Direito, 2016, p. 481.Como assinala Elmir Duclerc (Direito processual penal. Rio de Janeiro: Lumen juris, 2008, p.128), "além de alguns dispositivos do CPP (como os arts. 28, 42 e 385, acima referidos), a regra da obrigatoriedade não tem amparo direto nem na Constituição Federal nem em quaisquer documentos internacionais sobre Direitos Humanos assinados pelo Brasil, o que torna suspeita, mesmo, a sua natureza de *princípio*."

61. Fernando da Costa Tourinho Filho. Código de Processo Penal Comentado. São Paulo: Saraiva, 2009, p. 937.
62. Guilherme de Souza Nucci. Código de processo penal comentado. Rio de Janeiro: Forense, 2015, p.818.
63. Eugênio Pacelli, Curso de Direito Processual Penal. São Paulo: Atlas, 2014, p.448.
64. Direito processual penal. Salvador: Juspodivm, 2016, p.81.

o qual o Ministério Público não pode atuar arbitrariamente, sem pautar suas manifestações pela lei, pela Constituição e pelas convenções internacionais. Rigorosamente falando, não existe "um princípio da obrigatoriedade", mas um dever de atuação conforme a lei, que, aliás, é um princípio geral da administração pública (CF, art. 37). Nesse sentido específico, legalidade significa que a atividade do Ministério Público há de desenvolve-se sob o signo da estrita vinculação à lei, e não segundo considerações de oportunidade ou conveniência.[65] Logo, ressalvados os casos previstos na própria lei, a exemplo do que fazem as leis 9.099/95 e 12.850/2013, não pode o MP dispor da ação penal, e, pois, fazer acordos, desistir de ação penal já instaurada ou de recurso já interposto etc.

O que a doutrina convencionou chamar princípio da obrigatoriedade é, por conseguinte, apenas uma das possíveis dimensões do princípio da legalidade que informa a ação penal pública.[66]

Mas essa obrigatoriedade vale para a toda e qualquer manifestação ministerial, e não só para a propositura da ação penal (requisição de investigação, de arquivamento de inquérito, de condenação ou absolvição, emissão de pareceres etc.). Como ensina Ferrajoli, por obrigatoriedade da ação penal não se deve entender, como se tem dito a propósito da não derrogação do juízo, um irrealizável dever de proceder a todo e qualquer crime, mas só a obrigação dos órgãos de acusação pública de promover o juízo para toda *notitia criminis* que vier a seu conhecimento, ainda que para requerer o arquivamento ou absolvição, caso considerem o fato penalmente irrelevante ou faltem indícios de culpabilidade. Nesse sentido, a obrigatoriedade da ação penal é só um aspecto ou corolário de outras características essenciais do sistema garantista.[67]

Também por isso, só cabe falar de obrigatoriedade num sentido muito limitado, como obrigação de oferecer a denúncia, se e quando presentes seus pressupostos e requisitos legais (*fummus commissi delicti*), não no sentido de levar adiante uma acusação que se sabe ou se

65. Figueiredo Dias, cit., p.126.

66. Afrânio Silva Jardim e Pierre Amorim preferem a expressão princípio da obrigatoriedade, "a fim de tornar mais claro que o dever legal de o Ministério Público exercitar a ação penal é, na verdade, uma decorrência do próprio princípio da legalidade, que, numa perspectiva mais ampla, informa a atuação dos órgãos públicos no chamado Estado de Direito". Direito processual penal. Salvador: Juspodivm, 2016, p.188.

67. Direito e razão, cit.

revelou infundada, isto é, sem justa causa, razão pela qual nada impede que o MP proponha, a seguir, a sua rejeição ou a absolvição sumária do denunciado, entre outras medidas legais cabíveis.

Oferecer denúncia é, pois, apenas uma das possíveis formas, não a única, da obrigatoriedade da ação penal, ou, para ser mais exato, uma das possíveis formas de cumprimento do princípio da legalidade penal, aí incluídas a lei, a Constituição e as convenções internacionais subscritas pelo Brasil.

Seja como for, parece evidente que, se admitirmos, a pretexto de observar a obrigatoriedade, que o juiz pode, em substituição ao acusador legítimo, condenar sem pedido condenatório, violar-se-á o princípio da legalidade (legalidade constitucional).

Incide, aqui, *mutatis mutandis*, o princípio da inércia da jurisdição: assim como o juiz não pode instaurar a ação penal de ofício, por mais que discorde das razões invocadas pelo Ministério Público sua decisão de arquivamento do inquérito policial, tampouco há de poder condenar quando o MP requerer a absolvição do denunciado.

Ana Cláudia Pinho tem, pois, razão quando assim conclui:

> Portanto, no momento em que o próprio Ministério Público retira a acusação (como, no presente caso, reconhecendo que as provas produzidas durante a instrução foram insuficientes para sustentar a pretensão inicialmente deduzida através da denúncia), desaparece a pretensão acusatória, não cabendo ao juiz outra alternativa, senão absolver o réu. Afinal, se o próprio Ministério Público – que, por força constitucional, é a única Instituição que detém a titularidade da pretensão acusatória – não mais está acusando, não pode o juiz condenar, porque se assim o fizer, passará de órgão julgador a órgão acusador, o que é um verdadeiro e total absurdo.[68]

Ademais, como não é possível condenação na ausência de pedido condenatório, segue-se que: a) uma vez acolhido o requerimento ministerial, tampouco será admitida eventual apelação, por falta de interesse de agir, para o fim de condenar o réu, ainda que MP o faça por membro diverso; b) não obstante o pedido de absolvição formulado pelo MP, é possível a condenação se nesse sentido houver se manifestado o assistente da acusação, que poderá também apelar.

---

68. Razões de apelação lançadas nos autos de ação penal no exercício da 1ª Promotoria Criminal da Comarca de Ananindeua, Pará, em fevereiro de 2003.

Convém lembrar, por fim, que quando se tem um juiz por acusador é preciso ter Deus como defensor! (Radbruch).

3.7) Proposição de pena pela acusação

Entre nós, a individualização da pena é essencialmente um problema a ser resolvido pelo juiz, não pelas partes, tanto é assim que, como regra, o MP e a defesa nada dizem sobre a eventual pena a ser aplicada, limitando-se a discutir questões relativas à prova e à responsabilidade penal do imputado, razão pela qual só depois de fixada é feita a avaliação sobre se a pena é justa ou não e se é ou não plausível recorrer. Em suma, não há contraditório quanto à fixação da pena.

Há, porém, uma tendência no sentido de já se discutir o tema nas alegações finais, havendo por vezes proposição de pena determinada pela acusação com base nas circunstâncias judicias e causas de aumento de pena suscitadas.

E é bom que assim seja, quer para estabelecer limites à determinação da pena, quer para efetivar o contraditório e a ampla defesa, quer para evitar recursos protelatórios.

Com efeito, seria de todo razoável que já nas alegações finais o MP propusesse a aplicação da pena que tenha por justa, considerando as circunstâncias judiciais, legais e causas de aumento e de diminuição de pena, a fim de que desde logo a defesa pudesse se manifestar sobre tais questões, permitindo ao juiz uma melhor apreciação e valoração dessas circunstâncias.

Feita essa proposição, o juiz ficaria limitado, não à pena máxima cominada pelo tipo penal, mas àquela proposta pelo MP ou querelante, não podendo aplicar pena acima do requerimento formulado pela acusação, embora pudesse fixá-la aquém do proposto. Cuidar-se-ia, pois, de um limite máximo, não de mínimo de pena.

Nesse sentido, o CPP de Portugal dispõe que[69]:

---

69. De acordo com Germano Marques da Silva, de simples critério de fixação da competência pelo método da determinação concreta, o art. 16, n° 3 e 4, acaba por ser uma importante manifestação do princípio da oportunidade de controle judicial, que a pena a se aplicar num caso concreto há de ser inferior àquela cominada pela lei. Consolidando-se na nossa ordem jurídica este poder do Ministério Público, é previsível a evolução no sentido de que em todos os casos o tribunal não pode aplicar

> **Artigo 16.º**
>
> **Competência do tribunal singular**
>
> 3 – Compete ainda ao tribunal singular julgar os processos por crimes previstos na alínea b) do n.º 2 do artigo 14.º, mesmo em caso de concurso de infracções, quando o Ministério Público, na acusação, ou, em requerimento, quando seja superveniente o conhecimento do concurso, entender que não deve ser aplicada, em concreto, pena de prisão superior a 5 anos.
>
> 4 – No caso previsto no número anterior, o tribunal não pode aplicar pena de prisão superior a 5 anos.

Embora não haja entre nós dispositivo semelhante, tampouco uma cultura de discutir a individualização da pena antes da sentença condenatória, nada impede que adotemos tal procedimento, efetivando-se o devido processo legal, sobretudo com o advento da Lei n° 12.850/2013, que conferiu poderes amplíssimos ao MP, relativamente à colaboração premiada envolvendo crime organizado.

3.8) Abolição do parecer ministerial

Nas ações penais o Ministério Público é chamado a emitir parecer (em segundo grau) na condição de *fiscal da lei* ou *custos legis*, apesar de

---

pena superior àquela pedida pelo MP em cada caso. Seria a plena consagração do princípio acusatório referido também à sanção. Direito processual penal português, v. 1. Lisboa: Universidade Católica, 2015, p.183. Figueiredo Dias e Nuno Brandão anotam que: "Altamente polêmico nos primeiros anos de vigência do CPP, o método de determinação concreta da competência inscrito no art. 16.º, 3, rapidamente se consolidou na prática judicial. Para tanto, foi decisiva a ação do Tribunal Constitucional, que, no Acórdão 393/89, depois reafirmado dezenas de vezes pela jurisprudência constitucional, afastou as várias objeções de inconstitucionalidade que se abateram sobre o preceito. Não há, com efeito, motivo para considerar violado o princípio da jurisdicionalidade em matéria de determinação da pena, porque, no caso, não é ao Ministério Público que cabe a determinação da pena, mas sim ao juiz, ainda que dentro de uma moldura codeterminada pela ação processual daquele. Tal como deve entender-se que a solução legal não belisca o princípio do juiz natural, na medida em que prevê um critério geral devidamente especificado, a concretizar através de uma discricionariedade vinculada posta sobre uma autoridade judiciária que deve reger-se por critérios de estrita objetividade e imparcialidade e por isso suficientemente denso para a pôr a resguardo das manipulações arbitrárias que o princípio do juiz legal pretende prevenir". *Sujeitos processuais penais: o tribunal.* Coimbra: 2015.

já figurar como seu autor, por força do que dispõe o art. 610 do CPP[70], o qual visava, originariamente (ditadura Vargas), a concentrar, na figura do Procurador-Geral, o controle político da instituição.

Trata-se de anacronismo processual que deve ser superado. Sim, porque, embora plenamente justificável a emissão de parecer nos processos civis e penais em que não seja autor, nos termos da Constituição e da legislação em vigor, nada justifica a atuação como parecerista naqueles em que é.

Com efeito, essa pretendida distinção que legitimaria o parecer, entre parte e fiscal da lei, entre autor e *custos legis*, é inconsistente, visto que:

1) *Fiscal da lei*, ou, para ser mais exato, *fiscal da Constituição* (CF, art. 127), somos todos: juízes, promotores, serventuários etc.

2) Não é possível distinguir entre parte e fiscal da lei, porque, quando o Ministério Público é parte, é fiscal da lei, e quando é fiscal da lei, é parte[71], pois, mesmo quando se manifesta nos processos que envolvem interesses individuais indisponíveis, como interveniente, o MP é a um tempo fiscal da lei e parte, podendo requerer a produção de prova, recorrer, agir com todos os ônus e privilégios das partes.[72]

3) A distinção pressupõe dualidade onde existe ou deve existir unidade. De fato, por ser instituição permanente, essencial à função jurisdicional do Estado (CF, art. 127), a missão constitucional do MP, em todos os processos em que intervém, é sempre a mesma, independentemente de quem a represente (promotor público, procurador de justiça etc.) e da entidade ou grau de jurisdição em que atue (juízo, tribunal, conselhos). Além disso, por ser instituição una/indivisível, não é possível se fazer representar, autonomamente, por mais de um membro num só e mesmo processo, não raro para repisar os mesmos

70. Art.610. Nos recursos em sentido estrito, com exceção do de **habeas corpus**, e nas apelações interpostas das sentenças em processo de contravenção ou de crime a que a lei comine pena de detenção, os autos irão imediatamente com vista ao procurador-geral pelo prazo de cinco dias, e, em seguida, passarão, por igual prazo, ao relator, que pedirá designação de dia para o julgamento.

71. Paulo Jacobina. Ministério Público como fiscal da lei em ação penal pública. Boletim dos Procuradores da República, ano 1, n° 6, outubro de 98.

72. Paulo Jacobina. Ministério Público como fiscal da lei em ação penal pública. Boletim dos Procuradores da República, ano 1, n° 6, outubro de 98.

argumentos. Aliás, exatamente por isso, ninguém propõe que, na primeira instância ou nas ações penais originárias, por exemplo, atuem dois promotores/procuradores de justiça, um como autor da ação penal, outro como fiscal da lei.

4) Dir-se-ia que a situação na segunda instância é diferente: o procurador de justiça não ofereceu denúncia, não participou da instrução etc., e, por isso, exerceria semelhante *munus* mais isentamente. No entanto, a tese, além de questionável, dada a tendência natural de o procurador de justiça se aliar à tese do promotor, não justificaria, por si só, a intervenção em segundo grau, mesmo porque o dever de imparcialidade é comum a todos os seus membros, motivo pelo qual são passíveis de arguição de suspeição e impedimento (CPP, art. 104 e 112). Mais: a maior ou menor isenção é um atributo personalíssimo, que, como tal, varia de pessoa para pessoa, independentemente da posição em que é chamado a atuar no processo.

5) Nas ações penais públicas, o Ministério Público é sempre titular da ação – logo, parte, obviamente –, não cabendo falar de fiscal da lei, interveniente ou similar, ao menos para pretextar posição processual autônoma, até porque o termo "fiscal da lei" remete às próprias funções constitucionais e legais da instituição, e encerra, em última análise, uma tautologia. Não por acaso, nalguns países a instituição é chamada *Ministério Fiscal* ou *Fiscalia*, e seus membros são denominados *fiscais*.

6) Também por isso, é irrelevante a distinção – que não é de natureza constitucional, mas processual – entre parte e fiscal da lei, porque, ainda que não seja autor, o Ministério Público é sempre fiscal do ordenamento jurídico, motivo pelo qual a sua intervenção judicial ou administrativa sempre terá essa qualidade como pressuposto lógico inevitável.

7) A emissão de parecer em segundo grau *apenas* como *custos legis* ofende os princípios do contraditório e da ampla defesa, sobretudo quando o MP, que atua por último, pede a condenação e traz novos fundamentos.

8) Trata-se de uma atividade burocrática desnecessária que retarda o andamento do processo indevidamente, e, pois, viola o princípio da razoável duração do processo.

9) Com alguma frequência gera manifestações contraditórias, não obstante a unidade da instituição.

10) O contexto histórico e político em que se deu a edição do artigo 610 do CPP está absolutamente superado. Também por isso, é cabível falar de não recepção pela nova ordem constitucional.

Conclusão: o parecer ministerial na ação penal pública pode e deve ser abolido.[73]

Quanto à emissão de parecer em *habeas corpus*, relativamente a inquérito ou processo de ação penal pública, temos que o MP deveria ser também notificado para prestar informações, e não só o juiz. Se assim fosse, o parecer ministerial seria dispensável também no *hc*.

4) PRINCÍPIO DA NÃO AUTOINCRIMINAÇÃO

4.1) Significado e implicações

O princípio da não autoincriminação (*nemo tenetur se detegere*, *nemo tenetur se ipsum accusare*, *privilegie against self-incrimination* etc.), inerente à ampla defesa e à presunção de inocência, assegura ao suposto autor de crime (investigado, denunciado, testemunha) o direito de não produzir prova contra si mesmo[74].

Significa que o possível acusado de infração penal pode (livremente) colaborar ou não colaborar com a investigação, já que é sujeito de direito e não simples objeto da prova; mas, se não quiser cooperar, ninguém poderá obrigá-lo a tanto, razão pela qual, quando houver ilegal constrangimento ou fraude, a confissão ou a prova assim obtida será ilícita e arbitrária a eventual prisão. Em suma, o réu ou investigado não pode ser fraudulentamente induzido, ou coagido a contribuir para sua condenação[75].

---

73. Naturalmente que isso exigirá a atualização, a redefinição e a reestruturação da carreira, para torná-la mais eficiente e menos burocrática.
74. O princípio foi previsto na Constituição da Virginia (1776), cujo artigo 10 dizia que o investigado "Não pode ser forçado a produzir provas contra si próprio; e nenhum indivíduo pode ser privado de sua liberdade, a não ser pôr um julgamento dos seus pares, em virtude da lei do país"; e também na Quinta Emenda à Constituição americana (1791), que diz que a pessoa em nenhum caso criminal poderá ser compelida a ser testemunha contra si mesma. Atualmente está previsto em diversos tratados internacionais, a exemplo do Pacto de São José da Costa Rica (art. 8°, §2°, g) e do Pacto Internacional dos Direitos Civis e Políticos (art. 14.3, g).
75. Manuel da Costa Andrade. Sobre as proibições de prova em processo penal. Coimbra: Coimbra editora, 2013, p. 121.

Embora a Constituição (art. 5°, LXIII) se limite a dizer que o "preso será informado de seus direitos, entre os quais o de permanecer calado", o direito ao silêncio constitui apenas uma das possíveis manifestações do princípio, não a única, talvez nem a mais importante, inclusive.

A doutrina praticamente reduz o princípio ao seu aspecto negativo – o direito de não ser coagido a produzir prova contra si mesmo –; mas o certo é que o princípio tem também uma dimensão positiva, entendida como direito de produzir e impugnar a prova, mesmo porque é mais comum nos incriminarmos pela palavra do que pelo silêncio, mais pela ação do que pela omissão[76].

Apesar disso, o *nemo tenetur* tem caráter essencialmente negativo, pois consagra um direito de não fazer, de não colaborar, mas não um direito de fazer; é assegurada, por conseguinte, uma omissão, não uma ação. Justo por isso, não se presta a justificar condutas como destruição de provas (queima de documentos, remoção de sangue do local do crime etc.). Não fosse assim, seria possível (em tese) invocá-lo para legitimar os mais diversos crimes, a exemplo da morte da testemunha que presenciou o homicídio e a respectiva ocultação do cadáver.

Com relação à incidência no direito civil, a eventual recusa do réu em se submeter ao exame de código genético gera presunção legal de paternidade (Lei n° 12.004/2009), a qual não incide no processo penal, por força (inclusive) do princípio do estado de inocência. Também o art. 379 do CPC refere o direito de não produzir prova contra si própria.

Quanto às atuais implicações penais e processuais penais, há um certo consenso no sentido de que o princípio compreende: 1) o direito ao silêncio, preso ou solto o investigado (CF, art. 5°, LXIII; CPP, art. 186, parágrafo único[77]), podendo, inclusive, responder a certas pergun-

76. Nesse sentido, Manuel da Costa Andrade. Sobre as proibições de prova em processo penal. Coimbra: Coimbra editora, 2013, p. 120 e ss.

77. Art. 186. Depois de devidamente qualificado e cientificado do inteiro teor da acusação, o acusado será informado pelo juiz, antes de iniciar o interrogatório, do seu direito de permanecer calado e de não responder perguntas que lhe forem formuladas. Parágrafo único. O silêncio, que não importará em confissão, não poderá ser interpretado em prejuízo da defesa.

tas e não responder a outras, silêncio que não pode ser interpretado em seu desfavor, nem implica confissão. Justo por isso, são incompatíveis com o princípio, logo, não foram recepcionados pela CF (em parte), os arts. 198, final, do CPP[78], e 305[79] e 308[80] do CPPM; 2) a necessidade de ser previamente informado dessa garantia; 3) privilégio de não prestar juramento ou compromisso de dizer a verdade; 4) o direito de se recusar a entregar documentos e de praticar qualquer comportamento ativo que o incrimine (fornecer material grafotécnico etc.); 5) a recusa de participar de reconhecimento, acareação ou reprodução simulada dos fatos[81]; 6) o direito de ser dispensado do interrogatório (CPP, art. 457, §2°, final[82]); 7) a vedação de perguntas capciosas ou em tom de ameaça que induzam o indivíduo à confissão ou delação; 8) o direito de não se submeter ao teste de alcoolemia (exame do bafômetro) nos delitos de trânsito; 9) a possibilidade de invocação do princípio perante qualquer juízo ou autoridade pública, cível ou criminal, policial ou parlamentar; 10) a não caracterização dos delitos de falso testemunho, desobediência ou desacato, quando no exercício estrito do privilégio; 11) a disponibi-

---

78. Art. 198. O silêncio do acusado não importará confissão, *mas poderá constituir elemento para a formação do convencimento do juiz.*
79. Art. 305. Antes de iniciar o interrogatório, o juiz observará ao acusado que, embora não esteja obrigado a responder às perguntas que lhe forem formuladas, *o seu silêncio poderá ser interpretado em prejuízo da própria defesa.*
80. Art. 308. O silêncio do acusado não importará confissão, *mas poderá constituir elemento para a formação do convencimento do juiz.*
81. Nesse sentido, Fernando da Costa Tourinho Filho (Manual de processo penal. São Paulo: Saraiva, 2017, p.142): De regra, a reprodução simulada é feita pelo próprio indiciado. E se este a tanto se opuser? Não comete nenhuma infração. Se ele não é obrigado a acusar a si próprio (*nemo tenetur se detegere*), se ele tem o direito constitucional de permanecer calado, não teria, como não tem sentido, ser eventualmente processado por desobediência pelo simples fato de se recusar a contribuir para a descoberta de alguma prova contra ele.
82. Nesse sentido, Renato Brasileiro de Lima: Não realização do interrogatório judicial: discute-se na doutrina se o interrogatório é um ato obrigatório ou facultativo. A nosso ver, como o interrogatório é a concretização do direito de audiência, desdobramento da autodefesa, é óbvio que o juiz deve assegurar ao acusado a possibilidade de ser ouvido, sob pena de nulidade absoluta. Porém, como o acusado pode se valer do direito ao silêncio, dúvida não há quanto à possibilidade de o acusado abrir mão do seu direito de tentar formar a convicção do magistrado. Afinal e contas, diversamente da defesa técnica, que é irrenunciável (CPP, art. 261), o acusado pode optar pelo não exercício do seu direito de audiência autodefesa). Código de Processo Penal comentado. Salvador: Juspodivm, 2016, p. 578.

lidade da garantia pelo colaborador na forma do art. 4°, §14, da Lei n° 12.850/2013[83]; 12) a ilegalidade de toda prisão fundada na recusa de colaborar com a investigação; 13) apesar do direito ao silêncio, o investigado ou acusado tem o dever de se identificar pelos meios legais, revelando nome e apelidos etc.[84]; 14) a legalidade das provas não invasivas, isto é, que não ofendam a integridade física do suspeito ou que não dependam de ação do indivíduo, com ou sem sua anuência, a exemplo de inspeções ou verificações corporais e coleta de material orgânico por ele descartado (v.g., sêmen contido em camisa de vênus, saliva em copos, cigarros etc.).

O art. 15, parágrafo único, I, da Lei n° 13.869/2019, define como crime a conduta de quem dá prosseguimento a interrogatório de pessoa que tenha decidido exercer o direito ao silêncio.

A propósito, temos que o art. 9°A, §8°, da LEP, com a redação dada pela Lei n° 13.964/2019 (Constitui falta grave a recusa do condenado em submeter-se ao procedimento de identificação do perfil genético) é inconstitucional, dada a manifesta incompatibilidade com o princípio da não autoincriminação.

A doutrina diverge, porém, sobre diversos temas, tais como: 1) a possibilidade de recusar-se a fornecer material biológico para obtenção de perfil genético nos termos da Lei n° 12.654/2012, para fim de identificação criminal; 2) as implicações das declarações falsas ou mentirosas; 3) a legitimidade da condução coercitiva do investigado ou acusado.

De acordo com o STF, o artigo 305 do Código de Trânsito (Afastar-se o condutor do veículo do local do acidente, para fugir à responsabilidade penal ou civil que lhe possa ser atribuída) não viola o princípio *nemo tenetur*: "A regra que prevê o crime do art. 305 do Código de Trânsito Brasileiro (CTN) é constitucional, posto não infirmar o princípio da não incriminação, garantido o direito ao silêncio e ressalvadas as hipóteses de exclusão da tipicidade e da antijuridicidade." O bem jurídico tutelado

83. O art. 4°, §14, da Lei, dispõe que: "Nos depoimentos que prestar, o colaborador renunciará, na presença de seu defensor, ao direito ao silêncio e estará sujeito ao compromisso legal de dizer a verdade."

84. Nesse sentido, Fernando da Costa Tourinho Filho (Manual de processo penal. São Paulo: Saraiva, 2017, p.139): Contudo, observe-se que o direito ao silêncio não confere ao indiciado a prerrogativa de se furtar a fornecer os dados que o qualifiquem. Se não o fizer, haverá, a nosso juízo, o crime de desobediência.

é a administração da justiça, prejudicada pela fuga do agente do local do evento, uma vez que tal atitude impede sua identificação e a consequente apuração do ilícito. RE 971.959/RS, rel. Min. Luiz Fux, julgamento em 14.11.2018 (repercussão geral).

4.2) Questões controvertidas

4.2.1) Coleta de material genético

Todos somos passíveis de identificação civil na forma da Lei n° 12.037/2009, que dispõe sobre os meios ordinários de identificação (carteira de identidade, passaporte etc.). Já a identificação criminal, isto é, para fim de investigação criminal, é uma forma extraordinária de identificação e pressupõe a impossibilidade de identificação pelos meios comuns ou quando houver dúvida sobre a identidade do indivíduo.

Assim, sempre que for possível a identificação civil, é vedada a identificação criminal, como dispõe a Constituição, cujo art. 5°, LVIII, diz que "o civilmente identificado não será submetido a identificaçao criminal, salvo nas hipóteses previstas em lei". Nesse contexto, a coleta de material genético introduzida pela Lei n° 12.654/2012 é uma forma excepcional de identificação criminal. Não é, pois, ou não o é ainda, uma forma de identificação civil, embora possa vir a ser no futuro[85].

Além disso, a identificação criminal (datiloscópica, fotográfica, coleta de material biológico etc.) é admitida quando for imprescindível à investigação criminal e só é possível por meio de decisão judicial fundamentada (reserva de jurisdição). Mais: a coleta de material biológico, ou de perfil genético só poderá ocorrer durante o inquérito policial ou processual penal, a requerimento da acusação ou da própria defesa.

Também os condenados por crime doloso praticado com violência ou grave ameaça à pessoa (homicídio doloso, estupro etc.) e hediondos (Lei n ° 8.072/90, art. 1°) serão necessariamente submetidos à identificação do perfil genético, mediante extração de DNA. A identificação será

---

85. Propondo a ampliação dos meios de identificação civil para todos os brasileiros, inclusive por meio da coleta de material biológico, Guilherme de Souza Nucci. Leis penais e processuais penais comentadas, v.2. São Paulo: RT, 2012.

armazenada em banco de dados sigiloso, e poderá ser acessada, mediante decisão judicial, pela autoridade policial para fim de investigação.

A questão que se impõe é: quando o investigado, réu ou condenado se opuser à coleta de material genético (coleta de sêmen, sangue, suor e lágrima etc.), é possível fazê-lo à força?

De um modo geral, a doutrina responde afirmativamente, invocando o princípio da proporcionalidade[86].

O STF já teve ocasião de julgar – em causa cível e antes do advento da Lei n° 12.654/2012 –, no sentido de que o acusado não está obrigado a se submeter a exame de DNA. Na ocasião o Ministro Marco Aurélio assinalou[87]:

> Discrepa, a mais não poder, de garantias constitucionais implícitas e explícitas – preservação da dignidade humana, da intimidade, da intangibilidade do corpo humano, do império da lei e da inexecução específica e direta de obrigação de fazer – provimento judicial que, em ação civil de investigação de paternidade, implique determinação no sentido de o réu ser conduzido ao laboratório, "debaixo de vara", para coleta do material indispensável à feitura do exame DNA. A recusa resolve-se no plano jurídico-instrumental, consideradas a dogmática, a doutrina e a jurisprudência, no que voltadas ao deslinde das questões ligadas à prova dos fatos.

Temos que a razão está com a doutrina minoritária. Como observa Renato Brasileiro de Lima, "em se tratando de prova invasiva ou que exija um comportamento ativo, não é possível a produção forçada da prova contra a vontade do agente. Porém, se essa mesma prova tiver sido

86. Nesse sentido, Augusto Silva Dias e Vânia Costa Ramos. O direito à não autoinculpação (*nemo tenetur se ipsum accusare*) no processo penal e contraordenacional português. Coimbra: Coimbra editora, 2009. Assim também, Maria Elizabeth Queijo, "o *nemo tenetur se detegere*, como outros direitos fundamentais, não é absoluto, devendo coexistir no ordenamento jurídico com outros direitos e valores, como a paz social e a segurança pública, igualmente tutelados (limites implícitos e imanentes). Por isso, admitem-se restrições ao referido direito, em caráter excepcional, que deverão ser operadas sempre por lei, estrita e prévia, que atenda ao princípio da proporcionalidade, sob pena de inconstitucionalidade." *O direito de não produzir prova contra si mesmo*. São Paulo: Saraiva, 2012, p.485.

87. STF, tribunal pleno, HC 71.373/RS, Rel. Marco Aurélio, j.10/11/94, DJ 22/11/1996.

produzida, voluntária ou involuntariamente pelo acusado, nada impede que tais elementos sejam apreendidos pela autoridade policial. Em outras palavras, quando se trata de material descartado pela pessoa investigada, é impertinente invocar o princípio *nemo tenetur se detegere*. Nesse caso, é plenamente possível apreender o material descartado, seja orgânico (produzido pelo próprio corpo, como saliva, suor, fios de cabelo), seja inorgânico (decorrentes do contato de objetos com o corpo, tais como copo, ou garrafas sujas de saliva etc.). Exemplificando, se não é possível retirar à força um fio de cabelo de um suspeito para realizar exame de DNA, nada impede que um fio de cabelo desse indivíduo seja apreendido em um salão de beleza"[88].

Com efeito, o princípio da proporcionalidade há de incidir, no processo penal, não para relativizar garantias, mas, ao contrário, para proteger o indivíduo contra eventuais excessos do poder punitivo. Logo, ainda que haja consentimento válido para tanto, a extração de material biológico há de ser admitida apenas para crimes especialmente graves e desde que não existam meios menos invasivos de produção da prova. Tampouco será tolerada quando puser em risco a vida, a saúde ou a integridade física do investigado.

Se quisermos tratar o acusado como sujeito de direito, não como objeto da prova, a coleta de material biológico nunca poderá se realizar à força. O investigado, réu ou condenado, portanto, pode legitimamente recusar-se a se submeter a essa pequena tortura. Como escrevem Augusto Silva Dias e Vânia Costa Ramos[89]:

---

88. Manual de direito processual penal. Salvador: Juspodivm, 2016, p.80. No mesmo sentido, Thiago Ruiz (a prova genética no processo penal. São Paulo: Almedina, 2016, p. 128), para quem "...para aceitar como lícita a prova extraída corporalmente deve existir a conformação do acusado, e mais, para o consentimento ser válido, é necessária a presença de um advogado no momento da aquiescência do acusado em ceder ser material genético e que seja assegurado o direito à informação sobre os direitos do acusado, principalmente o direito à não autoincriminação. Posto que, no sistema acusatório contemporâneo, o acusado é um sujeito de direitos e não um objeto da prova. Ademais, a determinação compulsória para a colheita de prova no corpo do acusado ofende os direitos fundamentais e garantias que lhe respaldam, como a intimidade, a integridade física, a dignidade da pessoa humana e o direito à proteção dos dados pessoais, o último, em razão da possibilidade de acesso ao segredo genético do indivíduo, isto se a técnica utilizada pelo perito recair sobre o DNA codificante".

89. O direito à não autoinculpação (*nemo tenetur se ipsum accusare*) no processo penal e contraordenacional português. Coimbra: Coimbra editora, 2009, p.31.

Em nosso entender, a dignidade da pessoa humana e suas explicitações representadas pelos direitos à integridade pessoal, à liberdade, à intimidade e à não-autoincriminação, fazem barreira à transformação da pessoa, dentro e fora do processo penal, em objecto ou banco de prova e à consecução de finalidades de eficiência processual (a "procura da verdade material" a que se refere o Acórdão do Tribunal da Relação do Porto) por essa via. Quer essa coisificação se traduza na extracção coactiva de declarações, como acontece com a tortura, ou na recolha de ar expelido, de saliva, de sangue ou urina. Todos são segmentos da corporeidade que formata a condição humana e constitui o suporte biológico da unidade ética que cada pessoa é. O respeito pela dignidade intrínseca àquela condição e a esta unidade impõe que esses 'pedaços de si' não sejam obtidos à revelida da sua vontade.

4.2.2) Possíveis implicações de uma falsa declaração

Há quem defenda ser possível majorar a pena quando o réu mentir em juízo, pois, ao assim agir, violaria o dever de lealdade processual[90]. Temos, porém, que tal não é possível, visto que: 1) o dever de dizer a verdade só pode ser imposto a testemunha, perito etc., os quais responderão, em tese, por crime de falso testemunho (CP, art. 342); 2) o direito à ampla defesa permite a alegação de toda e qualquer tese, por mais inverossímil ou mesmo imoral; 3) mentir (na condição de réu) não é crime;

---

90. Nesse sentido, Vladimir Aras (A mentira do réu e o art. 59 do CP, *in Garantismo penal integral. São Paulo: Gen/Atlas, 2015, p. 298/9*): "O ordenamento jurídico brasileiro premia a verdade e repudia a mentira. Embora *não seja crime* mentir em sua própria defesa, a mentira do réu (diferentemente do seu silêncio) pode ser considerada em seu desfavor, retirando a credibilidade da tese defensiva, assim como pode redundar no reconhecimento de conduta social ou personalidade antiética, no exame dos requisitos subjetivos dos institutos regulados nos arts. 44, inciso III (substituição de pena), 59, inciso II (cálculo da pena-base), e 77, inciso II (*sursis*), do Código Penal, e no art. 89 da Lei n° 9.099/1995 (suspensão condicional do processo). Mais adiante: "Não se quer tipificar a mentira do réu. Não se pretende que o acusado mendaz possa vir a ser condenado por falso testemunho. Isso é desnecessário e desproporcional. Mas quer-se fazer ver que o réu não tem o *direito* ou a faculdade de enganar, iludir ou fraudar o processo, seja por mentiras documentais ou por mentiras verbais. Tem o acusado o direito de silenciar e isso é suficiente para a sua defesa, pois conclusão adversa alguma pode ser extraída daí. Se mentir e ficar evidenciado, por ocasião da sentença, que o réu teve a intenção de malbaratar o desfecho do processo e tumultuá-lo com inverdades, para impedir a justa solução da causa (que pode ser a condenação), esse seu comportamento processual deverá ser levado em conta pelo juiz, segundo sua livre convicção motivada".

tampouco a mentira pode justificar a aplicação de pena ou acréscimo de pena; 4) o só fato de mentir em juízo não diz absolutamente nada sobre a personalidade ou a conduta social do acusado; 5) a mentira não é em si mesma condenável, assim como a verdade não é em si mesma louvável, tudo dependendo do contexto e das motivações subjacentes[91]; 6) o interrogatório é essencialmente um meio de defesa.

Já Carrara assinalara que o réu tem o direito de se calar sem que isso implique qualquer prejuízo ou circunstância agravante por se negar a responder[92]. Mais recentemente Ferrajoli afirma que o princípio *nemo tenetur se detegere* é a primeira máxima do garantismo processual acusatório e dela se seguem, como corolários, além do direito ao silêncio, a faculdade de o imputado faltar com a verdade em suas respostas[93].

Apesar disso, quando houver atribuição falsa de crime a outrem, o agente poderá responder, entre outros, por crime de calúnia, denunciação caluniosa ou autoacusação falsa (CP, arts. 138, 339 e 341). Aliás, de acordo com a Súmula 522 do STJ, a conduta de atribuir-se falsa identidade perante autoridade policial é típica, ainda que em situação de alegada autodefesa.

É que, conforme vimos, o *nemo tenetur* tem implicações essencialmente negativas (direito ao silêncio, direito de não colaborar etc.), não positivas, de praticar determinadas ações.

É certo, ainda, que o colaborador poderá responderá pelo crime do art. 19 da Lei n° 12.850/2013 (colaboração caluniosa)[94].

---

91. Como disse Nietzsche, "no fundo, todas as grandes paixões são boas se se lhes dá boa direção e carreira; a cólera, o prazer, o temor, o ódio, a esperança, o triunfo, a desesperação ou a crueldade. (...) Desde o momento em que se nega o Deus do ideal ascético, há que propor este problema do valor da verdade. A vontade da verdade necessita de uma crítica; é preciso pôr em dúvida o valor da verdade" (*A Genealogia da Moral.* São Paulo: Centauro, 2002, p. 97 e 106).
92. Programa del curso de derecho criminal, v.2. Bogotá: Temos, 1973, p. 415, §932
93. Derecho y Razón. Madrid: Trotta, p. 608.
94. O art. 19 da Lei dispõe: Imputar falsamente, sob pretexto de colaboração com a Justiça, a prática de infração penal a pessoa que sabe ser inocente, ou revelar informações sobre a estrutura de organização criminosa que sabe inverídicas:
Pena - reclusão, de 1 (um) a 4 (quatro) anos, e multa.

4.2.3) Condução coercitiva

De acordo com o art. 260 do CPP, se o acusado não atender à intimação para o interrogatório, reconhecimento ou qualquer outro ato que, sem ele, não possa ser realizado, a autoridade poderá mandar conduzi-lo à sua presença.

Inicialmente, é de ver que, se não houver prévia intimação do réu e, pois, efetiva recusa de participar do ato, a condução será manifestamente ilegal.

Ademais, parece que, como o interrogatório no sistema atual, constitui, essencialmente, uma oportunidade de o réu exercer seu direito de defesa, não faz sentido algum constrangê-lo a tanto, isto é, obrigá-lo a comparecer ao ato. O que de fato importa, para exercício do contraditório e da ampla defesa, é que seja intimado na forma da lei e avalie se deve ou não comparecer ao interrogatório ou outro ato processual, se deve ou não fazer uso do direito ao silêncio etc. Consequentemente, qualquer ameaça ou constrangimento no sentido de fazê-lo comparecer ao ato contra a sua vontade será ilegal, abusivo.

Em suma, a condução coercitiva viola o *nemo tenetur,* como ensina Fernando da Costa Tourinho Filho[95]:

> Se o acusado tem o direito de constitucional de permanecer calado, por óbvio não se justifica a condução coercitiva para que se proceda a interrogatório. Parece mesmo que o art. 260 tinha importância antes de a Constituição haver consagrado o direito ao silêncio, para que o Juiz pudesse valer-se das regras do art. 186, última parte, e 198, ambos do CPP. Tendo tais normas sido revogadas, parece claro que com elas também desapareceu, no particular, a razão da condução coercitiva. É verdade que o art. 260 cuida também da necessidade da presença do acusado para um reconhecimento, acareação ou qualquer ato sem que ele não possa ser realizado. Quanto ao reconhecimento ou acareação, sabe-se que o réu não está obrigado a fornecer prova contra si mesmo, e, desse modo, injustificável seria a condução coercitiva.

Nesse exato sentido (não recepção parcial do artigo 260 do CPP) decidiu, por maioria de votos, o Supremo Tribunal Federal (2018) (ADPFs nºs 395 e 444). Atualmente não é mais possível a condução coercitiva do réu ou investigado para comparecimento ao interrogatório.

---

95. Código de processo penal comentado. São Paulo: Saraiva, 2009, p.718.

Como a não recepção do artigo 260 foi parcial, nada foi alterado quanto ao mais, ou seja, é possível a condução coercitiva para comparecimento a outros atos processuais desde que o acusado não atenda à intimação. Cabe ainda a condução coercitiva de testemunhas etc.

5) JUIZ NATURAL OU LEGAL

5.1) Significado e implicações

O juiz natural (ou legal) é uma garantia fundamental destinada a evitar julgamentos injustos ou arbitrários, seja porque ditados por tribunais revolucionários ou por regimes de exceção[96], seja porque proferidos por juízes ou tribunais *ad hoc* e *post factum* (instituídos para decidir determinados casos), seja porque emanados de autoridades sem competência jurisdicional (não juízes ou juízes incompetentes), seja porque prolatados por juízes parciais, impedidos ou suspeitos, seja porque não autorizados pelo ordenamento jurídico[97].

Como escreve Germano Marques da Silva, o processo é um modo de heterocomposição de conflitos, razão pela qual é fundamental que o terceiro, o juiz, seja imparcial, o qual há de estar interessado apenas em fazer justiça. Nesse sentido, o juiz é um estranho em relação à acusação e à defesa, de modo que cumpre a sua função quando condena ou absolve, desde que o faça no estrito cumprimento do ordenamento jurídico[98].

A razão do princípio é assegurar as condições de um julgamento justo, isto é, conforme a lei e proferido por autoridade judiciária competente, independente e imparcial. A finalidade do juiz natural é, pois, impedir a criação *post factum* ou a determinação discricionária do juiz competente[99].

96. Como escreveu Salvatore Satta: "Se o julgamento é julgamento, não é revolucionário; se o julgamento é revolucionário, não é julgamento". *O mistério do processo.* Seqüência, n. 60, p. 11-28, jul. 2010.

97. Ver Adelino Marcon. O princípio do juiz natural no processo penal. Curitiba: Juruá, 2004.

98. Direito processual penal português, v.1. Universidade católica editora: Lisboa, 2013, p.58.

99. Para Ferrajoli, para quem o princípio impõe a predeterminação de critérios rígidos e vinculantes de competência, de modo a excluir a escolha *post factum* do juiz ou tribunal, o principal problema atualmente do juiz natural diz respeito ao poder e evocação, isto é, ao perigo de prejudiciais condicionamentos dos processos por meio

A Constituição, embora sem usar a expressão juiz natural, prevê que *não haverá juízo ou tribunal de exceção e ninguém será processado nem sentenciado senão pela autoridade competente* (CF, art. 5°, XXXVII e LIII).

Juiz natural (constitucional ou legal) é, em suma, o juiz constitucionalmente competente[100]. Não por outra razão, a Constituição consagrou diversos artigos ao poder judiciário e à competência dos juízes e tribunais (art. 92 e seguintes, entre outros), reconhecendo, ainda, a instituição do júri (art. 5°, XXXVIII), para o julgamento dos crimes dolosos contra a vida.

Além disso, assegurou aos juízes as garantias de vitaliciedade, inamovibilidade e irredutibilidade de subsídio (CF, art. 95), bem como estabeleceu diversas vedações, a exemplo da proibição do exercício de atividade político-partidária, tudo a preservar a independência funcional e a isenção dos julgamentos. Naturalmente que tais garantias e vedações constituem uma condição necessária, mas não suficiente, para ter-se um juiz imparcial, que é um atributo personalíssimo.

O princípio tem as seguintes implicações[101]: 1) só a lei pode definir o juiz competente (princípio da legalidade); 2) a definição legal do juiz competente deve ser anterior ao cometimento do crime (princípio da anterioridade); 3) a determinação do juiz competente deve ser feita segundo critérios objetivos (daí a proibição de tribunais de exceção, para decidir certo caso ou certo grupo de casos, com violação das regras de competência); 4) o juiz deve ser imparcial objetiva e subjetivamente.

Tampouco podem as partes escolher ou acordar sobre a escolha do juiz da causa, cuja designação se dará sempre na forma da lei e com base em critérios objetivos. Apesar disso, o Código de Processo Penal admite a recusa de até três jurados sem motivo declarado nos processos

---

da designação hierárquica dos magistrados competentes para apreciá-los. *Direito e razão.* São Paulo: RT, 2014, p.545.

100. Mas isso não significa que só a CF possa dispor sobre competência. Como observa Gustavo Badaró (Processo penal. São Paulo: RT, 2015, p.46), o juiz natural não é somente o juiz constitucionalmente competente, mas também aquele cuja competência derive da lei ordinária ou das leis de organização judiciária. O que de fato importa é que a instituição da competência tenha amparo constitucional.

101. Jorge de Figueiredo Dias. Direito processual penal. Coimbra: Coimbra editora, 1974, p. 322/323.

de competência do tribunal do júri (CPP, art. 468[102]), implicando, de certo modo, uma escolha.

Tampouco o juiz pode escolher ou recusar, arbitrariamente, as causas que quer ou vai julgar.

E de nada valeria o princípio da legalidade dos crimes e das penas se, não obstante isso, os juízes e tribunais pudessem ser designados arbitrariamente para decidirem sobre o crime e a pena. Porque tão importante quanto definir crimes e cominar penas, é saber previamente quem é o juiz ou tribunal que dirá se houve crime e qual é a pena cabível. Afinal, não existem fenômenos criminosos, mas uma interpretação criminalizante dos fenômenos[103]. O juiz natural é, pois, uma dimensão essencial do princípio da legalidade penal.

O juiz deve ser e parecer imparcial, agir com lealdade processual, ser discreto e evitar declarações públicas sobre as causas, especialmente quando ainda não julgadas[104]. Porque não basta fazer justiça; é preciso parecer que a justiça de fato foi feita[105].

Naturalmente que a imparcialidade judicial depende também do modo como os juízes são escolhidos. Quão mais políticos ou partidários forem os critérios de seleção tanto menos confiáveis serão os juízes,

---

102. Art. 468. À medida que as cédulas forem sendo retiradas da urna, o juiz presidente as lerá, e a defesa e, depois dela, o Ministério Público poderão recusar os jurados sorteados, até 3 (três) cada parte, sem motivar a recusa.

Parágrafo único. O jurado recusado imotivadamente por qualquer das partes será excluído daquela sessão de instrução e julgamento, prosseguindo-se o sorteio para a composição do Conselho de Sentença com os jurados remanescentes.

103. Ver Paulo Queiroz. Direito penal, parte geral. Salvador: Juspodivm, 2020.

104. Nesse sentido, dispõe o art. 35, VIII, da Lei Complementar 35/1979 (Lei Orgânica de Magistratura), que é dever do magistrado "manter conduta irrepreensível na vida pública e particular". E o art. art. 36, III, prevê que é vedado ao magistrado "manifestar, por qualquer meio de comunicação, opinião sobre processo pendente de julgamento, seu ou de outrem, ou juízo depreciativo sobre despachos, votos ou sentenças, de órgãos judiciais, ressalvada a crítica nos autos e em obras técnicas ou no exercício do magistério".

105. Não por acaso, o Tribunal Europeu de Direitos Humanos (TEDH) tem insistido em que os julgamentos devem ser e parecer imparciais. Como observa Gustavo Badaró, um julgamento que toda a sociedade acredite se realizar por um juiz ou tribunal parcial pode ser tão ilegítimo quanto aquele realizado por um juiz comprometido com uma das partes, porque, como já decidiu o TEDH, *não basta fazer justiça; é preciso parecer que a justiça de fato foi feita*. Processo penal. São Paulo: RT, 2015, p.43.

razão pela qual devem ser selecionados, não de acordo com os serviços prestados a um partido ou governo, mas conforme o mérito e com base em critérios objetivos (concurso público etc.). Também por isso, a eleição de juízes não é um bom critério de seleção porque implica a máxima partidarização e politização da magistratura. O juiz já não decidiria de acordo com a lei, mas segundo a vontade do respectivo eleitorado.

Mais: um juiz de extrema qualquer coisa é (possivelmente) um mau juiz, partidário ou sectário, inevitavelmente injusto. O juiz justo é sobretudo um juiz moderado, que a todos ouve com a mesma atenção e respeito, por mais que discorde de suas alegações e visões de mundo, e que decide conforme a lei e a Constituição[106].

Como ensina Germano Marques da Silva, a imparcialidade do juiz significa que ele não toma *partido* sobre os interesses que lhe são submetidos; é terceiro imparcial, alheio à solução da questão e estranho às razões da acusação e da defesa. O juiz há de apreciar e decidir as questões em exclusiva obediência à lei[107].

Imparcialidade não significa, contudo, indiferença ou absoluta neutralidade, afinal o magistrado não é um ser impassível que a tudo assiste indiferente, sem se envolver minimamente com os temas em discussão,

---

106. Quando procurador eleitoral junto ao TRE/BA escrevi artigo indignado com o que ali presenciei (*O renascimento da justiça eleitoral na Bahia, 2002, publicado no jornal A Tarde*). O texto tinha um tom agressivo, que hoje eu suprimiria. Em dado momento dizia: "... Afinal, não se pode imaginar nem tolerar a ideia de justiça senão imparcial, pois o juiz sem isenção é como um advogado sem paixão, é como um soldado sem coragem, é como um padre sem fé: pode paramentar-se como um juiz, pode parecer com um juiz, pode apresentar-se como um juiz, mas não passa de um lacaio ou de um impostor. 'Medo, venalidade, paixão partidária, respeito pessoal, subserviência, espírito conservador, interpretação restritiva, razão de Estado, interesse supremo", escreveu o imortal Ruy Barbosa, "como quer que te chames prevaricação judiciária, não escaparás ao ferrete de Pilatos! O bom ladrão salvou-se, mas não há salvação para o juiz covarde!'. E um tribunal formado por juízes que retardam, dolosa ou negligentemente, o julgamento dos processos ou que julgam segundo o interesse de determinado grupo político, não é propriamente um tribunal, mas uma quadrilha de prevaricadores. Apesar da relevância da mudança levada a cabo, cumpre notar que os problemas da justiça eleitoral são, em sua essência, estruturais, razão pela qual reformas também estruturais devem ser implementadas de modo a diminuir ou suprimir a manipulação política sobre ela, a começar pela composição dos tribunais eleitorais, que há de ser federalizada, já que os tribunais são federais, motivo pelo qual hão de ser total ou majoritariamente formados por juízes federais".

107. Direito processual penal português, v. 1. Lisboa: Universidade Católica, 2017, p.229.

sobretudo o juiz criminal que tem de lidar por vezes com crimes hediondos ou gravíssimos que o chocam e o comovem grandemente[108].

De certo modo, juiz imparcial (neutro, isento etc.) é força de expressão, já que somos todos mais ou menos parciais, inevitavelmente.

Com efeito, se temas há que pouco ou nada nos dizem, razão pela qual somos um tanto indiferentes, outros há que nos tocam profundamente. O que a lei condena não é, pois, a parcialidade mesma, mas um certo grau de parcialidade, tanto é assim que nem toda amizade, inimizade ou parentesco importa em impedimento ou suspeição (CPP, art. 254). Não por outra razão, parte da doutrina faz distinção entre neutralidade e imparcialidade[109].

Como é óbvio, imparcialidade não significa indiferença ou desinteresse relativamente aos temas e resultados do processo, mas um tipo de disposição do espírito para investigar a verdade segundo o devido

---

108. Como escreve Francisco Muñoz Conde, os juízes, como todos os mortais, são sujeitos de carne e osso, com suas paixões e sentimentos, com seus defeitos e virtudes, e também com suas crenças e ideologias, por vezes contrárias às leis que têm de aplicar aos demais cidadãos. Por isso, cada vez que podem, e podem muito, procuram adotar a lei às suas crenças pessoais ou ao modo de ver as coisas. Tudo isso, certamente, dentro do mais escrupuloso respeito ao princípio da legalidade; de uma legalidade que, por sua própria ambiguidade e imperfeição, deixa ao juiz, paradoxalmente, uma grande margem para sua discrição e arbítrio, para suas paixões e crenças. Por mais estritas as regras e preceitos legais, ninguém pode negar ao julgador uma margem de liberdade em sua interpretação, uma projeção de sua subjetividade, e, com isso, toda uma carga emocional de sentimentos que lhe despertam o fato que há de julgar. Porque o ato de julgar, como todo ato valorativo, é um ato emocional, do qual não podem ser excluídos de modo absoluto os sentimentos e valorações. *La búsqueda de la verdad en el proceso penal*. Buenos Aires: Hammurabi, 2007, p.36/37.

109 Embora a distinção seja comum (diz-se que a neutralidade é um mito e a imparcialidade é um dever do juiz), não vemos por que não usar as expressões como sinônimas, tal como faz o dicionário, seja porque a distinção nada acrescenta de relevante à discussão, seja porque tais conceitos devem ser tomados em termos relativos, seja porque, como é óbvio, o juiz é uma pessoa como qualquer outra, cuja visão de mundo está implicada no processo hermenêutico, não uma máquina que a tudo assiste passivamente. De acordo com Jacinto Nélson de Miranda Coutinho: "Órgão estatal desinteressado, imparcialidade, neutralidade e outros elementos formam um pano de fundo que só faz surgir uma irreal versão ao seu efetivo papel. (...) Desde logo, no entanto, é preciso que fique claro que não há imparcialidade, neutralidade e, de consequência, perfeição na figura do juiz, que é um homem normal e, como todos os outros, sujeito à história de sua sociedade e à sua própria história. O Papel do Juiz no Processo Penal. Empório do Direito: 2015.

processo legal e nos limites das atribuições e competências de cada órgão, não importando a quem ela aproveita. Embora a imparcialidade seja um princípio da administração pública (CF, art. 37), aplicável a todos os agentes, as causas que implicam impedimento ou suspeição dependem das atribuições e competências de cada órgão, razão pela qual o que pode caracterizar parcialidade judicial não necessariamente vale para membros do MP, por exemplo. Daí porque faz sentido falar (atualmente) de um juiz das garantias na fase de investigação, que ficará impedido para o processo penal, mas não de um Ministério Público das garantias, podendo o mesmo órgão funcionar em todos os atos da investigação e do processo. Também por isso, existem graus diversos de isenção. De juízes e tribunais se exige o máximo grau de imparcialidade. É um caso especial.

Além disso, somos todos parciais ou partidários no sentido moral, jurídico ou político do termo (são as pré-compreensões de que fala Gadamer[110]), pois, a partir da nossa formação moral, jurídica e política etc., temos de nos posicionar sobre temas que nos afligem (ou não) desde sempre: somos contra ou favor da descriminalização do aborto? Somos contra ou favor do comércio e uso de drogas? Quão democráticos, laicos ou preconceituosos somos? Somos mais ou menos libertários, mais ou menos garantistas, mais ou menos punitivistas? A interpretação é um momento da experiência do homem no mundo[111].

Em princípio, não há, inclusive, incompatibilidade entre imparcialidade e convicções políticas, morais ou religiosas, por mais extremas, desde que o juiz seja capaz de conciliá-las com o direito vigente, no sentido de fazer cumprir a lei ou dar-lhe uma interpretação conforme a

110 Segundo Gadamer, "Somente um tal reconhecimento do caráter essencialmente preconceituoso de toda compreensão leva o problema hermenêutico à sua real agudez (...). No procedimento jurisprudencial um preconceito é uma pré-decisão jurídica, antes de ser baixada uma sentença definitiva (...). Os preconceitos de um indivíduo são, muito mais que seus juízos, a realidade histórica de seu ser (...). Compreender um texto significa sempre aplicá-lo a nós mesmos, e saber que, embora se tenha de compreendê-lo em cada caso de maneira diferente, continua sendo o mesmo texto que, a cada vez, se nos apresenta de modo diferente". Verdade e método. Petrópolis: Ed. Vozes,1999, p. 406 e ss e 579.

111 Gadamer, Verdade e método, cit., p. 31: "Entender e interpretar os textos não é somente um empenho da ciência, já que pertence claramente ao todo da experiência do homem no mundo (...). Ao se compreender a tradição não se compreende apenas textos, mas também se adquirem juízos e se reconhecem verdades".

Constituição. Em tese, o juiz criminal pode, por exemplo, ser um convicto abolicionista penal, ser favorável à legalização do uso e comércio de drogas ou considerar que a propriedade é um roubo (Proudhon). O que ele não pode fazer é, com base apenas em suas convicções, e com total desprezo à lei, proferir decisões no sentido de sempre absolver ou de sempre condenar o réu, devendo adequá-las ao ordenamento jurídico em vigor. O mesmo se pode dizer de um juiz radicalmente contrário ao aborto que, apesar disso, deve cumprir o disposto no art. 128 do CP ou interpretá-lo conforme a Constituição[112]. O que está em causa, em última análise, é, portanto, a legitimidade da fundamentação das decisões judiciais.

À semelhança do árbitro de futebol, o juiz pode até torcer (secretamente) por um dos times; o que ele não pode fazer é subverter as regras do jogo em favor de uma das partes, a fim de beneficiá-la ou prejudicá-la. Tampouco pode proclamar um resultado contrário à prova dos autos.

É preciso reconhecer, contudo, que existem temas que têm o poder de idiotizar ou fanatizar e, pois, em relação aos quais nenhuma imparcialidade é possível (v.g., política, religião etc.), se bem que o modo como se lida com tais temas é mais importante do que o tema mesmo.

De todo modo, a falta de isenção não é em si mesma condenável[113]. Com efeito, a parcialidade, que é condenável no juiz, é louvável no advogado (nos pais, nos amigos etc.). Nesse sentido, um bom juiz há de ser um mau advogado e um bom advogado há de ser um mau juiz. Com efeito, se o juiz, para bem cumprir a sua missão, deve ser imparcial, o advogado, ao contrário, há de ser intransigente na defesa de seu cliente, logo, inevitavelmente partidário. Daí porque somente os juízes e membros do MP são passíveis de impedimento ou suspeição, não os advogados.

Mas o que é o juiz imparcial? Antes de tudo, é o juiz que decide conforme a lei, e não segundo caprichos pessoais; que não tem prevenção

---

112 Art. 128 – Não se pune o aborto praticado por médico:
Aborto necessário
I – se não há outro meio de salvar a vida da gestante;
Aborto no caso de gravidez resultante de estupro
II – se a gravidez resulta de estupro e o aborto é precedido de consentimento da gestante ou, quando incapaz, de seu representante legal.

113 Como diz Nietzsche, todas as paixões são boas se lhe damos boa direção. A genealogia da moral. São Paulo: Centauro, 2002, p. 97.

contra as partes e é livre para decidir; é o que não incide em impedimento ou suspeição, e está disposto a ouvir e a refletir sobre as teses suscitadas, por mais absurdas; é o que não pretende ser amado por suas decisões[114], nem teme ser odiado por elas; é o que tem a coragem de sentenciar contra a maioria, decide segundo a prova dos autos e respeita o devido processo legal; é o que aprende com as críticas, é capaz de rever suas posições e recusar aplicação à lei arbitrária ou inconstitucional; é o juiz, enfim, que tem a pretensão de ser justo e não apenas legalista, que sabe que não está acima do bem e do mal e é passível de erros.

Por fim, a imparcialidade ou impessoalidade é um princípio da administração pública (CF, art. 37), e, pois, aplicável a todos os agentes públicos[115].

E com exceção dos casos previstos em lei (audiência de conciliação das partes etc.[116]), o juiz não pode aconselhar ou orientar as partes, recomendar esta ou aquela diligência, prestar auxílio à acusação ou lhe sugerir a melhor estratégia processual, tampouco antecipar ou combinar decisões com a acusação ou com a defesa etc. Juiz que assim procede é

114. "*Demasiado judeu*.- Se Deus queria tornar-se objeto de amor, tinha primeiramente que desistir de julgar e fazer justiça:- um juiz, mesmo um juiz clemente, nunca é objeto de amor. Neste ponto, o fundador do cristianismo não teve sensibilidade bastante refinada – como judeu". Nietzsche. A gaia ciência. São Paulo: Companhia das letras, 2001, aforismo 140, p.155.

115. De acordo com Maria Teresa de Melo Ribeiro (O princípio da imparcialidade da administração pública. Coimbra: Almedina, 1996, p. 161), o princípio da imparcialidade da administração pública "traduz-se na prossecução objetiva, exclusiva e transparente do interesse público definido por lei, através da ponderação de todos os interesses públicos e privados juridicamente relevantes na situação a conformar". Segundo a autora, se é correto afirmar que a transposição da ideia da imparcialidade do domínio judicial para o domínio da administração pública teve na sua base as mesmas preocupações sentidas no âmbito do exercício da função judicial, pretendendo-se, por isso, assegurar de igual modo a isenção, o desinteresse e a objetividade dos órgãos e agentes da administração no exercício da função que lhe foi confiada; o aparecimento do princípio da imparcialidade na função administrativa está, também, historicamente ligado à necessidade de garantir a independência e a neutralidade política dos funcionários públicos e, em consequência, da própria administração pública. O princípio da imparcialidade da administração pública. Coimbra: Almedina, 1996, p. 35.

116. Nos crimes de calúnia e injúria, a lei prevê a reconciliação entre as partes (CPP, art. 520 e 521), cuja promoção competirá ao juiz. De acordo com o art. 3°, §3°, do CPC: A conciliação, a mediação e outros métodos de solução consensual de conflitos deverão ser estimulados por juízes, advogados, defensores públicos e membros do Ministério Público, inclusive no curso do processo judicial.

juiz suspeito e parcial, devendo ser afastado do processo. Nenhum juiz ou tribunal é imparcial quando julga seus próprios interesses.

A imparcialidade é também incompatível com o carreirismo ou a busca incessante por promoção na carreira, que, como diz Ferrajoli, contraria uma regra básica da ética dos juízes: o princípio de que devem exercer as suas funções *sine spe et sine metu*: sem esperança de vantagens ou promoções e sem medo de desvantagens ou preconceitos pelo mérito do exercício das suas funções (As 10 regras da ética judicial resultantes da natureza cognitiva. Disponível no Conjur.com.br. Acessado em 5/9/2022).

5.2) Especialização de varas, desaforamento, promotor natural etc.

O princípio não é incompatível com a especialização de tribunais, câmaras ou varas, com o desaforamento, nem com a prerrogativa de função, desde que criados (ou extintos) na forma da lei e visem a melhorar a qualidade da prestação jurisdicional. Mas sempre se poderá questionar os fundamentos da especialização, do desaforamento ou da prerrogativa de função.

É perfeitamente justificável, por exemplo, que, se houver dúvida fundada sobre a imparcialidade do júri, o tribunal, atendendo a requerimento das partes (ou a representação do próprio juiz), determine o desaforamento do julgamento para outra comarca da mesma região (CPP, art. 427[117]), já que o princípio se presta justamente a isso: assegurar o *fair trail*. O mesmo já não ocorre quanto às hipóteses de desaforamento para preservar a segurança pessoal do réu e por excesso de serviço (CPP, arts. 427 e 428), devendo o poder público assegurar a integridade física do acusado e agilizar a prestação jurisdicional sem sacrifício do princípio do juiz natural. Quanto ao desaforamento por "interesse da ordem pública", trata-se de um grande ponto de interrogação, por se tratar de termo vago, arbitrariamente manipulável.

Também o incidente de deslocamento de competência (CF, art. 109, § 5º[118]), que é uma espécie de desaforamento com outro nome, há de ser

---

117. Art. 427. Se o interesse da ordem pública o reclamar ou houver dúvida sobre a imparcialidade do júri ou a segurança pessoal do acusado, o Tribunal, a requerimento do Ministério Público, do assistente, do querelante ou do acusado ou mediante representação do juiz competente, poderá determinar o desaforamento do julgamento para outra comarca da mesma região, onde não existam aqueles motivos, preferindo-se as mais próximas.

118. Nas hipóteses de grave violação de direitos humanos, o Procurador-Geral da República, com a finalidade de assegurar o cumprimento de obrigações decorrentes de tratados

admitido apenas para garantir a imparcialidade do julgamento num prazo razoável, se e quando ficar demonstrada a parcialidade do juiz natural.

Quanto à possível formação de colegiado de primeiro grau para o julgamento de crimes praticados por organização criminosa etc. (Lei n° 12.694/2012[119]), temos, primeiro, que decisões colegiadas são preferíveis àquelas tomadas por juiz singular; e, segundo, que a previsão legal não é, em princípio, incompatível com a garantia do juiz natural[120]. Apesar disso, a lei é criticável, quer porque não prevê critérios precisos para a instauração da turma julgadora, quer porque permite a formação de colegiado *ad hoc* e *post factum*, quer porque eventuais riscos à vida do juiz devem ser debelados pelos meios legais.

---

internacionais de direitos humanos dos quais o Brasil seja parte, poderá suscitar, perante o Superior Tribunal de Justiça, em qualquer fase do inquérito ou processo, incidente de deslocamento de competência para a Justiça Federal.

119. A lei supra dispõe (art. 1°) que em processos ou procedimentos que tenham por objeto crimes praticados por organizações criminosas, o juiz poderá decidir pela formação de colegiado para a prática de qualquer ato processual. E que o juiz poderá instaurar o colegiado, indicando os motivos e as circunstâncias que acarretam risco à sua integridade física em decisão fundamentada, da qual será dado conhecimento ao órgão correicional.

120. Nesse sentido, Eugênio Pacelli de Oliveira: "Em princípio, e desde que respeitadas as regras estabelecidas na Lei n° 12.694/12, a jurisdição colegiada ali instituída nada tem de inconstitucional, relativamente à suposta violação do juiz natural, na perspectiva da vedação do juiz ou tribunal de exceção (art. 5°, XXXVII, CF). Com efeito, trata-se de instância judiciária (o Colegiado) devidamente prevista em lei, com competência instituída antes da prática do delito, o que, por si só, já afastaria a exceção do tribunal, conforme consta da citada cláusula constitucional. E mais. O juiz do processo, isto é, o juiz legal (competência territorial) e constitucional (em razão da matéria), não será afastado do processo. Juiz ou Tribunal de exceção é aquele instituído para o julgamento de uma ou mais fatos, cuja instalação não só se opera após o fato, como também não se submete a quaisquer critérios legais previamente existentes. No tribunal de exceção, a exceção é da própria jurisdição; no Colegiado de primeiro grau, o que é excepcional é a circunstância de risco que lhe fundamenta a instauração". Curso de processo penal. São Paulo: Atlas, 2017, p.842. Em sentido contrário, Aury Lopes Júnior: "Trata-se de uma autorização legal até então desconhecida pelo sistema nacional e que tem sido objeto de severas críticas, na medida em que pode representar a violação da garantia do juiz natural. Isso porque o órgão julgador tem que ser definido previamente à prática do crime. Ou seja, é a garantia de ser julgado por um juiz cuja competência é preestabelecida em lei e não por órgão colegiado criado *ad hoc*, ou seja, para aquele caso penal e aquele ato procedimental, conforme a discricionariedade de um outro juiz. Trata-se de uma medida de duvidosa constitucionalidade, no mínimo". Direito processual penal. São Paulo: Saraiva, 2017, p.278/9.

Havendo modificação das regras de competência (criação ou extinção de vara ou foro por prerrogativa de função, ampliação ou restrição da competência do tribunal etc.), a nova lei terá, como regra, aplicação imediata (CPP, art. 2°), não implicando violação ao princípio do juiz natural.[121]

Salvo os casos de impedimento, afastamento (etc.), o juiz que presidiu a instrução deverá proferir a sentença (CPP, art. 399, §2° – identidade física do juiz).

Finalmente, é comum falar-se, por analogia, de promotor natural[122] (e mesmo defensor natural[123]), seja porque o dever de imparcialidade lhe é aplicável, seja porque detém garantias e vedações semelhantes, seja porque sua atuação deve ser pautada pelo princípio da legalidade, a evitar designações ou destituições arbitrárias de seus membros, seja porque os membros do MP são passíveis de arguição de impedimento e suspeição (CPP, arts. 104 e 112).

---

121. Em sentido contrário, Fernando da Costa Tourinho Filho: "Para nós, uma competência atribuída *post facto* desnatura o princípio do Juiz natural, dando a transparecer tratar-se de Juiz 'de encomenda', ou se quiserem, Juiz *ad hoc*. Exemplo disso tivemos no conflito dos Sem-Terra e militares do Estado do Pará, quando militares, em situação de atividade, e fazendo uso de armas da corporação, mataram dezenas de pessoas. À época do fato esses crimes eram da alçada da Justiça Militar, nos termos do arts. 9°, II, *b* e *f*, do CPM e 125, §4°, da Constituição Federal. Pois bem. Em 1996 foi promulgada a Lei n° 9.299, que, dentre outras alterações, revogou a alínea *f* do inciso II do art. 9° do CPM e acrescentou um parágrafo ao citado dispositivo, dizendo que 'os crimes de que trata este artigo, quando dolosos contra a vida e cometidos contra civil, são da competência da Justiça Comum'. De imediato, aqueles processos foram remetidos à Justiça Comum. A nosso juízo, somente os fatos que sucedessem à Lei n° 9.299, de 7-8-1996, passariam para a competência da Justiça Comum. Aqueles cometidos sob a égide do Código Penal Militar, não. Não e renão. Contudo, não foi o entendimento que predominou". Manual de direito processual penal. São Paulo: Saraiva, 2017, p.290/291. Discordamos do ilustre Tourinho Filho, visto que o tribunal do júri é um tribunal constitucional e já existia antes do cometimento do delito, logo, não é *ad hoc* ou *post factum.* Além disso, a redução da competência da justiça militar visava, justamente, a assegurar a isenção dos julgamentos, dada a frequente parcialidade da justiça militar. Por fim, a alteração da competência não implicou restrição de garantias, mas, ao contrário, ampliação, já que no Júri vigora a plenitude de defesa e regras especiais mais favoráveis ao réu.
122. Nesse sentido, Paulo Rangel. Direito processual penal. São Paulo: Gen/Atlas, 2016. Também Américo Bedê Júnior e Gustavo Senna. Princípios do processo penal. São Paulo: RT, 2009.
123. Nesse sentido, Nestor Távora e Rosmar Rodrigues Alencar. Curso de direito processual penal. Salvador: Juspodivm, 2014.

Como assinalou o Ministro Celso de Mello, em discurso também aplicável à magistratura, "o Ministério Público, que é o guardião independente da integridade da Constituição e das leis, não serve a governos, ou a pessoas, ou a grupos ideológicos, não se subordina a partidos políticos, não se curva à onipotência do poder ou aos desejos daqueles que o exercem, não importando a elevadíssima posição que tais autoridades possam ostentar na hierarquia da República, nem deve ser o representante servil da vontade unipessoal de quem quer que seja ou o instrumento de concretização de práticas ofensivas aos direitos básicos das minorias, quaisquer que estas sejam, sob pena de o Ministério Público mostrar-se infiel a uma de suas mais expressivas funções, que é a de defender a plenitude do regime democrático"[124].

Ainda a propósito do Ministério Público, cabe lembrar Calamandrei:

> Entre todos os ofícios judiciários, o mais árduo parece-me o do acusador público, o qual, como sustentador da acusação, deveria ser tão parcial quanto um advogado e, como guardião da lei, tão imparcial quanto um juiz. Advogado sem paixão, juiz sem imparcialidade: este é o absurdo psicológico em que o representante do Ministério Público, se não tiver um senso de equilíbrio especial, correrá o risco de perder a cada instante, por amor à serenidade, a generosa combatividade do defensor ou, por amor à polêmica, a desapaixonada objetividade do magistrado[125].

Já tive ocasião de escrever o seguinte texto sobre o Ministério Público:

> **"Carta a um jovem Promotor de Justiça**
>
> Caro Promotor: em resposta às indagações que me fizeste, segue o que penso a respeito.
>
> Bem sabes que, dentre as relevantes funções que agora exerces, está a de acusar, tarefa das mais graves e difíceis, por certo. Pois bem, quando acusares – e tu o farás muitas vezes, pois o teu dever o exige – não esqueças nunca que sob o rótulo de "acusado", "réu", "criminoso" etc. há sempre um homem, nem pior nem melhor do que ti; lembra que nosso crime em relação aos criminosos consiste em tratá-los como patifes

124. Saudação do Ministro Celso de Mello à Dra. Raquel Dodge, por ocasião de sua última participação, como Procuradora-Geral da República, perante o plenário do Supremo Tribunal Federal, de 2019.

125. Piero Calamandrei. Eles, os juízes, vistos por um advogado. São Paulo: Martins Fontes, 1997, p.58.

(Nietzsche). Evita incorrer nessa censura! Acusa, pois, dignamente, justamente, humanamente!

Lembra que, entre os teus deveres, não está o de acusar implacavelmente, excessivamente, irresponsavelmente. Se seguires a Constituição, como é teu dever, e não simplesmente a tua vontade, atenta bem que a tua função maior reside na defesa da ordem jurídica e do regime democrático (CF, art. 127), e não da desordem jurídica, nem da tirania. E defendê-la significa, entre outras coisas, fazer a defesa intransigente dos direitos e garantias do acusado, inclusive; advogá-lo é guardar a própria Constituição, é defender a liberdade e o direito de todos, culpados e inocentes, criminosos e não criminosos.

Por isso, sempre que te convenceres da inocência do réu, não hesita em pugnar por sua pronta absolvição, ainda que tudo conspire contra isso; faz o mesmo sempre que a prova dos autos ensejar fundada dúvida sobre a culpa do acusado, pois, como sabes, é preferível absolver um culpado a condenar um inocente. Ousa, portanto, defender as garantias do réu, ainda que te acusem de mau-acusador, ainda que isso te custe a ascensão na carreira ou a amizade de teus pares. Assim, sempre que o teu dever o reclamar, não hesita em impetrar habeas corpus, em recorrer em favor do condenado, em endossar as razões do réu, e jamais te aproveita da eventual deficiência técnica do teu (suposto) oponente: luta, antes, pela Justiça! Lembra, enfim, que és Promotor de Justiça, e não de injustiça!

E quando te persuadires da correção do caminho a seguir, segue sempre a tua verdade, a tua consciência, não cede à pressão da imprensa, nem de estranhos, nem de teus pares; sê fiel a ti mesmo, pois quem é fiel a si mesmo não trai a ninguém (Hamlet), porque não cria falsas expectativas nem ilusões.

Trata a todos com respeito, com urbanidade; sê altivo com os poderosos e compreensivo com os humildes; lembra que quem se faz subserviente e se arrasta como verme não pode reclamar de ser pisoteado (Kant).

Evita o espetáculo, pois não és artista de circo nem parte de uma peça teatral; sê sereno, sê discreto, sê prudente, pois não te é dado entregares a tais veleidades;

Estuda, e estuda permanentemente, pois não te é lícito o acomodamento; não esqueças que toda discussão tecnológica encobre uma discussão ideológica; lê, pois, e aplica as leis criticamente; não olvidas que teu compromisso fundamental é com o Direito e a Justiça e não só com a Lei;

Não te julgues melhor do que os advogados, servidores, policiais, juízes e partes, nem melhor do que teus pares;

Não colocas a tua carreira acima de teus deveres éticos nem constitucionais;

Vigia a ti mesmo, continuamente, mesmo porque onde houver uso de poder haverá sempre a possibilidade do abuso, para mais ou para menos; antes de denunciar o argueiro que se oculta sob olhos dos outros, atenta bem para a trave que te impede de te ver a ti mesmo e a teus erros; lembra que as convicções são talvez inimigas mais perigosas da verdade que as mentiras, e que a dependência patológica da sua óptica faz do convicto um fanático (Nietzsche);

Não te esqueças de que, por mais relevantes que sejam as tuas funções, és servidor público, nem mais, nem menos, por isso sê diligente, sê probo, sê forte, sê justo!"

Há quem fale ainda de *defensor natural* para designar o direito de o investigado/acusado escolher seu próprio defensor e, pois, recusar designações ou nomeações arbitrárias. O termo nos parece desnecessário e a analogia com o juiz natural um tanto forçada, tal como seria falar de *delegado natural, perito natural* etc[126].

5.3) Sistema acusatório: poderes instrutórios do juiz

O grau de isenção judicial depende também do papel e dos limites da atuação do juiz no processo. Um processo de tipo acusatório (CPP, art. 3º-A), que atribui a órgãos distintos e independentes as funções de acusar, defender e julgar, é preferível ao de tipo inquisitorial ou misto, que confere ao magistrado poderes mais ou menos amplos de investigação e de decretação de prisões etc. É essencial, ainda, que haja garantias mínimas de paridade entre acusação e defesa, de modo a se assegurar um processo formal e materialmente justo[127].

---

126. De acordo com Néstor Távora e Rosmar Alencar, trata-se deu uma proteção contra o arbítrio em razão da possibilidade de nomeação de defensor dativo por parte do juiz ou contra designações do defensor público geral que desatendam as normas que traçam as atribuições das defensorias públicas, cujos membros são revestidos de inamovibilidade. Curso de direito processual penal. Salvador: Editorajuspodivm, 2018, p.87.

127. A propósito do sistema inquisitorial, Franco Cordero escreve: De espectador impassível que era, o juiz se converte em protagonista do sistema. Mudam as técnicas; não há contraditório; tudo se realiza secretamente; no centro está, passivo, o investigado; culpado ou não, ele sabe algo e está obrigado a confessá-lo. A tortura estimula os fluxos verbais contidos. Soberano da partida, o inquisidor elabora hipóteses dentro de um marco paranoico: e assim surge o casuísmo impuro das confissões contra os corréus, as vezes obtidas com promessas de impunidade. De fato, um sistema legalmente amorfo, pois o segredo, esse método introspectivo e o compromisso ideológico dos

Já vimos que um sistema acusatório não é necessariamente garantista, mas todo sistema garantista é forçosamente acusatório. Porque este é uma condição necessária, mas não suficiente, para um sistema garantista.

Com relação aos chamados poderes instrutórios do juiz (poder de determinar a realização de prova de ofício), se bem que, escrevendo a partir do processo civil, parece que Michelle Taruffo tem razão quando diz que não é exato que o juiz que exerce poderes instrutórios perde com isso sua imparcialidade. Isso ocorreria se ele exercesse seus poderes de modo parcial, ou seja, com o intuito de favorecer uma das partes; mas isso não acontece quando ele o exerce de modo imparcial, isto é, com o fim de obter conhecimentos relevantes e úteis para a apuração da verdade[128].

Também Schünemann assinala que o juiz que presencia a instrução probatória como mero ouvinte e mudo espectador mantém-se excluído desse indispensável círculo de comunicação, de modo que seu entendimento se torna gradativamente um incomensurável fator de acaso[129].

---

que atuam excluem vínculos, formas e termos: o que conta é o resultado. Floresce uma retórica apologética cujos argumentos ressoam, com tais, em lugares e momentos distintos. Quanto ao desenvolvimento orgânico e à cínica sabedoria técnica, o estilo inquisitório chega ao apogeu na França com a Ordenança de 1670. Franco Cordero. Procedimiento penal, t. 1. Bogotá: Temis, 2000, p.19/20.

128. Michele Taruffo. Uma simples verdade – o juiz e a construção dos fatos. São Paulo: Marcial pons, 2012, p.146.

129. Schünemann, Bernd. Estudos de direito penal, direito processual penal e filosofia do direito. São Paulo: Marcial Pons, 2013, p.249. No mesmo sentido, José Carlos Barbosa Moreira: O segundo argumento é o de que, ao determinar de ofício a realização de prova, o órgão judicial abandona a posição, que lhe é característica, de *terceiro imparcial,* toma partido por um dos litigantes – por aquele a quem a prova irá favorecer. Mas, *primo*, o juiz não é adivinho; não pode saber de antemão a qual dos litigantes será favorável o êxito da diligência probatória. Pense-se, por exemplo, numa perícia: se a ordena *ex officio* o órgão judicial, tanto pode acontecer que o laudo pericial favoreça o autor quanto pode acontecer que favoreça o réu. Conta-se, naturalmente, que a perícia – sob pena de frustrar-se – acabe por favorecer *alguém*, na medida em que esclareça o ponto obscuro; quem será esse *alguém*, no entanto, só depois de concluída a perícia é que se vai saber. Há mais. A supor-se que o juiz se torna parcial por ordenar *ex officio* a realização de uma prova, assim beneficiando a parte a quem ela resulte favorável, ter-se-á logicamente de entender que *também a omissão em determinar a prova* compromete a imparcialidade do juiz. É evidente, com efeito, que a falta da prova beneficiará a parte a quem ela resultaria desfavorável, caso se realizasse. Estará o juiz, então, condenado em qualquer hipótese à pecha de parcialidade? O absurdo da consequência põe a nu a falsidade da premissa. José Carlos

De fato, não faz sentido impedir, em caráter absoluto, que o juiz possa determinar a realização de prova de ofício, transformando-o numa espécie de marionete manipulável pelas partes e apequenando sensivelmente a função jurisdicional. Aqui e alhures, convém evitar os extremismos.

Apesar disso, o juiz penal há de se valer de seus poderes instrutórios somente durante o processo, não na fase de investigação, como admitia o art. 156, I, do Código [130]), agora revogado pelo art. 3º-A do CPP, e subsidiariamente às partes, e, de modo especial, para evitar condenações injustas.

5.4) O Juiz das garantias e sistema acusatório

5.4.1) Introdução

Inicialmente é importante notar que diversos artigos da Lei nº 13.964/2019, aí incluídos os que tratam do juiz de garantias, foram objeto de impugnação nas Ações Diretas de Inconstitucionalidade (ADIs) nº 6298, 6299, 6300 e 6305 e suspensos por força de decisão cautelar, de 22/02/2020, até o julgamento das referidas ações em 24/08/2023. O STF acabou por declarar a inconstitucionalidade de alguns dispositivos (art. 3º-B, XIV, art. 3º-C, parte do *caput* e do §1.º e do §2.º, §3.º e §4.º, e art. 3º-D do CPP) e realizou a interpretação conforme de outros (art. 3º-A, art. 3º-B, IV, VI, VII, VIII e IX, §1.º, §2.º, art. 3º-C, *caput*, art. 3.º-E, art. 3.º-F, parágrafo único, art. 28, *caput* e §1.º, e art. 310, *caput* e §4.º, do CPP), modulando ou mesmo rejeitando parte das inovações pretendidas pelo legislador, além de reconhecer expressamente a cons-

---

Barbosa Moreira. O neoprivatismo no processo civil, *in* leituras complementares de processo civil. Salvador: Juspodivm, 2010, p.352.

130. Art.156. A prova da alegação incumbirá a quem a fizer, sendo, porém, **facultado ao juiz de ofício**:

I – ordenar, mesmo antes de iniciada a ação penal, a produção antecipada de provas consideradas urgentes e relevantes, observando a necessidade, adequação e proporcionalidade da medida;

II – determinar, no curso da instrução, ou antes de proferir sentença, a realização de diligências para dirimir dúvida sobre ponto relevante.

titucionalidade de outras disposições (art. 3º-B, *caput*, art. 3.º-F, caput, e art. 28-A, caput, III, IV, § 5º, §7º e §8º, do CPP).

A Lei nº 13.964/2019 fez modificações relevantíssimas no processo penal ao adotar o sistema acusatório, o juiz de garantias e prestigiar o princípio da oralidade, que são temas conexos, pois um juiz de garantias só faz sentido num sistema de tipo acusatório-garantista[131], que, por sua vez, requer imediatidade e oralidade dos atos processuais.

Doravante haverá, pois, dois juízes: um que, em linhas gerais, decidirá os incidentes da investigação na forma da lei, se e quando provocado, e outro que presidirá a instrução e o julgamento do processo.

Em princípio, presume-se que o juiz que profere atos decisórios na fase de investigação não é suficientemente imparcial para presidir o processo e proferir sentença, em que pese o STF tenha considerado irrazoável a previsão legal de impedimento. Considera-se, enfim, que quem decretou prisões e deferiu ou indeferiu pedidos de revogação, que determinou interceptações telefônicas ou busca e apreensão etc., já terá formado seu juízo sobre a culpabilidade do investigado na fase pré-processual, por isso deve ficar impedido de atuar durante a instrução e julgamento do processo. Do contrário, o processo seria mera repetição do inquérito policial cujo investigado já estaria pré-julgado. Seria uma espécie de jogo de cartas marcadas.

Existe, a propósito, precedente do Supremo Tribunal Federal (HC nº 94.641-1/BA) anulando processo penal em virtude de parcialidade/impedimento do juiz que também oficiou em procedimento de investigação de paternidade que serviu de base para a denúncia, resultando na condenação do réu por crime de atentado violento ao pudor contra a própria filha. O voto vencedor, proferido pelo Ministro Joaquim Barbosa, consignou: "Entendo que há nulidade grave. O juiz, durante dias, intimou várias testemunhas, colheu depoimentos, fez um breve relatório e enviou para o Ministério Público. Presidiu toda a instrução e proferiu

131. Um sistema acusatório não é necessariamente garantista, mas um sistema garantista é necessariamente acusatório. No modelo garantista proposto por Ferrajoli, o sistema acusatório é apenas um dos axiomas do garantismo, mais precisamente o oitavo: *Nullum indicium sine accusatione*. Diritto e ragione. Teoria del garantismo penale. Roma-Bari: 2011, p.69.

sentença. Ele atuou como autoridade policial". No mesmo sentido, foi o substancioso voto do Ministro Cezar Peluso, que merece ser lido.

Há ainda diversos precedentes no mesmo sentido de tribunais internacionais, especialmente da Corte Europeia de Direitos Humanos.

Embora previsto para a primeira instância, temos que o instituto é também aplicável às ações penais originárias de competência dos tribunais, de modo a impedir, nas ações penais originárias, o desembargador ou ministro-relator que tiver proferido decisões reservadas ao juiz das garantias[132]. Sim, porque, do contrário, ofender-se-ia o sistema acusatório com a configuração legal atual e se violaria o princípio da isonomia, dado que os réus processados perante os tribunais teriam tratamento desigual e menos garantista. Tampouco há vedação legal no particular. Mais: se o instituto não for aplicado aos tribunais, os acusados com foro por prerrogativa de função serão duplamente punidos, já que carecerão de um juiz das garantias e do duplo grau de jurisdição. Aliás, também por isso é justo abolir o foro por prerrogativa de função.

Contudo, ao julgar as referidas ações de controle concentrado de constitucionalidade, o STF reconheceu também que o juízo das garantias não é aplicável aos processos de competência originária dos tribunais, regidos pela Lei nº 8.038/1990, nem aos dolosos contra a vida e em caso de violência doméstica ou familiar contra a mulher, em razão de procedimentos e de competência próprios.

O instituto é aplicável ao tribunal do júri: o juiz que tiver praticado atos decisórios durante a investigação ficará impedido para a sua instrução e julgamento.

Durante as investigações atuará, portanto, se e quando provocado, o juiz de garantias; no processo, o juiz da instrução e julgamento. As competências de um e outro são excludentes. Estão em parte revogados os arts. 75, parágrafo único, e 83 do CPP[133], que previam a atuação de um

---

132. No mesmo sentido, Rômulo de Andrade Moreira. https://emporiododireito.com.br/colunas/romulo-de-andrade-moreira, 2020.

133. Art. 75. A precedência da distribuição fixará a competência quando, na mesma circunscrição judiciária, houver mais de um juiz igualmente competente.
Parágrafo único. A distribuição realizada para o efeito da concessão de fiança ou da decretação de prisão preventiva ou de qualquer diligência anterior à denúncia ou queixa prevenirá a da ação penal. Art. 83.Verificar-se-á a competência por prevenção toda vez que, concorrendo dois ou mais juízes igualmente competentes ou com jurisdição

único juiz, o qual ficava prevento para o processo sempre que decidisse durante a investigação. Afinal, encerrada a fase de investigação, o feito será redistribuído a outro juízo.

O termo "juiz das garantias" não é dos melhores e mais parece um pleonasmo, visto que também o juiz da instrução tem como função precípua garantir o devido processo legal. Nesse sentido, todos são juízes de garantias ou garantidores da lei e do justo processo.

É instituído o sistema acusatório nos seguintes termos: O processo penal terá estrutura acusatória, vedadas a iniciativa do juiz na fase de investigação e a substituição da atuação probatória do órgão de acusação (CPP, art. 3° A).

O que é característico do sistema acusatório é a separação, em órgãos distintos e independentes, das funções de acusar, defender e julgar. Como regra, a acusação cabe ao Ministério Público, e, excepcionalmente, ao querelante, isto é, ao próprio ofendido ou seu representante legal. Apesar disso, o MP, cuja atuação é regida pelo princípio da legalidade penal, só pode acusar ou propor acordos penais se tiver justa causa para tanto. Além disso, nada impede que postule a absolvição ou recorra em favor do réu. Afinal, o compromisso fundamental do MP é com a defesa da ordem jurídica e do regime democrático (CF, art. 127), aí incluída a defesa das garantias do réu, inclusive, razão pela qual não lhe é dado acusar arbitrariamente, mas justamente e sem excessos.

Por sua vez, no sistema acusatório o juiz não pode usurpar as funções da acusação, por isso não lhe cabe, na fase investigatória, determinar a produção de prova, nem requisitar inquérito policial ou decretar prisão ou medida cautelar de ofício. O juiz já não poderá, portanto, converter a prisão em flagrante em prisão temporária ou preventiva, exceto se houver requerimento do MP ou representação da autoridade policial, consoante, inclusive, o enunciado da Súmula n. 676/STJ. Está revogado o art. 5°, II, primeira parte do CPP[134], que permitia a requisição de inquérito policial pelo juiz. O juiz que tiver conhecimento de

---

cumulativa, um deles tiver antecedido aos outros na prática de algum ato do processo ou de medida a este relativa, ainda que anterior ao oferecimento da denúncia ou da queixa (arts. 70, § 3º, 71, 72, § 2º, e 78, II, *c*).

134. Art. 5º Nos crimes de ação pública o inquérito policial será iniciado:
I- de ofício;

infração penal deverá oficiar aos órgãos competentes para a adoção das providências cabíveis.

Como a lei veda a inciativa probatória do juiz de garantias, está revogado o art. 156, I, do CPP[135], que previa a possibilidade de o magistrado determinar a produção antecipada de prova de ofício na fase pré-processual. Apesar disso, o juiz da instrução e julgamento poderá determinar a produção de prova de ofício em casos excepcionais e subsidiariamente às partes. O que lhe é vedado é "a substituição da atuação probatória do órgão de acusação" (art. 3° A). O tema é controverso.

É importante notar, porém, que o princípio da legalidade penal constitui essencialmente uma garantia de proteção do investigado ou acusado contra os excessos do poder punitivo, razão pela qual nada impedirá o juiz de, eventualmente, ordenar, mesmo de ofício, determinadas diligências ou proferir certas decisões em favor do indivíduo (v.g., instaurar incidente de sanidade mental, revogar prisão etc.).

Justo por isso, a lei proíbe a "substituição da atuação probatória **do órgão da acusação**", não simplesmente a "substituição da atuação probatória".

Como veremos a seu tempo, são muitas as implicações do sistema acusatório sobre o processo penal.

O sistema acusatório tem importantes implicações também sobre a execução penal[136]. Parece-nos, inclusive, que estão parcialmente revogados os arts. 105 e 147 da LEP, que preveem a execução de ofício da sentença. Dizemos *parcialmente* porque só há incompatibilidade da reforma com relação aos condenados soltos, cuja iniciativa da execução há de competir somente ao Ministério Público, não ao juiz.

II-mediante requisição da autoridade judiciária ou do Ministério Público, ou a requerimento do ofendido ou de quem tiver qualidade para representá-lo.

135. Art.156. A prova da alegação incumbirá a quem a fizer, sendo, porém, facultado ao juiz de ofício:

I– ordenar, mesmo antes de iniciada a ação penal, a produção antecipada de provas consideradas urgentes e relevantes, observando a necessidade, adequação e proporcionalidade da medida.

136. Ver Rômulo de Andrade Moreira. https://romulomoreira.jusbrasil.com.br/artigos/301008433/a-execucao-penal-no-processo-penal-brasileiro-e-a-sua-compatibilidade-com o sistema acusatório, acessado em 10/02/2020.

Já quanto aos condenados que cumprem pena ou medida de segurança provisoriamente, temos que a iniciativa do juiz é legítima, porque, do contrário, haveria uma omissão prejudicial ao sentenciado, que implicaria violação de direitos básicos, como direito à progressão de regime, ao livramento condicional etc.

A propósito, o art. 469 do Código de Processo Penal Português dispõe: Compete ao Ministério Público promover a execução das penas e das medidas de segurança e, bem assim, a execução por indemnização e mais quantias devidas ao Estado ou a pessoas que lhe incumba representar judicialmente.

5.4.2) Retroatividade da lei

O juiz de garantias implica novas regras de competência e tem aplicação imediata (CPP, art. 2°), devendo incidir sobre inquéritos e processos em curso. Além disso, é mais favorável ao investigado, devendo, também por isso, retroagir, isto é, incidir sobre infrações penais cometidas antes de sua entrada em vigor, consumados ou tentados.

Nesse sentido, temos que: 1) não incide sobre processos já sentenciados, com ou sem trânsito em julgado da sentença, já que tramitaram na forma da lei vigente; logo, são válidos; 2) nos processos já instaurados, sem instrução iniciada, o juiz que interveio durante a investigação ficará impedido para a instrução e o julgamento do processo; 3) nos processos com instrução já iniciada, o juiz que interveio durante a investigação ficará impedido para prosseguir no processo, apesar do princípio da identidade física do juiz. Os atos instrutórios que presidiu na forma da lei então vigente são válidos; 4) nos processos com instrução já concluída que aguardam julgamento, outro juiz proferirá a sentença, se o atual tiver atuado durante a investigação, apesar do princípio da identidade física do juiz. Também aqui os atos instrutórios são válidos porque praticados conforme a lei do tempo; 5) o juiz que tiver proferido decisão no inquérito policial ou PIC (procedimento de investigação criminal) ficará impedido para a instrução e julgamento do processo que for instaurado.

Ocorre que, no julgamento das ADIs 6.298, 6.299, 6.300 e 6305, em 2023, o STF considerou irrazoável o prazo de 30 dias da *vacatio legis* para fins de implementação do juízo de garantias em todo território nacional, conferindo prazo de 12 meses, prorrogável por mais 12 meses, para adequação das organizações judiciárias locais. A Corte dispôs ainda sobre regra de transição, de forma que a competência não será afetada nas ações penais instauradas até a sua efetiva implementação.

5.4.3) Competência do juiz de garantias

De acordo com o art. 3º-B, o juiz das garantias é responsável pelo controle da legalidade da investigação criminal e pela salvaguarda dos direitos individuais cuja franquia tenha sido reservada à autorização prévia do poder judiciário. As atribuições do juiz das garantias deveriam assim começar e terminar com as investigações que demandam a sua atuação (cláusula de reserva de jurisdição). Mas não é bem isso.

É que, de acordo com o art. 3°-B, XIV, compete ao juiz das garantias, não ao juiz da instrução, decidir sobre o recebimento ou não da denúncia ou da queixa, nos termos do art. 399 do Código. A remissão ao art. 399 do CPP é importantíssima e é feita também pelo art. 3º-C da Lei.

Com efeito, a remissão significa que o juiz continuará atuando mesmo após o recebimento da denúncia previsto no art. 396 do CPP, cabendo-lhe decidir, inclusive, sobre a absolvição sumária de que trata o art. 397 do CPP. Ou seja, o juiz de garantias, muito além do simples controle da legalidade do inquérito, decidirá sobre o mérito da acusação, recebendo ou rejeitando a denúncia, podendo a seguir até proclamar a absolvição sumária do acusado.

Em princípio, a competência do juiz de garantias transcenderia, claramente, a previsão do art. 3° B do CPP, qual seja, a de ser o responsável pelo controle da legalidade da investigação criminal e pela salvaguarda dos direitos individuais cuja franquia tenha sido reservada à autorização prévia do poder judiciário.

Aliás, é no mínimo curioso que um juiz criado para fazer o controle da legalidade da investigação criminal continue praticando atos mesmo após a sua conclusão, decidindo sobre o recebimento ou não de denúncia e absolvendo ou não o réu, sumariamente.

Justo nesse sentido, o STF considerou que a disposição vai em sentido contrário aos princípios que inspiraram a criação da própria lei, declarando assim a inconstitucionalidade do inciso XIV do art. 3º-B do CPP, de forma que a competência do juiz das garantias cessa com o oferecimento da denúncia, competindo ao juízo de instrução a análise do seu recebimento ou rejeição.

O novo texto legal também dispôs que o juiz que, na fase de investigação, praticar qualquer ato incluído nas competências do juiz de garantias ficará impedido de funcionar no processo (art. 3°-D). Esse artigo faz remissão, em verdade, aos arts. 4° e 5° do CPP, que nada têm a ver com as atribuições do juiz de garantia. Trata-se, portanto, de manifesto equívoco. A remissão deveria ser feita ao art. 3°-B. O correto seria, pois: O juiz que, na fase de investigação, praticar qualquer ato incluído nas competências do art. 3°-B deste Código ficará impedido de funcionar no processo.

Em resumo, o magistrado que tiver atuado como juiz de garantias não poderia funcionar como juiz da instrução e julgamento, nem este poderá praticar atos daquele. Ocorre que o STF declarou a inconstitucionalidade material dessa disposição, considerando irrazoável presunção legal absoluta de parcialidade do juízo que exerceu a função jurisdicional na fase de inquérito.

Há também ressalva legal expressa à competência do juiz de garantias quanto às infrações penais de menor potencial ofensivo, isto é, contravenções e delitos punidos com pena igual ou inferior a 2 anos. Porém, o STF reconheceu também que tal instituto não alcança aos processos de competência originária dos tribunais, regidos pela Lei nº 8.038/1990, aos processos de competência do tribunal do júri e aos casos de violência doméstica e familiar, regidos por legislação específica.

Como as competências do juiz de garantias não são exaustivas, mas exemplificativas, o impedimento de que trata o art. 3°-D atingirá diversas outras hipóteses de atuação do magistrado na fase da investigação.

No caso de existir mais de um juiz de garantias, a prática de qualquer dos atos de sua competência implicará prevenção. Logo, o juiz de garantias competente será o juiz prevento.

5.4.4) Competências em espécie

A lei enumera diversas competências do juiz de garantias. O rol não é taxativo, mas exemplificativo (art. 3º-B, XVIII). Assim, por exemplo, a audiência de custódia será presidida pelo juiz das garantias, embora a lei não a mencione expressamente.

Vejamos.

Os três primeiros incisos do art. 3°-B tratam do mesmo tema: o controle da legalidade da prisão provisória, especialmente da prisão em flagrante delito. Caberá ao juiz das garantias: receber a comunicação imediata da prisão e o auto de prisão em flagrante, bem como zelar pela observância dos direitos do preso, com ou sem provocação das partes. O sistema acusatório-garantista não significa que o juiz deva aguardar passivamente a provocação dos sujeitos processuais em tema de violação de direitos humanos, devendo determinar, por isso, a cessação de abusos de que tenha conhecimento. Poderá, por exemplo, determinar a imediata revogação de prisões ilegais ou abusivas, oficiar aos órgãos competentes para adoção das providências cabíveis etc., independentemente de inciativa dos interessados.

Isso inclui inclusive a proteção de que trata o art. 3°-F: O juiz das garantias deverá assegurar o cumprimento das regras para o tratamento dos presos, impedindo o acordo ou ajuste de qualquer autoridade com órgãos da imprensa para explorar a imagem da pessoa submetida à prisão, sob pena de responsabilidade civil, administrativa e penal.

Daí a importância da audiência de custódia prevista no art. 310 do CPP, também de competência do juiz das garantias: Após receber o auto de prisão em flagrante, no prazo máximo de até 24 (vinte e quatro) horas após a realização da prisão, o juiz deverá promover audiência de custódia com a presença do acusado, seu advogado constituído ou membro da Defensoria Pública e o membro do Ministério Público.

Com a nova lei, o inquérito policial tramitará diretamente entre a polícia judiciária e o MP, sem mediação judicial. O juiz das garantias só será provocado nos casos de reserva de jurisdição. Justo por isso, a lei prevê que a instauração de qualquer investigação criminal (inquérito policial, PIC etc.) deverá ser comunicada ao juiz das garantias.

Compete ainda ao juiz de garantias decidir, na fase de investigação, sobre todo e qualquer requerimento de decretação, revogação, reforço, prorrogação ou substituição de prisão, ou medida cautelar diversa, pessoal ou real, assegurado o contraditório, prévio ou diferido, conforme o caso. Exige-se, ainda, que, no caso de prorrogação de prisão cautelar (temporária e preventiva), audiência preferencialmente pública e oral.

O juiz de garantias decidirá também sobre o requerimento de produção antecipada de provas consideradas urgentes e não repetíveis, assegurados o contraditório e a ampla defesa em audiência pública e oral, necessariamente se houver requerimento, já que não mais se admite produção de prova de ofício na fase de investigação. O STF, porém, ressalvou a possibilidade de que se deixe de realizar a audiência quando houver risco para o processo, ou de se diferi-la em caso de necessidade.

Como o inquérito policial tramitará diretamente entre a polícia judiciária e o MP, pedidos de prorrogação de prazo já não serão submetidos ao juízo. Mas há uma exceção: quando o investigado estiver preso, o que exigirá necessariamente decisão judicial, caberá ao juiz das garantias decidir sobre a prorrogação de prazo.

Se o investigado estiver preso, o juiz das garantias poderá, mediante representação da autoridade policial e ouvido o Ministério Público, prorrogar, uma única vez, a duração do inquérito por até 15 dias, após o que, se ainda assim a investigação não for concluída, a prisão poderá ser relaxada (art. 3°-B, §2°), ressalvado caso de necessidade fundamentada de novas prorrogações, diante das particularidades e complexidade da investigação. Além disso, o STF também considerou que o mero exaurimento do prazo não enseja a revogação automática da segregação cautelar, sendo cabível que o juízo seja instado a se manifestar acerca da sua manutenção ou relaxamento.

Com ou sem provocação, o juiz determinará o trancamento do inquérito policial quando este carecer, manifestamente, de fundamento (v.g., fato atípico, prescrição etc.), podendo requisitar documentos, laudos, informações etc.

Decidirá também sobre os requerimentos de: a) interceptação telefônica, do fluxo de comunicações em sistemas de informática e telemática ou de outras formas de comunicação; b) afastamento dos sigilos fiscal, bancário, de dados e telefônico; c) busca e apreensão domiciliar; d) acesso a informações sigilosas; e) outros meios de obtenção da prova que restrinjam direitos fundamentais do investigado.

Julgará ainda o habeas corpus antes do oferecimento da denúncia ou queixa. Essa previsão só faz sentido, contudo, quando se tratar de habeas corpus impetrado contra atos dos órgãos de investigação, especialmente da polícia judiciária.

Quando, porém, o MP ou o próprio juiz de garantias figurar como autoridade coatora, o habeas corpus deverá ser impetrado perante o tribunal.

Nos casos de suspeita de inimputabilidade ou semi-imputabilidade (CP, art. 26), o juiz das garantias determinará o incidente de sanidade mental, independentemente de requerimento, desde que haja fundadas razões para tanto (CPP, art. 149).

São também de competência do juiz de garantias: 1) assegurar prontamente, quando se fizer necessário, o direito outorgado ao investigado e ao seu defensor de acesso a todos os elementos informativos e provas produzidos no âmbito da investigação criminal, salvo no que concerne, estritamente, às diligências em andamento; 2) deferir pedido de admissão de assistente técnico para acompanhar a produção da perícia; 3) decidir sobre a homologação de acordo de não persecução penal ou os de colaboração premiada, quando formalizados durante a investigação.

5.4.5) Encerramento da atuação do juiz de garantias etc.

Como já referido, as inovações legais dispunham que a competência do juiz das garantias cessaria com o recebimento da denúncia ou queixa, na forma do art. 399 do CPP. Porém, o STF entendeu que a análise da peça acusatória cabe ao juízo da instrução, também competente para resolver as questões pendentes. Assim, por exemplo, o pedido de revogação de prisão preventiva e outros tantos temas não decididos pelo juiz de garantias serão resolvidos pelo juiz da instrução.

Dito isso, ressalta-se que nem sempre as investigações são concluídas com o recebimento da denúncia, pois a denúncia ou a queixa podem vir acompanhadas de pedido de novas diligências (v.g. apurar a participação de outros crimes ou suspeitos). Nesse caso, o juiz das garantias resolverá, quando provocado, os incidentes relativos à investigação remanescente.

As decisões do juiz de garantias não vinculam o juiz da instrução, que poderá decidir diversamente, como, por exemplo, anular o processo se entender que a prova é ilícita, substituir a prisão preventiva por medida cautelar diversa ou decretar a validade ou a invalidade de certo ato. Quanto às medidas cautelares, a lei determina que ele proceda ao reexame no prazo máximo de dez dias.

6) DUPLO GRAU DE JURISDIÇÃO

Embora a Constituição não refira explicitamente o duplo grau de jurisdição, há um certo consenso no sentido de que se trata[137] de uma garantia constitucional implícita. Além disso, o Brasil é signatário de tratados internacionais que o preveem expressamente[138].

Ademais, decisões irrecorríveis ou inquestionáveis são típicas de regimes autoritários e, pois, incompatíveis com os sistemas democráticos.

Como regra, as decisões judiciais – a sentença, em especial – são, portanto, passíveis de recurso para uma instância superior. O recurso é o direito de impugnar uma decisão judicial para um juízo ou tribunal, a fim de reformá-la, integrá-la ou esclarecê-la, no todo ou em parte. Difere das "ações autônomas de impugnação" (revisão criminal etc.), porque enquanto o recurso impugna a decisão na mesma relação processual, as ações autônomas inovam a relação processual[139].

---

137. Nesse sentido, Rômulo de Andrade Moreira: A Constituição Federal prevê o duplo grau de jurisdição não somente no já referido art. 5°, LV, como também no seu art. 93, III (acesso aos tribunais de segundo grau) e pressupõe, evidentemente, uma decisão judicial e a sucumbência (prejuízo). Curso temático de processo penal. Salvador: Juspodivm, 2009, p.323/324. E Fernando da Costa Tourinho Filho: "O que se infere do nosso ordenamento jurídico é que o duplo grau de jurisdição é uma realidade incontrastável. Sempre foi assim entre nós. Isso mesmo se infere do art. 92 da CF, ao falar de Tribunais e Juízes Federais, Tribunais e Juízes Eleitorais. Observe-se que o art. 93, III, da CF faz alusão ao 'acesso aos tribunais de segundo grau', numa demonstração de que há órgãos jurisdicionais de 1° e 2° grau. O art. 108, II, da Magna Carta diz *competir aos Tribunais Regionais Federais julgar, em grau de recurso, as causas decididas pelos juízes federais e pelos juízes estaduais no exercício da competência federal na área de sua jurisdição...* Evidente também competir aos Tribunais estaduais julgar, em grau de recurso, as causas decididas pelos Juízes estaduais no exercício de sua competência própria (...). Observe-se, ainda que o art. 5°, LV, da CF dispõe que "aos litigantes, em processo judicial ou administrativo, e aos acusados em geral são assegurados o contraditório e a ampla defesa, *com os meios e recursos a ele inerentes*". Manual de direito processual penal. São Paulo: Saraiva, 2017, p.80.
138. Nesse sentido, Pacto de São José da Costa Rica (art. 8°, 2, h), ao dispor que todo acusado tem o direito de recorrer da sentença para juiz ou tribunal superior. E o Pacto Internacional de Direitos Civis e Políticos (art. 14, 5): toda pessoa declarada culpada por um delito terá o direito de recorrer da sentença condenatória e da pena a uma instância superior, em conformidade com a lei.
139. O termo ação autônoma de impugnação é corrente na doutrina; mas nos parece pleonástico, já que ao menos no processo penal toda ação é, em princípio, autônoma e visa a impugnar algo.

Não é manifestação do duplo grau de jurisdição a possibilidade de interposição de recursos para o mesmo juízo ou tribunal (v.g., embargo de declaração ou embargos infringentes). Nem a admissão de recursos excepcionais que não permitam a apreciação integral do julgado (a matéria de fato e de direito), a exemplo dos recursos extraordinário e especial, visto que só são admitidos para apreciar e discutir violação direta à Constituição e à lei federal.

Assim, nos processos de competência originária dos tribunais, não há rigorosamente duplo grau de jurisdição, ainda que seus regimentos prevejam recursos para o próprio tribunal, seja porque não admitem apelação ou recurso ordinário[140], seja porque os recursos extraordinários (CF, 102, III), para o STF, e o especial (CF, art. 105, III), para o STJ, não se prestam a discutir matéria de fato. Tampouco existe duplo grau de jurisdição nas ações penais de competência originária do próprio STF e STJ.

Duplo grau de jurisdição não se confunde, portanto, com recorribilidade, porque, assim como é possível recurso sem duplo grau de jurisdição (v.g., recurso especial e extraordinário), é possível duplo grau de jurisdição sem recurso, como ocorre com a remessa necessária ou de ofício[141].

Como os tratados internacionais costumam vincular o princípio à situação jurídica do condenado, assegurando-lhe o direito de apelar, há quem entenda, como Ferrajoli[142], que o acórdão do tribunal que, proven-

140. Assim, por exemplo, o recurso ordinário em habeas corpus (CF, art. 102, II, a, e art. 105, II, *a*).

141. O 574, I e II, do CPP prevê duas hipóteses de remessa necessária, a saber: a) da sentença que conceder habeas corpus; b)da decisão que absolver o réu com fundamento na existência de circunstância que exclua o crime ou isente o réu de pena, nos termos do art. 411. Existe previsão similar no artigo 746: Da decisão que conceder a reabilitação haverá *recurso de ofício*. Temos, porém, que nenhum desses dispositivos foi recepcionado, visto que, na vigência de uma Constituição democrática, que confere à liberdade proteção formal amplíssima, como se vê de seu art. 5° e incisos, não faz sentido algum o reexame necessário de decisão concessiva de habeas corpus ou favorável ao réu, em cujo sistema a liberdade é a regra, a prisão, a exceção. Justo por isso, presume-se a inocência, não a culpa. Assim, a remessa oficial só faria sentido se fosse prevista para as decisões denegatórias, não para as decisões concessivas da liberdade.

142. Principia iuris, v.2. Trotta: Madrid, 2011, p.452, nota 155. Textualmente: "Esse direito está implicitamente estabelecido no art. 14.5 do Pacto Internacional dos Direitos Civis e Político, de 1966: 'Toda pessoa declarada culpada de cometer um delito tem o direito de que a condenação e a pena que lhe foram impostos sejam submetidos a

do a apelação da acusação, reforma a sentença de absolvição, violaria o duplo grau de jurisdição, quer porque este seria uma garantia exclusiva da defesa, não da acusação, quer porque o acórdão condenatório não é passível de recurso ordinário e, pois, teria caráter definitivo. Daí propor que a sentença absolutória seja irrecorrível[143].

Se a tese estiver correta, seria também aplicável ao recurso da acusação destinado a agravar a condenação, a exemplo da apelação que pretendesse revisar a parte absolutória da decisão (v.g., afastou o concurso material de crimes) e da que visasse a majorar a pena imposta. É que, num e noutro caso, se o tribunal prover o recurso, o acórdão não estaria, no particular, sujeito ao duplo grau de jurisdição.

7) RAZOÁVEL DURAÇÃO DO PROCESSO

De acordo com a Constituição (CF, art. 5°, LXXXVIII), *a todos, no âmbito judicial e administrativo, são assegurados a razoável duração do processo e os meios que garantam a celeridade de sua tramitação.*

---

um tribunal superior, conforme o prescrito pela lei'. É evidente que num ordenamento jurídico como o italiano, que prevê um julgamento em primeira e segunda instância, se a sentença de primeiro grau é absolutória, a sentença de segundo grau requerida pelo acusador público na apelação não é suscetível de novo exame previsto neste preceito. Para que o mesmo seja possível e sejam proferidas sentenças conformes, deverá ser apelável apenas a sentença condenatória, ainda que esteja vedada ao ministério público o acesso à apelação contra as sentenças absolutórias, destinadas, portanto, a se tornarem definitivas."

143. Em sentido contrário, Alexander Araújo de Souza (A supressão do recurso criminal do Ministério Público em caso de absolvição do acusado, in garantismo penal integral. São Paulo: Gen/Atlas, 2015, p.581): "Conclusivamente, pode-se afirmar que a doutrina do garantismo penal cunhada pelo próprio Luigi Ferrajoli não dá suporte a quaisquer dos argumentos trazidos a lume por ele com vistas à supressão do recurso do Ministério Público em caso de absolvição do acusado em primeiro grau de jurisdição, seja o repúdio à concepção de processo que se desenvolve nos Estados Unidos da América, com os criticados acordos entre acusação e defesa, seja a necessidade de se controlar as decisões judiciais mediante recursos de ambas as partes, seja a concepção do Ministério Público como instituição imparcial ao qual incumbe também tutelar as garantias do acusado, seja, enfim, a necessidade de paridade de armas no processo penal, que deriva do princípio da isonomia. Quer-se crer, portanto, que a tese sustentada pelo *maestro* Luigi Ferrajoli, no sentido da supressão do recurso do Ministério Público, não passa de um *errore*, ou melhor, de um posicionamento em aparente contradição com a teoria do garantismo penal magistralmente por ele desenvolvido".

Embora o dispositivo fale de *processo*, é aplicável à investigação e a qualquer ato investigatório ou processual.

De um modo geral, a lei fixa prazos para a prática dos atos investigativos e processuais, tais como: dez e trinta dias para a conclusão do inquérito, conforme esteja preso ou solto o investigado; cinco dias para a prisão temporária, prorrogável por mais cinco dias; decadência do direito de queixa ou de representação em seis meses; cinco e quinze para o oferecimento da denúncia, se preso ou solto o indiciado; sessenta dias para a realização da audiência de instrução e julgamento; vinte minutos para a apresentação das alegações finais orais; cento e vinte dias para o término das investigações sobre crime envolvendo organização criminosa etc.

Assim, a razoável duração do processo não deveria ser um problema, razão pela qual poderia parecer desnecessária semelhante previsão constitucional. Acontece que, contrariamente ao provérbio[144], a justiça tarda e falha, haja ou não prazos predeterminados em lei.

Apesar de todas as infrações penais (crimes e contravenções) cominarem pena por tempo determinado e improrrogável, com prazos de prescrição etc., o mesmo já não ocorre com o inquérito e o processo destinados à sua apuração, que podem se arrastar por décadas, ora porque não existe previsão de prazos máximos, ora porque, quando existe, prevalece a cultura de que são prazos impróprios, podendo ser dilatados *ad aeternum*.

Além disso, não há previsão do tempo máximo de duração da prisão preventiva, a mais grave das *penas* processuais, *ultima ratio* do sistema, permitindo toda sorte de abusos. Mesmo com o advento do pacote anticrime, que previu o reexame obrigatório da prisão preventiva a cada noventa dias, seu prazo máximo ainda é indeterminado.

Nesse contexto, é inútil uma norma constitucional que, além de não estabelecer prazo peremptório para a conclusão do processo, não comina nenhum tipo de sanção para o seu descumprimento. A lei poderia, por exemplo, fixar, sob pena de arquivamento ou extinção, que nenhum inquérito, processo ou medida cautelar (pessoal ou real) poderia durar mais do que a pena mínima cominada ao crime, estabelecendo

144. O provérbio diz que a justiça tarda, mas não falha.

prazo máximo para a prisão preventiva, especialmente[145]. Cominaria, ainda, sanção para quem houvesse atuado com dolo ou negligência, o juiz, inclusive.

A propósito, o CPP de Portugal prevê, por força de determinação constitucional (art. 28) prazos de duração máxima da prisão preventiva (CPP, art. 215), dando-a por extinta quando houver decorridos (há exceções, porém): a) 4 meses sem que tenha sido deduzida a acusação; b) 8 meses sem que, havendo lugar a instrução, tenha sido proferida decisão instrutória; c) 1 ano e 2 meses sem que tenha havido condenação em 1.ª instância; d) 1 ano e 6 meses sem que tenha havido condenação com trânsito em julgado.

Razoável duração – que não deve ser confundido com pressa – significa, antes de mais nada, cumprimento dos prazos legais, sem dilações indevidas, os quais não são passíveis, como regra, de dilatação ou redução. São dilatáveis apenas quando isso for indispensável ao exercício do contraditório e da ampla defesa. É justo, por exemplo, que, em casos especialmente complexos, o juiz permita que as razões de apelação possam ser apresentadas em prazo superior ao legal.

Razoável duração do processo significa, mais concretamente, razoável duração das investigações (inquérito policial etc.), razoável duração das medidas assecuratórias pessoais e reais, sobretudo razoável duração da prisão preventiva, razoável duração da instrução e julgamento do feito, razoável duração das interceptações telefônicas, razoável duração dos interrogatórios e audiências, razoável duração das sessões do tribunal do júri etc.

Como a lei não prevê prazos peremptórios, tampouco critérios para sua verificação, a razoável duração deverá ser aferida segundo a complexidade da investigação/processo, tais como: 1) a quantidade de crimes investigados; 2) a quantidade de presos, investigados e réus; 3) a quantidade de testemunhas a serem ouvidas; 4) o comportamento processual dos sujeitos processuais (acusação, defesa e juiz). Assim, por exemplo, não pode queixar-se de excesso de prazo o acusado que se vale de chi-

145. O Código de Processo Penal do Paraguai prevê (arts. 136 e 137) prazo máximo de três anos para o procedimento, sob pena de extinção, contado a partir do primeiro ato, estabelecendo, ainda, causas de prorrogação e interrupção (fuga do réu etc.).

cana para atrasar o andamento do processo; 5) a gravidade dos delitos sob investigação (princípio da proporcionalidade).

É certo, ainda, que, salvo motivo relevante que autorize alteração na ordem dos julgamentos, terão preferência: os acusados presos, dentre os acusados presos, aqueles que estiverem há mais tempo na prisão, e, se, em igualdade de condições, os precedentemente pronunciados (CPP, art. 429). Embora se trate de previsão legal relativa aos crimes de competência do tribunal do júri, é aplicável à generalidade dos casos.

8) PUBLICIDADE DOS ATOS PROCESSUAIS

A administração da justiça, como toda atividade pública, é informada pelo princípio da publicidade (CF, art. 37), razão pela qual o processo penal se desenvolve publicamente.

Como diz Ferrajoli, trata-se de uma garantia de segundo grau ou garantia de garantias, que assegura o controle interno e externo da atividade judiciária, já que os atos processuais se realizam à luz do sol, sob o controle da opinião pública e das partes[146].

Casos há, porém, em que o interesse público recomenda precisamente o contrário, que a investigação e o processo corram em segredo, seja para garantir o sucesso da investigação, seja para proteger a vítima, seja para tutelar o próprio investigado ou acusado, em cujo favor milita presunção legal de inocência. Seria vexatório, por exemplo, especialmente para a vítima, que o julgamento por um crime de estupro se realizasse publicamente.

O grande problema atual é justamente este, inclusive: proteger o presumido inocente contra a publicidade opressiva, assegurando-lhe um julgamento justo e conforme a prova validamente produzida nos autos do processo, não segundo a imagem que a mídia tenha criado ou difundido a seu respeito[147].

Daí prever a Constituição restrições à publicidade dos atos processuais para a defesa da intimidade e do interesse social (CF, art. 5°, LX, e 93, IX), podendo a lei limitar a presença, em determinados atos, às

146. Direito e razão. São Paulo: RT, 2014, p.567.

147. Ver Simone Schreiber. A publicidade opressiva de julgamentos criminais. Rio de Janeiro: Renovar, 2008.

próprias partes e a seus advogados, ou somente a estes, em casos nos quais a preservação do direito à intimidade do interessado no sigilo não prejudique o interesse público à informação. É assegurado, ainda, o sigilo das votações no tribunal do júri (CF, XXXVIII, *b*).

A publicidade é, pois, a regra; o sigilo, a exceção.

Justo por isso, a legislação prevê diversas hipóteses em que o inquérito e o processo tramitarão sob sigilo, ora para proteger a imagem, a intimidade e a honra das pessoas envolvidas, ora para tutelar o interesse público na investigação e repressão ao crime.

Muitos são os exemplos: sigilo do inquérito (CPP, art. 20), da ação controlada, da colaboração premiada, da infiltração (Lei n° 12.850/2013), vedação da divulgação de atos judiciais, policiais e administrativos que digam respeito a crianças e adolescentes (Lei n° 8.069/90, art. 143), sigilo dos processos relativos aos crimes contra a dignidade sexual (CP, art. 234-B), sigilo para evitar escândalo, inconveniente grave ou perigo de perturbação da ordem (CPP, art. 792, §1°), sigilo das interceptações telefônicas etc.

O segredo valerá, em princípio, apenas para o público, não para as partes e seus advogados, que de tudo poderão participar, quer durante a investigação, quer durante o processo penal.

Com efeito, apenas em relação às investigações criminais, especialmente o inquérito policial, o investigado e seu advogado sofrerão restrições, as quais não são aplicáveis ao juiz nem ao Ministério Público. Assim, no exercício da ampla defesa, o advogado do investigado/acusado tem o direito de acessar todas as provas produzidas e já documentadas nos autos, ainda que se trate de investigação sob sigilo (inquérito policial ou investigação a cargo do MP) envolvendo organização criminosa[148].

---

148. Assim dispõe o art. 23, parágrafo único, da Lei n° 12.850/2013: "O sigilo da investigação poderá ser decretado pela autoridade judicial competente, para garantia da celeridade e da eficácia das diligências investigatórias, assegurando-se ao defensor, no interesse do representado, amplo acesso aos elementos de prova que digam respeito ao exercício do direito de defesa, devidamente precedido de autorização judicial, ressalvados os referentes às diligências em andamento. Parágrafo único. Determinado o depoimento do investigado, seu defensor terá assegurada a prévia vista dos autos, ainda que classificados como sigilosos, no prazo mínimo de 3 (três) dias que antecedem ao ato, podendo ser ampliado, a critério da autoridade responsável pela investigação".

Nesse sentido, Súmula Vinculante n° 14[149] e Lei n° 8.906/94 (Estatuto da Ordem dos Advogados do Brasil), cujo artigo 7°, XIV, prevê que é direito do advogado examinar, em qualquer instituição responsável por conduzir investigação, mesmo sem procuração, autos de flagrante e de investigações de qualquer natureza, findos ou em andamento, ainda que conclusos à autoridade, podendo copiar peças e tomar apontamentos, em meio físico ou digital. Nos autos sujeitos a sigilo, deve o advogado apresentar procuração (art. 7, §10).

Mas, como escreve Fernando da Costa Tourinho Filho[150], para quem, *investigação sem sigilo é fogo que não arde*, o sigilo deve ser mantido quanto às investigações em curso ou por fazer; mesmo no caso de diligência já realizada, mas atrelada a outra por fazer, ambas devem ficar resguardadas, embora a primeira já esteja documentada nos autos.

9) *NE BIS IN IDEM*

9.1) Significado e implicações

Não é possível punir-se, mais de uma vez, uma mesma conduta (ação ou omissão) por um mesmo fundamento jurídico, sob pena de violação ao princípio *ne bis in idem,* que tem tríplice dimensão: penal, processual e executória, a impedir que o réu ou indiciado possa ser investigado, processado, condenado ou punido pelo mesmo fato[151].

Trata-se de proibição que resulta diretamente dos princípios da proporcionalidade e legalidade, a evitar múltipla valoração e punição do mesmo fato com idêntico fundamento jurídico. Consequentemente, é vedada a multiplicidade de penas para o mesmo sujeito, por uma mesma ação ou omissão, se tiverem um mesmo fundamento.[152]

---

149. É direito do defensor, no interesse do representado, ter acesso amplo aos elementos de prova que, já documentados em procedimento investigatório realizado por órgão com competência de polícia judiciária, digam respeito ao exercício do direito de defesa.

150. Manual de processo penal. São Paulo: Saraiva, 2017, p.122.

151. O princípio está previsto no artigo 14, 7, do Pacto Internacional de Direitos Civis e Políticos: "Ninguém poderá ser processado ou punido por um delito pelo qual já foi absolvido ou condenado por sentença passada em julgado, em conformidade com a lei e os procedimentos penais de cada país". E no Pacto de São José da Costa Rica, cujo artigo 8°, 4, diz: "O acusado absolvido por sentença passada em julgado não poderá ser submetido a novo processo pelos mesmos fatos".

152. Berduzo Gómez de la Torre e outros, Lecciones, cit., p. 45.

Como escreve Gustavo Badaró[153]:

> Ninguém poderá ser processado duas vezes pelo mesmo fato: *ne bis in idem*. Não poderá haver dois processos iguais, quer simultaneamente, quer um após o outro. No primeiro caso caberá exceção de litispendência; no segundo, a exceção de coisa julgada.
>
> Em regra, dois processos são iguais se houver identidade de partes, de pedido e de causa de pedir. É a teoria dos três eadem: *personae, res et causa petendi* (CPC, art. 301, § 2º). No processo penal, contudo quanto à identidade de partes, pouco importa se o autor é o Ministério Público ou um acusador privado, bastando a identidade de acusado. De outro lado, com relação à causa de pedir, bastará que haja identidade do fato naturalístico imputado, em seu dado essencial, pouco importando a sua qualificação jurídica. Ou seja, a mudança do título do crime não atinge a coisa julgada. Por fim, no tocante ao pedido, como ele é sempre genérico – de condenação do acusado às penas previstas em lei –, tal dado não tem maior relevância. Em suma, há identidade de demandas, no processo penal, quando ambas tiverem o mesmo acusado e for imputado o mesmo fato naturalístico.

Não há *bis in idem*, porém, em princípio, quando o fato é punível simultânea ou sucessivamente em âmbitos jurídicos distintos, visto que diversa é a fundamentação jurídica.[154] Assim, por exemplo, o peculato (CP, art. 312) é legitimamente punível civil, administrativa e penalmente (respectivamente, reparação do dano, perda do cargo e prisão).

Nem importam em dupla valoração e punição do fato as hipóteses legais de concurso de crimes, formal, material e continuado (CP, arts. 69 a 71).

Discute-se se a circunstância agravante da reincidência ofende o princípio em questão. Parece-nos que sim, uma vez que, ao se punir mais gravemente um crime, tomando-se por fundamento um delito anterior, está-se, em verdade, a valorar e castigar, por mais uma vez, a infração anteriormente praticada, em relação à qual o autor já foi sentenciado, chegando-se, por vezes, a absurdos, como, por exemplo, estabelecer o

---

153. BADARÓ, Gustavo Henrique. Processo Penal. 3ª ed. rev. atual. e ampl. São Paulo: Editora Revista dos Tribunais, 2015, p. 328.

154. Criticamente sobre esse aspecto, Keity Saboya. Ne bis in idem. Rio: Lumen juris, 2014.

juiz, depois de fixar a pena-base em vinte anos de prisão por latrocínio, aumentá-la de metade em razão da reincidência (mais dez anos). Nota: o crime anterior (um furto) fora apenado em dois anos de prisão. A rigor, portanto, o condenado estará a cumprir a mesma pena por mais cinco vezes.

Apesar disso, o Supremo Tribunal Federal (RE 45.000 RS, de 2013, Relator Ministro Marco Aurélio de Melo) decidiu que a agravante da reincidência é constitucional e, pois, legítima.

De todo modo, temos que o acréscimo de pena que resulta da reincidência não poderá acarretar aumento igual ou superior, mas sempre inferior (proporcionalmente), à pena (ou penas) aplicada na sentença anterior que a gerou, sob pena de o acréscimo exceder à própria pena antes imposta, desproporcionalmente. Por conseguinte, no exemplo antes mencionado o aumento de pena deveria ser inferior a dois anos de prisão.

Zaffaroni e Nilo Batista propõem, para efeito de individualização da pena (especialmente), que o juiz considere eventuais lesões, doenças ou prejuízos patrimoniais por ação ou omissão dos agentes do Estado durante a investigação ou repressão do delito cometido. Trata-se, dizem, de uma efetiva dor punitiva que deve ser considerada para afastar ou atenuar dupla punição.[155]

Dizem, ainda, que, nos casos de comunidades indígenas e semelhantes que dispõem de um sistema próprio de decisão e punição de conflitos, que as sanções aplicadas por esses povos sejam tomadas em consideração, quer para efeito de isenção de pena, quer para atenuá-la.

Releva notar, por fim, que, com base nesse princípio, o direito anglo-saxônico não admite o recurso pelo Ministério Público contra uma decisão que lhe seja desfavorável[156].

9.2) O problema da reincidência

A reincidência é um problema.

Do ponto de vista político-criminal, é um fator importantíssimo de encarceramento; e do ponto de vista da dogmática penal é um caso

155. Direito Penal brasileiro I. Rio: Revan, 2003, p. 234-236.

156. Cf. Germano Marques da Silva. Direito processual penal português, v. 1. Lisboa: Universidade Católica, 2017, p.107.

clássico de *bis in idem*, cuja aplicação produz múltiplas penalizações, isto é, mais *bis in idem*.

Com efeito, a reincidência tem repercussão sobre diversos temas penais, processuais penais e executórios, tais como: 1) prisão cautelar; 2) acordo de não persecução penal (CPP, art. 28-A); 3) princípio da insignificância; 4) dosimetria da pena; 5) substituição da prisão por pena restritiva de direito; 6)aplicabilidade de causas de diminuição de pena (v.g., furto privilegiado); 7) fixação do regime inicial de cumprimento da pena; 8) progressão de regime; 9) livramento condicional; 10) indulto; 11) comutação; 12) prescrição.

Em uma caso de tráfico de drogas, a sentença poderá, por exemplo, com base no mesmo fundamento jurídico-penal da reincidência: a) afastar o princípio da insignificância; b) impedir o acordo de não persecução penal; c) decretar a prisão preventiva; d) agravar a pena com base nos maus antecedentes (CP, art. 59), quando houver mais de uma condenação; e) aumentar a pena-base (CP, art. 61, I); f) vedar o tráfico privilegiado (art. 33, §4°, da Lei n° 11.343/2.006); g) negar a substituição por pena restritiva de direito (CP, art. 44, II); h) impor o regime fechado de execução.

Nessa hipótese, a reincidência implicaria oito penalizações sucessivas num único caso. E outras poderiam ser imaginadas.

E mesmo após a sua extinção formal (CP, art. 64, I), ela continua a ser utilizada com outros nomes: maus antecedentes, reiteração criminosa, habitualidade etc.

Além disso, produz efeitos mais gravosos nos casos de multirreincidência, reincidência específica etc.

Tudo isso não é *bis in idem* puro e simples?

É evidente que sim, porque, ao se agravar a pena de um crime com base noutro, o que se está a fazer é punir novamente o crime já sentenciado e cuja pena foi ou será cumprida (possivelmente). O efetivo cumprimento da sentença não é indispensável à sua caracterização, pois poderá haver reincidência mesmo que tenha havido prescrição da pretensão executória, fuga do condenado etc.

E, como vimos no exemplo do tráfico, tudo que se segue ao reconhecimento da reincidência são múltiplas penalizações incompatíveis com o princípio que veda a dupla punição (*ne bis in idem*).

Além disso, trata-se de uma agravante que nada tem a ver com a culpabilidade pelo delito praticado.

Com efeito, diferentemente das agravantes dos arts. 61 e 62 do CP (motivo fútil ou torpe, traição, emboscada etc.), que traduzem uma especial reprovabilidade da conduta atual de que trata a sentença, a agravante da reincidência fundamenta-se num crime passado sem relação com a nova condenação.

Mais: a censurabilidade do autor da infração penal (crime ou contravenção) não é maior ou menor pelo só fato da reincidência. Autores e partícipes de um crime de homicídio são puníveis independentemente de serem primários ou reincidentes. E são mais ou menos culpáveis de acordo com as circunstâncias concretas do caso. O primário poderá ter agido muito mais reprovavelmente, inclusive, podendo o reincidente fazer jus, por exemplo, à causa de diminuição de pena do art. 29, §1°, do CP (participação de menor importância).

A culpabilidade deve ser aferida, portanto, segundo o fato (direito penal do fato), não segundo o autor do fato (direito penal do autor). Pune-se o agente pelo que fez, não pelo que é (reincidente, perigoso etc.).

Por fim, é possível ser autor dos mais graves crimes (um massacre, por exemplo) e, não obstante, ser primário. É que só há reincidência quando o agente comete novo crime depois de transitar em julgado a sentença que o tenha condenado por crime anterior (CP, art. 63). E ele poderá ser reincidente em contravenção ou em crimes leves ou de menor potencial ofensivo (v.g., crimes contra a honra).

A reincidência/primariedade não é, por conseguinte, garantia de maior ou menor periculosidade do autor.

O problema da reincidência é a própria reincidência. Que pode e deve ser abolida.

9.3) Erros frequentes na aplicação da pena

Talvez por ser a aplicação da pena tema ordinariamente relegado a plano secundário, frequentes são os erros quando da sua fixação, consistentes sobretudo em reconsiderar elementos inerentes à estrutura do crime (tipicidade, ilicitude e culpabilidade), tomando como circunstâncias judiciais os próprios pressupostos da condenação, incorrendo-se em *bis in idem*.

Quanto à tipicidade, não é incomum que, ao dosar a pena, o juiz tome como critério de aferição da culpa dados ou circunstâncias que já fazem parte da própria figura típica. Assim, por exemplo, ao condenar funcionário público por crime contra a Administração Pública (v. g., peculato, corrupção passiva), afirmar que "o réu praticou ação das mais reprováveis, visto que violou a confiança inerente ao exercício da função pública", como se o fato de ser servidor público já não tivesse orientado a decisão político-criminal do legislador de autonomizar/criminalizar tais condutas, punindo-as de forma mais dura precisamente em razão dos deveres inerentes ao cargo/função.

Além disso, ao considerar os motivos do crime aptos a agravar a pena, são frequentemente tomadas em consideração motivações inerentes à própria infração penal e, pois, já valoradas por ocasião da tipificação, como, v. g., a "libido exacerbada" ou a "falta de pudor" nos crimes sexuais; a "ganância", a "ambição" ou o "ganho ou lucro fácil" nos crimes patrimoniais ou tráfico de droga (obviamente que "lucro fácil" não passa de um clichê, de um preconceito, pois criminosos em geral correm sérios riscos, de vida, inclusive); o desprezo à pessoa humana nos crimes contra a vida etc. Também é comum elevar à condição de circunstância judicial aspectos penalmente irrelevantes, ferindo o princípio da legalidade, tais como: a não confissão, o não arrependimento, a fuga do distrito da culpa, a inadequação da conduta etc. Por vezes, ao valorar negativamente as consequências do crime, recorre-se aos resultados próprios da conduta criminosa, como, em caso de homicídio, dizer-se que "as consequências do crime foram danosas, pois uma vida foi ceifada", como se fosse possível homicídio consumado sem a morte da vítima.

Erro frequente também ocorre na avaliação da culpabilidade. Sinteticamente, pode-se dizer que a culpabilidade é um juízo de reprovação sobre o autor do injusto penal em razão da possibilidade de se lhe exigir, concreta e razoavelmente, um comportamento conforme o direito, de sorte que culpabilidade é exigibilidade e inculpabilidade é inexigibilidade. Acontece que a culpabilidade tem uma dupla função, pois tanto é requisito do fato punível quanto é critério de apuração da pena justa. No primeiro caso, faz-se um juízo (qualitativo) de constatação (o réu é culpável, logo, o condeno); no segundo, um juízo (quantitativo) de aferição do grau de culpa (que é mínima, média ou máxima). E se culpabilidade é exigibilidade e se há diferentes graus de exigência (maior ou menor), não há problema algum em tomá-la em conta novamente, não como pressuposto da condenação, mas como circunstância judicial, de sorte que, quanto maior for a culpabilidade (maior exigibilidade), maior a pena cabível; quanto menor, menor o castigo. Trata-se, enfim, de concretizar o princípio da proporcionalidade – que informa todo o ordenamento jurídico –, segundo o qual de quem se pode exigir mais se deve castigar mais; de quem se pode exigir menos se deve castigar menos.

Imagine-se, por exemplo, que A, B e C tomem parte num crime de extorsão mediante sequestro. A, arrependido, vem a facilitar a fuga da vítima dias depois, enquanto B se limita a atender ligações telefônicas, observar a vítima e alimentá-la, diferentemente de C, que tudo arquiteta, comanda a operação e trata a todos com violência e subordinação. Parece evidente que, não obstante a culpabilidade de todos (juízo de constatação, a ensejar a condenação), ela (a culpabilidade como juízo de aferição, a ensejar penas distintas) não é a mesma para todos, uma vez que o grau de reprovabilidade de A (que merece pena menor) não é o mesmo de B (que merece pena intermediária), que não é o mesmo de C (que merece pena maior), devendo o castigo ser distribuído desigualmente. Eventualmente as condutas de A e B poderão ser consideradas inclusive como participação de menor importância (CP, art. 29, §1°), a autorizar a redução da pena.

Essa maior ou menor reprovabilidade constitutiva da culpabilidade pode ser aferida a partir de diferentes critérios: motivos, circunstâncias, consequências, comportamento da vítima etc.; razão pela qual ela compreende (também) todos aqueles elementos que o legislador já houve por bem autonomizar. Se isso não tiver ocorrido, a culpabilidade passa a ser um critério (subsidiário) de verificação daqueles dados que podiam ser eventualmente previstos pelo legislador, mas não o foram, reprovando para mais ou para menos a infração penal.

Pois bem, no particular o equívoco na aplicação da pena consiste em tomar novamente em conta a culpabilidade, não como critério de valoração do grau de culpa (juízo quantitativo), mas como pressuposto da condenação (juízo qualitativo). Não é infrequente, por exemplo, afirmar-se que "o réu é culpável, pois tinha plena consciência da ilicitude do fato", "sabia exatamente o que fazia", ou, ainda, "agiu livremente". Ora, não fosse o réu culpável por quaisquer desses motivos e seria o caso de absolvê-lo ou diminuir-lhe a pena, seja por erro de proibição (inevitável ou evitável), seja por coação física ou moral (irresistível ou resistível). É que, conforme vimos, são elementos da culpabilidade: a imputabilidade, a potencial consciência da ilicitude e a exigibilidade de conduta diversa.

Por fim, é recorrente a valoração de circunstâncias próprias de um direito próprio do autor, se bem que com algum apoio no Código, que prevê como circunstância judicial a "personalidade do agente". No particular, não é raro assinalar que "o réu tem personalidade agressiva", "personalidade voltada para o crime" etc., esquecendo-se, primeiro, que nada disso autoriza a condenação de quem quer que seja, razão pela qual tampouco pode justificar a majoração da pena, castigando-se pela via indireta o que não o é pela via direta; segundo, porque, a permitir que o Estado possa coagir os cidadãos a não serem agressivos, malvados etc., estar-se-ia a confundir direito e moral, punindo o autor não exatamente pelo que fez, mas pelo que é.

Tampouco cabe agravar a pena sob a alegação de que o condenado tem nível universitário ou similar, e, por isso, sua conduta seria particularmente reprovável, visto que: 1) importa em castigar alguém pelo que se é (direito penal do autor); 2) como ninguém é punível diretamente por um ato legal, tampouco pode sê-lo indiretamente; 3) frequentemente não existe relação alguma entre o delito praticado e a condição de universitário; 4) não está em discussão, no mais das vezes, o grau de consciência da reprovabilidade da conduta; e, por último, porque se trata de uma circunstância juridicamente irrelevante.

Amiúde, procura-se ainda dar à sentença caráter exemplificador, pretendendo emprestar-lhe efeitos universais, com fim de prevenção geral, principalmente em casos de tráfico de drogas, em que se alude a expressões como: "o tráfico é um mal que assola toda a humanidade e que precisa, por isso, ser exemplarmente punido, para que possamos dar um fim a isso", aplicando-se, a partir de tal argumento, penas altas em demasia, que não retratam o caso concreto e transcendem o merecimento do autor, pois não se está a rigor a julgar o traficante, mas o tráfico. Não há aí individualização da pena, mas "desindividualização", generalização.

No caso de tráfico droga e afins, os erros mais comuns consistem em considerar, como circunstâncias judiciais ou legais: a) *o objetivo de lucro*, como se o tráfico já não fosse um comércio criminoso; b) *a paga ou promessa de recompensa*, que é inerente à própria atividade de tráfico ilícito; c) *a ofensa à saúde pública*, que constitui a própria lesão ao bem jurídico e o *resultado* inerente ao tipo consumado; d) que o tráfico provoca malefícios a toda sociedade e às gerações futuras, aplicando-se uma pena de caráter exemplificador, que não retrata o caso concreto; e) *o motivo torpe*, geralmente o fim de lucro, também inerente ao tipo; f) a falta de fiscalização nas fronteiras, como se o condenado fosse de algum modo corresponsável pela segurança nos territórios por onde passou.

9.4) Modelo de sentença

Abaixo modelo de sentença com comentário (tráfico de droga) que comete tais erros.

Modelo de sentença	Comentários
(...) Vistos etc. (...) Passo à individualização da pena e apreciação das circunstâncias judiciais do art. 59 do Código Penal.	–

Modelo de sentença	Comentários
O réu é imputável, detinha consciência da ilicitude e lhe era exigível conduta diversa, razão pela qual sua culpabilidade é máxima.	A imputabilidade, a potencial consciência da ilicitude e a exigibilidade de conduta diversa são elementos constitutivos da culpabilidade; logo, são pressupostos da condenação. Consequentemente, considerá-los na fixação da pena importa em bis in idem.
A conduta social do réu não é boa, pois não trabalha e responde a vários inquéritos e processos.	Ninguém é obrigado a trabalhar. Ademais, o só fato de não trabalhar não implica má conduta social. A referência aos processos em andamento viola, nos termos da Súmula 444 do STJ, o princípio da presunção de inocência. Por conseguinte, se não importa em maus antecedentes, tampouco significa má conduta social.
O réu tem personalidade voltada para o crime, tanto é assim que responde a vários inquéritos e processos.	Aqui a decisão repete o argumento anterior, sendo criticável pelas mesmas razões já assinaladas. Além disso, o juiz não dispõe, ordinariamente, de elementos para avaliar a personalidade, quer positiva, quer negativamente.

Modelo de sentença	Comentários
Os motivos do crime, a cobiça e a ambição exageradas, são injustificáveis.	Novamente, bis in idem. Com efeito, se os motivos fossem justificáveis, incidiriam, possivelmente, causas de justificação (estado de necessidade etc.). Além disso, tais motivos são inerentes ao crime de tráfico de droga, por se tratar de um comércio proibido.
Os resultados do crime são gravíssimos, pois o tráfico produz um número indefinido de vítimas em todo o país e fomenta diversas outras práticas criminosas.	Aqui a sentença assume caráter exemplificador em desacordo com o princípio da individualização, uma vez que ignora o caso concreto e passa a fazer considerações genéricas que o transcendem. A sentença "desindividualiza".
As circunstâncias do delito lhe são de todo desfavoráveis, pois o réu se valeu da ausência de fiscalização das fronteiras para praticar a infração penal.	No particular, decisão ofende o princípio da pessoalidade da pena, visto que imputa ao réu conduta do Estado que se omitiu no dever de fiscalizar suas fronteiras.
Assim, como necessário e suficiente à reprovação e prevenção do crime (CP, art. 59), fixo a pena-base em 8 (oito) anos de reclusão.	Os erros apontados impediriam a fixação de pena-base acima do mínimo legal (5 anos de reclusão).

Capítulo VIII

INQUÉRITO POLICIAL

1) INTRODUÇÃO: CONCEITO, FINALIDADES, CARACTERÍSTICAS ETC.

O inquérito policial é um procedimento administrativo investigativo destinado a apurar a materialidade e a autoria de crimes. É um tipo de apuração que pode servir tanto à instauração da ação penal quanto à realização de acordos penais ou ao seu arquivamento puro e simples quando faltar justa causa para a proposição de acordos ou o oferecimento de denúncia/queixa[1].

Apesar de se destinar a apurar a materialidade e a autoria de delitos, a investigação policial pode também se prestar, logicamente, já que é sobretudo um método de esclarecimento da verdade, à verificação de que não houve crime algum, ou que, tendo havido, o seu autor não é o provável suspeito, mas pessoa diversa, ou que incide em favor do investigado excludente de ilicitude ou de outra natureza (legítima defesa etc.).

Em resumo, a pretexto de apurar a culpa de um suposto autor de crime, o inquérito policial, como um método que é de investigação da verdade, pode também concluir pela inocência do investigado. Daí por que a participação dos advogados e do Ministério Público e a incidência das garantias penais já nessa fase são de suma importância.

Quando se tratar da apuração de contravenções e delitos de menor potencial ofensivo, será lavrado termo circunstanciado (Lei n ° 9.099/95, art. 69). São consideradas infrações penais de menor potencial ofensivo as contravenções penais e os crimes a que a lei comine pena máxima não superior a dois anos, cumulada ou não com multa (art. 61 da lei supra).

---

1. Agradeço a Mateus Oliveira de Andrade, Delegado de Polícia do Estado de Minas Gerais, que me chamou a atenção para a imprecisão do que eu havia dito nas edições anteriores relativamente à finalidade do inquérito, quando repeti, sem mais, o que a doutrina afirmava.

Normalmente compete à polícia judiciária civil (Polícia Civil e Polícia Federal) a instauração de inquérito policial, presidido por delegado de polícia. Nos crimes militares, o inquérito policial militar ficará a cargo da polícia judiciária militar (CPPM, art. 8°). A denominação polícia judiciária é um tanto imprópria para os dias atuais, já que o Poder Judiciário, como regra, não investiga e deve ficar distante da investigação. Seria mais exato falar de polícia investigativa, polícia criminal etc.

Na vigência do sistema acusatório (CPP, art. 3°-A), a condução do inquérito deveria competir ao Ministério Público, que investigaria com o auxílio da polícia, tal como ocorre em diversos países (Portugal[2], Itália, EUA etc.), seja porque é o titular da ação penal e, por conseguinte, a ele incumbirá deduzir a acusação em juízo ou propor acordos penais, seja porque disporia de melhores informações para tanto, seja porque permitiria uma maior sintonia entre as instituições (MP e polícia), a evitar os frequentes desencontros e intermináveis dilações de prazo. Além disso, possibilitaria uma atuação estratégica e coordenada voltada para a apuração e a repressão de delitos especialmente graves, segundo critérios de política criminal.

De todo modo, a competência para investigar delitos não é exclusividade das polícias, podendo também fazê-lo o Ministério Público[3] (cf. Resolução n° 181/2017 do CNMP)[4], o próprio investigado (investigação defensiva), a Câmara dos Deputados, o Senado Federal de comissões parlamentares de inquérito (CF, art. 58, §3°), a polícia legislativa[5], os órgãos públicos por meio de sindicâncias e similares, relativamente às infrações cometidas por seus servidores etc.

---

2. No direito português, por exemplo, o inquérito policial é da competência do Ministério Público, a quem cabe exclusivamente a sua direção, mas as diligências que nele têm lugar podem ser realizadas pelo MP, pelo juiz de instrução ou por órgãos de polícia criminal. Qualquer inquérito começa e acaba formalmente com um ato do MP (cf. Germano Marques da Silva, direito processual penal português, v. 3, já citado). Em suma, a competência processual para a direção do inquérito é atribuída exclusivamente ao Ministério Público, assistido pelos órgãos de polícia criminal que atuam sob a sua direta orientação e na sua dependência funcional (cf. Germano Marques da Silva, cit., v. 1, p.267).
3. Ver Bruno Calabrich. Investigação criminal pelo Ministério Público. São Paulo: RT, 2008.
4. Ao julgar a ADI 5793, o STF reconheceu a legitimidade da promoção de investigação a cargo do Ministério Público, em procedimento próprio, diverso do inquérito, que é presidido pela autoridade policial. Além disso, consignou-se a imprescindibilidade da formalidade das investigações (reconhecida a inconstitucionalidade das expressões "sumário e desburocratizado" no art. 1°., caput, da Resolução) e da garantia dos direitos do investigado, assim como deve ocorrer nos inquéritos policiais (controle judicial, prazos, acesso aos autos etc.).
5. Ver http://www.pauloqueiroz.net/policia-legislativa-e-poder-de-investigacao, acessado em 3/4/2017.

Além disso, cabe ao Ministério Público a apuração de infração penal praticada por seus membros (Lei n° 8.625/93 e Lei Complementar n° 75/93) e aos tribunais de Justiça a investigação dos crimes praticados por magistrado (Lei Complementar n° 35/79). Existem, ainda, inquéritos a cargo das forças armadas para a apuração das infrações penais de sua competência.

Apesar de ser como regra indispensável para a autoridade policial, já que não poderá apurar delitos senão por meio dele (princípio da legalidade), o inquérito policial é dispensável para o exercício da ação penal ou para a proposição de acordos penais por seu respectivo titular (Ministério Público ou querelante), que poderá oferecer denúncia ou queixa (acordos penais etc.) com ou sem inquérito, valendo-se de outros elementos de informação. Assim, por exemplo, para oferecer denúncia ou propor acordo de não persecução penal por crime de bigamia (CP, art. 235), bastará instruí-los com as certidões dos respectivos casamentos.

Nos crimes de ação penal pública incondicionada, o inquérito será instaurado de ofício, independentemente de provocação; mas, nos demais casos (ação pública condicionada e ação penal privada) dependerá de requerimento do ofendido ou de quem tiver qualidade para representá-lo (CPP, art. 5°).

Embora o Código (art. 21) preveja a possibilidade de decretar-se a incomunicabilidade do indiciado, trata-se de dispositivo não recepcionado pela Constituição, já que, se está vedada terminantemente para a hipótese de estado de defesa (CF, art. 136, §3°, IV), com maior razão é inadmissível para situações de normalidade institucional.

Não há mais necessidade de nomeação de curador ao indiciado menor de 21 anos, por força do Código Civil de 2002, que fixou a maioridade civil em 18 anos, estando revogado o art. 15 do CPP.

O inquérito policial correrá em sigilo (CPP, art. 20), mas o investigado (também o ofendido) poderá acompanhá-lo, propor diligências (CPP, art. 14) e acessar os atos de investigações ou de prova já documentados (cf. SM n° 14 e Estatuto da Ordem). Apesar disso, não há contraditório no inquérito, a não ser num sentido muito precário, tanto que poderá ser instaurado, desenvolver-se e concluir-se, regularmente, sem conhecimento ou participação dos possíveis investigados, que poderão ser ouvidos apenas no final do procedimento.

O que poderá ocorrer, incidentalmente, é o contraditório para a decretação ou manutenção de medidas cautelares pessoais ou reais, a exemplo que do que se passa com a prisão preventiva (CPP, art. 282, §3°).

Apesar disso, o inquérito deve ser conduzido o mais democraticamente possível, isto é, conforme os princípios e regras que informam o direito processual penal.

É comum a afirmação de que eventuais vícios do inquérito policial não atingem a ação penal; mas a tese não é de todo exata, quer porque o inquérito é informado pelo princípio da legalidade, quer porque a violação de normas constitucionais contamina tanto a investigação quanto o processo. Assim, por exemplo, não é possível ajuizar ação penal com base em prova obtida por meio ilícito (tortura, interceptação telefônica sem autorização judicial etc.).

Certamente há ilegalidades que comprometem apenas determinados atos de investigação, não a investigação mesma. Assim, por exemplo, a prisão em flagrante ilegal a invalida, devendo ser relaxada, mas não impede o normal prosseguimento do inquérito.

Por fim, o art. 28-A do CPP prevê o *acordo de não persecução penal* para os delitos praticados sem violência ou grave ameaça à pessoa, permitindo ao Ministério Público propor e firmar acordo com o investigado nos casos previstos em lei. Falaremos dele mais adiante.

2) TRAMITAÇÃO E CONTROLE EXTERNO

Embora o Código (art. 10, §1°) determinasse que o inquérito, uma vez concluído, seria enviado ao juiz competente, cuidava-se de dispositivo incompatível com o sistema acusatório e não recepcionado pela Constituição, razão pela qual, com o advento da Lei n° 13.964/2019, a sua tramitação se dará diretamente entre a polícia e o MP, os quais recorrerão ao juiz das garantias apenas nos casos de reserva de jurisdição (decretação de prisões etc.). A previsão que constava do art. 10, §1°, do CPP, está revogada tacitamente.

O Ministério Público exercerá o controle externo da atividade policial por meio de medidas judiciais e extrajudiciais, podendo (CF, art. 129, VII e LC n° 75/93, art. 9°): ter livre ingresso em estabelecimentos policiais ou prisionais; ter acesso a quaisquer documentos relativos à atividade-fim policial; representar à autoridade competente pela adoção de providências para sanar a omissão indevida, ou para prevenir ou corrigir ilegalidade ou abuso de poder; requisitar à autoridade competente para instauração de inquérito policial sobre a omissão ou fato ilícito ocorrido no exercício da atividade policial e promover a ação penal por abuso de poder.

A regulamentação do controle externo é objeto da Resolução n° 20, de 28 de maio de 2007, do Conselho Nacional do Ministério Público.

3) INDICIAMENTO

A Lei n° 12. 830/2013 disciplinou a figura do indiciamento, que era uma prática comum no inquérito, mas que carecia de previsão legal; indiciar significa declarar, formalmente, alguém como provável autor, coautor ou partícipe de delito, permitindo-lhe o exercício da ampla defesa já na fase de inquérito, ainda que o investigado possa fazê-lo independentemente deste ato.

O indiciamento dar-se-á por ato fundamentado, mediante análise técnico-jurídica do fato, que deverá indicar a autoria, a materialidade e suas circunstâncias. Como a lei não define o momento exato em que tal ocorrerá, ficará a critério do delegado de polícia realizá-lo quando lhe parecer mais adequado. Evidentemente não é possível depois de oferecida a denúncia e instaurado o processo.

Por se tratar de ato privativo de delegado de polícia, não poderá o juiz ou o MP fazê-lo. Membros do MP e do judiciário não são passíveis de indiciamento (LC n° 75/93, art. 18, II, *f*, e LC 35/79, art. 33, parágrafo único).

O indiciamento não produz, em princípio, efeito penal algum, razão pela qual há quem o considere, com certa razão, um ato puramente burocrático e inútil, além de incompatível com o sistema acusatório[6].

Apesar disso, a Lei n° 9.613/98 (art. 17-D, com a redação dada pela Lei n° 12.683/2012) previa que, em caso de indiciamento de servidor

6. Nesse sentido, Vladimir Aras. Um etiquetamento dispensável, disponível no *blogdovlad*, acessado em 03/04/2017: O indiciamento não tem qualquer função relevante no processo penal. Tal ato policial é uma excrescência no devido processo legal e não se justifica no modelo acusatório (*adversarial system*), no qual a Polícia é um órgão auxiliar do Ministério Público, e não parte. Contudo, como a imprensa adora rótulos, as manchetes espoucam: "Fulano foi indiciado!

público, este seria afastado, sem prejuízo de remuneração e demais direitos previstos em lei, até que o juiz competente autorizasse, em decisão fundamentada, o seu retorno. Cuidava-se, todavia, de dispositivo legal manifestamente inconstitucional, seja porque violava a presunção de inocência, seja porque conferia à autoridade policial atribuição típica de autoridade judiciária. Acertadamente, o STF declarou a inconstitucionalidade do dispositivo (ADI 4911/DF).

Embora não haja vedação legal expressa, parece-nos que, quando for possível o acordo de não persecução penal (CPP, art. 28-A), o indiciamento não é cabível, por ser desproporcional.

4) VALOR PROBATÓRIO DO INQUÉRITO

Como o inquérito não é processo, não se presta a legitimar a condenação, que deve ser precedida das garantias inerentes ao devido processo legal e, portanto, há de amparar-se em prova produzida em contraditório judicial. Daí dizer o Código (art. 155) que o juiz formará sua convicção pela livre apreciação da prova produzida em contraditório judicial, não podendo fundamentar sua decisão exclusivamente nos elementos informativos colhidos na investigação, ressalvadas as provas cautelares, não repetíveis e antecipadas.

Justo por isso, Aury Lopes Júnior propõe distinguir *atos de investigação* (produzidos no inquérito ou em investigação conduzida pelo Ministério Público etc.) e *atos de prova* produzidas em contraditório judicial, sendo que somente estes últimos poderiam fundamentar eventual condenação, já que o valor probatório do inquérito se limitaria às exceções da prova cautelar, não repetível e antecipada[7].

Também por isso, o autor propõe a exclusão física do inquérito, que não deveria acompanhar a denúncia ou a queixa, de modo a evitar que o juiz se valha dele para justificar a sentença condenatória, ainda que sem citá-lo formalmente. Defende, inclusive, que, com a reforma da Lei n° 13.964/2019 o inquérito policial já não instruirá a denúncia ou queixa.

Embora não seja possível (como regra) condenação com base exclusiva no inquérito, é legítima a valoração de seus elementos de informação para subsidiar a sentença penal (condenatória ou absolutória) quando confirmados em juízo. Em suma, ainda que precário, o inquérito tem certo valor probatório.

---

7. Direito processual penal. São Paulo: Saraiva, 2017.

A condenação com base em "prova" produzida exclusivamente no inquérito é possível nos casos de prova cautelar, antecipada e irrepetível.

A prova cautelar é prova realizada de imediato, não podendo ser adiada, dado o risco de perecimento de seu objeto (interceptação telefônica etc.). Aqui não é possível contraditório prévio, mas diferido.

Prova antecipada é prova produzida (no inquérito ou no processo) antes do momento processual previsto por lei, em virtude de risco fundado de perecimento de seu objeto (v.g., colheita de depoimento de testemunha gravemente doente ou depoimento especial de menor vítima de violência doméstica ou familiar).[8]

Apesar da distinção feita pela lei, a prova antecipada não deixa de ser uma espécie de prova cautelar. A rigor, a distinção é desnecessária.

Prova não repetível é prova que, uma vez colhida no inquérito ou mesmo no processo, não tem como ser reproduzida posteriormente (exame de corpo de delito de lesão corporal leve etc.).

Qualquer prova (cautelar ou não, antecipada ou não) pode se tornar irrepetível sempre que sobrevier circunstância que inviabilize a sua reprodução em juízo (morte da testemunha ou perda da memória por doença etc.).

4.1) Exclusão física do inquérito na Lei n° 13.964/2019?

Há quem defenda que, com o advento da Lei n° 13.964/2019, o inquérito já não poderá acompanhar a denúncia ou a queixa. É que, segundo o art. 3° C, §3°, do CPP, "Os autos que compõem as matérias de competência do juiz das garantias ficarão acautelados na secretaria desse juízo, à disposição do Ministério Público e da defesa, e não serão apensados aos autos do processo enviados ao juiz da instrução e julgamento, ressalvados os documentos relativos às provas irrepetíveis, medidas de obtenção de provas ou de antecipação de provas, que deverão ser remetidos para apensamento em apartado". Fica assegurado às partes o amplo acesso aos autos acautelados na secretaria do juízo das garantias (§4°).

Essa é a regra, portanto: a prova ou elemento de informação cuja produção depende de decisão do juiz das garantias não instruirá a denún-

---

8. Sobre o tema, o STF julgou parcialmente procedente a ADI 7192, dando interpretação conforme ao art. 21, § 1°, da Lei n. 14.344/2022, no sentido de que a autoridade policial pode representar (a lei fala requisitar) ao Ministério Público que ajuíze ação cautelar de antecipação de produção de prova.

cia ou queixa. A exceção é a seguinte: somente as provas consideradas irrepetíveis e antecipadas acompanharão a peça acusatória. A ideia parece ter sido evitar que o juiz, ao valorar a prova, tomasse em consideração os elementos colhidos no inquérito policial, exceção feita à prova irrepetível e antecipada.

Ocorre, porém, que a lei não fez modificação alguma no art. 155 do CPP (O juiz formará sua convicção pela livre apreciação da prova produzida em contraditório judicial, não podendo fundamentar sua decisão exclusivamente nos elementos informativos colhidos na investigação, ressalvadas as provas cautelares, não repetíveis e antecipadas), razão pela qual o inquérito mantém certo valor probatório, embora precário, podendo e devendo ser valorado na sentença (condenatória ou absolutória).

Tampouco foi alterado o art. 12 do CPP (O inquérito policial acompanhará a denúncia ou queixa, sempre que servir de base a uma ou outra).

Por fim, o art. 3°-C, §3°, do CPP, não trata do inquérito policial, que tramitará diretamente entre a Polícia Judiciária e o Ministério Público, mas do juiz de garantias, que nele só intervirá em casos pontuais, se e quando provocado na forma da lei.

Em suma, o texto legal ficou muito aquém do que aparentemente se pretendeu[9].

De todo modo, a controvérsia sobre a inovação legal está superada com o reconhecimento pelo STF da competência do juízo da instrução para decidir sobre o recebimento da denúncia e com a expressa declaração de inconstitucionalidade dos §3° e §4° do art. 3°-B do CPP, fundamentada na irrazoabilidade da medida e da presunção legal de parcialidade do juízo em razão do mero conhecimento de elementos da investigação.

Fosse outra a decisão, seria razoável a proposta de alguns autores no sentido de que o juiz da instrução e julgamento devesse receber apenas o sumário da primeira fase, contendo as provas irrepetíveis, antecipadas e os meios de obtenção de prova, autuadas de modo incidental e separadas em blocos distintos, não os autos do inquérito na sua totalidade, os quais deveriam permanecer acautelados na secretaria do juiz das garantias[10].

---

9. No sentido de que não houve mudança, Vladimir Aras. https://www.conjur.com.br/2020-jan-21/vladimir-aras-juiz-garantias-destino-inquerito-policial.
10. Renato Brasileiro. Manual de processo penal. Salvador: juspodivm, 2020, p. 164

Há casos, porém, em que, sem os autos do inquérito, será impossível ao juiz da instrução proferir qualquer decisão. Assim, por exemplo, se tiver de decidir sobre a prisão preventiva decretada pelo juiz das garantias que se valeu dos elementos de informação colhidos no inquérito (v.g., depoimento de testemunhas). Nesse e noutros tantos casos, o juiz da instrução terá, portanto, inevitavelmente, de acessar aqueles elementos do inquérito policial que serviram de base para a decisão do juiz das garantias, consoante ponderado pelo STF.

5) CONCLUSÃO E PRAZOS

O inquérito deverá ser concluído no prazo de 10 ou 30 dias, conforme esteja preso ou solto o investigado; nos crimes de competência da justiça federal, os prazos serão, respectivamente, de 15 (prorrogável por igual período por decisão judicial) e 30 dias (Lei n° 5.010/66, art. 66). O inquérito será concluído no prazo de 30 dias, se o indiciado estiver preso, e de 90 dias, quando solto, nos delitos de tráfico de drogas e afins (Lei n° 11.343/2006, art. 51). No caso de crime militar, o inquérito deverá terminar em 20 dias, se o indiciado estiver preso, contados a partir do dia em que se executar a ordem de prisão; ou no prazo de 40 dias, quando o indiciado estiver solto, contados a partir da data em que se instaurar o inquérito (CPPM, art. 20).

Segundo o novo art. 3°-B, §2°, do CPP, quando o investigado estiver preso, o juiz das garantias poderá, mediante representação da autoridade policial e ouvido o Ministério Público, prorrogar, uma única vez, a duração do inquérito por até 15 (quinze) dias, após o que, se ainda assim a investigação não for concluída, a prisão será imediatamente relaxada.

Em geral, os prazos são prorrogáveis quando o réu estiver solto (CPP, art. 10, §3°), mas é comum uma certa tolerância para investigações complexas mesmo quando o investigado estiver preso. Como o prazo para o indiciado preso é penal (CP, art. 10), o dia do começo inclui-se no seu cômputo, sendo os dias, os meses e os anos contados pelo calendário comum.

Ao concluir o inquérito, a autoridade policial fará relatório circunstanciado das investigações levadas a efeito, podendo ou não dar a classificação jurídico-penal que considere adequada. O relatório não vincula o órgão do MP, que poderá dele divergir, total ou parcialmente, seja em relação dos fatos, seja em relação ao direito.

Embora seja comum dizer-se que o delegado não deverá emitir juízo de valor no relatório, é evidente que ele sempre o fará. Aliás, ao decidir pela investigação, estabelecer prioridades e adotar determinado método investigativo, mais do que juízos de valor, já terá realizado política criminal no caso concreto.

6) ARQUIVAMENTO, DESARQUIVAMENTO E COISA JULGADA

Cabe ao Ministério Público promover o arquivamento e o desarquivamento do inquérito policial, não podendo fazê-lo a Polícia Judiciária.

Ao receber os autos do inquérito policial, o MP poderá: a) oferecer denúncia; b) propor acordos penais (acordo de não persecução penal etc.); c) promover o arquivamento do inquérito; d) requisitar novas diligências; e) fazer remessa dos autos para o órgão ministerial competente. Como tais providências não são incompatíveis, poderá adotá-los simultânea ou sucessivamente: denunciar uns, propor acordo penal e/ou promover o arquivamento do inquérito em relação a outros etc.

O Ministério Público promoverá o arquivamento quando não houver provas suficientes da materialidade ou da autoria delitiva (*fumus commissi delicti),* ou faltar pressuposto processual, ou condição de exercício da ação penal (v.g., ausência de representação do ofendido nos casos em que a lei a exige).

O MP fará o fará também quando os fatos não constituírem crime ou incidirem excludentes de ilicitude ou de outra natureza (legítima defesa etc.), bem como causas extintivas de punibilidade (morte do agente etc.). É aplicável aqui, por analogia, o disposto nos arts. 395 e 397 do CPP, que preveem as hipóteses de rejeição da denúncia e de absolvição sumária.

A conduta não constituirá crime sempre que concorrerem causas excludentes de tipicidade, de ilicitude ou de culpabilidade. Assim, por exemplo, se o fato for manifestamente atípico, insignificante, houver erro de tipo ou de proibição inevitáveis etc.

Quando se tratar de conduta delituosa praticada por inimputável ou semi-imputável e for cabível a aplicação de medida de segurança, por não estar amparada por causas de justificação ou excludentes de culpabilidade, nem causas de extinção de punibilidade, a denúncia será proposta, assegurando ao denunciado as garantias inerentes ao devido processo legal, aplicando-lhe, ao final, se for o caso, sanção penal (internação em hospital de custódia ou tratamento ambulatorial). Como veremos, temos que também aqui é possível o acordo de não persecução penal.

Pode também ocorrer de o inquérito policial ser trancado por decisão judicial em habeas corpus etc., sempre que o juízo ou tribunal entender que lhe falta justa causa (v.g., investiga fato atípico ou já prescrito).

Uma vez arquivado fundamentadamente pelo Ministério Público, o inquérito não poderá ser reaberto salvo se surgirem novas provas (CPP, art. 18, e Súmula 524 do STF[11]).

Ou seja, independentemente do fundamento da decisão de arquivamento, o inquérito não poderá ser desarquivado sem novas provas, razão pela qual não é possível desarquivá-lo apenas por divergência de interpretação[12].

Para fins processuais, parece-nos irrelevante saber se o inquérito foi arquivado com base em excludentes legais de tipicidade, de ilicitude ou de culpabilidade, porque todas conduzem, em princípio, ao mesmo resultado prático: a exclusão do crime. Logo, como, do ponto de vista analítico, o crime é um fato típico, ilícito e culpável, cumpre dar tratamento unitário à decisão que reconhece a excludente[13].

Existe, porém, grande controvérsia sobre se essa decisão de arquivamento faz coisa julgada. Para quem entende que sim, uma vez arquivado o inquérito, não é possível a reabertura. Já para aqueles que consideram que a decisão não faz coisa julgada, o desarquivamento é perfeitamente possível sempre que surgirem novas provas, tal como previsto no art. 18 do CPP e Súmula 524 do STF. Há quem entenda, ainda, que apenas no caso de arquivamento por ausência de elementos informativos é possível a reabertura[14]; nas demais hipóteses (atipicidade do fato etc.), seria vedado o desarquivamento.

Temos que a decisão de arquivamento das investigações não faz coisa julgada material, independentemente de seu fundamento. Trata-se, portanto, de decisão provisória, que vale enquanto persistirem as razões

11. Arquivado o inquérito policial, por despacho do juiz, a requerimento do promotor de justiça, não pode a ação penal ser iniciada, sem novas provas.

12. De modo diverso, Afrânio Silva Jardim e Pierre Amorim. Direito processual penal. Salvador: Juspodivm, 2016.

13. O STF, embora admita a coisa julgada material com relação à excludente de tipicidade, recusa-a quando se trata de excludente de ilicitude. Nesse sentido, HC 87395/PR, rel. Min. Ricardo Lewandowski, julgamento em 23/03/2017.

14. Nesse sentido, Rômulo de Andrade Moreira. Curso temático de direito processo penal. Salvador: Juspodivm, 2009.

que a justificaram (*rebus sic stantibus*), até porque só a sentença de mérito faz coisa julgada material, conforme dispõe o art. 502 do CPC[15].

Afinal, sem instauração de processo, sem exercício da jurisdição e sem decisão judicial e mérito proferida em contraditório judicial, não há coisa julgada (material).

Nesse sentido, escrevem Afrânio Silva Jardim/Pierre Amorim[16] e Rogério Schietti[17], respectivamente:

> Como se vê, no procedimento de arquivamento, o Juiz funciona como fiscal do princípio da obrigatoriedade, exercendo uma função anômala, porque não jurisdicional. Destarte, a decisão de arquivamento jamais terá a eficácia de uma sentença de mérito. Não havendo ação, jurisdição ou processo, tal decisão não fica protegida pelo manto da coisa julgada. Cuida-se de decisão judicial, porque prolatada pelo Juiz, mas de natureza não jurisdicional. Note-se, inclusive, que, na hipótese de remessa dos autos ao Procurador-Geral, substancialmente, a decisão de não propor a ação penal é deste órgão do Ministério Público. Na medida em que o Juiz "estará obrigado a atender" à manifestação do Procurador-Geral, o ato judicial subsequente tem caráter meramente formal.
>
> Na verdade, quem detém o poder de decidir entre arquivar ou não as investigações é o Ministério Público, porquanto, pelo mecanismo previsto no artigo 28 do Código de Processo Penal, é desse órgão de persecução penal a última palavra. Ao juiz, em caso de insistência da chefia do Ministério Público quanto ao arquivamento, nada mais cabe fazer do que aceitar a posição ministerial, haja vista que, sendo-lhe vedado exercer jurisdição de ofício (*nemo iudex sine actore*), não lhe será permitido iniciar a ação penal sem que, para tanto, seja formalizada a imputação por meio de peça acusatória, subscrita pelo titular do *ius actionis*.

Também Paulo de Sousa Mendes, embora critique a solução do Código de processo penal português, reconhece que[18]:

---

15. Art. 502 do CPC: Denomina-se coisa julgada material a autoridade que torna imutável e indiscutível a decisão de mérito não mais sujeita a recurso. Art. 203, §1º, do CPC: Ressalvadas as disposições expressas dos procedimentos especiais, sentença é o pronunciamento por meio do qual o juiz, com fundamento nos arts. 485 e 487, põe fim à fase cognitiva do procedimento comum, bem como extingue a execução.
16. Afrânio Silva Jardim. Direito processual penal. Salvador: Juspodivm, 2016, p.205.
17. Rogerio Schietti Machado Cruz. A proibição de dupla persecução penal. Rio de Janeiro: Lúmen Juris, 2008, pp. 201 e ss.
18. Lições de direito processual penal. Lisboa: Almedina, 2015, p.74.

> Quer isto dizer que, mesmo naqueles casos em que o MP tenha porventura concluído que não houve crime ou que não foi o arguido a praticá-lo (art. 277º, n. 1), o inquérito poderia, à primeira vista, ser reaberto com novos elementos de prova. Que é feito então, na lei vigente, do interesse em assegurar a paz jurídica ao arguido?
>
> Em função do cenário legal vigente, cremos, infelizmente, que se tornou mais difícil de defender a antiga doutrina que via no arquivamento negador da responsabilidade do arguido (*mutatis mutandis*, atual art. 277°, n.1) um arquivamento definitivo (obviamente, se não tiver sido requerida a abertura da instrução e o despacho de arquivamento não tiver sido revogado pelo superior hierárquico).

Por fim, no caso de coautoria ou de participação ou de concurso de crimes (material, formal ou continuidade delitiva), a decisão de arquivamento do inquérito policial deve referir explicitamente quais crimes, coautores e partícipes são alcançados pela decisão.

De um modo geral, a doutrina e a jurisprudência não admitem o chamado arquivamento implícito relativamente aos investigados ou delitos que não constaram expressamente na denúncia ou na decisão de arquivamento e, em relação aos quais, tampouco houve arquivamento explícito do inquérito policial. Assim, por exemplo, se o MP denuncia determinado indiciado e nada diz quanto ao outro. Nesse caso, a omissão não implica arquivamento implícito.

7) O ARQUIVAMENTO DO INQUÉRITO A PARTIR DA LEI N° 13.964/2019

A Lei n° 13.964/2.019 dava nova redação ao art. 28, *caput*, do CPP, para adequá-lo ao sistema acusatório, abolindo o controle judicial sobre a decisão de arquivamento do inquérito policial relativo à ação penal pública. A abolição do controle judicial tinha as seguintes implicações: 1) o arquivamento do inquérito seria feito pelo próprio Ministério Público, sem mediação judicial; 2) também o desarquivamento do inquérito caberia ao MP, sem intervenção judicial, com exceção dos arquivamentos resultantes de decisão judicial proferida em habeas corpus etc., a depender do fundamento jurídico; 3) o controle da legalidade do ato caberia ao próprio MP, cuja instância de revisão (2ª Câmara de Coordenação e Revisão do MPF e Procurador-Geral de Justiça do Estado ou DF) homologaria ou não a decisão de arquivamento; se não homologasse, determinaria a realização de novas diligências ou designaria procurador ou promotor para oferecer denúncia; 4) o inquérito policial tramitaria diretamente entre a Polícia e o MP; 5) o juiz das garantias só seria provocado nos casos previstos em lei (art. 3°-B do CPP), aí incluída a prorrogação de prazo do inquérito quando o investigado estiver preso (art. 3º-B, VIII).

Ocorre tudo isso foi afetado pela decisão do STF já mencionada.

Com efeito, o Supremo Tribunal Federal considerou que a nova redação do art. 28, *caput*, do CPP, que previa o arquivamento do inquérito pelo próprio Ministério Público, sem mediação judicial, configurava violação ao princípio da inafastabilidade da jurisdição (CF, art. 5º, XXXV), razão pela qual o controle judicial da decisão de arquivamento pelo MP é imprescindível. Ao realizar interpretação conforme a Constituição, o STF estabeleceu que a decisão de arquivamento de investigação será comunicada à vítima e submetida ao juízo, podendo ambos *recorrer* ao órgão revisional do próprio Ministério Público.

Caso não haja requerimento da vítima e o juízo não constate manifesta ilegalidade ou teratologia, haverá desde logo o arquivamento da investigação, sem necessidade de sua remessa para homologação por órgão revisor do Ministério Público, conforme decisão do STF.

O Delegado de Polícia não tem poder para arquivar ou desarquivar inquérito policial (CPP, art. 17). Quando for o caso, o Delegado de Polícia pedirá ao MP o seu arquivamento ou desarquivamento.

Nas ações penais relativas a crimes praticados em detrimento da União, Estados e Municípios, a revisão do arquivamento do inquérito policial poderá ser provocada pela chefia do órgão a quem couber a sua representação judicial.

Quanto ao inquérito policial relativo a crime de ação penal privada, cuja iniciativa é do querelante, não do MP, temos que foi revogado o art. 19 do CPP (nos crimes em que não couber ação pública, os autos do inquérito serão remetidos ao juízo competente, onde aguardarão a iniciativa do ofendido ou de seu representante legal, ou serão entregues ao requerente, se o pedir, mediante traslado), seja por ser incompatível com o espírito da reforma, seja porque tal não figura entre as competências do juiz das garantias (CPP, art. 3º-B). Nesse caso, o inquérito policial, uma vez concluído, ficará na própria polícia à disposição do interessado. Nele não intervirá o MP. Nem se remeterá ao juízo.

8) DENÚNCIA ANÔNIMA

Nas infrações penais de iniciativa pública incondicionada, o inquérito policial é instaurado de ofício, independentemente de provocação (CPP, art. 5°). Nos crimes de ação penal pública condicionada ou de iniciativa privada, a instauração dependerá de representação do ofendido ou de seu representante legal.

A doutrina e a jurisprudência divergem, porém, sobre a validade de investigações iniciadas a partir de *delatio criminis* sem identificação do seu respectivo autor, mais conhecida como *denúncia apócrifa ou anônima*. Para firmar a invalidade, os autores invocam, em geral, o art. 5°, IV, da Constituição, que veda o anonimato (art. 5º, IV).[19] E no sentido da legitimidade das investigações, é comum recorrer-se ao princípio da proporcionalidade.[20]

Temos que a discussão parte, em verdade, de um mal-entendido.

É que o problema da assim chamada *denúncia* anônima não está no próprio anonimato, mas na eventual ausência de indícios de prova que a amparem (ausência de justa causa). Noutras palavras: ao menos para efeitos penais, o anonimato é, por si só, irrelevante.

Com efeito, se a autoridade policial, nos crimes de ação pública incondicionada, pode instaurar inquérito de ofício (CPP, art. 5°, §3°[21]), independentemente de notícia de quem quer que seja, é evidente que poderá fazê-lo sempre que for provocado, pouco importando se quem

---

19. Nesse sentido, Fernando da Costa Tourinho Filho: "Na verdade, se o nosso CP erigiu à categoria de crime a conduta de todo aquele que dá causa à instauração de investigação policial ou de processo judicial contra alguém, imputando-lhe crime de que o sabe inocente, como poderiam os 'denunciados' chamar à responsabilidade o autor da *delatio criminis* se esta pudesse ser anônima? A vingar entendimento diverso, será muito cômodo para os salteadores da honra alheia vomitarem, na calada da noite, à porta das Delegacias, seus informes pérfidos e ignominiosos, de maneira atrevida, seguros, absolutamente seguros, da impunidade. Código de Processo Penal Comentado. São Paulo: Saraiva, 2009, p. 48.
20. Nesse sentido, Rodrigo Iennaco de Moraes. Da validade do procedimento de persecução criminal deflagrado por denúncia anônima no Estado Democrático de Direito. Jus Navigandi, Teresina, ano 11, n. 1273, 26 dez. 2006. Disponível em: http://jus.com.br/revista/texto/9317. Acesso em: 9 maio 2011.
21. O art. 5°, §3°, do CPP, dispõe que "qualquer pessoa do povo que tiver conhecimento da existência da infração penal poderá, verbalmente ou por escrito, comunicá-la à autoridade, e esta, verificada a procedência das informações, mandará instaurar inquérito".

o faz se identifica ou não. Ou seja, se a autoridade policial pode agir de ofício, se o fizer instado por uma delação anônima, isso em nada comprometerá a legalidade de sua atuação.

O que a autoridade policial não poderá fazer é dar início a um inquérito policial a partir de delação de crime manifestamente infundada (anônima ou não).[22] Mas isso nada tem a ver com o anonimato, e sim com o fato de uma investigação policial implicar constrangimentos graves à liberdade do investigado,[23] razão pela qual não pode resultar de puro capricho ou arbítrio de quem a preside, devendo, por isso, fundar-se em indícios de verossimilhança.

Enfim: ao menos para efeitos penais, o eventual anonimato da *delatio criminis* é algo secundário, uma vez que o problema fundamental não reside no anonimato mesmo, mas na prudência e legalidade da atuação da autoridade competente, que não pode agir senão com base na lei e sempre que *verificada a procedência das informações* (CPP, art. 5°, §3°).

Justo por isso, é perfeitamente possível que, a partir de uma delação anônima de crime de bigamia, por exemplo, instruída com as certidões dos respectivos casamentos, a autoridade policial instaure o respectivo inquérito; que apure extorsão mediante sequestro a partir de informação precisa sobre o fato noticiado; que investigue, enfim, toda e qualquer infração sempre que houver fundadas razões para tanto.

Quanto à vedação constitucional do anonimato, que existe entre nós desde a Constituição de 1891 (art. 72, §12), ela nada tem a ver com a apuração de crimes ou com o exercício da ação penal, que têm, igualmente, assento constitucional, mas com a proteção mesma da liberdade

22. Nesse exato sentido, escreve Eugênio Pacelli de Oliveira: "Mas, no que respeita à fase investigatória, observa-se que, diante da gravidade do fato noticiado e da verossimilhança da informação, a autoridade policial deve encetar diligências informais, isto é, ainda no plano da apuração da existência do fato – e da autoria – para comprovação da idoneidade da notícia. É dizer: o órgão persecutório deve promover diligências para apurar se foi ou não, ou está ou não, sendo praticada a alegada infração penal. Curso de Processo Penal. Rio: Lumen Juris, 2008, p. 40. Em termos semelhantes, Guilherme de Souza Nucci. Código de Processo Penal Comentado. S.Paulo: Saraiva, 2009, p. 89-90.

23. Inclusive, são recorrentes os casos em que há a realização de busca pessoal, veicular ou domiciliar com base em denúncias anônimas, sem mandado judicial. O tema é bastante controvertido, mas, em linhas gerais, reconhece-se a legitimidade das buscas caso haja corroboração da notícia de flagrante delito mediante diligências prévias, mesmo antes da instauração de inquérito policial.

de pensamento, visando a assegurar a eventual responsabilização civil e penal de quem, a pretexto de exercê-la, viole direito de terceiro.[24]

Não obstante isso, o Código Civil (art. 19) assegura o direito ao uso de pseudônimo[25], a demonstrar que o anonimato, quando para fins lícitos, é absolutamente legítimo.

E mais: a investigação policial pode eventualmente se justificar para também apurar conduta do suposto autor da delação anônima, sempre que for suspeito de crime. E o autor mendaz (anônimo ou não) sempre poderá responder penalmente, nos termos do arts. 339 (denunciação caluniosa) e 340 (falsa acusação de crime) do Código Penal.

Para fins penais, o anonimato é legítimo também porque é dever das autoridades competentes investigar crimes independentemente de quem seja o respectivo autor da delação, especialmente nos casos em que a sua identificação ou a divulgação de seu nome significar graves riscos à sua vida ou integridade física. Imagine-se o caso do policial que delata a existência de grupo de extermínio formado por colegas e superiores seus.

Não é, pois, por acaso que o art. 13, §2°, da Convenção das Nações Unidas contra Corrupção (entre outros documentos internacionais), prevê, expressamente, que os países signatários, entre os quais o Brasil, promovam medidas para viabilizar a *denúncia anônima.*[26]

Por fim, a Lei n° 13.608/2018 protege o anonimato, ao dispor sobre o serviço telefônico de recebimento de denúncias e sobre recompensa por informações que auxiliem nas investigações policiais, a legitimar, mais ainda, a "denúncia anônima".

Em suma, o problema da delação anônima de crime não é o anonimato, mas a sua possível inverossimilhança e a possibilidade de deflagrar investigações e constrangimentos ilegais manifestamente infundados.

---

24. No sentido do texto, Ministro Celso de Mello, do STF, cf. voto proferido no inquérito n°1.957-7 – Paraná, em 11/05/2005.

25. O art. 19 do CC dispõe: "o pseudônimo adotado para atividades lícitas goza da proteção que se dá ao nome".

26. Artigo 13 - Participação da sociedade - 2. Cada Estado Parte adotará medidas apropriadas para garantir que o público tenha conhecimento dos órgãos pertinentes de luta contra a corrupção mencionados na presente Convenção, e facilitará o acesso a tais órgãos, quando proceder, **para a denúncia**, **inclusive anônima**, de quaisquer incidentes que possam ser considerados constitutivos de um delito qualificado de acordo com a presente Convenção.

Finalmente, se se entender, como pretendem alguns julgados, que o problema da *delatio criminis* anônima está no próprio anonimato, então não só o inquérito, mas toda e qualquer diligência ou investigação que dela resultar deverá ser considerada ilegal, inclusive porque o inquérito constitui o instrumento jurídico-processual por excelência de investigação. Afinal, já não estará em jogo o problema da justa causa, mas o suposto *peccatum originale* da inconstitucionalidade do anonimato.

Capítulo IX

AÇÃO PENAL

1) INTRODUÇÃO: CONCEITO, ESPÉCIES ETC.

O direito de ação (ou direito à jurisdição) é o direito à proteção jurisdicional do Estado. Afinal, como a justiça privada foi terminantemente proibida – e tipificada[1] –, em favor da justiça pública, a Constituição havia de assegurar que "A lei não excluirá da apreciação do Poder Judiciário lesão ou ameaça a direito"(art. 5°, XXXV). Atualmente, diz-se que a ação é o direito à prestação jurisdicional adequada, efetiva e tempestiva mediante justo processo[2].

A ação penal, como expressão do direito constitucional de ação, é, pois, esse poder de exigir a prestação jurisdicional penal adequada, efetiva e tempestiva mediante o processo penal justo[3].

---

1. O exercício arbitrário das próprias razões constitui crime previsto no art. 345 do CP, punido com detenção de 15 dias a 1 mês. Como é um tipo subsidiário, só incidirá se o fato não constituir crime mais grave (homicídio, lesões etc.). As exceções à justiça privada ficam por conta da legítima defesa e outras excludentes de ilicitude (estado de necessidade etc.).
2. Luiz Guilherme Marinoni e outros. Curso de processo civil. São Paulo: RT, 2016, p.249. No mesmo sentido, Fredie Didier Jr., para quem o direito de ação é o poder de acessar os tribunais e exigir uma tutela jurisdicional adequada, tempestiva e efetiva. Curso de processo civil, v. 1. Salvador: Juspodivm, 2018, p. 333. Segundo Hélio Tornaghi, a ação é o direito subjetivo público que tem qualquer pessoa de exigir do Estado a prestação jurisdicional. Instituições de processo penal, v.1. São Paulo: Saraiva, 1977, p. 301.
3. A doutrina portuguesa parece ter abandonado o conceito de ação penal por considerá-lo desnecessário. De acordo com Jorge de Figueiredo Dias, para quem o inquérito é uma fase do processo, "se fizermos coincidir o conceito de ação (para nós imprestável e inútil em processo penal, por razões que no vol. II referiremos) com o de 'processo penal', à tese referida tem de contrapor-se que, segundo o DL n° 35 007 como já segundo o CPP, a instrução preparatória é *uma fase do processo penal*, inclusivamente com pleno valor processual, pelo que aquele se inicia no momento preciso em que começa a instrução preparatória". Direito processual penal, cit., p.271.

A ação penal pode ser pública (condicionada ou incondicionada) ou privada (de iniciativa privada e de iniciativa privada subsidiária), distinção que atende a critério de conveniência político-criminal. Justo por isso, uma infração penal grave não necessariamente será de ação pública, nem a menos grave será sempre de iniciativa privada (v.g., as contravenções são de ação pública incondicionada).

A ação penal pública, que se realiza por meio de uma petição chamada *denúncia,* é atribuição exclusiva do Ministério Público (CF, art. 129, I). Já a ação penal privada, que se inicia com uma peça que recebe o nome de *queixa*, cabe ao próprio ofendido ou seu representante legal. A denúncia e a queixa devem conter os seguintes requisitos do art. 41 do CPP[4], sob pena de inépcia: a) exposição circunstanciada da infração penal (crime ou contravenção); b) a qualificação dos autores, coautores e partícipes (quando houver); c) a tipificação exata da infração penal, com a indicação de qualificadoras, causas de aumento de pena etc.; d) meios de prova. Incide, ainda, no que couber, o disposto no art. 319 do CPC, relativamente aos requisitos da petição, tais como: a) o juízo a que é dirigida; b) o pedido com as suas especificações.

A ação penal privada (propriamente privada) só pode ser proposta pelo ofendido ou por seu representante legal (e sucessores) nos casos previstos em lei, por meio de advogado.

Se o Ministério Público - sem justa causa - não propuser a denúncia na forma e prazo legal, o ofendido poderá intentar a queixa subsidiária e assim suprir a omissão não justificada do MP (CF, art. 5º, LIX; CP, art. 100, § 3º). É a chamada ação penal privada (de iniciativa privada) subsidiária.

Quando se tratar de crime complexo, isto é, aquele que resulta da fusão de dois ou mais tipos penais, incidirá o art. 101 do CP, segundo o qual "quando a lei considera como elemento ou circunstâncias do tipo legal fatos que, por si mesmos, constituem crimes, cabe ação penal pública em relação àquele, desde que, em relação a qualquer destes, se deva proceder por iniciativa do Ministério Público". Justo por isso, o crime de estupro (CP, art. 213) qualificado por lesão grave ou morte

4. Art.41. A denúncia ou queixa conterá a exposição do fato criminoso, com todas as suas circunstâncias, a qualificação do acusado ou esclarecimentos pelos quais se possa identificá-lo, a classificação do crime e, quando necessário, o rol das testemunhas.

da vítima (§§ 1º e 2º) é de ação penal pública incondicionada, e não de ação penal pública condicionada à representação, como poderia parecer à primeira vista (art. 225). É que tanto a lesão grave quanto o homicídio são (isoladamente) delitos de ação penal pública incondicionada.

No caso de alterações legais que modifiquem a ação penal, a lei terá aplicação imediata (CPP, art. 2°) sempre que for mais benéfica ao investigado ou acusado (v.g., se passar a exigir representação em crime que era de ação penal incondicionada). Quando lhe for prejudicial, a nova lei só incidirá sobre as infrações penais consumadas (ou tentadas) após a sua entrada em vigor (v.g., se transformar crime de ação penal privada em delito de ação pública).

Há uma tendência da legislação no sentido de abolir a ação penal privada, sendo certo que o projeto de reforma do CPP previa a sua extinção. Se extinta, todas as infrações penais (crimes e contravenções) serão de ação pública (incondicionada ou condicionada). A ação penal privada subsidiária, que tem previsão constitucional (CF, art. 5°, LIX[5]), subsistirá.

2) AÇÃO PENAL NOS CRIMES CONTRA A DIGNIDADE SEXUAL

Com o advento da Lei nº 13.718, de 24 de setembro de 2018, que deu nova redação ao artigo 225 do Código Penal (*Nos crimes definidos nos Capítulos I e II deste Título, procede-se mediante ação penal pública incondicionada*), todos os crimes contra a dignidade sexual são de ação pública incondicionada. Na verdade, bastaria abolir o artigo 225 do CP, já que, nos termos do art. 100, *caput* e §1°, do CP, toda ação é pública incondicionada, salvo se a lei expressamente exigir queixa ou representação do ofendido.

Como a modificação é mais gravosa para o réu (*novatio legis in pejus*), visto que, dependendo do delito, exigia-se representação ou mesmo queixa, só incidirá sobre os crimes consumados ou tentados após a sua entrada em vigor.

Com efeito, desde a Lei nº 12.015/2009, que deu nova redação aos *crimes contra os costumes*, os agora denominados *crimes contra a digni-*

---

5. Art. 5°, LIX - será admitida ação privada nos crimes de ação pública, se esta não for intentada no prazo legal.

dade sexual – eram (normalmente) crimes de ação pública condicionada à representação (CP, art. 225, *caput*[6]).

A ação penal privada que aí se previa para alguns casos especiais foi abolida. Aliás, a abolição da ação penal privada é uma tendência da legislação penal.

Já o estupro de vulnerável (CP, art. 217-A) e contra menor de 18 (dezoito) anos já eram de ação penal pública incondicionada. Como a lei não excepcionava o estupro qualificado por lesão corporal grave ou morte, tornando-o, de modo explícito, de ação pública incondicionada, havia quem entendesse que a ação penal dependia de representação.

O equívoco é manifesto.

É que incidia, no caso, o art. 101 do Código Penal, sobre crime complexo, que tem a seguinte redação: "Quando a lei considera como elemento ou circunstâncias do tipo legal fatos que, por si mesmos, constituem crimes, cabe ação pública em relação àquele, desde que, em relação a qualquer destes, se deva proceder por iniciativa do Ministério Público."

É bem verdade que o estupro (simples) não é complexo ou composto, visto que, embora o constrangimento ilegal constitua crime autônomo, o ato sexual, por si só, não o é. E o crime complexo, como visto, é aquele resulta da fusão de dois ou mais tipos.[7] Mas, se o crime de estupro na forma simples não é complexo, o é na forma qualificada por lesão grave

---

6. Art. 225. Nos crimes definidos nos Capítulos I e II deste Título, procede-se mediante ação penal pública condicionada à representação.

7. É de ver, no entanto, que na doutrina alemã é comum considerar como complexo o delito que ofende mais de um bem jurídico, não necessariamente resultante da fusão de dois ou mais tipos. Nesse sentido, Roxin: "Os delitos simples protegem só um bem jurídico, e os compostos, vários (...). Delitos compostos são, entre outros, o furto (§ 242), que se dirige contra a propriedade e a custódia (...)" (Derecho Penal. Parte General. Madrid: Editorial Civitas, 1997, p. 337); e Jescheck: "de acordo com o número de bens jurídicos protegidos no preceito penal, há delitos simples e compostos" (Tratado de Derecho Penal. Parte General. Granada: Comares, 1993, p. 239). Já na doutrina espanhola, Muñoz Conde e Mercedes Arán definem crimes complexos como aqueles que "se caracterizam pela concorrência de duas ou mais ações, cada uma constitutiva de um delito autônomo, mas de cuja união nasce um complexo delitivo autônomo distinto" (Derecho Penal. Parte General. 4. ed. Valencia: Tirant lo Blanch, 2000, p. 296). E, para Rodriguez Mourullo, "os tipos complexos se caracterizam porque estão integrados por duas ou mais ações que são em si mesmas delitivas" (Derecho Penal. Parte General. Madrid: Civitas, 1978, p. 274).

ou morte, por resultar da fusão de dois tipos penais autônomos: estupro (simples) ou constrangimento ilegal e lesão grave ou homicídio.

Incidia, pois, o art. 101 do Código Penal, porque tanto a lesão grave quanto a morte são condutas que "a lei considera como elemento ou circunstâncias do tipo legal fatos que, por si mesmos, constituem crimes". Justo por isso, se não fosse a previsão legal expressa das circunstâncias qualificadoras nos §§ 1º e 2º do art. 213 do Código Penal, o agente responderia, em concurso (formal ou material), por estupro e lesão corporal grave ou estupro e homicídio, por serem infrações autônomas.

Além disso, não faria sentido algum que, para crime menos grave (estupro de vulnerável ou contra menor de 18 anos, punido com pena de 8 a 15 anos de reclusão), fosse prevista a ação penal pública incondicionada, e para o delito mais grave (estupro com resultado morte) a ação penal dependesse de representação. Note-se que, também para o estupro de vulnerável (CP, art. 217-A, §§ 3º e 4º), a lei prevê as formas qualificadas da lesão grave e morte da vítima. Sistematicamente, portanto, a pretensão de se exigir representação para o estupro qualificado era de todo infundada, inclusive porque violaria o princípio da proporcionalidade, entendido como proibição de proteção deficiente.

Por fim, não se compreenderia que uma lei, que aboliu a ação penal privada e pretendeu castigar mais duramente seus destinatários, tratasse de modo mais brando justamente os autores dos delitos mais graves (com resultado morte, inclusive), ao condicionar (supostamente) a ação penal à representação da vítima.

Em resumo, a jurisprudência que se consolidara sobre o tema permanecia inalterada[8]: a ação penal, no crime de estupro com lesão grave ou morte, é de ação penal pública incondicionada, porque tanto a lesão grave quanto o homicídio são delitos de ação penal pública incondicionada.

De todo modo, como vimos, toda essa discussão restou superada com o advento da nova redação do art. 225 do CP, tornando, sem exceção, os crimes contra a dignidade sexual de ação pública incondicionada.

Com relação à lesão corporal resultante de violência doméstica praticada contra mulher regida pela Lei nº 11.340/2006 (Lei Maria da

8. Súmula 608 do STF: No crime de estupro, praticado mediante violência real, a ação penal é pública incondicionada.

Penha), a matéria está pacificada no sentido de que se trata de crime de ação penal pública incondicionada. Nesse sentido, Súmula 542 do STJ: A ação penal relativa ao crime de lesão corporal resultante de violência doméstica contra a mulher é pública incondicionada.

3) AÇÃO PENAL PÚBLICA

A ação penal pública divide-se em pública incondicionada e pública condicionada. A primeira independe do implemento de qualquer condição, razão pela qual os órgãos de investigação e de persecução criminal atuam oficialmente, com ou sem provocação do ofendido ou de seus representantes legais (CPP, art. 5º, I).

A ação penal pública condicionada, porém, depende do implemento de uma condição: a manifestação de vontade do ofendido ou de seu representante legal, que deverão expressar seu interesse em ver apurado o fato e processado o seu autor. Exige-se, pois, representação do ofendido ou requisição do Ministro da Justiça, nos casos previstos em lei.

Quando o ofendido for incapaz e não dispuser de representante legal, o juiz nomeará curador para representá-lo. O mesmo ocorrerá se houver conflito entre o interesse do incapaz e seu representante legal. As pessoas jurídicas serão representadas na forma da respectiva lei, do estatuto ou do contrato social.

A ação penal pública incondicionada é a regra; a ação pública condicionada e a ação penal privada são exceções. Assim, sempre que o tipo penal nada contiver sobre a legitimidade da ação, tratar-se-á de infração (crime ou contravenção) de ação pública incondicionada (CP, art. 100, § 1º). Quando, porém, for exigida representação ou requisição do Ministro da Justiça, cuidar-se-á de crime de ação pública condicionada. Nesse sentido, é o crime de ameaça do art. 147 do CP, cujo §2º parágrafo diz: "somente se procede mediante representação".

Por fim, nos casos de ação penal privada a lei dirá que somente se procede mediante queixa (*v. g.*, crimes contra a honra).

Com relação aos crimes praticados contra a honra de funcionário público no exercício da função, a legitimidade é concorrente: tanto o MP quanto o ofendido podem intentar a ação penal. Nesse sentido, Súmula 714 do STF: É concorrente a legitimidade do ofendido, mediante queixa, e do ministério público, condicionada à representação do ofendido, para a ação penal por crime contra a honra de servidor público em razão do exercício de suas funções.

4) PRINCÍPIOS – OU REGRAS – QUE REGEM A AÇÃO PENAL PÚBLICA

De acordo com a doutrina, a ação penal pública é obrigatória (princípio da obrigatoriedade) sempre que houver justa causa para deflagrá-la. Significa dizer que normalmente o Ministério Público não pode decidir sobre a conveniência ou oportunidade da ação, devendo oferecer a denúncia se dispuser de elementos para tanto (materialidade e autoria de crime punível).

Quando faltar justa causa, o MP deverá propor o arquivamento da investigação ou requerer novas diligências. Caber-lhe-á também propor transação penal quando se tratar de infração de menor potencial ofensivo (contravenções e crimes que cominem pena máxima não superior a dois anos de prisão), bem como a suspensão condicional do processo nos crimes de médio potencial ofensivo (pena mínima não superior a um ano), na forma da Lei nº 9.099/95 (arts. 76 e 89).

Com o advento da Lei n° 12.850/2013 (dispõe sobre as organizações criminosas), o princípio da obrigatoriedade sofreu nova relativização com a possibilidade de acordos de colaboração premiada. Assim também o acordo de leniência previsto para os crimes contra a ordem econômica e outros de que trata a Lei n°12.529/2011 (art. 87). Idem, o acórdão de não persecução penal de que trata a Resolução n° 181 do CNMP, com a redação dada pela Resolução n° 183, de 2018.

Como se vê, parece que o chamado princípio da obrigatoriedade está com os dias contados.

Como a ação penal é obrigatória, segue-se que ela é também indisponível, já que, iniciado o processo, o MP não poderá desistir da ação ou do recurso que haja interposto (CPP, arts. 42 e 576).

Por fim, é controvertida a incidência do princípio da indivisibilidade na ação penal pública. Parece-nos, porém, que aqui não incide, razão pela qual se aplica apenas à ação penal privada.

Na ação penal privada vigoram os princípios – em verdade, regras – da oportunidade, disponibilidade e indivisibilidade.

4.1) Princípio da obrigatoriedade?

O assim chamado "princípio da obrigatoriedade" da ação penal é, em verdade, um aspecto do princípio da legalidade penal, segundo o qual o Ministério Público não pode atuar arbitrariamente, sem pautar suas manifestações pela lei, pela Constituição e pelas convenções internacionais. Rigorosamente falando, não existe "um princípio da obrigatoriedade", mas um dever de atuação conforme a lei, que, aliás, é um princípio geral da administração pública (CF, art. 37). Nesse sentido específico, legalidade significa que a atividade do Ministério Público há de desenvolve-se sob o signo da estrita vinculação à lei, e não segundo considerações de oportunidade ou conveniência.[9] Logo, ressalvados os casos previstos na própria lei, a exemplo do que fazem as leis 9.099/95 e 12.850/2013, não pode o MP dispor da ação penal, e, pois, fazer acordos, desistir de ação penal já instaurada ou de recurso já interposto etc.

O que a doutrina convencionou chamar princípio da obrigatoriedade é, por conseguinte, apenas uma das possíveis dimensões do princípio da legalidade que informa a ação penal pública.[10]

Mas essa obrigatoriedade vale para toda e qualquer manifestação ministerial, e não só para a propositura da ação penal (requisição de investigação, de arquivamento de inquérito, de condenação ou absolvição, emissão de pareceres etc.). Como ensina Ferrajoli, por obrigatoriedade da ação penal não se deve entender, como se tem dito a propósito da não derrogação do juízo, um irrealizável dever de proceder a todo e qualquer crime, mas só a obrigação dos órgãos de acusação pública de promover o juízo para toda *notitia criminis* que vier a seu conhecimento, ainda que para requerer o arquivamento ou absolvição, caso considerem o fato penalmente irrelevante ou faltem indícios de culpabilidade. Nesse sentido, a obrigatoriedade da ação penal é só um aspecto ou corolário de outras características essenciais do sistema garantista.[11]

---

9. Figueiredo Dias, cit., p.126.
10. Afrânio Silva Jardim e Pierre Amorim preferem a expressão princípio da obrigatoriedade, "a fim de tornar mais claro que o dever legal de o Ministério Público exercitar a ação penal é, na verdade, uma decorrência do próprio princípio da legalidade, que, numa perspectiva mais ampla, informa a atuação dos órgãos públicos no chamado Estado de Direito". Direito processual penal. Salvador: Juspodivm, 2016, p.188.
11. Direito e razão, cit.

Também por isso, só cabe falar de obrigatoriedade num sentido muito limitado, como obrigação de oferecer a denúncia, se e quando presentes seus pressupostos e requisitos legais (*fummus commissi delicti*), não no sentido de levar adiante uma acusação que se sabe ou se revelou infundada, isto é, sem justa causa, razão pela qual nada impede que o MP proponha, a seguir, a sua rejeição ou a absolvição sumária do denunciado, entre outras medidas legais cabíveis.

Oferecer denúncia é, pois, apenas uma das possíveis formas, não a única, da obrigatoriedade da ação penal, ou, para ser mais exato, uma das possíveis formas de cumprimento do princípio da legalidade penal, aí incluídas a lei, a Constituição e as convenções internacionais subscritas pelo Brasil.

5) AÇÃO PENAL PÚBLICA CONDICIONADA: RETRATAÇÃO DA REPRESENTAÇÃO

Nos crimes de ação penal pública condicionada, a investigação e o processo só podem ser instaurados se houver representação do ofendido ou de seu representante legal. Há casos em que a lei exige requisição do Ministro da Justiça. Se não houver representação ou requisição, faltará uma condição de procedibilidade da ação penal.

A representação não exige formalidades especiais e pode se dar na forma escrita, oral ou por meio eletrônico. O que de fato importa é que fique clara a vontade da vítima de ver apurado o delito e punido o seu autor. Poderá ser feita à autoridade policial ou ao Ministério Público. Quando feita oralmente, a representação será reduzida a termo.

Feita a representação na forma da lei, o ofendido poderá se retratar até o oferecimento da denúncia (CPP, art. 102), ou seja, poderá desistir do processo. Embora a lei estabeleça o *oferecimento* da denúncia como termo final da retratação, parece-nos razoável admiti-la enquanto não houver o *recebimento* da denúncia no juízo ou tribunal, como previsto na Lei n° 11.340/2006 (art. 16[12]).

12. Art. 16. Nas ações penais públicas condicionadas à representação da ofendida de que trata esta Lei, só será admitida a renúncia à representação perante o juiz, em audiência especialmente designada com tal finalidade, antes do recebimento da denúncia e ouvido o Ministério Público.

Também por isso, não vemos problema algum em admitir a retratação da retratação desde que não tenha havido decadência do direito de representar ou outra causa extintiva de punibilidade.

Como a lei não prevê a retratação da requisição do Ministro da Justiça, a doutrina diverge sobre o tema. Temos que também a retratação da requisição é perfeitamente possível, já que constitui também uma condição de procedibilidade da ação penal pública e, portanto, presta-se ao mesmo fim.

5.1) Legitimidade concorrente – Súmula 714 do STF

Os crimes contra a honra de funcionário público em razão de suas funções são de ação pública condicionada à representação (CP, art. 141, II, c/c 145, parágrafo único). Apesar disso, a Súmula 714 do STF ampliou a legitimidade ativa para permitir que também o ofendido possa intentá-la diretamente, mediante queixa: "É concorrente a legitimidade do ofendido, mediante queixa, e do ministério público, condicionada à representação do ofendido, para a ação penal por crime contra a honra de servidor público em razão do exercício de suas funções".

A rigor, é uma legitimidade alternativa, já que, se o querelante propuser a queixa, o MP não poderá denunciar pelo mesmo fato (*ne bis in idem*). O mesmo ocorreria, *mutatis mutandis*, se o MP oferecesse denúncia, o que impediria eventual queixa.

Também por isso, se o MP determinar o arquivamento da representação, por entender que o fato é atípico ou por outro motivo, o ofendido não poderá ajuizar a queixa, seja em razão da preclusão, seja em virtude do princípio *ne bis in idem*.

Como o Código Penal e a Súmula 714 falam de crime contra honra de *servidor público no exercício de suas funções*, tais previsões não incidem se a ofensa não tiver relação com o exercício funcional ou, se tendo relação com o serviço público, o ofendido já não ostentar, quando do cometimento do crime contra a honra, a condição legal de funcionário público (exoneração, aposentadoria etc.). Assim, por exemplo, se uma pessoa já aposentada for ofendida na sua honra por fatos supostamente ocorridos quando ainda era funcionário público, caberá queixa, exclusivamente, não representação.

No entanto, se o funcionário público for insultado em razão do exercício das suas funções e posteriormente à representação feita ao MP vem a se desligar do serviço público, nada mudará quanto à legitimidade ativa prevista na Súmula 714. Ou seja, para que se reconheça a legitimação do Ministério Público exige-se contemporaneidade entre as ofensas e o exercício das funções, mas não contemporaneidade entre o exercício do cargo e a propositura da ação penal" (STF, Inq 3438, Primeira Turma, julgado: 11/11/2014, Publicado: 10/02/2015).

6) AÇÃO PENAL (DE INICIATIVA) PRIVADA

A ação penal privada é exclusiva do próprio ofendido e de seu representante legal (e sucessores), por meio de advogado. Aqui vigoram os princípios da oportunidade e disponibilidade, de modo que o querelante pode desistir da queixa, perdoar, renunciar ou desistir de recurso já interposto. Incide, ainda, o princípio da indivisibilidade, devendo o querelante intentar a ação contra todos os autores, coautores e partícipes conhecidos, sob pena de extinção da ação. Assim, por exemplo, se o ofendido propuser a queixa contra apenas um dos autores do crime, deixando de fazê-lo contra outro, a fim de protegê-lo, a queixa será rejeitada.

O ofendido pode renunciar ao direito de queixa, expressa ou tacitamente, implicando a extinção da punibilidade (CP, arts. 104 e 107, V). A renúncia, que ocorre antes de proposta a queixa, já que depois dela será o caso de perdão, pode ser expressa ou tácita. A renúncia expressa constará de declaração assinada pelo ofendido, seu representante legal ou procurador com poderes especiais (CPP, art. 50). A tácita ocorrerá quando houver prática de ato manifestamente incompatível com a vontade de exercer o direito de queixa, não sendo considerando como tal o fato de o ofendido receber a indenização do dano causado pelo crime (CP, art. 104, parágrafo único, e CPP, art. 57). Exemplo de renúncia tácita é o casamento do autor do crime com a sua vítima, que, embora não constitua mais uma causa expressa de extinção de punibilidade, implica, em princípio, a renúncia de que estamos tratando.

Havendo coautoria ou participação, a renúncia se comunica a todos os coautores e partícipes (CPP, art. 49), por força do princípio da indivisibilidade.

O perdão – que poderá ocorrer até o trânsito em julgado da sentença condenatória (CP, art. 106, § 2º) – é a desistência da ação penal privada já iniciada, importando em extinção da punibilidade (CP, arts. 105 e 107, V).

À semelhança da renúncia, o perdão poderá ser tácito ou expresso. Também aqui o perdão concedido a um dos coautores ou partícipes aproveita a todos.

Como é ato bilateral, não a renúncia (unilateral), o perdão exige a aceitação do querelado. Se houver recusa, a queixa prosseguirá contra quem recusou o perdão (CP, art. 106, III).

Quando houver mais de um querelante, o perdão concedido por um não afeta o direito dos demais querelantes.

7) AÇÃO PENAL (DE INICIATIVA) PRIVADA SUBSIDIÁRIA

A ação penal privada subsidiária é destinada a suprir inércia do Ministério Público (CF, art. 5º, LIX), que, sem justo motivo, deixa de oferecer denúncia no prazo legal (CP, art. 100, § 3º). Configurada a inércia do MP, o ofendido ou a quem o represente (cônjuge, ascendente etc.) poderá intentar queixa no prazo legal.

Não há, porém, inércia, logo, não é admitida a queixa subsidiária, se o MP tiver requerido novas diligências ou promover o arquivamento da investigação.

A ação penal subsidiária é regida pelos princípios da ação penal pública, razão pela qual não incidem os institutos próprios da ação penal privada: renúncia, perdão, perempção etc. Também por isso, o Ministério Público pode aditar a queixa, oferecer denúncia substitutiva, requerer diligências, produzir provas, recorrer e a qualquer momento retomar o prosseguimento da ação, se houver negligência do querelante (CPP, art. 29).

Admitida a ação penal privada, o Ministério Público poderá aditar a queixa, repudiá-la e oferecer denúncia substitutiva, intervir em todos os termos do processo, fornecer elementos de prova, interpor recurso e, a todo tempo, no caso de negligência do querelante, retomar a ação como parte principal.

8) DECADÊNCIA E PEREMPÇÃO

Nos crimes de ação penal privada e de ação penal pública condicionada, o ofendido dispõe do prazo de seis meses para oferecer a queixa ou exercer o direito de representação, a contar do dia em que veio a saber quem é o autor do crime, de modo que decairá desse direito (CP, art. 103) se não o fizer tempestivamente. Trata-se de prazo penal (CP, art. 10), razão pela qual se inclui o dia do começo no seu cômputo.

Quanto à ação penal privada subsidiária da pública, o prazo de seis meses conta-se do dia em que se esgota o prazo para o Ministério Público oferecer a denúncia (CPP, arts. 38 e 46).

Também aqui o Código não menciona a decadência do direito de requisição. O tema é controvertido. Não vemos porque não admitir a decadência da requisição no prazo de seis meses.

A perempção é a extinção da ação penal privada em virtude de inércia do querelante, uma espécie de pena imposta ao autor negligente. É causa extintiva da punibilidade (CP, art. 107, IV).

Dá-se a perempção quando (CPP, art. 60): 1) iniciada, o querelante deixar de promover o andamento do processo durante trinta dias seguidos; 2) falecendo o querelante, ou sobrevindo sua incapacidade, não comparecer em juízo, para prosseguir no processo, dentro do prazo de sessenta dias, qualquer das pessoas a quem couber fazê-lo; 3) o querelante deixar de comparecer sem motivo justificado a qualquer ato do processo a que deva estar presente ou deixar de formular o pedido de condenação nas alegações finais; 4) sendo o querelante pessoa jurídica, esta se extinguir sem deixar sucessor.

A perempção – exclusiva da ação penal propriamente privada - não é aplicável à ação penal privada subsidiária. Nesta, se houver negligência do querelante, o Ministério Público poderá retomar a ação como parte principal (CPP, art. 29).

Capítulo X

ACORDO DE NÃO PERSECUÇÃO PENAL

1) INTRODUÇÃO

O art. 28-A do CPP, com a redação dada pelo pacote anticrime, prevê o acordo de não persecução penal (ANPP) para os crimes praticados sem violência ou grave ameaça à pessoa cuja pena mínima seja inferior a 4 anos e desde que haja confissão formal e circunstanciada (art. 28-A). Repete, no essencial, o art. 18 da Resolução 181 do Conselho Nacional do Ministério Público (CNMP), alterada pela Resolução n° 183, de 24 de janeiro de 2018, daquele Conselho.

O acordo de não persecução penal é mais um instituto inspirado no modelo de justiça consensual ou fundada no diálogo. Trata-se de um negócio jurídico processual, que há de ser livremente pactuado, não podendo ser imposto por e contra ninguém, visto que o MP não pode obrigar o investigado a realizá-lo, nem este poderá impor ao MP, tampouco o juiz poderá coagi-los a celebrar o acordo.

A incidência prática do instituto é amplíssima, visto que a quase totalidade dos crimes não violentos comina pena mínima inferior a 4 anos, tais como: furto simples e qualificado, corrupção passiva e ativa, peculato etc. A pena máxima cominada é irrelevante.

Se bem aplicado, o instituto poderá ter impacto significativo sobre o encarceramento, se bem que os crimes que mais encareceram são os praticados com violência ou grave ameaça à pessoa, especialmente o roubo.

Embora a lei não tenha revogado o art. 89 da Lei n° 9.099/95, a suspensão condicional do processo foi sensivelmente esvaziada, uma vez que o acordo de não persecução é muito mais amplo por já compreender as hipóteses que comportariam a suspensão condicional, isto é, crimes punidos com pena mínima igual ou inferior a um ano. De todo modo, como os institutos exigem requisitos distintos a suspensão condicional ainda terá alguma aplicação.

Quando cabível a transação penal, o acordo não é aplicável (art. 28-A, §2, I). A transação penal está prevista para as infrações de menor potencial ofensivo (contravenções penais e crimes punidos com pena máxima não superior a 2 anos), de competência dos juizados especiais criminais.

Embora vedado no âmbito dos Juizados Especiais Criminais, o acordo é possível na Justiça Militar e Eleitoral.

A prescrição não corre enquanto o acordo não for cumprido ou rescindido (CP, art. 116, III). Trata-se de nova causa suspensiva ou impeditiva da prescrição.

Como não há proibição legal, temos que é possível o acordo de não persecução nos casos de ação penal privada[1]. O tema é controvertido.

O ANPP é também aplicável às investigações relativas a ações penais originárias, de competência dos tribunais (art. 1°, §3°, da Lei n° 8.038/90).

Como é mais favorável ao investigado, temos que o novo instituto: a) incidirá sobre inquéritos e processos criminais já instaurados, devendo o juiz ouvir o MP sobre o tema; e b) incidirá sobre processo com sentença condenatória recorrível. Nesse caso, o juiz ou tribunal ouvirá o MP. Se proposto e celebrado o acordo, o processo ficará suspenso enquanto aguarda a sua execução. Se cumprido o acordo, o processo é extinto. Se não, o processo retomará seu curso[2].

---

1. No mesmo sentido, Vladimir Aras. A lei anticrime comentada. São Paulo: JH Mizuno, 2020. Em sentido contrário, Rômulo de Andrade Moreira: https://emporiododireito.com.br/leitura/o-acordo-de-nao-persecucao-penal, 2020.
2. A propósito, o Enunciado 98 da 2ª Câmara de Coordenação e Revisão do MPF dispõe que: "É cabível o oferecimento de acordo de não persecução penal no curso da ação penal, isto é, antes do trânsito em julgado, desde que preenchidos os requisitos legais, devendo o integrante do MPF oficiante assegurar seja oferecida ao acusado a oportunidade de confessar formal e circunstancialmente a prática da infração penal, nos termos do art. 28-A do CPP, quando se tratar de processos que estavam em curso quando da introdução da Lei nº 13.964/2019, conforme precedentes, podendo o membro oficiante analisar se eventual sentença ou acórdão proferido nos autos configura medida mais adequada e proporcional ao deslinde dos fatos do que a celebração do ANPP. Não é cabível o acordo para processos com sentença ou acórdão após a vigência

Não vemos também porque não aplicar o ANPP aos processos com sentença transitada em julgado, ouvindo-se o MP e suspendendo-se a execução penal quando celebrado o acordo. Incide o art. 2°, parágrafo único, do Código Penal, que diz: "A lei posterior, que de qualquer modo favorecer o agente, aplica-se aos fatos anteriores, ainda que decididos por sentença condenatória transitada em julgado."a

Afinal, tem-se aqui uma *novatio legis in mellius*. Mais: se no caso de abolição do crime ou de atenuação da pena, a lei penal retroage, com ou sem trânsito em julgado da sentença penal, por que motivo não retroagiria na hipótese de um instituto como o acordo de não persecução penal que evita o processo penal e assim impede a eventual condenação e execução penal, com todos os efeitos penais que implicam? Também aqui fica clara a inconsistência da distinção entre normas penais, processuais penais e executórias.

Em um primeiro momento, formou-se orientação majoritária nos tribunais superiores no sentido de que o ANPP era aplicável a crimes praticados antes da vigência da Lei n. 13.964/2019, desde que ainda sem o recebimento da denúncia, já que a retroatividade da inovação legislativa não poderia desnaturar seu aspecto pré-processual.

Porém, no STF a posição até então minoritária acabou sendo acolhida no julgamento do HC 185.913/DF, em 2024, reconhecendo-se a possibilidade de celebração do ANPP em casos anteriores à vigência da nova lei, desde que sem trânsito julgado, além de dispor acerca do dever do órgão ministerial de se manifestar acerca do cabimento acordo, inclusive de ofício[3].

---

da Lei nº 13.964/2019, uma vez oferecido o ANPP e recusado pela defesa, quando haverá preclusão".

3. Por maioria, o Plenário do STF fixou as seguintes teses acerca do tema, ao julgar o referido habeas corpus: "1. Compete ao membro do Ministério Público oficiante, motivadamente e no exercício do seu poder-dever, avaliar o preenchimento dos requisitos para negociação e celebração do ANPP, sem prejuízo do regular exercício dos controles jurisdicional e interno; 2. É cabível a celebração de Acordo de Não Persecução Penal em casos de processos em andamento quando da entrada em vigência da Lei nº 13.964, de 2019, mesmo se ausente confissão do réu até aquele momento, desde que o pedido tenha sido feito antes do trânsito em julgado; 3. Nos processos penais em andamento na data da proclamação do resultado deste julgamento, nos quais, em tese, seja cabível a negociação de ANPP, se este ainda não foi oferecido ou não houve motivação para o seu não oferecimento, o Ministério Público, agindo

Apesar de ser mais favorável ao réu do que a anterior, temos que tal posição implica em manifesto tratamento desigual entre os réus pela jurisdição. Em primeiro lugar, confere àqueles com condenações definitivas tratamento mais grave do que aqueles que, eventualmente, interpuseram reiterados recursos a fim de postergar o trânsito em julgado da condenação. É, pois, um incentivo para que as partes recorram quando houver inovação legislativa.

Além disso, há situações em que a suscitação tempestiva pelos réus da possibilidade de celebração do acordo não foi acolhida pela jurisdição, inclusive em recursos e habeas corpus às instâncias superiores. Com o trânsito em julgado nesses casos, não será mais cabível o ANPP. Ocorre que outros réus, que nem sequer sustentaram tal questão (em tese preclusa), poderão celebrar o acordo, desde que ainda não encerrada a fase de conhecimento.

Tal decisão, em certa medida tardia, também traz questões práticas sobre sua efetivação fora da primeira instância jurisdicional, especialmente no âmbito dos tribunais superiores (atribuição do órgão ministerial para propositura do acordo e para revisão, competência para homologação e para acompanhamento da execução, realização de audiência etc.).

2) CABIMENTO

O ANPP exige os seguintes requisitos (art. 28-A): a) que não seja caso de arquivamento da investigação; b) crime praticado sem violência ou grave ameaça à pessoa; c) crime punido com pena mínima inferior a 4 anos; d) confissão formal e circunstanciada (a lei fala, em verdade, de *circunstancial*); e) necessidade e suficiência do acordo para a reprovação e prevenção do crime.[4]

---

de ofício, a pedido da defesa ou mediante provocação do magistrado da causa, deverá, na primeira oportunidade em que falar nos autos, após a publicação da ata deste julgamento, manifestar-se motivadamente acerca do cabimento ou não do acordo; 4. Nas investigações ou ações penais iniciadas a partir da proclamação do resultado deste julgamento, a proposição de ANPP pelo Ministério Público, ou a motivação para o seu não oferecimento, devem ser apresentadas antes do recebimento da denúncia, ressalvada a possibilidade de propositura, pelo órgão ministerial, no curso da ação penal, se for o caso".

4. Mesmo que satisfeito os requisitos objetivos, inclusive o da pena máxima, há situações em que a negativa de proposta do acordo justifica-se em razão da gravidade do

2.1) Justa causa: casos de denúncia, não de arquivamento

Inicialmente, não cabe o acordo se, por qualquer motivo, for caso de arquivamento da investigação (inquérito policial etc.). Faltar-lhe-á justa causa quando couber o arquivamento. Faltando justa causa para a denúncia, faltará justa causa para o acordo. Afinal, o ANPP é uma alternativa à denúncia, não uma alternativa ao arquivamento. O juiz deve, pois, rejeitá-lo quando for manifesto o abuso do poder de acusar ou carecer de amparo legal (art. 28-A, §§4°, 5° e 7°). Também aqui se presume a inocência, não a culpa, apesar da confissão formal do delito.

O acordo não será possível, por exemplo, se o fato não constituir crime ou incidir excludentes de tipicidade, de ilicitude ou de culpabilidade (erro de tipo ou de proibição inevitável, coação física ou moral irresistível etc.). Tampouco se a punibilidade estiver extinta em razão de prescrição, decadência etc. Ou não houver elementos de prova suficientes para o oferecimento de denúncia ou a prova obtida for ilícita etc. Nem se admitirá o acordo quando for manifesta a insignificância jurídico-penal da conduta.

Quanto ao investigado inimputável ou semi-imputável, o acordo é perfeitamente possível[5], devendo as condições serem fixadas segundo a espécie e o grau de inimputabilidade (art. 28-A, V). Também aqui se exige, e com maior razão, dada a maior vulnerabilidade do investigado, que se trate de fato típico punível.

Não há incompatibilidade com a voluntariedade que se exige no acordo, seja porque o advogado é indispensável à sua formalização e, pois, representará os interesses do contratante, imputável ou inimputável, seja porque a inimputabilidade não priva o agente inteiramente da capacidade de deliberar sobre seus próprios interesses. Cabe dizer, aliás, ao modo de Nietzsche, que não existem fenômenos psiquiátricos, mas uma interpretação psiquiátrica dos fenômenos[6]. Daí porque o inimputável ou semi-imputável, se tratado/medicado adequadamente, poderá levar uma vida relativamente normal.

---

fato ou de outras circunstâncias particulares (ex. homicídio culposo, lesão corporal culposa na direção de veículo automotor, discriminação racial, homofobia etc.)

5. Em sentido contrário, Vladimir Aras. A lei anticrime comentada. São Paulo: JH Mizuno, 2020.
6. A vontade de poder. São Paulo: Contraponto, 2008, p. 260, aforismo 481.

Recusar a aplicação do instituto ao inimputável ou semi-imputável violaria os princípios da legalidade penal, da proporcionalidade e da isonomia, visto que: a) não há vedação legal ou incompatibilidade no particular; b) instaurar-se-ia um processo penal desnecessário e dar-se-ia tratamento penal mais duro ao mais vulnerável; c) negar-se-ia ao inimputável um instituto em tese mais vantajoso para o investigado, independentemente de seu estado mental. Naturalmente que o acordo somente deveria ser proposto em casos especialmente graves, sobretudo tratamento ambulatorial. Nos casos menos importante, o destino da investigação deveria ser o arquivamento puro e simples.

Por fim, negar ao inimputável a possibilidade de acordar, ainda que assistido por advogado, é tratá-lo, não como sujeito de direito, mas como objeto do processo penal.

Para a admissão do acordo, é indispensável a instauração do incidente de sanidade mental de que trata o art. 149 do CPP.

2.2) Crimes não violentos

Somente os crimes cometidos com violência ou grave ameaça à pessoa, não à coisa, são excluídos pela lei. Assim, por exemplo, o roubo, o estupro e o homicídio doloso. Já os delitos cometidos com violência à coisa (v.g., furto qualificado com rompimento de obstáculo ou destruição da coisa) são passíveis do acordo. Temos também que os crimes culposos o admitem, visto que a violência não é intencional (v.g., lesões corporais culposas). *Idem*, aqueles em que a ameaça ou a violência constituem o próprio delito (v.g., crime de ameaça).

Não há vedação legal para crimes hediondos ou afins desde que praticados sem violência ou grave ameaça à pessoa, diversamente do que dispunha a Resolução 181/2017 do CNMP, alterada pela Resolução n° 183, de 24 de janeiro de 2018, daquele Conselho.

O tráfico de drogas na forma simples (art. 33 da Lei 11.343/2006) é incompatível com o instituto, por cominar pena mínima de 5 anos de reclusão; mas é cabível no caso de tráfico privilegiado (art. 33, §4°), que não é mais crime equiparado a hediondo (art. 112, §5°, da LEP). Além disso, diversos crimes da lei cominam pena inferior a 4 anos; logo, admitem-no, a exemplo dos previstos nos arts. 34 a 35 e 37 a 39 da lei antitóxico (associação criminosa etc.). Igualmente, o porte de droga para consumo (art. 28).

2.3) Crimes cuja pena mínima seja inferior a 4 anos

Exige-se que se trate, ainda, de delito cuja pena mínima seja inferior a 4 anos. Logo, se a pena for igual ou superior a 4 anos não cabe o acordo. Melhor seria se a lei dissesse: pena igual ou inferior a 4 anos, à semelhança da suspensão condicional do processo, que fala de pena igual ou inferior a 1 ano.

Para a apuração da pena mínima cominada, considerar-se-ão as causas de aumento e de diminuição de pena. Quando se tratar de percentual variável de aumento de pena (v.g., 1/3 a 2/3), acrescentar-se-á o mínimo previsto (no caso, 1/3), diminuindo-se o máximo legal quando for causa de redução de pena (v.g., redução de 2/3, não de 1/3, no caso de crime tentado), prevalecendo sempre a pena mínima possível para saber-se se a pena mínima prevista é inferior a 4 anos. Incide aqui a Súmula 723 do STF, analogicamente: Não se admite a suspensão condicional do processo por crime continuado, se a soma da pena mínima da infração mais grave com o aumento mínimo de um sexto for superior a um ano.

Havendo concurso material de crimes (CP, art. 69), somam-se as penas mínimas previstas. E no concurso formal e na continuidade delitiva (CP, arts. 70 e 71), acrescentar-se-á o aumento mínimo previsto em lei sobre a pena mínima cominada. Se da soma resultar pena mínima inferior a 4 anos, o acordo é possível.

Incide a Súmula 243 do STJ, por analogia: O benefício da suspensão do processo não é aplicável às infrações penais cometidas em concurso material, concurso formal ou continuidade delitiva, quando a pena mínima cominada, seja pelo somatório, seja pela incidência da majorante, ultrapassar o limite de um (01) ano; no caso, a pena tem de ser inferior a 4 anos.

No caso de concurso material de crimes é possível propor/aceitar o acordo em relação a determinado delito e recusá-lo quanto a outro. Evidentemente, isso só é possível se a soma das penas mínimas não ultrapassar o limite legal previsto para o ANPP. Afinal, se cabe o acordo para dois ou mais crimes, é possível também recusá-lo no todo ou em parte.

Se oferecida a denúncia, o juiz ou tribunal proceder à desclassificação para crime que admita o acordo, deverá abrir vistas ao MP para que se manifeste a respeito. A Súmula 337 do STJ é aplicável analogicamente: É cabível a suspensão condicional do processo na desclassificação do crime e na procedência parcial da pretensão punitiva.

2.4) Confissão formal e circunstanciada etc.

Somente o investigado que confessar o crime, formal e circunstanciadamente, fará jus ao benefício.

Por que exigir-se confissão? E para que serve? A confissão pode ser usada como prova emprestada ou para efeito de condenação penal?

Embora fosse possível dispensar-se a confissão, desde que houvesse justa causa para o ANPP e livre aceitação pelo investigado, temos que a confissão atende a uma necessidade de segurança jurídica: evitar a celebração de acordo com pessoa inocente. Daí porque, quando se tratar de confissão inconsistente, dúbia ou inverossímil, o acordo não poderá ser firmado. Tampouco valerá como tal a confissão qualificada. Mais: a confissão, por mais consistente e verossímil, é apenas uma condição necessária, mas não suficiente para a realização do pacto, razão pela qual, havendo dúvida razoável sobre a culpabilidade, faltar-lhe-á justa causa.

Também por isso, parece-nos que a confissão só pode ser utilizada para efeito de celebração do ANPP, não podendo ser usada para outros fins penais ou civis (prova emprestada, condenação etc.).

A confissão é a admissão, no todo ou em parte, da imputação penal.

Diz-se *simples* quando o réu confessa o delito sem mais; e *qualificada* quando a confissão vem acompanhada de alegação de excludentes de tipicidade, de ilicitude ou de culpabilidade. Assim, por exemplo, se o investigado afirma que praticou furto em estado de necessidade ou que não houve um fato típico, mas um ato legal e consentido.

Para efeito do acordo, não necessariamente para outros fins (v.g., reconhecimento da atenuante da confissão espontânea), temos que somente a confissão simples permite a realização do ANPP. Ou seja, confissão *formal* e *circunstanciada* (a lei fala, em verdade, de confissão *circunstancial*) deve ser entendida como confissão simples. Confissão formal e circunstanciada é, portanto, uma confissão simples e voluntária em que o investigado menciona o essencial da infração cometida, narrando a motivação e as circunstâncias juridicamente relevantes. A lei exige que seja circunstanciada inclusive para a aferição judicial de sua consistência e verossimilhança.

Obviamente, não vale como tal o silêncio do investigado, seja porque a lei exige confissão formal, seja porque, se preferir se calar, o investigado não estará confessando delito algum, mas se valendo do direito à não autoincriminação (*nemo tenetur se detegere*).

Tampouco a confissão qualificada equivale à confissão formal. É que a confissão qualificada corresponde, em última análise, a uma alegação de inocência, que, se fundada e verossímil, é incompatível com o acordo de não persecução, visto que: a) o acordo pressupõe que não seja caso de arquivamento do inquérito (art. 28-A); b) se o investigado alega excludentes de ilicitude ou de outra natureza não está confessado crime algum, muito menos formalmente. Afinal, quem, por exemplo, subtrai coisa alheia móvel em estado de necessidade (furto famélico) atua conforme o direito; logo, não comete crime; c) não vale qualquer confissão, mas uma confissão consistente e verossímil, sob pena de se firmar acordos com possíveis inocentes. Como é óbvio, o acordo só pode ser firmado com alguém que se declara culpado, não com alguém que se diz inocente.

Quando a confissão for parcial (v.g., confessa um delito e nega outro), o acordo poderá ser feito relativamente àquele crime objeto da confissão.

É aplicável ao caso, por analogia, o art. 307 do Código de Processo Penal Militar, segundo o qual, para que tenha valor de prova, a confissão deve: a) ser feita perante autoridade competente; b) ser livre, espontânea e expressa; c) versar sobre o fato principal; d) ser verossímil; e) ter compatibilidade e concordância com as demais provas do processo.

A Súmula 630 do STJ é aplicável, *mutatis mutandis*, também aqui: a incidência da atenuante da confissão espontânea no crime de tráfico ilícito de entorpecentes exige o reconhecimento da traficância pelo acusado, não bastando a mera admissão da posse ou propriedade para uso próprio.

Por fim, o atendimento dos requisitos supra não necessariamente implicará proposta de acordo, já que a lei exige, ainda, que ele "seja necessário e suficiente para reprovação e prevenção do crime". Haverá situações excepcionais especialmente graves que poderão justificar, fundamentadamente, a não proposição do ANPP. Tanto a proposição quanto a não proposição do acordo devem ser fundamentadas.

Embora a lei exija a confissão circunstanciada para realização do acordo, parece-nos que ela não poderá ser usada para outros fins (v.g., prova emprestada, condenação no processo penal etc.). A confissão utilizada para finalidades estranhas ao acordo seria um tipo de prova ilícita. Nesse sentido, no julgamento do HC 185.913/DF, o STF reconheceu que com a revogação do acordo é vedado o reaproveitamento da confissão para fins de instrução da ação penal que tenha seguimento.

Além disso, nesse mesmo julgado o STF também dispôs expressamente que a falta de prévia confissão espontânea, no curso do inquérito ou da ação penal, não impede o oferecimento do ANPP, já que se trata de instituto de natureza processual. Assim, o acordo deve ser proposto pelo órgão ministerial, se cabível, e o investigado ou réu decide se tem interesse em firmá-lo, podendo então confessar a prática delitiva.

3) OBRIGAÇÕES DO INVESTIGADO

A lei prevê diversas obrigações para a celebração do acordo. O rol não é taxativo, mas exemplificativo, já que o MP poderá propor outras não previstas expressamente em lei, desde que proporcionais e compatíveis com a infração penal (art. 28-A, V). Tais condições podem ser aplicadas de forma isolada ou cumulativamente, conforme o princípio da proporcionalidade/individualização do acordo.

A primeira obrigação é a reparação do dano ou a restituição da coisa à vítima, salvo impossibilidade de fazê-lo, podendo ser total ou parcial. Nem sempre a reparação ou a restituição é possível, visto que o autor pode não dispor de recursos financeiros para tanto ou a coisa pode ter sido destruída, perdida ou transferida a outrem. Apesar disso, o acordo poderá ser firmado, mesmo porque a reparação/restituição não é uma obrigação essencial, mas acidental, que pode ou não figurar entre os deveres do contratante.

A reparação/restituição poderá feita pelo autor do crime ou por terceiro em seu favor (pais, parentes etc.) ou por quem retenha a coisa objeto do crime, de boa ou má-fé.

A segunda condição é a renúncia voluntária de bens e direitos indicados pelo MP, como instrumentos, produtos ou proveito do crime (v.g., bens móveis ou imóveis adquiridos com o crime). A renúncia cumpre aqui o papel do confisco legal que recairia sobre os bens em caso de condenação.

A lei prevê ainda as seguintes condições: a) prestar serviço à comunidade ou a entidades públicas por período correspondente à pena mínima cominada ao delito diminuída de um a dois terços, em local a ser indicado pelo juízo da execução, na forma do art. 46 do Decreto-Lei nº 2.848, de 7 de dezembro de 1940 (Código Penal); b) pagar prestação pecuniária, a ser estipulada nos termos do art. 45 do Decreto-Lei nº 2.848, de 7 de dezembro de 1940 (Código Penal), a entidade pública ou de interesse social, a ser indicada pelo juízo da execução, que tenha, preferencialmente, como função proteger bens jurídicos iguais ou semelhantes aos aparentemente lesados pelo delito.

São hipóteses que já figuram como penas restritivas de direito (CP, art. 43), agora aplicadas mediante acordo, e de forma atenuada, a revelar, inclusive, quão defasados estão os arts. 43 e 44 do CP, cujos casos de substituição por penas alternativas poderiam ser consideravelmente ampliados. As medidas cautelares diversas previstas no art. 319 do CPP, por exemplo, poderiam figurar como penas restritivas de direito. Já é tempo de se transformar a prisão em pena alternativa.

4) VEDAÇÕES LEGAIS

O acordo está vedado para os seguintes casos (§2º): a) se for cabível transação penal de competência dos Juizados Especiais Criminais, nos termos da lei; b) se o investigado for reincidente ou se houver elementos probatórios que indiquem conduta criminal habitual, reiterada ou profissional, exceto se insignificantes as infrações penais pretéritas; c) ter sido o agente beneficiado nos 5 (cinco) anos anteriores ao cometimento da infração, em acordo de não persecução penal, transação penal ou suspensão condicional do processo; d) nos crimes praticados no âmbito de violência doméstica ou familiar, ou praticados contra a mulher por razões da condição de sexo feminino, em favor do agressor.

Quando cabível a transação penal, não será possível o ANPP. Se cabíveis o acordo e a suspensão condicional do processo (art. 89 da Lei 9.099/95), ficará a critério do MP propor o que for mais adequado, segundo as circunstâncias do caso, podendo o investigado manifestar preferência por um ou outro benefício, conforme seus interesses. Nos casos controversos, prevalecerá o benefício mais favorável ao investigado. De todo modo, mesmo no caso de descumprimento do ANPP, é possível a suspensão condicional.

A lei proíbe o acordo para o investigado reincidente ou se houver elementos probatórios que indiquem conduta habitual, reiterada ou profissional, exceto se insignificantes as infrações penais pretéritas. Já diremos o que isso significa.

Temos que, embora não o diga, a reincidência a que se refere a lei é a reincidência em crime doloso, não a reincidência em delitos culposos, que não impedirá o ANPP. *Idem*, se o novo crime for doloso e o anterior for culposo ou o contrário. Tampouco a reincidência em contravenção obstará o acordo. Em suma, somente a reincidência em crime doloso grave impedirá a proposição do benefício. O conceito de reincidência é dado pelos arts. 63 e 64 do CP.

Incide aqui, ainda, analogicamente, o disposto no art. 44, §3º, do CP: Se o condenado for reincidente, o juiz poderá aplicar a substituição, desde que, em face de condenação anterior, a medida seja socialmente recomendável e a reincidência não se tenha operado em virtude da prática do mesmo crime.

A reincidência não é, pois, uma vedação legal absoluta, mas relativa.

O que dissemos sobre a reincidência vale, *mutatis mutandis*, para a conduta criminal habitual, reiterada ou profissional. Além disso, haverá hipóteses em que, apesar da habitualidade etc., o acordo será cabível, seja porque as condutas anteriores são insignificantes, como previsto na própria lei, seja porque o acordo de não persecução é socialmente recomendável.

A habitualidade ou o criminoso habitual não se confunde com crime habitual. Criminoso habitual é aquele que comete delitos com regularidade, com frequência, não raro profissionalmente, a exemplo de contrabandistas, traficantes de drogas etc., implicando (normalmente) concurso material de crimes. Já o crime habitual é um tipo de delito que exige reiteração de atos para configurá-lo; há aqui, pois, um único crime, cujos atos que o integram, se considerados isoladamente, não constituem infração penal, a exemplo do exercício ilegal da medicina etc. O crime habitual admite ANPP.

Mais difícil é distinguir habitualidade e reiteração, já que a habitualidade pressupõe reiteração de crimes. Na habitualidade há necessariamente reiteração de delitos, mas nem toda reiteração delitiva implica habitualidade. É que o só fato de o agente cometer dois ou mais delitos (reiteração) não importa em habitualidade, seja porque podem não ter relação entre si, lógica ou cronologicamente, seja porque podem ser cometidos depois de considerável espaço de tempo.

Tampouco cabe confundir habitualidade ou reiteração com o crime continuado (CP, art. 71), que é, em verdade, um concurso material de crimes tratado como se fosse um só delito. Aqui o acordo é possível desde que a soma dos limites mínimos de pena seja inferior a 4 anos.

Seja como for, o que é problemático no particular é saber se tais exigências legais (habitualidade etc.) são compatíveis com o princípio da presunção de inocência e, especialmente, com o disposto na Súmula 444 do STJ: "É vedada a utilização de inquéritos policiais e ações penais em curso para agravar a pena-base". Afinal, se inquéritos policias e ações penais em andamento não implicam maus antecedentes, por que poderiam impedir a celebração de ANPP?

Com maior razão, investigações arquivadas por qualquer motivo não podem impedir a proposição/celebração do acordo.

A lei proíbe, ainda, o ANPP para o agente que foi beneficiado nos 5 (cinco) anos anteriores ao cometimento da infração, em acordo de não persecução penal, transação penal ou suspensão condicional do processo. A proibição é de todo incompreensível, sobretudo para quem cumpriu rigorosamente o acordo antes firmado (transação penal etc.). Quanto àquele que descumpriu o acordo, a lei já prevê sanção para tanto, razão pela qual, também aqui, carece de fundamento o impedimento legal.

Por fim, o acordo está vedado para os crimes praticados no âmbito de violência doméstica ou familiar, ou praticados contra a mulher por razões da condição de sexo feminino, em favor do agressor. A previsão legal é de pouca importância, porque na maioria dos casos tratar-se-á de crime praticado com violência ou grave ameaça à pessoa, que, só por isso, já não permitiria o ANPP.

5) PROCEDIMENTO, MOMENTO DE SUA PROPOSIÇÃO, RESCISÃO, CONCURSO DE AGENTES ETC.

O acordo de não persecução penal será formalizado por escrito e será firmado pelo membro do Ministério Público, pelo investigado e por seu defensor, cuja homologação será realizada em audiência na qual o juiz deverá verificar a sua legalidade e voluntariedade, por meio da oitiva do investigado na presença do seu defensor. O acordo não é incompatível com a prisão em flagrante etc.

O advogado é indispensável à formalização do acordo.

A lei não diz em que momento será proposto o acordo. De acordo com o art. 18, §7°, da Resolução n°181/2017, com a redação dada pela Resolução n°183/2018, daquele Conselho, o acordo poderá ser feito já na audiência de custódia.

Temos, contudo, que o acordo somente deverá ser proposto depois de concluídas as investigações, parecendo-nos temerária e prematura a sua proposição antes disso, já que só depois de concluído o inquérito policial ou o PIC, o Ministério Público poderá de modo razoável e fundamentadamente avaliar se existe ou não justa causa para tanto.

À semelhança do que se passa na colaboração premiada, temos que as partes podem se retratar até a homologação judicial ao acordo, podendo, inclusive, proceder à revisão das cláusulas contratuais.

Se o juiz considerar inadequadas, insuficientes ou abusivas as condições dispostas no acordo, determinará a revisão do acordo. Ou indeferirá desde logo a homologação quando não for o caso de ANPP, seja porque lhe falta justa causa (fato atípico, insuficiência de prova, prescrição etc.), seja porque o crime não o admite, em virtude da pena cominada etc.

O juiz recusará homologação à proposta também quando não for realizada a adequação a que se refere o 28-A, §5º. Recusada a homologação, o juiz devolverá os autos ao Ministério Público para a análise da necessidade de complementação das investigações ou o oferecimento da denúncia. Da decisão que recusar a homologação, cabe recurso em sentido estrito (CPP, art. 581, XXV).

De acordo com Vladimir Aras, o art. 28-A, §8º, da Lei (Recusada a homologação, o juiz devolverá os autos ao Ministério Público para a análise da necessidade de complementação das investigações ou o oferecimento da denúncia), é inconstitucional[7]:

> Se o juiz se valer da faculdade prevista no §8º do art. 28-A do CPP e recusar a homologação do ANPP, deve ele devolver os autos ao

7. Vladimir Aras. A lei anticrime comentada. São Paulo: JH Mizuno, 2020.

> Ministério Público para que adote uma de duas posturas: promover novas investigações, se necessário; ou propor a ação penal.
>
> Este artigo é flagrantemente inconstitucional, uma vez que o juiz não pode preordenar a atuação do Ministério Público para a propositura da ação penal. Admitir a eficácia do §8º do art. 28-A do CPP seria dizer que o juiz pode ordenar ao Ministério Público que denuncie. No entanto, o art. 129, I, da Constituição atribui essa decisão (de acusar ou de não acusar) apenas ao Parquet.
>
> Assim, o §8º do art. 28-A do CPP deve ser lido em conformidade com o texto constitucional e com o sistema do CPP, orientado pelo princípio acusatório (art. 129, I, CF, e art. 3º-A)[233]. Desta maneira, cabe ao juiz rejeitar a homologação e devolver os autos ao Ministério Público para que proceda como entender de direito.

Homologado o acordo de não persecução penal, o juiz devolverá os autos ao Ministério Público para que inicie sua execução perante o juízo de execução penal. A homologação judicial do acordo suspende o prazo prescricional.

A vítima será intimada da homologação do acordo de não persecução penal e de seu descumprimento.

Descumpridas quaisquer das condições estipuladas no acordo de não persecução penal, o Ministério Público deverá comunicar ao juízo, para efeito de rescisão e posterior oferecimento de denúncia. Como a validade do acordo exige decisão judicial, temos que a sua rescisão não pode dar-se unilateralmente, exigindo-se, também aqui, decisão judicial que assegure o contraditório. Com a rescisão, a prescrição volta a correr.

O descumprimento do acordo de não persecução penal pelo investigado também poderá ser utilizado pelo Ministério Público como justificativa para o eventual não oferecimento de suspensão condicional do processo. Está claro que o descumprimento do acordo não impedirá, necessariamente, a proposta de suspensão condicional.

A celebração e o cumprimento do acordo de não persecução penal não constarão de certidão de antecedentes criminais, exceto para os fins previstos no art. 28-A, §2º, III.

Cumprido o acordo de não persecução penal, o juízo competente decretará a extinção de punibilidade.

No caso de recusa, por parte do Ministério Público, em propor o acordo de não persecução penal, o investigado poderá requerer a remessa dos autos a órgão superior, na forma do art. 28 do Código. Não há, porém, previsão de recurso para a hipótese de divergência entre as partes sobre as cláusulas do acordo proposto.

Quando houver concurso de agentes (CP, art. 29), o acordo poderá ser firmado com todos os coautores e partícipes do crime ou somente com alguns deles. O ANPP poderá, portanto, tramitar simultaneamente com a ação penal.

6) ANPP E ARREPENDIMENTO POSTERIOR

De acordo com o art. 16 do CP, nos crimes cometidos sem violência ou grave ameaça à pessoa, reparado o dano ou restituída a coisa, até o recebimento da denúncia ou da queixa, por ato voluntário do agente, a pena será reduzida de um a dois terços.

Já o art. 28-A do CPP prevê o acordo de não persecução penal para os crimes praticados sem violência ou grave ameaça à pessoa e que cominem pena mínima inferior a 4 (quatro) anos, desde que reparado o dano ou restituída a coisa à vítima etc.

Os institutos têm, pois, em comum: a reparação do dano ou a restituição da coisa e a aplicabilidade aos crimes cometidos sem violência ou grave ameaça à pessoa.

Mas, enquanto o ANPP extingue a punibilidade, o arrependimento posterior apenas reduz a pena. O primeiro é causa de extinção de punibilidade; o segundo, causa de diminuição de pena.

Claramente, o ANPP é mais favorável ao agente, visto que, além de extinguir a punibilidade antes mesmo de instaurada a ação penal, o arrependimento posterior apenas atenua a eventual condenação.

Assim, embora o acordo de não persecução penal não tenha revogado o art. 16 do CP, limitou bastante a possibilidade de aplicação desse instituto. Afinal, cumprido o ANPP e extinta a pena, ficará prejudicado o arrependimento posterior.

Capítulo XI

EFEITOS CIVIS DA SENTENÇA PENAL

1) INTRODUÇÃO

Embora as responsabilidades civil e penal sejam autônomas e apuradas segundo critérios próprios, casos há em que a sentença penal (condenatória ou absolutória) tem repercussão para além do processo penal (civil, administrativo etc.), impedindo (em parte) a rediscussão da matéria objeto da sentença. Diz-se, então, que a decisão penal faz coisa julgada no cível, tornando indiscutível a matéria já decidida no âmbito penal.

Como regra, *fazer coisa julgada no cível* nada significa, porém, quanto ao suposto direito do ofendido ou de seus representantes legais à efetiva reparação do dano, cujo pedido pode ser acolhido ou rejeitado no juízo cível, nos termos da legislação aplicável. Mais claramente: quando se diz que a sentença penal absolutória que reconhece a legítima defesa (real) faz coisa julgada no cível isso significa apenas que não se poderá discutir, naquele juízo, a incidência (ou não) dessa causa de justificação, visto que esse tema já foi resolvido no juízo criminal competente. Apesar disso, o juízo cível poderá deferir pedido de reparação do dano se e quando entender cabível com base na legislação pertinente[1].

Em resumo: *fazer coisa julgada no cível* significa impor uma restrição temática à jurisdição do juízo não penal (cível, administrativo etc.). É uma limitação imposta pela jurisdição penal à jurisdição civil.

---

1. Como escrevem Cristiano Chaves de Farias e outros, a decisão penal obriga o juízo cível a aceitar tais premissas (legítima defesa etc.), porém os efeitos, a elas conferidas, serão os da lei civil, que impõe, em certos casos, apesar da licitude do ato, o dever de reparar os danos. *Novo tratado de responsabilidade civil*. São Paulo: Atlas, 2015, p. 116. De acordo com José de Aguiar Dias, "a sentença penal, fundada em dirimente ou justificativa, não influi no juízo civil senão quando estabeleça a culpa do ofendido, que, nesse caso, sofre as consequências do seu procedimento. Não é, portanto, o ato do autor do dano em si que, coberto por dirimente ou justificativa, desautoriza a obrigação de reparar: é culpa do ofendido que, conjugada àquela, determina a irresponsabilidade". Da responsabilidade civil. Rio de Janeiro: Renovar, 2006, p. 1.103/1.104.

Além disso, como existem crimes sem vítima ou sem vítima determinada (tráfico de drogas e afins etc.), a sentença penal não necessariamente dará lugar à reparação do dano. Afinal, somente as infrações penais (crimes e contravenções) que causam dano a uma vítima ou vítimas determinadas ensejam indenização.

Dada a relativa independência das instâncias civil e penal, a ação reparatória em virtude de crime (*actio civilis ex delicto*) pode, em princípio, ser proposta a qualquer tempo e independentemente de processo criminal: antes, durante ou depois da ação penal, podendo o juízo cível, inclusive, suspendê-la até o julgamento definitivo pelo juízo criminal (CPP, art. 64, parágrafo único).

Na verdade, o tema da responsabilidade civil é tão complexo que o legislador penal nada deveria dizer no particular, remetendo toda a matéria para o direito civil. Afinal, a repercussão civil da sentença penal é um problema civil, não penal.

2) A SENTENÇA CONDENATÓRIA COMO TÍTULO EXECUTIVO JUDICIAL

A sentença penal condenatória faz coisa julgada no cível; constitui, pois, título executivo judicial (CPC, art. 515, VI; CP, art. 91, I), razão pela qual, uma vez transitada em julgado, já não caberá discussão sobre a materialidade e a autoria do crime ou sua punibilidade. A condenação penal implica a condenação civil. Como título executivo judicial a sentença será submetida apenas à execução forçada na forma da lei. Ou, como diz o 63 do CPP, *transitada em julgado a sentença condenatória, poderão promover-lhe a execução, no juízo cível, para o efeito da reparação do dano, o ofendido, seu representante legal ou seus herdeiros.*

Normalmente haverá necessidade de liquidação da decisão (total ou parcial), a fim de apurar-se o valor exato da indenização (CPP, art. 63, parágrafo único), exceto quanto ao valor fixado a título de reparação mínima, que pode ser executado de imediato (CPP, art. 387, IV).

A sentença atingirá somente quem foi de fato condenado, não aquele que, embora processado, foi absolvido, tampouco quem nem sequer foi investigado ou denunciado. A sentença penal não vale, portanto, contra o responsável civil que não figurou na ação penal (CC, art. 932), que deverá ser demandado em ação civil própria (*actio civilis ex delicto*), como a empresa transportadora que não foi ré no processo criminal, mas cujo motorista foi condenado penalmente por homicídio doloso ou culposo.

Também por isso, a sentença *absolutória imprópria* – que aplica medida de segurança ao inimputável nos termos do art. 26 do CP – não constitui título judicial (segundo doutrina majoritária[2]). Faz coisa julgada, contudo, a decisão que condenar o réu semi-imputável na forma do art. 26, parágrafo único, do CP.

Se, antes ou durante a execução civil, for proferida decisão judicial em *habeas corpus* ou revisão criminal anulando a sentença, faltará justa causa para o processo de execução, que, se já iniciado, deverá ser extinto.

3) EFEITOS CIVIS DA SENTENÇA PENAL ABSOLUTÓRIA

Como regra, a sentença penal absolutória (definitiva ou sumária) não faz coisa julgada no cível. Significa dizer que, salvo casos excepcionais, a sentença penal não produzirá efeito extrapenal algum, ou seja, é irrelevante para fins não penais. Assim, por exemplo, a sentença que absolver o réu por insuficiência de prova não trará restrição alguma ao juízo cível, nem impedirá a vítima ou seus sucessores de postular indenização naquele juízo. O mesmo vale (não tem implicação extrapenal) para as decisões penais que: a) reconhecem excludentes de tipicidade ou de culpabilidade (erro de tipo inevitável, erro de proibição invencível etc.); b) decretam a extinção da punibilidade (prescrição, decadência etc.); c) admitem causas especiais de isenção de pena.

Casos há, porém, em que a sentença penal absolutória resolve (parcialmente, em geral) também a questão cível, produzindo efeitos extrapenais. Esses casos excepcionais são os seguintes: 1) a sentença que reconhece, categoricamente, a não ocorrência do fato; 2) a sentença que reconhece, categoricamente, que o acusado não é o autor, coautor ou partícipe do crime; 3) a sentença que reconhece ter sido o fato praticado em estado de necessidade, em legítima defesa, em estrito cumprimento de dever legal ou no exercício regular de direito.

2. Como já foi dito, temos que há aí, em verdade, uma condenação *imprópria*, já que, com exceção da inimputabilidade, todos os pressupostos da pena devem estar presentes. Por isso, seria razoável admitir-se que também ela faz coisa julgada no cível.

Os itens 1 e 2 tratam de casos raríssimos de absolvição, visto que dificilmente um juiz ou tribunal afirmará, na sentença ou acórdão, de modo peremptório, que o fato não aconteceu ou que, tendo acontecido, o réu não foi o seu autor. A tese mais comum é a absolvição por insuficiência de prova ou com base no *in dubio pro reo*. Afinal, é muito raro se dispor de prova tão contundente de inocência.

De todo modo, se a decisão disser, de modo categórico, que o crime não ocorreu (v.g., a suposta vítima do homicídio está viva e residindo em outro país) ou que não foi o acusado o autor da infração penal, mas um homônimo, tal fará coisa julgada no cível, impedindo a rediscussão da matéria naquele juízo.

Incide aqui o artigo 935 do Código Civil: A responsabilidade civil é independente da criminal, não se podendo questionar mais sobre a existência do fato, ou sobre quem seja o seu autor, quando estas questões se acharem decididas no juízo criminal.

Também fará coisa julgada no cível a sentença absolutória que reconhecer excludentes de ilicitude, já que são casos em que o agente atua conforme a lei, não apenas conforme a lei penal. Logo, como a ilicitude é a relação de contrariedade entre a conduta (ação ou omissão) e o ordenamento jurídico como um todo, segue-se que a sentença que admitir a excludente produzirá efeitos extrapenais.

Incide aqui o artigo 65 do CPP: faz coisa julgada no cível a sentença penal que reconhecer ter sido o ato praticado em estado de necessidade, em legítima defesa, em estrito cumprimento de dever legal ou no exercício regular de direito.

Fazer coisa julgada no cível significa aqui apenas que já não caberá discutir, no juízo cível, se o autor agiu ou não amparado por causas de justificação, visto que tal questão já foi resolvida no juízo criminal competente. Não significa, entretanto, que a vítima ou seu representante legal não tenha efetivo direito à reparação do dano.

Com efeito, como a responsabilidade civil é fundada em critérios distintos e mais flexíveis que a criminal, admitindo-se, inclusive, a responsabilidade civil objetiva, por ato de terceiro e mesmo por ato lícito ou, ainda, apesar do reconhecimento de excludentes legais de ilicitude, nada impedirá a discussão do direito à reparação do dano no juízo cível.

Em síntese, a decisão penal cria apenas um indício (precário) de não responsabilização civil. Nada mais.

Ou seja, com ou sem o reconhecimento da legítima defesa ou do estado de necessidade no juízo penal, por exemplo, o juízo cível poderá acolher ou rejeitar pedido de reparação do dano. O que o juízo cível não poderá fazer é questionar ou contrariar a decisão penal quanto ao acerto ou desacerto relativamente ao reconhecimento da excludente legal de ilicitude. A jurisdição penal impõe aqui um limite temático.

Em suma, saber se a vítima ou seus representantes legais têm ou não direito à reparação do dano não é um problema do direito penal, mas do direito civil (e de outros ramos do direito), que trabalha com critérios distintos de responsabilização.

Nesse sentido escreve Fernando da Costa Tourinho Filho[3]:

> **A excludente de ilicitude e a ação civil**. O dispositivo em exame (art. 65 do CPP) não significa que a sentença penal que reconheça uma dessas excludentes de ilicitude impeça a propositura da ação civil. Houve excesso na linguagem. O legislador disse mais do que queria. Observa-se, por exemplo, que, no caso de estado de necessidade, ocorrendo a hipótese prevista no art. 188, II, do CC, aplicar-se-á a regra do art. 929 do mesmo Código. Basileu Garcia, com acerto, afirmava que o contido no art. 65 do CPP não tinha nem tem outro efeito que o de denunciar a impossibilidade de reabrir-se, no cível, a discussão sobre a intercorrência dessas justificativas no caso concreto. Mas o legislador processual não dispôs – nem era de sua missão fazê-lo – acerca de caber ou não caber ressarcimento em havendo algumas daquelas justificativas (Curso de direito penal, v.1, t.2,p.578). Assim também Frederico Marques (Instituições de direito processual civil, v.3. p.306). Por isso mesmo trasladou ele, do CPP para o seu anteprojeto do CPP, o art. 65, com essa roupagem, que devia ter sido a desejada pelo legislador de 1941:
>
> "Faz coisa julgada no cível a sentença penal que reconhece ter sido o ato praticado em legítima defesa, estado de necessidade, excludente de crime, exercício regular de direito ou estrito cumprimento de dever legal. **Os efeitos civis de qualquer uma dessas excludentes penais ficam subordinados ao que dispuser a legislação de direito privado**".

---

3. Código de processo penal comentado. São Paulo: Saraiva, 2009, p. 232.

De acordo com o art. 23 do Código Penal, excluem a ilicitude: a) o estado de necessidade; b) a legítima defesa; c) o estrito cumprimento de dever legal; d) o exercício regular de direito.

Esse dispositivo só é aplicável às excludentes reais, não às putativas. Nada impedirá, por isso, a discussão da matéria no cível quando a sentença reconhecer que houve erro de tipo permissivo (descriminantes putativas), isto é, legítima defesa putativa etc., pois, nessas hipóteses, o agente atuará contrariamente ao direito, mas a lei penal considera que o fato não é punível. O erro de tipo permissivo não é uma excludente de ilicitude, mas de tipicidade ou de culpabilidade (para alguns autores). O reconhecimento dessas duas espécies de excludentes de crime não tem repercussão cível alguma.

Assim, quem, ao encontrar em lugar escuro e ermo um criminoso que há tempos o ameaçava de morte, supondo equivocadamente que ele iria matá-lo naquele dia, atira contra ele, matando-o, é absolvido pelo tribunal do júri alegando legítima defesa putativa, poderá ser acionado civilmente para efeito de reparação do dano. *Idem*, se o réu for absolvido com base na coação moral irresistível, no erro de proibição inevitável ou na obediência a ordem hierárquica não manifestamente ilegal etc., que são excludentes de culpabilidade, não de ilicitude.

Também não há coisa julgada no cível quando houver o reconhecimento de excesso na legítima defesa e noutras excludentes de ilicitude ou *aberratio ictus*. Dá-se o excesso quando a vítima, na legítima defesa, por exemplo, vai além do necessário à proteção do direito, hipótese em que responderá a título doloso ou culposo. E haverá *aberratio ictus* ou erro na execução quando o ofendido, ao proteger legítimo interesse, atingir terceiro inocente, lesionando-o.

Releva notar, ainda, que a doutrina atual diverge sobre a exata posição sistemática de algumas dessas excludentes. Há quem defenda, por exemplo, que o exercício regular de direito e o estrito cumprimento do dever legal não são excludentes de ilicitude, mas de tipicidade. Além disso, a doutrina admite causas supralegais de justificação, isto é, não previstas em lei[4].

4. Ver Paulo Queiroz. Direito penal, parte geral. Salvador: Juspodivm, 2018.

Por fim, há certos institutos que em geral afetam os efeitos penais, mas não os efeitos civis da sentença penal condenatória, tais como: a) abolição do crime (*abolitio criminis*), seja por lei, seja por decisão judicial; b) a anistia, a graça e o indulto. De acordo com a Súmula **631 do STJ, o** indulto extingue os efeitos primários da condenação (pretensão executória), mas não atinge os efeitos secundários, penais ou extrapenais.

Quando houver prescrição da pretensão punitiva (retroativa ou superveniente), que desconstitui a condenação, a sentença já não valerá como título executivo. No entanto, a eventual decretação da prescrição da pretensão executória não afetará a execução da *res judicata* penal.

A sentença concessiva de perdão judicial, que tem natureza declaratória, não faz coisa julgada no cível (Súmula 18 do STJ[5]), segundo a doutrina majoritária.

4) FIXAÇÃO DO VALOR MÍNIMO A TÍTULO INDENIZATÓRIO

O juiz fixará, ainda, valor mínimo para reparação dos danos causados pela infração, considerando os prejuízos sofridos pelo ofendido (CPP, art. 387, IV).

Como nem todo crime produz um dano ou um dano determinado, a fixação do valor mínimo não ocorrerá naquelas infrações sem vítima específica (tráfico de drogas etc.) ou que não tenham causado dano relevante, a exemplo de alguns crimes tentados, quer porque não causaram prejuízo, quer porque houve reparação ou restituição da coisa (arrependimento posterior etc.).

De um modo geral, a doutrina considera cabível a fixação do valor mínimo ainda que não haja pedido explícito da acusação. Temos, porém, que sem pedido expresso não é possível arbitrar valor mínimo a título indenizatório, sob pena de violação ao princípio da correlação entre acusação e sentença, a evitar decisões surpreendentes que deferiam pedidos que não foram objeto do contraditório e da ampla defesa.

5. A sentença concessiva do perdão judicial é declaratória da extinção da punibilidade, não subsistindo qualquer efeito condenatório.

Como a lei não faz distinção no particular, é possível a condenação tanto por danos morais quanto materiais, desde que o juiz disponha de elementos para mensurá-los. O tema é controvertido.

A condenação ao pagamento de valor mínimo a título indenizatório só é possível quanto aos delitos cometidos após a lei que a introduziu no CPP, a Lei nº 11.719/2008, por força do princípio da irretroatividade da lei penal.

A condenação penal produz ainda os efeitos mencionados nos artigos 91 e 92 do Código Penal e na legislação especial, tais como: a) a perda dos instrumentos do crime, desde que consistam em coisas cujo fabrico, alienação, uso, porte ou detenção constitua fato ilícito; b) a perda do produto do crime ou de qualquer bem ou valor que constitua proveito auferido pelo agente com a prática do fato criminoso; c) a perda de cargo, função pública ou mandato eletivo; d) a incapacidade para o exercício do poder familiar, da tutela ou da curatela nos crimes dolosos sujeitos à pena de reclusão cometidos contra outrem igualmente titular do mesmo poder familiar, contra filho, filha ou outro descendente ou contra tutelado ou curatelado; e) a inabilitação para dirigir veículo, quando utilizado como meio para a prática de crime doloso.

A sentença penal produz ainda o confisco alargado de que trata o art. 91-A do CP, introduzido pela Lei nº 13.964/2019: na hipótese de condenação por infrações às quais a lei comine pena máxima superior a 6 (seis) anos de reclusão, poderá ser decretada a perda, como produto ou proveito do crime, dos bens correspondentes à diferença entre o valor do patrimônio do condenado e aquele que seja compatível com o seu rendimento lícito.

Capítulo XII

PRISÃO PREVENTIVA

1) INTRODUÇÃO

Prisões, provisórias ou definitivas, são penas. As prisões provisórias são penas porque impõem ao investigado ou acusado privações graves e, pior, antes de um juízo definitivo de culpa. Além disso, ainda que a jurisprudência oscile muito no particular, a tendência parece ser no sentido de admitir a prisão depois de desprovida a apelação da defesa, ainda que pendente de julgamento recurso extraordinário ou especial, a justificar, também por isso, o tratamento de pena que ora lhe damos.

Quando, motivadas por razões excepcionais de prevenção, são admitidas e decretadas no curso da investigação ou do processo, antes da condenação definitiva, fala-se de prisões processuais, provisórias, cautelares ou precautelares, que, no sistema atual, são três: prisão em flagrante, prisão temporária e prisão preventiva.

Como são decretáveis antes do trânsito em julgado da sentença penal condenatória, não obstante a presunção constitucional de inocência (CF, art. 5°, LVII), há quem as considere incompatíveis com o devido processo legal e o sistema de garantias que encerra.

Ferrajoli, por exemplo, depois de criticar os seus fundamentos, propõe a abolição da prisão preventiva, a mais grave das prisões provisórias:

> Um processo sem prisão preventiva. Portanto, essa contradição nos termos, que é a prisão sem sentença definitiva, pode, pelo menos até o primeiro grau de jurisdição, ser suprimida. O imputado deve comparecer *livre* perante seus juízes, não só para que lhe seja assegurada a dignidade de cidadão presumido inocente, mas também – e diria acima de tudo – por *necessidade processual*: para que ele esteja em situação de igualdade com a acusação; para que, depois do interrogatório e antes da audiência definitiva, possa organizar eficazmente sua defesa; para que

> a acusação não esteja em condições de trapacear no jogo, construindo acusações e deteriorando provas pelas suas costas[1].

De todas as medidas cautelares pessoais, a prisão preventiva é a mais violenta forma de intervenção sobre a liberdade, razão pela qual a sua decretação – e manutenção – só poderá ocorrer em *ultima ratio*, isto é, quando forem insuficientes, e enquanto o forem, outras medidas de coação menos lesivas e mais adequadas. A prisão preventiva será abusiva, portanto, sempre que for substituível por medida cautelar diversa (monitoramento eletrônico etc.).

Como há muito se reconhece, o problema da prisão (provisória ou definitiva) é a própria prisão, ambiente artificial, hostilíssimo e nocivo sob todos os aspectos, onde se dão violações sistemáticas de direitos humanos básicos, instituição que não é nem sequer capaz de assegurar (no Brasil) o direito à vida e à integridade física, tantos são os motins, as rebeliões e as guerras entre facções rivais, por exemplo. A prisão tampouco reeduca, mas corrompe e embrutece, não ressocializa, mas dessocializa, nem impede o cometimento de novos crimes, mas os potencializa; logo, não é (no mais das vezes) um meio de prevenir delitos, em caráter geral ou especial, mas um estímulo à reincidência.

Já é tempo de reconhecer-se, pois, que a prisão de fato faliu como instituição, devendo passar a constituir pena alternativa, perdendo o caráter de pena principal, limitando-se aos casos de crimes hediondos violentos ou envolvendo réus reincidentes ou multirreincidentes em crimes dolosos graves.

Como escreve Ferrajoli, a prisão é uma contradição institucional, que pode e deve ser radicalmente reduzida:

> Com a prisão, o condenado é muito frequentemente jogado num inferno, vale dizer, numa sociedade selvagem, abandonada ao jogo livre das relações de força e de poder entre os presos e ao desenvolvimento de uma criminalidade prisional incontrolada, que é imposta sobre os presos mais fracos e indefesos. Dentro dos muros da prisão, todo arbítrio, toda violência, toda violação de direitos e toda lesão da dignidade humana das pessoas são possíveis. De fato, na maioria das prisões, os presos estão literalmente em condições de sujeição – aos carcereiros e ao grupo

1. Direito e razão. São Paulo: RT, 2014, p.515.

> de poder que se forma entre os reclusos – e toda a vida é disciplinada por regras e práticas em parte escritas e em grande parte não escritas, que fazem de qualquer prisão uma prisão completamente diversa de outra, de toda pena una pena diversa de outra, de cada preso um preso diversamente discriminado ou privilegiado relativamente aos demais: pela diferença em matéria de espaços comuns, de habitabilidade das celas, de duchas, de horários e de pátio, de ar, de condições higiênicas e sanitárias. Em suma, a prisão é sob diversos aspectos uma contradição institucional.
>
> É uma instituição criada pela lei, mas na qual se desenvolve o próprio governo das pessoas. É um lugar confiado ao controle do Estado, mas em cujo interior não vigoram controles legais, mas sobretudo a lei do mais forte: a lei da força pública dos agentes penitenciários e a força privada dos presos prepotentes e organizados. É uma instituição pública dirigida à custódia dos cidadãos, mas que não consegue garantir os direitos fundamentais mais elementares, a começar pelo direito à vida. Cria uma vida completamente artificial produzida pelo direito, mas que de fato reproduz no seu interior o estado de natureza, sem regras e sem direito, onde sobrevive o *homo homini lupus* e onde a máxima segurança externa é acompanhada da máxima insegurança interna[2].

Mais: o Brasil ocupa hoje o terceiro lugar entre os países que mais encarceram, tendo atualmente mais de 700 mil presos[3] recolhidos, na maior parte das vezes, em estabelecimentos prisionais precários e superlotados, tendo o Supremo Tribunal Federal reconhecido, no julgamento da ADPF nº 347, que, dado o quadro de superlotação, condições desumanas de custódia, violação massiva e reiterada de direitos fundamentais e insuficiência das políticas públicas implementadas, o sistema carcerário nacional pode ser caracterizado como um "estado de coisas inconstitucional", a exigir atuação de todos os poderes, conforme se vê da transcrição a seguir:

---

2. **Jurisdicción y ejecución penal la Cárcel: una contradicción institucional.** *in* Revista Crítica Penal y Poder 2016, nº 11 Septiembre (pp.1-10) Observatorio del Sistema Penal y los Derechos Humanos Universidad de Barcelona.
3. Dados do Levantamento Nacional de Informações Penitenciárias (Infopen), do Ministério da Justiça, publicados em 08/12/2017, referentes aos anos de 2015 (dezembro) e 2016 (até junho). Disponível em: <http://depen.gov.br/DEPEN/noticias-1/noticias/infopen-levantamento-nacional-de-informacoes-penitenciarias-2016/relatorio_2016_22111.pdf>.

CUSTODIADO – INTEGRIDADE FÍSICA E MORAL – SISTEMA PENITENCIÁRIO – ARGUIÇÃO DE DESCUMPRIMENTO DE PRECEITO FUNDAMENTAL – ADEQUAÇÃO. Cabível é a arguição de descumprimento de preceito fundamental considerada a situação degradante das penitenciárias no Brasil. SISTEMA PENITENCIÁRIO NACIONAL – SUPERLOTAÇÃO CARCERÁRIA – CONDIÇÕES DESUMANAS DE CUSTÓDIA – VIOLAÇÃO MASSIVA DE DIREITOS FUNDAMENTAIS – FALHAS ESTRUTURAIS – ESTADO DE COISAS INCONSTITUCIONAL – CONFIGURAÇÃO. Presente quadro de violação massiva e persistente de direitos fundamentais, decorrente de falhas estruturais e falência de políticas públicas e cuja modificação depende de medidas abrangentes de natureza normativa, administrativa e orçamentária, deve o sistema penitenciário nacional ser caraterizado como "estado de coisas inconstitucional". FUNDO PENITENCIÁRIO NACIONAL – VERBAS – CONTINGENCIAMENTO. Ante a situação precária das penitenciárias, o interesse público direciona à liberação das verbas do Fundo Penitenciário Nacional. AUDIÊNCIA DE CUSTÓDIA – OBSERVÂNCIA OBRIGATÓRIA. Estão obrigados juízes e tribunais, observados os artigos 9.3 do Pacto dos Direitos Civis e Políticos e 7.5 da Convenção Interamericana de Direitos Humanos, a realizarem, em até noventa dias, audiências de custódia, viabilizando o comparecimento do preso perante a autoridade judiciária no prazo máximo de 24 horas, contado do momento da prisão.

(ADPF 347 MC, Relator(a): Min. MARCO AURÉLIO, Tribunal Pleno, julgado em 09/09/2015, PROCESSO ELETRÔNICO DJe-031 DIVULG 18-02-2016 PUBLIC 19-02-2016)

Consequentemente, a pena de prisão deveria deixar de figurar como pena principal e passar a constituir uma pena alternativa. Por sua vez, as atuais medidas cautelares diversas da prisão (CPP, art. 319) deveriam ser transformadas em penas principais, atualizando-se o art. 43 do Código Penal.

2) ALGUMAS RESTRIÇÕES À PRISÃO

Não podem ser presos, temporária ou preventivamente: 1) presidente da República (CF, art. 86, §3º[4]), o qual não pode ser preso nem mesmo

4. § 3º Enquanto não sobrevier sentença condenatória, nas infrações comuns, o Presidente da República não estará sujeito a prisão.

em flagrante de crime inafiançável; 2) senadores, deputados federais, estaduais e distritais (CF, art. 53, §2°, c/c art. 27, §1°), que podem ser presos apenas em flagrante de crime inafiançável, quando os autos serão remetidos dentro de 24 horas à respectiva casa legislativa para que resolva sobre a prisão pelo voto da maioria de seus membros; 3) pessoas e autoridades com imunidade diplomática (embaixadores, diplomatas etc.), os quais não podem ser presas, processadas ou julgadas perante os juízes e tribunais onde exercem suas funções, embora possam e devam ser investigados.

Magistrados e membros do Ministério Público – que só são investigáveis pela instituição a que estão vinculados – podem ser presos preventiva ou temporariamente por decisão do tribunal competente. Quando houver prisão em flagrante de crime inafiançável, única hipótese admitida de prisão em flagrante delito, a autoridade fará comunicação imediata ao tribunal e ao chefe da respectiva instituição (LC 35/79, art. 33, II, e LC 75/93, art. 18, II, d).

Com relação à prisão de advogado, há apenas uma singularidade: quando for praticado delito relacionado ao exercício da profissão, somente poderá ser preso em flagrante de crime inafiançável. Para a lavratura do respectivo auto de prisão, é indispensável a presença do representante da Ordem dos Advogados (Lei n° 8.906/94, art. 7º, §3°), que será comunicada da prisão.

De acordo com o Código de Trânsito (art. 301), ao condutor de veículo, nos casos de acidentes de trânsito de que resulte vítima, não se imporá a prisão em flagrante, nem se exigirá fiança, se prestar pronto e integral socorro àquela.

Os crimes inafiançáveis são os previstos no art. 5°, da CF: XLII - a prática do racismo constitui crime inafiançável e imprescritível, sujeito à pena de reclusão, nos termos da lei; XLIII - a lei considerará crimes inafiançáveis e insuscetíveis de graça ou anistia a prática da tortura, o tráfico ilícito de entorpecentes e drogas afins, o terrorismo e os definidos como cri-mes hediondos, por eles respondendo os mandantes, os executores e os que, podendo evitá-los, se omitirem; XLIV - constitui crime inafiançável e imprescritível a ação de grupos arma-dos, civis ou militares, contra a ordem constitucional e o Estado Democrático. O CPP não permite fiança nos casos previstos nos arts. 323 e 324.

Por fim, o art. 295 do CPP (e leis especiais) prevê o recolhimento de determinados presos (apenas para presos provisórios) em prisão especial (hipótese que não se confunde com a separação de presos definitivos dos provisórios de que trata o art. 84 da LEP) com base em critérios manifestamente incompatíveis com o princípio da isonomia (portadores de diploma superior etc.), razão pela qual deveria ser revogado, total ou parcialmente.

2.1) Detração

O juiz, ao proferir a sentença penal condenatória, computará o período de prisão ou de internação provisória a que o réu foi submetido durante o processo (CP, art. 42).

A detração é a contagem (subtração), no tempo de pena aplicado na sentença, do período de prisão provisória já cumprido (prisão preventiva etc.). Assim, se o acusado esteve preso preventivamente por 2 anos e foi condenado a 6 anos de prisão, deverá cumprir a pena restante: 4 anos.

A detração deve ser também considerada para fim de execução da medida de segurança quando houver internação provisória (CP, art. 42). Apesar de a lei falar de internação, é justo admitir a detração também em caso de tratamento ambulatorial.

Embora a lei refira apenas a pena privativa da liberdade, a detração é também aplicável às penas restritivas de direito, inclusive porque são substitutivas da prisão. Assim, se o réu ficou preso em flagrante por 2 meses e foi condenado a prestação de serviço à comunidade por 12 meses, terá de prestar serviços pelos 10 meses restantes. Não fosse assim, dar-se-ia uma inversão do princípio da proporcionalidade: penas mais brandas teriam um tratamento mais rigoroso, isto é, condenados em tese mais perigosos teriam um tratamento mais suave. Também por isso, a detração deve ser admitida inclusive quando houver aplicação de pena de multa, substitutiva ou autonomamente, para reduzir a quantidade de dias-multa.

A detração é ainda relevante para fixação do regime inicial de cumprimento de pena. O juiz ou tribunal determinará, então, o regime de execução de pena (fechado, semiaberto ou aberto), não com base no total da pena aplicada, mas com fundamento na pena que restar por cumprir depois de feita a detração (CPP, art. 387, § 2°).

Também por isso, parece-nos que a detração deveria ser considerada para efeito de substituição da pena de prisão por pena restritiva de direito. Assim, por exemplo, o réu condenado a 6 anos de prisão, cuja detração reduziu a pena para 4 anos, faria jus (em tese) à substituição por pena alternativa.

Embora o Código Penal fale somente de detração de prisão e internação provisórias, é justo admiti-la também nos casos de aplicação de medidas cautelares diversas (monitoramento eletrônico etc.), previstas no art. 319 do CPP, sob pena de violação aos princípios da legalidade, proporcionalidade e *ne bis in idem*. Afinal, se a lei autoriza a detração para restrições mais graves à liberdade, há de admitir, com maior razão, para as menos graves.

Temos, pois, que toda e qualquer medida cautelar diversa da prisão é passível de detração. O que é problemática é a definição de parâmetros quando a pena aplicada na sentença for distinta da medida cautelar imposta durante o processo. Como fazer, por exemplo, a detração de uma pena de prisão e o monitoramento eletrônico? Se a lei tivesse previsto o monitoramento, como aqui propomos, também como pena restritiva da liberdade, o problema seria facilmente resolvido: o réu já em monitoramento seria mantido nessa situação pelo tempo restante. De todo modo, a dificuldade de estabelecer critérios para detração não a impede.

Seja como for, o juiz não pode ignorar, sem mais, a regular execução de medida cautelar diversa, como se nada tivesse acontecido, razão pela qual haverá de ao menos valorá-la na individualização da pena a título de circunstância atenuante inominada (CP, art. 66).

3) AS ALTERAÇÕES DA LEI Nº 13.964/2019

3.1) Introdução

Coerente com o sistema acusatório que adota expressamente (art. 3º A), a lei dá nova redação aos arts. 282, §2º, e 311 do CPP, suprimindo o "de ofício" que constava da redação original desses artigos, vedando assim a decretação de medidas cautelares, especialmente a prisão preventiva, sem provocação expressa do Ministério Público ou do querelante ou sem representação da autoridade policial durante o inquérito policial.

O juiz já não poderá, portanto, decretar medida cautelar pessoal ou real de ofício, tampouco poderá converter automaticamente prisão em flagrante em prisão temporária ou preventiva, porque equivaleria a decretá-las de ofício.

A proibição legal (de prisão cautelar de ofício etc.) vale também para os casos de revogação de medida cautelar diversa, com a consequente decretação de prisão preventiva, de substituição de medida cautelar por outra mais grave e também para o caso de cumulação de cautelares, em virtude de descumprimento das condições impostas, pois também aqui se exige requerimento das partes (art. 282, §4).

Embora o juiz não possa de ofício decretar prisões ou medidas cautelares, nada o impede de revogar a prisão cautelar (prisão preventiva etc.) ou de substituí-la por restrições mais brandas, independentemente de pedido dos interessados.

Em suma: o juiz só não pode agravar a medida cautelar imposta ao réu ou ao investigado de ofício, mas pode atenuá-la mesmo de ofício. É que o princípio da legalidade penal constitui essencialmente uma garantia individual destinada a evitar abusos estatais no exercício do poder punitivo. Assim, embora o juiz não possa decretar, por exemplo, uma prisão preventiva de ofício, pode perfeitamente revogá-la sem requerimento algum (CPP, art. 316).

Mais: como regra, o juiz ou tribunal só poderá decretar medidas cautelares com observância do contraditório prévio, com prazo de 5 dias para manifestação da parte contrária. Nos casos de urgência ou de risco de ineficácia da medida, deferirá o pedido de decretação da medida cautelar, realizando o contraditório a seguir (contraditório diferido).

3.2) Reexame obrigatório da prisão preventiva a cada 90 dias

Embora a lei não tenha fixado o prazo máximo de duração da prisão preventiva, tal como ocorre com a prisão temporária, impôs o dever de reanálise de seus fundamentos a cada 90 dias (CPP, art. 316, parágrafo único). A rigor, portanto, a prisão preventiva vale apenas por esse prazo. Com efeito, se, decorrido o prazo legal, não houver pronunciamento judicial algum, a prisão tornar-se-á ilegal, devendo ser relaxada. Esse reexame é obrigatório e independe de provocação das partes.

O art. 316 e seu parágrafo único do CPP preveem o seguinte:

> O juiz poderá, de ofício ou a pedido das partes, revogar a prisão preventiva se, no correr da investigação ou do processo, verificar a falta

> de motivo para que ela subsista, bem como novamente decretá-la, se sobrevierem razões que a justifiquem.
>
> Parágrafo único. Decretada a prisão preventiva, deverá o órgão emissor da decisão revisar a necessidade de sua manutenção a cada 90 (noventa) dias, mediante decisão fundamentada, de ofício, sob pena de tornar a prisão ilegal.

Contudo, a literalidade do dispositivo foi relativizada pela jurisprudência dos tribunais superiores. Após, o STF, no julgamento da ADI n. 6581, realizou interpretação conforme a Constituição, de forma que o transcurso do prazo de noventa dias apenas configura mora do juízo, o qual pode ser provocado para se manifestar acerca da manutenção da segregação, sem torná-la desde logo ilegal.

A lei não exige provocação do MP nem contraditório para a revisão periódica da prisão preventiva, que deve ser realizada de ofício, com ou sem requerimento das partes. Apesar disso, temos que o mais recomendável é que o MP e a defesa falem sobre o tema, de modo a conformar a decisão ao sistema acusatório, ao contraditório e à ampla defesa, especialmente nos casos de ratificação da prisão preventiva.

Não há dúvida de que o dispositivo é aplicável aos juízes e tribunais, nas ações penais originárias, os quais devem reapreciar, a cada noventa dias, os fundamentos da preventiva.

No caso dos juízes, tal análise competirá, durante as investigações, ao juiz das garantias e, uma vez instaurado processo, ao juiz da instrução e julgamento. Nas ações penais originárias, caberá ao desembargador ou ministro relator proceder ao reexame da preventiva.

A lei não resolve, porém, duas questões: a) se, proferida a sentença ou acórdão condenatório (na ação penal originária), se ainda persistirá esse dever legal de revisão da prisão preventiva; b) em caso afirmativo, se esse reexame deve ser feito pelo próprio juiz que decretou a prisão ou se pelo tribunal *ad quem*.

Segundo uma interpretação literal do artigo, uma vez proferida a sentença penal condenatória, cessaria a necessidade de reexame da prisão preventiva, seja porque o caput do art. 316 fala de "juiz", "no correr da investigação ou do processo", seja porque o parágrafo único dispõe que deverá "o órgão emissor da decisão". Mas mesmo uma interpretação literal permite ler-se "juiz" como "desembargador" ou "ministro", na ação penal originária, já que atuam aí como se fossem juízes de primeiro grau. Além disso, o tribunal é aqui o órgão emissor da preventiva.

No entanto, uma interpretação mais conforme as garantias constitucionais considerará que o dever de reexame da preventiva deve ser feito continuamente enquanto não transitar em julgado a sentença, seja pelos juízes, ainda que por delegação do tribunal, seja pelos próprios tribunais, visto que: a) a prisão preventiva, enquanto não houver trânsito em julgado da condenação, tem caráter provisório, devendo, por isso, ser revista permanentemente; b) a lei é clara em afirmar que a falta de reexame tornará a prisão ilegal; c) a lei não previu nenhum tipo de exceção no particular; d) não faria sentido exigir-se tal providência apenas em primeira instância, isentando os tribunais desse dever, em manifesto prejuízo do condenado.

Em conclusão, temos que: a) a revisão dos fundamentos da prisão preventiva é imperiosa enquanto não passar em julgado a condenação; b) enquanto não for proferida a sentença, caberá ao juiz (ou relator nas ações penais originárias) fazer o reexame obrigatório; c) interposta apelação, competirá ao tribunal reapreciar a prisão; d) o tribunal poderá delegar essa função ao juiz que proferiu a sentença condenatória.

No entanto, o STF, no julgamento das ADIs n. 6581 e n. 6582, considerou que a necessidade de revisão periódica da prisão preventiva, decretada por juízo ou por tribunal (no caso de foro por prerrogativa de função), persiste apenas enquanto o feito tramita na primeira e segunda instâncias jurisdicionais. No caso de apelação, compete ao relator do recurso a análise da manutenção da prisão preventiva. Por fim, a Corte considerou incabível a obrigatoriedade do reexame periódico pelos tribunais superiores, em razão da prévia cognição plena do caso pelas instâncias ordinárias e, inclusive, do princípio da eficiência da prestação jurisdicional.

3.3) Fundamentação da decisão

O art. 315 do CPP exige que a decisão que decretar, substituir ou denegar a prisão preventiva será sempre fundamentada. A exigência é aplicável a toda e qualquer medida cautelar (§1°).

A nova redação do art. 282, §6°, explicita a necessidade de justificar o porquê da não substituição da prisão preventiva por medida cautelar diversa. Afinal, a cautelaridade é um requisito essencial de toda e qualquer medida cautelar, que deve ser aplicada proporcionalmente.

A prisão preventiva é a *ultima ratio* do sistema cautelar, por ser a mais grave. A cautelaridade é, pois, uma condição necessária, mas não suficiente para a imposição da prisão preventiva, que exige mais: a insuficiência das demais medidas cautelares, aplicáveis cumulativamente. Tem, assim, caráter residual ou subsidiário relativamente às outras cautelares pessoais e reais.

Exige-se, ainda, fundamentação individualizada para o caso de coautoria e participação. Uma decisão bem fundamentada para alguns corréus pode carecer de motivação para outros. À semelhança do que se passa com a individualização da pena, cada imputação penal ou cada imputado demanda uma justificação particular/autônoma.

A lei dá nova redação ao art. 312 do CPP, acrescentando-lhe o "perigo gerado pelo estado de liberdade do imputado", enfatizando a cautelaridade da prisão preventiva, reafirmada nos novos art. 283 e 313 do CPP, cujo §2º diz de modo enfático: **não será admitida a decretação da prisão preventiva com a finalidade de antecipação de cumprimento de pena** ou como decorrência imediata de investigação criminal ou da apresentação ou recebimento de denúncia.

Afinal, a gravidade do crime é uma condição necessária, mas não suficiente para a decretação e manutenção de medida cautelar, especialmente a prisão preventiva, a mais grave das medidas cautelares.

Exige-se mais: que a prisão preventiva seja motivada com base em receio de perigo e existência concreta de fatos novos ou contemporâneos (art. 312, §2°, e 315, §1°). A inovação é aplicável às medidas cautelares em geral, não apenas à prisão preventiva.

Os fatos novos ou contemporâneos têm a ver, não propriamente com os crimes imputados na denúncia ou queixa, que podem ser recentes ou antigos, mas com os fundamentos da medida cautelar (garantia da ordem pública, conveniência da instrução criminal etc.). Afinal, um crime não recente pode dar lugar a uma motivação atual para a prisão preventiva, como, por exemplo, ameaça à testemunha, destruição de prova ou mesmo um novo delito.

O art. 315, §2°, do CPP repete *ipsis litteris* o art. 489, §1º, do CPC, ao estabelecer os requisitos mínimos para se considerar uma sentença como não motivada. Ao dispor que "não se considera fundamentada qualquer decisão judicial que...", o Código não diz o que é uma decisão fundamentada, mas o que não o é. O que a lei faz é dar exemplos de decisão desmotivada/nula. Apesar disso, acaba por fixar os elementos mínimos da fundamentação.

Como as hipóteses são meramente exemplificativas, a decisão poderá carecer de fundamentação suficiente por mil razões, ainda que atenda o disposto no §2°. Ou seja, uma decisão conforme o art. 315, §2°, não necessariamente será uma decisão suficientemente motivada. O atendimento do disposto nesse artigo é só um indício de fundamentação.

A falta de fundamentação da decisão, que variará conforme a complexidade dos temas suscitados pelas partes, poderá comprometê-la no todo ou em parte. Assim, a sentença poderá estar suficientemente motivada quanto às questões principais de fato e de direito suscitadas pela acusação e defesa, mas carecer de fundamentação idônea, por exemplo, quanto à individualização da pena.

3.3.1) Hipóteses de falta ou de insuficiência de motivação

De acordo com o art. 315, §2º, do CPP: não se considera fundamentada qualquer decisão judicial, seja ela interlocutória, sentença ou acórdão, que: 1) limitar-se à indicação, à reprodução ou à paráfrase de ato normativo, sem explicar sua relação com a causa ou a questão decidida; 2) empregar conceitos jurídicos indeterminados, sem explicar o motivo concreto de sua incidência no caso; 3) invocar motivos que se prestariam a justificar qualquer outra decisão; 4) não enfrentar todos os argumentos deduzidos no processo capazes de, em tese, infirmar a conclusão adotada pelo julgador; 5) limitar-se a invocar precedente ou enunciado de súmula, sem identificar seus fundamentos determinantes nem demonstrar que o caso sob julgamento se ajusta àqueles fundamentos; 6) deixar de seguir enunciado de súmula, jurisprudência ou precedente invocado pela parte, sem demonstrar a existência de distinção no caso em julgamento ou a superação do entendimento.

Vejamos cada um dos casos separadamente.

Ao fundamentar a decisão, o juiz deve expor, ainda que sucintamente, as razões fáticas e jurídicas por que acolhe ou rejeita os pedidos formulados, citando os dispositivos legais que a amparam. A mera indicação, reprodução ou paráfrase de ato normativo, sem explicar sua relação com a causa ou a questão decidida, não constitui, por isso, motivação idônea. Assim, por exemplo, se se disser, sem mais, que recebe a denúncia porque estão atendidos os requisitos do art. 41 do CPP; que decreta a prisão preventiva porque está presente a garantia da ordem pública, na forma do art. 312 do CPP etc.

Também carecerá de motivação a decisão que empregar conceitos jurídicos indeterminados (dignidade da pessoa humana, justa causa, razoável duração do processo etc.) sem explicar o motivo concreto de sua incidência.

Em verdade, os conceitos em geral e os conceitos jurídicos em particular são mais ou menos indeterminados, isto é, mais ou menos abertos ou vagos, em virtude da abertura e vagueza da linguagem. A indeterminação é inerente à natureza do próprio conceito. Não é fácil precisar, por exemplo, o que é dolo eventual, culpa consciente, inexigibilidade de conduta diversa, crime continuado etc.

De todo modo, quão mais vago e aberto for um conceito jurídico-penal tanto mais cuidadoso há de ser o juiz ao fundamentar a decisão. Não basta, por isso, invocar a garantia da ordem pública para decretar uma prisão preventiva, devendo o juiz expor os motivos que autorizam concretamente essa medida extrema.

É inválida ainda a decisão que invoca motivos que se prestariam a justificar qualquer outra decisão, ou seja, a lei repudia decisões-padrão ou modelo, a exemplo das que dizem: "Mantenho a prisão preventiva por seus próprios e bem lançados fundamentos"; "considerando que a materialidade e a autoria delitivas ficaram amplamente comprovadas nos autos…"etc.

Também é nula a decisão que não enfrenta todos os argumentos deduzidos no processo capazes de, em tese, infirmar a conclusão adotada pelo julgador. Ou seja, não basta que o juiz exponha as razões do seu convencimento. É necessário mais: que diga por que acolhe ou rejeita as alegações das partes.

A lei manda que o juiz aprecie todos os argumentos suscitados pelas partes (MP, defesa, querelante etc.), sob pena de nulidade da decisão. Mas somente os argumentos juridicamente relevantes e pertinentes devem ser necessariamente apreciados, isto é, aqueles capazes de mudar, no todo ou em parte, o conteúdo da decisão. Assim, alegações irrelevantes ou impertinentes ou que em nada alterariam a decisão não a comprometem.

De todo modo, como, do ponto de vista de quem o suscita, o argumento é sempre relevante e pertinente, e, pois, capaz de infirmar, em tese, a conclusão do julgado, é recomendável que juiz aprecie tudo, inclusive para demonstrar a sua irrelevância ou impertinência, quando for o caso.

A decisão não pode também limitar-se a invocar precedente ou enunciado de súmula, sem identificar seus fundamentos determinantes nem demonstrar que o caso sob julgamento se ajusta àqueles fundamentos.

Embora a citação de precedentes seja comum e legítima, o juiz não pode, porém, limitar-se à sua transcrição, sem desenvolver uma argumentação consistente que demonstre a pertinência da sua invocação no caso concreto. Afinal, os casos penais nunca são absolutamente iguais ou absolutamente desiguais, mas mais ou menos semelhantes. O direito não é um saber lógico, mas analógico, já o dissemos.

Ainda que se trate de casos simples e já sumulados, o juiz deve expor minimamente as razões pelas quais acolhe ou rejeita os pedidos formulados. Assim, por exemplo, se a defesa pede a atenuação da pena com base na confissão espontânea, a sentença não deve se limitar a citar a Súmula 231 do STJ, que veda a aplicação da pena-base abaixo do mínimo legal previsto, devendo dar uma explicação mínima sobre o motivo de rechaçar a alegação.

Por fim, é inválida a decisão que deixar de seguir enunciado de súmula, jurisprudência ou precedente invocado pela parte, sem demonstrar a existência de distinção no caso em julgamento ou a superação do entendimento.

Quando o juiz afastar a aplicação de enunciado de súmula, jurisprudência ou precedente invocado pela parte, maior deverá ser o cuidado na fundamentação da decisão, devendo demonstrar o motivo de sua não incidência concreta, seja porque contém uma singularidade que o distingue do caso-padrão, seja porque o precedente está superado, seja porque não está conforme os princípios constitucionais etc.

3.4) Prisão preventiva obrigatória nos crimes dolosos contra a vida?

O pacote anticrime também previu a prisão preventiva obrigatória, isto é, sem cautelaridade (CPP, art. 492) para os crimes dolosos contra a vida, de competência do tribunal do júri, conforme a gravidade da pena aplicada. A reforma ressuscitou a velha e má prisão preventiva obrigatória prevista na redação original do Código de 1941.

Com efeito, ao ser proferida sentença condenatória pelo júri, o juiz-presidente determinará (art. 492, I, e), no caso de condenação a uma pena igual ou superior a 15 (quinze) anos de reclusão, a execução provisória das penas, com expedição do mandado de prisão, se for o caso, sem prejuízo do conhecimento de recursos que vierem a ser interpostos.

Nos demais casos (condenação inferior a 15 anos), a prisão é facultativa, isto é, requer cautelaridade.

De acordo com a lei, nos demais casos (condenação inferior a 15 anos), a prisão é facultativa, isto é, requer cautelaridade.

A lei prevê ainda hipóteses em que o presidente poderá deixar de autorizar a execução provisória das penas (§3°). Afirma também que a apelação interposta contra decisão condenatória do tribunal do júri a uma pena igual ou superior a 15 (quinze) anos de reclusão não terá efeito suspensivo (§4°). Apesar disso, admite exceções (§5°), conferindo efeito suspensivo à apelação.

Semelhante previsão (prisão preventiva obrigatória), além de incoerente e ilógica, é claramente inconstitucional[5], visto que: 1) ofende o princípio da presunção de inocência, segundo o qual ninguém será considerado culpado até o trânsito em julgado de sentença penal condenatória (CF, art. 5°, LVII), razão pela qual toda medida cautelar há de exigir cautelaridade, especialmente a prisão preventiva; 2) viola o princípio da isonomia, já que condenações por crimes análogos e mais graves (v.g., condenação a 30 anos de reclusão por latrocínio) não admitem tal exceção, razão pela qual a prisão preventiva exige sempre cautelaridade; 3) estabelece critérios facilmente manipuláveis e incompatíveis com o princípio da legalidade penal, notadamente a pena aplicada pelo juiz-presidente; 4) o só fato de o réu sofrer uma condenação mais ou menos grave não o faz mais ou menos culpado, já que a culpabilidade tem a ver com a prova produzida nos autos e com os critérios de valoração da prova, não com o quanto de pena aplicado; 5) a gravidade do crime é sempre uma condição necessária, mas nunca uma condição suficiente para a decretação e manutenção de prisão preventiva. Como é óbvio, a exceção está em manifesta contradição com o novo art. 313, §2°, do CPP, que diz: **não será admitida a decretação da prisão preventiva com a finalidade de antecipação de cumprimento de pena**.

5. No mesmo sentido, Aury Lopes Júnior e Alexandre Morais da Rosa. https://www.conjur.com.br/2020-jan-31/limite-penal-prisao-obrigatoria-juri-vez-inconstitucional.

Já vimos também que tal exceção não é legitimável com base na soberania dos veredictos, já que as sentenças do júri são apeláveis, passíveis de revisão criminal e anuláveis.

Ocorre que o STF acolheu essa orientação e, inclusive, determinou a execução imediata da pena imposta pelo tribunal do júri, independentemente do tanto de pena aplicado.

Temos que essa decisão contrariou, ao mesmo tempo, ao princípio da presunção de inocência, ao admitir como regra o cumprimento de pena antes do trânsito em julgado da condenação, e à separação de poderes, por desconsiderar a ponderação feita pelo legislador, ainda que questionável, que teria disposto presunção legal do periculum libertatis apenas do autor de crime doloso contra a vida particularmente grave. Trata-se de mais um exemplo de erosão da função garantista do direito penal e processual penal em face da sempre presente necessidade de combate à sensação de impunidade e em prol de uma suposta credibilidade do poder judiciário.

4) CONTRADITÓRIO E CUMULAÇÃO DE MEDIDAS

Ressalvados os casos de urgência ou de perigo de ineficácia da medida, o juiz, ao receber o pedido de medida cautelar, determinará a intimação da parte contrária para se manifestar no prazo de 5 dias (CPP, art. 282, §3°).

Embora a lei preveja o contraditório (prévio como regra e diferido como exceção) apenas para a *decretação* da medida, igual procedimento deverá ser observado quando o juiz houver de revogá-la, substituí-la ou reforçá-la.

Além disso, se o contraditório é obrigatório quando o juiz tiver de decidir sobre pedido formulado pelos interessados, sê-lo-á com maior razão quando se tratar de decisão de ofício decretada no curso do processo, isto é, sem ou contra a manifestação do MP. Temos, porém, que, com a adoção expressa do sistema acusatório (art. 3° A), o juiz não poderá decretar prisão preventiva de ofício, nem converter a prisão em flagrante em preventiva. A vedação é aplicável a toda e qualquer medida cautelar pessoal e real.

Conquanto seja admitida a aplicação cumulativa de medidas cautelares, é evidente, primeiro, que tal só é possível em casos de justificada necessidade; segundo, que a cumulação é incompatível com a prisão preventiva, seja porque constituem alternativas à prisão, seja porque a prisão preventiva implica o máximo grau de privação da liberdade, razão pela qual a cumulação seria de todo abusiva[6]. O tema é controvertido.

5) CAUTELARIDADE? EM QUE SENTIDO?

De acordo com a doutrina processual penal, a prisão provisória tem natureza cautelar, cautelaridade a ser entendida como prevenção de danos à investigação e ao processo, isto é, destinadas ao acautelamento do resultado útil do processo, cuja sistematização se deve, em especial, ao processualista civil italiano Piero Calamandrei[7].

Atualmente, entende-se, porém, no processo civil, cautelaridade no sentido de proteção do direito material das partes, não como simples proteção de danos ao processo.[8] No CPC/2015 (art. 294[9]) a tutela cautelar

---

6. No mesmo sentido, Gustavo Badaró. Processo penal. São Paulo: RT, 2015.
7. Segundo Piero Calamandrei, a quem é atribuída a sistematização do processo cautelar clássico, "a tutela cautelar é, em comparação ao direito substancial, uma tutela *mediata*: mais do que fazer justiça, serve para garantir o eficaz funcionamento da justiça. Se todos os procedimentos jurisdicionais são um instrumento de direito substancial que, através destes, se cumpre, nos procedimentos cautelares verifica-se uma instrumentalidade qualificada, ou seja, elevada, por assim dizer, ao quadrado: estes são de fato, infalivelmente, um meio predisposto para o melhor resultado do procedimento definitivo, que por sua vez é um meio para a aplicação do direito; são portanto, em relação à finalidade da função jurisdicional, *instrumentos do instrumento*." Introdução ao estudo sistemático dos procedimentos cautelares. Campinas: Servanda, 2000, p. 42.
8. Como assinalam Luiz Guilherme Marinoni e Sérgio Cruz Arenhart, "a tutela cautelar não pode ser vista como dirigida a assegurar a utilidade do processo. Como é evidente, a única utilidade que o autor almeja quando vai a juízo é a tutela do direito material. Assim, a tutela cautelar somente pode ser relacionada com a efetividade da tutela do direito, ou com a segurança da situação tutelável, e não com a 'seriedade da jurisdição' (...). A doutrina clássica, ao supor a tutela cautelar como dirigida a assegurar a efetividade do processo, frisou o caráter provisório, isto é, a circunstância de que nasceria para morrer quando da prolação da sentença que decidisse o litígio, pondo fim ao processo. *A falta de percepção de que a tutela cautelar se destina a assegurar uma tutela do direito, não sendo, portanto, uma simples decisão marcada pela cognição sumária (provisoriedade)*, levou a doutrina a incidir no grave equívoco de subordinar o tempo de vida da tutela cautelar à sentença condenatória. Processo cautelar. São Paulo: RT, 2008, p. 24. No mesmo sentido escreve Daniel Mitidiero: "a tutela cautelar, portanto, é uma forma de proteção ao direito no plano material – especificamente, é uma forma de proteção de simples segurança ao direito (...); a tutela cautelar é uma proteção jurisdicional que visa a resguardar o direito à outra tutela do direito. Não visa a resguardar o processo.". Antecipação da tutela. São Paulo: RT, 2012, p. 47 e 48.
9. Art. 294. A tutela provisória pode fundamentar-se em urgência ou evidência. Parágrafo único. A tutela provisória de urgência, cautelar ou antecipada, pode ser concedida em caráter antecedente ou incidental.

constitui, inclusive, apenas uma das possíveis formas de *tutela provisória de urgência*, a demonstrar que a doutrina processual penal trabalha com um conceito de cautelaridade (em parte) ultrapassado.

Com efeito, tutelar o processo é proteger, em última análise, o próprio direito em que se funda a cautela, ainda que mediatamente. Ademais, se o processo não é um fim em si mesmo, e sim um meio a serviço de um fim, que é a realização do direito justo, também o é a medida cautelar que vise a tutelá-lo preventivamente. Afinal, não se protege o processo pelo processo, cegamente.

Segundo, porque, se entendermos cautela (apenas) como proteção do processo e não do direito material, direta ou indiretamente, então teremos de concluir que quase nenhuma das atuais medidas cautelares penais reveste-se de efetiva cautelaridade. Além disso, se considerarmos que cautelaridade é sinônimo de constitucionalidade, tais providências seriam inconstitucionais, e não só a prisão preventiva para garantia da ordem pública, como pretende parte da doutrina[10].

De fato, quanto à prisão preventiva por *conveniência da instrução criminal* (tutela da prova etc.), trata-se de medida substituível (em tese) por outros meios que não a prisão (*v.g.*, produção antecipada de prova).

10. Nesse sentido, Aury Lopes Júnior. Direito processual penal. São Paulo: Saraiva, 2017. E Roberto Delmanto Júnior: "sem dúvida, não há como negar que a decretação de prisão preventiva com o fundamento de que o acusado poderá cometer novos delitos, baseia-se, sobretudo, em dupla presunção: a primeira, de que o imputado realmente cometeu o delito; a segunda, de que, em liberdade, e sujeita aos mesmos estímulos, praticará outro crime ou, ainda, envidará esforços para consumar o delito tentado (...). Com a referida *presunção de reiteração*, restariam violadas, portanto, as garantias de desconsideração prévia de culpabilidade (Constituição da República, art. 5°, §2°, c/c os arts. 14, 2, do Pacto Internacional sobre os Direitos Civis e Políticos, e 8º, 2, 1ª parte, da Convenção Americana sobre Direitos Humanos) e da presunção de inocência (Constituição da República, art. 5°, LVII), *in as modalidades de prisão provisória e seu prazo de duração,* p. 179, 2ª edição, Renovar, S. Paulo, 2001. De modo diverso, João Gualberto Garcez Ramos considera que a prisão preventiva decretada para a garantia da ordem pública não é cautelar nem antecipatória, mas *medida judiciária de polícia,* justificada e legitimada pelos altos valores sociais em jogo. A magistratura, formada por agentes políticos do Estado, tem papel suficientemente importante na defesa social que a legitima politicamente para decretar a medida, não referente, todavia, à atividade concreta que desenvolve no processo penal condenatório. Tutela de urgência no processo penal brasileiro. Belo Horizonte: 1998, p.143.

Ademais, tutelar a prova significa tutelar o suposto direito que nela se funda, inevitavelmente.

No que se refere à *aplicação da lei penal*, a eventual fuga do réu do distrito da culpa não produz, em princípio, dano algum ao processo, que seguirá seu curso normal ou será suspenso, a depender do estado em que se encontre. Se já existir sentença, haverá prejuízo à eventual execução da pena, não ao processo propriamente dito.

Finalmente, a prisão para *garantia da ordem pública* visa a evitar, mais precisamente, a reiteração de crimes, não a assegurar a utilidade do processo, razão pela qual o que está em causa não é a possibilidade de dano processual, mas a prevenção especial de delitos. Aliás, como o processo penal é o modo constitucionalmente legítimo de realização do direito penal, segue-se que os fins do direito penal e do processo penal são os mesmos: prevenção geral e especial de delitos como forma de proteção subsidiária de bens jurídicos, segundo o devido processo legal[11]. Com uma singularidade: dado o princípio da presunção de inocência (principalmente), medidas constritivas da liberdade durante o processo, e, mais ainda, durante a investigação, só são toleráveis em casos excepcionais de absoluta necessidade. Porque o crime (grave) é sempre uma condição necessária, mas nunca suficiente, para a decretação e manutenção de medidas de coação.

Também as atuais medidas cautelares diversas da prisão, que se prestam a fins claramente preventivos individuais, em especial as previstas no art. 319, II, III, V, VI, VII, IX, do CPP, careceriam de cautelaridade, visto que pretendem proteger a vítima ameaçada, fazer cessar a atividade criminosa, monitorar o réu etc.

No contexto atual, tutelar o processo não é, pois, um dado essencial, mas acidental, que pode ou não existir.

11. Víctor Moreno Catena e Valentín Cortés Domínguez, embora critiquem a prisão para evitar a reiteração de delitos, reconhecem que "a medida cautelar só pode ser justificada na medida em que seja absolutamente imprescindível para a defesa dos bens jurídicos fundamentais". Derecho procesal penal. Valencia: *tirant lo blanch*, 2015, p.317 e ss. De acordo com Rogério Schietti, tanto a prisão preventiva quanto as medidas cautelares destinam-se a proteger os meios (a atividade probatória) e os fins do processo penal (a realização da justiça), ou, ainda, a própria sociedade, ameaçada pela perspectiva de novas infrações penais. Prisão cautelar. Rio: *Lumen juris*, 2011, p. 138.

Em resumo, o conceito de medida cautelar ainda dominante no processo penal, importado do processo civil, é um tanto obsoleto e já não serve para justificar (adequadamente) as atuais medidas cautelares pessoais.

É certo, ainda, que a nova teoria da tutela provisória de urgência, compreensiva da tutela cautelar, produzida pela doutrina processualista civil contemporânea é em grande parte inaplicável ao processo penal, visto que se ocupa de problemas diversos e com fins igualmente diversos.

Justo por isso, uma parte importante da doutrina penal atual considera que não existe, no processo penal, processo cautelar, ação cautelar, poder geral de cautela, *fumus boni iuris* e *periculum in mora* etc. Apesar disso, fala-se de medidas cautelares, cautelaridade das prisões etc., a exigir uma teoria própria e adequada para o processo penal.

6) PRINCÍPIOS QUE INCIDEM SOBRE AS MEDIDAS CAUTELARES: O PODER GERAL DE CAUTELA

Dos vários princípios que incidem sobre as medidas cautelares, cabe destacar os seguintes[12]: 1) jurisdicionalidade; 2) legalidade; 3) proporcionalidade.

A jurisdicionalidade ou reserva de jurisdição significa que só o juiz ou tribunal (princípio do juiz natural) pode decretá-las ou revogá-las, não podendo fazê-lo as partes (MP, querelante, réu etc.). No máximo, podem, como qualquer pessoa, prender em flagrante delito, cabendo ao juízo decidir sobre a legalidade da prisão.

Nesse último caso, a prisão em flagrante será comunicada ao juiz competente, que relaxará a prisão ilegal, homologará a prisão legal, concederá a liberdade provisória, com ou sem fiança, ou substituirá a prisão legal por medida cautelar diversa ou, havendo pedido e presentes os requisitos legais, decretará a prisão preventiva.

De acordo com o princípio da legalidade das penas, só é legítima a decretação de medida cautelar prevista em lei, não podendo o juiz, como regra, se valer do chamado *poder geral de cautela* (CPC, art.

---

12. Paulo Tonini (*Manuale di procedura penal*. Milano: Giuffrè Editore, 2016, pp. 422/424), refere oito características: 1) instrumentalidade; 2) urgência; 3) prognose de culpabilidade; 4) imediata executividade; 5) provisoriedade; 6) previsão legal; 7) jurisdicionalidade; 8) impugnabilidade.

297[13]), próprio do direito processual civil, por cujo meio são admitidas medidas cautelares atípicas ou inominadas, isto é, sem previsão legal explícita.

Com efeito, se, como vimos, os princípios do direito penal incidem sobre o direito processual penal (e vice-versa), não é possível a aplicação de medidas cautelares atípicas, sob pena de violação ao princípio *nullum crimen, nulla poena sine praevia lege*[14].

Apesar disso, ainda que em caráter excepcional, e sempre em favor do investigado ou acusado, é razoável e conforme o princípio da proporcionalidade, entendido como proibição de excesso, admitir-se o poder geral de cautela para os casos que comportam prisão processual, em especial a prisão preventiva, a fim de evitar a medida cautelar mais gravosa. Assim, por exemplo, a proibição de acesso à internet ao acusado do crime do art. 240 do ECA, que pune, com pena de 4 a 8 anos de reclusão, a ação de produzir ou filmar cena de sexo explícito envolvendo criança[15].

Com efeito, não haveria ofensa aos princípios de legalidade e proporcionalidade das penas se a prisão preventiva fosse substituída pela proibição de acesso à internet, seja porque serviria para evitar a medida extrema de privação da liberdade, seja porque os princípios constituem garantias políticas instituídas em favor do indivíduo destinadas a impedir excessos do poder punitivo.

Em suma, o poder geral de cautela deve ser admitido pelas mesmas razões que são permitidos o uso da prova ilícita em favor do réu, a retroatividade da lei penal mais benigna, a aplicação da pena abaixo do mínimo legal etc., embora o contrário seja vedado pelos princípios da proibição de provas ilícitas, irretroatividade da lei penal e legalidade.

---

13. Art. 297. O juiz poderá determinar as medidas que considerar adequadas para efetivação da tutela provisória.
14. Em sentido contrário ao poder geral de cautela, Gustavo Badaró (Curso de processo penal. São Paulo: RT, 2015), Aury Lopes Júnior (Direito processual penal. São Paulo: Saraiva, 2017) e Odone Sanguiné (Prisão cautelar, medidas alternativas e direitos fundamentais. Rio de Janeiro: Forense, 2014). Favorável ao poder geral de cautela, Marcellus Polastri. A tutela cautelar no processo penal. São Paulo: Atlas, 2014. E Rogério Schietti Cruz. Prisão cautelar. Rio de Janeiro: Lumen Juris, 2011.
15. Rogério Schietti Cruz. Prisão cautelar. Rio de Janeiro: Lumen Juris, 2011.

Além disso, a absoluta vedação do poder geral de cautela é prejudicial às garantias do réu e, portanto, incompatível com um modelo democrático de processo penal.

O que de fato não se pode tolerar é o poder geral de cautela como pretexto para a expansão do sistema penal ou como justificativa para constrangimentos ilegais. No entanto, é perfeitamente justificável quando se prestar à sua contenção ou à redução de danos.

Por fim, incide o princípio da proporcionalidade (em sentido amplo), compreensivo da necessidade, adequação e proporcionalidade em sentido estrito, razão pela qual a medida cautelar deve ser admitida somente quando absolutamente necessária e enquanto essa necessidade persistir.

Também por isso, a medida deve ser adequada à gravidade do crime, às circunstâncias do fato e às condições pessoais do indiciado ou acusado.

Embora haja quem defenda a possibilidade de ampliação dos casos de prisão preventiva para hipóteses não previstas em lei[16], a pretexto de evitar proteção deficiente aos direitos fundamentais, temos que tal não é possível, sob pena de violação aos princípios da legalidade e proporcionalidade das penas, visto que constituem garantias penais instituídas em favor do indivíduo, não do Estado.

Ademais, considerando que importam em graves privações de direitos fundamentais – prisões são sequestros com outro nome –, não raro cumpridas em condições desumanas e com graves riscos à própria vida, as prisões provisórias só devem ser toleradas em caráter excepcional e pelo menor tempo possível, razão pela qual as normas legais que as autorizam devem ser interpretadas restritivamente.

---

16. Nesse sentido, Andrey Borges de Mendonça (Prisão e outras medidas cautelares pessoais. São Paulo: Gen/Método, 2011, pp. 258/260): Realmente, decorre do princípio constitucional da proporcionalidade, em sua vertente positiva, que não se pode permitir a proteção deficiente ou insuficiente aos direitos fundamentais (...). Parece-nos, portanto, que em hipóteses excepcionais e devidamente justificadas e fundamentadas, o magistrado poderá indicar concretamente que a prisão é a única medida adequada para tutelar os bens jurídicos indicados no art. 282, I, do CPP, mesmo que não preenchidos os requisitos do art. 313. Porém, sempre com observância do princípio da proporcionalidade, evitando-se situações de abuso ou de manifesto desequilíbrio entre a medida cautelar e o provimento final.

7) PRISÃO DOMICILIAR

O juiz poderá substituir a prisão preventiva (temporária ou mesmo em flagrante delito) pela prisão domiciliar (recolhimento em sua residência, só podendo dela ausentar-se com autorização judicial) quando se tratar de preso (CPP, art. 318): 1) maior de 80 (oitenta) anos; 2) extremamente debilitado por motivo de doença grave; 3) imprescindível aos cuidados especiais de pessoa menor de 6 (seis) anos de idade ou com deficiência; 4) gestante; 5) mulher com filho de até 12 (doze) anos de idade incompletos; 6) homem, caso seja o único responsável pelos cuidados do filho de até 12 (doze) anos de idade incompletos.

A prisão domiciliar consiste no recolhimento do indiciado ou acusado em sua residência, só podendo dela ausentar-se com autorização judicial (CPP, art. 317).

Não se trata de uma modalidade autônoma de medida cautelar, mas do cumprimento de prisão provisória em condições especiais, ditadas por razões humanitárias, a exigir a presença de todos os seus fundamentos legais (*fumus commissi delicti* e *periculum libertatis*).

Embora prevista para a prisão preventiva, também a prisão temporária (em tese também a prisão em flagrante delito) pode ser cumprida no domicílio do preso (ou, na sua falta, em casa ou em lugar que possa acolhê-lo) que atender aos requisitos da lei, sob pena de violação aos princípios da proporcionalidade e humanidade das penas. Afinal, se a mais grave forma de privação da liberdade (a prisão preventiva) autoriza o benefício, com maior razão há de admiti-la a menos grave (prisão temporária etc.).

Se, quando da decretação da prisão preventiva, o juiz já souber que o preso faz jus à prisão domiciliar, deferi-la-á desde logo, ao invés de consumar um ilegal constrangimento.

A prisão domiciliar não se confunde com a medida cautelar de recolhimento domiciliar no período noturno e nos dias de folga (CPP, art. 319, V), seja porque exigem requisitos distintos, seja porque o recolhimento domiciliar impõe ao acusado restrições mais brandas. Prisão domiciliar é prisão cautelar cumprida em condições especiais.

Tampouco pode ser confundida com a prisão domiciliar em regime aberto de execução de que trata o art. 117 da Lei de Execução Penal, que deveria ser atualizada para ajustá-la à reforma processual de 2011[17]. Aqui o benefício dá-se na fase processual (ou investigatória); lá na fase de execução da sentença (provisória ou definitiva). Além disso, exigem requisitos diversos, embora essa diversidade deva ser superada.

No caso de mulher gestante ou que for mãe ou responsável por crianças ou pessoas com deficiência, a prisão provisória será substituída por prisão domiciliar (CPP, art. 318-A), desde que: a) não tenha cometido crime com violência ou grave ameaça a pessoa; b) não tenha praticado o crime contra seu filho ou dependente.

A limitação imposta à gestante (mãe ou responsável) autora de crime praticado com violência ou grave ameaça a pessoa (qualquer pessoa) é absolutamente injustificável e contraditória, seja porque qualquer crime, violento ou não, praticado por homem ou por mulher, pode ser objeto de prisão domiciliar, seja porque, se mantida a restrição apenas para a mulher gestante, mãe ou responsável autora de delito violento, haverá uma discriminação arbitrária. Além disso, seria uma restrição desproporcional e inadequada, sem relação com o delito praticado.

Já a restrição imposta à gestante (mãe ou responsável) que cometeu delito contra o próprio filho ou dependente faz todo sentido, desde que seja também aplicável ao homem em circunstâncias semelhantes (crime contra o próprio filho etc.), sob pena de se admitir uma discriminação arbitrária contra a mulher a quem a lei dá tratamento especial. Assim, por exemplo, se um casal comete crime contra o filho, a vedação da prisão domiciliar há de valer para ambos.

Como é óbvio, uma norma protetiva não pode ser usada ou interpretada contrariamente a essa finalidade de proteção. Consequentemente, ambas as restrições devem ser interpretadas segundo os fins da lei, que objetivou tutelar especialmente a mulher e dar proteção integral a crianças e adolescentes (CF, art. 227).

A substituição poderá ser feita cumulativamente com outras medidas alternativas.

---

17. Art. 117. Somente se admitirá o recolhimento do beneficiário de regime aberto em residência particular quando se tratar de: I -condenado maior de 70 (setenta) anos; II - condenado acometido de doença grave; III - condenada com filho menor ou deficiente físico ou mental; IV - condenada gestante.

Para que haja a substituição, o juiz exigirá prova idônea dos requisitos exigidos por lei. De acordo com o STJ, a substituição da prisão preventiva pela domiciliar exige comprovação de doença grave, que acarrete extrema debilidade, e a impossibilidade de se prestar a devida assistência médica no estabelecimento penal.

8) FUNDAMENTOS LEGAIS

A prisão preventiva, como *ultima ratio* das medidas cautelares, só poderá ser decretada e mantida em casos extremos de necessidade processual, relativamente aos autores, coautores ou partícipes de crimes dolosos (dolo direto e eventual) e preterdolosos graves, já que são também dolosos, mas cujo resultado (punido a título de culpa) vai além do dolo.

As medidas cautelares só podem ser decretadas a juiza requerimento das partes, não mais de ofício (CPP, art. 282, §2° e 4°, e art. 311), ou, quando no curso da investigação criminal, por representação da autoridade policial ou mediante requerimento do Ministério Público. No caso de descumprimento das obrigações impostas, o juiz, também mediante requerimento do Ministério Público, de seu assistente ou do querelante, poderá substituir a medida, impor outra em cumulação, ou, em último caso, decretar a prisão preventiva (CPP, art. 282, §2° e 4°).

Embora incompatível com o princípio da inércia da jurisdição (*ne procedat iudex ex officio*) e da imparcialidade judicial, o Código não vedava explicitamente que o juiz pudesse decretá-las *no curso do processo* de ofício[18]. De modo explícito, o Código proibia apenas a decretação de medida cautelar no curso da investigação, pelo juiz das

18. De acordo com Rogério Schietti Cruz: "Situação bem diversa há de ser a do juiz que, no curso da ação penal defronta-se com situações que lhe exijam a tomada de decisões independentemente da manifestação prévia de alguma das partes. Com o propósito de exercitar a jurisdição penal, – que, sublinhe-se, não interessa tão somente às partes, mas a toda coletividade – e oferecer uma prestação jurisdicional que corresponda aos anseios de justiça e que atenda aos interesses superiores que subjazem à persecução penal (liberdade, honra, dignidade da pessoa humana etc.), o juiz deve ser autorizado, se necessário e nos limites e condicionamentos legais, a tomar decisões como a de decretar a prisão preventiva do acusado". Prisão cautelar. Rio de Janeiro: Lumen Juris, 2011, p.117-118. Assim também Eugênio Pacelli. Curso de processual penal. São Paulo: Atlas, 2016. E Andrey Borges de Mendonça. Prisão e outras medidas cautelares pessoais. São Paulo: Gen/Método, 2011.

garantias. Assim, é vedada a prisão preventiva – e qualquer medida cautelar – durante a investigação.

Atualmente os arts. 282, §2°, e 311 do CPP, com a redação dada pela Lei n° 13.964/2019, vedam claramente essa atuação oficial do juiz durante o inquérito e durante o processo. De acordo com o art. 311 do CPP: "Em qualquer fase da investigação policial ou do processo penal, caberá a prisão preventiva decretada pelo juiz, a requerimento do Ministério Público, do querelante ou do assistente, ou por representação da autoridade policial". Assim, é vedada a prisão preventiva – e qualquer medida cautelar – sem provocação do MP ou sem representação da autoridade policial. Tampouco cabe *converter* a prisão em flagrante em preventiva sem requerimento da autoridade competente, pois equivaleria a *decretá-la* de ofício.

A preventiva é a única modalidade de prisão passível de ser determinada no curso do processo (e também no inquérito), visto que as demais (temporária e em flagrante) só são decretáveis na fase de investigação.

E poderá ser decretada: 1) de modo autônomo ou originário (CPP, arts. 311); 2) como conversão da prisão em flagrante ou temporária; 3) em caráter subsidiário, isto é, em substituição à medida cautelar injustificadamente descumprida (CPP, art. 282, §4°).

A preventiva é sempre provisória, devendo durar o menor tempo possível, e está sujeita à cláusula *rebus sic stantibus,* valendo enquanto subsistirem as razões que a autorizam.

Como a lei não previu prazo máximo de duração, com alguma frequência a prisão preventiva é mantida por tempo muito além do razoável. Como vimos, exige-se apenas que seja revisada a cada 90 dias, sob pena de relaxamento.

9) MOTIVAÇÃO DA DECISÃO QUE DECRETA A PREVENTIVA

A decretação/manutenção (também a substituição e a denegação) da prisão preventiva será necessariamente motivada por ordem escrita do juiz ou do tribunal competente; motivá-la é indicar a prova da existência do crime e indícios suficientes de autoria, além da necessidade cautelar (CPP, arts. 283, 312 e 315). Em resumo, fundamentá-la é apontar os elementos de informação ou de prova de que o investigado ou denunciado é o provável autor, coautor ou partícipe de crime doloso grave (*fumus commissi delicti*) e que a privação da liberdade é absolutamente necessária para o fim da investigação ou do processo (*periculum libertatis*). A prisão deve ser justa e necessária, portanto.

Além de demonstrar a imprescindibilidade da privação preventiva da liberdade, a decisão deverá indicar a impossibilidade de aplicação ou de substituição por medida cautelar diversa.

Sem motivação, ou com motivação deficiente, a decisão é nula, no todo ou em parte.

Carecerá de fundamentação a decisão que (CPP, art. 315, §2°): 1) limitar-se à indicação, à reprodução ou à paráfrase do texto legal, sem explicar sua relação com a causa ou a questão decidida; 2) empregar conceitos jurídicos indeterminados (garantia da ordem pública etc.) sem explicar o motivo concreto de sua incidência no caso; 3) invocar motivos que se prestariam a justificar qualquer outra decisão; 4) não enfrentar os argumentos deduzidos no processo capazes de, em tese, infirmar a conclusão adotada pelo julgador; 5) limitar-se a invocar precedente ou enunciado de súmula, sem identificar seus fundamentos determinantes, nem demonstrar que o caso se ajusta àqueles fundamentos; 6) deixar de adotar enunciado de súmula, jurisprudência ou precedente invocado pela parte, sem demonstrar a existência de distinção no caso ou a superação do entendimento. Já vimos o que cada um desses requisitos significa.

Tornaghi continua atualíssimo, portanto[19]:

> O juiz deve mencionar de maneira clara e precisa os fatos que o levam a considerar necessária a prisão para garantia da ordem pública ou para assegurar a instrução criminal ou a aplicação da lei penal substantiva. Não basta de maneira alguma, não é fundamentação, frauda a finalidade da lei e ilude as garantias da liberdade o fato de o juiz dizer apenas: "considerando que a prisão é necessária para a garantia da ordem pública...". Ou então: "as provas dos autos revelam que a prisão é conveniente para a instrução criminal...". Fórmulas como essas são a mais rematada expressão da prepotência, do arbítrio e da opressão. Revelam displicência, tirania ou ignorância, pois além de tudo envolvem petição de princípio: com elas o juiz toma por base exatamente aquilo que deveria demonstrar.

---

19. Instituições de processo penal, v.3. São Paulo: Saraiva, 1978, p. 334.

Assim, é inválida a decisão que apenas repete os dizeres da lei, sem indicar os fundamentos de fato e de direito, ou que não aponta a necessidade cautelar, ou presume arbitrariamente presentes as hipóteses legais, ou que não refere a vedação de substituição por medida cautelar diversa ou que, embora motivada em relação ao autor, pretende dar-se por fundamentada para os coautores e partícipes pelo só fato do concurso de pessoas, sem individualizar as condutas. À semelhança da sentença penal condenatória, a decisão que determina medida cautelar, a prisão preventiva, em especial, deve ser fundamentada em relação a cada um dos coautores e partícipes do crime (princípio da individualização da pena).

Tampouco é aceitável a chamada motivação *ad relacionem*, em que o juiz ou tribunal se limita a acolher o pedido prisional com manifesta negligência ou descaso, endossando ou transcrevendo os termos da representação da autoridade policial ou do requerimento do MP. Mas nada impede que cite ou adote, em reforço da decisão, as razões de um e outro, as da defesa, inclusive, para acolher ou rejeitar o pedido.

Por último, não é dado ao tribunal, em habeas corpus ou em recurso interposto pela acusação ou pela defesa, completar, aditar ou reforçar os fundamentos da decisão, devendo apreciá-la nos exatos termos em que foi proferida, sem criar uma nova.

10) *FUMUS COMMISSI DELICTI* E *PERICULUM LIBERTATIS*

Como o cometimento de delito doloso grave é sempre uma condição necessária, mas nunca suficiente para a decretação da prisão, exige-se a presença de um (ou mais) dos seguintes fundamentos legais: garantia da ordem pública ou da ordem econômica, conveniência da instrução criminal e asseguramento da aplicação da lei penal (CPP, art. 312).

Como é óbvio, a prisão preventiva não pode ser decretada para garantir, abstratamente, a ordem pública, a conveniência da instrução ou a aplicação da lei penal, mas por necessidade justificada a partir do caso concreto, razão pela qual há de pressupor a existência de elementos de prova nos autos no sentido de que o acusado está, mesmo preso, a cometer delitos ou que voltará a praticá-los muito provavelmente, em virtude de antecedentes criminais recentes, violação da liberdade provisória etc.

Ou ainda, cumpre apontar indícios concretos de que, em liberdade, certamente empreenderia fuga para lugar incerto ou não sabido. Mais:

que está a praticar atos ilícitos que comprometem ou podem comprometer a instrução criminal, como corromper ou ameaçar testemunhas, destruir provas etc.

Afinal, não se trata de garantir, *in abstracto*, a ordem pública, a conveniência da instrução criminal ou a necessidade de aplicação da lei penal, sob pena de se converter a prisão, que é facultativa, em obrigatória.

O que é lícito presumir, em princípio, é a inocência, não a culpa, tampouco os fundamentos da prisão, que devem ser demonstrados concretamente.

Quem, apesar do cometimento de um crime grave, não representa ameaça à instrução, não pretende evadir-se, nem oferece risco à ordem pública, deve ser posto/mantido em liberdade.

Nenhuma medida poderá ser decretada ou mantida se o juiz verificar a possível ocorrência de excludentes de criminalidade (v.g., legítima defesa etc.)[20], causas especiais de isenção de pena ou de extinção de punibilidade (prescrição etc.), aí incluídas as excludentes de tipicidade, de ilicitude e de culpabilidade. Afinal, não havendo crime punível (fato típico, ilícito, culpável e punível), não há justa causa para a decretação/manutenção de medida de coação (*fumus commissi delicti*).

Não há necessidade de certeza da incidência de circunstância que exclua o crime ou extinga a punibilidade, a ser apurado segundo o devido processo legal, bastando a verossimilhança ou plausibilidade de sua ocorrência (*in dubio pro reo*).

Por fim, a prisão preventiva deve ser fundamentada em fatos novos ou contemporâneos. Isso significa que o crime praticado pode ser atual ou não, mas os fundamentos da prisão, isto é, as razões que a justificam (garantia da ordem pública etc.) devem ser necessariamente novos ou contemporâneos. Assim, por exemplo, um delito praticado há cinco anos pode ensejar a prisão preventiva, se o réu, por exemplo, estiver ameaçando testemunhas etc.

10.1) Garantia da ordem pública e da ordem econômica

Garantia da ordem pública é termo vago e generalíssimo, e, pois, incompatível com o princípio da legalidade das penas, que exige o má-

20. Uso o termo num sentido amplo, para designar qualquer circunstância legal ou supralegal capaz de excluir o crime, aí compreendidas as excludentes de tipicidade, de ilicitude e de culpabilidade. Ver Paulo Queiroz. Direito penal, parte geral. Salvador: Juspodivm, 2019.

ximo grau possível de certeza da linguagem técnico-jurídica e a máxima precisão semântica dos conceitos jurídico-penais, razão pela qual tem sido justamente criticada por servir de pretexto para as mais arbitrárias prisões.

Embora a reforma de 2011 tenha mantido a expressão e devesse suprimi-la, a garantia da ordem pública deve ser entendida num sentido restrito e preciso: *evitar a reiteração de crimes dolosos graves* (CPP, 282, I[21]). Em suma, como prevenção especial negativa.

Assim, não cabe prisão preventiva a pretexto de prevenir o clamor público ou comoção social, proteger a segurança do investigado ou acusado, assegurar a credibilidade da justiça, forçar o preso à colaboração premiada, evitar a prescrição etc., seja porque carecem de cauteralaridade, seja porque são remediáveis por outros meios legais, seja porque ofendem o princípio da não autoincriminação. Tampouco é justificável pela só gravidade do crime, o caráter hediondo da infração penal ou a crueldade na execução do delito.

É bem verdade que a prevenção individual de delitos graves não é, em princípio, um fim da prisão preventiva, mas uma finalidade da pena mesma, a qual há de pressupor sentença condenatória definitiva, sob pena de violação à presunção constitucional de inocência e, mais, confundir-se processo de conhecimento com processo de execução.

Malgrado isso seja correto como princípio geral, há situações excepcionais que justificam a prisão com fins preventivos especiais, principalmente quando se trata de terrorismo, delinquentes multirreincidentes, habituais ou que, postos em liberdade, logo voltam a cometer delitos graves ou violam sistematicamente as condições da liberdade provisória.

Além disso, se é autorizada para assegurar a aplicação da lei penal e conveniência da instrução criminal, a prisão preventiva é justificável, com maior razão, quanto a membros de organizações criminosas, delinquentes habituais, multirreincidentes etc. que, comprovadamente, põem em risco a segurança dos cidadãos.

Não há, por conseguinte, inconstitucionalidade da prisão preventiva para evitar a reiteração de crimes graves, porque, para reconhecermos

---

21. Art. 282. As medidas cautelares previstas neste Título deverão ser aplicadas observando-se a:
I - necessidade para aplicação da lei penal, para a investigação ou a instrução criminal e, nos casos expressamente previstos, **para evitar a prática de infrações penais**.

essa ideia extrema, teríamos de partir de uma premissa igualmente extrema, qual seja, a de que a presunção de inocência tem caráter absoluto e não comporta exceção de nenhum tipo. Mais: se a tese fosse correta, teríamos de concluir que as atuais medidas cautelares pessoais, e não só a prisão preventiva para evitar a reiteração de delitos graves, seriam inconstitucionais, já que implicariam um juízo indevido de culpa e, pois, uma relativização abusiva do princípio.

Já vimos também que, se a hipótese de prevenção especial tem ou não natureza cautelar, tal depende do conceito de cautelaridade de que se parte, que, como todo conceito jurídico, deve ser permanentemente atualizado. Não faz sentido continuarmos presos a fórmulas arcaicas.

Além disso, nem sempre é possível (ou desejável) estabelecer uma separação clara e taxativa entre direito penal, processo penal e execução penal, que formam um *continuum*, e cujas finalidades são, em última análise, as mesmas: proteção do inocente, condenação do culpado, prevenção de reações públicas ou privadas arbitrárias etc., inclusive quando praticadas a pretexto de se investigar, processar e julgar infrações penais.

Por fim, uma coisa é a legitimidade político-criminal da prisão preventiva para casos extremos, outra são os frequentes abusos na sua decretação a pretexto de garantir-se a ordem pública. Como dizia Louk Hulsman, o mapa não é o território, o cardápio não é a refeição [22].

Por fim, garantia da ordem econômica é garantia da ordem pública aplicada aos crimes econômicos, razão pela qual o termo é desnecessário e não deveria figurar entre as hipóteses de legitimação da prisão preventiva. De todo modo, é possível dar significado preciso e restrito à garantia da ordem econômica, qual seja: *risco concreto de reiteração de crime econômico.*

Evidentemente a só gravidade do crime econômico constitui uma condição necessária, mas não suficiente para a decretação e a manutenção da prisão preventiva sob esse fundamento. São consideradas infrações dessa natureza: os crimes contra a economia popular, contra o sistema financeiro nacional, contra a ordem tributária, lavagem de capitais etc.

22. Hulsman, Louk; Bernat de Celis, Jacqueline. Penas perdidas: o sistema penal em questão. Trad. Maria Lúcia Karam. Niterói: Ed. Luam, 1993.

Incompatível com a Constituição é o art. 30 da Lei n° 7.492/86 (crimes contra o sistema financeiro)[23], que prevê a prisão preventiva com base na *magnitude da lesão causada* por quaisquer dos crimes que define, seja porque estabelece uma espécie de prisão obrigatória (sem cautelaridade), seja porque a gravidade da lesão constitui um problema de aplicação da pena.

10.2) Conveniência da instrução e aplicação da lei

Por conveniência, ou melhor, por necessidade da instrução criminal, deve ser entendida a prisão determinada para a preservação da prova a ser produzida diante de ameaça grave e concreta por ação do investigado ou denunciado, a exemplo de destruição de provas, corrupção de testemunhas ou peritos, risco ponderável de consumar um crime tentado etc. Neste último caso, incidiria também a garantia da ordem pública.

Há necessidade da instrução criminal também quando houver ameaças contra os sujeitos processuais (juiz, promotor, querelante etc.) ou tentativa de suborná-los etc.

Como se trata de medida de caráter excepcional para preservar a prova, deve cessar tão logo cesse a ameaça que a autorizava (v.g., depois de colhida a prova em juízo).

Com a previsão legal de assegurar a aplicação da lei penal o que se quer é garantir a execução da sentença condenatória ameaçada pela provável fuga do investigado ou acusado.

Como já foi dito, nenhuma dessas hipóteses legais pode ser presumida, sem mais, mas demonstrada com base em prova ou indício de prova.

11) CRIMES QUE ADMITEM A PRISÃO PREVENTIVA

As reformas processuais têm procurado limitar a prisão preventiva aos casos de absoluta necessidade, seja por meio da adoção de medidas cautelares diversas da prisão, seja por meio de crescentes restrições à sua decretação e manutenção.

23. Art. 30. Sem prejuízo do disposto no art. 312 do Código de Processo Penal, aprovado pelo Decreto-lei nº 3.689, de 3 de outubro de 1941, a prisão preventiva do acusado da prática de crime previsto nesta lei poderá ser decretada em razão da magnitude da lesão causada.

Nesse sentido, o art. 313 do CPP, com a redação dada pela Lei nº 12.403/2011, buscou impedir a prisão preventiva sempre que fosse possível a sua substituição por penas restritivas de direito no caso de eventual condenação. Daí a primeira limitação imposta: só admitir a decretação da prisão preventiva nos crimes dolosos punidos com pena privativa de liberdade máxima superior a 4 (quatro) anos (CPP, art. 313, I). É que, quando a pena aplicada for igual ou inferior a 4 anos de prisão, cabe em tese substituição por pena restritiva de direito (CP, art. 44).

Com efeito, segundo o art. 44, I, do Código Penal, as penas restritivas de direitos são autônomas e substituem as privativas de liberdade quando for aplicada pena privativa de liberdade não superior a quatro anos e o crime não for cometido com violência ou grave ameaça à pessoa ou, qualquer que seja a pena aplicada, se o crime for culposo.

Aliás, já dissemos que há muito esse art. 44 do CP deveria ser reformado para transformar as atuais medidas cautelares diversas da prisão (CPP, art. 319) em penas restritivas de direito, invertendo a lógica atual, a fim de convertê-las em penas principais. A pena de prisão deveria, portanto, passar a figurar como pena alternativa às atuais penas restritivas de direito.

Como regra, não cabe prisão preventiva para os seguintes delitos, sob pena de violação aos princípios da legalidade e proporcionalidade das penas: 1) culposos; 2) de menor potencial ofensivo, aí incluídas as contravenções, já que passíveis de transação penal; 3) passíveis de suspensão condicional do processo, por cominarem pena mínima não superior a um ano; 4) que prevejam pena privativa de liberdade máxima não superior a quatro anos e forem praticados sem violência ou grave ameaça à pessoa, visto que admitem substituição por pena restritiva de direito (CP, art. 44); 5) quando o provável regime inicial de cumprimento da pena seja o aberto, já que a execução se dará fora da prisão, com recolhimento apenas no período noturno e dias de folga (CP, art. 36); 6) quando for provável a condenação a pena restritiva de direito, ainda que o tipo penal comine pena superior a 4 anos (v.g., tráfico de droga); 7) quando cabível o acordo de não persecução penal de que trata o art. 28-A do CPP; 8) outras hipóteses incompatíveis com a prisão.

Evidentemente só é possível prisão cautelar nos crimes que cominem pena privativa de liberdade, de for isolada, cumulativa ou alternativa (CPP, art. 283, §1°).

Quanto à provável aplicação do regime semiaberto (CP, art. 33, §1°, *b,* e 35), não há, em princípio, incompatibilidade, já que a execução da pena se dará em colônia agrícola, industrial ou estabelecimento similar, ficando o condenado sujeito a trabalho em comum durante o período diurno. Apesar disso, é preciso ajustar a prisão preventiva a esse regime mais brando de execução.

É irrelevante se o tipo penal comina reclusão ou detenção, distinção a ser possivelmente abolida da legislação penal.

Para a apuração da pena máxima cominada, considerar-se-ão as qualificadoras, as causas de aumento e de diminuição de pena. Quando se tratar de percentual variável de aumento de pena (v.g., 1/3 a 2/3), acrescentar-se-á o máximo previsto, diminuindo-se o mínimo legal quando for causa de redução de pena, prevalecendo, em ambos os casos, a pena máxima possível.

Assim, embora o furto simples (CP, art. 155, *caput*), que comina pena máxima de quatro anos de prisão, não a admitia, a prisão preventiva pode ser decretada para o furto qualificado (CP, art. 155, §§4°, 4º A e 4° B etc.), já que punido com reclusão de dois a oito anos. O mesmo ocorre com o furto majorado (CP, art. 155, §1°) em razão de repouso noturno (aumento de 1/3).

Não é exceção a associação criminosa (CP, art. 288, *caput*), porque, embora admita a temporária (Lei n° 7.960/89, art. 1°, III, *l*), é incompatível com a prisão preventiva, em razão da previsão de pena máxima de três anos de reclusão[24].

Havendo concurso material de crimes, somam-se as penas máximas previstas. Já no concurso formal e na continuidade delitiva, acrescentar-se-á o aumento máximo previsto em lei.

É esse o método correto, não o contrário (incidência do percentual mínimo, fazendo prevalecer a pena mínima possível), porque o critério

24. Em sentido contrário, Eugênio Pacelli. Curso de processo penal. São Paulo: Atlas, 2016.

legal é a pena máxima e não a pena mínima cominada, diversamente do que ocorre com o acordo de não persecução penal, por exemplo.

Ainda que em caráter excepcionalíssimo e por brevíssimo tempo, cabe prisão preventiva para delitos punidos com pena não superior a quatro anos.

Mas nunca para contravenções, e dificilmente para os crimes culposos. É que os delitos culposos admitem a substituição qualquer que seja a pena aplicada (CP, art. 44, I), razão pela qual é, em princípio, incompatível com a segregação provisória.

Ocorre, porém, que, no caso de descumprimento das condições da medida cautelar, o juiz poderá decretar a preventiva (CPP, art. 282, §4°, e art. 312, parágrafo único), hipótese em que será possível a medida extrema de privação da liberdade para os crimes culposos e outros delitos[25].

Como regra, só os crimes dolosos punidos com pena de prisão superior a quatro anos admitem a prisão preventiva. As exceções são as seguintes (CPP, art. 313): 1) reincidente em crime doloso; 2) crime relativo à violência doméstica e familiar contra a mulher, criança, adolescente, idoso, enfermo ou pessoa com deficiência, para garantir a execução das medidas protetivas de urgência; 3) quando houver dúvida sobre a identidade civil da pessoa ou quando esta não fornecer elementos suficientes para esclarecê-la, devendo o preso ser colocado imediatamente em liberdade após a identificação, salvo se outra hipótese recomendar a manutenção da medida.

---

25. Nesse sentido, Rômulo de Andrade Moreira (*Da prisão preventiva, das medidas cautelares e da liberdade provisória*. Florianópolis: *Empório do direito*, 2016, pp.57/58). Para quem, excepcionalmente (mesmo porque a prisão preventiva só será decretada quando não for cabível a sua substituição por outra medida cautelar, nos termos do art. 282), permite-se a prisão preventiva mesmo em crime culposo e qualquer que seja a pena privativa de liberdade cominada. Não seria mais necessária a demonstração daqueles outros requisitos (garantia da ordem pública ou econômica, conveniência da instrução criminal e aplicação da lei penal), caso o crime envolva violência doméstica e familiar contra a mulher, criança, adolescente, idoso, enfermo ou pessoa com deficiência, para garantir a execução das medidas protetivas de urgência(esse seria um novo requisito) ou quando houver dúvida sobre a identidade civil da pessoa ou quando esta não fornecer elementos suficientes para esclarecê-la, devendo o preso ser colocado imediatamente em liberdade após a identificação. (idem). E Eugênio Pacelli. Curso de processo penal. São Paulo: Atlas, 2016.

Com efeito, havendo reincidência em crime doloso, não necessariamente reincidência específica (prática do mesmo delito), é possível decretá-la. Não é o caso, porém, quando houver reincidência em delitos culposos ou culposos e dolosos (e vice-versa), nem em contravenção.

Não é cabível a decretação automática da prisão pelo simples fato da reincidência. Como medida cautelar de caráter excepcional, há de tratar-se de reincidência em crime grave, incompatível com medidas alternativas ou substitutivas da pena e também com outras medidas cautelares diversas.

Não faria sentido, por exemplo, que, verificada a reincidência em crime contra a honra, ameaça ou lesões leves etc., fosse imposta, sem mais, a segregação preventiva, sob pena de convertê-la em prisão obrigatória[26].

Releva notar que, mesmo em caso de condenado reincidente, é possível a substituição da pena, inclusive, desde que, em face de condenação anterior, a medida seja socialmente recomendável e a reincidência não se tenha operado em virtude da prática do mesmo crime (CP, art. 44, §3°).

Verifica-se a reincidência quando o agente comete novo crime depois de transitar em julgado a sentença que, no país ou no estrangeiro, o tenha condenado por crime anterior (CP, arts. 63 e 64), não prevalecendo a condenação anterior se, entre a data do cumprimento ou extinção da pena e a infração posterior, tiver decorrido período de tempo superior a cinco anos, computado o período de prova da suspensão ou do livramento condicional, se não ocorrer revogação. Para efeito de reincidência, não se consideram os crimes militares próprios e políticos.

Além de considerar a gravidade dos delitos, a compatibilidade com outras medidas cautelares diversas, o cabimento de pena alternativa e o decurso do prazo de cinco anos, cumpre verificar o tempo já decorrido desde a prática do último delito, como critério de avaliação da necessidade da prisão.

Mais: se não houver prova da reincidência ou existir dúvida a esse respeito, a prisão será abusiva.

26. O CPP de 1941, em sua redação original, previa a prisão preventiva obrigatória para os crimes punidos com pena máxima igual ou superior a 10 anos de reclusão, bastando, além disso, a prova indiciária contra o acusado.

A lei permite a custódia preventiva, e mesmo que a pena cominada seja igual ou inferior a quatro anos, quando se tratar de crime doloso que envolva violência doméstica e familiar contra a mulher, criança, adolescente, idoso, enfermo ou pessoa com deficiência, para garantir a execução das medidas protetivas de urgência.

De acordo com a Lei n° 11.340/2006 (art. 5°), considera-se violência doméstica e familiar contra a mulher qualquer ação ou omissão baseada no gênero que lhe cause morte, lesão, sofrimento físico, sexual ou psicológico e dano moral ou patrimonial. As medidas protetivas de urgência estão previstas nos arts. 22 e 23 da citada lei, a exemplo do afastamento do agressor do lar, proibição de aproximação da ofendida etc., em relação às quais a prisão preventiva poderá ser decretada em caráter subsidiário.

As demais medidas de proteção estão previstas na legislação especial (Leis n°s 8.069/90, 10.741/2003 e 13.146/2015), respectivamente, Estatuto da Criança e do Adolescente, Estatuto da Pessoa Idosa e Estatuto da Pessoa com Deficiência.

Por fim, é admitida a *prisão preventiva* – em verdade, uma espécie de *condução coercitiva*[27] – quando houver dúvida sobre a identidade civil da pessoa ou quando esta não fornecer elementos suficientes para esclarecê-la, devendo o preso ser colocado imediatamente em liberdade após a identificação, salvo se outra hipótese recomendar a manutenção da medida. A hipótese deverá ser interpretada segundo a Lei n° 12.037/2009, que dispõe sobre a identificação criminal, levando-se em conta o princípio *nemo tenetur se detegere*.

Também aqui não é aplicável a exigência legal de pena superior a quatro anos.

Não cabe prisão provisória – preventiva ou temporária – durante o período eleitoral (Código Eleitoral, art. 236[28]). Mas é possível a prisão em flagrante delito.

---

27. Renato Brasileiro de Lima. Manual de direito processual penal. Salvador: Juspodivm, 2016.

28. Art. 236. Nenhuma autoridade poderá, desde 5 (cinco) dias antes e até 48 (quarenta e oito) horas depois do encerramento da eleição, prender ou deter qualquer eleitor, salvo em flagrante delito ou em virtude de sentença criminal condenatória por crime inafiançável, ou, ainda, por desrespeito a salvo-conduto.

Capítulo XIII

DA PRISÃO TEMPORÁRIA

Desde a sua introdução pela Lei n° 7.960/89, a prisão temporária sempre foi criticada e por muitos considerada inconstitucional, sob vários fundamentos: a)vício formal ou de origem, visto que resultou da Medida Provisória n° 111/89 convertida em lei ; b)ausência de cautelaridade, pois, em vez de se investigar para prender, prendia-se para investigar, carecendo de *fumus commissi delicti* (prova da materialidade de crime e indícios de autoria) e *periculum libertatis* (risco de reiteração de crimes graves etc.); c)incompatibilidade com o princípio da presunção de inocência (CF, art. 5°, LVII).

Por isso, o Supremo Tribunal Federal (ADIs 3360 e 4109) deu interpretação conforme a Constituição e estabeleceu restrições importantes à prisão temporária, exigindo-se cinco requisitos cumulativos.

Doravante só se admitirá a prisão temporária quando: 1) for imprescindível para as investigações do inquérito policial, constatada a partir de elementos concretos, não meras conjecturas, vedada a sua utilização como prisão para averiguações, em violação ao direito à não autoincriminação, ou quando fundada no mero fato de o representado não ter residência fixa; 2) houver fundadas razões de autoria ou participação do indiciado nos crimes descritos no artigo 1°, III, da Lei 7.960/1989, vedada a analogia ou a interpretação extensiva do rol previsto; 3) for justificada em fatos novos ou contemporâneos; 4) for adequada à gravidade concreta do crime, às circunstâncias do fato e às condições pessoais do indiciado; 5) não for suficiente a imposição de medidas cautelares diversas previstas nos artigos 319 e 320 do Código de Processo Penal.

A rigor, a pretexto de fazer interpretação conforme a Constituição, fez-se sobretudo interpretação conforme as novas regras das medidas cautelares, atualizando e ajustando a prisão temporária às exigências de cautelaridade. E houve uma quase equiparação à prisão preventiva. De certo modo, a prisão temporária converteu-se numa prisão preventiva com tempo prefixado.

Cabe à autoridade policial representar pela decretação da prisão temporária ou ao Ministério Público requerer a sua decretação ao juízo ou tribunal competente. O juiz ou tribunal não pode decretar a prisão de ofício.

No caso de representação da autoridade policial, o Ministério Público será ouvido.

Como se presta a acautelar a investigação criminal, não o processo criminal, a prisão temporária só pode ser decretada no curso do inquérito policial, não depois de instaurado o processo. Aqui caberá prisão preventiva.

Por ser privativa da liberdade, a prisão temporária só deve ser admitida em *ultima ratio,* isto é, quando forem insuficientes medidas cautelares mais brandas (monitoração eletrônica etc.).

Como medida de exceção, a prisão temporária só pode ser decretada nos crimes taxativamente previstos no art. 1°, III, da Lei 7.960/89: homicídio doloso, sequestro ou cárcere privado, roubo e latrocínio, extorsão, extorsão mediante sequestro, estupro etc.

Já vimos que, embora a lei mencione apenas a associação criminosa (CP, art. 288), é possível decretar a prisão temporária também no crime de organização criminosa, por ser uma associação qualificada. É um caso de analogia permitida (*in bonam partem*), não analogia proibida (*in malam partem*). Mais: se cabe a prisão preventiva, por que não caberia a temporária?

Por fim, a organização criminosa é crime equiparado a hediondo quando direcionado à prática de delitos hediondo ou afins (art. 1°, parágrafo único, V, da Lei n° 8.072/90).

A prisão temporária será sempre decretada com prazo predeterminado, de cinco dias, prorrogável por igual período, *em caso de extrema e comprovada necessidade*.

Na hipótese de crime hediondo ou equiparado a hediondo, o prazo será de trinta dias, prorrogável por mais trinta dias.

Mas nada impede que a prisão seja decretada por prazo inferior àquele máximo previsto em lei, podendo ser revogada a qualquer tempo, inclusive de ofício.

Expirado o prazo legal da prisão temporária, o preso será posto em liberdade, exceto se for decretada a prisão preventiva.

O juiz ou tribunal revogará ou substituirá a prisão temporária por medida cautelar diversa sempre que se tornar desnecessária.

Os presos temporários deverão permanecer separados dos demais detentos.

Capítulo XIV

PRISÃO EM FLAGRANTE

1) INTRODUÇÃO

Prisão em flagrante delito é prisão realizada durante a execução do crime ou logo após.

De acordo com o art. 5°, LXI e seguintes, da Constituição: 1) ninguém será preso senão em flagrante delito ou por ordem escrita e fundamentada de autoridade judiciária competente, salvo nos casos de transgressão militar ou crime propriamente militar, definidos em lei; 2) a prisão de qualquer pessoa e o local onde se encontre serão comunicados imediatamente ao juiz competente e à família do preso ou à pessoa por ele indicada; 3) o preso será informado de seus direitos, entre os quais o de permanecer calado, sendo-lhe assegurada a assistência da família e de advogado; 4) o preso tem direito à identificação dos responsáveis por sua prisão ou por seu interrogatório policial; 5) a prisão ilegal será imediatamente relaxada pela autoridade judiciária; 6) ninguém será levado à prisão ou nela mantido, quando a lei admitir a liberdade provisória, com ou sem fiança; 7) conceder-se-á *habeas corpus* sempre que alguém sofrer ou se achar ameaçado de sofrer violência ou coação em sua liberdade de locomoção, por ilegalidade ou abuso de poder.

Já o art. 310 do CPP prevê que, após receber o auto de prisão em flagrante, no prazo máximo de até 24 (vinte e quatro) horas após a realização da prisão, o juiz deverá promover audiência de custódia com a presença do acusado, seu advogado constituído ou membro da Defensoria Pública e o membro do Ministério Público, e, nessa audiência, o juiz deverá, fundamentadamente (CPP, art. 310): a) relaxar a prisão ilegal; b) converter a prisão em flagrante em preventiva, nos casos previstos tem lei; c) conceder liberdade provisória, com ou sem fiança.

Diversamente das demais prisões (provisórias ou definitivas), que exigem ordem escrita e fundamentada da autoridade judiciária competente, a prisão em flagrante delito dispensa essa formalidade essencial (CPP, art. 283[1]), podendo ser realizada a qualquer hora do dia ou da noite.

2) CAUTELARIDADE

Embora parte da doutrina, especialmente a partir da reforma de 2011, defenda que a prisão em flagrante tem natureza precautelar (não cautelar)[2], parece-nos que a prisão em flagrante é, sim, uma prisão cautelar.

O fato de sua manutenção depender de decisão judicial, que poderá legitimá-la ou não, não significa que a prisão em flagrante não seja uma providência acautelatória. Significa apenas que, em virtude do caráter inevitavelmente precário de que se reveste (além dos frequentes abusos, qualquer pessoa pode efetuá-la), a autoridade judiciária terá de apreciá-la sob o aspecto da legalidade e proporcionalidade, a fim de relaxá-la, se ilegal, substituí-la por medida cautelar diversa, se excessiva, ou convertê-la em prisão preventiva, se indispensável para os fins da investigação ou do processo. Com exceção do relaxamento, que tem como pressuposto a ilegalidade da prisão, o juiz estará, nos demais casos, a reconhecer (dire-

---

1. Art. 283. Ninguém poderá ser preso senão em flagrante delito ou por ordem escrita e fundamentada da autoridade judiciária competente, em decorrência de prisão cautelar ou em virtude de condenação criminal transitada em julgado. (Redação dada pela Lei nº 13.964, de 2019)
2. Nesse sentido, Aury Lopes Júnior (Direito processual penal. São Paulo: Saraiva, 2017, p. 599/600): Precisamente porque o flagrante é uma medida precária, mera detenção, que não está dirigida ao resultado final do processo, é que pode ser praticado por um particular ou pela autoridade policial. Com esse sistema o legislador consagrou o caráter precautelar da prisão em flagrante (...). A prisão em flagrante é uma medida precautelar, de natureza pessoal, cuja precariedade vem marcada pela possibilidade de ser adotada por particulares ou autoridade policial, e que somente está justificada pela brevidade de sua duração e o imperioso dever de análise judicial em até 24h, quando cumprirá ao juiz analisar a sua legalidade e decidir sobre a manutenção da prisão (agora como preventiva) ou não. No mesmo sentido, Paolo Tonini. Manuale di procedura penale. Milano: Giuffrè Editore, 2016, p.564. De acordo com Marcelo Cardozo da Silva (A prisão em flagrante na Constituição. Porto Alegre: Editora Verbo Jurídico, 2007, p.61), a prisão em flagrante não é cautelar e perfaz uma antecipação excepcional de um dos efeitos na norma penal incriminadora, qual seja, a restrição à liberdade de locomoção, consubstanciando-se em um instrumento constitucional dirigido à imediata defesa dos direitos fundamentais e bens coletivos constitucionais, cuja proteção é veiculada em uma norma penal incriminadora, que estariam sendo violados ou que acabaram de ser violados.

tamente) a cautelaridade da medida de coação que julgar mais adequada e a confirmar (indiretamente) a cautelaridade da prisão em flagrante.

Com efeito, do ponto de vista das finalidades do inquérito e do processo, nenhuma prisão pode ser, em tese, mais cautelar do que aquela que se realiza durante a execução do crime ou imediatamente à sua execução, visto que: a) presta-se a evitar, ou a fazer cessar, no caso de tentativa, a consumação ou o exaurimento do crime já consumado; b) previne a eventual reiteração do delito; c) permite a colheita e o acautelamento dos elementos informativos ainda durante a execução do crime ou imediatamente à sua execução, impedindo a sua eventual destruição; d) presta-se a evitar possível fuga do agente, assegurando-se a aplicação da lei penal.

Ainda que em caráter precário, o que não significa ausência de cautelaridade, a prisão em flagrante cumpre, pois, finalidades preventivas gerais e especiais. Aliás, não é por acaso que a prisão em flagrante por crime inafiançável é a única admitida para certas autoridades (parlamentares etc.), conforme vimos. Nesse caso, inclusive, quando não for possível a decretação da prisão preventiva ou temporária, o preso deverá ser posto em liberdade, sem prejuízo das medidas cautelares cabíveis.

Também por isso, o flagrante é a única espécie de prisão capaz de legitimar a violação do domicílio a qualquer hora do dia ou da noite, independentemente de autorização judicial (CF, art. 5°, IX[3]), além de ser realizável por qualquer pessoa.

Andrey Borges de Mendonça está certo, portanto, quando afirma:

> Em relação ao *periculum libertatis*, pode-se afirmar que a prisão em flagrante é uma medida que possui dois grandes escopos, que justificam a sua decretação e documentação imediatas. O primeiro é a reação social, para evitar a continuidade da prática delitiva, impedindo que a infração se consume ou, ainda, que haja o seu exaurimento. O segundo é a colheita imediata e acautelamento das provas, pois imediatamente após a prática delitiva os elementos de prova ainda estão cadentes e a sua documentação imediata assegura melhor a busca da apuração dos fatos. Busca-se evitar também que o investigado fuja antes da apuração da autoria delitiva[4].

3. CF, art. 5°, XI: A casa é asilo inviolável do indivíduo, ninguém nela podendo penetrar sem consentimento do morador, **salvo em caso de flagrante delito** ou desastre, ou para prestar socorro, ou, durante o dia, por determinação judicial.
4. Prisão e outras medidas cautelares pessoais. São Paulo: Editora Método, 2011, p.135. No mesmo sentido, Eugênio Pacelli de Oliveira. Curso de processo penal. São Paulo: Atlas, 2017.

Admitida a cautelaridade, incide, também em relação ao flagrante, o art. 283, §1°, do CPP, dentre outros: as medidas cautelares não se aplicam à infração a que não for isolada, cumulativa ou alternativamente cominada pena privativa de liberdade. Assim, não cabe prisão em flagrante, por exemplo, por porte ilegal de droga, pois a lei não lhe comina pena privativa de liberdade (Lei n° 11.343/2006, art. 28, c/c art. 48, §2°).

3) TIPOS DE FLAGRANTE: PRÓPRIO, IMPRÓPRIO E PRESUMIDO

De acordo com o art. 302 do CPP, considera-se em flagrante delito quem: 1) está cometendo a infração penal; 2) acaba de cometê-la; 3) é perseguido, logo após, pela autoridade, pelo ofendido ou por qualquer pessoa, em situação que faça presumir ser autor da infração; 4) é encontrado, logo depois, com instrumentos, armas, objetos ou papéis que façam presumir ser ele autor da infração. Nas duas primeiras hipóteses, há flagrante próprio; na terceira, flagrante impróprio; na quarta, flagrante presumido.

Rigorosamente, só haveria flagrante nos dois primeiros casos (flagrante próprio), mas, como a lei tratou como flagrante as demais hipóteses, flagrante é. De todo modo, cumpre dar a mais restrita interpretação possível às figuras do flagrante impróprio e presumido[5].

Há um certo consenso no sentido de que a prisão em flagrante é incompatível com a apresentação espontânea, inclusive porque não seria caso de flagrante próprio, impróprio ou presumido. Diz-se que há apresentação espontânea quando o autor de crime comparece perante a autoridade policial para confessá-lo. Apesar disso, é possível a decretação da prisão preventiva ou temporária.

---

5. Como escreveu Hélio Torngahi, "a hipótese do art. 1°, I, é a única de verdadeiro flagrante. As outras três são algo análogo ao flagrante, quase-flagrante, isto é, como que flagrante. A lei sabe que na realidade não há flagrante, mas as trata como se flagrante houvesse. Em outras palavras, finge que há flagrante. Como se disse, há uma ficção jurídica. Os casos dos ns. II, III e IV se assemelham num ponto, aliás negativo: em todos eles o crime já foi cometido. Insisto em que todos são casos de quase-flagrância ou de ficção de flagrância, não havendo razão para limitar a qualificação de quase-flagrante ao primeiro e de flagrante ficto aos outros: a palavra latina *quasi* não tem nenhum sentido temporal. Instituições de processo penal, v. 3. São Paulo: Saraiva, 1978, p.265.

Inicialmente, o flagrante só pode ocorrer, em princípio, durante a execução do crime, não antes, já que, como regra, os atos de cogitação ou de preparação de um delito não são puníveis (são atípicos) ou imediatamente à sua execução e em circunstâncias tais que indiquem ser o preso o autor do crime de que se trata.

Como dizia Tornaghi, embora o flagrante seja o crime que está sendo cometido, ardendo, queimando, pegando fogo, pode ocorrer de já ter se consumado, mas ainda existem indícios eloquentes e até inequívocos de que ele acaba de ser cometido. Já não há fogo, mas existe fumaça; a chama se apagou, mas a brasa está quente. Assim, por exemplo, se um sujeito está ao lado de um cadáver, com a pistola fumegante, a roupa tinta de sangue e a carteira do morto na mão, é razoável presumir que uma pessoa encontrada nessas circunstâncias é o autor do crime[6].

O caso mais característico de flagrante delito ocorre quando o agente (ou agentes) é surpreendido ainda durante a execução do crime (*iter criminis*), quando será legitimamente preso e responderá (provavelmente) por crime consumado ou tentado. Normalmente, o flagrante dar-se-á quando o agente estiver realizando a ação típica (v.g., estiver lesionando a vítima, furtando coisas etc.).

Existe flagrante próprio também quando, fora do caso anterior, o autor é detido quando acaba de cometer a infração penal, isto é, ele é preso imediatamente à consumação ou à tentativa do crime (v.g., no homicídio, quando toca a vítima para se certificar de que está morta ou limpa a faca ensanguentada em suas roupas). Embora a expressão *acaba de cometer* dê a entender que o flagrante sempre ocorre após a consumação do delito, é possível que o flagrante (aqui) aconteça também na tentativa, especialmente nos casos em que o agente supõe consumado o crime ou, já tendo iniciado a execução, empreende fuga para evitar a prisão. *Cometer o crime* não significa, ou não significa necessariamente, *consumá-lo*.

Quando houver desistência voluntária ou arrependimento eficaz (CP, art. 15[7]), que afastam a tentativa de crime, mas não impedem a punição

---

6. Instituições de processo penal, v. 3. São Paulo: Saraiva, 1978, p.263.

7. **Desistência voluntária e arrependimento eficaz**

Art. 15 - O agente que, voluntariamente, desiste de prosseguir na execução ou impede que o resultado se produza, só responde pelos atos já praticados.

pelos fatos típicos já praticados, o flagrante é possível. Se, ao receber o auto de prisão em flagrante, o juiz entender que não houve crime algum, deverá relaxar a prisão (ilegal).

Há também flagrante (impróprio) quando o agente é perseguido, logo após, por qualquer pessoa, em situação que faça presumir ser autor da infração. Nesse caso, o crime (consumado ou tentado) já foi cometido e imediatamente ao seu cometimento o autor do crime sofre perseguição (policial ou não). Nessa hipótese, não é a prisão que se dará logo a seguir, mas a perseguição, podendo a captura durar horas ou dias. Assim, por exemplo, se a polícia, avisada de um roubo já consumado, imediatamente monta um cerco e vem a prender os suspeitos com os objetos roubados.

De acordo com o art. 290, §1°, do CPP, entende-se que o executor vai em perseguição ao autor quando: a) tendo-o avistado, for perseguindo-o sem interrupção, embora depois o tenha perdido de vista; b) sabendo, por indícios ou informações fidedignas, que o réu tenha passado, há pouco tempo, em tal ou qual direção, pelo lugar em que o procure, for no seu encalço.

Não basta que o sujeito seja perseguido logo após o crime; é necessário que as circunstâncias que cercam a perseguição sejam tais que façam presumir ser ele o autor da infração[8]. Quem primeiro presume a autoria é aquele que prende; mas o valor da presunção é contrastado pela autoridade diante da qual o preso é conduzido e, depois, pelo juiz ao qual a prisão é comunicada[9].

Nesse caso, portanto, são necessários os seguintes requisitos: 1) que haja perseguição; 2) que a perseguição (não a prisão, necessariamente) seja imediata; 3) que seja ininterrupta; 4) que o agente seja preso em situação que indique ser ele o autor do crime.

Por último, considera-se em flagrante (presumido) quem, embora sem sofrer perseguição imediata, é encontrado, logo depois, com instrumentos, armas, objetos ou papéis que façam presumir ser ele autor da infração.

O que distingue, pois, essa situação da anterior é, primeiro, que aqui não existe perseguição, mas encontro ou descoberta, e, se houvesse

8. Hélio Tornaghi, cit, p. 266.
9. Hélio Tornaghi, cit.,p. 266.

perseguição, seria o caso de flagrante impróprio; segundo, que a prisão tem de ocorrer, forçosamente, logo após o crime. O que ambos têm em comum é que a *perseguição* (flagrante impróprio) e o *encontro* (flagrante presumido) devem acontecer imediatamente à prática da infração penal. Além disso, o Código exige, num e noutro caso, que o preso esteja em situação que faça presumir ser o autor da infração. Existe, por conseguinte, presunção legal tanto no flagrante impróprio quanto no presumido. Mas o flagrante presumido é o mais controverso, por ser o mais impreciso, podendo dar lugar a todo tipo de abuso.

Embora distintas, tais hipóteses de flagrante (próprio, impróprio etc.) não são incompatíveis, podendo coexistir numa mesma situação. Assim, se a polícia é acionada para reagir à ação de um grupo terrorista que está executando pessoas numa casa noturna, haverá tanto flagrante próprio (em relação aos autores de crimes que estão sendo cometidos ou que acabaram de ser cometidos) quanto flagrante impróprio (quanto aos criminosos que foram perseguidos logo após a execução dos delitos).

4) FLAGRANTE EM CRIME PERMANENTE, HABITUAL ETC.

Nos crimes permanentes, há flagrante delito enquanto não cessar a permanência (CPP, art. 303). Delitos permanentes são aqueles cuja consumação se protrai no tempo enquanto persiste a violação ao bem jurídico por decisão do autor do fato, a exemplo do sequestro e da extorsão mediante sequestro, nos quais enquanto se mantiver a vítima privada da liberdade, o ilícito penal se renovará no tempo, a justificar a prisão em flagrante.

Cuida-se de uma hipótese de flagrante próprio, já que o agente é preso ainda cometendo a infração penal. Mas não é incompatível com as demais situações de flagrante.

O crime permanente não se confunde com os delitos de estado, habituais ou continuados, os quais têm em comum a questão do tempo e a relação com o tempo.

Com efeito, dizem-se habituais os crimes cuja realização pressupõe a prática de um conjunto de atos sucessivos, de modo que cada ato isoladamente considerado constitui um indiferente penal, ou seja, são delitos que reclamam habitualidade, por traduzirem em geral um modo de vida do autor. Assim, por exemplo, o exercício ilegal da medicina (art.

282) e a casa de prostituição (art. 229). Como ensina Germano Marques da Silva, o crime habitual é aquele em que a estrutura típica exige uma multiplicidade de atos, de modo a revelarem uma certa habitualidade por parte do agente, sem que nenhum deles constitua o crime habitual, pois este é constituído precisamente pela reiteração desses atos, pela persistência na atuação criminosa, reiteração que indica uma tendência ou hábito da vontade[10].

Os crimes habituais não se confundem com os permanentes, porque, se nos habituais a reiteração de atos é um requisito essencial sem o qual o tipo não se perfaz, nos permanentes, ao contrário, a reiteração é acidental, motivo pelo qual o crime se realiza independentemente disso, a título consumado ou tentado. Justo por isso, o ato de sequestrar alguém (crime permanente), por exemplo, já constitui crime (consumado ou tentado), independentemente de o sequestro se estender no tempo. No entanto, a associação de três ou mais pessoas para cometer um único crime não configura associação criminosa (CP, art. 288), que, para nós, é delito habitual[11], mas simples concurso de pessoas (coautoria ou participação).

Os crimes permanentes e habituais têm em comum o seguinte: enquanto não cessar a permanência ou a habitualidade, a violação ao bem

10. Direito penal português. Lisboa: Universidade Católica editora, 2015, p.39.

11. Frise-se, porém, que a doutrina é pacífica no sentido de que a associação criminosa é **crime permanente**. Ocorre que, se assim for, não haverá distinção alguma entre concurso de agentes (CP, art. 29) e a associação criminosa, de modo que, sempre que três ou mais pessoas (coautoria ou participação) tomarem parte num crime, estará configurada a associação criminosa. Confundir-se-ia, pois, o concurso de pessoas com a associação criminosa. Além disso, o artigo 288 diz ser crime "associarem-se 3 (três) ou mais pessoas, para o fim específico de cometer **crimes,** razão pela qual a reunião de mais de três pessoas para cometer um único delito não configura associação criminosa, mas simples coautoria ou participação, de modo que, ou bem está configurada a habitualidade, quando então está caracterizado o crime do art. 288, ou bem não, quando haverá simples concurso de agentes. Justo por isso, Hungria, embora fale da necessidade de *estabilidade* e *permanência* da quadrilha ou bando (atual associação criminosa), considera que não basta, como na coparticipação criminosa, um ocasional e transitório concerto de vontades para a determinação do crime: é preciso que o acordo que verse sobre uma duradoura atração em comum, no sentido da prática de crimes não precisamente individualizados ou apenas ajustados quanto à espécie, que tanto pode ser uma única (roubos) ou plúrima (roubos e outros delitos). Comentários ao Código Penal, v. IX. Rio de Janeiro: 1959, p.178.

jurídico se renova no tempo por decisão do autor do fato, permitindo a prisão em flagrante durante esse estado de coisas.

Tampouco cabe confundir crime habitual com crime continuado, visto que na continuidade delitiva (CP, art. 71) cada ato isolado constitui crime autônomo, diversamente dos habituais, em que isso não ocorre. A continuidade delitiva é um concurso material de crimes tratado como constitutivo de crime único.

Ao contrário do crime continuado, o conjunto de ações que constituem o crime habitual, quando isoladamente consideradas, não configura infração penal (habitual), porque somente a reiteração é que faz surgir um tal delito[12].

Já os crimes de estado são os que, embora criem uma situação ilícita mais ou menos duradoura, a consumação (ou tentativa) ocorre com a realização da ação ou omissão prevista no tipo, visto que a lei criminaliza a produção de um estado antijurídico, mas não a sua manutenção[13].

Exemplo disso é a bigamia (CP, art. 235) e o furto (CP, art. 155), uma vez que a lei tipifica, unicamente, a ação de "contrair casamento, sendo casado, novo casamento" e a subtração da coisa etc., mas não a manutenção dessa situação ilegal. Consequentemente, o crime se consuma quando o autor contrai um novo casamento ou subtrai a *res furtiva*. Mas a persistência dessa situação ilegal não implica permanência, mas exaurimento, porque a vida conjugal que se segue ao matrimônio e o uso e goza da coisa não importam em "contrair novo casamento" ou em "subtrair coisa alheia móvel".

A distinção entre crime permanente e de estado consiste no seguinte: nos permanentes, a lei tipifica tanto a realização da ação quanto a eventual manutenção dessa ação, a qual importará em renovação da consumação. No crime de estado, por conseguinte, a lei pune a reali-

---

12. Hungria, comentários ao Código Penal, cit., v. 1, tomo 2, p. 45. Rio de Janeiro: Forense, 1958.

13. Santiago Mir Puig, Derecho penal, cit., p. 202. De modo similar, Jescheck, Tratado de derecho penal, cit., p. 237, tem que nos delitos de estado o resultado consiste na criação de uma situação antijurídica, mas o delito termina com a produção do resultado. De acordo com Roxin, que trabalha com um conceito um tanto diverso, delitos de estado são os que estão concluídos com a criação de um determinado estado e, por isso, não são susceptíveis de manutenção pelo autor. Derecho Penal, cit., p. 329.

zação da ação típica, mas não o estado antijurídico que se segue à sua consumação. Apesar da duração da situação antijurídica, os crimes de estado são instantâneos, portanto.[14]

Dito isso, temos que a prisão em flagrante em crime habitual é perfeitamente possível, embora parte da doutrina diga o contrário. O que pode ser problemático não é propriamente a possibilidade do flagrante, mas a prova do crime habitual, que exige uma certa reiteração de atos capazes de configurá-lo, já que ou bem estará caracterizada e comprovada a habitualidade, tornando a ação típica e lícito o flagrante, ou bem não, quando então o fato será atípico e ilegal o flagrante. Assim, por exemplo, ao se prender uma conhecida quadrilha de ladrões de banco, o flagrante será legítimo em relação ao roubo (crime instantâneo) e à associação criminosa (crime habitual). Se os criminosos forem presos antes do início da execução do roubo, o flagrante subsistirá (apenas) quanto ao delito de associação criminosa.

Mais: de modo similar aos crimes permanentes, enquanto não cessar a habitualidade, é possível a prisão em flagrante delito.

Com relação aos crimes continuados e de estado (crimes instantâneos), o flagrante é perfeitamente possível e não oferece dificuldades especiais.

Nos tipos formais, que se consumam de forma antecipada, independentemente do resultado, que, se e quando ocorrer, constituirá exaurimento (v.g., o pagamento da propina nos crimes de concussão e corrupção passiva), o flagrante deverá ocorrer durante a realização da ação típica ou imediatamente após a sua consumação.

O mesmo ocorrerá, *mutatis mutandis*, nos tipos de mera conduta, que não referem resultado algum, já que criminalizam a simples ação ou omissão (v.g, violação de domicílio, que consiste em *entrar* ou *permanecer* em casa alheia contra a vontade de quem de direito).

14. Como escreve Ney Fayet Júnior, "não se pode confundir o estado consumativo que se estende no tempo (elemento configurador dos delitos permanentes) com os efeitos naturais de alguns crimes que, muitas vezes, podem perpetuar-se, temporária ou permanentemente, apesar de os crimes serem instantâneos. Do crime continuado. Porto Alegre: livraria do advogado editora, 2012, p. 111.

5) FLAGRANTE PROVOCADO, ESPERADO, AÇÃO CONTROLADA ETC.

Diz-se provocado o flagrante quando a polícia induz ou provoca alguém a praticar a um delito para assim surpreendê-lo durante o seu cometimento (v.g., fazendo-se passar por usuário, o policial induz o suposto traficante a vender-lhe certa quantidade de droga). Não fosse a provocação policial, não haveria crime algum. A provocação invalida o flagrante, tornando o crime impossível nos termos da Súmula 145 do Supremo Tribunal Federal.

Com efeito, segundo a Súmula 145 do STF, "não há crime quando a preparação do flagrante pela polícia torna impossível a sua consumação", havendo quem defenda a sua abolição[15].

Como assinala Hungria, no caso de provocação (crime de ensaio), só na aparência é que ocorre um crime exteriormente perfeito, porque, em verdade, o seu autor é protagonista inconsciente de uma comédia. E, se sob o aspecto subjetivo, existe crime, o mesmo não ocorre do ponto de vista objetivo, visto que não há violação à lei penal, mas uma inconsciente cooperação para a ardilosa averiguação da autoria de crimes anteriores, ou uma simulação, embora ignorada pelo agente, da exterioridade do crime[16].

Embora a Súmula se refira à *preparação pela polícia,* ela é também aplicável à provocação feita por não policiais (segurança privada, repórter etc.).

A Súmula não incide quando a provocação se realizar depois da consumação do crime (exaurimento). Assim, por exemplo, se um funcionário público, que já havia exigido vantagem indevida (concussão), vier a ser preso (quando do pagamento) por policias previamente informados do ocorrido, há crime perfeito, embora o flagrante possa ser questionado.

É que, no caso, o funcionário praticou um crime formal (CP, art. 316), cuja consumação ocorreu quando da exigência da vantagem inde-

15. Nesse sentido, Eugênio Pacelli de Oliveira (Curso de Processo Penal. São Paulo: Atlas, 2017) e Andrey Borges de Mendonça (Prisões e outras medidas cautelares pessoais. S. Paulo: Editora Método, 2011).
16. Comentários ao Código Penal. Rio: Forense, 1958, p. 107.

vida (não depois), sem intervenção policial alguma, razão pela qual o pagamento constitui exaurimento de delito já consumado.

O flagrante provocado não se confunde com o flagrante esperado, que é aquele em que a polícia, previamente informada do crime que não provocou, apenas aguarda o momento exato da sua execução (consumação ou tentativa), a fim de surpreender os criminosos em flagrante delito. O flagrante esperado é legítimo. Aqui não incide a Súmula 145 do STF.

Nem sempre é fácil distinguir um e outro e pode ocorrer, inclusive, de um flagrante inicialmente esperado (legítimo) converter-se em provocado (ilegítimo), a depender de como a polícia atuou no caso concreto.

Diz-se retardado o flagrante quando a polícia – que tem o dever de realizar a prisão desde logo (CPP, art. 301[17]), sob pena de incidir, em tese, na prática de crime (v.g., prevaricação) – protrai a sua realização, a fim de reunir o maior número de prova ou identificar todos os possíveis implicados num delito. Aqui o flagrante, comum em crime permanente, será realizado ao final da ação, ainda que de modo diferido. Assim, por exemplo, a polícia, embora podendo apreender grande carga de armas e drogas já na fronteira do país, cinge-se a monitorar a ação até a entrega em determinado Estado da federação, quando então realiza a apreensão das armas e drogas e efetua a prisão dos investigados.

O flagrante retardado é, portanto, uma espécie de flagrante esperado, ambos legítimos. Cuida-se de uma medida de caráter policial realizável independentemente de comunicação ou autorização judicial ou ministerial.

O flagrante retardado não se confunde com a ação controlada[18], conquanto seja frequente essa confusão. É que a ação controlada é

17. Art. 301. Qualquer do povo poderá e **as autoridades policiais e seus agentes deverão prender** quem quer que seja encontrado em flagrante delito.

18. Como esclarecem Luiz Flávio Gomes e Marcelo Rodrigues da Silva: A lei n° 12.850/13 na realidade trouxe não o flagrante retardado, e sim a ação controlada nos artigos 8° e 9°. Todas essas hipóteses são na realidade medidas cautelares probatórias, pois todas elas vão exigir, sem exceção, a autorização jurisdicional prévia após a oitiva do Ministério Público. E não se trata apenas de flagrante ou de retardar o flagrante. São hipóteses de não se prender em flagrante, não se cumprir mandado de prisão preventiva, temporária, ordens de sequestro e apreensão de bens. A ação controlada

uma atividade policial estratégica mais ampla e complexa, que pode ou não compreender o retardamento da prisão em flagrante. Com efeito, segundo o art. 8º da Lei nº 12.850/2013, a ação controlada consiste "em retardar a intervenção policial ou administrativa relativa à ação praticada por organização criminosa ou a ela vinculada, desde que mantida sob observação e acompanhamento para que a medida legal se concretize no momento mais eficaz à formação de provas e obtenção de informações".

A ação controlada distingue-se, por conseguinte, do flagrante retardado especialmente pela amplitude e complexidade de seu objeto, visto que: 1) é aplicável às organizações criminosas; 2) pode envolver o cumprimento de mandados de prisão provisória (temporária e preventiva), e não só o retardamento de prisão em flagrante; 3) pode compreender outras medidas cautelares (busca e apreensão etc.); 4) pode incidir também sobre ações administrativas as mais diversas (v.g., não autuação por crime ambiental ou não suspensão de servidor público sob investigação); 5) o retardamento da intervenção policial ou administrativa deverá ser previamente comunicado ao juiz competente e ao Ministério Público, que poderão estabelecer limites ou impedir a ação controlada.

O retardamento do flagrante não é, pois, uma medida essencial, mas acidental, da ação controlada, que pode ou não integrá-la, juntamente com outras tantas providências, tudo a permitir uma atuação policial estratégica e maximamente eficaz.

Assim como pode haver ação controlada sem retardamento de flagrante, pode haver flagrante retardado sem ação controlada.

Por fim, considera-se forjado o flagrante quando a polícia (ou particular) forja uma situação de flagrante que jamais existiu (v.g., colocando droga no veículo de alguém). Trata-se, evidentemente, de uma ação criminosa por parte de quem assim procede.

6) DECISÕES JUDICIAIS POSSÍVEIS

Após receber o auto de prisão em flagrante, no prazo máximo de até 24 (vinte e quatro) horas após a realização da prisão, o juiz deverá

é algo mais amplo do que o simples flagrante prorrogado. Organizações criminosas e técnicas especiais de investigação. Salvador: Juspodivm, 2015, p.379.

promover audiência de custódia com a presença do preso, seu advogado constituído ou membro da Defensoria Pública e o membro do Ministério Público, e, nessa audiência, o juiz deverá, fundamentadamente (CPP, art. 310): a) relaxar a prisão ilegal; b) converter a prisão em flagrante em preventiva, quando presentes os requisitos constantes do art. 312 do CPP, e se revelarem inadequadas ou insuficientes as medidas cautelares diversas da prisão; c) conceder liberdade provisória, com ou sem fiança.

Além disso, o juiz também poderá, motivadamente: a) substituir a prisão em flagrante por medida cautelar diversa; b) deferir a liberdade sem restrição alguma; c) decretar, a pedido, a prisão temporária; 5) deferir a liberdade sem restrições.

O juiz relaxará a prisão (CF, art. 5°, LXV[19]) sempre que for ilegal, ilegalidade que poderá resultar das mais diversas razões, tais como: não ter havido flagrante, vícios formais do auto de prisão em flagrante, o fato não constituir infração penal etc. Não obstante isso, é possível a decretação de medida cautelar diversa, a prisão (temporária ou preventiva), inclusive.

Quando a prisão em flagrante for legal e estiverem presentes o *fumus commissi delicti* e o *periculum libertatis*, não sendo o caso de substituição por medida cautelar diversa, o juiz poderá decretar a prisão preventiva ou temporária. Aqui, porém, é indispensável representação da autoridade policial ou requerimento do MP, sob pena de violação aos princípios da legalidade penal e acusatório (*ne procedat iudex ex officio*). Em suma, o juiz não pode decretá-las de ofício.

Mas, se o juiz entender desnecessária ou excessiva a decretação de prisão preventiva ou temporária, que são formas extraordinárias de privação da liberdade, decretáveis somente em *ultima ratio*, substituirá a prisão em flagrante por medida cautelar diversa (CP, art. 319). Poderá também conceder a liberdade provisória com fiança ou sem fiança.

Por fim, é possível a concessão da liberdade sem nenhum tipo de restrição, visto que, nos termos do art. 321 do CPP, ausentes os requisitos que autorizam a decretação da prisão preventiva, o juiz deverá conceder liberdade provisória, impondo, **se for o caso**, as medidas cautelares

19. LXV - a prisão ilegal será imediatamente relaxada pela autoridade judiciária.

previstas no art. 319 deste Código e observados os critérios constantes do art. 282 deste Código.

Assim, por exemplo, se o juiz considerar que o investigado agiu amparado pela legítima defesa ou por qualquer excludente de criminalidade (em sentido lato), razão pela qual deve ser posto em liberdade de forma incondicionada, apesar do disposto no art. 310, §1°, do CPP[20]. Aliás, esse deveria ser o tratamento legal, já que quem atua (possivelmente) amparado por excludente de ilicitude age conforme o direito, isto é, legitimamente.

O mesmo deverá ocorrer quando incidirem excludentes de tiicidade (*v.g.*, erro de tipo inevitável etc.) ou de culpabilidade (v.g., erro de proibição invencível), visto que são requisitos do crime, sem os quais o delito não se perfaz. Cabe lembrar que crime é um fato típico, ilícito e culpável (e também punível, para alguns). Não seria diferente quando houvesse causas especiais de isenção de pena ou de extinção de punibilidade (prescrição etc.).

Em resumo, é uma impropriedade falar de *concessão de liberdade provisória* quando, segundo um juízo preliminar de verossimilhança e plausibilidade, o juiz entender que o fato não constitui crime, em virtude de ter sido praticado sob a proteção de uma causa de justificação ou excludente de outra natureza (CP, art. 23[21]). O mais correto seria relaxar a prisão, porque ilegal[22].

---

20. Art. 310

§ 1º Se o juiz verificar, pelo auto de prisão em flagrante, que o agente praticou o fato em qualquer das condições constantes dos incisos I, II ou III do *caput* do art. 23 do Decreto-Lei nº 2.848, de 7 de dezembro de 1940 (Código Penal) incisos I, II ou III do **caput** do art. 23 do Decreto-Lei nº 2.848, de 7 de dezembro de 1940 (Código Penal), poderá, fundamentadamente, conceder ao acusado liberdade provisória, mediante termo de comparecimento obrigatório a todos os atos processuais, sob pena de revogação.(Renumerado do parágrafo único pela Lei nº 13.964, de 2019)

21. Art. 23 - Não há crime quando o agente pratica o fato:

I - em estado de necessidade;

II - em legítima defesa;

III - em estrito cumprimento de dever legal ou no exercício regular de direito.

22. No mesmo sentido, Gustavo Badaró: "Ou seja, a situação prevista no art. 310, parágrafo único, do CPP não deve levar à concessão da liberdade provisória, mas sim ao relaxamento do flagrante, posto que não haverá *fumus commissi delicti*. Se assim

7) CASOS ESPECIAIS: INFRAÇÕES PENAIS DE MENOR POTENCIAL OFENSIVO, CRIMES DE AÇÃO PENAL PRIVADA ETC.

Embora não seja impossível, dificilmente ocorrerá prisão em flagrante nas infrações penais de menor potencial ofensivo (contravenções e crimes punidos com pena máxima não superior a 2 anos de prisão[23]), visto que ao autor do fato que, após a lavratura do termo circunstanciado, for imediatamente encaminhado ao juizado ou assumir o compromisso de a ele comparecer, não se imporá prisão em flagrante, nem se exigirá fiança (Lei n° 9.099/95, art. 69, parágrafo único).

Como o inquérito não pode ser instaurado, nos crimes de ação pública condicionada ou de ação penal privada, sem representação ou requerimento do ofendido ou de quem tenha qualidade para intentá-la (CPP, art. 5°, §4° e §5°), tampouco se poderá prender ou manter alguém preso em flagrante delito nesses casos sem que haja manifestação expressa do interessado.

A prisão em flagrante é possível, mas não subsistirá se o ofendido ou seu representante legal não quiser exercer o direito de queixa ou de representar contra o preso.

8) COMUNICAÇÕES E PROCEDIMENTO

A prisão de qualquer pessoa e o local onde se encontre serão comunicados imediatamente ao juiz competente, ao Ministério Público e à família do preso ou à pessoa por ele indicada (CPP, art. 306). Além disso, em até 24 horas após a realização da prisão, será encaminhado ao juiz competente o auto de prisão em flagrante e, caso o autuado não informe o nome de seu advogado, cópia integral para a Defensoria Pública.

A prisão em flagrante é um procedimento complexo que compreende diversos atos (CPP, art. 304): 1) captura e apresentação do preso à autoridade competente, que ouvirá o condutor e colherá sua assinatura, entregando a

---

não for, além da ilogicidade do sistema, poderá haver grande iniquidade". Curso de processo penal. São Paulo: RT, 2015, p. 1.046.

23. Lei n° 9.099/95, art. 61. Consideram-se infrações penais de menor potencial ofensivo, para os efeitos desta Lei, as contravenções penais e os crimes a que a lei comine pena máxima não superior a 2 (dois) anos, cumulada ou não com multa.

este cópia do termo e recibo de entrega do preso; 2) em seguida, procederá à oitiva das testemunhas que o acompanharem e ao interrogatório do detido sobre a imputação que lhe é feita; 3) resultando das respostas fundada a suspeita contra o conduzido, a autoridade então mandará recolhê-lo à prisão, exceto no caso de livrar-se solto ou de prestar fiança.

Da lavratura do auto de prisão em flagrante deverá constar a informação sobre a existência de filhos, respectivas idades e se possuem alguma deficiência e o nome e o contato de eventual responsável pelos cuidados dos filhos, indicado pela pessoa presa.

9) AUDIÊNCIA DE CUSTÓDIA

A audiência de custódia, prevista no do CPP (Após receber o auto de prisão em flagrante, no prazo máximo de até 24 (vinte e quatro) horas após a realização da prisão, o juiz deverá promover audiência de custódia com a presença do acusado, seu advogado constituído ou membro da Defensoria Pública e o membro do Ministério Público), editada com base no art. 9º, item 3, do Pacto Internacional de Direitos Civis e Políticos das Nações Unidas e o art. 7º, item 5, da Convenção Americana sobre Direitos Humanos (Pacto de São José da Costa Rica), é mais uma providência destinada a exercer um melhor e mais efetivo controle sobre a legalidade da prisão em flagrante, especialmente, a fim de prevenir e evitar violações de direitos fundamentais, sobretudo maus tratos e torturas, além da manutenção de prisões manifestamente ilegais ou desnecessárias.

A audiência de custódia, que consiste, essencialmente, numa entrevista, que será realizada em até 24 horas após a realização da prisão, quando se ouvirá a pessoa presa sobre as circunstâncias em que se realizou sua prisão ou apreensão.

Ressalte-se, porém, que o art. 3.-B, §1º e §2º, e o art. 310 do CPP, caput e §4º, com a redação dada pela Lei nº 13.964/2019, foram objeto de interpretação conforme pelo STF, no julgamento das ADIs 6298, 6299, 6300 e 6305. Concluiu-se que o mero transcurso desse prazo não importa na ilegalidade automática da prisão, cabendo ao juízo prorrogar excepcionalmente o prazo ou realizar a audiência por videoconferência, desde que seja meio apto à apuração da integridade do preso e à garantia de seus direitos.

Nesse sentido, o art. 310, §3°, do CPP dispõe a autoridade que der causa, sem motivação idônea, à não realização da audiência de custódia no prazo estabelecido no *caput* deste artigo responderá administrativa, civil e penalmente pela omissão.

Será realizada na presença do Ministério Público e da Defensoria Pública caso a pessoa detida não possua defensor constituído no momento da lavratura do flagrante. É vedada a presença dos agentes policiais responsáveis pela prisão ou pela investigação durante a audiência de custódia (Resolução 213 do CNJ).

Na audiência de custódia, a autoridade judicial entrevistará a pessoa presa, devendo: 1) esclarecer o que é a audiência de custódia, ressaltando as questões a serem analisadas pela autoridade judicial; 2) assegurar que a pessoa presa não esteja algemada, salvo em casos de resistência e de fundado receio de fuga ou de perigo à integridade física própria ou alheia, devendo a excepcionalidade ser justificada por escrito; 3) dar ciência sobre seu direito de permanecer em silêncio; 4) questionar se lhe foi dada ciência e efetiva oportunidade de exercício dos direitos constitucionais inerentes à sua condição, particularmente o direito de consultar-se com advogado ou defensor público, o de ser atendido por médico e o de comunicar-se com seus familiares; 5) indagar sobre as circunstâncias de sua prisão ou apreensão; 6) perguntar sobre o tratamento recebido em todos os locais por onde passou antes da apresentação à audiência, questionando sobre a ocorrência de tortura e maus tratos e adotando as providências cabíveis; 7) verificar se houve a realização de exame de corpo de delito, determinando sua realização nos casos de alegação de tortura, maus tratos etc.

A resolução manda, ainda, que o juiz e os demais devem abster-se de formular perguntas com finalidade de produzir prova para a investigação ou ação penal relativas aos fatos objeto do auto de prisão em flagrante, devendo indeferir as perguntas relativas ao mérito dos fatos que possam constituir eventual imputação, permitindo-lhes, em seguida, requerer: a) o relaxamento da prisão em flagrante; b) a concessão da liberdade provisória sem ou com aplicação de medida cautelar diversa da prisão; c) a decretação de prisão preventiva; d) a adoção de outras medidas necessárias à preservação de direitos da pessoa presa.

Finalmente, o juiz decidirá sobre a sorte do entrevistado, mantendo ou não a prisão em flagrante.

Por último, o art. 13 da Resolução 213/2015 do CNJ prevê a audiência de custódia para outras modalidades de prisão provisória e definitiva. Não é exclusividade da prisão em flagrante, portanto.

10) RELAXAMENTO E REVOGAÇÃO DE PRISÃO: DISTINÇÃO

A doutrina, com base na Constituição (art. 5°, LXV e LXVI[24]) e no Código de Processo Penal, distingue relaxamento e revogação da prisão provisória. Diz-se que a prisão é relaxada quando ilegal (v.g., o fato não constitui infração penal ou a prisão foi feita fora de flagrante); já a revogação ocorreria quando a prisão legalmente realizada se tornasse desnecessária (v.g., concluída a instrução, já não mais subsistiria o fundamento da prisão preventiva decretada para acautelar a prova).

No caso de relaxamento de prisão ilegal, a liberdade será restituída ao réu incondicionalmente, razão pela qual não se lhe imporá restrição alguma. No caso, porém, de prisão legal, mas desnecessária, a revogação poderá vir acompanhada de medidas cautelares substitutivas. Ou será concedida liberdade provisória, com ou sem fiança. Aliás, o termo *liberdade provisória*, embora previsto em lei, é impróprio para o contexto democrático de direito, já que, como a liberdade é a regra e a prisão é a exceção, o que é provisória é a prisão, não a liberdade[25].

A distinção é, em princípio, correta e tem fundamento legal, mas é preciso notar que, ao relaxar ou revogar uma prisão, o juiz estará a reconhecer em ambos os casos que a prisão é ilegal, ainda que com fundamentos e efeitos diversos. Existem diversas formas de ilegalidade com consequências também diversas.

Em suma, os institutos referidos pressupõem a ilegalidade da prisão; no relaxamento há (normalmente) uma ilegalidade contemporânea da prisão; na revogação, uma ilegalidade superveniente.

---

24. LXV - a prisão ilegal será imediatamente relaxada pela autoridade judiciária. LXVI - ninguém será levado à prisão ou nela mantido, quando a lei admitir a liberdade provisória, com ou sem fiança.

25. Eugênio Pacelli está certo quando afirma que a expressão liberdade provisória não tem a menor justificativa, embora prevista na Constituição, porque constitui, no sistema atual, mais uma medida cautelar diversa da prisão, além de gerar confusão. Curso de direito processual penal. São Paulo: Editora Atlas, 2017, p.594.

Capítulo XV

DIREITO PENAL INDÍGENA

1) JURISDIÇÃO PENAL INDÍGENA

De acordo com a visão tradicional, ainda hoje dominante, o índio responde penalmente, quando culpável, nos termos da legislação penal em vigor.[1]

A tendência atual, no entanto, é reconhecer-se, em prejuízo do direito oficial, a autonomia e a validade do *direito penal indígena*[2] (DPI), isto é, o direito traduzido nos usos, costumes e tradições dos povos indígenas.

Com efeito, e conforme dispõe a Constituição (art. 231, *caput*), "são reconhecidos aos índios **sua organização social**, **costumes**, línguas, **crenças e tradições**, e os direitos originários sobre as terras que tradicionalmente ocupam, competindo à União demarcá-las, proteger e fazer respeitar todos os seus bens".

Se tomarmos, como devemos, o dispositivo a sério, teremos, então, de reconhecer:

1) A autonomia do DPI; consequentemente, são válidos os julgamentos feitos pelos povos e tribos indígenas, relativamente às infrações cometidas no seu território envolvendo seus membros;

2) Não obstante isso, é possível recorrer-se à justiça comum, nos termos do art. 5°, XXXV, da CF (princípio da inafastabilidade da jurisdição), quer por iniciativa da tribo, quer do próprio imputado, quer por órgão competente (FUNAI, MP etc.);

---

1. O conceito de índio é dado pelo art. 3º, I, da Lei n° 6001/73: "Índio ou Silvícola – É todo indivíduo de origem e ascendência pré-colombiana que se identifica e é identificado como pertencente a um grupo étnico cujas características culturais o distinguem da sociedade nacional".
2. Rigorosamente falando, não existe um *direito penal indígena* (ou civil etc.), mas violações mais ou menos graves e puníveis segundo as tradições e costumes de determinada etnia.

3) O DPI não é aplicável a conflito envolvendo não índio, ainda que ocorrido dentro de território indígena;

4) O DPI não incide, em princípio, sobre conflito ocorrido fora do território indígena, ainda que envolvendo índios;

5) O direito penal oficial é acessório/residual, relativamente ao DPI, e não o contrário, pois há de pressupor a impossibilidade de sua aplicação.

E assim deve ser, porque, em primeiro lugar, o direito indígena constitui um dos elementos essenciais de sua organização social, costumes, crenças e tradições, razão pela qual reconhecê-lo é assegurar o poder de autodeterminação/autogoverno dos povos indígenas; e, em segundo lugar, porque negar validade às práticas jurídicas indígenas violaria, claramente, o art. 231 da Constituição.

Diversas constituições preveem, expressamente, a jurisdição indígena, a exemplo da colombiana (art. 246), da peruana (art. 149), da boliviana (arts. 179 e 190), da venezuelana (art. 260), da paraguaia (art. 63) e da equatoriana (art. 171). A Constituição do Equador (art. 76, 7, i) veda, inclusive, de modo explícito, a possibilidade de duplo julgamento (*ne bis in idem*): "Ninguém poderá ser julgado mais de uma vez pela mesma causa e matéria. Os casos decididos pela jurisdição indígena deverão ser considerados para este efeito."

Por sua vez, o art. 9° da Convenção 169 da OIT (2004) dispõe: "Na medida em que isso for compatível com o sistema jurídico nacional e com os direitos humanos internacionalmente reconhecidos, deverão ser respeitados os métodos aos quais os povos interessados recorrem tradicionalmente para a repressão dos delitos cometidos pelos seus membros".

Mais recentemente (2007), a Declaração das Nações Unidas sobre os Direitos dos Povos Indígenas assegurou-lhes, entre outros, o direito à autodeterminação, aí incluídas a conservação e o reforço de suas instituições jurídicas:

> Artigo 4
>
> Os povos indígenas, no exercício do seu direito à autodeterminação, têm direito à autonomia ou ao autogoverno nas questões relacionadas a seus assuntos internos e locais, assim como a disporem dos meios para financiar suas funções autônomas.

> Artigo 5
>
> Os povos indígenas têm o direito de conservar e reforçar suas próprias instituições políticas, jurídicas, econômicas, sociais e culturais, mantendo ao mesmo tempo seu direito de participar plenamente, caso o desejem, da vida política, econômica, social e cultural do Estado.
>
> Artigo 34
>
> Os povos indígenas têm o direito de promover, desenvolver e manter suas estruturas institucionais e seus próprios costumes, espiritualidade, tradições, procedimentos, práticas e, quando existam, costumes ou sistema jurídicos, em conformidade com as normas internacionais de direitos humanos.

Aliás, já o art. 57 da Lei n° 6.001/73 (Estatuto do Índio) dispunha que "será tolerada a aplicação, pelos grupos tribais, de acordo com as instituições próprias, de sanções penais ou disciplinares contra os seus membros, desde que não revistam caráter cruel ou infamante, proibida em qualquer caso a pena de morte".

Efetivamente, ninguém está em melhor condição de julgar o índio do que a própria comunidade indígena em que se deu o conflito. E mais legitimamente. Tolerar que o índio continue a ser julgado segundo o direito oficial é tão injusto e inadequado quanto o contrário: permitir que os não índios fossem julgados de acordo com o direito indígena. Ofende-se, assim, o princípio da igualdade ao negar o direito à diferença e ao tratar como iguais os desiguais.

Afinal, castigar índios que atuam segundo seus usos e costumes seria criminalizar sua cultura e tradição.

A intervenção do direito penal estatal – mínima, subsidiária e excepcional – deve, por conseguinte, ficar limitada àquelas hipóteses em que o DPI impuser condenações que violem manifestamente direito fundamental (*v.g.*, aplicação da pena de morte).

Para concluir, convém citar exemplo de pena aplicada ao índio Denilson Trindade Douglas, por lideranças indígenas, tuxauas de várias comunidades (Anauá, Manoá, Wai Wai), pena que foi convalidada na ação penal n° 0090.10.000302-0/RR, relativa a homicídio qualificado (CP, art. 121, §2°, II, cometido em 26/06/2009), em que foi vítima o também índio (e irmão) Alanderson Trindade Douglas, fato ocorrido na comunidade indígena do Manoá, terra indígena Manoá/Pium, Região Serra da Lua, Município de Bonfim/RR. Inicialmente, o autor do homicídio foi condenado a construir uma casa para a esposa da vítima e ficou proibido de ausentar-se da comunidade do Manoá sem permissão dos tuxauas. Posteriormente, as lideranças indígenas aplicaram-lhe as seguintes sanções:

1. "O índio Denilson deverá sair da Comunidade do Manoá e cumprir pena na Região Wai Wai por mais 5 (cinco) anos, com possibilidade de redução conforme seu comportamento;

2. Cumprir o Regimento Interno do Povo Wai Wai, respeitando a convivência, o costume, a tradição e moradia junto ao povo Wai Wai;

3. Participar de trabalho comunitário;

4. Participar de reuniões e demais eventos desenvolvidos pela comunidade;

5. Não comercializar nenhum tipo de produto, peixe ou coisas existentes na comunidade sem permissão da comunidade juntamente com tuxaua;

6. Não desautorizar o tuxaua, cometendo coisas às escondidas sem conhecimento do tuxaua;

7. Ter terra para trabalhar, sempre com conhecimento e na companhia do tuxaua;

8. Aprender a cultura e a língua Wai Wai;

9. Se não cumprir o regimento será feita outra reunião e tomar outra decisão."

Em suma, o direito penal indígena é, em princípio, uma questão indígena.

Também a 2ª Câmara de Coordenação de Revisão do Ministério Público Federal proferiu importante decisão sobre o tema, cuja ementa ficou assim (Voto nº 4873/2021 Procedimento nº 1.23.008.000394/2015-61, Relator Francisco de Assis Vieira Sanseverino):

NOTÍCIA DE FATO. HOMICÍDIO DE INDÍGENA POR ARMA DE FOGO (ART. 121 DO CP). CORPO ESQUARTEJADO. RITUAL TRADICIONAL DENOMINADO "PAJELANÇA BRAVA" DA ETNIA MUNDURUKU RECONHECIDA CULTURALMENTE PELOS INDÍGENAS. HOMOLOGAÇÃO DO ARQUIVAMENTO.

1. Procedimento instaurado a partir de termo de declarações prestados por uma mulher indígena, no dia 24-07-2015, na Delegacia de Polícia Civil de Itaituba/PA. A mulher indígena relata, basicamente, o seguinte: (a) a morte de seu filho de 16 anos de idade, no dia 21-06-2015, por disparo intencional de arma de fogo, condutas praticadas por outros dois indígenas, na aldeia Sai Cinza. (b) a morte do adolescente ocorreu no contexto de um ritual tradicional da etnia Munduruku denominado "pajelança brava". Ele foi morto dentro de casa, a tiros de espingarda, teve seu corpo arrastado até o rio Cabitutu, distante aproximadamente 10 km, onde foi esquartejado em pequenos pedaços, retiraram seu fígado e coração, triturando-os, e as demais partes do corpo foram amarradas em uma pedra e jogadas no rio.

2. Consta do relato que no dia 01/06/2015 um indígena morreu em um suposto afogamento e que após os pais da vítima consultarem ao Pajé, ao Capitão, ao Cacique e Lideranças da aldeia, a morte dele foi atribuída a feitiçaria que o adolescente teria feito. Isso ocasionou a sua morte com fundamento no ritual da "pajelança braba", visto que ele era apontado como "pajé brabo" ou feiticeiro, devendo ser executado pela comunidade respectiva em razão da prática de magia negra, que é a única conduta passível de pena de morte (Informação Técnica n. 002/2016/FUNAI).

3. O Procurador da República oficiante promoveu o arquivamento em razão de Parecer Técnico, confeccionado por Analista do MPU/ Antropologia, e Nota Técnica que revelaram que a dinâmica dos fatos praticados indicaram efetivamente a prática de um ritual próprio dos indígenas e que faz parte da histórica formação de novas aldeias.

4. Revisão de arquivamento (LC nº 75/93, art. 62, inciso IV).

5. De acordo com a vasta documentação e relatos contidos nos autos, a situação retratada é bastante complexa, inclusive para fins de pesquisa antropológica.

6. Ao que restou demonstrado, o adolescente morto, por ser um praticante de magia negra, na interpretação dos líderes indígenas da comunidade, seria o responsável pela morte de outro indígena. Diante disso, foi submetido ao ritual tradicional da "pajelança braba", com a consequente aplicação da pena máxima, que é a morte.

7. Conforme disposto pelo Procurador da República oficiante, "o reconhecimento de que os povos indígenas são culturalmente diferenciados,

e que procuram permanecer como tal, é traduzido no campo jurídico, pois muitas de suas aspirações encontram espaço nos dispositivos constitucionais e infraconstitucionais e em regulamentações internacionais. Assim, os índios de acordo com seus usos e costumes, aplicam sanções aos que transgridem as normas de convivência estabelecidas pelo grupo a que pertencem, observadas certas particularidades decorrentes de seu modo de vida, tradições e crenças. Trata-se de uma das formas de expressão do direito ao autorreconhecimento".

8. A CF/88 avançou na regulação estatal dos direitos indígenas, rompendo com o assimilacionismo e atestando o direito do índio de se manter como tal. Assim, o art. 231 reconhece a resolução de conflitos por métodos próprios tradicionais indígenas, ao dispor que "são reconhecidos aos índios sua organização social, costumes, línguas, crenças e tradições".

9. A Convenção 169 da OIT, por sua vez, dispõe que a justiça indígena deve ser reconhecida, com a determinação de observância dos direitos humanos internacionalmente reconhecidos e os direitos fundamentais constantes na Constituição Federal.

10. A Declaração das Nações Unidas sobre os Direitos dos Povos Indígenas também reconhecem que "os povos indígenas têm direito à autodeterminação" que se revela no direito de se reconhecerem como grupos distintos e, portanto, de terem controle sobre seu próprio destino.

11. Em todos esses dispositivos observa-se que o reconhecimento da justiça indígena encontra limites no conceito padrão não indígena do que se entende por "direitos humanos, direitos fundamentais, métodos cruéis e infamantes", se submetendo, portanto, ao sistema estatal.

12. No caso concreto, conforme amplamente dissertado no Parecer Técnico nº 58/2016 do MPF e na Nota Técnica nº 02/2016 da FUNAI, "no código criminal dos índios Munduruku, a prática de magia negra é a única conduta possível de pena máxima e que os indígenas se mostram extremamente insatisfeitos com a exposição do caso para fora da sociedade Munduruku. Eis que a crença na pajelança braba está intimamente ligada a saúde do povo da aldeia, ligado a momentos em que a comunidade se sente ameaçada por grande crise, males, doenças e mortes inexplicáveis".

13. "Ainda que as comunidades indígenas tenham um elevado nível de comunicação com a sociedade envolvente, com base no qual se poderia concluir pelo conhecimento da proibição e de seus efeitos, os diferentes

sistemas de valores éticos e culturais importam na consideração de que aquela conduta é normal e aceita dentro do grupo a que pertencem, impedindo que a norma seja internalizada".

14. Os que praticaram a conduta ora relatada não reconhecem ter feito algo proibido – e pautado pelo reconhecido constitucional do autorreconhecimento realmente não o fizeram. Para eles a norma penal não alcança a pretendida função motivadora, tampouco alcançaria qualquer fim preventivo, geral ou especial, a imposição de uma pena.

15. Além da imperiosa necessidade de resguardar a manifestação cultural da etnia, praticada dentro da coletividade, nos limites da aldeia, em diversas passagens do procedimento investigatório criminal fica claro que qualquer ato de investigação judicial tendente a apurar os fatos, representa indesejável ofensa aos meios culturais de aplicação da justiça e encontrará expressiva resistência dos indígenas.

16. Homologação do arquivamento.

2) RESPONSABILIDADE PENAL DO ÍNDIO

Quando, fora das hipóteses inicialmente indicadas, houver de incidir o direito penal oficial, o índio responderá nos termos da Constituição, dos tratados e acordos internacionais e da legislação penal em vigor, que lhe dão tratamento jurídico especial.

Como é óbvio, a responsabilidade penal do índio pressupõe o cometimento de infração penal (crime ou contravenção) com todos os seus elementos constitutivos (tipicidade, ilicitude e culpabilidade).

Trata-se, porém, de um processo de imputação (objetiva e subjetiva) que, além de considerar a singularidade da cultura indígena, terá de levar em conta a especificidade do tratamento constitucional e legal, notadamente o estatuto do índio.

Justamente por isso, não há, em princípio, fato típico quando o agente pratica conduta de acordo com suas tradições, costumes e crenças. Assim, por exemplo, não existe estupro de vulnerável (CP, art. 217-A) no âmbito de certas comunidades indígenas onde o acasalamento ocorre antes de 14 anos de idade. Cuida-se de fato atípico. Nem é típica a pesca ou caça, entre outras atividades inerentes à tradição indígena, que poderiam (em tese) configurar crime ambiental.

A atipicidade decorre da circunstância de o índio não poder figurar como sujeito ativo/passivo desses delitos, por força do tratamento jurídico especial que lhe é dado. Mas outras soluções dogmáticas são igualmente admissíveis: ausência de dolo etc., até porque conduzem, em princípio, ao mesmo resultado prático: a absolvição pura e simples.

Naturalmente que essa relação entre proteção de direitos fundamentais e respeito à diversidade étnica e cultural – a refletir diretamente sobre a definição social e legal de crime – é das mais tensas e problemáticas, razão pela qual suscitará, frequentemente, questões de constitucionalidade. Basta lembrar que a prática do infanticídio ou homicídio[3] (objeto do PL 1057/2007 ou Lei Muwaji), motivado pelas mais diversas razões (deficiência física ou mental, gêmeo, filho de mãe solteira etc.), tem sido registrada em diversas etnias.[4]

O mesmo vale, *mutatis mutandis*, para a verificação da ilicitude e da culpabilidade, as quais, além de exigirem a presença de todos os pressupostos e requisitos legais, devem ser valoradas de acordo com as peculiaridades da cultura indígena.

3. Augusto Silva Dias, ao tratar de casos semelhantes ocorridos em Guiné-Bissau, considera que o fato é atípico, por ausência de dolo. Diz textualmente: "O agente ou agentes que colocam o "ucó", ou o ser sob suspeita, junto da água do rio ou do mar, tendo em vista, respectivamente, afastá-lo da família ou obter a prova decisiva, realizam objectivamente o tipo de ilícito do homicídio (artº107 do CP) na forma tentada ou consumada, consoante o processo causal se quedar no perigo concreto para a vida ou desembocar no resultado morte. Sendo o homicídio um crime de "forma livre", no tipo cabe perfeitamente a exposição ao perigo daquele modo praticada.Todavia, em minha opinião, o tipo subjectivo do homicídio não se encontra realizado. Com efeito, as mulheres da família da mãe que pretendem afastar o mau espírito não querem desde o início causar a morte de uma pessoa. Como tivemos oportunidade de compreender através das inquirições realizadas e tenho vindo a assinalar ao longo da exposição as agentes não querem matar, ou por qualquer outra forma hostilizar "outrem", mas tão só afastar um ser que de humano apenas guarda a aparência. A partir do momento em que, segundo as crenças partilhadas, as pessoas implicadas estão convictas de que se trata de uma pessoa e não de um "ucó" recolhem-na imediatamente e levam-na consigo de volta, como vimos. O que as agentes representam é um ente sobrenatural e não um ser humano. Não há, pois, dolo em qualquer das suas modalidades. " SILVA DIAS, Augusto. Problemas do direito penal numa sociedade multicutural: o chamado infanticídio ritual na Guiné-Bissau. Coimbra: Coimbra Editora, Revista Portuguesa de Ciência Criminal, ano 6, nº 2, abrl/jun 1996.
4. Semelhante prática tem sido observada, por exemplo, entre os tapirapés, suruwahas e yanomamis.

No entanto, ao contrário do que pretende a doutrina, a imputabilidade penal do índio não depende do grau de integração à cultura dominante. Como escrevem Ela Wiecko de Castilho e Paula Bajer Costa, "no paradigma da plurietnicidade o grau maior de integração do indígena à sociedade nacional não o descaracteriza com indígena, tampouco exclui a imputabilidade penal"[5].

Também Augusto Silva Dias tem que "aparentemente mais favorável e aberta às peculiaridades das formas de vida, esta solução assenta numa visão racista e paternalista que não respeita a diferença de culturas e uma perspectiva multicultural de abordagem dos problemas baseada no valor do pluralismo. Hierarquizando as culturas em 'civilizadas' e 'selvagens' a concepção que criticamos eleva as primeiras a padrão de vida boa. Consequentemente, os membros das culturas 'selvagens' são rotulados de débeis mentais, detentores de um desenvolvimento mental incompleto, incapazes de entender as 'virtudes' ínsitas naquele padrão."[6]

Com efeito, independentemente do grau de socialização, o índio é, sim, imputável, imputabilidade que há de ser apreciada segundo a sua tradição, e não conforme os valores eurocêntricos da cultura dominante. Logo, não é incapaz de autodeterminação em razão de desenvolvimento mental incompleto ou retardado, mas plenamente capaz. O índio será inimputável apenas quando portador de transtorno mental grave (CP, art. 26) ou menor de 18 anos.

O que poderá ocorrer eventualmente é a falta de conhecimento da proibição jurídico-penal de que se trata, a ensejar o erro sobre a ilicitu-

---

5. O projeto de Lei do Senado n° 156, de 2009, que institui novo Código de Processo penal e os crimes praticados contra indígenas ou por indígenas. Brasília, a 46, n°183 julho/set. 2009.

6. Augusto Silva Dias, Augusto. Problemas do direito penal numa sociedade multicultural: o chamado infanticídio ritual na Guiné-Bissau. Coimbra: Coimbra Editora, Revista Portuguesa de Ciência Criminal, ano 6, nº 2, abrl/jun 1996. De modo similar Luiz Fernando Villares: "considerar o índio deficiente mental ou similar é profundamente equivocado, pois "o índio, mesmo os de pouco contato com a sociedade brasileira, sempre teve o desenvolvimento mental absoluto de suas faculdades mentais e condições de entender o mundo que o cerca. Pertencer a uma cultura de valores diversos dos nossos não produz um indivíduo de incompleto desenvolvimento. Para aquelas atividades necessárias à sua vida, o índio se adaptou com eficiência, o que lhe garantiu a sobrevivência até os dias atuais. " Direitos e povos indígenas. Curitiba: Juruá, 2009, p. 299.

de do fato (CP, art. 21), vencível ou invencível, conforme o caso, a ser aferida mediante laudo antropológico.

O Código Penal do Peru trata dessa hipótese sob o título de erro de compreensão culturalmente condicionado:

> Artigo 15.- Erro de compreensão culturalmente condicionado
>
> Quem, que por sua cultura ou costumes, comete um fato punível sem poder compreender o caráter delituoso de seu ato ou determinar-se de acordo com essa compreensão, é isento de responsabilidade penal. Quando, por igual razão, essa possibilidade tiver diminuído, a pena será atenuada.

Mas o neologismo é desnecessário; haverá (ou não), simplesmente, erro de proibição, por carecer o autor, índio que é, do conhecimento da proibição.

Evidentemente que o índio poderá também invocar, e com maior razão, outras excludentes legais ou supralegais de tipicidade, de ilicitude e de culpabilidade, sempre que presentes seus elementos constitutivos.[7] O mesmo ocorrerá quanto às causas especiais de isenção de pena ou extintivas da punibilidade (prescrição etc.).

7. Como observa Márcio Andrade Torres, "em nome de um Estado de direito democrático e do princípio da culpabilidade na sua vertente limitativa do poder punitivo estatal, o condicionamento cultural é fator que deve ser considerado na apreciação de qualquer conduta, podendo descaracterizar ora a tipicidade, ora a ilicitude e, por fim a culpa, onde encontra campo mais aberto a um *freio no direito penal*, em razão do alcance e natureza dos elementos que a compõem. " *O lugar da cultura na culpabilidade dos índios* (texto inédito).

CAPÍTULO XVI

COMPETÊNCIA

1) INTRODUÇÃO

A jurisdição é o poder de dizer o direito nos termos da lei. E a competência, repartida entre os diversos juízes e tribunais, é a medida e o limite da jurisdição[1].

Como a competência é privativa de juízes e tribunais, ela não deve ser confundida com as funções de certos órgãos sem poder jurisdicional, a exemplo do Ministério Público, a quem incumbe a defesa da ordem jurídica, do regime democrático e dos interesses sociais e individuais indisponíveis (CF, art. 127).

Eventuais conflitos de competência entre membros do Poder Judiciário são dirimidos pelo Poder Judiciário. Já os conflitos de atribuições entre membros do Ministério Público são, a princípio, resolvidos pelo próprio Ministério Público.

Há conflito de competência, não de atribuição, quando a autoridade judiciária acolhe ou rejeita requerimento do Ministério Público, isto é, quando afirma ou nega a sua competência.

2) COMPETÊNCIA POR PRERROGATIVA DE FUNÇÃO

2.1) Introdução

A competência por prerrogativa de função (também conhecida como foro especial ou privilegiado) está prevista para os agentes investigados e processados por infrações penais cometidas no exercício de certos cargos e funções públicas, a pretexto de preservar a imparcialidade dos julgamentos e manter a hierarquia funcional.

1. José Frederico Marques. Elementos de direito processual penal. Rio: Forense, 1965, p.233.

Normalmente o foro especial compromete o direito ao duplo grau de jurisdição, já que não há previsão legal de apelação capaz de assegurar ao acusado a revisão da matéria de fato e de direito. No máximo, acórdãos proferidos em ação penal originária são passíveis de embargos (de declaração ou infringentes) e de recurso extraordinário ou especial.

O foro especial só é aplicável às infrações penais (crimes e contravenções), não aos ilícitos administrativos ou ilícitos civis (improbidade administrativa, reparação de dano etc.), cujo processo tramitará perante o juízo de primeiro grau. Há inclusive precedente do STF declarando a inconstitucionalidade de lei que estendia o foro a ilícito não penal.

A prerrogativa, que nasce com a investidura no cargo ou função (posse, diplomação etc.), cessará com a perda do cargo ou da função (renúncia, aposentadoria, extinção do mandato etc.), devendo os autos ser remetidos ao juízo competente. Os atos processuais até então praticados são válidos, já que proferidos pela autoridade judiciária competente, não precisando ser ratificados, embora seja comum essa ratificação.

Por ser concedida em favor do cargo ou função, não da pessoa física que o ocupa, a prerrogativa de função não é renunciável, exceto se houver renúncia do próprio cargo ou função.

2.2) Restrição do foro: avanços e retrocessos

Na Ação Penal n° 937/RJ, de 2018, Relator Ministro Luís Roberto Barroso, o Supremo Tribunal Federal restringiu, em relação a deputados federais e senadores, a sua competência aos delitos praticados durante o mandato e relacionados ao seu exercício. Ali ficou assentado o seguinte:

> **AP 937 QO** - (i) O foro por prerrogativa de função aplica-se apenas aos crimes cometidos durante o exercício do cargo e relacionados às funções desempenhadas; e (ii) Após o final da instrução processual, com a publicação do despacho de intimação para apresentação de alegações finais, a competência para processar e julgar ações penais não será mais

> afetada em razão de o agente público vir a ocupar cargo ou deixar o cargo que ocupava, qualquer que seja o motivo.

Mas é provável que essa restrição se estenda a todas as autoridades atualmente detentoras de foro especial (Membros do Poder Judiciário e do Ministério Público etc.), por força do princípio da simetria. Aliás, é o que já ocorre nos tribunais relativamente a membros do poder legislativo e do poder executivo com prerrogativa de foro.

Atualmente não têm foro por prerrogativa de função: a) os autores de crimes cometidos antes do cargo ou mandato; b) os autores de crimes cometidos após a extinção do cargo ou mandato; c) os autores de crimes cometidos durante o cargo ou mandato, mas sem relação com o cargo ou mandato.

Assim, somente os delitos cometidos durante o exercício atual do cargo ou mandato e em razão dele deveriam dar lugar ao foro especial, razão pela qual a eventual reeleição ou assun-ção de novo cargo seria irrelevante. Mas aqui o tema é controvertido.

Antes desse importante precedente do STF, a questão da prerrogativa de foro era resolvida assim: 1) crime praticado durante o cargo ou mandato e em razão dele era de competência do respec-tivo tribunal, sendo inválidos os atos eventualmente praticados por juízo; 2) crime cometido antes de o réu assumir o cargo ou o mandato, com ou sem relação com o cargo ou mandato, passaria a ser julgado pelo tribunal, sendo válidos os atos decisórios até então praticados pelo juízo 3) crime praticado depois de extinto o mandato ou após a perda do cargo era de competência do juízo (Súmula 451 do STF[2]), entendimento aplicável inclusive aos cargos vitalícios (juiz aposentado etc.).

Com a decisão do STF, apenas na hipótese 1, isto é, crime praticado durante o cargo e em razão dele, haverá competência por prerrogativa de função. Nos demais casos o processo tramitará perante o juízo competente.

A nova orientação é corretíssima, visto que: a) é mais garantista, já que assegura ao acusado o duplo grau de jurisdição; b) o foro por

---

2. A competência especial por prerrogativa de função não se estende ao crime cometido após a cessação definitiva do exercício funcional.

prerrogativa de função significava na prática um privilégio incompatível com o princípio da isonomia; c) se o juízo tem competência para julgar ações de improbidade administrativa e outras tantas ações civis contra autoridades com foro especial, não vemos porque não possa também julgar ações penais, sob a alegação de ferir a hierarquia.

De acordo com o STJ, a extinção do mandado do cargo eletivo implica a perda da prerrogativa de foro, ainda que o mandatário seja reeleito[3]. Logo, delito praticado no exercício de mandato já extinto, não no exercício do mandato atual, é de competência do juiz de primeiro grau. Mas o tema é controvertido, havendo precedentes os mais diversos.

Apesar disso, o próprio STJ (decisão de 21/11/2018) decidiu que ele é competente para julgar desembargador por crime cometido sem relação com o exercício funcional, a pretexto de preservar a imparcialidade judicial[4]. Se o argumento fosse correto, tampouco juízes poderiam julgar desembargador em causas cíveis com ou sem relação com o exercício funcional.

De todo modo, nos termos da orientação do STF, se o delito cometido por autoridade com foro especial não tiver relação com o exercício atual do mandato ou cargo público, a investigação e o processo correrão perante o juízo (federal ou estadual).

Quando o agente mudar de cargo ou função para outro também com prerrogativa de foro (v.g., juiz promovido a desembargador), os autos serão remetidos para o respectivo tribunal, se o crime for praticado em razão do exercício do cargo (v.g., corrupção).

No julgamento da referida ação penal 937/RJ ficou também assentado que, uma vez concluída a instrução criminal com a publicação do despacho para apresentação de alegações finais, a competência não será afetada se o agente deixar o cargo ou passar a exercer outra função

3. QO na APn 874-DF, Rel. Min. Nancy Andrighi, Corte Especial, por maioria, julgado em 15/05/2019, DJe 03/06/2019.
4. QO na APn 878-DF, Rel. Min. Benedito Gonçalves, por maioria, julgado em 21/11/2018, DJe 19/12/2018

pública. Se houver renúncia do mandato antes disso, o tribunal declinará da competência em favor do juiz ou tribunal competente.

2.3) Coautoria e participação

Quando houver coautoria ou participação envolvendo agentes com e sem prerrogativa de função, um e outro serão julgados perante o tribunal competente. Assim, por exemplo, se houver coautoria em peculato (CP, art. 312) envolvendo um prefeito e um particular ambos serão julgados pelo tribunal de justiça estadual (Súmula 704 do STF[5]).

Trata-se, porém, de reunião não obrigatória de processo, razão pela qual poderá ocorrer, a juízo da autoridade judiciária competente (tribunal de maior graduação, não o juiz de primeira instância), a separação dos processos (CPP, art. 80[6]).

Quem decide (fundamentadamente) sobre a reunião ou não dos processos é o tribunal competente, não o juiz que (no caso de separação) também julgará o caso.

Considerado como critério absoluto de competência, o foro especial prevalece sobre os demais critérios de determinação da competência (lugar do crime etc.). Assim, juiz do Estado da Bahia que praticar delito noutro Estado da Federação será julgado pelo TJ/BA, não pelo tribunal de justiça em cujo território foi cometido o crime, nem pelo tribunal do júri, quando se tratar de crime doloso contra a vida. Entende-se, no caso de crime doloso contra a vida, que prevalece a justiça de maior graduação (CPP, art. 78, III), apesar de o tribunal do júri ter também assento constitucional (CF, art. 5°, XXXVIII[7]).

5. Não viola as garantias do juiz natural, da ampla defesa e do devido processo legal a atração por continência ou conexão do processo do corréu ao foro por prerrogativa de função de um dos denunciados.

6. Art. 80. Será facultativa a separação dos processos quando as infrações tiverem sido praticadas em circunstâncias de tempo ou de lugar diferentes, ou, quando pelo excessivo número de acusados e para não lhes prolongar a prisão provisória, ou por outro motivo relevante, o juiz reputar conveniente a separação.

7. XXXVIII - é reconhecida a instituição do júri, com a organização que lhe der a lei, assegurados:
a) a plenitude de defesa;
b) o sigilo das votações;

No caso de coautoria ou participação de réus com prerrogativa de foro perante tribunais distintos, haverá separação de processos, a fim de submetê-los a julgamento pelo juízo natural (constitucional). Assim, por exemplo, se um juiz de direito comete crime junto com um deputado federal, o primeiro será julgado pelo tribunal de justiça de seu estado e o segundo pelo STF. Naturalmente somente se o delito for praticado durante o exercício da função e em razão dela.

Mas há precedentes no sentido do julgamento unificado perante o tribunal de maior graduação.

2.4) Competência do tribunal do júri

O tribunal do júri é competente para julgar os crimes dolosos (não os culposos ou preterdolosos) contra a vida, a saber: homicídio, aborto, infanticídio e induzimento ao suicídio. Não lhe cabe, portanto, julgar latrocínio, lesões corporais com resultado morte etc.

Se, ao proferir a sentença de pronúncia (ou antes dela), o juiz entender que não houve crime doloso contra a vida, determinará a remessa dos autos para a autoridade judiciária competente (CP, art. 74, §3°[8]). Quando o conselho de sentença fizer essa desclassificação na sessão de julgamento, o próprio juiz-presidente do tribunal do júri proferirá sentença (CPP, art. 74, §3° e 492, §1° e 2°).

Deputado federal ou senador que praticar delito doloso contra a vida no exercício da função e relacionado ao exercício funcional será julgado pelo STF, não pelo tribunal do júri. O mesmo vale para outras autoridades com foro especial, que serão julgadas pelos tribunais perante os quais detêm prerrogativa de função.

Apesar disso, a competência constitucional do júri prevalecerá quando se tratar de autoridade com prerrogativa de função prevista exclusivamente nas constituições estaduais ou em lei ordinária (Súmula

---

c) a soberania dos veredictos;

d) a competência para o julgamento dos crimes dolosos contra a vida.

8. Art. 74. A competência pela natureza da infração será regulada pelas leis de organização judiciária, salvo a competência privativa do Tribunal do Júri. § 3o Se o juiz da pronúncia desclassificar a infração para outra atribuída à competência de juiz singular, observar-se-á o disposto no art. 410; mas, se a desclassificação for feita pelo próprio Tribunal do Júri, a seu presidente caberá proferir a sentença (art. 492, § 2o).

Vinculante 45[9] e Súmula 721 do STF[10]), visto que uma norma constitucional não pode ser afastada por regra inferior hierarquicamente. Está cancelada a Súmula 394 do STF, que previa: "cometido o crime durante o exercício funcional, prevalece a competência especial por prerrogativa de função, ainda que o inquérito ou a ação penal sejam iniciados após a cessação daquele exercício".

Quando existir coautoria ou participação envolvendo pessoa com e sem prerrogativa de função, haverá separação de processos, já que ambas as competências são constitucionais (foro especial e tribunal do júri). Além disso, a cisão processual é recomendável porque: a) assegura ao réu/particular o julgamento perante o juiz natural; b) garante-lhe o duplo grau de jurisdição; c) impede que uma circunstância de caráter pessoal ou funcional (foro especial) se comunique a um terceiro.

Mas o tema é controvertido, havendo inclusive precedentes determinando o julgamento unificado perante o tribunal em relação ao qual se tem foro especial.

Havendo conexão ou continência de crime doloso contra a vida com outros crimes, a competência do tribunal do júri prevalecerá. A hipótese mais comum, aliás, é o julgamento pelo júri de crime de homicídio doloso e ocultação de cadáver, embora este último não seja delito de sua competência.

2.5) Exceção da verdade em crime contra a honra

Normalmente o fato de a vítima de um crime deter prerrogativa de função é irrelevante para efeito de determinação da competência.

No entanto, num processo por crime de calúnia, pode ocorrer de o réu alegar exceção da verdade a fim de provar que o suposto ofendido (v.g., juiz de direito) praticou crime (v.g., corrupção). Nesse caso, se a exceção for julgada procedente, o ofendido terá praticado delito e responderá perante o tribunal competente. Como o juízo de

---

9. A competência constitucional do Tribunal do Júri prevalece sobre o foro por prerrogativa de função estabelecido exclusivamente pela Constituição Estadual.
10. A competência constitucional do Tribunal do Júri prevalece sobre o foro por prerrogativa de função estabelecido exclusivamente pela constituição estadual.

primeiro grau não tem competência para julgar crime praticado por autoridade com prerrogativa de função, tampouco poderá decidir a exceção da verdade.

Justo por isso, se, em crime de calúnia, houver exceção da verdade contra a autoridade com foro especial que possivelmente cometeu crime, os autos serão remetidos ao tribunal competente para decidir a esse respeito (CPP, art. 85). No entanto, o juízo de admissibilidade, o processamento e a instrução da exceção da verdade competem ao juiz de primeiro grau, que fará a remessa dos autos ao tribunal, quando for o caso.

Embora o artigo 85 do CPP fale de crimes contra a honra (calúnia, difamação e injúria), os tribunais têm-no aplicado apenas no caso de crime de calúnia (CP, art. 138), que admite, como regra, a exceção da verdade (CP, art. 138, §3°), visto que, para sua configuração, é essencial que se trate de imputação falsa de crime.

A injúria (CP, art. 140) não admite a exceção da verdade; logo, não comporta a aplicação do artigo 85 do CPP.

Na difamação é possível a exceção da verdade num único caso: se o ofendido for funcionário público e a ofensa é relativa ao exercício de suas funções (CP, art. 139, parágrafo único).

Se o tribunal acolher a exceção da verdade, julgará improcedente a queixa ou denúncia e remeterá cópia do processo ao MP para adoção das providências cabíveis. Se rejeitar a exceção da verdade, devolverá os autos ao juízo de primeiro grau para julgar o processo.

Apesar de o artigo 85 do CPP falar de "querelante", o incidente de que trata poderá também ocorrer em caso de denúncia, já que a ação penal por calúnia contra servidor púbico no exercício de suas funções pode ser instaurada por denúncia ou por queixa (Súmula 714 do STF[11]).

Com a nova orientação do STF, que reduziu a competência dos tribunais, o artigo 85 do CPP só incidirá quando se tratar de imputação de calúnia relativa ao exercício do mandato ou da função pública. Se, por exemplo, houver imputação de crime a um deputado federal

11. É concorrente a legitimidade do ofendido, mediante queixa, e do ministério público, condicionada à representação do ofendido, para a ação penal por crime contra a honra de servidor público em razão do exercício de suas funções.

sem relação alguma com o exercício do mandato, o STF não seria competente para julgar a ação penal. Quem não tem competência para julgar o processo principal, tampouco terá para o acessório (exceção da verdade).

2.6) Competência do Supremo Tribunal Federal etc.

Qualquer autoridade com prerrogativa de foro perante o Supremo Tribunal Federal (CF, art. 102, I, b e c[12]) será por ele julgado, não importando se o crime é comum, militar ou eleitoral. O mesmo vale, *mutatis mutandis*, para os réus com foro especial perante o Superior Tribunal de Justiça (CF, art. 105, a[13]).

Com relação aos tribunais de justiça dos estados, as autoridades sujeitas à sua competência serão julgadas perante o TRE quando cometerem crime eleitoral. Quando praticarem crime federal, responderão (normalmente) perante os tribunais regionais federais (v.g., prefeitos). Nos demais casos, a competência será dos tribunais de justiça estaduais ou distrital.

Quanto a juízes e promotores estaduais, prevalece, porém, o entendimento de que o cometimento de crime federal é da competência dos tribunais estaduais, não dos tribunais regionais federais (ou militares),

---

12. Art. 102. Compete ao Supremo Tribunal Federal, precipuamente, a guarda da Constituição, cabendo-lhe:

 I - processar e julgar, originariamente:

 b) nas infrações penais comuns, o Presidente da República, o Vice-Presidente, os membros do Congresso Nacional, seus próprios Ministros e o Procurador-Geral da República;

 c) nas infrações penais comuns e nos crimes de responsabilidade, os Ministros de Estado e os Comandantes da Marinha, do Exército e da Aeronáutica, ressalvado o disposto no art. 52, I, os membros dos Tribunais Superiores, os do Tribunal de Contas da União e os chefes de missão diplomática de caráter permanente.

13. I - processar e julgar, originariamente:

 a) nos crimes comuns, os Governadores dos Estados e do Distrito Federal, e, nestes e nos de responsabilidade, os desembargadores dos Tribunais de Justiça dos Estados e do Distrito Federal, os membros dos Tribunais de Contas dos Estados e do Distrito Federal, os dos Tribunais Regionais Federais, dos Tribunais Regionais Eleitorais e do Trabalho, os membros dos Conselhos ou Tribunais de Contas dos Municípios e os do Ministério Público da União que oficiem perante tribunais;

visto que o artigo 96, I e III, da Constituição só excepciona a competência dos tribunais eleitorais[14].

É inconstitucional dispositivo da Constituição Estadual que confere foro por prerrogativa de função, no Tribunal de Justiça, para Procuradores do Estado, Procuradores da ALE, Defensores Públicos e Delegados de Polícia[15].

3) COMPETÊNCIA DA JUSTIÇA FEDERAL

3.1) Introdução

A justiça federal é competente para julgar crime (não contravenção) que ofenda bem, serviço ou interesse direto da União, de suas autarquias e empresas públicas (CF, art. 109, IV), ressalvada a competência da justiça militar e eleitoral. Quando houver violação de bem, serviço ou interesse reflexo ou indireto da União, competente será a justiça estadual ou distrital. A justiça federal é composta pelos juízes federais, tribunais regionais federais, juizados especiais criminais e pelo tribunal do júri federal.

Apesar de ser uma justiça comum, a justiça federal é também competente para julgar crime estadual ou distrital conexo com delito federal (Súmula 122 do STJ[16]). Havendo conexão ou continência entre crime federal e não federal, a competência da justiça federal prevalecerá, portanto, atraindo os delitos conexos. Não há aqui separação de processos, exceto se não ficar demonstrada a conexão ou a continência em que a unificação se funda.

---

14. Art. 96. Compete privativamente:
I - aos tribunais:
III - aos Tribunais de Justiça julgar os juízes estaduais e do Distrito Federal e Territórios, bem como os membros do Ministério Público, nos crimes comuns e de responsabilidade, ressalvada a competência da Justiça Eleitoral.

15. STF. Plenário. ADI 2553/MA, Rel. Min. Gilmar Mendes, red. p/ o ac. Min. Alexandre de Moraes, julgado em 15/5/2019 (Info 940).

16. Compete à Justiça Federal o processo e julgamento unificado dos crimes conexos de competência federal e estadual, não se aplicando a regra do art. 78, II, a, do Código de Processo Penal.

Nesse caso, ainda que o juiz federal venha a absolver o réu do crime federal ou a desclassificá-lo, poderá condená-lo pelo delito estadual ou distrital, em virtude da *perpetuatio jurisdictionis* (CPP, art. 81[17]).

Como as atribuições da polícia federal são distintas e mais amplas (CF, art. 144, §1°, I[18]), crimes por ela investigados não necessariamente são de competência da justiça federal. O mesmo deve ser dito das investigações conduzidas pelo Ministério Público Federal ou por outros órgãos federais, cujo processo poderá ser instaurado perante a justiça estadual ou distrital.

Pode também ocorrer de um crime investigado pela polícia judiciária dos Estados e do Distrito Federal ser da competência da justiça federal. Apesar disso, a investigação é válida (em tese) e a ação penal pode ser proposta.

3.2) Crimes praticados contra a União etc.

A justiça federal é competente para julgar crime praticado em detrimento de bem, serviço ou interesse da União ou de suas entidades autárquicas ou empresas públicas, excluídas a competência da justiça especial (militar e eleitoral), aí compreendidos os órgãos da administração direta e indireta (ministérios, conselhos etc.), do Poder Executivo Federal, do Poder Judiciário Federal, do Ministério Público da União

---

17. Art. 81. Verificada a reunião dos processos por conexão ou continência, ainda que no processo da sua competência própria venha o juiz ou tribunal a proferir sentença absolutória ou que desclassifique a infração para outra que não se inclua na sua competência, continuará competente em relação aos demais processos. Parágrafo único. Reconhecida inicialmente ao júri a competência por conexão ou continência, o juiz, se vier a desclassificar a infração ou impronunciar ou absolver o acusado, de maneira que exclua a competência do júri, remeterá o processo ao juízo competente.

18. Art. 144. A segurança pública, dever do Estado, direito e responsabilidade de todos, é exercida para a preservação da ordem pública e da incolumidade das pessoas e do patrimônio, através dos seguintes órgãos:
§ 1° A polícia federal, instituída por lei como órgão permanente, organizado e mantido pela União e estruturado em carreira, destina-se a:
I - apurar infrações penais contra a ordem política e social ou em detrimento de bens, serviços e interesses da União ou de suas entidades autárquicas e empresas públicas, assim como outras infrações cuja prática tenha repercussão interestadual ou internacional e exija repressão uniforme, segundo se dispuser em lei.

etc. Delito cometido contra o Poder Judiciário ou contra o Ministério Público do Distrito Federal compete à justiça do DF.

Também os delitos cometidos contra autarquias públicas federais (INSS etc.) são da competência da Justiça Federal. *Idem*, contra a empresa pública federal, porque, apesar de ser pessoa jurídica de direito privado, integra a administração indireta da União e é composta de patrimônio exclusivo da União (Caixa Econômica Federal etc.).

Também por incidir interesse direto da União, são de sua competência os delitos praticados por e contra funcionários públicos federais no exercício de suas funções (peculato, corrupção etc.). Se o crime não tiver relação direta com as atribuições do cargo, a competência será da justiça estadual ou distrital.

Embora raro, vão a júri federal os crimes dolosos contra a vida praticados por ou contra funcionário público federal no exercício de suas funções (Súmula 147 do STJ[19]).

Apesar de não referidos explicitamente pelo art. 109 da CF, são também de sua competência os delitos praticados contra fundações públicas federais (UnB etc.).

Não lhe cabe julgar, contudo, crime cometido contra sociedade de economia mista (Banco do Brasil, Petrobras etc.), conforme Súmula 42 do STJ[20]. É também da competência da justiça estadual delito cometido contra concessionárias e permissionárias de serviço público federal.

Compete à justiça federal processar e julgar crimes relativos ao desvio de verbas públicas repassadas pela União aos municípios e sujeitas à prestação de contas perante órgão federal.

3.3) Contravenções e atos infracionais

Somente crime, não contravenção, é de competência da justiça federal. As contravenções são julgadas pela justiça estadual ou distrital ainda que praticadas contra bens, serviços ou interesses diretos da União

19. Compete à Justiça Federal processar e julgar os crimes praticados contra funcionário público federal, quando relacionados com o exercício da função.
20. Compete à Justiça Comum Estadual processar e julgar as causas cíveis em que é parte sociedade de economia mista e os crimes praticados em seu detrimento.

(Súmula 38 do STJ[21]). Quando houver conexão entre crime federal e contravenção, haverá separação de processos.

Não obstante isso, a justiça federal tem competência para julgar contravenção cometida por autoridade com prerrogativa de função no exercício da função e em razão dela.

Tampouco compete à justiça federal, mas à estadual ou distrital, o julgamento de ato infracional (Lei n° 8.069/90) mesmo que ofenda bem, serviço ou interesse direto da União. Quando houver crime federal praticado em coautoria com menor, haverá cisão de processos.

3.4) Crime político e terrorismo

A justiça federal é competente para o julgamento de crime político. Não há, porém, definição legal de crime político. E o que vem a sê-lo constitui um grande ponto de interrogação.

De acordo com Hungria, os crimes políticos são os dirigidos, subjetiva e objetivamente, de modo imediato, contra o Estado como unidade orgânica das instituições políticas e sociais[22]. O crime político – escreve Hungria – é tudo quanto há de mais contingente. Basta dizer que sua punição depende do insucesso. Se colhe êxito, já não é crime, mas título de glória. O celerado de hoje é o benemérito de amanhã. Garibaldi, derrotado em Mentana, é um bandido; vitorioso em Marsala é um herói. Napoleão, ao sair da ilha Elba, para aventura dos *Cem dias*, era, segundo os jornais de Paris, o "bandido corso", mas, ao chegar triunfante à capital francesa, era o "grande imperador"[23].

Da decisão proferida pelo juiz federal (condenatória ou absolutória) cabe *recurso ordinário* para o STF (CF, art. 102, II, b[24]), não *apelação* para o tribunal regional federal, como seria lógico. De todo modo, se interposta apelação no prazo legal, o juiz deverá recebê-la como recurso

---

21. Compete à Justiça Estadual Comum, na vigência da Constituição de 1988, o processo por contravenção penal, ainda que praticada em detrimento de bens, serviços ou interesse da União ou de suas entidades.
22. Comentários ao Código Penal, v.1. Rio de Janeiro: Forense, 1958, p.187.
23. Idem, p.190.
24. Art. 102. Compete ao Supremo Tribunal Federal, precipuamente, a guarda da Constituição, cabendo-lhe:
    II - julgar, em recurso ordinário:
    b) o crime político.

ordinário e remetê-lo ao STF, por força do princípio da fungibilidade recursal (CPP, art. 579).

Também o terrorismo é crime de competência da justiça federal (Lei n° 13.260/2016, artigo 11[25]), embora haja quem defenda a inconstitucionalidade dessa previsão legal, por ampliar indevidamente a competência constitucional da justiça federal[26].

Crime político não admite extradição, nem gera reincidência (CF, art. 5°, LII [27] e CP, art. 64).

3.5) Lavagem de capitais

Como regra, são crimes da competência da justiça estadual. Com efeito, os crimes previstos na Lei n° 9.613/98 só são da competência federal quando houver ofensa direta a bem, serviço ou interesse da União ou se o delito antecedente competir à justiça federal (sistema financeiro nacional, tráfico internacional de drogas etc.). Caso contrário, a competência é da justiça estadual.

O art. 2°, III, da citada Lei diz que os delitos nela previstos são da competência da justiça federal apenas: a) quando praticados contra o sistema financeiro e a ordem econômico-financeira, ou em detrimento de bens, serviços ou interesses da União, ou de suas entidades autárquicas ou empresas públicas; b) quando a infração penal antecedente for de competência da justiça federal.

3.6) Crimes ambientais

Os crimes ambientais (Lei n° 9.605/98) só são de competência federal se ofenderem bem, serviço ou interesse direto da União, tais como: 1) extração ilegal de recursos minerais, por se tratar de bem da União (CF, 20, IX); 2) pesca ilegal em mar territorial, bem também da União;

---

25. Art. 11. Para todos os efeitos legais, considera-se que os crimes previstos nesta Lei são praticados contra o interesse da União, cabendo à Polícia Federal a investigação criminal, em sede de inquérito policial, e à Justiça Federal o seu processamento e julgamento, nos termos do inciso IV do art. 109 da Constituição Federal.
26. Nesse sentido, Renato Brasileiro de Lima. Manual de processo penal. Salvador: Juspodivm, 2018.
27. Art. 5°, LII: não será concedida extradição de estrangeiro por crime político ou de opinião.

3) tráfico internacional de animais silvestres; 4) crimes praticados em parques nacionais de preservação ambiental.

Crime ambiental decorrente da construção de moradias do Programa do Governo Federal Minha Casa Minha Vida, mesmo quando a Caixa Econômica Federal figure como agente financiador da obra, é da competência da justiça estadual. Se, contudo, a CEF atuar na elaboração do projeto, fiscalização da segurança e higiene da obra, a competência será da justiça federal.

3.7) Falsificação e uso de documento falso

Segundo a Súmula 546 do STJ[28], a competência para processar e julgar o crime de uso de documento falso (CP, art. 304) é firmada em razão da entidade ou órgão ao qual foi apresentado o documento público, não importando a qualificação do órgão expedidor.

Ou seja, o uso de documento federal (ou estadual) só será de competência federal se for apresentado perante agente, órgão, ou autoridade federal; caso contrário, será delito de competência da justiça estadual.

Por sua vez, a falsificação documental competirá à justiça federal somente quando ofender bem, serviço ou interesse da União, de suas entidades autárquicas e empresas públicas, a exemplo da falsificação de moeda (CP, art. 289). Do contrário, será crime estadual.

Quando a falsificação do documento for absorvida pelo uso de documento (CP, art. 304), incidirá a Súmula 546 do STJ. Assim, por exemplo, a apresentação de falsa CNH (carteira nacional de habilitação) à Polícia Rodoviária Federal é delito de competência da justiça federal; se apresentada à polícia militar, a competência será da justiça estadual.

3.8) Crimes praticados por e contra indígenas

Crime praticado por ou contra índio só é da competência da justiça federal se for motivado por disputa por terra indígena ou que se pretenda

28. A competência para processar e julgar o crime de uso de documento falso é firmada em razão da entidade ou órgão ao qual foi apresentado o documento público, não importando a qualificação do órgão expedidor.

como tal (CF, art. 109, XI[29]). *Idem*, se o delito for cometido contra a FUNAI (Fundação Nacional do Índio), que é uma autarquia pública federal.

Compete à justiça comum estadual processar e julgar crime em que o índio figure como autor ou vítima, desde que não haja ofensa a direitos e a cultura indígenas, o que atrai a competência da Justiça Federal (Súmula 140 do STJ[30]).

3.9) Crime praticado a bordo de navio ou aeronave

Aos juízes federais compete processar e julgar o crime cometido a bordo de navios ou aeronaves, ressalvada a competência da justiça militar (CF, art. 109, IX).

Para tanto, o delito tem de ser praticado *a bordo*, isto é, no interior do navio ou aeronave, não antes ou depois de o autor neles ingressar. Além disso, a embarcação há de se encontrar em situação de deslocamento internacional ou de potencial deslocamento, devendo ser capaz de navegar em alto-mar. Delitos cometidos em barcos de pequeno porte (não navios) e sem essa capacidade são de competência da justiça estadual.

Quanto ao crime cometido a bordo de aeronave, é irrelevante se ela está em território nacional ou em situação de deslocamento internacional, pois em ambos os casos a justiça federal é competente. Também não importa se aeronave está em solo ou no ar quando do cometimento do crime.

Balão de ar quente tripulado não é aeronave, razão pela qual crime aí cometido é de competência da justiça estadual (STJ, CC 143.400-SP, Rel. Ministro Ribeiro Dantas, julgado em 15/5/2019).

3.10) Crime previsto em tratado

Competem à justiça federal os crimes previstos em tratado ou convenção internacional, quando, iniciada a execução no País, o resultado tenha ou devesse ter ocorrido no estrangeiro, ou reciprocamente (CF, art. 109, V).

---

29. Art. 109. Aos juízes federais compete processar e julgar:
XI - a disputa sobre direitos indígenas.

30. Compete à Justiça Comum Estadual processar e julgar crime em que o indígena figure como autor ou vítima.

Nesse caso, competência federal exige dois requisitos: a) que haja previsão do crime em tratado ou convenção internacional; b) que o crime tenha se iniciado no Brasil e o resultado tenha ocorrido no estrangeiro ou o contrário.

A previsão em tratado internacional é, pois, uma condição necessária, mas não suficiente para firmar a competência da justiça federal, a exemplo da tortura e de outros tantos crimes que, embora previstos em convenção internacional, forem praticados em território nacional ou no exterior, e, por isso, não são da competência da justiça federal.

Sem o caráter de transnacionalidade (crime a distância), a competência será da justiça estadual.

Tampouco a internacionalidade do delito é suficiente, razão pela qual, se faltar previsão em tratado internacional, a justiça federal não será competente para julgá-lo.

Crimes cometidos no estrangeiro só são de competência da justiça brasileira (federal ou estadual) se incidirem as hipóteses de extraterritorialidade incondicionada ou condicionada de que trata o artigo 7° do CP. Quando houver ofensa a bem, serviço ou interesse da União, competirá à justiça federal julgá-lo; caso contrário, será da competência da justiça estadual.

Quando o delito ferir interesse direto da União ou envolver acordo de cooperação internacional (v.g., acordo de transferência), a competência será da justiça federal. Nesse sentido, recente precedente (2018) do STJ (CC n° 154656/MG, relator Ministro Ribeiro Dantas), relativo a brasileiro que cometeu crime em Portugal e cuja extradição foi negada pelo Brasil.

Nos crimes de aquisição, troca, disponibilização etc. (arts. 241, 214-A e 241-B do ECA) de material pornográfico envolvendo criança ou adolescente, quando praticados pela internet, a competência será da justiça federal sempre que ficar configurada a transnacionalidade (v.g., o material puder ser acessado em qualquer parte do mundo).

Quando se tratar de mensagem privada entre destinatários certos (WhatsApp etc.), a competência será da justiça estadual ou distrital.

3.11) Tráfico de drogas

O tráfico internacional de drogas e crimes afins, isto é, aqueles previstos nos artigos 33 a 37 da Lei, são crimes de competência da justiça federal (art. 70 da Lei n° 11.343/2006[31]). O tráfico interno e tipos afins (associação para o tráfico etc.) são delitos de competência da justiça estadual ou distrital. Também nesse sentido, Súmula 522 do STF: salvo a ocorrência de tráfico para o exterior, compete à Justiça dos Estados o processo e julgamento dos crimes relativos a entorpecentes.

Os demais crimes previstos na Lei de Drogas (porte de droga para consumo etc.) não competem à justiça federal, ainda que a droga tenha sido importada ou exportada para consumo, por exemplo.

A transnacionalidade não se presume, devendo existir prova mínima ou indiciária dessa circunstância, inclusive porque também constitui causa de aumento de pena (art. 40, I, da Lei n° 11.343/2006), razão pela qual, havendo dúvida razoável, prevalecerá a imputação de tráfico interno. Nesse caso, também não incidirá o aumento de pena da transnacionalidade.

Só há tráfico internacional quando houver dupla tipificação da droga (no país de origem e de destino), pois, do contrário, ou o fato será atípico ou haverá tráfico equiparado ao tráfico interno. A importação de cloreto de etila da Argentina, por exemplo, constitui tráfico interno, porque a substância somente é proibida aqui, não lá. Nesse sentido, precedentes do STJ.

Se ao final do processo o juiz federal se convencer de que houve tráfico interno, não internacional, declinará da competência. O mesmo fará o juiz estadual quando concluir que houve tráfico transnacional. O tema é controvertido, porém, havendo doutrina e precedentes no sentido de que a competência é prorrogada (*perpetuatio jurisdictionis*), nos termos do art. 81 do CPP.

Mas a competência ficará prorrogada quando, existindo conexão entre um crime federal e um estadual, o juiz federal absolver o réu do primeiro e condenar pelo segundo, conforme Súmula 122 do STJ[32]. É

---

31. Art. 70.O processo e o julgamento dos crimes previstos nos arts. 33 a 37 desta Lei, se caracterizado ilícito transnacional, são da competência da Justiça Federal.

32. Compete à Justiça Federal o processo e julgamento unificado dos crimes conexos de competência federal e estadual, não se aplicando a regra do art. 78, II, "a", do Código de Processo Penal.

que, condenado ou absolvendo, o juiz federal estará a firmar a sua competência constitucional.

3.12) Incidente de deslocamento de competência

Na hipótese de o Superior Tribunal de Justiça deferir o pedido de incidente de deslocamento de competência de que trata o artigo 109, §5°, da CF, caberá à justiça federal julgar o respectivo processo:

> Nas hipóteses de grave violação de direitos humanos, o Procurador-Geral da República, com a finalidade de assegurar o cumprimento de obrigações decorrentes de tratados internacionais de direitos humanos dos quais o Brasil seja parte, poderá suscitar, perante o Superior Tribunal de Justiça, em qualquer fase do inquérito ou processo, incidente de deslocamento de competência para a Justiça Federal.

3.13) Execução penal

O juízo da execução é competente para julgar os incidentes ocorridos durante a execução provisória ou definitiva da sentença penal condenatória ou absolutória imprópria (que aplica medida de segurança ao inimputável ou semi-imputável).

Compete ao juízo da execução penal do Estado a execução das penas impostas a sentenciados pela justiça federal, militar ou eleitoral, quando recolhidos a estabelecimentos sujeitos a administração estadual.

A competência do juiz da execução depende, portanto, da natureza do estabelecimento prisional onde se dá a execução: se federal, cabe à justiça federal decidir sobre os temas suscitados; se estadual, à justiça estadual. É irrelevante se a sentença condenatória foi proferida pelo juízo federal ou estadual, conforme Súmula 192 do STJ[33].

Também nesse sentido é o art. 2° da Lei n° 11.671/2008: A atividade jurisdicional de execução penal nos estabelecimentos penais federais será desenvolvida pelo juízo federal da seção ou subseção judiciária em que

33. Compete ao Juízo das Execuções Penais do Estado a execução das penas impostas a sentenciados pela Justiça Federal, Militar ou Eleitoral, quando recolhidos a estabelecimentos sujeitos à administração estadual.

estiver localizado o estabelecimento penal federal de segurança máxima ao qual for recolhido o preso.

Assim, os incidentes da execução penal (progressão ou regressão de regime, livramento condicional, indulto etc.) serão apreciados e decididos pelo juízo federal somente quando o condenado estiver em presídio sob jurisdição federal. Do contrário, caberá ao juízo estadual decidir.

Existem temas, porém, que podem competir, não ao juízo da execução, mas ao juízo do processo de conhecimento ou mesmo ao tribunal (federal ou estadual), a exemplo de pedido de revogação de prisão preventiva etc., com relação a processos em andamento.

A mudança de domicílio pelo condenado que cumpre pena restritiva de direitos ou que seja beneficiário de livramento condicional não modifica a competência da execução penal, que permanece com o juízo da condenação, sendo deprecada ao juízo onde fixa nova residência somente a supervisão e o acompanhamento do cumprimento da medida imposta.

4) COMPETÊNCIA DA JUSTIÇA MILITAR

A justiça militar (da União, do Distrito Federal e dos Estados) é competente para julgar crime militar praticado por militar – e eventualmente por civil - no exercício da função militar (CF, art. 124[34] e 125, §4º[35]). À justiça militar da União compete julgar os membros das Forças Armadas (Marinha, Exército e Aeronáutica). À estadual toca o julgamento dos membros das polícias militares e do corpo de bombeiros.

Crimes militares são os assim definidos no CPM (art. 9°) e na legislação penal especial. Antes da reforma introduzida pela Lei n° 13.491/2017, cuja constitucionalidade está sendo questionada no STF (ADI 5901), somente os crimes previstos no CPM eram considerados militares. Com

---

34. Art. 124. à Justiça Militar compete processar e julgar os crimes militares definidos em lei.
Parágrafo único. A lei disporá sobre a organização, o funcionamento e a competência da Justiça Militar.

35. Art. 125. Os Estados organizarão sua Justiça, observados os princípios estabelecidos nesta Constituição. § 4º Compete à Justiça Militar estadual processar e julgar os militares dos Estados, nos crimes militares definidos em lei e as ações judiciais contra atos disciplinares militares, ressalvada a competência do júri quando a vítima for civil, cabendo ao tribunal competente decidir sobre a perda do posto e da patente dos oficiais e da graduação das praças.

o advento dessa lei (art. 9°, II[36]), no entanto, que ampliou a competência da justiça militar, especialmente a competência da Justiça Militar da União, também os delitos previstos na legislação penal especial praticados no exercício de função militar são militares (tortura, abuso de autoridade etc.).

O conceito de militar é dado pelo artigo 22 do CPM: É considerada militar qualquer pessoa que, em tempo de paz ou de guerra, seja incorporada às forças armadas, para nelas servir em posto, graduação, ou sujeição à disciplina militar.

Quando existir conexão ou continência com crime comum, haverá separação de processos. *Idem*, como regra, se houver coautoria ou participação de civil.

É que a justiça militar dos estados e do DF não têm competência para julgar civil mesmo que se trate de delito praticado contra instituição militar (Súmula 53 do STJ[37]). Mas a justiça militar federal pode julgar civil que pratique crime militar. Com efeito, a competência da justiça militar da União é estabelecida unicamente em razão da matéria, não importando a condição pessoal do acusado, se civil ou militar; já a competência da justiça militar dos Estados é fixada em razão da matéria e também em função da condição pessoal do acusado[38].

Os crimes militares podem ser militares próprios e impróprios. São propriamente militares aqueles que só podem ser cometidos por militares no exercício da função militar (v.g. deserção). Já os impropriamente militares são os praticáveis por qualquer pessoa, civil ou militar (v.g, furto de armamento militar). No crime militar próprio, portanto, a condição

---

36. **Crimes militares em tempo de paz**
    Art. 9º Consideram-se crimes militares, em tempo de paz:
    I - os crimes de que trata êste Código, quando definidos de modo diverso na lei penal comum, ou nela não previstos, qualquer que seja o agente, salvo disposição especial;
    II – os crimes previstos neste Código e **os previstos na legislação penal, quando praticados**:
37. Compete à Justiça Comum Estadual processar e julgar civil acusado de prática de crime contra instituições militares estaduais.
38. Renato Brasileiro de Lima. Manual de processual penal. Salvador: Juspodivm, 2018, p.374.

de militar é essencial à configuração da infração penal; já no militar impróprio, o *status* de militar é acidental.

Os crimes dolosos contra a vida praticados por militar contra civil eram da competência do tribunal do júri, ainda que no exercício da atividade militar (Lei n° 9.299/96). A justiça militar só julgaria crime doloso contra a vida quando cometido por e contra a vida de militar no exercício da função militar (CPM, art. 205).

Ocorre que a Lei n° 13.491/2017 alterou o art. 9°, §2°, do CPM[39], ampliando a competência da justiça militar da União – não a dos estados –, ao prever que os delitos dolosos contra a vida e cometidos por militares das Forças Armadas contra civil serão da competência da Justiça Militar da União, se praticados no contexto que refere.

Não houve, contudo, alteração com relação à competência do tribunal do júri para o julgamento dos crimes dolosos contra a vida de civil praticados por militares estaduais. Aqui o tribunal do júri permanece competente para julgar crimes dolosos contra vida de civil cometidos por militares dos Estados e do Distrito Federal.

Por fim, contravenção cometida por militar é de competência da justiça comum estadual, já que a justiça federal não tem competência para tanto.

5) COMPETÊNCIA DA JUSTIÇA ELEITORAL

A justiça eleitoral é competente para julgar crimes eleitorais previstos no Código Eleitoral (Lei n° 4.737/65) e na legislação eleitoral especial praticados no período eleitoral e com motivação eleitoral (v.g., crimes contra honra, falsificação de títulos etc.). Fora desses casos, o crime é comum e será julgado pela justiça comum (federal ou estadual), a exemplo do homicídio, ainda que praticado em período eleitoral e por motivo eleitoral, visto não figurar no Código Eleitoral.

39. § 1o Os crimes de que trata este artigo, quando dolosos contra a vida e cometidos por militares contra civil, serão da competência do Tribunal do Júri.

§ 2o Os crimes de que trata este artigo, quando dolosos contra a vida e cometidos por militares das Forças Armadas contra civil, serão da competência da Justiça Militar da União, se praticados no contexto.

No caso de conexão ou continência entre crime eleitoral e crime comum, prevalecerá a competência especial da justiça eleitoral (CPP, art. 78, IV[40]).

Quando houver, porém, conexão ou continência com delito da competência do tribunal do júri, haverá separação de processos, em virtude do *status* constitucional da competência do júri (CF, art. 5°, XXXVIII, *d*). Haverá também cisão processual quando a conexão ou continência envolver crime eleitoral e militar, igualmente especiais.

Assim, a justiça eleitoral tem competência para conhecer e julgar: a) crime eleito-ral; b) crime eleitoral conexo com crime comum estadual; c) crime eleitoral conexo com crime comum federal.

6) COMPETÊNCIA DA JUSTIÇA DO TRABALHO?

A justiça do trabalho não tem competência criminal, razão pela qual não lhe cabe apreciar e julgar ação penal, por exemplo, por crimes como redução a condição análoga à de escravo (CP, art. 149) ou falso testemunho perante o juízo trabalhista (CP, art. 342), mas à justiça federal comum, por violação a interesse direto da União (CF, art. 109, IV).

No sentido de que a justiça do trabalho não tem competência criminal decidiu o Supremo Tribunal Federal (ADI-MC 3684-DF).

O mesmo vale, *mutatis mutandis*, para o Ministério Público do Trabalho, que tampouco tem atribuição criminal.

Apesar disso, o juiz do trabalho (procurador do trabalho etc.) poderá eventualmente figurar como autoridade coatora em habeas corpus (CF, art. 114, IV) se e quando, no exercício de suas atribuições, praticar ato ilegal que implique privação ou restrição da liberdade de alguém. Nesse caso, a competência para decidir o habeas corpus será do Tribunal Regional do Trabalho.

7) COMPETÊNCIA DOS JUIZADOS ESPECIAIS CRIMINAIS[41]

A justiça federal (juizados especiais criminais federais) é competente para julgar os crimes (não as contravenções) de menor potencial ofensivo

---

40. Art. 78. Na determinação da competência por conexão ou continência, serão observadas as seguintes regras:
IV - no concurso entre a jurisdição comum e a especial, prevalecerá esta.
41. Texto escrito em coautoria com Carlos Eduardo Vieira, assessor da PRR1.

que violem bens, serviços e interesses da União, de suas autarquias e empresas públicas, entre outros. Fora dessas hipóteses, a competência será dos juizados especiais criminais estaduais ou distritais.

Com efeito, em atenção ao disposto no art. 98, I, da Constituição[42], a Lei nº 9.099/1995 criou os juizados especiais cíveis e criminais, atribuindo a estes últimos competência para julgar as infrações penais de menor potencial ofensivo, que são, segundo o art. 61 da mencionada lei, todas as contravenções penais, independentemente da pena cominada, e os crimes aos quais a lei estabelece pena máxima não superior a 2 (dois) anos, cumulada ou não com multa[43]. Do mesmo modo, a Lei nº 10.259/2001 dispôs sobre os juizados especiais cíveis e criminais federais, a quem cabe julgar, no âmbito processual penal, os crimes de menor potencial ofensivo de competência da Justiça Federal.

No caso de concurso de crimes, a pena máxima a ser considerada é a decorrente da soma das penas máximas previstas para cada um os delitos imputados ao acusado. Assim, caso determinado querelado seja acusado da prática, em concurso material, dos delitos de calúnia e difamação (arts. 138[44] e 139[45] do CP), não poderá ser julgado pelo Juizado Especial Criminal – JECRIM, dado que o total das punições máximas (três anos) ultrapassa o limite previsto para os juizados.

Quando o delito for tentado e, com a aplicação da causa geral de diminuição de pena referente à tentativa na fração mínima, isto é, 1/3 (art. 14, II, do CP), sobre a pena máxima cominada ao delito esta não ultrapassar 2 (dois) anos, a ação penal deverá ser processada e julgada pelo JECRIM.

---

42. Art. 98. A União, no Distrito Federal e nos Territórios, e os Estados criarão: **I - juizados especiais, providos por juízes togados, ou togados e leigos, competentes para a conciliação, o julgamento e a execução de causas cíveis de menor complexidade e infrações penais de menor potencial ofensivo,** mediante os procedimentos oral e sumaríssimo , permitidos, nas hipóteses previstas em lei, a transação e o julgamento de recursos por turmas de juízes de primeiro grau;

43. Art. 61. Consideram-se infrações penais de menor potencial ofensivo, para os efeitos desta Lei, as contravenções penais e os crimes a que a lei comine pena máxima não superior a 2 (dois) anos, cumulada ou não com multa.

44. **Calúnia** Art. 138 - Caluniar alguém, imputando-lhe falsamente fato definido como crime: Pena - deten**ção, de seis meses a dois anos, e multa.**

45. Art. 139 - Difamar alguém, imputando-lhe fato ofensivo à sua reputação: Pena - detenção, **de três meses a um ano,** e multa.

Já com relação aos crimes praticados com violência doméstica e familiar, mesmo quando estes tiverem penas máximas iguais ou inferiores a dois anos, não serão julgados pelo juizado especial, tampouco poderão ser concedidos em tais casos os benefícios previstos na Lei nº 9.099/1995 (composição civil dos danos, transação penal e suspensão condicional do processo) dada a expressa vedação constante do art. 41 da Lei nº 11.340/2006, segundo o qual: Art. 41. Aos crimes praticados com violência doméstica e familiar contra a mulher, independentemente da pena prevista, não se aplica a Lei nº 9.099, de 26 de setembro de 1995.

Discute-se a constitucionalidade desse dispositivo[46], visto que, em tese, uma lei ordinária não poderia alterar competência fixada pela Constituição (art. 98, I, da CF). No entanto, a jurisprudência do STF e do STJ está consolidada no sentido de reconhecer que o mencionado dispositivo é constitucional[47].

Outro ponto controvertido acerca da competência dos juizados é referente ao deslocamento da competência dos processos do JECRIM para a justiça comum, nos casos em que há conexão ou continência entre os crimes de menor potencial ofensivo e outros delitos cujas penas ultrapassam dois anos de reclusão/detenção (Lei nº 9.099/95, art. 60[48]).

Segundo parte da doutrina, como a competência dos juizados é fixada em razão da matéria, esta teria caráter absoluto. Além disso, como

---

46. Habib, Gabriel. Leis especiais volume único. Coord. Leonardo de Medeiros Garcia. 11ª ed. Salvador: Juspodivm, 2019.

47. Nesse sentido, são as seguintes Súmulas do STJ: 542 - *A ação penal relativa ao crime de lesão corporal resultante de violência doméstica contra a mulher é pública incondicionada*; Súmula *536* - A suspensão condicional do processo e a transação penal não se aplicam na hipótese de delitos sujeitos ao rito da Lei Maria da Penha. Também esse é o entendimento do STF, conforme se conclui das decisões proferidas nas ADC's 19 e 4424.

48. Art. 60. O Juizado Especial Criminal, provido por juízes togados ou togados e leigos, tem competência para a conciliação, o julgamento e a execução das infrações penais de menor potencial ofensivo, **respeitadas as regras de conexão e continência.** Parágrafo único. Na reunião de processos, perante o juízo comum ou o tribunal do júri, decorrentes da aplicação das regras de conexão e continência, observar-se-ão os institutos da transação penal e da composição dos danos civis.(Incluído pela Lei nº 11.313, de 2006)

tem previsão constitucional, não poderia ser afastada por lei ordinária[49]. Também nesse sentido a Procuradoria-Geral da República propôs a Ação Direta de Inconstitucionalidade nº 5.264/DF, tendo o PGR consignado, no Parecer Nº 182.792/2015-AsJConst/SAJ/PGR que:

> O art. 98, I, da Constituição da República, ao dispor sobre a competência dos juizados especiais criminais para processar e julgar infrações penais de menor potencial ofensivo, disciplina regra de competência absoluta em razão da matéria. Por envolver critério ligado ao interesse público – no caso, tornar mais célere o processamento e julgamento de infrações penais –, a competência desses juizados possui caráter absoluto e não pode, por essa razão, ser modificada pela vontade das partes ou por causas legais (infraconstitucionais) de prorrogação, como conexão ou continência.
>
> Caso se admitisse a modificação, haveria desvirtuamento do interesse público e dos objetivos para os quais tais órgãos jurisdicionais foram criados e, mais ainda, contrariedade à regra constitucional.

A referida ADI ainda aguarda julgamento pelo Supremo Tribunal Federal.

---

49. Rômulo de Andrade Moreira afirma que: "Desde a promulgação da referida lei já pugnávamos pela sua inconstitucionalidade. Como se sabe, os Juizados Especiais Criminais têm competência para a conciliação, o processo, o julgamento e a execução das infrações penais de menor potencial ofensivo e poderá ser composto por juízes togados e leigos. É uma competência ditada *ratione materiae,* sendo, portanto, absoluta, até porque estabelecida constitucionalmente (art. 98, I). (...) Se a própria Constituição estabeleceu a competência dos Juizados Especiais Criminais para o julgamento das infrações penais de menor potencial ofensivo, é induvidoso, ainda que estejamos à frente de uma conexão ou continência, não ser possível o *simultaneus processus* com a aplicação da regra contida no art. 78 do Código de Processo Penal. Ademais, ressalva-se que o próprio Código de Processo Penal, no art. 80, permite a separação de processos mesmo sendo o caso de conexão ou continência, quando, por exemplo, "o juiz reputar conveniente a separação por motivo relevante." Logo, ainda que a separação não fosse ditada pelo art. 98, I da Constituição, poderia sê-lo por força do art. 80 do Código, por ser conveniente a separação, pois o rito nos Juizados Especiais Criminais é completamente diferente (e mesmo inconciliável) com o rito ordinário (e com outros especiais)". A conexão e a continência e as infrações penais de menor potencial ofensivo. Disponível in: https://emporiododireito.com.br/leitura/a-conexao-e-a-continencia-e-as-infracoes-penais-de-menor-potencial-ofensivo, acesso em 11/11/2019.

Por último, com relação à competência territorial, cabe destacar que a Lei nº 9.099/95 adota critério diferente daquele previsto pelo Código de Processo Penal, ao afirmar que a competência do juizado será determinada pelo lugar em que foi praticada a infração penal (art. 63), sendo que o art. 70 do CPP estabelece que a competência será determinada pelo lugar em que se consumar a infração, ou, no caso de tentativa, pelo lugar em que for praticado o último ato de execução.

8) COMPETÊNCIA TERRITORIAL

A competência territorial é determinada pelo lugar da consumação da infração penal (CPP, art. 70). Em geral, é considerado um critério relativo de determinação da competência, razão pela qual, se não houver alegação tempestiva, haverá preclusão, implicando prorrogação da competência do juízo. Apesar de relativa, o juiz pode declinar da competência de ofício (CPP, art. 109).

Diz-se consumado o crime quando nele se reúnem todos os elementos de sua definição legal (CP, art. 14, I).

Diversamente do que ocorreu quanto à determinação da competência para crimes transnacionais (CP, art. 6°), quando foi adotada a teoria da ubiquidade (lugar da infração tanto é o da ação quanto do resultado), o CPP acolheu a teoria do resultado: lugar do crime é o lugar da sua consumação.

Nos crimes plurilocais, em que ação e resultado ocorrem em lugares distintos (v.g., homicídio praticado numa cidade do interior, vindo a vítima a morrer num hospital da capital), tem-se dado uma interpretação diversa da prevista no artigo 70 do CPP (*contra legem*), para considerar como lugar do crime o local onde foi praticada a infração (atos executórios), embora aí não consumada.

No caso de tentativa, lugar do crime é aquele em que se realizou o último ato de execução. Dá-se a tentativa, quando, iniciada a execução, o delito não se consumar por circunstâncias alheias à vontade do agente (CP, art. 14, II).

No caso dc desistência voluntária ou arrependimento eficaz (CP, art. 15), que afastam a tentativa, incide o mesmo critério: lugar do crime é o *locus* em que for praticado o último ato de execução.

O fato de eventualmente o auto de prisão em flagrante ser lavrado por delegado de polícia de lugar diverso daquele da consumação da infração, tal como permitido pelo artigo 290 do CPP[50], não repercute sobre a determinação da competência.

Nos crimes formais, que se consumam antecipadamente, lugar do delito é aquele onde foi praticada a conduta definida em lei como tal.

Nos crimes de mera conduta, que não preveem resultado (naturalístico) algum, razão pela qual a consumação se dá com a realização da ação ou omissão típica, lugar do crime é o do cometimento da ação típica.

Nos crimes formais e de mera conduta, é irrelevante, para efeito de determinação da competência, o lugar do exaurimento do crime. *Idem*, nos materiais etc.

Nos crimes materiais, cuja consumação exige a produção do resultado típico, lugar do crime é o local em que for produzido o resultado. O mesmo vale para os crimes qualificados pelo resultado: lugar do crime é o lugar onde se consumar o resultado que o qualifica.

No caso de crime permanente, cuja consumação se protrai no tempo por decisão do autor do fato, lugar do crime será o local (ou locais) em que ocorrer a consumação. Se praticado em mais de uma comarca, a competência se firmará pela prevenção (CPP, art. 71[51]): competente será o juízo que primeiro decidir sobre o caso. É relativa a nulidade em virtude do descumprimento da competência penal por prevenção (Súmula n. 706/STF).

O mesmo vale (prevenção) para os crimes continuados (CP, art. 71), que é, em verdade, um caso de concurso material de infrações, mas tratado como se fosse uma única.

Com relação aos crimes de estado, espécie de crime instantâneo, lugar do crime será aquele em que houver a consumação do crime. Crimes de estado são os que a lei tipifica uma determinada ação ou omissão, mas não o estado de ilicitude que se segue à sua consumação, a exemplo do

---

50. Se o réu, sendo perseguido, passar ao território de outro município ou comarca, o executor poderá efetuar-lhe a prisão no lugar onde o alcançar, apresentando-o imediatamente à autoridade local, que, depois de lavrado, se for o caso, o auto de flagrante, providenciará para a remoção do preso.
51. Tratando-se de infração continuada ou permanente, praticada em território de duas ou mais jurisdições, a competência firmar-se-á pela prevenção.

furto (CP, art. 155), que se consuma com a subtração da coisa, razão pela qual o uso e gozo da *res furtiva* não constitui permanência.

Nos crimes cometidos à distância (transnacionais), incidem as regras do art. 6° do CP (combinadas com o artigo 70 do CPP[52]), que adotou a teoria da ubiquidade: considera-se praticado o crime no lugar em que ocorreu a ação ou omissão, no todo ou em parte, bem como onde se produziu ou deveria produzir-se o resultado.

O cometimento de atos preparatórios do crime, como regra, não tem relevância para efeito de determinação da competência.

Crime cometido fora do território nacional será de competência da justiça brasileira somente se preenchidos os requisitos do artigo 7° do CP (extraterritorialidade da lei penal). São, em princípio, da competência da justiça estadual.

De acordo com o artigo 88 do CPP, no processo por crimes praticados fora do território brasileiro, será competente o juízo da Capital do Estado onde houver por último residido o acusado. Se este nunca tiver residido no Brasil, será competente o juízo da Capital da República.

Quanto aos crimes cometidos a bordo de navios e aeronaves, os artigos 89 a 91 do CPP preveem o seguinte:

> Art. 89. Os crimes cometidos em qualquer embarcação nas águas territoriais da República, ou nos rios e lagos fronteiriços, bem como a bordo de embarcações nacionais, em alto-mar, serão processados e julgados pela justiça do primeiro porto brasileiro em que tocar a embarcação, após o crime, ou, quando se afastar do País, pela do último em que houver tocado.

---

52. Art.70.A competência será, de regra, determinada pelo lugar em que se consumar a infração, ou, no caso de tentativa, pelo lugar em que for praticado o último ato de execução.

§ 1º Se, iniciada a execução no território nacional, a infração se consumar fora dele, a competência será determinada pelo lugar em que tiver sido praticado, no Brasil, o último ato de execução.

§ 2º Quando o último ato de execução for praticado fora do território nacional, será competente o juiz do lugar em que o crime, embora parcialmente, tenha produzido ou devia produzir seu resultado. § 3oQuando incerto o limite territorial entre duas ou mais jurisdições, ou quando incerta a jurisdição por ter sido a infração consumada ou tentada nas divisas de duas ou mais jurisdições, a competência firmar-se-á pela prevenção.

> Art. 90. Os crimes praticados a bordo de aeronave nacional, dentro do espaço aéreo correspondente ao território brasileiro, ou ao alto-mar, ou a bordo de aeronave estrangeira, dentro do espaço aéreo correspondente ao território nacional, serão processados e julgados pela justiça da comarca em cujo território se verificar o pouso após o crime, ou pela da comarca de onde houver partido a aeronave.
>
> Art. 91. Quando incerta e não se determinar de acordo com as normas estabelecidas nos arts. 89 e 90, a competência se firmará pela prevenção.

Se cometidos a bordo de navios (em situação de deslocamento internacional) e de aeronaves são de competência da justiça federal (CF, art. 109, IX).

Quando, com base nos critérios legais indicados, não for possível determinar o lugar da infração, a competência será fixada pelo domicílio do réu (CPP, art. 72). Trata-se de critério subsidiário para a determinação da competência.

Se o réu tiver mais de uma residência, a competência firmar-se-á pela prevenção; se o réu não tiver residência certa ou for ignorado o seu paradeiro, será competente o juiz que primeiro tomar conhecimento do fato.

Nos casos de exclusiva ação privada, o querelante poderá preferir o foro de domicílio ou da residência do réu, ainda quando conhecido o lugar da infração (CPP, art. 73).

Nos crimes previstos no art. 171 do Código Penal (estelionato), quando praticados mediante depósito, mediante emissão de cheques sem suficiente provisão de fundos em poder do sacado ou com o pagamento frustrado ou mediante transferência de valores, a competência será definida pelo local do domicílio da vítima, e, em caso de pluralidade de vítimas, a competência firmar-se-á pela prevenção (art. 70, §4°, do CPP).

9) ERRO SOBRE A PESSOA E COMPETÊNCIA PENAL

Como é sabido, o Código Penal adotou, relativamente ao erro sobre a pessoa e ao erro na execução, a teoria da equivalência, segundo a qual o agente responde como se tivesse ofendido a vítima virtual ou visada, não a vítima real, concreta[53]. Nos termos do art. 20, §3°, e 73, do CP:

53. Ver Paulo Queiroz. Direito penal, parte geral. Salvador: Juspodivm, 2019.

Erro sobre a pessoa

§ 3º - O erro quanto à pessoa contra a qual o crime é praticado não isenta de pena. Não se consideram, neste caso, as condições ou qualidades da vítima, senão as da pessoa contra quem o agente queria praticar o crime.

Erro na execução

Art. 73 - Quando, por acidente ou erro no uso dos meios de execução, o agente, ao invés de atingir a pessoa que pretendia ofender, atinge pessoa diversa, responde como se tivesse praticado o crime contra aquela, atendendo-se ao disposto no § 3º do art. 20 deste Código. No caso de ser também atingida a pessoa que o agente pretendia ofender, aplica-se a regra do art. 70 deste Código.

Justo por isso, quem, pretendendo matar o pai, erra o alvo e atinge pessoa diversa, responde como se tivesse matado o pai, incidindo a agravante do art. 61, *e,* do CP (crime contra ascendente).

Pois bem. O tratamento penal do erro sobre a pessoa tem também implicações de ordem processual penal, a exemplo de firmar a competência da justiça federal (CF, art. 109, IV), se, por exemplo, o agente, pretendendo atingir funcionário público federal no exercício de suas funções, atinge pessoa diversa/comum.

Ademais, há evidente ofensa a interesse da União, a atrair a competência federal.

Com efeito, o tratamento legal resultante da adoção da teoria da equivalência relativamente ao erro sobre a pessoa e a *aberratio ictus*, importa, em verdade, em mudança da própria imputação jurídico-penal, repercutindo sobre a estrutura do crime e, pois, produzindo efeitos para além da individualização da pena.

Assim, havendo erro sobre a pessoa (em sentido amplo), o agente responde penalmente, não por ofender quem de fato quis, mas por ferir quem pretendeu ferir, embora sem sucesso, razão pela qual não são consideradas as condições pessoais da vítima real, mas da vítima potencial.

Exatamente por isso, o autor poderá, nesse contexto, alegar eventualmente excludentes legais de tipicidade, de ilicitude ou de culpabilidade, relativamente à vítima potencial. O mesmo ocorrerá com a acusação, que poderá, a partir dessas mesmas circunstâncias, rechaçar as alegações do réu. Assim, se *A* atira contra B, mas atinge *C*, por erro na execução, poderá suscitar, apesar disso, legítima defesa contra *B* (vítima potencial), e não contra C, estranho ao conflito.

Não se trata, portanto, de um simples problema de individualização da pena, mas de uma típica questão de teoria do delito, ligada à estrutura do crime e ao processo de imputação que dela resulta, com consequências, obviamente, também sobre a teoria da pena.

Além disso, não faria sentido algum que o direito penal e o processo penal tratassem diversamente esse assunto, ora afirmando uma coisa, ora outra, mesmo porque um e outro formam um *continuum*, conforme vimos.

Por fim, não é exato dizer-se que a competência é sempre firmada com base em critérios objetivos, independentemente da análise do elemento subjetivo do agente[54]. Basta lembrar, por exemplo, que só os crimes *dolosos* contra a vida – e não os culposos ou os preterdolosos – são de competência do tribunal do júri. A apuração do elemento subjetivo pode ser, portanto, essencial para a determinação da competência.

---

54. Renato Brasileiro de Lima. Manual de competência criminal. Salvador: Juspodivm, 2014, p.159.

CAPÍTULO XVII

TEORIA DA PROVA

1) INTRODUÇÃO

Usamos a palavra prova com ao menos três sentidos distintos, embora conexos: a) prova como atividade probatória, isto é, como ato ou complexo de atos destinados a formar o convencimento do juiz; b) prova como resultado da prova, para referir algo que está ou é dado como provado; aqui prova é sinônimo de verdade, já que fato provado equivale a fato verdadeiro; c) prova como meio de prova, quer dizer, prova como instrumento probatório usado para formar o convencimento do julgador (prova testemunhal, prova pericial etc.).

2) TEORIA DA PROVA E TEORIA DAS NULIDADES PROCESSUAIS: PROVA ILEGÍTIMAS?

A teoria da prova não se confunde com a teoria das nulidades processuais, embora tenham muito em comum. Dizemos que uma prova é ilícita quando é vedada pelo ordenamento jurídico, isto é, quando é juridicamente proibida, constituindo, não raro, crime (v.g., confissão obtida mediante tortura ou com abuso de autoridade). A prova lícita pode, no entanto, ser colhida em desacordo com as formalidades legais (v.g., um interrogatório judicial sem a presença do advogado ou sem a advertência do direito ao silêncio). Neste último caso, dizemos que a prova é lícita, mas o ato processual é inválido, devendo ser anulado.[1]

---

1. Como observa Ricardo Gloeckner, a prova ilícita é uma espécie do gênero ato nulo, mas esse pertencimento à teoria das nulidades não afasta a singularidade de seus fundamentos e do tratamento legal que lhe é conferido. Textualmente: "Um ato processual nulo poderá corresponder a um ato de comunicação (v.g., a citação), a um ato de defesa ou de acusação (não abertura de vista do processo para memoriais), a um ato recursal (não concessão de prazo para recorrer) e, inclusive, a um ato relativo à produção probatória. Pode-se afirmar que a teoria da prova ilícita se enquadra dentro

O efeito principal da prova obtida por meio ilícito ou em desacordo com a lei é o mesmo, portanto: a invalidade do ato processual. Mas nem toda nulidade processual pressupõe a ilicitude da prova, inclusive porque pode não ter relação com o tema da prova (v.g., nulidade da decisão de recebimento da denúncia por juiz incompetente).

Apesar disso, os princípios gerais sobre a invalidade dos atos processuais são inteiramente aplicáveis à atividade probatória, mesmo porque compreende também um complexo de atos, válidos ou não[2].

Temos, inclusive, que a distinção ainda proposta por parte da doutrina entre prova ilícita e prova ilegítima é fruto de uma confusão entre teoria da prova e teoria das nulidades. De acordo com essa distinção, a prova ilícita violaria normas constitucionais e legais; já a prova ilegítima ofenderia regras de direito processual[3].

---

do gênero nulidade. O efeito do reconhecimento de uma prova como ilícita é a sua imprestabilidade para gerar efeitos". Nulidades no processo penal. São Paulo: Saraiva, 2018, p. 163 e ss.

2. Germano Marques da Silva. Curso de processo penal, v. 2., Verbo, p.117. O autor escreve textualmente: "Os princípios gerais sobre a invalidade dos actos processuais são inteiramente aplicáveis à actividade probatória, e consiste também num acto ou complexo de actos processuais e, por isso, também actos destinados a fazer a demonstração dos factos relevantes para a decisão podem ser inválidos: inexistentes, nulos ou irregulares."

3. De acordo com Ada Pelegrini Grinover e outros, principal responsável pela difusão (com base na doutrina italiana) entre nós dessa distinção, "diz-se que a prova é ilegal toda vez que sua obtenção caracterize violação de normas legais ou de princípios gerais do ordenamento, de natureza processual ou material. Quando a proibição for colocada por uma lei processual, a prova será ilegítima (ou ilegitimamente produzida); quando, pelo contrário, a proibição for de natureza material, a prova será ilicitamente obtida". Nulidades no processo penal. São Paulo: RT, 2011, p. 126/127. A distinção referida por Ada Pelegrini foi proposta por Pietro Nuvolone num artigo de 1966, intitulado *Le prove vietate nel processo penale nei paesi di diritto latino*. Nele Nuvolone propõe distinguir proibições (de prova) processuais e substanciais. Para o autor, uma proibição é de natureza processual quando é instituída no interesse da lógica e da finalidade do processo; e é de caráter material quando, apesar de também atender a interesse processual, é instituída em favor dos direitos reconhecidos pelo ordenamento jurídico, independentemente do processo. Nos dois casos, há *ilegalidade*; mas, enquanto a violação de direito processual é um *ato ilegítimo*, a violação de direito substancial é um *ato ilícito*. A prova ilegítima implica nulidade do ato. Já, com relação à prova ilícita, então bastante controvertida, Nuvolone dizia que, por ser uma prova ilegal, não poderia ser utilizada. Justo por isso, aplaudia o artigo 233 do nosso CPP, que previa, e ainda prevê, que "as cartas particulares, interceptadas

A distinção é inconsistente e deve ser superada[4], porque, como vimos: a) o direito penal e o direito processual penal formam uma unidade; b) num e noutro caso há violação ao devido processo legal; c) nem a Constituição nem o Código de Processo Penal fazem distinção no particular (CF, art. 5°, LVI, e art. 157, *caput,* do CPP[5]); d) o direito material e o processual constituem um capítulo da Constituição, um seu desdobramento; e) as provas ilícitas e as que se pretendem ilegítimas produzem o mesmo resultado prático: nulidade do ato processual. Afinal, uma prova é juridicamente imprestável ou porque é vedada pela ordem jurídica (ilícita) ou porque, embora lícita, foi colhida em desacordo com a lei.

3) PROCEDIMENTO PROBATÓRIO: GESTÃO DA PROVA

A atividade probatória é um procedimento regido pelos princípios do contraditório e da ampla defesa, entre outros, que compreende: a proposição, a admissão, a produção e a valoração da prova. No processo penal, a proposição dá-se, normalmente, para a acusação, quando do oferecimento da denúncia ou da queixa; e, para a defesa, por ocasião da apresentação da resposta à acusação. A seguir, o juiz admite ou rejeita, fundamentadamente, os meios de prova propostos pelas partes. Admitida a prova, a produção se dará, especialmente, na audiência de instrução e julgamento. Por fim, as partes (nas alegações finais) e o juiz (na sentença) apreciarão a prova produzida, valorando-a.

A iniciativa de propor a produção de prova é das partes, não do juiz, que deve manter sua postura de imparcialidade. Excepcionalmente, o juiz pode determinar, de ofício, a realização de prova não proposta pelas partes, somente durante o processo, não na fase de investigação, em virtude de proibição legal (CPP, art. 3°-A), sempre em caráter subsidiário ou complementar, sem a pretensão de protagonismo, sob pena

---

ou obtidas por meios criminosos, não serão admitidas em juízo". Pietro Nuvolone. *Trent'anni di diritto e procedura penale*. Padova: Cedam, 1969, p. 524/528. Parece que a distinção ainda é adotada pela doutrina italiana, como se vê, por exemplo, em Paolo Tonini. A prova no processo penal italiano. São Paulo: RT, 2002, p.76 e seguintes.

4. No mesmo sentido, Fernando da Costa Tourinho, que tem a distinção por superada. Código de processo penal comentado, v1. São Paulo: Saraiva, 2009, p. 507/508.

5. Com efeito, a Constituição (art. 5°, LVI) diz que "são inadmissíveis, no processo, as provas obtidas por meios ilícitos". Já o art. 157 do CPP prevê que "são inadmissíveis, devendo ser desentranhadas do processo, as provas ilícitas, assim entendidas as obtidas em violação a normas constitucionais ou legais".

de usurpar função da acusação ou da defesa, em detrimento do dever de isenção (CPP, art. 156, II).

De acordo com o art. 3º-A do CPP, introduzido pela Lei nº 13.964/2019 (pacote anticrime), o processo penal terá estrutura acusatória, vedadas a iniciativa do juiz na fase de investigação e a substituição da atuação probatória do órgão de acusação. Esse dispositivo é claramente incompatível com o art. 156, I, do CPP, que autoriza o juiz a ordenar, de ofício, mesmo antes de iniciada a ação penal, a produção antecipada de provas consideradas urgentes e relevantes, observando a necessidade, adequação e proporcionalidade da medida.

Consequentemente, houve revogação implícita do art. 156, I, do CPP, em virtude da manifesta incompatibilidade com o sistema acusatório, que separa, de modo taxativo, as funções de acusar, defender e julgar.

Não nos parece, porém, como pretende parte da doutrina, que tenha havido revogação do art. 156, II, do CPP, que faculta ao juiz determinar, no curso da instrução, ou antes de proferir sentença, a realização de diligências para dirimir dúvida sobre ponto relevante.

Com a reforma do pacote anticrime, o juiz já não pode, portanto, determinar a realização de prova de ofício durante a investigação. Apesar disso, poderá ao final do processo determinar a realização de diligências para dirimir dúvidas relevantes, especialmente se atuar em benefício do acusado. Se, por exemplo, o juiz tiver dúvida razoável sobre a imputabilidade do acusado, por que não poderia, com ou sem provocação das partes, determinar a realização de exame de sanidade mental?

Trata-se de uma atuação subsidiária ou residual, relativamente às partes, às quais compete propor os meios de prova.

4) OBJETO DA PROVA: PROVA DOS FATOS E DO DIREITO

Normalmente, o objeto ou fim da prova, isto é, aquilo que a acusação se propõe, com a denúncia ou a queixa, a demonstrar em juízo, é a veracidade da imputação jurídico-penal feita contra o réu, isto é, os fatos juridicamente relevantes e a sua tipificação. Assim, por exemplo, que houve um homicídio, não um suicídio, que foi doloso, não culposo ou acidental, que foi cometido com emprego de veneno ou emboscada, logo, um homicídio qualificado, não um homicídio simples etc. A prova presta-se à demonstração da materialidade e da autoria delitivas, com todos os seus elementos essenciais e acidentais, aí incluídas a tipicidade, a ilicitude, a culpabilidade e a punibilidade da conduta. A finalidade da prova é, pois, a comprovação de uma infração penal punível, segundo o devido processo legal.

Já vimos quão importante é a verdade no processo penal, seu conceito, implicações, valor e limites. Que também é infundada a distinção entre verdade real e verdade formal.

Excepcionalmente, há necessidade de se fazer prova também do direito. Incide, aqui, o art. 376 do CPC: A parte que alegar direito municipal, estadual, estrangeiro ou consuetudinário provar-lhe-á o teor e a vigência, se assim o juiz determinar. Embora se presuma o conhecimento do direito federal, é lícito exigir, nalguns casos, a comprovação de portarias ou regulamentos federais etc.

5) O CHAMADO *LIVRE* CONVENCIMENTO MOTIVADO

De acordo com o art. 155, *caput*, do CPP, o juiz formará sua convicção pela livre apreciação da prova produzida em contraditório judicial, não podendo fundamentar sua decisão exclusivamente nos elementos informativos colhidos na investigação, ressalvadas as provas cautelares, não repetíveis e antecipadas. Daí dizer-se que o Código adotou o sistema de livre convencimento motivado ou da persuasão racional[6].

O nome dado ao sistema não é, porém, dos mais exatos, visto que: a) o juiz não é *livre*, já que, ao determinar, admitir, colher e valorar a prova, terá de considerar os princípios e regras constitucionais e legais relativos à prova (contraditório, ampla defesa, vedação de prova ilícita etc.); b) todas as decisões judiciais, especialmente as sentenças, devem ser fundamentadas; razão pela qual o juiz terá de justificar porque condena

6. Filangeri escreveu em 1785: É intolerável uma condenação fundada sobre o cálculo probatório-legal, quando um juiz não está persuadido; mas seria mortal o sistema em que tudo dependesse de estados mentais com base emotiva, variáveis segundo as cabeças expostas a milhares de influxos ('uma paixão do ânimo independe da verdade ou da falsidade de uma preposição'); seria melhor combinar as normas, subordinando a condenação a um *certeza moral*, fundada sobre *prova legais*. Por exemplo, não basta o *unus testis* ou testemunho único; nem tem valor o que o acusado diga contra si mesmo; são necessárias, ao menos, duas testemunhas oculares conformes; mas compete ao juiz apreciar os respectivos dados; se não o convencerem, então que ele absolva. Citado por Franco Cordero. Procedimiento penal, tomo 2. Bogotá: Temis, 2000, p.31.

ou absolve, porque dá prioridade a esta ou àquela prova, porque acolhe ou rejeita as alegações das partes etc.; c) de certo modo, *livre* somente o é o jurado no tribunal do júri, uma vez que não precisa fundamentar seus votos, podendo, em tese, votar com, sem ou contra a prova dos autos. A rigor, os jurados não decidem segundo a lei, mas "de acordo com a consciência e os ditames da justiça" (CPP, art. 472). Aqui, diz-se que o Código adotou o sistema da *íntima convicção*7; d) aqui e ali o Código faz concessões ao *sistema da prova legal*, pois predetermina qual prova poderá ser admitida para certo fato[8]. Assim, por exemplo, o art. 155, parágrafo único, do CPP, diz que quanto ao estado das pessoas serão observadas as restrições estabelecidas na lei civil. E o art. 62 do CPP dispõe que no caso de morte do acusado, o juiz somente à vista da certidão de óbito, e depois de ouvido o Ministério Público, declarará extinta a punibilidade. Já vimos que também as declarações do colaborador não autorizam, por si sós, um juízo condenatório; e) toda decisão judicial deve estar necessariamente fundada em prova constante dos autos do processo, não em informações estranhas ao processo. Daí se dizer: o que não está nos autos não existe no mundo (*Quod non est in actis non est in mundo*).

O juiz só seria *livre*, portanto, no sentido de que, como regra, toda prova é relativa, não havendo hierarquia entre os meios de prova. Logo, o depoimento de uma criança ou de uma adolescente pode valer tanto ou mais ou menos do que as declarações de um adulto; o juiz não é obrigado a acolher as conclusões da perícia, podendo divergir, até porque, do contrário, o perito se converteria em juiz; as declarações de uma testemunha compromissada pode ter maior ou menor importância do que as de um informante; o depoimento de um parente poderá valer tanto quanto o de um estranho etc.

---

7. O jurado se limita a responder SIM ou NÃO às perguntas que lhe forem formuladas pelo juiz-presidente do tribunal do júri (CPP, art. 482 e seguintes). Apesar disso, cabe apelação (uma única apelação) contra a decisão manifestamente contrária à prova dos autos (CPP, art. 593, III, d, e art. 593, §3°).

8. De acordo com Michele Taruffo (A prova. São Paulo: Marcial Pons, 2014, p.131/132), o sistema da prova legal fundava-se em longas e complexas listas de regras detalhadas que estabeleciam o peso de cada elemento de prova específico. Em consequência, ao juiz restava pouca ou nenhuma discricionariedade na valoração das provas, incumbindo-lhe a tarefa de somar os valores das provas positivas e negativas relativas a cada fato mediante uma espécie de cálculo algébrico. A decisão era determinada por essa operação: uma soma que resultava em valor positivo mais alto determinava a verdade do enunciado de fato, enquanto uma soma que resultava em valor negativo mais alto determinava a sua falsidade.

Não por acaso, o CPC suprimiu o *livre* que constava do projeto original. O art. 371 do CPC diz: O juiz apreciará a prova constante dos autos, independentemente do sujeito que a tiver promovido, e indicará na decisão as razões da formação de seu convencimento.

Em suma, adotamos um sistema misto de valoração da prova, que combina diversos outros. Seja como for, o que de fato importa é que o sistema legal adotado e as decisões judiciais proferidas sejam conforme as garantias constitucionais e legais. O melhor sistema é o menos injusto e o mais conforme a Constituição. Não faz sentido, por exemplo, que ainda sejam possíveis decisões sem qualquer fundamentação, como ocorre no júri. Isso é o mais puro arbítrio.

6) PROVA ATÍPICA E ÔNUS DA PROVA: AS REGRAS DO PROCESSO CIVIL

Embora os Códigos de Processo já regulem os principais meios de prova admissíveis no processo, é possível a admissão de prova não prevista expressamente em lei (prova atípica ou inominada), desde que não vedada pelo ordenamento jurídico (prova não ilícita) e moralmente legítimo (CPC, art. 369). Já se admitiu, por exemplo, o uso no processo de carta psicografada por um famoso médium.

Já vimos que o ônus da prova no processo penal é controverso. Temos, porém, que, no processo penal, o ônus probatório é todo da acusação, já que o processo não se destina a demonstrar a inocência, que se presume constitucionalmente (CF, art. 5°, LVII), e sim a culpa. Não se prova a inocência, mas a culpa.

Justo por isso, o art. 156, caput, do CPP, segundo o qual a prova da alegação incumbirá a quem a fizer, deve ser interpretado conforme a Constituição, de modo a evitar inversões indevidas da carga probatória ofensivas à presunção legal de inocência.

No processo penal, não incide, por conseguinte, o art. 373, II, do CPC, segundo o qual o ônus da prova incumbe: ao réu, quanto à existência de fato impeditivo, modificativo ou extintivo do direito do autor. E menos ainda os §§1° e 3° do art. 373 do CPC, que preveem: a) a inversão do ônus da prova em casos de impossibilidade ou excessiva dificuldade de cumprir o encargo probatório; b) a distribuição diversa do ônus da prova por convenção das partes. Afinal, nada disso é compatível com o princípio da presunção de inocência.

As presunções legais do processo civil nem sempre são aplicáveis ao processo penal, uma vez que não raro implicam presunção de culpa e, pois, violam o princípio da presunção de inocência.

Inicialmente, não incide, no processo penal, o art. 341 do CPC, que presume a veracidade dos fatos (ou alegações) não impugnados. Nem há a revelia ou a confissão ficta de que trata o art. 344 do CPC: se o réu não contestar a ação, será considerado revel e presumir-se-ão verdadeiras as alegações de fato formuladas pelo autor.

É que tanto a revelia quanto a presunção de veracidade dos fatos não impugnados especificamente colidem com o princípio da presunção de inocência, visto que implicam presunção de culpa pelo só fato da revelia ou da não impugnação específica. Logo, se o acusado, citado na forma da lei, não apresentar resposta à acusação, tal não lhe trará prejuízo algum. Nesse caso, o juiz designará advogado para defendê-lo ou defensor público, se pobre. Não existe revelia no processo penal, nem incide o princípio da eventualidade (ou da concentração da defesa), razão pela qual não há preclusão da matéria não impugnada.

De fato, se, na resposta à acusação, o advogado se limitar a impugnar parte da acusação, tal não implicará presunção de veracidade dos fatos não impugnados, pois tanto o juiz (ou tribunal) quanto o Ministério Público poderão questioná-los. Assim, por exemplo, se a defesa alegar inocência quanto à imputação de crime de homicídio, não cabe presumir, só por isso, provado o delito de ocultação de cadáver, também objeto da denúncia e em relação ao qual nada se disse.

De acordo com o art. 374 do CPC, não dependem de prova os fatos: a) notórios; b) afirmados por uma parte e confessados pela parte contrária; c) admitidos como incontroversos; d) em cujo favor milita presunção legal de existência ou de veracidade.

Fatos notórios, isto é, de conhecimento público (feriados nacionais etc.) não precisam ser demonstrados, tampouco os irrelevantes ou impertinentes para o julgamento do processo. O juiz indeferirá, em decisão fundamentada, as diligências consideradas irrelevantes, impertinentes ou protelatórias (CPP, art. 400, §1°).

A confissão penal, embora relevante, não importa em presunção de culpa, tampouco isenta o MP ou querelante de fazer prova da acusação deduzida em juízo. Assim, mesmo que o réu confesse os fatos que lhe são imputados, o juiz poderá absolvê-lo, seja por considerar a confissão inconsistente, contraditória ou inverossímil, seja porque não corroborada por outras provas em juízo. De acordo com o art. 197 do CPP, o valor da confissão se aferirá pelos critérios adotados para os outros elementos de prova, e para a sua apreciação o juiz deverá confrontá-la com as demais provas do processo, verificando se entre ela e estas existe compatibilidade ou concordância.

Há, contudo, uma tendência no sentido de revitalizar a confissão, resolvendo conflitos penais por meio de institutos que a têm como pressuposto, expressa ou tacitamente, tais como: delação premiada, acordo de não persecução penal etc.

Normalmente, a discussão no processo cinge-se às questões suscitadas pelas partes ou controversas, mas nada impede que temas incontroversos possam ser discutidos, inclusive em grau recursal, por iniciativa das partes ou do juiz. Em suma, um tema incontroverso pode se tornar controverso num dado momento e exigir prova, se e quando houver razão para tanto.

As presunções legais de veracidade são também aplicáveis ao processo penal. As presunções legais absolutas não admitem prova em sentido contrário, não porque a prova não seja possível, mas porque é juridicamente irrelevante, por isso as presunções absolutas não precisam ser demonstradas. Assim, por exemplo, a inimputabilidade do menor de dezoito anos é absoluta, independentemente de ele ser, no caso concreto, emancipado etc. Logo, se praticar conduta definida como crime responde por ato infracional, nos termos da Lei n° 8.069/90 (ECA).

Já a imputabilidade a partir dos dezoito anos é um caso de presunção relativa, já que o réu pode ser inimputável ou semi-imputável, não em razão da idade, mas em virtude de padecer de transtorno mental grave ou de desenvolvimento mental incompleto ou retardado que o priva, no todo ou em parte, da capacidade de autodeterminação (CP, art. 26). Quando houver dúvida sobre a integridade mental do acusado, o juiz ordenará, de ofício ou a requerimento do Ministério Público, do defensor etc., que ele seja submetido a exame médico-legal.

Naturalmente que essa classificação das presunções legais em absolutas e relativas depende de interpretação – Não existem fatos, existem interpretações, diria Nietzsche. Assim, por exemplo, a presunção de vulnerabilidade no crime de estupro de menor de 14 anos (CP, art. 217-A) está pacificada no sentido de ser uma presunção absoluta. Nesse sentido é a Súmula 593 do STJ: o crime de estupro de vulnerável configura-se com a conjunção carnal ou prática de ato libidinoso com menor de 14 anos, sendo irrelevante o eventual consentimento da vítima para a prática do ato, experiência sexual anterior ou existência de relacionamento amoroso com o agente.

Mas nem sempre foi assim. E há bons motivos para relativizá-la nalguns casos especiais[9] (ciganos, estrangeiros etc.).

7) CADEIA DE CUSTÓDIA: SIGNIFICADO, IMPLICAÇÕES, QUEBRA DA CADEIA DE CUSTÓDIA[10]

De acordo com o art. 158-A, *caput*, do CPP, a cadeia de custódia é "o conjunto de todos os procedimentos utilizados para manter e documentar a história cronológica do vestígio coletado em locais ou em vítimas de crimes, para rastrear sua posse e manuseio a partir de seu reconhecimento até o descarte".

Em suma, é um tipo de registro destinado a garantir a historicidade, a confiabilidade, a integridade, a autenticidade e a verificabilidade da prova. A cadeia de custódia presta-se, pois, a evitar a adulteração, a manipulação, a contaminação, a destruição ou o extravio da prova. A prova tem uma história, um *iter,* que deve ser preservado.

Afinal, tanto as partes quanto o juízo e o tribunal têm interesse na busca da verdade processual e por isso precisam confiar nas informações e provas produzidas na investigação e no processo penal. Mais: têm de

---

9. Ver Paulo Queiroz e Lilian Coutinho: Crimes contra a honra e contra a dignidade sexual. Salvador: Juspodivm, 2019.
10. Seção feita com a colaboração de Pedro Barbosa Reis, bacharel em direito pela Universidade de Brasília e assessor no Ministério Público Federal.

decidir conforme a verdade processual, fundamentadamente. E isso só é possível se houver um registro confiável da prova, aí incluído o modo como foi adquirida, produzida, armazenada ou mesmo descartada, nos casos previstos em lei (v.g., droga ilícita).

A cadeia de custódia é especialmente importante para a prolação das decisões judiciais, sobretudo a sentença, para o julgamento dos recursos e para a apreciação das ações autônomas de impugnação, como a revisão criminal e o *habeas corpus*. Uma sentença condenatória poderá, por exemplo, ser anulada com base numa demonstração de que a prova foi manipulada (v.g., o sêmen e o sangue colhidos como prova da culpabilidade do réu injustamente acusado de estupro). Ou se ficar comprovado que houve prisão em flagrante delito forjado pela polícia.

O início da cadeia de custódia dá-se com a preservação do local do crime ou com procedimentos policiais ou periciais nos quais seja detectada a existência de vestígio (art. 158-A, §1°). Segundo o art. 158-B, a cadeia de custódia compreende o rastreamento do vestígio nas seguintes etapas:

I - reconhecimento: ato de distinguir um elemento como de potencial interesse para a produção da prova pericial;

II - isolamento: ato de evitar que se altere o estado das coisas, devendo isolar e preservar o ambiente imediato, mediato e relacionado aos vestígios e local de crime;

III - fixação: descrição detalhada do vestígio conforme se encontra no local de crime ou no corpo de delito, e a sua posição na área de exames, podendo ser ilustrada por fotografias, filmagens ou croqui, sendo indispensável a sua descrição no laudo pericial produzido pelo perito responsável pelo atendimento;

IV - coleta: ato de recolher o vestígio que será submetido à análise pericial, respeitando suas características e natureza;

V - acondicionamento: procedimento por meio do qual cada vestígio coletado é embalado de forma individualizada, de acordo com suas características físicas, químicas e biológicas, para posterior análise, com anotação da data, hora e nome de quem realizou a colcta e o acondicionamento;

VI - transporte: ato de transferir o vestígio de um local para o outro, utilizando as condições adequadas (embalagens, veículos, temperatura, entre outras), de modo a garantir a manutenção de suas características originais, bem como o controle de sua posse;

VII - recebimento: ato formal de transferência da posse do vestígio, que deve ser documentado com, no mínimo, informações referentes ao número de procedimento e unidade de polícia judiciária relacionada, local de origem, nome de quem transportou o vestígio, código de rastreamento, natureza do exame, tipo do vestígio, protocolo, assinatura e identificação de quem o recebeu;

VIII - processamento: exame pericial em si, manipulação do vestígio de acordo com a metodologia adequada às suas características biológicas, físicas e químicas, a fim de se obter o resultado desejado, que deverá ser formalizado em laudo produzido por perito;

IX - armazenamento: procedimento referente à guarda, em condições adequadas, do material a ser processado, guardado para realização de contraperícia, descartado ou transportado, com vinculação ao número do laudo correspondente;

X - descarte: procedimento referente à liberação do vestígio, respeitando a legislação vigente e, quando pertinente, mediante autorização judicial.

A Lei n° 13.964/2019 trouxe importantes inovações no particular (CPP, arts. 158-A a 158-F), ao definir cadeia de custódia, estabelecer ritos, dispor sobre o rastreamento do vestígio e suas etapas etc. Foi também prevista a instituição da central de custódia nos institutos de criminalística, responsável pela guarda e controle dos vestígios, entre outras providências.

Apesar de dispor detalhadamente sobre o tema, a lei não cominou pena ou consequência jurídico-penal para as possíveis violações do procedimento, as quais podem configurar mera irregularidade, sem mais, efetiva nulidade processual ou mesmo a ilicitude da prova, conforme a gravidade do ato. Obviamente, a quebra da cadeia de custódia admite graus e pode assumir as mais diversas formas, mais ou menos graves, mais ou menos extensas, capazes ou não de comprometer, no todo ou em parte, a validade da prova.

Com efeito, há uma infinidade de casos que podem implicar a quebra da cadeia de custódia, tais como: a omissão quanto ao registro em termo de apreensão ou do lacre utilizado, falta de metodologia idônea para extração de dados telemáticos de aparelhos eletrônicos, retirada e apresentação de vestígios por agentes estatais ou por terceiros diversos do perito oficial etc.

O tema é novo e complexo e dará lugar a muitas controvérsias, especialmente quanto às consequências jurídicas da quebra da cadeia de custódia: mera irregularidade processual? Ausência de prejuízo? Menor peso probatório? Ilicitude e desentranhamento da prova?

Certamente haverá resistência dos tribunais em admitir a efetiva quebra da cadeia de custódia, sobretudo se não houver prova de manipulação dos vestígios, ainda que haja o descumprimento de formalidade legal.

Haverá também casos em que a prova será excluída em razão do mero risco de manipulação, a exemplo do que já se vê nalguns julgados do STJ sobre prova digital[11].

Parece que a tendência é que os tribunais decidam as questões suscitadas de modo casuístico, ora admitindo a praxe já adotada pelos órgãos de investigação, ainda que em desacordo com a lei, ora rejeitando-a, invalidando a prova colhida.

8) PROVA EMPRESTADA

Prova emprestada (ou compartilhamento de prova) é prova utilizada em processo distinto daquele em que foi produzida.

Qualquer prova é passível de empréstimo, sobretudo quando não for possível reproduzi-la no processo onde será aproveitada ou para evitar repetições desnecessárias de prova já licitamente admitida e colhida (economia processual).

No processo penal a prova emprestada há de ser admitida, porém, quando não houver justa oposição ou manifesto prejuízo às partes. A regra, portanto, é a produção da prova perante o juiz competente, por força dos princípios de oralidade e imediatidade; a prova emprestada é exceção.

11. Assim, por exemplo, no AgRg no HC n. 828.054/RN, relatado pelo Ministro Joel Ilan Paciornik e julgado pela Quinta Turma em 23/4/2024, considerou-se que "[d]iante da volatilidade dos dados telemáticos e da maior suscetibilidade a alterações, imprescindível se faz a adoção de mecanismos que assegurem a preservação integral dos vestígios probatórios, de forma que seja possível a constatação de eventuais alterações, intencionais ou não, dos elementos inicialmente coletados".

O CPP nada prevê sobre o tema. Já o art. 372 do CPC dispõe que "o juiz poderá admitir a utilização de prova produzida em outro processo, atribuindo-lhe o valor que considerar adequado, observado o contraditório". A rigor, é uma disposição desnecessária porque o contraditório é essencial à validade de qualquer prova, e, com maior razão, quando se tratar de prova emprestada. O mesmo pode ser dito quanto ao valor adequado a ser dado à prova.

Como se trata de uma prova derivada, todas as limitações, vícios e virtudes da prova original se transmitirão à prova emprestada. Logo, se a prova for considerada ilícita na origem, sê-lo-á nos autos em que se der o empréstimo; se for cautelar no processo principal também o será no processo secundário etc.

A doutrina costuma exigir uma série de requisitos para a admissão da prova emprestada, tais como: que envolva as mesmas partes, que seja lícita, que tenha havido contraditório no processo de origem etc.

Com exceção do contraditório, que incide sobre qualquer prova, a lei não exige, porém, nenhum desses requisitos. E faz bem em não os exigir.

Temos, primeiro, que não só a prova em sentido estrito é passível de empréstimo. Também as "provas" produzidas no inquérito policial, especialmente as cautelares, antecipadas e irrepetíveis (CPP, art. 155) são passíveis de utilização nos autos de outro inquérito ou de processo, a exemplo de perícias, documentos etc.

Naturalmente o empréstimo sofrerá as mesmas restrições legais que recaem sobre a prova originalmente produzida, razão pela qual as "peças de informação" do inquérito não poderão, como regra, fundar um juízo condenatório, embora possam servir de base para um juízo absolutório. A exceção a isso são as provas cautelares, antecipadas e irrepetíveis de que trata o art. 155 do CPP.

Embora não haja contraditório no inquérito, o contraditório é essencial à produção da prova dele tomada de empréstimo durante o processo derivado (ou original). Como se vê, a validade da prova emprestada há de exigir contraditório nos autos em que se dá o empréstimo, não necessariamente contraditório prévio nos autos originais.

Também por isso, não faz sentido exigir-se que os processos digam respeito às mesmas partes, inclusive porque, se for assim, dificilmente será admitida. Aliás, não há "partes" no inquérito policial e em outras tantas formas de investigação, mas apenas investigados ou indiciados, razão pela qual não cabe exigir identidade de partes. A identidade de partes não é, pois, uma condição essencial, mas acidental.

Mesmo a prova ilícita é (excepcionalmente) passível de empréstimo, desde que, como é óbvio, sirva para absolver ou atenuar a culpa do réu, não para condenar. Afinal, se provas ilícitas são admitidas em favor do réu injustamente acusado, é irrelevante se são produzidas nos autos originais ou derivados.

Com relação aos processos relativos a dados fiscais, bancários, telefônicos etc., cuja quebra só é admitida para fins penais, não vemos problema algum em usá-los em processos não criminais (ação civil pública etc.), desde que preservado o sigilo originário. O que de fato importa é que a prova tenha sido colhida licitamente nos processos principais.

Também aqui cabe falar, como faz o STF, não de quebra, mas de compartilhamento de sigilo entre órgãos do Poder Judiciário.

A Súmula 591 do STJ dispõe que: é permitida a prova emprestada no processo administrativo disciplinar, desde que devidamente autorizada pelo juízo competente e respeitados o contraditório e a ampla defesa.

O compartilhamento de prova em razão de acordo de cooperação internacional deve realizar-se nos seus exatos termos. Incide, não raro, o princípio da especialidade, só se admitindo a investigação e a persecução penal de crimes nele mencionados. Se houver descumprimento do acordo, a prova poderá ser considerada ilícita, além de ensejar a rescisão da cooperação.

9) REGRA DA IDENTIDADE FÍSICA DO JUIZ

De acordo com o art. 399, §2°, do CPP, o juiz que presidiu a instrução deverá proferir a sentença. Em tese, o juiz que participou da produção da prova, que colheu depoimentos, interrogou o réu, ouviu as alegações das partes etc., conhece melhor a prova e o caso penal e está, por isso, em condições de julgar mais justamente a causa do que aquele que interveio nos autos incidentalmente, razão pela qual deve decidir. Além disso, o princípio do juiz natural recomenda que assim seja.

Nem sempre isso é possível, porém. Evidentemente, o juiz que presidiu a instrução não poderá julgar o processo em casos de aposentadoria, exoneração, promoção etc., por isso que o julgamento da causa caberá ao seu sucessor.

10) ENCONTRO FORTUITO DE PROVA

Pode ocorrer de uma determinada diligência policial ou decisão judicial destinada à apuração de determinado crime ou de certa pessoa levar, acidentalmente, à colheita de outros delitos e suspeitos. Diz-se, então, que houve encontro fortuito de prova de "crime achado". Assim, por exemplo, se, ao cumprir mandado de busca e apreensão motivado por tráfico de drogas, a polícia encontrar droga e também maquinário para produzir moeda falsa, ou, não encontrando droga alguma, apreender moeda falsa no local.

Com exceção dos casos de abuso ou desvio de finalidade no cumprimento da decisão judicial ou da realização da diligência policial, a prova assim colhida é válida. Se o mandado judicial é expedido para apreender animais silvestres, a polícia não pode, por exemplo, pretender vasculhar quartos da casa para verificar se há também drogas etc.

O que de fato importa, em suma, é que a fortuidade da descoberta, seja de pessoa, seja de crime, tenha resultado de prova produzida na forma da lei. Afinal, tudo que resulta de uma diligência ou prova legal é, em princípio, também legal. Ademais, qualquer que seja a investigação sempre há a possibilidade de surpresas e descobertas acidentais de crimes e agentes. Toda investigação carrega algo de imprevisível. E o sucesso mais ou menos previsível de uma investigação legítima não pode deslegitimá-la.

O encontro fortuito de prova pode suscitar outros problemas. Assim, por exemplo, se, durante uma interceptação telefônica destinada a investigar delitos cometidos por organização criminosa, apurar-se que dela participa autoridade com prerrogativa de foro. Nesse caso, o juiz deverá comunicar o fato ao tribunal competente para que decida a respeito.

11) PROVA ANTECIPADA ETC.

É possível a antecipação da prova sempre que houver risco concreto de perecimento de seu objeto, seja no inquérito, seja no processo. Prova antecipada é, pois, prova produzida antes da audiência de instrução e julgamento, a fim de acautelá-la (v.g., colheita de depoimento de testemunha gravemente enferma).

Embora antecipada, a prova é colhida com respeito ao contraditório e à ampla defesa, na presença do juiz e das partes.

De acordo com o art. 381, I, do CPC, a prova antecipada será admitida sempre que haja fundado receio de que venha a tornar-se impossível ou muito difícil a verificação de certos fatos na pendência da ação. Já o art. 366 do CPP dispõe que se o acusado, citado por edital, não comparecer, nem constituir advogado, ficarão suspensos o processo e o curso do prazo prescricional, podendo o juiz determinar a produção antecipada das provas consideradas urgentes e, se for o caso, decretar prisão preventiva.

A Lei 13.431/2.017 (dispõe sobre o sistema de garantias de direitos da criança e do adolescente vítima ou testemunha de violência) também prevê (art. 11) que o depoimento especial reger-se-á por protocolos e, sempre que possível, será realizado uma única vez, em sede de produção antecipada de prova judicial, garantida a ampla defesa do investigado.

A Súmula 455 do STJ diz que a decisão que determinar a produção antecipada de provas com base no art. 366 do CPP deve ser concretamente fundamentada, não a justificando o mero decurso do tempo.

Já vimos que, com exceção da prova antecipada, cautelar e irrepetível, não é possível condenação com base exclusiva nos elementos de informação do inquérito (CPP, art. 155).

12) PROVA ILÍCITA

12.1) Introdução

A Constituição diz que são inadmissíveis as provas obtidas por meios ilícitos (CF, art. 5°, LVI), assim entendidas as que violam normas constitucionais ou legais (CPP, art. 157).

Como a proibição de prova constitui, essencialmente, uma garantia constitucional destinada à proteção de direitos fundamentais e a efetivar o devido processo legal, a sua admissão está vedada apenas contra o réu, não em seu favor, já que uma norma protetiva não pode ser interpretada contrariamente à sua finalidade, isto é, contra aquele que se quer proteger. Justo por isso, não se pode acusar com base em prova ilícita sob pretexto algum. Apesar disso, o réu injustamente acusado pode valer-se de prova ilícita para demonstrar sua inocência, atenuar-lhe a pena ou anular o processo.

Mas o tema é controvertido, havendo doutrina e precedentes admitindo a prova ilícita também contra o réu, com base no princípio da proporcionalidade.

Já vimos que parte da doutrina distingue prova ilícita de prova ilegítima, distinção que carece, todavia, de consistência, especialmente numa perspectiva integrada de direito, processo e execução penal. Afinal, ou a prova é lícita ou é ilícita. Se lícita, mas desatender à forma legal, o caso será de nulidade do ato processual, não de nulidade da prova mesma, cuja teoria é aplicável tanto à prova legal quanto à ilegal. A colheita de prova ilícita sempre implica nulidade do ato processual.

Não é correto falar-se, por isso, de prova nula ou irregular, pois a invalidade tem a ver com o ato processual relativo à prova, não com a prova mesma, embora seja comum confundir-se o ato de colheita da prova com a própria prova[12]. A distinção entre prova ilícita e prova ilegítima é um exemplo dessa confusão, visto que a prova dita ilegítima é um caso de prova lícita, mas colhida de forma inválida (v.g., interrogatório judicial sem a presença do advogado).

No caso de prova ilícita, o ato processual de produção da prova é sempre nulo e mais gravemente punido, uma vez que a lei comina uma dupla punição: exclusão do processo e inutilização da prova. Já o ato processual que colhe uma prova lícita de modo irregular implica apenas a nulidade do ato, que pode ser renovado.

De acordo com art. 157, §5°, do CPP, introduzido pela Lei n° 13.964/2019, o juiz que conhecer do conteúdo da prova declarada inadmissível não poderá proferir a sentença ou acórdão. Trata-se, pois, de mais uma regra de impedimento judicial, que visa a garantir a imparcialidade do juiz (desembargador etc.) que declarou a inadmissibilidade da prova

12. Germano Marques da Silva. Curso de processo penal, v. 2, p.118, cit.

ou que teve acesso a ela. Ocorre que o STF declarou a inconstitucionalidade do dispositivo, em razão da sua irrazoabilidade e do risco de manipulação da competência jurisprudencial, em afronta aos princípios do juízo natural e da duração razoável do processo.

12.2) Prova ilícita por derivação

A prova ilícita, além de corromper a prova originária, contamina toda prova que dela deriva direta ou indiretamente, produzindo uma reação em cadeia que compromete tudo que dela resultar (CPP, art. 157, §1°[13]). Assim, por exemplo, uma confissão obtida mediante tortura atinge tudo que for produzido a partir dela, ainda que feito *legalmente*: interceptação telefônica, busca e apreensão, confissões espontâneas etc. Incide, aqui, a teoria dos frutos da árvore envenenada, originariamente adotada no caso *Silverthorne Lumber Co. v. United States*, de 1920. O nome frutos da árvore envenenada (*fruit of the poisonous tree*) só surgiu, porém, no voto do juiz Felix Frankfurther, no caso *Nardone v. United States*, de 1939.

Nem sempre foi assim, isto é, nem sempre se entendeu que a prova ilícita devia ser excluída do processo. Tradicionalmente entendia-se que uma prova ilegal era uma prova como qualquer outra, logo, poderia ser utilizada no processo, sem prejuízo da responsabilidade civil ou penal do autor ato ilícito. Assim, por exemplo, responderia penalmente o policial que obtivesse uma confissão mediante tortura ou violasse o sigilo da correspondência. A prova ilegal tinha apenas consequências civis ou penais, não processuais, sendo admitida e valorada no processo. E ainda hoje há quem defenda essa ideia[14].

O que importava, portanto, não era o modo como se colhia a prova, se ela era lícita ou ilícita, mas o quão verossímil, consistente e fiável era para o julgamento da causa; importava, pois, a verdade, não o modo de

13. Art.157. São inadmissíveis, devendo ser desentranhadas do processo, as provas ilícitas, assim entendidas as obtidas em violação a normas constitucionais ou legais. § 1 ° São também inadmissíveis as provas derivadas das ilícitas, salvo quando não evidenciado o nexo de causalidade entre umas e outras, ou quando as derivadas puderem ser obtidas por uma fonte independente das primeiras.
14. Nesse sentido, Amar, Akhil Reed, "Against Exclusion (Except to Protect Truth or Prevent Privacy Violations)" (1997). *Faculty Scholarship Series*. 939. https://digitalcommons.law.yale.edu/fss_papers/939

produção da verdade, que era irrelevante. O fim (a verdade e a punição do culpado) justificava os meios (lícitos ou não).

Com efeito, a regra da exclusão da prova ilegal (*exclusionary rule*) só veio a ser adotada pela Suprema Corte norte-americana no caso *Boyd v. US*, de 1886, e em *Weeks v. US*, 1914. Atualmente é considerada a regra mais controversa do processo penal norte-americano[15], havendo diversas iniciativas no sentido de reduzir a incidência da regra (p. ex., Reform Act of 1997). Nem falta quem a considere uma injusta regra de exclusão (*exclusionary injustice16*), que protegeria os criminosos em prejuízo de suas vítimas.

A prova ilícita não atinge, contudo, a prova independente, que não tem relação com ela, já que obtida ou passível de ser obtida por meios lícitos e autônomos. A contaminação da prova pressupõe, por conseguinte, que haja nexo causal entre a prova ilícita e a prova derivada. Logo, quando for colhida ou puder ser ainda colhida com base em fonte independente, sem relação com a prova ilícita, não haverá nexo causal nem contaminação da prova e, pois, será lícita. Se, por exemplo, o Ministério Público e a polícia conduzem duas investigações independentes e sigilosas sem compartilharem informações, a eventual colheita de prova ilícita por um deles não contaminará a investigação legítima do outro.

A questão crucial é saber, no caso concreto, se há ou não nexo causal, se a prova é ou não independente, se houve ou não contaminação da prova.

De acordo com art. 157, §2°, do CPP, considera-se fonte independente aquela que por si só, seguindo os trâmites típicos e de praxe, próprios da investigação ou instrução criminal, seria capaz de conduzir ao fato objeto da prova. Aqui é aplicável analogicamente o art. 13, segunda parte, do CP, que considera causa a ação ou omissão sem a qual o resultado não teria ocorrido (teoria da *conditio sine qua non*).

Embora a teoria contemporânea da prova ilícita tenha inspiração principalmente no direito norte-americano, é certo que a regra de proibição de provas não é exclusividade dos países do *common law*. De

15. Gary S. Goodpaster, *An Essay on Ending the Exclusionary Rule*, 33 Hastings L.J. 1065 (1982). Available at: https://repository.uchastings.edu/hastings_law_journal/vol33/iss5/2

16. Steven R. Schlesinger. Exclusionary injustice: The problem of illegally obtained evidence (Political science and public administration) Hardcover – 1977.

acordo com Damaška, a ideia surgiu inicialmente no direito continental e foi logo aceita, apesar de parecer estranho, no processo inquisitório do antigo regime. Com efeito, Próspero Farinacci, um dos advogados mais famosos do século XVI, já se insurgia (Concilia, 1610) contra a confissão do réu obtida mediante tortura *ilegal,* a qual, como qualquer meio de prova admitido na época, nem sempre era possível e devia seguir o prescrito em lei, sob pena de invalidade do ato[17].

12.3) Avanços e retrocessos da regra da exclusão no direito norte-americano

No precedente citado (*Silverthorne Lumber Co. v. United States*, de 1920) o tribunal decidiu que a prova ilícita deveria ser excluída do processo, aí considerada a prova ilícita por derivação. Assentou também que prova obtida por fonte independente é válida. O juiz Oliver Wendell Holmes, Jr.[18], disse o seguinte:

> A essência de uma norma de proibição de aquisição de provas de certa maneira não se limita a determinar que as provas assim adquiridas não poderão ser utilizadas num tribunal, mas também que não poderão ser usadas de maneira nenhuma. É claro que isso não significa que os fatos assim obtidos se tornem sagrados e inacessíveis. Se a informação acerca dos mesmos for obtida através de uma fonte independente, então esses fatos podem ser provados tal como quaisquer outros, mas o conhecimento obtido pelo Estado por meios ilícitos não pode ser por si usado da maneira pretendida.

Apesar disso, em 1949 (*Wolf v. Colorado*), a Corte Suprema assentou que o precedente era aplicável aos tribunais federais, mas não necessariamente aos estados, que poderiam decidir de modo diverso. Somente no caso *Mapp v. Ohio,* de 1961, decidiu-se que a regra da exclusão era também aplicável aos estados, pois qualquer prova obtida mediante busca e apreensão com violação da Constituição é inadmissível nos tribunais federais e estaduais.

---

17. Mirjan R. Damaška. El derecho probatorio a la deriva. Madrid: Marcial pons, 2015, p.30.
18. **U.S. Supreme Court. Silverthorne Lumber Co. v. United States, 251 U.S. 385 (1920), No. 358. Argued December 12, 1919. Decided January 26, 1920.**

A jurisprudência norte-americana sobre a ilicitude da prova (*exclusionary rule*) está fundada na quarta emenda, que, em suma, proíbe buscas e apreensões arbitrárias, isto é, sem motivo razoável ou sem mandado judicial baseado em causa provável. Eventualmente invoca-se também a quinta emenda, que assegura o julgamento pelo grande júri, o privilégio contra a autoincriminação (*privilege against self-incrimintion*) e o direito de não ser julgado mais de uma vez pelo mesmo fato (*double jeopardy*).

Outro precedente importante é *Miranda v. Arizona*, de 1966, que declarou ser ilegal, não podendo ser admitida no processo, a confissão obtida sem prévia advertência das garantias do interrogado (*Aviso de Miranda* ou *Miranda Rights*), especialmente o direito ao silêncio e o direito a um advogado.

Prova ilegal é (*rectius*, era), em suma, prova que ofende a quarta emenda, devendo ser excluída do processo.

12.4) Exceções à regra da exclusão da prova ilícita

Embora liberal/garantista na sua origem, especialmente a partir dos anos 80, a Suprema Corte passou a adotar diversas exceções que limitaram consideravelmente a aplicação da regra da exclusão. Tantas são as exceções que já não está claro o que é regra e o que é exceção. Vejamos as três principais: a)**exceção da boa-fé** – *good faith exception* (*US v. Leon*, 1984; *Massachusetts v. Shepparad*, 1984; *Maryland v. Garrison*, 1986; Illinois v. Krull, 1987; *Arizona v. Youngblood*, 1988; *Arizona v. Evans*, 1995; Herring v. EUA, 2009; Davis v. EUA, 2011; b)**exceção da descoberta inevitável** – *inevitable discovery rule* (*Nix v. Williams*, de 1984; *Murray v. United States*, 1988; *Hudson v. Michigan*, 2006; *United States v. Stokes*, 2013; *United States v. Camou*, 2014; *State of Wisconsin v. Mastella L. Jackson*, 2016); c)**exceção do nexo causal atenuado** (*Wong Sun v. US*, 1963 etc.).

A prova obtida por fonte independente não é uma exceção à regra da exclusão, embora seja comum afirmá-lo, mas uma hipótese em que não há nexo causal, nem contaminação, razão pela qual a prova é lícita.

De acordo com a *exceção da boa-fé*, quando a polícia cumpre um mandado de busca e apreensão ou realiza outra diligência de boa-fé ou descumpre certo protocolo na produção da prova, ainda que violando garantias do investigado, a prova assim colhida é lícita, razão pela qual não pode ser excluída do processo, como nos seguintes casos: a)busca e apreensão em apartamento errado, por engano, não por má-fé, onde se encontrou droga ilícita; b)busca e apreensão com base em mandado anulado posteriormente ou que já havia sido revogado; c)busca e apreensão com fundamento em lei estadual declarada inconstitucional; d)a não preservação do material genético pela polícia, o qual poderia, em tese, inocentar o acusado, não compromete a atuação da polícia, nem a prova, exceto se a defesa demonstrar que a polícia agiu de má-fé.

Reconheceu-se, contudo, nesse último caso (*Arizona v. Youngblood,* 1988), que o Estado tinha o dever de preservar o material probatório em condições que permitissem sua análise com segurança. É importante notar que a defesa conseguiu demonstrar, posteriormente, que o material genético não era de Larry Youngblood, condenado por sequestro e estupro de um menor de dez anos, e ao final inocentado, mas de Walter Cruise, que acabou condenado[19].

Nesse caso, o juiz da Suprema Corte William Rehnquist havia dito que a menos que o réu demonstre que a polícia agiu de má-fé, falha na preservação de prova potencialmente útil não constitui uma violação do devido processo legal.

Segundo a *exceção da descoberta inevitável*, a prova obtida ilegalmente pela polícia deve ser admitida no processo se ficar demonstrado que as evidências seriam colhidas inevitavelmente por métodos legais. A exceção está fundada, portanto, num cálculo probabilístico capaz de salvar a prova já contaminada pela ilicitude. Semelhante cálculo não pode, porém, amparar-se em mera especulação, mas em elementos concretos de prova que demonstrem a inevitabilidade da descoberta do crime por meios legais.

De acordo com o juiz Warren Burger (*Nix v. Williams,* 1984), a exclusão de uma prova física que seria inevitavelmente descoberta nada acrescentaria à integridade e à justiça do julgamento. O juiz referia-se à localização do corpo da menina Pamela Powers (dez anos), obtida a partir da confissão ilegal de Robert Williams, portador de transtorno mental e acusado de homicídio. A inevitabilidade da descoberta devia-se ao fato de haver duzentos voluntários à procura do corpo na região onde foi encontrado com base na confissão ilegal.

19. https://www.innocenceproject.org/cases/larry-youngblood/. Acesso em 21/11/2019.

A exceção da descoberta inevitável é uma espécie de fonte independente hipotética, já que firmada na probabilidade de que, se não houvesse a produção da prova ilícita, a polícia teria descoberto o crime inevitavelmente, de forma legal. Daí dizer Paulo de Sousa Mendes que ela é uma variante da fonte independente, mas que dela difere na medida em que não se exige que a polícia tenha de fato também obtido a prova por uma fonte independente e legal, mas apenas que tivesse podido, hipoteticamente, fazê-lo, como foi esclarecido no caso *Clough v. State*, de 1976[20].

Muito antes disso, porém, a Suprema Corte já havia admitido a exceção do *nexo causal atenuado* (*Wong Sun v. US*, 1963), que considera lícita a prova em virtude de o nexo causal ser frágil ou remoto por fato superveniente. Tratava-se de um caso em que o réu confessou os fatos após uma prisão ilegal por tráfico de droga, mas só o fizera depois de ter sido posto em liberdade, quando procurou a polícia e confessou o delito espontaneamente. Apesar de reconhecer que Wong Sung não teria confessado o crime se não tivesse sido preso ilegalmente, o tribunal considerou a nova confissão legal, porque voluntária.

12.4.1) Desconstitucionalização da regra da exclusão

Como se vê, a história recente da regra da exclusão é a história de sua progressiva contração. Com efeito, argumenta-se, em geral, que a *exclusionary rule* não pode ser levada a extremos e deixar impunes crimes graves pelo só fato da violação de regras procedimentais, havendo quem proponha, inclusive, que tais violações devam ser resolvidas no âmbito cível, sem repercussão sobre a prova penal, que deve ser admitida. Além disso, a finalidade principal, senão a única, da regra da exclusão seria dissuadir más condutas policiais (*deterrent effect on police misconduct*). De acordo com essa perspectiva, mais importante do que a proteção do inocente, é a condenação do culpado, ainda que com violação das garantias penais.

Como escreve Miranda Estrampes, se este é o fundamento no modelo norte-americano da regra da exclusão, se a própria Corte Suprema ou o poder legislativo chegassem à conclusão de que ela é ineficaz para

---

20. Paulo de Sousa Mendes. Lições de direito processual penal. Coimbra: Almedina, 2015, p.193.

cumprir tal finalidade, por existirem alternativas mais eficazes ou adequados, sua razão de ser despareceria e a regra da exclusão deixaria de ser aplicada[21].

Em *Hudson v. Michigan*, afirmou-se, inclusive, que a regra da exclusão é produto de uma era passada, quando a polícia não era profissional e violações à quarta emenda eram frequentes, não podendo as gerações atuais pagarem pelos erros do passado. O juiz Antonin Scalia assinalou que a exclusão da prova sempre foi o último recurso do tribunal, não o primeiro, visto que gerava grandes custos sociais, ao deixar de punir criminosos perigosos, razão pela qual o tribunal deveria ser cauteloso ao aplicar a regra da exclusão. A *exclusionary rule* passa a ser então tratada como *ultima ratio*, a ser utilizada somente quando os efeitos preventivos fossem superiores aos custos sociais.

De acordo com Thomas Clancy, a partir de *Calandra v. US, 1974*, teve início um processo de desconstitucionalização da regra da exclusão, pois desde então passou-se a discutir, não mais os fundamentos e limites constitucionais da *exclusionary rule*, mas apenas se a exclusão era um meio eficaz de dissuadir a atuação ilegal e abusiva da polícia (*deterrent effect*). A questão deixou de ser, portanto, constitucional e passou a ser pragmática, girando em torno da relação custo-benefício, isto é, proporcionalidade da medida. Clancy escreve[22]:

> A ideia de que a regra da exclusão tem base constitucional foi abandonada pelo tribunal, que enfaticamente desconstitucionalizou a questão em *Calandra v. US*. Desde então esse tem sido o seu firme posicionamento, já que poucos julgados estão fundamentados na Constituição. Além disso, a finalidade única da *exclusionary rule* passou a ser a de prevenir más condutas policiais, em prejuízo de outros fins clássicos, que foram relegados ao passado. Obviamente, quando se entendia que seu objetivo principal era cumprir as promessas da quarta emenda, de evitar buscas e apreensões arbitrárias ou sem causa provável "…...". Esse objetivo (defesa da Constituição) desapareceu com a desconstitucionalização da regra.

---

21. Estampres, Manuel Miranda. La prueba ilícita: la regla de exclusion probatoria y sus excpeciones. Revista Catalana de Seguretat, p. 131-151, 2010.
22. Clancy, Thomas K., The Fourth Amendment's Exclusionary Rule as a Constitutional Right (April 30, 2012). Ohio State Journal of Criminal Law, Vol. 10, 2012. Available at SSRN:https://ssrn.com/abstract=2048619.

Também Silva e Duarte consideram que o golpe final contra a *exclusionary rule* iniciado em *Calandra v. U.S.* se daria em *Herring v. US*, de 2009[23]:

> *Calandra* é um precedente que abre caminho para diversos retrocessos. Inclui na discussão argumentos metajurídicos à aplicação da *exclusionary rule,* uma vez que se passa a analisar os custos sociais para o processo que a exclusão de evidências poderia trazer, isto é, a doutrina de *Weeks* é atacada com base em argumentos de ordem pública: inibir a conduta policial se tornou mais importante que a garantia dos direitos fundamentais do cidadão ao devido processo legal. A *exclusionary rule* perde seu status constitucional, e, em decorrência disso, deixa de ser um direito, em regra, oponível ao Estado quando de violações derivadas de buscas ilegais sob o fundamento da IV Emenda.

12.4.2) A atual orientação da jurisprudência norte-americana é aplicável ao Brasil?

Temos que não. Com efeito, se lá assistimos à desconstitucionalização da regra da exclusão, fizemos aqui justamente o contrário com a Constituição de 1988 (art. 5°, LVI) e a reforma da Lei 11.690 de 2008 (art. 157 do CPP): constitucionalizamos e regulamentamos a *exclusionary rule*.

É fora de dúvida, portanto, que a proibição de provas é uma garantia individual inerente ao devido processo legal, razão pela qual não pode ser interpretada a partir de uma perspectiva puramente pragmática no sentido de que a regra tem como finalidade principal evitar condutas ilegais da polícia, por ser este um fim secundário ou indireto da proteção constitucional contra a ilicitude da prova.

Além disso, como é inerente ao devido processo constitucional, a proibição de prova pode ser oposta contra todos aqueles que participem da proposição, produção ou valoração da prova em qualquer área de atuação ou grau de jurisdição, sendo oponível a membros do Ministério

23. SILVA, Thales Cassiano; e DUARTE, Evandro Piza. Trajetórias interpretativas das garantias processuais e a desconstitucionalização da doutrina de exclusão de provas ilícitas na Suprema Corte dos Estados Unidos: Um exemplo para a doutrina constitucional brasileira? Texto ainda não publicado, 2019.

Público e a todos os poderes (judiciário, legislativo e executivo), particulares etc., e não exclusivamente à polícia.

Consequentemente, parece que as exceções atualmente criadas contra a regra da exclusão de prova ilícita não nos servem, como a exceção da boa-fé etc. Afinal, com boa ou má-fé, o policial ou membro do MP que, por exemplo, entra em casa alheia sem mandado judicial e fora dos casos previstos em lei (prisão em flagrante delito etc.) e faz busca e apreensão age ilegalmente e produz assim prova ilegal, podendo, inclusive, cometer crime de violação de domicílio (CP, art. 150), no caso de dolo.

Considerações semelhantes devem ser feitas contra as exceções da descoberta inevitável e outras, que são casos de prova produzida ilegalmente.

Em suma, se o direito norte-americano foi nossa grande fonte de inspiração, já não o é mais. Cabe agora, pois, construir-se uma doutrina própria da prova ilícita com novas bases constitucionais compatíveis com o devido processo legal e com a nossa realidade social e política.

12.5) A prova ilícita no Brasil

Já vimos que a prova ilícita é terminantemente proibida tanto pela Constituição (art. 5°, LVI) quanto pelo Código de Processo Penal (art. 157). Mais: o CPP determina o desentranhamento da prova ilegal dos autos do processo, bem como a sua inutilização. Adotou-se, portanto, a regra da exclusão da prova ilícita (*exclusionary rule*).

Além disso, o art. 157, §1°, do CPP reconhece como ilícita a prova dela derivada (prova ilícita por derivação), salvo quando não evidenciado o nexo de causalidade entre umas e outras, ou quando as derivadas puderem ser obtidas por uma fonte independente das primeiras. Afinal, se não houver relação de causalidade, não há mesmo falar de contaminação da prova, em virtude da independência da fonte.

No entanto, a pretexto de definir fonte independente (§2°), o Código parece transigir com a exceção da descoberta inevitável. Diz-se *parece*, dada a má redação do artigo ao apelar ao verbo ser no futuro do pretérito, além de confundir fonte independente com descoberta inevitável:

> §2° Considera-se fonte independente aquela que por si só, seguindo

os trâmites típicos e de praxe, próprios da investigação ou instrução criminal, **seria** capaz de conduzir ao fato objeto da prova.

Existem precedentes do STJ no sentido de que a exceção da descoberta inevitável foi introduzida no CPP com a reforma de 2008, ora acolhendo, ora rejeitando a alegação.

12.6) Desentranhamento e inutilização da prova

A prova ilícita, por não ser passível de valoração, deverá ser desentranhada dos autos, a fim de evitar, inclusive, que induza o juiz a decidir com base nela, embora sem citá-la expressamente.

O art. 157, §3°, do CPP, determina, ainda, que, preclusa a decisão de desentranhamento da prova declarada inadmissível, esta será inutilizada por decisão judicial, facultado às partes acompanhar o incidente.

A inutilização ou destruição da prova nem sempre poderá ou deverá ocorrer, visto que: a) a prova ilícita a ser inutilizada poderá constituir prova de crime a ser investigado e processado (v.g., as confissões ilícitas constituem prova do crime de tortura); b) o objeto da prova ilícita pode ser pertencer a alguém, a quem deve ser restituído (v.g., cartas furtadas etc.); c) a prova, embora ilícita, poderá servir para inocentar outrem, podendo, por isso, ser utilizada.

13) INTERROGATÓRIO JUDICIAL

13.1) Introdução

O interrogatório judicial é um ato processual da maior relevância, já que constitui a oportunidade por excelência de o réu dar sua versão dos fatos, admitindo ou negando a acusação que lhe é feita. É um importante instrumento de defesa. Mas é também um meio de prova, uma vez que as declarações do acusado podem ser valoradas de modo favorável ou contrário a ele.

Antes da Lei n. 11.719/2008, depois de citado dos termos da denúncia ou da queixa e apresentada a defesa prévia, o réu era intimado para o interrogatório, que era, pois, o primeiro ato da instrução. Atualmente, porém, é o último da instrução (CPP, art. 400[24]), inclusive quando há eventual inversão na ordem de oitiva de testemunhas em razão da expedição de carta precatória, consoante orientação do STJ[25]

O STF já decidiu que também nos processos especiais, militares e de competência dos tribunais o interrogatório se realizará ao final da instrução, especialmente por assegurar de modo mais amplo o direito de defesa, já que se manifestará depois de produzida a prova.

Atualmente é também um ato que se realiza em contraditório, podendo as partes formular perguntas e pedir acareação, inclusive.

Excepcionalmente, o tribunal poderá determinar a realização de novo interrogatório no julgamento da apelação, bem como reinquirir testemunhas ou determinar outras diligências (CPP, art. 616).

13.2) Direito ao silêncio, dispensa do interrogatório etc.

Já vimos que, como expressão do *nemo tenetur se detegere*, o réu tem direito ao silêncio (CF, art. 5°, LXIII[26]), o qual não poderá ser interpretado em seu desfavor, nem implicará confissão. Logo, poderá nada dizer sobre o que lhe for perguntado, como também poderá responder somente ao que lhe parecer conveniente.

Também por isso, poderá requerer dispensa do interrogatório. O que de fato importa é que haja intimação pessoal, oportunizando-lhe o direito de defesa no interrogatório. A intimação da audiência de interrogatório é, pois, imperiosa, mas o comparecimento ao ato é facultativo.

---

24. Art. 400. Na audiência de instrução e julgamento, a ser realizada no prazo máximo de 60 (sessenta) dias, proceder-se-á à tomada de declarações do ofendido, à inquirição das testemunhas arroladas pela acusação e pela defesa, nesta ordem, ressalvado o disposto no art. 222 deste Código, bem como aos esclarecimentos dos peritos, às acareações e ao reconhecimento de pessoas e coisas, **interrogando-se, em seguida, o acusado.**
25. Tema Repetitivo n. 1.114: "O interrogatório do réu é o último ato da instrução criminal. A inversão da ordem prevista no art. 400 do CPP tangencia somente à oitiva das testemunhas e não ao interrogatório. O eventual reconhecimento da nulidade se sujeita à preclusão, na forma do art. 571, I e II, do CPP, e à demonstração do prejuízo para o réu."
26. LXIII - o preso será informado de seus direitos, entre os quais o de permanecer calado, sendo-lhe assegurada a assistência da família e de advogado.

No procedimento do tribunal do júri, a possibilidade de dispensa do réu em plenário consta expressamente do art. 457, §2°, final, do CPP.

Já vimos também que o STF considerou não recepcionada (em parte) a condução coercitiva prevista no art. 260 do CPP, relativamente ao acusado, razão pela qual não pode mais ser compelido a comparecer em juízo para prestar depoimento. Também aqui é o direito à não autoincriminação que o ampara.

13.3) Sistema legal, advogado, procedimento, corréus

A presença do defensor é indispensável à audiência de interrogatório (CPP, art. 185), que poderá entrevistar-se reservadamente com seu cliente e orientá-lo, podendo formular perguntas.

Aqui vigora o chamado sistema presidencialista: o juiz realiza o interrogatório e a seguir passa a palavra às partes para que formulem perguntas por meio dele. Mas não há nulidade do ato se o juiz aplicar analogicamente o art. 212 do CPP e permitir que as partes perguntem diretamente ao acusado e faça perguntas complementares ao final[27]. Esse procedimento estaria mais conforme o sistema acusatório, inclusive.

No tribunal do júri é assim: as perguntas são feitas pelas partes diretamente ao réu. O Ministério Público, o assistente, o querelante e o defensor, nessa ordem, poderão formular, diretamente, perguntas ao acusado. Já as perguntas dos jurados são feitas por meio do juiz (CPP, 474, §1° e 2°).

A lei não exige ainda a presença do advogado no "interrogatório policial", que se realiza na fase de investigação, embora tal fosse recomendável, a fim de assistir o investigado e prevenir, inclusive, abusos de autoridade, tortura etc. A tendência da legislação parece ser no sentido de exigir-se a assistência técnica também aqui, dada a relevância do ato e dos princípios que informam o processo penal democrático.

De todo modo, quando o preso ou indiciado estiver acompanhado de advogado, este poderá orientá-lo e formular perguntas. Afinal, a

27. Art. 212.As perguntas serão formuladas pelas partes diretamente à testemunha, não admitindo o juiz aquelas que puderem induzir a resposta, não tiverem relação com a causa ou importarem na repetição de outra já respondida. Parágrafo único. Sobre os pontos não esclarecidos, o juiz poderá complementar a inquirição.

oitiva do investigado que se realiza durante o inquérito policial tomará como parâmetro o interrogatório judicial, conforme dispõe o art. 6°, V, do CPP.

Comparecendo perante a autoridade judiciária, o réu poderá admitir ou negar, no todo ou em parte, a acusação contra si formulada, podendo inclusive retratar-se enquanto não houver o julgamento do processo, retificando as declarações prestadas na polícia ou em juízo. As declarações são prestadas oralmente, mas é lícita a consulta a apontamentos.

Como não há vedação legal e a presença do réu não é indispensável à realização da audiência, temos que, desde que haja pedido da defesa, o réu poderá ser ouvido por videoconferência ou por outro recurso tecnológico de sons e imagens em tempo real, nos termos do art. 222, §3°, do CPP. Afinal, quem pode pedir dispensa do ato, há de poder ser ouvido virtualmente.

No caso de coautoria ou participação, associação e organização criminosas, é lícito ao advogado do correu formular reperguntas, assegurando-se os princípios do contraditório e da ampla defesa, e, com maior razão, quando se tratar de réu colaborador. Nesses casos, os acusados serão interrogados separadamente, sem que um possa ouvir o depoimento do outro.

13.4) Forma e fases

O interrogatório será feito de forma objetiva e clara, sem constrangimentos, abusos ou humilhações à pessoa do interrogado; tampouco é permitida a formulação de perguntas em tom de ameaça ou capciosas que induzam o interrogado a dar respostas incriminatórias, sob pena de invalidade do ato. O interrogatório é um ato voluntário.

E é constituído de duas partes: sobre a pessoa do acusado e sobre os fatos. Antes, porém, de iniciado o interrogatório propriamente dito, o réu será qualificado. Quando da qualificação não incide o direito ao silêncio. O art. 186 do CPP é claríssimo no particular:

> **Depois de devidamente qualificado e cientificado do inteiro teor da acusação**, o acusado será informado pelo juiz, antes de iniciar o interrogatório, **do seu direito de permanecer calado e de não**

responder perguntas que lhe forem formuladas.

Parágrafo único. O silêncio, que não importará em confissão, não poderá ser interpretado em prejuízo da defesa.

Feita a qualificação, o réu será informado do direito à não autoincriminação, o qual não o isenta, contudo, de responder penalmente no caso de imputar, falsamente, crime a terceiro. Ou mesmo na hipótese de autoacusação falsa, isto é, confessar delito que não cometeu ou inexistente (CP, art. 341), conforme vimos.

Na primeira parte o interrogando será perguntado sobre a residência, meios de vida ou profissão, oportunidades sociais, lugar onde exerce a sua atividade, vida pregressa, notadamente se foi preso ou processado alguma vez e, em caso afirmativo, qual o juízo do processo, se houve suspensão condicional ou condenação, qual a pena imposta, se a cumpriu e outros dados familiares e sociais.

Do interrogatório deverá constar a informação sobre a existência de filhos, respectivas idades e se possuem alguma deficiência e o nome e o contato de eventual responsável pelos cuidados dos filhos, indicado pela pessoa presa.

Na segunda parte o acusado será perguntado sobre: 1) ser verdadeira a acusação que lhe é feita; 2) não sendo verdadeira a acusação, se tem algum motivo particular a que atribuí-la, se conhece a pessoa ou pessoas a quem deva ser imputada a prática do crime, e quais sejam, e se com elas esteve antes da prática da infração ou depois dela; 3) onde estava ao tempo em que foi cometida a infração e se teve notícia desta; 4) as provas já apuradas; 5) se conhece as vítimas e testemunhas já inquiridas ou por inquirir, e desde quando, e se tem o que alegar contra elas; 6) se conhece o instrumento com que foi praticada a infração, ou qualquer objeto que com esta se relacione e tenha sido apreendido; 7) todos os demais fatos e pormenores que conduzam à elucidação dos antecedentes e circunstâncias da infração; 8) se tem algo mais a alegar em sua defesa.

Após proceder ao interrogatório, o juiz indagará se restou algum fato para ser esclarecido, formulando as perguntas correspondentes se entender relevante.

Quando o interrogado não falar a língua nacional, o interrogatório será feito por meio de intérprete. Se não souber escrever, não puder ou não quiser assinar, tal fato será consignado no termo.

O interrogatório do mudo, do surdo ou do surdo-mudo será feito conforme a respectiva deficiência. Assim: a) ao surdo serão apresentadas por escrito as perguntas, que ele responderá oralmente; b) ao mudo as perguntas serão feitas oralmente, respondendo-as por escrito; c) ao surdo-mudo as perguntas e respostas serão feitas por escrito.

O interrogatório de réu que resida fora da comarca ou da seção judiciária onde tramita o processo poderá ser feito por carta precatória ou outro meio legal.

13.5) Réu preso

O interrogatório do réu preso será realizado em sala própria no estabelecimento em que estiver recolhido, desde que estejam garantidas a segurança do juiz, do membro do Ministério Público e dos auxiliares bem como a presença do defensor e a publicidade do ato.

Excepcionalmente, o juiz, por decisão fundamentada, de ofício ou a requerimento das partes, poderá realizar o interrogatório do réu preso por sistema de videoconferência ou outro recurso tecnológico de transmissão de sons e imagens em tempo real, desde que a medida seja necessária para atender a uma das seguintes finalidades: a)prevenir risco à segurança pública, quando exista fundada suspeita de que o preso integre organização criminosa ou de que, por outra razão, possa fugir durante o deslocamento; b)viabilizar a participação do réu no referido ato processual, quando haja relevante dificuldade para seu comparecimento em juízo, por enfermidade ou outra circunstância pessoal; c)impedir a influência do réu no ânimo de testemunha ou da vítima, desde que não seja possível colher o depoimento destas por videoconferência; d)responder à gravíssima questão de ordem pública.

Da decisão que determinar a realização de interrogatório por videoconferência, as partes serão intimadas com 10 dias de antecedência.

Antes do interrogatório por videoconferência, o preso poderá acompanhar, pelo mesmo sistema tecnológico, a realização de todos os atos da audiência única de instrução e julgamento.

Quando não for possível a realização no estabelecimento prisional ou por videoconferência, a audiência de interrogatório poderá realizar-se no próprio juízo (fórum).

13.6) Confissão: conceito, espécies, efeitos

A confissão é a admissão, no todo ou em parte, da imputação penal feita na denúncia ou na queixa.

Embora não seja mais a *rainha das provas*, já que, como toda prova, tem valor relativo, podendo implicar tanto a condenação quanto a absolvição, há uma tendência no sentido de fazer-se da confissão o principal fundamento de diversos institutos, a exemplo da colaboração premiada etc., como o acordo de não persecução penal.

Diz-se simples quando o réu confessa o delito sem mais; e qualificada quando a confissão vem acompanhada de alegações de excludentes de tipicidade, de ilicitude ou de culpabilidade. Assim, por exemplo, se o interrogado afirma que praticou homicídio em legítima defesa ou que não houve estupro, mas um ato sexual consentido atípico (CP, art. 213).

Embora haja dissenso sobre se a confissão qualificada implica confissão espontânea, não vemos porque não reconhecer a atenuante também aqui. O que de fato importa é que haja confissão da materialidade e da autoria do fato e que as declarações do réu tenham sido utilizadas na sentença condenatória, nos termos da Súmula 545 do STJ.

Diz-se que a confissão é também divisível porque o acusado poderá confessar os fatos total ou parcialmente (v.g., confessa a ocultação do cadáver, mas não o homicídio).

A confissão judicial é aquela que se realiza nos autos do processo na presença do juiz; e extrajudicial quando feita durante a investigação (inquérito policial, processo disciplinar etc.) ou mesmo fora dos autos (em livro, em entrevista etc.).

A confissão extrajudicial pode dar início a uma investigação ou mesmo a um processo criminal, mas a confirmação em juízo (a confissão judicial) é essencial para convalidá-la, por força do disposto no art. 155 do CPP. Os tribunais têm, contudo, admitido a valoração da confissão extrajudicial no plenário do júri ou quando feita na presença do defensor.

Já vimos que a confissão não implica presunção de veracidade dos fatos alegados pela acusação, como ocorre no processo civil. De acordo com o art. 197 do CPP, o valor da confissão se aferirá pelos critérios adotados para os outros elementos de prova, e para a sua apreciação o juiz deverá confrontá-la com as demais provas do processo.

O interrogatório do réu inimputável ou semi-imputável será acompanhado de curador (CPP, art. 151). As suas declarações são importantes para que o juiz, que é o *peritus peritorum,* verifique inclusive a própria inimputabilidade ou semi-imputabilidade.

Se o réu estiver bêbado ou drogado, é recomendável que o interrogatório seja feito tão logo ele se restabeleça, realizando-se a audiência quando estiver sóbrio, já que há de se um ato consciente e voluntário.

Havendo confissão, o réu fará jus à atenuante do art. 65, III, d, do CP. Embora o Código Penal fale de confissão *espontânea,* basta a confissão voluntária, não forçada.

Ainda que haja retratação, quando a confissão for utilizada para a formação do convencimento do julgado, o réu fará jus à atenuante da confissão (Súmula 545 do STJ). Logo, se o juiz afastar a confissão na sentença, seja porque inconsistente, seja porque houve retratação em juízo, a atenuante legal não incidirá. Afinal, será penalmente irrelevante.

A atenuante da confissão não é incompatível com a redução da pena pela colaboração premiada, podendo com ela coexistir.

De acordo com art. 307 do Código de Processo Penal Militar, para que tenha valor de prova, a confissão deve: a) ser feita perante autoridade competente; b) ser livre, espontânea e expressa; c) versar sobre o fato principal; d) ser verossímil; e) ter compatibilidade e concordância com as demais provas do processo.

Por fim, **a Súmula 630 do STJ dispõe que:** A incidência da atenuante da confissão espontânea no crime de tráfico ilícito de entorpecentes exige o reconhecimento da traficância pelo acusado, não bastando a mera admissão da posse ou propriedade para uso próprio.

13.7) Pode o juiz aplicar pena abaixo do mínimo legal?

De acordo com a doutrina e a jurisprudência dominantes, inclusive do STF[28], o juiz não pode fixar pena abaixo do mínimo legal, porque, se o fizer, violará o princípio da legalidade das penas, ainda que esteja presente alguma circunstância atenuante. Nesse sentido, dispõe a Súmula 231 do STJ: "A incidência de circunstância atenuante não pode conduzir à redução da pena abaixo do mínimo legal. " No caso, todavia, de incidir causa de diminuição (v.g., crime tentado), a pena pode ser fixada aquém do mínimo legal.

O equívoco é manifesto, visto que: a) não é a fixação da pena abaixo do mínimo legal que viola o princípio da legalidade, mas justamente o contrário: a sua não fixação;[29] b) o compromisso fundamental do juiz não é com a pena mínima (ou máxima), mas com a pena justa, legal e proporcional; c) a Súmula 231 do STJ é incompatível com a reforma da parte geral do CP de 1984, que adotou o sistema trifásico de aplicação da pena e não vedou, ao contrário, obrigou o juiz a atenuar a pena (CP, art. 65).

Temos, inclusive, que mesmo que não incida no caso circunstância atenuante, é possível a aplicação de pena abaixo do mínimo legal sempre que esta for manifestamente desproporcional. Se o juiz entender, por exemplo, num caso de moeda falsa (CP, art. 289, §1°), que é inaplicável o princípio da insignificância (v.g., colocar em circulação uma única cédula de R$ 50,00), não vemos porque não possa fixá-la aquém do mínimo legal, digamos, 6 meses de reclusão (a pena mínima cominada é de 3 anos de reclusão). Só para se ter uma ideia, a pena mínima cominada ao crime de moeda falsa corresponde à pena máxima do homicídio culposo previsto no Código Penal (art. 121, §3°).

Com maior razão, justa, legal e proporcional será a aplicação da pena abaixo do mínimo legal se houver circunstância atenuante em favor do condenado[30].

28. RE 660537 AgR, Relator(a): Min. Luiz Fuz, primeira turma, julgado em 12/08/2014, acórdão eletrônico DJe-164 divulg 25-08-2014 Public 26-08-2014.
29. Esse é o argumento principal dos autores que, como Damásio de Jesus ("O juiz pode, em face das circunstâncias atenuantes genéricas, fixar a pena aquém do mínimo legal abstrato?", in Boletim do IBCCrim, nº 73, São Paulo, 2003), são contrários à possibilidade de as circunstâncias atenuantes reduzirem a pena abaixo do mínimo legal.
30. Não sem razão, há quem proponha a abolição pura e simples da pena mínima. Nesse sentido, Ferrajoli (Derecho y razón, cit., p. 400), Edson O'Dwyer ("Se eu fosse juiz criminal", in Boletim do IBCCrim, nº 86, São Paulo, jan. 2000) e Salo de Carvalho (Pena e garantias, cit.).

Com efeito, o princípio da legalidade, como de resto todos os princípios penais e processuais penais, constitui autêntica garantia política e jurídica que existe e se justifica, histórica e constitucionalmente, para proteger o acusado contra os excessos do Estado e não para justificar ações arbitrárias contra ele. Por isso é que não há falar de violação ao princípio sempre que a lei tiver de retroagir para beneficiar o réu, por exemplo, pois não há aí ofensa ao caráter garantidor que o informa. Uma garantia penal pode ser invocada em favor do acusado, não contra ele.

Aliás, é precisamente em razão desse caráter garantista do princípio que o contrário não pode acontecer, vale dizer, fixar o juiz a pena acima do máximo legal, exceto nos casos que a lei autoriza (v.g., incidência de causas de aumento de pena etc.).

Além disso, se o juiz pode o mais – absolver, em razão do princípio da insignificância, por exemplo –, há de poder o menos, evidentemente: aplicar pena aquém do mínimo legal.

A súmula 231 do STJ viola, portanto, o princípio duplamente: primeiro, porque ignora o caráter garantidor do princípio da legalidade das penas; segundo, porque ofende a letra da lei, dando-lhe interpretação *contra legem*, já que o art. 65 do CP dispõe expressamente: "São circunstâncias que **sempre atenuam a pena...**". O artigo é, pois, claríssimo quanto à obrigatoriedade da atenuação da pena quando incidir uma ou mais circunstância prevista em lei (confissão espontânea etc.).

A vedação *a priori* de pena abaixo do mínimo legal importa, ainda, em violação aos princípios de isonomia e individualização, quer porque implica tratar igualmente condenados desiguais, quer porque impede a determinação de uma pena justa e proporcional.

É o que se vê, por exemplo, quando em caso de coautoria ou de participação o juiz aplica pena idêntica para todos, apesar de militar, em favor de um ou mais condenados, diversas circunstâncias atenuantes: confissão espontânea, ser o réu menor de 21 anos na data do crime etc.

No sentido aqui proposto, escreve Cézar Roberto Bitencourt[31]:

> O entendimento contrário à redução da pena para aquém do mínimo cominado partia de uma interpretação equivocada, que a dicção

31. Tratado de direito penal : parte geral. 23ª. ed. rev., ampl. e atual. – São Paulo : Saraiva, 2017.

> do atual art. 65 do Código Penal não autoriza. Com efeito, esse dispositivo determina que as circunstâncias atenuantes "sempre atenuam a pena", independentemente de já se encontrar no mínimo cominado. É irretocável a afirmação de Carlos Caníbal quando, referindo-se ao art. 65, destaca que "se trata de norma cogente por dispor o Código Penal que 'são circunstâncias que sempre atenuam a pena'... e — prossegue Caníbal — norma cogente em direito penal é norma de ordem pública, máxime quando se trata de individualização constitucional de pena". A previsão legal, definitivamente, não deixa qualquer dúvida sobre sua obrigatoriedade, e eventual interpretação diversa viola não apenas o princípio da individualização da pena (tanto no plano legislativo quanto judicial) como também o princípio da legalidade estrita.
>
> O equivocado entendimento de que "circunstância atenuante" não pode levar a pena para aquém do mínimo cominado ao delito partiu de interpretação analógica desautorizada, baseada na proibição que constava no texto original do parágrafo único do art. 48 do Código Penal de 1940, não repetido, destaque-se, na Reforma Penal de 1984 (Lei n. 7.209/84). Ademais, esse dispositivo disciplinava uma causa especial de diminuição de pena – quando o agente quis participar de crime menos grave –, mas impedia que ficasse abaixo do mínimo cominado. De notar que nem mesmo esse diploma revogado (parte geral) estendia tal previsão às circunstâncias atenuantes, ao contrário do que entendeu a interpretação posterior à sua revogação. Lúcido, também nesse sentido, o magistério de Caníbal quando afirma: "É que estes posicionamentos respeitáveis estão, todos, embasados na orientação doutrinária e jurisprudencial anterior à reforma penal de 1984 que suprimiu o único dispositivo que a vedava, por extensão – e só por extensão – engendrada por orientação hermenêutica, que a atenuação da pena por incidência de atenuante não pudesse vir para aquém do mínimo. Isto é, se está raciocinando com base em direito não mais positivo".

Assim também Júlio Fabbrini Mirabete e Renato Fabbrini[32], Rogério Greco[33], Juarez Cirino dos Santos[34], Andrei Schmidt[35], Luiz Flávio Gomes e Alice Bianchini[36], Fábio Roque Araújo[37] etc.

32. Manual de direito penal. Parte geral. São Paulo: Atlas, 2016, p.304.
33. Greco, Rogério. Código Penal Comentado. 12ª edição. rev. ampl. e atual. Niterói, RJ, 2018.
34. Direito penal. Parte geral. Florianópolis: 2018, p.593/594.
35. O princípio da legalidade penal no estado democrático de direito. Porto Alegre: Livraria do Advogado Editora, 2001, p. 301-307.
36. Curso de direito penal. Salvador: Juspodivm, 2015, p.515.
37. Curso de direito penal. Parte geral. Salvador: Juspodivm, 2018, p.900.

De fato, como demonstra Carlos Roberto Lofego Caníbal[38], antes ou depois da reforma de 1984, não havia qualquer vedação à aplicação da pena aquém do mínimo, exceção feita à atenuação especial de pena do Código de 1940. A súmula 231 do STJ está, por conseguinte, fundada numa interpretação equivocada.

As circunstâncias atenuantes eram previstas no artigo 48 do CP de 1940, cujo parágrafo único, que tinha por título **Atenuação especial da pena,** dispunha: "Se o agente quis participar de crime menos grave, a pena é diminuída de um terço até metade, **não podendo**, porém, **ser inferior ao mínimo da cominada ao crime cometido**".

Como se vê, não existia proibição de a pena ser aplicada abaixo do mínimo legal quando incidisse circunstância atenuante. O que o Código de 1940 vedava era a fixação da pena aquém do mínimo legal no caso de participação dolosamente diversa, atualmente prevista no artigo 29, §2°, do CP.

Além disso, com a reforma de 1984, a atenuação especial do Código de 1940 passou a figurar no artigo 29, §2°, do CP, não mais como circunstância atenuante especial, mas como uma questão de imputação do tipo doloso (participação dolosamente diversa).

Por fim, como o STF e o STJ[39] admitem, em relação ao crime do art. 273 do CP, que comina pena de 10 a 15 anos reclusão, a aplicação da Lei n° 11.343/2006, que prevê reclusão de 5 a 15 anos para o tráfico de drogas, a fim de afastar a pena mínima cominada pelo artigo 273 do CP, por ser manifestamente desproporcional, também por isso é justo superar a Súmula 231 do STJ, mantendo-se um mínimo de coerência.

Recentemente, porém, o STJ, por maioria, reafirmou a validade da Súmula 231[40].

---

38. Pena aquém do mínimo. Uma investigação constitucional penal. Revista da Ajuris, Ano XXVI, n° 77, março de 2000.
39. Nesse sentido, STJ: AI no HC 239.363/PR, Rel. Ministro SEBASTIÃO REIS JÚNIOR, CORTE ESPECIAL, julgado em 26/02/2015, DJe 10/04/2015.
40. REsp 1.869.764/MS, REsp 2.052.085/TO e REsp 2057181/SE relator Ministro Rogerio Schietti Cruz, relator para acórdão Ministro Messod Azulay Neto, Terceira Seção, julgado em 14/8/2024.

Capítulo XVIII

COLABORAÇÃO PREMIADA

1) INTRODUÇÃO

A atual colaboração premiada sempre existiu entre nós, ainda que com os mais diversos nomes (confissão, confissão delatória, chamamento do corréu, delação, cooperação processual etc.). Com efeito, já o Livro V das Ordenações Filipinas previa o instituto no título sobre o crime de Lesa Majestade (Título VI, item 12) e também no Título CXVI (*como se perdoará aos malfeitores que derem outros à prisão*). Mais recentemente foi introduzida no ordenamento jurídico pela Lei de Crimes Hediondos (Lei n° 8.072/90, art. 8°, parágrafo único) como causa de redução de pena[1].

Mas a Lei n° 12.850/2013, na linha das Convenções de Palermo (art. 26) e Mérida (art. 37), é a que tratou do tema de forma mais ampla e sistematizada, porque dispôs sobre requisitos, prêmios, procedimento, direitos do colaborador etc., de modo que, junto com a Lei n° 9.807/1999 (trata dos programas de proteção a vítimas e testemunhas ameaçadas), é uma espécie de código ou estatuto da colaboração.

Apesar disso, a nova lei, cujo artigo 26 revogou expressamente (apenas) a Lei n° 9.034/95, que tratava das organizações criminosas, manteve incólume a legislação preexistente, razão pela qual há um certo caos legislativo no particular, já que diversos diplomas legais cuidam do assunto[2].

---

1. Art. 8° Será de três a seis anos de reclusão a pena prevista no art. 288 do Código Penal, quando se tratar de crimes hediondos, prática da tortura, tráfico ilícito de entorpecentes e drogas afins ou terrorismo. **Parágrafo único. O participante e o associado que denunciar à autoridade o bando ou quadrilha, possibilitando seu desmantelamento, terá a pena reduzida de um a dois terços.**
2. Nesse sentido: Lei n° 8.072/1990 (art. 8°) – Lei dos Crimes Hediondos; Lei n° 11.343/2006 (art. 41) – Lei de Drogas; Leis n° 7.492/1986 (art. 25, §2°) – Lei dos

Como não houve revogação expressa ou tácita, as disposições legais que já previam o instituto permanecem válidas (princípio da especialidade). Logo, a Lei n° 12.850/2013 incidirá apenas subsidiariamente sobre as demais, isto é, sempre que a lei especial for omissa (v.g., procedimento para a celebração do acordo).

É certo ainda que a Lei n° 13.260/2016, que dispõe sobre o terrorismo, prevê (art. 16), expressamente, a incidência da Lei das Organizações Criminosas e dos meios de obtenção de prova nela previstos (colaboração premiada, ação controlada, infiltração etc.).

Temos também que é possível a chamada *combinação de leis* – que é, em verdade, um caso de retroatividade parcial da lei[3] –, por força do princípio da retroatividade da lei mais favorável. Assim, o juiz poderá, em tese, no caso do art. 159, §4°[4], do CP, conceder, não a redução máxima da pena de 2/3, mas o perdão judicial, para o réu que facilitou a libertação do sequestrado, com base nas Leis n° 12.850/2013 e 9.807/1999. O mesmo poderia ocorrer, *mutatis mutandis*, para o tráfico de drogas, relativamente ao réu colaborador (Lei n° 11.343/2006, art. 41[5]).

Embora destinada às organizações criminosas definidas no art. 1° da Lei (associação de quatro ou mais pessoas para a prática de delitos com penas máximas superiores a quatro anos), a colaboração premiada é perfeitamente aplicável às infrações conexas cometidas pela associação (crimes ou contravenções), independentemente da pena cominada. Com efeito, se a restringirmos à criminalidade mais grave, violaríamos

---

Crimes contra o sistema financeiro nacional; Lei nº 8.137/1990 (art. 16) – Lei dos crimes contra a ordem tributária; art. 159 do Código Penal; Lei nº 9.613/1998 (art. 1°, §5°) – Lei de lavagem de dinheiro; Lei nº 9.807/1999 (arts. 13 e 14) – Lei de Proteção a vítimas e testemunhas ameaçadas; Lei n° 12.529/2011 (art. 87); Lei n° 12.846/2013 (art. 16).

3. Ver Paulo Queiroz. Direito penal, parte geral. Salvador: Juspodivm, 2019.
4. Art. 159 - Sequestrar pessoa com o fim de obter, para si ou para outrem, qualquer vantagem, como condição ou preço do resgate.

   Pena - reclusão, de oito a quinze anos.

   § 4º - Se o crime é cometido em concurso, o concorrente que o denunciar à autoridade, facilitando a libertação do sequestrado, terá sua pena reduzida de um a dois terços.
5. Art. 41. O indiciado ou acusado que colaborar voluntariamente com a investigação policial e o processo criminal na identificação dos demais coautores ou partícipes do crime e na recuperação total ou parcial do produto do crime, no caso de condenação, terá pena reduzida de um terço a dois terços.

o princípio da proporcionalidade, ao dar tratamento legal mais brando aos delitos mais graves, em prejuízo dos menos graves, razão pela qual o instituto há de também incidir para todos os delitos e contravenções conexas praticadas pela organização (v.g., contravenção do jogo do bicho).

É importante notar que a colaboração prevista na Lei n° 9.807/99 (dispõe sobre a proteção de testemunhas e vítimas ameaçadas) é aplicável a qualquer infração penal (crime ou contravenção), dolosa ou culposa, praticada em coautoria ou por associação criminosa. Justo por isso, a jurisprudência admite a aplicação do instituto para outros delitos cometidos em coautoria ou participação, não necessariamente praticados por organização criminosa.

Como é óbvio, não há um direito à colaboração, ficando a cargo do Ministério Público a decisão sobre a conveniência e a oportunidade da realização do acordo. Evidentemente, o MP não terá interesse algum em firmar acordo de colaboração se os fatos estiverem suficientemente esclarecidos ou a contribuição pretendida pelo colaborador for de todo irrelevante.

Se, apesar disso, o investigado ou denunciado quiser colaborar e for rejeitada a proposta de colaboração, poderá se valer, em tese, da confissão, apta a atenuar a pena (CP, art. 65, III, *b* e *d*[6]), ou arrependimento posterior (CP, art. 16[7]), que reduz a pena em até 2/3.

Como veremos, também é possível o reconhecimento de benefício da colaboração de ofício, isto é, sem acordo formal, com ou sem provocação das partes.

Por último, o instituto, com a configuração jurídica atual, pode incidir em qualquer fase da investigação, do processo ou da execução penal.

---

6. **Circunstâncias atenuantes**

Art. 65 - São circunstâncias que sempre atenuam a pena:

III - ter o agente:

b) procurado, por sua espontânea vontade e com eficiência, logo após o crime, evitar-lhe ou minorar-lhe as consequências, ou ter, antes do julgamento, reparado o dano;

d) confessado espontaneamente, perante a autoridade, a autoria do crime.

7. **Arrependimento posterior**

Art. 16 - Nos crimes cometidos sem violência ou grave ameaça à pessoa, reparado o dano ou restituída a coisa, até o recebimento da denúncia ou da queixa, por ato voluntário do agente, a pena será reduzida de um a dois terços.

2) CONCEITO

A colaboração premiada é um meio de obtenção de prova (ou técnica especial de investigação) por cujo meio o Estado concede determinados benefícios legais ao autor de infração penal disposto a cooperar com a investigação e o processo criminal, identificando coautores ou partícipes de crime, ajudando na localização de vítimas, na recuperação de ativos etc.

De acordo com o art. 3º-A da Lei 12.850/2013, o acordo de colaboração premiada é negócio jurídico processual e meio de obtenção de prova, que pressupõe utilidade e interesse públicos.

É uma confissão, embora com outro nome e com um tratamento penal especialíssimo; a colaboração premiada é, pois, uma confissão premiada, razão pela qual só o coautor ou partícipe de crime poderá se valer desse instituto. Faltando-lhe essa condição, poderá colaborar com a justiça apenas como testemunha ou informante.

Embora pressuponha a confissão de crimes, não constitui *bis in idem* a eventual cumulação dos benefícios da colaboração com a atenuante da confissão espontânea (CP, art. 65, III, *d*), conforme jurisprudência.

A colaboração não é incompatível com outros meios de obtenção de prova, podendo coexistir, por exemplo, com a ação controlada ou com a infiltração, desde que se realizem na forma da lei.

3) COLABORAÇÃO E MORAL

Há quem considere a colaboração premiada imoral; logo, incompatível com o ordenamento jurídico, seja porque premiaria um traidor, seja porque estimularia uma conduta eticamente reprovável[8].

O equívoco é manifesto.

Com efeito, a colaboração premiada não é outra coisa senão uma confissão[9], embora com outro nome e com uma disciplina jurídico-penal própria, especial. E a confissão é tão legítima quanto qualquer

8. Nesse sentido, José Carlos Porciúncula Neto. Inconstitucionalidades e inconsistências dogmáticas do instituto da delação premiada (art. 4º da Lei 12.850/13), disponível em *emporiododireito*, acessado em 4/9/2017; Cezar Roberto Bitencourt e Paulo César Busato. Comentários à lei de organização criminosa. São Paulo:Saraiva, 2014; e Natália Oliveira de Carvalho. Rio: Lumen juris, 2009.

9. Daí chamar-se também *confissão delatória.*

outro meio de prova. Afinal, o investigado ou acusado, no exercício da ampla defesa, tem o direito de confessar – ou não confessar – o delito, com todas as suas circunstâncias, mencionando coautores e partícipes do crime, inclusive[10]. O que não seria possível, moral ou juridicamente, é coagir o réu a confessar um crime ou proibi-lo de livremente confessá-lo.

Aliás, tão importante é confissão nos dias atuais que o processo penal europeu continental, de modo similar ao direito norte-americano (*plea bargaining, guilty plea* etc.), parece caminhar no sentido de admitir ou expandir acordos sobre a sentença no processo penal[11].

Além disso, não existe um sistema moral universal/objetivo que valha para além da história e dos indivíduos concretamente considerados. Como disse Nietzsche, não existem fenômenos morais, mas apenas uma interpretação moral dos fenômenos (*Além do bem e do mal*, aforismo 108). Assim, a distinção entre moral e direito – são palavras de Kelsen – não pode ser encontrada *naquilo* que as duas ordens sociais prescrevem ou proíbem, mas no *como* elas prescrevem ou proíbem uma determinada conduta humana.[12]A distinção entre ordem jurídica e moral tem a ver, portanto, não com o conteúdo, mas com a forma.

---

10. Como assinala Andrei Borges de Mendonça, o acordo de colaboração é também uma estratégia de defesa. Os benefícios possíveis na colaboração premiada: entre a legalidade e a autonomia da vontade. *In* Colaboração premiada. RT: São Paulo, 2017.
11. Nesse sentido, Jorge de Figueiredo Dias, favorável aos acordos sobre a sentença, considera que a confissão constitui verdadeira *conditio sine qua non* do acordo sobre a sentença, seu autêntico pressuposto. Acordos sobre a sentença em processo penal. Porto: Conselho Distrital do Porto, 2011.
12. Kelsen, Hans. Teoria Pura do Direito. Tradução: João Baptista Machado. Martins Fontes: São Paulo, 2003, p. 71. Ainda segundo Kelsen, devemos ter presente quando apreciamos *moralmente* uma ordem jurídica positiva, quando a valoramos como boa ou má, justa ou injusta, que o critério é sempre relativo, que não fica excluída uma deferente valoração com base num outro sistema moral, que, quando uma ordem jurídica é considerada injusta se apreciada com base no critério de outro sistema moral, ela pode ser considerada justa se julgada pela medida e critério fornecido por um outro sistema moral. Assim, se consideramos somente valores morais relativos, então a exigência de que o direito deve ser moral, isto é, justo, apenas pode significar que o direito positivo deve corresponder a um determinado sistema moral dentre os vários sistemas morais possíveis. "O que sobretudo importa, porém – o que tem de ser sempre acentuado e nunca o será suficientemente – é a ideia de que não há uma única Moral, "a" Moral, mas vários sistemas de

Como escreve Michel Onfray, o bem e o mal, o verdadeiro e o falso, o justo e o injusto, o belo e o feio pertencem a decisões humanas, contratuais, relativas e históricas; não são, por conseguinte, formas que existem *a priori*, mas *a posteriori*, que devem ser inscrever na rede neuronal para ser[13].

Justo por isso, se, da perspectiva dos criminosos, há (ou não) uma traição por parte do delator, o mesmo já não ocorre do ponto de vista do Estado, que vê na sua iniciativa uma legítima colaboração no sentido de prevenir e reprimir crimes. De mais a mais, a "ética do crime" é um problema *de* e *entre* criminosos, não um problema do Estado.

Mesmo em relação à "ética do crime", o delator não é, ou não é forçosamente, um traidor, sobretudo quando estiver sofrendo ameaças e o "dever de lealdade e silêncio" (*omertà*) lhe for prejudicial. Por vezes, delatar comparsas é necessário e exige coragem.

Não bastasse isso, de acordo com a moral dominante, o indivíduo tem o dever de dizer a verdade, tanto que a lei, que o obriga a isso (art. 4°, §14, da Lei 12.850/2013), criminaliza a colaboração caluniosa (art. 19 da Lei).

Ademais, direito e moral não se confundem, nem o direito é necessariamente moral, afinal nem tudo que é lícito é honesto/moral (Paulo – *Digesto*). Exatamente por isso, o ordenamento jurídico é pleno de institutos questionáveis do ponto de vista moral que nem por isso são ilegítimos, a exemplo da pena de morte, do aborto legal, do agente infiltrado, da tributação do produto de atividades ilícitas (*pecunia non olet*) etc. Em suma, a eventual imoralidade de um instituto jurídico não lhe afeta a juridicidade.

Moral profundamente diferentes uns dos outros e muitas vezes antagônicos, e que uma ordem jurídica positiva pode muito bem corresponder – no seu conjunto – às concepções morais de um determinado grupo, especialmente do grupo ou camada dominante da população que lhe está submetida – e, efetivamente, verifica-se em regra essa correspondência – e contrariar ao mesmo tempo as concepções morais de um outro grupo ou camada da população". Teoria pura do direito. São Paulo: Martins Fontes, 2003, pp. 76 e 77.

13. A potência de existir. São Paulo: Martins Fontes, 2010, p. 47.

Do ponto de vista não só moral, mas jurídico e político, muito mais problemática é a legitimação do agente infiltrado, que, em tese, pode mentir, delatar, estuprar, torturar e matar em nome da lei[14].

Finalmente, testemunhas e informantes também *delatam*, e nem por isso as criticamos moralmente.

Por último, as finalidades legais do instituto (prevenir novos crimes, salvar vítimas, identificar coautores, recuperar o produto do crime etc.) são justas, morais e legítimas, a justificá-la plenamente. Como se vê, é possível, inclusive, colaboração sem delação de comparsas de crime (só recuperar ativos etc.). A atual colaboração, portanto, não exige, inevitavelmente, a delação. Por que seria imoral, por exemplo, especialmente no nosso contexto judaico-cristão, desistir ou arrepender-se de tomar parte num grave delito – *v.g.*, extorsão mediante sequestro – e (com ou sem delação de comparsas) ajudar na libertação da vítima do cativeiro?

Mais: premiar – ou não – a colaboração, e como fazê-lo, é uma opção político-criminal legítima.

Em suma, dizer-se que o delator é um traidor, ou que o é necessariamente, é um clichê, um simples preconceito moral, que não compromete, absolutamente, a legitimidade da colaboração.

Como é óbvio, advogar a moralidade e a juridicidade da colaboração premiada não significa ignorar ou legitimar possíveis abusos na sua aplicação, problema diverso e passível de ocorrer com qualquer instituto jurídico.

4) LEGITIMIDADE PARA CELEBRAÇÃO DO ACORDO, PROCEDIMENTO ETC.

Como o acordo de colaboração repercute, diretamente, sobre o exercício da ação penal, só o Ministério Público, titular da ação penal, poderia firmá-lo, não o delegado de polícia, que não é parte no processo penal, embora presida o inquérito policial e, pois, exerce um papel fundamental na sua condução.

Naturalmente que, nessa condição, o delegado de polícia poderia, durante o inquérito policial, iniciar as tratativas do acordo e submetê-lo

14. Sobre o agente infiltrado, ver Flávio Cardoso Pereira, El agente infiltrado desde el punto de vista del garantismo procesal penal. Curitiba: Editora Juruá, 2016, 2ª edição.

à apreciação do MP, mas não o firmar como parte desse negócio jurídico, por faltar-lhe atribuição constitucional para tanto. Ademais, a autoridade policial pode, perfeitamente, ao lançar relatório conclusivo das investigações, representar pela concessão de algum (ou alguns) dos prêmios da lei (art. 4°, §2°, da Lei), com ou sem anuência do MP.

Ocorre que o art. 4°, §6°, da Lei[15], dá (explicitamente) poderes ao delegado para, durante o inquérito policial, celebrar o acordo de colaboração; mas tal dispositivo deveria ser interpretado conforme a Constituição, de modo a evitar que a Polícia Judiciária pratique ato de atribuição exclusiva do MP (CF, art. 129, I).

É certo, porém, que o STF decidiu no sentido da constitucionalidade do citado dispositivo legal, reconhecendo a legitimidade da polícia judiciária para celebrar acordo de colaboração premiada (ADI 5508/2018, relator Ministro Marco Aurélio).

Admitida a realização do ato por parte do Delegado de Polícia, o MP terá de participar e se manifestar sobre o acordo.

O assistente não tem legitimidade para firmar acordo de colaboração (CPP, art. 271[16]). Em tese, o querelante, na ação penal privada subsidiária, poderia propor e celebrar o acordo, mas uma tal hipótese dificilmente ocorrerá.

Diz a lei que o recebimento da proposta para formalização de acordo de colaboração demarca o início das negociações e constitui também marco de confidencialidade, configurando violação de sigilo e quebra da confiança e da boa-fé a divulgação de tais tratativas iniciais ou de documento que as formalize, até o levantamento de sigilo por decisão judicial.

Firmado o acordo, o respectivo termo, acompanhado das declarações do colaborador e de cópia da investigação, será remetido ao juiz para homologação, o qual deverá verificar sua regularidade, legalidade

---

15. Art. 4°, §6°: O juiz não participará das negociações realizadas entre as partes para a formalização do acordo de colaboração, **que ocorrerá entre o delegado de polícia, o investigado e o defensor, com a manifestação do Ministério Público**, ou, conforme o caso, entre o Ministério Público e o investigado ou acusado e seu defensor.
16. Art. 271. Ao assistente será permitido propor meios de prova, requerer perguntas às testemunhas, aditar o libelo e os articulados, participar do debate oral e arrazoar os recursos interpostos pelo Ministério Público, ou por ele próprio, nos casos dos arts. 584, § 1º, e 598.

e voluntariedade, podendo ouvir, em caráter sigiloso, o colaborador, na presença de seu defensor. E recusará homologação à proposta que não atender aos requisitos legais, ou adequá-la ao caso concreto. Assim, por exemplo, não homologará acordo sem participação do MP ou sem a presença do advogado do colaborador, ou, ainda, determinará a eliminação de cláusula manifestamente abusiva ou que preveja renúncia do direito de recorrer etc.

O juiz, a quem compete o controle da legalidade da colaboração, não participará das negociações realizadas entre as partes para a formalização do acordo de colaboração, tampouco emitirá (nesse momento) juízo de valor sobre o mérito do acordo (conveniência, oportunidade etc.).

Com a redação dada pela Lei n° 13.964/2019, além de examinar a legalidade, a regularidade e a voluntariedade do acordo, o juiz terá de verificar (art. 4°, §7°, da Lei n° 12.850/2013): a) adequação dos benefícios pactuados àqueles previstos no art. 4° da Lei; b) adequação dos resultados da colaboração aos resultados mínimos exigidos nos incisos pela Lei.

Mais: o juiz ou o tribunal deve proceder à análise fundamentada do mérito da denúncia, do perdão judicial e das primeiras etapas de aplicação da pena, antes de conceder os benefícios pactuados, exceto quando o acordo previr o não oferecimento da denúncia ou já tiver sido proferida sentença.

O acordo de colaboração é um negócio jurídico bilateral[17], livremente pactuado, razão pela qual não pode, sob nenhum pretexto, ser imposto ao investigado, denunciado ou condenado, podendo o colaborar, inclusive, retratar-se, tornando-o sem efeito.

O advogado é indispensável à realização do acordo e intervirá em todos os seus atos, o qual assistirá o colaborador e defenderá seus interesses.

17. Nesse sentido, Fredie Didier (A colaboração premiada, natureza jurídica e controle de validade, 2016): Em síntese, a colaboração premiada prevista na Lei n. 12.850.2013 é (i) ato jurídico em sentido lato, já que a exteriorização de vontade das partes é elemento cerne nuclear do seu suporte fático; (ii) é negócio jurídico, pois a vontade atua também no âmbito da eficácia do ato, mediante a escolha, dentro dos limites do sistema, das categorias eficaciais e seu conteúdo; (iii) é negócio jurídico bilateral, pois formado pela exteriorização de vontade de duas partes, e de natureza mista (material e processual), haja vista que as consequências jurídicas irradiadas são de natureza processual e penal material; (iv) é contrato, considerando a contraposição dos interesses envolvidos.

Em todos os atos de negociação, confirmação e execução da colaboração, o colaborador deverá estar assistido por defensor (art. 4°, §15).

Como é óbvio, não é possível prisão preventiva ou qualquer medida de coação para forçar a colaboração. Apesar disso, nada impede que o réu preso provisoriamente colabore, podendo fazê-lo durante o cumprimento da pena, inclusive. O que de fato importa não é saber se o colaborador está preso ou solto, mas se houve voluntariedade e regularidade na celebração do acordo.

A formalização do acordo de colaboração é essencial para a garantia dos direitos e deveres das partes contratantes, bem como para estabelecer os seus exatos limites, que, como é evidente, não atinge delitos não mencionados, explícita ou implicitamente, no contrato.

Apesar disso, temos que, ainda que não haja acordo formal entre o MP e o colaborador (ou tenha havido rescisão), se ficar demonstrada a eficaz colaboração e forem atendidos os requisitos legais, o juiz poderá conceder, mesmo de ofício, os prêmios da lei, o perdão judicial, inclusive, nos termos do art. 13 da Lei n° 9.807/1999[18]. Para fim de concessão dos benefícios da lei, o acordo de colaboração não é, portanto, uma condição essencial, mas acidental[19].

5) PRÊMIOS LEGAIS, EFICÁCIA DA COLABORAÇÃO ETC.

Os prêmios legais, que variarão conforme a relevância, prontidão e eficácia da colaboração, são seis: 1) perdão judicial; 2) redução da pena de prisão em até 2/3 (dois terços); 3) redução da pena até a metade, se a colaboração for posterior à sentença condenatória; 4) substituição da

18. Art. 13. **Poderá o juiz, de ofício** ou a requerimento das partes, conceder o perdão judicial e a consequente extinção da punibilidade ao acusado que, sendo primário, tenha colaborado efetiva e voluntariamente com a investigação e o processo criminal, desde que dessa colaboração tenha resultado:
I - a identificação dos demais coautores ou partícipes da ação criminosa;
II - a localização da vítima com a sua integridade física preservada;
III - a recuperação total ou parcial do produto do crime. Parágrafo único. A concessão do perdão judicial levará em conta a personalidade do beneficiado e a natureza, circunstâncias, gravidade e repercussão social do fato criminoso.

19. No mesmo sentido, Luiz Flávio Gomes e Marcelo Rodrigues da Silva. Organizações criminosas e técnicas especiais de investigação. Salvador: Juspodivm, 2015, p. 215.

prisão por pena restritiva de direitos; 5) progressão de regime; 6) acordo de imunidade (não oferecimento de denúncia).

São, em princípio, alternativos, não cumulativos; mas é possível, em tese, a cumulação, podendo, por exemplo, o réu colaborador fazer jus à redução da pena junto com a progressão de regime, já que, se o juiz pode o mais (v.g., perdoar), há de poder o menos (cumulá-los).

Além disso, o elenco dos prêmios legais não é exaustivo, podendo ser admitidos outros, se e quando compatíveis com o ordenamento jurídico. Assim, é admissível acordo sobre a prisão preventiva já decretada, no sentido de revogá-la, substituí-la por medida cautelar diversa ou de apenas transferir o colaborador para presídio mais próximo da família. Aliás, um dos direitos do colaborador é a possibilidade de cumprimento da pena ou medida cautelar em estabelecimento penal diverso dos demais corréus ou condenados.

Diz a lei taxativamente (art. 4°, §7°, II) que são nulas as cláusulas que violem o critério de definição do regime inicial de cumprimento de pena e as regras de cada um dos regimes de cumprimento previstos na legislação penal. *Idem*, as cláusulas que ofendem os requisitos de progressão de regime.

Com exceção do acordo de imunidade, que é prejudicial ao processo (não há oferecimento de denúncia), a concessão dos benefícios da lei se dará (ou não) na sentença final, segundo o devido processo legal (denúncia, processo etc.). É que, ainda que as partes tenham acordado o perdão judicial, competirá ao juiz concedê-lo (ou não) na sentença, quando apreciará o atendimento dos requisitos legais.

O acordo de imunidade, que é uma exceção ao princípio da obrigatoriedade da ação penal, constitui o máximo benefício previsto na lei, já que é prejudicial ao processo penal (não há oferecimento de denúncia) e implica a extinção da punibilidade. Justo por isso, somente há de ser concedido em casos especialíssimos e excepcionalíssimos.

Também por isso, a lei exige, neste caso, requisitos adicionais, desnecessários para os demais prêmios, a saber: a) que o colaborador não seja o líder da organização criminosa; b) que seja o primeiro a colaborar; c) que a proposta de acordo de colaboração se refira a crime de cuja existência não se tenha prévio conhecimento. Considera-se existente o conhecimento prévio da infração quando o Ministério Público ou a autoridade policial competente tenha instaurado inquérito ou procedimento investigatório para apuração dos fatos apresentados pelo colaborador.

Mas não parece fazer sentido impedir que o líder da organização tenha direito à imunidade de que trata o art. 4°, §4°, I, da Lei, visto que é a pessoa que, justamente por ser o líder ou um dos líderes, pode prestar a mais valiosa contribuição para o desmantelamento da associação criminosa. Não cabe confundir a organização criminosa com seu chefe ou chefes.

Ademais, o primeiro a prestar colaboração, ao contrário do que presume a lei (art. 4°, §4°, II), não é forçosamente aquele que tem mais a contribuir para o sucesso das investigações; podendo ser apenas o mais ansioso.

Por fim, o acordo de imunidade produz, essencialmente, o mesmo efeito do perdão judicial, benefício que a lei não veda ao líder da organização, nem se exige que seja o primeiro a colaborar.

Com relação à redução da pena até a metade e admissão da progressão de regime após a sentença (art. 4°, §5°[20]), não há violação à coisa julgada[21], seja por se tratar de norma penal benéfica ao condenado, podendo, pois, retroagir em seu favor, seja porque o acordo após a sentença não ofende a expectativa de segurança jurídica inerente ao instituto. Fosse a coisa julgada uma garantia absoluta, não seria possível a *abolitio criminis* ou a *novatio legis in mellius,* que é justamente o que ocorre no caso agora comentado.

Para que o colaborador faça jus aos benefícios previstos no acordo, a colaboração deverá ser eficaz e produzir um ou mais dos seguintes resultados (os requisitos não são cumulativos, mas alternativos): 1) a identificação dos demais coautores e partícipes da organização criminosa e das infrações penais por eles praticadas; 2) a revelação da estrutura hierárquica e da divisão de tarefas da organização criminosa; 3) a prevenção de infrações penais decorrentes das atividades da organização criminosa; 4) a recuperação total ou parcial do produto ou do proveito das infrações penais praticadas pela organização criminosa; 5) a localização de eventual vítima com a sua integridade física preservada.

---

20. § 5º Se a colaboração for posterior à sentença, a pena poderá ser reduzida até a metade ou será admitida a progressão de regime ainda que ausentes os requisitos objetivos.
21. Essa tese é defendida por Cezar Bitencourt e Paulo Busato no livro já citado.

Além disso, o acordo de colaboração premiada pressupõe que o colaborador cesse o envolvimento em conduta ilícita relacionada ao objeto da colaboração, sob pena de rescisão.

O prazo para oferecimento de denúncia ou o processo, relativos ao colaborador, poderá ser suspenso por até 6 (seis) meses, prorrogáveis por igual período, até que sejam cumpridas as medidas de colaboração, suspendendo-se o respectivo prazo prescricional.

Em todos os casos, é necessária a homologação judicial do acordo.

6) CRITÉRIOS PARA A CONCESSÃO, DENEGAÇÃO E INDIVIDUALIZAÇÃO DOS BENEFÍCIOS

A celebração do acordo e a concessão dos prêmios legais levarão em conta a personalidade do colaborador, a natureza, as circunstâncias, a gravidade e a repercussão social do fato criminoso e a eficácia da colaboração.

O que está em causa, essencialmente, é o princípio da proporcionalidade, compreensivo da necessidade, adequação e proporcionalidade em sentido estrito.

A valoração dessas circunstâncias caberá à Polícia Judiciária (durante o inquérito), ao Ministério Público e ao Poder Judiciário.

Tais circunstâncias servem para ao menos três finalidades sucessivas: 1) acolher ou rejeitar a proposta de realização do acordo; 2) uma vez admitido o acordo, definir os possíveis benefícios legais do colaborador (causa de redução de pena, perdão etc.); 3) conceder e individualizar ou denegar, na sentença final, os benefícios do colaborador.

Dito isso, é de ver que a referência à personalidade é de todo despropositada, seja porque é própria de um direito penal do autor, que pune o agente não pelo que faz, mas pelo que é, seja porque o juiz ou o MP não têm como valorá-la, por faltar-lhes conhecimentos psiquiátricos etc., para tanto, scja porque não faz sentido considerá-la relativamente a criminosos envolvidos com os mais graves delitos, não raro, delinquentes habituais, reincidentes ou multirreincidentes. Justo por isso, a lei não refere – nem faria sentido se o fizesse – a reincidência ou a primariedade como requisitos da colaboração.

Já a natureza, as circunstâncias, a gravidade e a repercussão social do fato criminoso hão de servir, não propriamente para denegar os benefícios, mas para individualizá-los, de modo a evitar, por exemplo, que policiais-colaboradores envolvidos com "grupo de extermínio" possam fazer jus ao perdão judicial ou à imunidade.

No contexto da colaboração relativa à criminalidade organizada, que se dedica à prática regular e permanente de delitos graves ou gravíssimos (homicídio, extorsão, tráfico de pessoas e de drogas, corrupção etc.), o que mais importa não é, por conseguinte, tanto a personalidade do colaborador ou o tipo de delito praticado etc., mas a relevância, prontidão e eficácia da colaboração no sentido de fazer cessar, total ou parcialmente, as atividades da organização criminosa.

7) CONTEÚDO DO ACORDO, SIGILO, DIREITO À NÃO AUTOINCRIMINAÇÃO ETC.

O acordo da colaboração, cujos termos ficarão em sigilo (como regra) até o recebimento da denúncia, deverá ser feito por escrito e conter: a) o relato da colaboração e seus possíveis resultados; b) as condições da proposta do Ministério Público ou do delegado de polícia; c) a declaração de aceitação do colaborador e de seu defensor; d) as assinaturas do representante do Ministério Público ou do delegado de polícia, do colaborador e de seu defensor; e) a especificação das medidas de proteção ao colaborador e à sua família, quando necessário.

O acesso aos autos é restrito ao juiz, ao Ministério Público e ao delegado de polícia, como forma de garantir o êxito das investigações, assegurando-se ao defensor, no interesse do representado, amplo acesso aos elementos de prova que digam respeito ao exercício do direito de defesa, devidamente precedido de autorização judicial, ressalvados os referentes às diligências em andamento (art. 7°, §2°).

Embora a lei previsse que o sigilo seria mantido até o recebimento da denúncia, o Supremo Tribunal Federal, com base nos princípios da ampla defesa, contraditório e publicidade, vinha admitido o afastamento do sigilo antes disso, permitindo o conhecimento dos colaboradores e o conteúdo do acordo, desde que não haja prejuízo ao êxito das investigações ou riscos à pessoa do colaborador.

No entanto, o art. 7°, §3°, da Lei, com a redação dada pela Lei n° 13.964/2019, afirma enfaticamente que "o acordo de colaboração premiada e os depoimentos do colaborador serão mantidos em sigilo até o recebimento da denúncia ou da queixa-crime, sendo vedado ao magistrado decidir por sua publicidade em qualquer hipótese".

Diz a lei que nos depoimentos que prestar, o colaborador renunciará, na presença de seu defensor, ao direito ao silêncio e estará sujeito ao compromisso legal de dizer a verdade (art. 4°, §14). A rigor, trata-se de um dispositivo supérfluo, já que: a) a colaboração é uma voluntária confissão de crime, razão pela qual é incompatível com o direito ao silêncio; b) o *nemo tenetur*, como direito fundamental, é irrenunciável; c) se, firmado o acordo, o colaborador quiser se valer do direito ao silêncio ou mentir em juízo violará as condições do acordo, implicando rescisão, com provável perda dos benefícios pactuados; d) o simples descumprimento do negócio jurídico não configura infração penal, exceto se o colaborador imputar falsamente crime a outrem (art. 19 da Lei[22]).

8) RETRATAÇÃO E RESCISÃO DO ACORDO

O acordo de colaboração é precedido de tratativas no sentido da sua consumação, entre as partes e sem participação do juiz, de modo a preservar-lhe a imparcialidade. Até a homologação judicial do negócio jurídico em questão, as partes podem se retratar da proposta, caso em que as provas autoincriminatórias produzidas pelo colaborador não poderão ser utilizadas *exclusivamente em seu desfavor* (art. 4°, §10).

Como se trata de um ato lícito, que traduz o exercício puro e simples de um direito, a retratação implica o desfazimento de tudo que se produziu até então, razão pela qual os elementos de prova eventualmente colhidos não podem ser utilizados pela polícia judiciária ou pelo MP, seja contra o colaborador, seja contra os delatados[23]. O colaborador poderá, todavia, utilizá-las em seu favor.

Embora a lei diga que as partes podem se *retratar da proposta* (não do acordo), temos que até a homologação judicial do acordo é possível a retratação. Mas, uma vez homologado, não é possível a retratação. O

22. Art. 19. Imputar falsamente, sob pretexto de colaboração com a Justiça, a prática de infração penal a pessoa que sabe ser inocente, ou revelar informações sobre a estrutura de organização criminosa que sabe inverídicas:

    Pena - reclusão, de 1 (um) a 4 (quatro) anos, e multa.

23. Nesse sentido, Andrey Borges de Mendonça. A colaboração premiada e a nova Lei do Crime Organizado, *in* Revista eletrônica do Ministério Público Federal, v. 4, 2013.

que poderá ocorrer a partir da homologação judicial é a sua rescisão por descumprimento. A retratação é um ato lícito; e o descumprimento é um ato ilícito.

Justo por isso, os efeitos da rescisão são diversos: as provas produzidas com base na colaboração são válidas e podem ser licitamente utilizadas no processo.

No caso de omissão de informação juridicamente relevante, o acordo homologado só poderá ser rescindido se for omissão dolosa sobre os fatos objeto da colaboração.

A eventual rescisão não impede a celebração de futuros acordos.

9) PAPEL DO JUIZ: DECISÕES JUDICIAIS POSSÍVEIS

Apesar de a lei dar um certo protagonismo às partes, notadamente ao Ministério Público, conferindo especial relevância ao acordo de colaboração, o juiz criminal tem um papel relevantíssimo no processo penal envolvendo a colaboração premiada.

Inicialmente, caber-lhe-á homologar o acordo de colaboração, deixando de fazê-lo ou determinando sua adequação quando estiver em desacordo com a lei.

Como a validade do acordo depende de ato jurisdicional, também a invalidação (rescisão), por violação das cláusulas contratuais, dependerá de decisão judicial, assegurado o contraditório prévio. Não é possível rescisão unilateral. Mas as partes podem, de comum acordo, revisar as cláusulas do contrato, submetendo-o à homologação judicial.

A decisão judicial homologatória do acordo é, em princípio, necessária para a concessão de todo e qualquer benefício previsto na lei, inclusive a imunidade de que trata do art. 4°, §4°, da Lei, quando o MP se compromete a não oferecer denúncia contra o colaborador, desde que não seja o líder da organização e seja o primeiro a prestar efetiva colaboração.

Salvo a hipótese de rescisão, o acordo, como ato jurídico perfeito que é[24], deve ser respeitado pelos sujeitos processuais (MP, colaborador e o juiz etc.), a todos vinculando. Justo por isso, o juiz,

24. Lei 4.657/42, art. 6º: A Lei em vigor terá efeito imediato e geral, respeitados o ato jurídico perfeito, o direito adquirido e a coisa julgada.

ao preferir sentença, não pode simplesmente ignorá-lo ou alterar-lhe arbitrariamente as condições, sob pena de violar os princípios da legalidade e de lealdade processual, entre outros, devendo apenas, como manda a lei (art. 4°, §11), apreciar os termos do acordo homologado e sua eficácia.

Em suma, o juiz não pode ignorar ou violar o acordo; pode, isto sim, apreciar a eficácia e, portanto, conceder ou denegar, total ou parcialmente, os benefícios previstos no negócio jurídico. Assim, se o colaborador não cumprir, minimamente, as promessas acordadas, ser-lhe-á negado o prêmio ou prêmios previstos no acordo. Se o fizer apenas em parte, ser-lhe-á deferido o benefício proporcionalmente.

Mas, ainda que eventualmente discorde das condições do acordo de colaboração, por considerar, por exemplo, exagerados os prêmios legais concedidos, o juiz não poderá negá-los.

Apesar de competir-lhe apreciar a eficácia do acordo e de estar vinculado às respectivas cláusulas, o juiz poderá: 1) absolver o colaborador, se e quando faltar justa causa para a condenação (v.g., falta de prova, incidência de excludentes de tipicidade, de ilicitude ou de culpabilidade ou, ainda, causa extintiva de punibilidade); 2) condenar mais favoravelmente do que o acordo firmado (v.g., reconhecendo uma causa de redução de pena de 2/3, não de um 1/3, como firmado entre as partes); 3) dar mais do que o acordo, por exemplo, conceder o perdão judicial e absolver o colaborador, ainda que tenha pactuado causa de redução de pena ou similar.

No entanto, parece que não é possível condenação mais gravosa do que aquela proposta pelo MP em alegações finais, sob pena de violação ao princípio da correlação entre acusação e sentença e ao sistema acusatório. A proposição de pena feita pelo MP constitui, por conseguinte, o limite máximo da apenação[25].

Cabe lembrar que o Ministério Público, a qualquer tempo, e o delegado de polícia, nos autos do inquérito policial, com a manifestação do Ministério Público, poderão requerer ou representar ao juiz pela concessão de perdão judicial ao colaborador, ainda que esse benefício não tenha sido previsto na proposta inicial (art. 4°, §2°).

---

§ 1° Reputa-se ato jurídico perfeito o já consumado segundo a lei vigente ao tempo em que se efetuou.

25. De modo similar, Figueiredo Dias, *in Acordo sobre a sentença, citado.*

10) VALOR PROBATÓRIO DAS DECLARAÇÕES DO COLABORADOR

Diz a lei que nenhuma sentença condenatória será proferida com fundamento apenas nas declarações do agente colaborador (art. 4°, §16). Assim, por mais verossímeis as declarações do colaborador, não constituem, isoladamente, prova suficiente para a condenação. Aliás, a própria pretensão de colaborar não terá seguimento se não estiver fundada em elemento de prova que a ampare, que a torne crível e aceitável e, pois, apta a desencadear uma investigação minimamente exitosa.

Tampouco é possível condenação com base, unicamente, num conjunto de delações, por mais numerosas, verossímeis e coerentes.

A deflagração da ação penal e a eventual condenação exigem, portanto, prova que amparem as declarações do colaborador, a exemplo de documentos, contas bancárias, testemunha etc.

A lei prevê ainda que nenhuma medida cautelar pessoal ou real (prisão preventiva etc.) poderá ser decretada com base exclusivamente nas declarações do colaborador. Nem se receberá denúncia apenas com amparo nelas.

11) DIREITOS DO COLABORADORES

Além dos prêmios legais e de outros eventualmente reconhecidos no acordo de colaboração, são direitos do colaborador (art. 5°): 1) usufruir das medidas de proteção previstas na legislação específica; 2) ter nome, qualificação, imagem e demais informações pessoais preservados; 3) ser conduzido, em juízo, separadamente dos demais coautores e partícipes; 4) participar das audiências sem contato visual com os outros acusados; 5) não ter sua identidade revelada pelos meios de comunicação, nem ser fotografado ou filmado, sem sua prévia autorização por escrito; 6) cumprir pena ou prisão cautelar em estabelecimento penal diverso dos demais corréus ou condenados.

Em todas as fases do processo, deve-se garantir ao réu delatado a oportunidade de manifestar-se após o decurso do prazo concedido ao réu que o delatou.

Capítulo XIX

SENTENÇA, RECURSOS E COISA JULGADA

1) SENTENÇA

1.1) Introdução

De acordo com o CPC (art. 203, §1°), *sentença* é a decisão judicial que põe fim ao processo de conhecimento ou de execução, com ou sem julgamento do mérito. *Decisão interlocutória* é qualquer pronunciamento judicial que, fora do caso anterior, não puser termo ao processo (v.g., defere ou indefere pedido de produção de prova). E *despacho* é todo provimento judicial sem conteúdo decisório (v.g., *cite-se*, *intime-se* etc.). As decisões dos tribunais são chamadas de *acórdão*, exceção feita ao tribunal do júri, cuja decisão definitiva recebe o nome de *sentença*.

Da sentença cabe apelação (CPC, art. 1.009); das decisões interlocutórias, agravo de instrumento (CPC, art. 1.015). Os despachos são irrecorríveis (CPC, art. 1.001).

Esses conceitos dados pelo processo civil para os diversos tipos de decisão judicial não são, porém, inteiramente aplicáveis ao processo penal, que se utiliza de uma terminologia antiga e trabalha com um conceito mais restrito de sentença e mais amplo de decisão interlocutória.

Sentença cível e sentença penal não são equivalentes, portanto. Com efeito, ao menos segundo a sistematização do CPP (arts. 581 e 591), sentença penal é basicamente a decisão judicial que condena ou absolve o réu. Nos demais casos haverá, como regra, decisão interlocutória (CPP, art. 581). Ou simples despacho.

Assim, por exemplo, se, para efeito civil, a decisão judicial que decreta a prescrição ou a decadência é uma sentença resolutiva do mérito (CPC, art. 487, II), para fins penais, é uma decisão interlocutória. Da sentença cível cabe apelação; da decisão criminal, recurso em sentido estrito (CPP, art. 581, VIII) ou agravo em execução, quando se tratar de prescrição consumada nessa fase (Lei 7.210/86, art. 197).

1.2) Classificação das decisões penais

De um modo geral[1], a doutrina penal classifica as decisões judiciais (sentenças e decisões interlocutórias) do seguinte modo: a)decisões interlocutórias simples e mistas (terminativas e não terminativas); b) sentenças condenatórias e absolutórias (próprias e impróprias).

Evidentemente, a atual sistematização do processo civil é preferível a esse excesso classificatório. Certamente numa futura reforma do CPP, o CPC será tomado como parâmetro em matéria de recursos e outros tantos temas. Não obstante, convém mencionar a classificação dominante do processo penal porque ainda corrente.

Decisões interlocutórias simples são as que decidem determinadas questões ou incidentes processuais, mas sem pôr fim ao processo (v.g., decreta prisões, rejeita exceções processuais etc.). Já as interlocutórias mistas (ou com força de definitivas) são as que põe fim ao processo normalmente sem julgar o mérito ou põem termo a uma etapa do procedimento. No primeiro caso, diz-se que há decisão interlocutória mista terminativa (v.g., acolhe a exceção de litispendência ou de coisa julgada); no segundo, decisão interlocutória mista não terminativa (v.g., decisão de pronúncia).

As sentenças condenatórias são as que julgam procedente a pretensão deduzida pela acusação (denúncia ou queixa), no todo ou em parte. As sentenças condenatórias são mistas quando forem em parte condenatória e absolutória (v.g., condena por determinado crime e absolve por outro).

As absolutórias são as que julgam improcedente o pedido de condenação. Diz-se absolutória própria quando se fundar numa das hipóteses do art. 386 do CPP (falta de prova, atipicidade etc.). E é dita absolutória imprópria quando, apesar de reconhecer o come-

1. Nesse sentido, Fernando da Costa Tourinho Filho. Código de Processo Penal Comentado. São Paulo: Saraiva, 2009.

timento de uma infração penal punível, impuser ao réu medida de segurança, em virtude de inimputabilidade ou semi-imputabilidade (CP, art. 26).

Temos, porém, que também aqui há uma sentença condenatória (*imprópria*, se quiser), visto que, com exceção da inimputabilidade (ou semi-imputabilidade), a imposição de medida de segurança há de pressupor todos os requisitos de um crime punível exigíveis para o réu imputável: fato típico, ilícito e culpável. Logo, sempre que o inimputável ou semi-imputável puder alegar, com sucesso, excludentes de culpabilidade (coação moral irresistível, embriaguez involuntária completa etc.), deverá ser absolvido, sem mais, sob pena de violação aos princípios de culpabilidade e isonomia, entre outros[2]. *Idem*, se incidirem excludentes de outra natureza ou causas extintivas de punibilidade (prescrição etc.).

Com relação ao semi-imputável, o juiz poderá condenar ou absolver o réu (absolvição imprópria), conforme o sistema vicariante adotado pelo CP. Decidindo pela condenação, a pena deverá ser diminuída de um a dois terços (CP, art. 26, parágrafo único), necessariamente.

Tanto as decisões interlocutórias quanto as sentenças condenatórias podem interromper os prazos de prescrição, reiniciando-se um novo termo inicial, a exemplo das decisões que recebem a denúncia ou a queixa, da decisão de pronúncia e das sentenças condenatórias (CP, art. 117).

Quanto à sentença condenatória mista, temos que somente há interrupção relativamente à parte condenatória, não em relação à parte que absolve. Assim, por exemplo, se o juiz absolve A e condena B, somente em relação a B haverá interrupção do prazo prescricional[3]. O mesmo ocorreria, *mutatis mutandis*, se condenasse por um crime e se absolvesse por outro: somente a parte condenatória interromperia a prescrição.

---

2. Ver Paulo Queiroz. Direito penal, parte geral. Salvador: Juspodivm, 2019.
3. Para maiores detalhes, Paulo Queiroz. Direito penal, parte geral. Salvador: Juspodivm, 2019.

1.3) Conceito e requisitos da sentença

1.3.1) Introdução

Para fins penais, sentença é essencialmente a decisão judicial condenatória ou absolutória. Haverá decisão interlocutória ou simples despacho nos demais casos.

A sentença, composta de relatório, motivação e dispositivo, conterá (CPP, art. 381): a) os nomes das partes ou, quando não for possível, as indicações necessárias para identificá-las; b) a exposição sucinta da acusação e da defesa; c) a indicação dos motivos de fato e de direito em que se funda a decisão, aí incluídos os elementos de prova que a amparam; d) a indicação dos artigos de lei aplicados; e) a data e a assinatura do juiz.

Os requisitos da sentença são essenciais (CPC, art. 489). Mas, quando se tratar de processo sob o rito sumaríssimo da Lei 9.099/95 (art. 38), o relatório é dispensável.

E deverá ser redigida em linguagem clara, precisa e concisa, evitando obscuridade, ambiguidade e contradição, tornando-a facilmente compreensível, aceitável ou refutável. Quando for obscura, omissa, ambígua ou contraditória ensejará embargos declaratórios no prazo de 2 dias (CPP, art. 382), não de 5 dias, como prevê o CPC.

No relatório, o juiz fará um histórico do que houve de mais relevante no processo, indicando os nomes das partes, fazendo uma síntese da acusação e da defesa e citando os principais atos processuais, questões e incidentes ocorridos durante a tramitação da ação penal.

1.3.2) Fundamentação ou motivação

Na fundamentação, que variará conforme a complexidade do processo, o juiz apreciará todas as questões de fato e de direito relevantes suscitadas pelas partes, bem como aquelas que podem ser conhecidas de ofício; demonstrará porque acolhe ou rejeita as teses suscitadas, porque dá por provado (ou não) determinado fato ou circunstância, indicando a prova respectiva; dirá porque adota ou rechaça certa orientação doutrinária ou jurisprudencial; indicará porque condena ou absolve o réu; exporá porque entende comprovado determinado crime, não outro; e porque decreta, mantém ou revoga a prisão preventiva etc.

Evidentemente poderá citar doutrina, precedentes e manifestações das partes em apoio de suas decisões. Contudo, não poderá valer-se exclusivamente delas. A motivação *per relationem* pode servir de apoio à decisão, nunca substituí-la. O problema desse tipo de fundamentação não é, pois, a fundamentação mesma, mas o modo como se realiza. Assim, uma sentença ou acórdão que se limita a transcrever manifestação do MP é nula; mas é plenamente válida a que cita o parecer ministerial em apoio da motivação já exposta.

Poderá também citar ou reproduzir decisões já proferidas nos autos do processo relativamente a teses já apreciadas e decididas pelo juízo, de modo a evitar repetições desnecessárias.

Sem motivação, ou com motivação deficiente, a decisão judicial é nula, no todo ou em parte.

Segundo o art. 315, §2°, do CPP, não se considera fundamentada a decisão (interlocutória, sentença ou acórdão) que: 1) se limitar à indicação, à reprodução ou à paráfrase de ato normativo, sem explicar sua relação com a causa ou a questão decidida; 2) empregar conceitos jurídicos indeterminados, sem explicar o motivo concreto de sua incidência no caso; 3) invocar motivos que se prestariam a justificar qualquer outra decisão; 4) não enfrentar todos os argumentos deduzidos no processo capazes de, em tese, infirmar a conclusão adotada pelo julgador; 5) se limitar a invocar precedente ou enunciado de súmula, sem identificar seus fundamentos determinantes nem demonstrar que o caso sob julgamento se ajusta àqueles fundamentos; 6) deixar de seguir enunciado de súmula, jurisprudência ou precedente invocado pela parte, sem demonstrar a existência de distinção no caso em julgamento ou a superação do entendimento.

Apesar da exigência constitucional de motivação das decisões (CF, art. 93, IX), os jurados são dispensados dessa formalidade essencial nos crimes dolosos contra vida, de competência do tribunal do júri, em virtude do sigilo das votações (CF, art. 5°, XXXVIII).

1.3.3) Dispositivo ou conclusão

No dispositivo, o juiz concluirá a decisão, julgando procedentes ou improcedentes os pedidos formulados na denúncia ou queixa. Indicará os artigos 386 e 387 do CPP incisos aplicáveis ao caso, conforme se trate de sentença absolutória ou condenatória.

Quando a sentença for condenatória, indicará os artigos ou crimes em que incide o condenado, com eventuais qualificadoras, causas de aumento de pena, agravantes ou causas de diminuição, atenuantes etc.

Quando for proferida sentença absolutória imprópria, será aplicada medida de segurança, impondo ao sentenciado o cumprimento de tratamento ambulatorial ou internação em hospital de custódia, fixando o tempo mínimo e máximo da medida. Com efeito, embora o Código Penal (art. 97, §1°) preveja que a medida de segurança será por tempo indeterminado, perdurando enquanto não for averiguada, mediante perícia médica, a cessação de periculosidade, a Súmula 527 do STJ estabeleceu que: "O tempo de duração da medida de segurança não deve ultrapassar o limite máximo da pena abstratamente cominada ao delito praticado".

1.3.4) Individualização da pena

E individualizará a pena. Para tanto, o juiz, que o fará de forma também motivada (CF, art. 93, IX), declarando os fundamentos da decisão, deverá adotar um método trifásico de aplicação (CP, art. 68), que compreende, sucessivamente, sob pena de nulidade do julgado: a) a fixação da pena-base (art. 59, *caput*); b) a fixação da pena provisória; c) a fixação da pena definitiva. Na primeira fase, a pena inicial será fixada com base nas circunstâncias judiciais previstas no *caput* do art. 59 do CP (culpabilidade etc.). Na segunda, considerar-se-ão as circunstâncias atenuantes e agravantes (CP, arts. 65 e 61). Na terceira, sopesar-se-ão as causas de diminuição e de aumento de pena.

Não poderá incidir em *bis in idem,* valorando mais de uma vez a mesma circunstância ou tomando como circunstância judicial os requisitos do crime (fato típico, ilícito e culpável), que são pressupostos da condenação. Quando a mesma qualificadora figurar também como agravante (v.g., motivo torpe), prevalecerá como qualificadora; se for agravante e circunstância judicial, a primeira predominará (*ne bis in idem*). Em suma, a valoração como circunstância judicial (art. 59) pressupõe que ela não incida, no caso concreto, como qualificadora ou agravante. O mesmo vale, *mutatis mutandis*, para as causas de diminuição de pena e atenuantes. Prevalecerá sempre a circunstância que mais aumenta ou mais diminui a pena.

Havendo concurso de agentes (coautoria e participação) ou concurso de crimes (concurso material, formal e continuidade delitiva), o juiz deverá proceder à individualização de cada pena isoladamente, somando-as ao final. Essa separação é importante para vários fins, especialmente para fins prescricionais. Afinal, no concurso material de crimes, as penas não são somadas para efeito de prescrição, nem conta o aumento de pena que decorre do concurso formal ou da continuidade delitiva (CP, art. 119 e Súmula 497 do STF).

Nesta última fase, o juiz determinará ainda o regime inicial de cumprimento da pena e a eventual substituição por pena restritiva de direito, considerando desde logo a detração da pena (CP, art. 42). Ou remeterá a detração ao juízo da execução quando não for possível fazê-lo já.

Fixará ainda o valor mínimo a título indenizatório, desde que haja pedido expresso[4] (CPC, art. 320), que se trate de crime posterior à entrada em vigor da Lei n° 11.719/2008, por força do princípio da irretroatividade da lei, e existam elementos nos autos para arbitrá-lo.

E determinará o eventual perdimento de bens ou valores, bem como os efeitos genéricos e específicos da sentença (CP, arts. 91 a 92), além de outras providências legais que o caso exija.

1.4) Efeitos da sentença penal

A sentença produz efeitos imediatos e também mediatos, isto é, somente após o trânsito em julgado.

A sentença absolutória surte desde logo, dentre outros, os seguintes efeitos, independentemente de apelação da acusação: a) cessação das medidas cautelares decretadas no curso do processo (prisão preventiva,

4. No sentido da desnecessidade de pedido expresso, Rogério Cunha e Ronaldo Pinto. Código de processo penal e lei de execução penal. Salvador: Juspodivm, 2018.

monitoramento eletrônico etc.); b) cessação de medidas cautelares reais (sequestro, arresto etc.); c) restituição da fiança.

Com o trânsito em julgado, a sentença absolutória: a) faz coisa julgada no cível quando reconhecer ter sido o fato cometido sob o amparo de causas de justificação (legítima defesa etc.); b) faz coisa julgada no cível quando reconhecer, categoricamente, a inexistência material do fato ou que o réu não foi seu autor.

Já a sentença condenatória produz imediatamente, entre outros, os seguintes efeitos: a) interrompe o prazo de prescrição; b) relegitima as medidas cautelares pessoais e reais decretadas no curso do processo, se persistirem seus fundamentos; c) relegitima a medida de segurança decretada no curso do processo, se sua motivação subsistir.

E uma vez transitada em julgado gera os seguintes efeitos: a) o cumprimento da pena ou da medida de segurança imposta; b) a reincidência; c) faz coisa julgada no cível, constituindo título executivo judicial (CPC, art. 515, VI) e impondo o dever de reparar o dano etc.; d) a imediata execução do valor mínimo fixado a título indenizatório.

Já vimos que o STF admite a execução da sentença tão logo confirmada pelo tribunal, ainda que pendente de recurso extraordinário ou especial.

1.5) Publicação da sentença etc.

A publicação da sentença dá-se com a respectiva entrega em cartório ao escrivão, que fará registro; ou, como diz o Código (art. 389), "a sentença será publicada em mão do escrivão, que lavrará nos autos o respectivo termo, registrando-a em livro especialmente destinado a esse fim". A publicação não se confunde com a intimação das partes, que se presta ao exercício do direito de recorrer.

Quando a sentença for prolatada na própria audiência, considerar-se-á aí publicada. O mesmo ocorrerá quanto ao acórdão proferido na sessão de julgamento pelo tribunal. *Idem,* quanto à sentença proferida no tribunal do júri, cuja publicação dá-se com a leitura na sessão de julgamento.

Uma vez publicada a sentença ou acórdão, exaure-se a atividade jurisdicional, razão pela qual a sentença (ou acórdão) não pode ser modificada de ofício ou por provocação (CPC, art. 494), exceto para: a) corrigir-lhe inexatidões materiais (v.g., nomes das partes, datas etc.) ou erros de cálculo; b) por meio de embargos de declaração.

Quando se tratar de acórdão criminal não unânime, cabem, ainda, embargos infringentes (CPP, art. 609, parágrafo único), exclusivamente em favor do réu. À semelhança do que se passa com a revisão criminal, o MP tem legitimidade para opor embargos infringentes somente em favor do acusado.

Além disso, alguns recursos permitem que o juízo se retrate da decisão e profira uma nova, a exemplo do recurso em sentido estrito (CPP, art. 589).

Apesar do exaurimento da atividade jurisdicional, o juiz mantém certos poderes, como, v.g., determinar, no caso de trânsito em julgado para o réu que não apelou, a execução definitiva da sentença ou decretar, de ofício ou a requerimento, a prescrição.

1.6) Intimação da sentença

1.6.1) Intimação do réu

Da sentença (condenatória ou absolutória) deverão ser intimados o réu e seu advogado, não importando se o acusado está preso ou solto. Mas o artigo 392 do CPP dá a entender que a intimação pessoal do réu só é exigível quando ele estiver preso. Quando solto, bastaria a intimação do seu advogado (art. 392). No caso de réu solto, a sua intimação seria dispensável, portanto.

O tema é controvertido na doutrina e jurisprudência.

Temos que a melhor interpretação do artigo 392 do CPP, editado em plena ditadura Vargas, há de prestigiar os princípios do contraditório e da ampla dcfcsa, não a sua literalidade.

Logo, independentemente de o réu achar-se preso ou solto, a intimação pessoal do condenado e seu advogado (intimação conjunta) é absolutamente indispensável.

Afinal, não faria sentido algum que justamente aquele que sofrerá os efeitos jurídico-penais da sentença (o condenado) fosse dispensado de seu conhecimento, privando-o do direito fundamental de ser comunicado da sentença penal.

É também ilógico exigir-se a intimação no caso de réu preso e dispensá-la se o acusado estiver solto, seja porque há condenação em ambos os casos, seja porque, na primeira hipótese, já houve a prisão, e, na segunda, a prisão logo se consumará, seja porque há sempre prejuízo ao condenado, independentemente de estar preso ou solto quando da prolação da sentença.

Além do mais, no processo penal também o réu tem capacidade postulatória, podendo praticar certos atos processuais, a exemplo de apelar da sentença condenatória, pessoalmente, com ou sem advogado, com ou sem sua anuência.

Com efeito, o art. 577 do CPP[5] reconhece, expressa e autonomamente, ao réu e ao seu defensor legitimidade para interpor, diretamente, recurso contra sentença penal condenatória.

Também por isso, é imperiosa a intimação pessoal do réu da sentença penal condenatória, não bastando a intimação do seu advogado.

Tudo isso está a demonstrar que os prazos recursais não correrão contra o acusado sem que haja sua prévia intimação pessoal, não apenas de seu advogado, sob pena de violação aos princípios do contraditório e da ampla defesa.

Assim, quando houver intimação do advogado do réu, mas não do réu, segue-se que nem sequer terá início o prazo para apelar, tampouco a sentença transitará em julgado. Por isso, é nula a certidão que declarar o trânsito em julgado da sentença.

Em resumo, o artigo 392 do CPP, que parece exigir a intimação pessoal do réu somente quando ele estiver preso, há de interpretado conforme as garantias de uma Constituição democrática (1.988), não

5. Art. 577. O recurso poderá ser interposto pelo Ministério Público, ou pelo querelante, **ou pelo réu,** seu procurador ou seu defensor.

segundo os valores de um Código (1941) e uma Constituição (1937) autoritários e já superados.

Por fim, a jurisprudência é no sentido que a intimação do acórdão não precisa observar o artigo 392 do CPP, bastando a intimação do advogado. Temos, porém, que também aqui é necessária a dupla intimação do réu e de seu advogado, especialmente quando se tratar de acórdão condenatório proferido em ação penal originária. Mas existe precedente do STF determinando que o réu seja também intimado do acórdão condenatório[6]. No caso, a sentença foi absolutória, foi provida a apelação da acusação, sendo o réu condenado pelo tribunal. O réu sempre foi defendido pela defensoria pública.

1.6.2) Intimação do MP, Defensoria Pública etc.

A intimação do MP se dará pessoalmente nos próprios autos (LC n° 75, art. 18, II, h; CPP, art. 370, §4° e art. 390), assim como a da defensoria pública, cujos prazos contam em dobro (LC 80/1994, art. 128, I; CPC, art. 186). Igual tratamento – prazo em dobro - há de ter o defensor dativo que patrocine os interesses de acusado pobre, por força do princípio da isonomia. Mas o tema não é pacífico.

Dispõem também de prazo em dobro os escritórios de prática jurídica das faculdades de Direito reconhecidas na forma da lei e as entidades que prestam assistência jurídica gratuita em razão de convênios firmados com a Defensoria Pública (CPC, art. 186, §3°).

O querelante e o assistente de acusação serão intimados pessoalmente ou por seus advogados, sendo estes últimos cientificados mediante publicação no órgão oficial (CPP, art. 370, §1° e 390).

A intimação do defensor constituído, do advogado do querelante e do assistente far-se-á por publicação no órgão incumbido da publicidade dos atos judiciais da comarca, incluindo, sob pena de nulidade, o nome do acusado (CPP, art. 370, §1°). Mas a intimação pessoal,

6. Habeas corpus 185.051 Santa Catarina, relator Ministro Celso de Mello. Decisão de 21 de julho de 2020.

feita pelo escrivão, dispensará a aplicação a que alude o §1o. (CPP, art. 370, §2°).

Quando a intimação for feita por precatória, o prazo começa a fluir da efetiva intimação no juízo deprecado, não da juntada desse aos autos (Súmula 710 do STF).

Havendo oposição de embargos de declaração, temos ser aplicável ao caso subsidiariamente o artigo 1.026 do CPC[7], no sentido da *interrupção* para todas as partes – melhor seria *suspensão* – do prazo para a interposição do recurso cabível (apelação etc.).

1.7) Princípio da congruência ou correlação entre acusação, defesa e sentença

1.7.1) Introdução

O assim chamado princípio da congruência ou correlação entre acusação, defesa e sentença é uma dimensão essencial do princípio do contraditório e ampla defesa e da inércia da jurisdição (*ne procedat iudex ex oficio*), inerentes ao sistema de tipo acusatório garantista, determina que haja um mínimo de conformação entre acusação e sentença.

Como regra, uma vez oferecida a denúncia ou queixa e, portanto, fixado o objeto do processo penal, não é possível alterá-lo, exceto nos casos de *emandatio* e *mutatio libelli* (CPP, arts. 383/418 e 384). Ou de aditamento na forma do art. 569 do CPP.

Quando, fora dessas hipóteses, surgirem novos fatos ou novos personagens (coautores ou partícipes) durante o processo, caberá ao MP (ou querelante): a) promover a necessária investigação; b) propor uma nova denúncia; c)aditar a denúncia já oferecida na forma do art. 569 do CPP.

A denúncia ou queixa deve narrar os fatos criminosos e sua exata definição jurídico-penal, com indicação do tipo penal violado e eventuais circunstâncias qualificadoras, causas de aumento de pena e agravantes etc., devendo a sentença limitar-se aos termos da acusação. De um modo geral, o juiz não pode, por conseguinte, deferir pedidos que não constem,

7. Art. 1.026. Os embargos de declaração não possuem efeito suspensivo e interrompem o prazo para a interposição de recurso.

explícita ou implicitamente, da denúncia ou das alegações finais, sob pena de violação ao princípio da correlação.

A interpretação do que foi ou não pedido pela acusação considerará o conjunto da postulação e observará o princípio da boa-fé, nos termos do art. 322, §2°, do CPC, aplicável subsidiariamente à espécie.

Assim, por exemplo, se a denúncia imputa homicídio simples, o juízo não poderá pronunciar o réu por homicídio qualificado, embora possa pronunciar por homicídio simples se a denúncia atribuir homicídio qualificado. Afinal, quem pode o mais (absolver etc.), há de poder o menos (acolher parcialmente a denúncia, desclassificar o crime etc.).

Como escreve Gustavo Badaró, "separadas as funções, cabe ao juiz, somente ao juiz, apenas julgar. A função de acusar deve ser reservada a órgão distinto do juiz. Assim, não poderá o juiz iniciar o processo, sendo-lhe vedado o exercício da ação. Do *ne procedat iudex ex officio* deriva que o juiz não pode prover sem que haja um pedido e, como consequência, daí decorre outro princípio: o juiz não pode prover diversamente do que lhe foi pedido. O *ne procedat iudex ex officio* nada mais é do que corolário ou consequência do direito de ação. E, reflexo de ambos, surge a vedação de o juiz pronunciar-se sobre algo que não integrou o objeto do processo, isto é, a proibição de que o juiz profira um provimento sobre matéria que não foi trazida ao processo quando uma das partes exerceu o direito de ação; o juiz agiria de ofício e violando a regra da inércia da jurisdição" (Correlação entre acusação e sentença. São Paulo: RT, 2013, p.39).

O princípio da correlação, que é também uma dimensão do princípio da legalidade penal, presta-se, pois, a evitar excessos do poder punitivo.

É bem verdade que o art. 385 do CPP permite que o juiz reconheça agravante (CP, arts. 61 e 62) mesmo de ofício, o que é compreensível em se tratando de um Código editado em plena Ditadura Vargas (1941). No entanto, com o advento do art. 3°-A do CPP, que adota expressamente o sistema acusatório de processo penal, parece evidente que isso não pode ocorrer mais.

Se não cabe reconhecer agravante de ofício, com maior razão não é possível admitir-se causa de aumento de pena sem provocação do Ministério Público. Aliás, embora autorize a incidência de agravante, o art. 385 do CPP não chega a tolerar a aplicação de majorante sem pedido do MP.

Também por isso, não é possível reconhecer concurso de crimes (formal, material e continuidade delitiva) quando claramente o MP propuser a condenação por crime único. Nem cabe reconhecer concurso de infrações mais gravoso (concurso material) quando a acusação propõe o mais brando (continuidade delitiva).

Por fim, é preciso aplicar ao processo penal (art. 3°) o art. 10 do CPC, que veda decisões que surpreendam o réu e, pois, inviabilizem o contraditório e a ampla defesa. Ei-lo:

O juiz não pode decidir, em grau algum de jurisdição, com base em fundamento a respeito do qual não se tenha dado às partes oportunidade de se manifestar, ainda que se trate de matéria sobre a qual deva decidir de ofício.

Afinal, se o processo é procedimento realizado em contraditório (Fazzalari), cumpre efetivá-lo maximamente.

Em suma, aplicar agravante, causa de aumento de pena ou concurso material de infrações de ofício é admitir pena sem o devido processo legal e ofender o princípio da legalidade das penas.

1.7.2) Pode o juiz condenar sem pedido de condenação?

De acordo com o artigo 385 do CPP, o juiz pode condenar ainda que o Ministério Público proponha a absolvição[8]. O tema é controvertido.

Temos, porém, que esse dispositivo não foi recepcionado pela Constituição de 1988, a qual adotou, ainda que de modo sumário, o sistema acusatório de processo penal[9], que distingue, claramente, as funções de

---

8. Nos crimes de ação pública, o juiz poderá proferir sentença condenatória, ainda que o Ministério Público tenha opinado pela absolvição, bem como reconhecer agravantes, embora nenhuma tenha sido alegada. No caso de ação penal privada, porém, se o querelante não pedir a condenação, haverá perempção, logo, extinção da punibilidade (CPP, art.60, III).
9. De acordo com Ferrajoli, pode-se chamar acusatório todo sistema processual que tem o juiz como um sujeito passivo rigidamente separado das partes e o julgamento como um debate paritário, iniciado pela acusação, à qual compete o ônus da prova, desenvolvida com a defesa mediante um contraditório público e oral e solucionado pelo juiz, com base em sua livre convicção (...) De todos os elementos constitutivos do modelo teórico acusatório, o mais importante, por ser estrutural e logicamente pressuposto de todos os outros, indubitavelmente é a separação entre juiz e acusação. Direito e Razão – Teoria do garantismo penal. São Paulo: RT, 2014, p. 519 e ss.

acusar, defender e julgar (*actum trium personarum*), razão pela qual compete ao Ministério Público, como regra, e ao ofendido, como exceção (ação penal privada subsidiária), promover a ação penal pública, na forma da lei (CF, art. 129, I, art. 5°, LIX[10]).

Justo por isso, ao juiz não é dado iniciar o processo de ofício (*ne procedat iudex ex officio*), tampouco condenar o réu quando o Ministério Público, titular da ação penal, com boas ou más razões, propuser a absolvição.

Se o juiz, enquanto sujeito imparcial e garantidor dos direitos fundamentais, estiver em desacordo com a manifestação ministerial, é-lhe possível adotar duas alternativas: a) absolver o réu, ainda assim; b) invocar, analogicamente, o art. 28 do CPP[11], enviando os autos ao chefe da instituição ou a quem a lei designar (Câmara de Coordenação e Revisão), para que decida definitivamente sobre o tema.

Parece, inclusive, que essa última solução (item b) é a mais razoável, visto que, a fim de evitar que o juiz se converta em acusador, talvez se converta o acusador em juiz (item a), passando o MP a ser, além de *dominus litis*, também senhor da interpretação, se bem que nada mudará substancialmente se o órgão competente mantiver o pronunciamento pela absolvição.

De todo modo, o que não possível é o juiz natural substituir-se, sem mais, ao acusador constitucional (Ministério Público ou querelante) e condenar na falta de pedido condenatório por parte do órgão competente, porque a ausência de pedido de condenação equivale à ausência mesma de acusação. Condenar sem pedido de condenação é, pois, condenar arbitrariamente, com violação ao devido processo constitucional.

---

10. Será admitida ação privada nos crimes de ação pública, se esta não for intentada no prazo legal.

11. Se o órgão do Ministério Público, ao invés de apresentar a denúncia, requerer o arquivamento do inquérito policial ou de quaisquer peças de informação, o juiz, no caso de considerar improcedentes as razões invocadas, fará remessa do inquérito ou peças de informação ao procurador-geral, e este oferecerá a denúncia, designará outro órgão do Ministério Público para oferecê-la, ou insistirá no pedido de arquivamento, ao qual só então estará o juiz obrigado a atender.

Também por isso, o juiz não pode condenar além do pedido formulado pelo órgão da acusação (*ultra petita*), sob pena de violação ao princípio da correlação entre a acusação, a defesa e a sentença. Aliás, se não pode o menos (condenar além do pedido), sem observância das regras da *emendatio* e da *mutatio libelli* (CPP, arts. 383 e 384), não há de poder o mais: condenar sem pedido de condenação.

Ademais, se admitirmos que o juiz pode condenar por sua conta e risco, sem pedido condenatório, por que não poderia condenar *ultra petita*?

Em suma, o artigo 385 do CPP só faz sentido num sistema inquisitório ou tendencialmente inquisitório, próprio de modelos autoritários de processo penal (no caso, ditadura Vargas), não num sistema de tipo acusatório, tampouco acusatório-garantista-democrático de processo penal[12], que atribui a órgãos distintos e independentes as funções de acusar, defender e julgar, e que prima, ou deve primar, pela imparcialidade dos julgamentos, como garantia fundamental dos acusados, essencial à realização do *due process of law*, formal e substancial.

Daí dizer Figueiredo Dias[13] que a acusação define e fixa, perante o juiz ou tribunal, o objeto do processo, que, por sua vez, delimita e fixa os limites dos poderes de cognição e decisão do juízo ou tribunal. Em suma, o objeto do processo penal é o objeto da acusação. Apesar disso, o autor, cuja obra é de 1974, admite a possibilidade de condenação sem pedido condenatório, se bem que fazendo remissão a dispositivos do Código de Processo Penal português de 1929, revogado

Convém lembrar, por fim, que quando se tem um juiz por acusador é preciso ter Deus como defensor! (Radbruch).

---

12. Um sistema garantista é necessariamente acusatório, mas a recíproca não é verdadeira, isto é, um sistema acusatório não é necessariamente garantista. O sistema acusatório é, pois, uma condição necessária, mas não suficiente, para a realização de um modelo garantista de processo. Daí figurar apenas como um dos axiomas do garantismo, o oitavo (*nullum iudicium sine accusatione*). Ver Jacinto Nélson de Miranda Coutinho. Sistema acusatório: cada parte no lugar constitucionalmente demarcado. Revista de informação legislativa, v. 46, n. 183, p. 103-115, jul./set. 2009.
13. Figueiredo Dias, Jorge de. Direito processual penal. Coimbra: Coimbra editora, 2004, pp. 144/145.

1.7.3) Pode o juiz reconhecer circunstâncias agravantes não requeridas pelo MP?

A mesma crítica deve ser feita à possibilidade de reconhecimento de circunstância agravante (CP, art. 61) também prevista no art. 385 do CPP, seja porque não foi submetida ao contraditório e à ampla defesa, seja porque fere o sistema acusatório e a regra da correlação. Se, por exemplo, o MP nada disse sobre a incidência da agravante da reincidência, do motivo fútil ou torpe etc., não é lícito reconhecê-las de ofício (CP, art. 61), embora seja isso comum na prática forense[14].

Justo por isso, o dispositivo não admite a aplicação de ofício de causas de aumento de pena (motivo torpe, motivo fútil etc.). Quer se trate de causas de aumento, quer se trate de agravantes, o tratamento há de ser o mesmo: se não houver pedido expresso ou tácito da acusação, não são passíveis de reconhecimento.

Nada impede, todavia, que o juiz reconheça causas de diminuição de pena ou circunstâncias atenuantes (v.g., crime tentado, arrependimento posterior etc.), ainda que sem provocação da acusação ou da defesa. É que quem pode o mais (absolver) pode o menos: condenar aquém do pedido.

Em resumo, numa perspectiva acusatório-garantista de processo, é vedado surpreender as partes, especialmente a defesa, não importando, em princípio, se a decisão agrava ou atenua a imputação jurídico-penal[15].

---

14. De acordo com Weber Martins Batista: o que não se pode fazer é considerar essa agravante (a reincidência) ou qualquer outra com base em prova juntada aos autos depois de feitas as alegações finais, sem ouvir sobre isso o réu, pois ninguém mais do que ele sabe se tem ou não condenação anterior. Direito penal e direito processual penal, cit., p. 167.

15. Como escreve Germano Marques da Silva, o acusado defende-se da acusação e por isso não pode ser surpreendido com alterações de fatos ou qualificações jurídicas relevantes para a sua defesa. A plenitude de defesa implica que a sentença só possa incidir sobre fatos constantes da acusação notificada ao acusado e por consequência o julgamento, de modo que a sentença não pode incidir sobre fatos não contidos no processo. Direito processual português. Lisboa: Universidade católica editora, 2015, v. 1, p.385.

1.8) *Emendatio libelli*

1.8.1) Conceitos, distinções, princípio da não surpresa etc.

A *emendatio libelli* (CPP, arts. 383 e 418[16]) é a mudança, no todo ou em parte, da tipificação penal dos fatos imputados na denúncia ou na queixa. É uma redefinição jurídico-penal da imputação, não uma alteração dos fatos objeto da imputação. E pode ocorrer a pedido ou de ofício, com ou sem alteração da pena cominada, para mais ou para menos.

Normalmente, o juiz só pode condenar (ou absolver) nos exatos termos da acusação formulada na denúncia ou na queixa, sob pena de violação ao princípio da correlação (ou congruência) entre acusação e sentença. Como regra, não lhe é dado, por conseguinte, conhecer e apreciar fatos ou circunstâncias não mencionadas pelo órgão acusador no momento oportuno. Quem acusa não julga, quem julga não acusa (princípio acusatório).

Apesar disso, o juiz pode perfeitamente discordar da qualificação jurídico-penal pretendida pela acusação e dar a tipificação que lhe parecer mais adequada, mais ou menos gravosa (*emendatio libelli*), desde que observe o contraditório e, pois, não surpreenda as partes.

Pode também ocorrer de, durante a instrução, surgir prova de elemento ou circunstância da infração penal não contida na acusação, modificando (em parte) a própria descrição dos fatos (*mutatio libelli*), podendo alterar ou não a definição jurídico-penal inicialmente proposta pela acusação (*emendatio libelli*). Nesse caso, há necessidade de intimar o MP, que aditará (ou não) a denúncia, seguindo-se o contraditório sobre o possível aditamento (CPP, art. 384).

Em verdade, as questões de fato e as questões de direito são inseparáveis, já que, como ensinou Castanheira Neves, o jurista pensa o fato a partir do direito e pensa o direito a partir do fato[17].

---

16. Art. 383. O juiz, sem modificar a descrição do fato contida na denúncia ou queixa, poderá atribuir-lhe definição jurídica diversa, ainda que, em consequência, tenha de aplicar pena mais grave. Art. 418. O juiz poderá dar ao fato definição jurídica diversa da constante da acusação, embora o acusado fique sujeito a pena mais grave.
17. Textualmente: "...Pois geralmente se reconhece que a distinção absoluta, ou logicamente pura, entre 'o direito' e o 'facto' não é realizável, dado que, se por um lado, os 'factos relevantes' são já em si seleccionados e determinados em função da norma

Quanto à questão jurídica, o Código adota a regra *iura novit curia* (o juiz conhece a lei), segundo a qual o réu se defende dos fatos, e não da classificação jurídico-penal que se lhe dá. Assim, o juiz, sem modificar a descrição do fato contida na denúncia ou queixa, poderá atribuir-lhe definição jurídica diversa, ainda que, em consequência, tenha de aplicar pena mais grave (CPP, art. 383), podendo, por exemplo, condenar, não por furto, mas por estelionato, não por roubo, mas por extorsão etc. O juiz ou tribunal pode, portanto, divergindo da acusação ou da defesa, dar a tipificação que lhe parecer mais correta ou adequada.

Já vimos, porém, que não existem fenômenos criminosos, mas uma interpretação criminalizante dos fenômenos. Logo, a qualificação jurídica dos fatos é essencial à compreensão e à refutação da denúncia, seja porque cada tipo penal tem seus próprios elementos objetivos e subjetivos etc., seja porque a nova classificação pode surpreender absolutamente a acusação e a defesa e, pois, ferir de morte o contraditório[18].

A exata classificação jurídica dos fatos é relevantíssima também porque tem implicações diretas sobre o tipo de procedimento (comum, especial etc.) e sobre diversos institutos penais e processuais (competência do juízo, prisões, prescrição, suspensão condicional do processo etc.), razão pela qual não pode ser relegada a segundo plano.

Como escreve Fabiano Pimentel, "a premissa de que o réu se defende tão somente dos fatos é falsa, e partindo-se de uma premissa falsa, falsa é a conclusão do discurso doutrinário tradicional (...). Dizer-se que o juiz pode mudar esta classificação jurídica é gerar nova acusação sem

---

aplicável, em função de uma perspectiva jurídica, a norma aplicável (o direito), por outro lado, não pode deixar de ser seleccionada e determinada em função da estrutura concreta do caso a decidir. Ao considerar-se a questão-de-facto está implicitamente presente e relevante a questão-de-direito; ao considerar-se a questão-de-direito não pode prescindir-se da solidária influência da questão-de-facto. Ou, numa formulação bem mais expressiva: 'para dizer-se a verdade 'o puro facto" e o 'puro direito' não se encontram nunca na vida jurídica: o facto não tem existência senão a partir do momento em que se torna matéria de aplicação do direito, o direito não tem interesse senão no momento em que se trata de aplicar o facto; pelo que, quando o jurista pensa o facto, pensa-o como *matéria* do direito, quando pensa o direito, pensa-o como *forma* destinada ao facto. António Castanheira Neves. Questões-de-facto – Questões de direito. Coimbra: Livraria Almedina, 1967, p.55/56.

18. No mesmo sentido, ação penal 545, do STF, relator Ministro Luiz Fux.

defesa, é dar ao magistrado o poder de alterar a acusação, aplicando pena mais gravosa ao réu, com violação ao sistema acusatório constitucional. É, enfim, e mais uma vez, surpreender o acusado ao final do processo, com uma acusação desconhecida, reduzindo o contraditório e cerceando o princípio da amplitude de defesa"[19].

Imagine-se, por exemplo, que, denunciado por furto simples (CP, art. 155, caput), o réu defenda três teses: o princípio da insignificância, uma das causas especiais de isenção de pena do art. 181 do CP (crime contra cônjuge etc.) e prescrição, mas o juiz, surpreendentemente, condene por roubo simples (CP, art. 157, caput), delito que não admite tais alegações e cuja prescrição é o dobro do prazo (16 anos). Ora, é evidente que, além de surpreender as partes, a sentença violou o contraditório e a ampla defesa. Afinal, não houve contraditório algum relativamente à inovação admitida na sentença. Nada mudaria substancialmente se, com a nova definição jurídico-penal, incidisse crime menos grave, já que a surpresa persistiria.

O que importa, portanto, não é se a decisão agrava ou atenua a acusação formulada, mas se as partes foram devidamente informadas da possível inovação, se foram ou não surpreendidas, em suma, se foi ou não respeitado o direito ao contraditório e à ampla defesa.

Em suma, apesar de o réu se defender, em princípio, de fatos, não de números ou de artigos de lei, é evidente que a qualificação jurídica que incide sobre os fatos pode surpreender e prejudicar a defesa, que há de ser ampla, e não simples defesa[20]. Ademais, os fatos são ou não relevantes, produzem ou não determinada consequência jurídica de acordo com a valoração jurídico-penal que recaia sobre eles. É certo ainda que a estratégia adotada pela defesa depende muito da definição jurídico-penal dos fatos.

Aliás, se decisões surpresas são terminantemente proibidas no processo civil (CPC, art. 10[21]), devem sê-lo com maior razão no processo penal, razão pela qual o juiz há de provocar o prévio debate sobre a pos-

19. Processo Penal. Belo Horizonte: D'Plácido, 2020, p. 875/876.
20. Weber Martins Batista. Direito penal e direito processual penal. Rio de Janeiro: Forense, 1996, p.163.
21. O juiz não pode decidir, em grau algum de jurisdição, com base em fundamento a respeito do qual não se tenha dado às partes oportunidade de se manifestar, ainda que se trate de matéria sobre a qual deva decidir de ofício.

sível *emendatio libelli*, não importando se a nova tipificação é favorável ou prejudicial à defesa[22].

Afinal, se, numa ação civil em que se discute, por exemplo, uma simples multa de trânsito, o juiz não pode surpreender as partes, tampouco poderá fazê-lo quando estiver em causa a liberdade da pessoa humana, em virtude de processo criminal.

Ainda que se trate de matéria que possa ser conhecida de ofício (v.g., prescrição), cabe ouvir, por conseguinte, as partes, a fim de evitar, inclusive, decisões incorretas sobre tema tão complexo e controvertido (prescrição).

Se, ao ser consultado, o Ministério Público mantiver o pedido condenatório como formulado na denúncia, parece-nos que o juiz não poderá condenar diversamente, exceto se *in bonam partem* (ou *pro reo*) e desde que haja prévio debate sobre o tema. Assim, se o MP insistiu na condenação por furto, o juiz não poderia condenar por roubo; poderia, no entanto, condenar por furto se o MP postulasse a condenação por roubo.

Naturalmente que, nos processos em que a exata tipificação do fato vem sendo discutida desde sempre, pela acusação e defesa, não haverá surpresa, tampouco violação ao sistema acusatório. Cuidar-se-á apenas de acolher, ou rejeitar, uma das teses suscitadas pelas partes. É o que ocorre, por exemplo, quando o MP narra acidente de trânsito com morte e afirma que, como o condutor dirigia embriagado, houve dolo eventual, não culpa consciente, contrariamente à defesa que insiste na tese contrária, de que houve simples imprudência.

---

22. No mesmo sentido, Gustavo Badaró: "A permissão dada ao juiz para mudar a qualificação jurídica do fato não significa que possa fazê-lo diretamente, sem qualquer comunicação às partes. Os princípios *iura novit curia* e *narra mihi factum, dabo tibi ius* apenas asseguram que o juiz pode alterar a capitulação dos fatos constantes da denúncia. Porém, outro princípio, o do contraditório, impõe-lhe a comunicação prévia às partes, antes de tomar uma decisão, ainda que se trate daquelas que podem ser tomadas de ofício. O respeito ao contraditório visa, também, a evitar surpresas às partes". Correlação entre acusação e sentença. São Paulo: RT, 2013, p.142. E Rômulo de Andrade Moreira. Estudos críticos sobre o processo penal brasileiro, livro 1. Florianópolis: Empório do Direito, 2017. Em sentido contrário, Eugênio Pacelli de Oliveira. Curso de processo penal. São Paulo: Atlas, 2017.

Normalmente a *emendatio libelli* dá-se no momento da prolação da sentença; mas ela é possível antes disso (v.g., quando do recebimento da denúncia ou queixa), sobretudo quando o juiz verificar que há manifesto abuso do poder de acusar, isto é, a tipificação penal vai muito além dos fatos narrados. Nesse caso, cabe também impugná-la em *habeas corpus*, especialmente quando a tipificação implica graves restrições à liberdade.

É irrelevante se, com a *emendatio* ou *mutatio libelli*, ocorre desclassificação para crime mais ou menos grave ou de igual gravidade.

Apesar de admissível a *emendatio libelli* em segundo grau, não a *mutatio libelli* (Súmula 453 do STF)[23], temos que, se o juiz acolher o pedido da acusação nos termos em que foi formulado durante todo o processo, faltará interesse de agir ao MP para apelar da sentença com a finalidade de mudar a tipificação por ele mesmo proposta. Assim, por exemplo, se acolhido o pedido de condenação por estelionato majorado (CP, art. 171, §3º), tal como pedido pela acusação, o MP não poderia apelar para alterar a definição jurídico-penal para o delito mais grave do art. 313-A do CP (inserção de dados falsos em sistema de informações) e assim agravar a pena.

De fato, não pode o MP pretender alterar a tipificação, seja por lhe faltar interesse de agir, já que seu pedido foi acolhido nos seus exatos termos, logo, não sofreu gravame algum, seja porque haveria violação ao princípio da correlação entre acusação, defesa e sentença se o tribunal resolvesse mudar os termos da acusação desde sempre formalizada.

Se assim fosse, ofender-se-iam, ainda, os princípios do contraditório efetivo e da ampla defesa, além do artigo 10 do CPC, aplicável ao caso subsidiariamente (CPP, art. 3°), que veda decisões surpresas, visto que em momento algum do processo a defesa teve a oportunidade de se manifestar sobre essa nova tipificação e refutá-la ou produzir prova relativamente a ela.

---

23. A Súmula 453 diz: Não se aplicam à segunda instância o art. 384 e parágrafo único do Código de Processo Penal, que possibilitam dar nova definição jurídica ao fato delituoso, em virtude de circunstância elementar não contida, explícita ou implicitamente, na denúncia ou queixa.

1.8.2) Implicações sobre a ação penal, competência do juízo etc.

A *emendatio libelli* é possível tanto em crime de ação pública quanto em delito de ação privada. Mas pode ocorrer de a mudança da tipificação alterar o tipo de ação penal, modificando um crime de ação pública para um de iniciativa privada ou o contrário.

Na primeira hipótese (mudança da ação penal pública para privada), o MP carecerá de legitimidade ativa, implicando extinção da ação penal pública; e se já tiver decorrido o prazo de seis meses, o ofendido decairá do direito de queixa; se não, poderá intentar queixa no prazo legal.

No segundo caso, em que o processo se iniciou por meio de queixa, mas a nova tipificação importou em crime de ação pública, já agora é o querelante que carecerá de legitimidade ativa, implicando extinção da ação penal privada; mas o MP poderá oferecer denúncia se não tiver havido extinção da punibilidade (prescrição etc.).

Nessa última hipótese, quando se tratar de crime que exija representação, a queixa já intentada valerá como tal porque a representação não requer formalidades especiais, bastando a manifestação clara de deflagrar a ação penal, o que já foi feito por meio da queixa.

Se, em consequência de definição jurídica diversa, houver possibilidade de proposta de suspensão condicional do processo, o juiz procederá de acordo com o disposto na lei.

Tratando-se de infração da competência de outro juízo, a este serão encaminhados os autos.

1.9) *Mutatio libelli*

1.9.1) Introdução, conceito, distinções

Existe *mutatio libelli* (CPP, art. 384[24]) quando houver necessidade de aditar à denúncia *elemento* ou *circunstância* relevante do

24. Art. 384. Encerrada a instrução probatória, se entender cabível nova definição jurídica do fato, em consequência de prova existente nos autos de elemento ou circunstância da infração penal não contida na acusação, o Ministério Público deverá aditar a denúncia ou queixa, no prazo de 5 (cinco) dias, se em virtude desta houver sido instaurado o processo em crime de ação pública, reduzindo-se a termo o aditamento, quando feito oralmente.

crime que dela não constou, seja porque houve omissão, seja porque seu conhecimento ou a respectiva prova só foi colhida *a posteriori*. Não se trata, por conseguinte, de fato novo, nem de fato conexo ou de novos personagens, mas do mesmo fato, acrescentado de circunstância juridicamente relevante. Assim, por exemplo, se, no curso da instrução, se descobre que o réu, denunciado por furto (CP, art. 155), era funcionário público, caso em que responderá pelo crime de peculato (CP, art. 312). Fatos novos ou conexos não podem ser objeto de emenda ou mudança do libelo, mas de processo autônomo ou de aditamento na forma artigo 569 do CPP.

Nem sempre é fácil distinguir *emendatio* e *mutatio libelli*, sendo muito comum confundi-los.

Mas, de um modo geral, diz-se que na *emendatio libelli* há alteração apenas da tipificação; na *mutatio*, uma mudança dos fatos, ainda que parcial, podendo ou não mudar a capitulação jurídica[25]. Haveria mudança do libelo, por exemplo, quando, num processo em que se imputasse apenas crime de roubo simples (CP, 157, caput), surgisse prova de emprego de arma de fogo, majorando-o (CP, art. 157, §2° A, I). Normalmente, como ocorre nesse exemplo, a *mutatio* implica também uma *emendatio*.

Veja-se também aí que se a denúncia mencionasse, explicitamente, o emprego de arma de fogo, mas tal circunstância não constasse do pedido por simples omissão, o caso já não seria de *mutatio*, mas de *emendatio*.

De certo modo, a distinção entre um instituto e outro não existe *a priori*, mas *a posteriori*; e não preexiste à interpretação, mas é dela resultado, razão pela qual é muito frequente divergir-se, com boas razões, sobre o tema.

Essa terminologia (*emendatio e mutatio*) é um tanto confusa e desnecessária e poderia ser perfeitamente abolida, como fazem os Códigos

25. Nesse sentido, Eugênio Pacelli (Curso de processo penal. São Paulo: Atlas, 2017, p. 662): "Enquanto na emendatio a definição jurídica refere-se unicamente à classificação dado ao fato, na mutatio libelli, a nova definição será do próprio fato. Não se altera simplesmente a capitulação feita na inicial, mas a própria imputação do fato".

português (art. 358[26]) e italiano (art. 516[27]), ao tratarem da *alteração não substancial dos fatos* e da *mudança da imputação*. Se abolida, a lei diria apenas que, quando houvesse a possibilidade de alteração da definição jurídico-penal dos fatos ou dos próprios fatos, o Ministério Público (ou querelante) e a defesa deveriam ser intimados para se manifestar, aditando-se ou não a acusação já deduzida.

Não há *mutatio*, e sim *emendatio*, quando nada se adita, mas, ao contrário, retira-se algo da acusação (v.g., se, no exemplo dado, denunciado por roubo majorado, o juiz condenasse o réu por roubo simples, por falta de prova do emprego de arma de fogo). Na *mutatio* há acréscimo de *elemento* ou *circunstância* não contida na acusação.

Tanto na emenda quanto na mudança do libelo o que de fato importa é que seja respeitado o sistema acusatório, que o juiz não assuma o lugar do acusador, que haja efetivo contraditório e a defesa não seja surpreendida.

*1.9.2) Conceito de **elemento** e **circunstância** da infração penal*

Por "elemento ou circunstância da infração penal não contida na acusação" a que se refere o artigo 384 do CPP há de entender-se todo e qualquer dado juridicamente relevante apto a alterar, no todo ou em parte, a imputação inicialmente feita, podendo ser aspectos essenciais do crime - elemento da infração penal - (dolo, a condição de servidor

26. **Artigo 358.º**

    Alteração não substancial dos factos descritos na acusação ou na pronúncia 1 - Se no decurso da audiência se verificar uma alteração não substancial dos factos descritos na acusação ou na pronúncia, se a houver, com relevo para a decisão da causa, o presidente, oficiosamente ou a requerimento, comunica a alteração ao arguido e concede-lhe, se ele o requerer, o tempo estritamente necessário para a preparação da defesa. 2 - Ressalva-se do disposto no número anterior o caso de a alteração ter derivado de factos alegados pela defesa. 3 - O disposto no n.º 1 é correspondentemente aplicável quando o tribunal alterar a qualificação jurídica dos factos descritos na acusação ou na pronúncia.

27. **Art.516.**

    Modifica della imputazione. 1. Se nel corso dell'istruzione dibattimentale il fatto risulta diverso da come è descritto nel decreto che dispone il giudizio, e non appartiene alla competenza di un giudice superiore, il pubblico ministero modifica l'imputazione e procede alla relativa contestazione.

público etc.) quanto acidentais do tipo – *circunstância da infração penal*, tais como qualificadoras, causas de aumento de pena etc.

Elemento é, pois, um requisito essencial do crime sem o qual ele não se perfaz, importando na atipicidade da conduta ou na desclassificação para tipo penal diverso (v.g., a ausência de dolo tanto pode implicar crime culposo quanto fato atípico). E *circunstância* é um dado acidental da infração penal capaz de agravá-la (causas de aumento etc.).

Apesar de o artigo 384 do CPP falar de aditamento *pelo Ministério Público*, restringindo o instituto à ação penal pública e à ação penal privada subsidiária (CPP, art. 45), não vemos porque não se admitir a *mutatio libelli* também na ação penal de iniciativa privada, de modo a preservar o princípio da correlação.

1.9.3) Aditamento da denúncia, reabertura da instrução etc.

O MP aditará a denúncia ou queixa (subsidiária), no prazo de cinco dias, por escrito ou oralmente. Se não o fizer, aplica-se o art. 28 do CPP. Parte da doutrina tem, no entanto, que essa iniciativa do juiz no sentido de provocar a atuação do MP é incompatível com o sistema acusatório (*ne procedat iudex ex officio*).

Ouvido o defensor do acusado no prazo de cinco dias e admitido o aditamento, o juiz, a requerimento de qualquer das partes, designará dia e hora para continuação da audiência, com inquirição de testemunhas, novo interrogatório do acusado, realização de debates e julgamento. Havendo aditamento, cada parte poderá arrolar até três testemunhas, no prazo de cinco dias, ficando o juiz, na sentença, limitado aos termos do aditamento.

Quando não for recebido o aditamento, o processo prosseguirá.

Se, em consequência de definição jurídica diversa, houver possibilidade de proposta de suspensão condicional do processo, o juiz procederá de acordo com o disposto na lei.

Tratando-se de infração da competência de outro juízo, a este serão encaminhados os autos.

Também a *mutatio* pode implicar modificação do tipo de ação penal, tal como vimos em relação à *emendatio*, gerando os mesmos problemas e soluções já mencionados.

1.9.4) Questões controversas: coautoria, dolo, tentativa etc.

Parte da doutrina tem que, ocorrendo desclassificação de um crime doloso para culposo (ou preterdoloso), de consumado para tentado, de autoria (ou coautoria) para participação, de crime comissivo para omissivo e vice-versa, haveria *mutatio*, não *emendatio libelli*, fazendo incidir o artigo 384 do CPP[28].

Na verdade, tais hipóteses nada têm de especial e podem dar lugar tanto à *mutatio* quanto à *emendatio libelli* ou a nada disso, a depender do modo como tais questões são postas e discutidas no processo. Justo por isso, uma resposta *a priori* num ou noutro sentido seria incorreta. A resposta correta dependerá das circunstâncias do caso concreto.

Há *emendatio libelli*, por exemplo, se o juiz apenas acolher a tese de culpa consciente suscitada pela defesa e rejeitar a do MP, de dolo eventual, relativamente a um acidente de trânsito em que o condutor do veículo dirigia embriagado. O mesmo ocorreria, *mutatis mutandis*, se o juiz preferisse a tentativa à consumação, a participação à coautoria etc., sempre que não houvesse alteração relevante dos fatos narrados na denúncia, mas simples divergência sobre a melhor definição jurídico-penal dos fatos.

Como é óbvio, a hipótese seria de *mutatio libelli*, se, iniciado o processo por crime tentado, o crime viesse a se consumar durante a sua tramitação. Assim, por exemplo, se, tendo havido denúncia por homicídio tentado, a vítima viesse a morrer em razão da ação típica praticada, o MP teria de aditá-la, inclusive para fazer prova do nexo causal entre as lesões e a morte superveniente.

Com relação à coautoria e à participação, como o Código Penal adotou a teoria unitária (art. 29), equiparando, como regra, coautores

28. Nesse sentido, Aury Lopes, Direito processual penal, cit. E Gustavo Badaró, Princípio da Correlação, cit.

e partícipes, a imputação jurídico-penal não suscitará problemas especiais. Mas também aqui, a depender de como os fatos foram narrados na denúncia ou queixa, tanto a emenda quanto a mudança do libelo são perfeitamente possíveis. Haveria, por exemplo, *mutatio libelli* se o MP dissesse que o réu foi um dos executores do homicídio (coautoria) e a instrução revelasse que ele fora, em verdade, mero cúmplice, por ter fornecido as armas utilizadas no crime ou vice-versa. Esse exemplo mostra, aliás, que a *mutatio libelli* não necessariamente implica *emendatio libelli*.

Em suma, a questão fundamental não reside em saber se houve alteração de dolo para culpa ou de consumação para tentativa etc., ou o contrário, mas se houve, concretamente, alteração juridicamente relevante dos fatos narrados na denúncia ou queixa (*mutatio libelli*). Ou simples divergência sobre a melhor tipificação (*emendatio libelli*).

2) TEORIA DOS RECURSOS PENAIS

2.1) Introdução

É próprio das democracias que as decisões judiciais sejam passíveis de reexame e reforma por órgão judicante diverso ou pelo mesmo órgão. O recurso é, pois, o instrumento legal de impugnação das decisões para um juízo ou tribunal, a fim de reformá-la, integrá-la ou esclarecê-la, no todo ou em parte.

Distingue-se das ações autônomas de impugnação (revisão criminal, habeas corpus, mandado de segurança etc.), porque enquanto o recurso impugna a decisão na mesma relação processual – o recurso é uma fase ou continuação do processo -, as ações autônomas inovam a relação processual. E diferem também dos chamados sucedâneos recursais, que são meios de impugnação não enquadráveis em tais conceitos, a exemplo de pedido de reconsideração, correição parcial etc.

É comum a seguinte classificação doutrinária dos recursos: 1) Quanto às restrições à admissibilidade e à fundamentação: a) *recursos de fundamentação livre* são os que permitem discutir toda a matéria de fato e de direito, sem limitações (v.g., apelação); b) *recursos de fundamenta-*

ção vinculada são os admitidos somente em casos excepcionais, e, pois, exigem uma fundamentação especial, limitada a determinadas questões, a exemplo dos recursos extraordinário e especial, que se prestam a discutir apenas matéria de direito, mais precisamente, violação direta à Constituição e à lei federal ou tratado, respectivamente; 2) Quanto à extensão da matéria impugnada: a) *recursos totais* são aqueles em que a parte impugna toda a matéria juridicamente relevante (v.g., apelação em que o condenado combate todos os fundamentos da condenação); b) *recursos parciais* são os que se restringem a um capítulo ou tema da decisão (v.g., apelação em que o réu se limita a impugnar a individualização da pena). Quando a parte não especifica a extensão do recurso, presume-se que se trata de impugnação total; 3) quanto ao grau hierárquico: a) *recursos verticais* são os apreciados e julgados por um tribunal superior (apelação etc.); b) *recursos horizontais* são os apreciados pelo mesmo juízo ou tribunal que proferiu a decisão (v.g., embargos de declaração).

2.2) Duplo grau de jurisdição

Embora a Constituição não refira explicitamente o duplo grau de jurisdição, há um certo consenso[29] no sentido de que se trata de uma

29. Nesse sentido, Rômulo de Andrade Moreira: A Constituição Federal prevê o duplo grau de jurisdição não somente no já referido art. 5°, LV, como também no seu art. 93, III (acesso aos tribunais de segundo grau) e pressupõe, evidentemente, uma decisão judicial e a sucumbência (prejuízo). Curso temático de processo penal. Salvador: Juspodivm, 2009, p.323/324. E Fernando da Costa Tourinho Filho: "O que se infere do nosso ordenamento jurídico é que o duplo grau de jurisdição é uma realidade incontrastável. Sempre foi assim entre nós. Isso mesmo se infere do art. 92 da CF, ao falar de Tribunais e Juízes Federais, Tribunais e Juízes Eleitorais. Observe-se que o art. 93, III, da CF faz alusão ao 'acesso aos tribunais de segundo grau', numa demonstração de que há órgãos jurisdicionais de 1° e 2° grau. O art. 108, II, da Magna Carta diz *competir aos Tribunais Regionais Federais julgar, em grau de recurso, as causas decididas pelos juízes federais e pelos juízes estaduais no exercício da competência federal na área de sua jurisdição*. Evidente também competir aos Tribunais estaduais julgar, em grau de recurso, as causas decididas pelos Juízes estaduais no exercício de sua competência própria (...). Observe-se, ainda que o art. 5°, LV, da CF dispõe que "aos litigantes, em processo judicial ou administrativo, e aos acusados em geral são assegurados o contraditório e a ampla defesa, *com os meios e recursos a ele inerentes*". Manual de direito processual penal. São Paulo: Saraiva, 2017, p.80.

garantia constitucional implícita. Além disso, o Brasil é signatário de tratados internacionais que o preveem expressamente[30].

Ademais, decisões irrecorríveis ou inquestionáveis são típicas de regimes autoritários e, pois, incompatíveis com os sistemas democráticos contemporâneos que preveem diversas garantias penais e processuais penais, dentre as quais, o duplo grau de jurisdição.

Como regra, as decisões judiciais (sentenças e decisões interlocutórias) são, portanto, passíveis de recurso para uma instância diversa ou superior.

Como o duplo grau de jurisdição pressupõe dois órgão judiciários distintos e hierarquizados[31], não é manifestação do princípio a possibilidade de interposição de certos recursos para o mesmo juízo ou tribunal (v.g., embargo de declaração). Nem a admissão de recursos excepcionais que não permitam a apreciação integral do julgado (a matéria de fato e de direito), a exemplo dos recursos extraordinário e especial, visto que só são admitidos para apreciar e discutir violação direta à Constituição e à lei federal ou tratado.

Assim, nos processos de competência originária dos tribunais, não há rigorosamente duplo grau de jurisdição, ainda que seus regimentos prevejam recursos para o próprio tribunal, seja porque não admitem apelação ou recurso ordinário[32], seja porque os recursos extraordinário (CF, 102, III), para o STF, e o especial (CF, art. 105, III), para o STJ, não se prestam a discutir matéria de fato. Tampouco existe duplo grau de jurisdição nas ações penais de competência originária dos tribunais.

Duplo grau de jurisdição não se confunde, portanto, com recorribilidade, porque, assim como é possível recurso sem duplo grau de

30. Nesse sentido, Pacto de São José da Costa Rica (art. 8°, 2, h), ao dispor que todo acusado tem o direito de recorrer da sentença para juiz ou tribunal superior. E o Pacto Internacional de Direitos Civis e Políticos (art. 14, 5): toda pessoa declarada culpada por um delito terá o direito de recorrer da sentença condenatória e da pena a uma instância superior, em conformidade com a lei.
31. Nesse sentido, Fredie Didier Jr e Leonardo Carneiro da Cunha. Curso de direito processual civil, v. 3. Salvador: Juspodivm, 2018.
32. Assim, por exemplo, o recurso ordinário em habeas corpus (CF, art. 102, II, a, e art. 105, II, a).

jurisdição (v.g., recurso especial e extraordinário), é possível duplo grau de jurisdição sem recurso (v.g., remessa de ofício).

Como os recursos pressupõem voluntariedade, a remessa necessária recurso não é. O tema é controverso, havendo quem diga que existe recurso também aí.

O CPP (art. 574) prevê a remessa oficial, dentre outras hipóteses, da decisão concessiva de habeas corpus. Temos, porém, que esse dispositivo legal não foi recepcionado pela Constituição, pois o que se presume é a inocência, não a culpa, razão pela qual a liberdade é a regra, a culpa, a exceção. Logo, não faz sentido que uma decisão confirmatória da liberdade seja submetida a reexame necessário. O contrário é que teria amparo constitucional, isto é, a previsão de *recurso de ofício* das decisões denegatórias da liberdade.

2.3) Interesse e legitimidade para recorrer

De um modo geral, tem interesse e legitimidade para recorrer todo sucumbente, total ou parcial.

No processo penal, toda sentença condenatória implica prejuízo para o réu, razão pela qual a defesa poderá recorrer incondicionalmente, a fim de reformá-la total ou parcialmente. É irrelevante, inclusive, se a decisão está conforme a defesa do acusado, porque, ainda que tenha se limitado a pedir a aplicação da pena no mínimo legal, tal como acolhido pelo juízo, o réu poderá impugnar toda a sentença com novos argumentos. A defesa pode legitimamente mudar de estratégia mesmo em grau de recurso ou em revisão criminal.

Embora em caráter excepcional, também da sentença absolutória é possível apelação do réu sempre que tal implicar algum gravame juridicamente relevante. Assim, por exemplo, se, tendo alegado legítima defesa real, for reconhecida a forma putativa, visto que a mudança da fundamentação da decisão poderá ter implicações no direito civil para efeito de reparação do dano (material e moral).

Temos que, mesmo quando reconhecida a prescrição, é justo admitir-se, em caráter excepcional, recurso da defesa que pretenda provar que o fato não ocorreu ou que o réu não é seu autor, em virtude da repercussão (social, moral etc.) da acusação formulada. Imagine-se, por exemplo, a situação do pai acusado de abuso sexual contra os filhos que pretendia provar sua inocência, mas foi impedido em virtude da decisão extintiva da punibilidade.

O Ministério Público poderá recorrer tanto das sentenças condenatórias quanto das absolutórias, inclusive em favor do acusado (CF, art. 127). Afinal, compete-lhe a defesa da ordem jurídica e do regime democrático, aí incluídas as garantias do réu. Quem ainda acredita que o MP é um colecionador de condenações não compreendeu bem o papel constitucional da instituição.

Parece-nos, porém, que, se o MP tiver pedido a absolvição, faltar-lhe-á, como regra, interesse para apelar da sentença absolutória, ainda que outro membro da instituição passe a atuar no caso. Dizemos *como regra* porque sempre há situações que podem legitimar a interposição de recurso. Assim, por exemplo, se, tendo requerido a absolvição pura e simples, for proferida sentença absolutória imprópria, aplicando medida de segurança.

Já vimos que, quando houver condenação nos termos do pedido da acusação, o MP não poderá recorrer apenas para mudar a tipificação e assim agravar a pena imposta.

Podem também recorrer, conforme o caso: o curador, o querelante, o querelado, o assistente de acusação etc.

As decisões interlocutórias são recorríveis nos casos em que a lei prevê. Simples despachos são irrecorríveis.

2.4) Previsão legal, tempestividade etc.

A parte só poderá recorrer nos casos previstos em lei. Quando se tratar de decisão irrecorrível, poderá impugná-la na apelação ou por meio de *habeas corpus* ou mandado de segurança. Normalmente só um recurso é admitido para cada decisão (unirrecorribilidade); as exceções são, entre outros, os recursos extraordinário e especial, que podem ser interpostos simultaneamente.

Quando cabível a apelação, não poderá ser usado o recurso em sentido estrito, ainda que somente de parte da decisão se recorra (CPP, art. 593, §4°).

2.4.1) Fungibilidade

E a parte deverá se valer do recurso adequado. Havendo interposição equivocada de recurso ou uso indevido do *nomen juris* (v.g., denominar a apelação de recurso em sentido estrito ou o contrário), o recurso deve ser conhecido e julgado. Por isso, se o juiz, desde logo, reconhecer a impropriedade do recurso interposto pela parte, mandará processá-lo de acordo com o rito do recurso cabível (CPP, art. 579, parágrafo único).

Como regra, é irrelevante, portanto, a interposição errônea de um recurso, sobretudo quando se tratar de tema controvertido relativamente ao recurso adequado.

A fungibilidade recursal é, por conseguinte, a regra, especialmente quando está em causa o direito de defesa, já que também o réu pode (pessoalmente) apelar das decisões, bastando que expresse seu inconformismo com a decisão. Logo, questões puramente formais devem ser superadas em favor do direito de defesa.

O juiz só não admitirá o recurso equivocado em casos extremos (CPP, art. 579[33]), isto é, quando for manifesta a má-fé do recorrente. Assim, por exemplo, se, depois de precluir o prazo para recorrer, se interpuser recurso com prazo maior a fim de burlar a lei.

De todo modo, o que se presume é a boa-fé, não a má-fé, razão pela qual, havendo dúvida, o recurso deverá ser admitido e julgado.

2.4.2) Prazo legal

O recurso deverá ser interposto no prazo legal, sob pena de não conhecimento por intempestividade. Os prazos penais correm em cartório e serão contínuos e peremptórios, não se interrompendo por férias,

---

33. Art.579. Salvo a hipótese de má-fé, a parte não será prejudicada pela interposição de um recurso por outro.

domingo ou dia feriado (CPP, art. 798). Não se computará no prazo o dia do começo, incluindo-se, porém, o do vencimento (§1°).

Parece-nos, todavia, que o art. 219 do CPC deveria incidir aqui: "Na contagem de prazo em dias, estabelecido por lei ou pelo juiz, computar-se-ão somente os dias úteis". Mas não é este o entendimento que tem prevalecido.

Quando a intimação tiver lugar na sexta-feira, ou a publicação com efeito de intimação for feita nesse dia, o prazo judicial terá início na segunda-feira imediata, salvo se não houver expediente, caso em que começará no primeiro dia útil que se seguir (Súmula 310 d0 STF).

No processo penal, há, em geral, dois prazos distintos: um para interpor o recurso, outro para apresentar as razões recursais. O primeiro é considerado próprio, implicando a intempestividade, logo, o não conhecimento do recurso, quando interposto fora do prazo legal. O segundo é tido como impróprio, razão pela qual o seu descumprimento significará mera irregularidade, não impedindo a juntada aos autos das razões recursais intempestivas.

Tanto o juízo de origem quanto o tribunal podem negar seguimento ao recurso intempestivo.

Com advento do art. 798-A do CPP, criado pela Lei n° 14.365/2022, é suspenso o curso do prazo processual entre os dias 20 de dezembro e 20 de janeiro, sendo vedada a realização de audiências e sessões de julgamento, salvo nos seguintes casos: I – que envolvam réus presos, nos processos vinculados a essas prisões; II – nos procedimentos regidos pela Lei nº 11.340, de 7 de agosto de 2006 (Lei Maria da Penha); III - nas medidas consideradas urgentes, mediante despacho fundamentado do juízo.

2.5) Efeitos dos recursos

2.5.1) Efeito suspensivo

Alguns recursos suspendem ou impedem que a sentença produza efeitos imediatos. Rigorosamente falando, não é bem o recurso que suspende a produção imediata de efeitos jurídicos, mas a possibilidade de sua interposição. O efetivo uso do recurso só confirmará isso.

Com ou sem recurso, a sentença penal absolutória produz efeitos imediatos, razão pela qual eventuais medidas cautelares pessoais ou reais decretadas no curso do processo cessam tão logo publicada, por força do princípio da presunção de inocência, que se reforça com o advento da decisão absolutória. A interposição de apelação da acusação nada muda no particular. Logo, se o réu aguardava o julgamento preso, deverá ser posto em liberdade imediatamente.

A apelação não tem, portanto, efeito suspensivo das sentenças absolutórias.

Já a apelação da sentença condenatória tem efeito suspensivo, isto é, impede a execução imediata. Se o condenado aguardava o julgamento em liberdade, será mantido solto; se estava em preso por força de prisão preventiva, dependerá do que a sentença tiver decidido no particular, que poderá revogar ou manter a prisão. Quando, por exemplo, for aplicado o regime aberto de execução, a prisão deverá ser revogada, porque incompatíveis.

O recurso em sentido estrito não tem efeito suspensivo, exceto nos casos de perda da fiança ou denegação da apelação (CPP, art. 581, VII e XV, c/c art. 584). Tampouco os recursos extraordinário e especial o têm, razão pela qual, também por isso, o STF admitiu a execução imediata da sentença condenatória depois de desprovida a apelação e confirmada a condenação em segunda instância.

Já vimos que o STF admite a execução imediata das condenações do tribunal do júri, ainda que apeláveis, entendimento não seguido pelo STJ.

2.5.2) *Efeito devolutivo*

Todos os recursos têm efeito *devolutivo*, isto é, *devolvem* ou submetem ao tribunal competente a reapreciação da matéria nele suscitada, mas com uma singularidade relativamente à apelação da sentença condenatória e absolutória imprópria: mesmo que o apelante tenha impugnado apenas uma parte da sentença, tal não implica preclusão dos demais temas e, por isso, o tribunal poderá ir além do tema recursal.

Com efeito, o princípio *tantum devolutum quantum appellatum* (tanto se devolve quanto se apela) não impede o tribunal de, por exemplo, ao apreciar uma apelação do MP para aumentar a pena, absolver o apelado por falta de prova, decretar prescrição, anular o processo por ilicitude da prova ou atenuar a pena etc. É comum falar-se aqui de habeas corpus de ofício.

Como é óbvio, tampouco a apelação da defesa para apenas reduzir a pena aplicada impediria o tribunal de decidir no sentido supra (absolver etc.).

O efeito devolutivo na apelação é, pois, amplíssimo, mesmo no processo civil atual[34]. Nos demais recursos, fica restrito à matéria impugnada, sem prejuízo dos temas que podem ser conhecidos de ofício.

De acordo com a Súmula 713 do STF, o efeito devolutivo da apelação contra decisões do júri é adstrito aos fundamentos da sua interposição.

2.5.3) Efeito regressivo ou juízo de retratação

No caso de recurso em sentido estrito (CPP, art. 589), o próprio juiz poderá acolher as razões do recorrente, no todo ou em parte, e proferir outra decisão (juízo de retratação). Se o magistrado fizer a reforma, a parte contrária, por simples petição, poderá recorrer da nova decisão, quando cabível, não sendo mais lícito ao juiz modificá-la (CPP, art. 589, parágrafo único).

Cabe juízo de retratação também no agravo em execução (LEP, art. 197).

2.5.4) Efeito extensivo

No caso de coautoria e participação, a decisão do recurso interposto por um dos réus, se fundado em motivos que não sejam de caráter exclusivamente pessoal, aproveitará aos outros (CPP, art. 580). Não se trata

34. No atual CPC, a devolutividade do recurso é ampla (CPC, ar. 1.013). Como escreve Fredie Didier, "Conforme resulta dos parágrafos do art. 1.013 do CPC é amplíssima, em profundidade, a devolução dessas questões incidentais. O tribunal não fica restrito às questões efetivamente resolvidas na decisão recorrida; para examinar o pedido recursal, o tribunal poderá examinar todas as questões incidentais relevantes, respeitado o contraditório e o dever de consulta a que se refere o art. 10 do CPC. Por isso que se diz que a profundidade do efeito devolutivo permite que o tribunal julgue o recurso com base em questões que não foram necessariamente suscitadas nas razões ou nas contrarrazões recursais". Curso de direito processual civil, v.3. Salvador: Juspodivm, 2018, p.174.

de um efeito do recurso, mas de uma extensão dos efeitos da decisão. Assim, por exemplo, se for reconhecido que o fato não constitui crime (fato atípico), a decisão se comunicará a todos (coautores e partícipes), ainda que não tenham recorrido ou tenham recorrido com fundamentos distintos, por força do princípio da isonomia. O mesmo já não ocorreria se apenas fosse atenuada a pena de um dos réus em virtude da menoridade.

Embora previsto para os recursos, o artigo 580 do CPP é também aplicável às ações autônomas de impugnação (mandado de segurança, habeas corpus etc.). Em suma, também aqui cabe falar de efeito extensivo da decisão.

2.6) *Reformatio in pejus*[35]

Havendo recurso exclusivo da defesa, o juízo ou tribunal não poderá agravar a situação do réu (*ne reformatio in pejus*), conforme dispõe o artigo 617 do CPP[36].

Entende-se por *reformatio in pejus* qualquer agravamento – em recurso exclusivo da defesa - da situação jurídica do condenado, como, por exemplo, aumento da pena, mudança do regime de execução etc. Não é considerada como tal a simples alteração da tipificação (*emendatio libelli*) ou a mudança dos fundamentos da decisão etc.

É também vedada a *reformatio in pejus* indireta, que ocorre quando, depois de anulada a sentença condenatória, o juiz ou tribunal agrava a situação jurídico-penal imposta pela decisão anulada em recurso exclusivo da defesa. Assim, por exemplo, se, condenado a quatro anos de reclusão por roubo simples (CP, art. 157, *caput*), cuja sentença foi anulada por conta de apelação interposta pela defesa, a nova decisão condenatória não poderia fixar pena superior àquela.

Com relação às decisões do tribunal do júri, o tema é controvertido. De um modo geral, entende-se, porém, que o princípio *ne reformatio in*

35. Seção feita com a colaboração de Pedro Barbosa Reis, bacharel em direito pela Universidade de Brasília e assessor no Ministério Público Federal.

36. Art.617. O tribunal, câmara ou turma atenderá nas suas decisões ao disposto nos arts. 383, 386 e 387, no que for aplicável, não podendo, porém, ser agravada a pena, quando somente o réu houver apelado da sentença.

pejus atinge apenas a decisão do juiz-presidente, não o *veredictum* dos jurados, que podem, em tese, reconhecer qualificadoras ou causas de aumento de pena não reconhecidas anteriormente, por força da soberania dos veredictos. Assim, o tribunal do júri poderá condenar o réu por homicídio qualificado, diversamente do júri anterior que o condenou apenas por homicídio simples, afastando as qualificadoras.

Apesar disso, a pena antes aplicada vinculará a decisão do juiz-presidente quando for imposta a mesma condenação. Exemplo: se o réu for novamente condenado por homicídio simples, a nova pena não pode exceder a aplicada no primeiro julgamento, digamos 10 anos de reclusão.

Nada impede, contudo, que, apreciando recurso exclusivo da acusação, o tribunal decida em favor do réu, podendo anular a decisão, absolver o réu ou atenuar a pena (*reformatio in mellius*). Ou conceder *habeas corpus* de ofício.

De acordo com a Súmula 160 do STF, "é nula a decisão do Tribunal que acolhe, contra o réu, nulidade não arguida no recurso da acusação, ressalvados os casos de recurso de ofício".

Quanto à revisão da dosimetria da pena em recurso, o STJ fixou o seguinte entendimento no Tema Repetitivo n. 1.214: "É obrigatória a redução proporcional da pena-base quando o tribunal de segunda instância, em recurso exclusivo da defesa, afastar circunstância judicial negativa reconhecida na sentença. Todavia, não implica *reformatio in pejus* a mera correção da classificação de um fato já valorado negativamente pela sentença para enquadrá-lo como outra circunstância judicial, nem o simples reforço de fundamentação para manter a valoração negativa de circunstância já considerada desfavorável na sentença."

Com alguma frequência, os tribunais proveem apelação exclusiva da defesa (não há recurso do Ministério Público) e afastam, no todo ou em parte, as circunstâncias judiciais negativadas na sentença (CP, art. 59), por entender infundadas. Apesar disso, mantêm a pena aplicada, por considerá-la proporcional.

Isso é *reformatio in pejus*?

A rigor, não, porque, embora afastada a valoração negativa de uma ou mais circunstâncias judiciais, a pena foi mantida e não houve agravamento da situação jurídico-penal do condenado.

Apesar disso, há evidente contradição lógica e ausência de fundamento legal para se manter a pena, que deve ser necessariamente revista.

Se o tribunal mantém uma circunstância judicial negativa e exclui outra, faltará justa causa para o aumento de pena aplicado na sentença em razão dessas circunstâncias. Cessada a causa, cessam os efeitos. Dessa forma, é devida redução proporcional da pena (por exemplo, se a sentença impôs um duplo acréscimo de 1/6, um deles terá de ser excluído).

Situação diversa ocorre, porém, quando o tribunal, apreciando recurso exclusivo da defesa sobre a questão, mantém a valoração negativa das circunstâncias com fundamentação jurídica diversa da sentença. O tribunal pode, por exemplo, divergir da motivação dada à culpabilidade na fixação da pena-base, mas manter a valoração desfavorável dessa circunstância judicial com argumentação distinta. Poderá também afastar a valoração desfavorável da conduta social, mas negativar a culpabilidade, alterando o nome da circunstância.

Nessas hipóteses, o STJ entende que não há ilegalidade ou reformatio in pejus, porque o tribunal pode negativar a circunstância judicial com outro fundamento legal ou com outro título, desde que isso não implique piora da situação jurídico-penal do réu.

Mais: temos que o mesmo raciocínio é aplicável em caso de cumulação excessiva de de majorantes, sendo recorrentes casos de inobservância à Súmula n. 443/STJ em crimes de roubo. Assim, ainda que o recurso defensivo seja provido para afastar uma das causas de aumento de pena cumuladas, não configura *reformatio in pejus* a ponderação pelo tribunal da circunstância sobressalente na dosimetria da pena-base, desde que a pena definitiva não seja maior do que a fixada na sentença reformada.

De igual forma deve-se proceder se em grau recursal houver a absorção de um crime por outro ou o reconhecimento de delito único, afastando-se eventual concurso de crimes. Por exemplo, caso haja o provimento da apelação da defesa para reconhecer a consunção do crime de disparo de arma de fogo pelo de resistência, a corte pode, mesmo assim, ponderar o emprego da arma na dosimetria da pena do crime remanescente, por se tratar de fato expressamente considerado na sentença, ainda que indevidamente como crime autônomo.

2.7) Juízo de admissibilidade

A admissibilidade do recurso compete tanto ao juízo quanto ao tribunal, que poderão negar-lhe seguimento sempre estiver em desacordo com a lei (intempestividade, deserção etc.).

Quando inadmitido, sobrevirá novo gravame e, eventualmente, novo recurso. No caso de não recebimento da apelação, por exemplo, caberá recurso em sentido estrito (CPP, art. 581, XV); e, se este também não for recebido, é possível interpor carta testemunhável (CPP, 639, I).

2.8) Procedimento, desistência, deserção etc.

Com vimos, normalmente a interposição de recurso no processo penal tem duas fases: a interposição mesma e a apresentação das razões do recurso.

Assim, interposto o recurso no prazo legal, o juiz notificará o recorrente para apresentar as razões recursais, se já não o fizer na própria petição recursal. A seguir, intimar-se-á a parte contrária para apresentar as contrarrazões.

Se, intimado, o réu recorrente/recorrido não apresentar as razões/contrarrazões, o juiz mandará intimá-lo para constituir novo advogado para juntá-las; se a omissão persistir, o próprio juiz ou tribunal designará quem o faça.

Os prazos contam-se da intimação, não da juntada do mandado aos autos (Súmula 710 do STF[37]).

Já vimos que a defensoria dispõe de prazo em dobro para recorrer e apresentar razões recursais. Parece-nos que os advogados dativos designados para a defesa de réus pobres devem ter o mesmo tratamento (intimação pessoal e prazo em dobro), por força do princípio da isonomia.

Quando, após a interposição do recurso, a decisão for modificada de ofício ou em razão de embargos declaratórios, o recorrente deverá ser intimado para complementá-lo.

As decisões se dão por maioria, mas, no caso de empate, prevalece a posição favorável ao réu, mesmo quando não estão presentes todos os membros do órgão colegiado (vaga, ausência, licença, impedimento, suspeição etc.), tanto no julgamento de habeas corpus quanto em recursos e ações originárias, conforme inovação da Lei n. 14.836/2024.

---

37. **Súmula 710.** No processo penal, contam-se os prazos da data da intimação, e não da juntada aos autos do mandado ou da carta precatória ou de ordem.

O julgamento do recurso no tribunal é precedido de parecer do MP, que atua como fiscal da lei. Já vimos que é uma formalidade incompatível com o sistema acusatório, devendo ser abolida.

Como é um *continuum* do processo, poderá haver renúncia ou desistência do recurso na ação penal privada, em virtude do princípio da disponibilidade.

A renúncia/desistência requer acordo entre o réu e seu advogado. Havendo divergência, o recurso deve ser admitido em nome do direito de defesa, inclusive porque nenhum prejuízo causará ao recorrente (*ne reformatio in pejus*). Duas súmulas do STF incidem no particular. A Súmula 705: "A renúncia do réu ao direito de apelação, manifestada sem a assistência do defensor, não impede o conhecimento da apelação por este interposta". E a Súmula 708: "É nulo o julgamento da apelação se, após a manifestação nos autos da renúncia do único defensor, o réu não foi previamente intimado para constituir outro".

A lei (CPP, art. 576) veda, contudo, que Ministério Público possa desistir do recurso, por força do princípio da obrigatoriedade da ação penal.

Temos, porém, que esse dispositivo não foi recepcionado pela Constituição, seja porque, sendo voluntário, o MP não é obrigado a recorrer, seja porque, fosse o princípio da obrigatoriedade um obstáculo à desistência, o MP teria o dever de também recorrer. Além disso, quem pode o mais (não recorrer), há de poder o menos (desistir de recurso já interposto).

Na ação penal de iniciativa privada, a admissão do recurso depende de pagamento das custas processuais. A falta de preparo no prazo legal implicará deserção (CPP, art. 806, §2°).

Não existe preparo na ação penal pública ou na ação penal privada subsidiária.

3) COISA JULGADA

3.1) Introdução

Com o trânsito em julgado, a decisão judicial (não necessariamente sentença) torna-se irrevogável. A coisa julgada (material) é essa autoridade que torna imutável e indiscutível a decisão de mérito não mais sujeita a recurso (CPC, art. 502).

Além das sentenças condenatórias e absolutórias, fazem coisa julgada as decisões que absolvem o réu sumariamente (CPP, art. 397), por reconhecerem a presença de excludentes de tipicidade, de ilicitude ou de culpabilidade (legitima defesa etc.), bem como as que decretam a extinção da punibilidade (prescrição etc.).

No caso de decisão extintiva da punibilidade fundada em falsa certidão de óbito do agente, admite-se, contudo, o desarquivamento do inquérito ou do processo.

3.2) Coisa julgada formal?

É comum falar-se de coisa julgada formal – em verdade, uma forma de preclusão[38] -, que ocorre no próprio processo em que a decisão é proferida, e em coisa julgada material, que é a coisa julgada propriamente dita, a qual implica a imutabilidade dos efeitos da sentença. A coisa julgada material pressupõe a coisa julgada formal.

A coisa julgada formal dá-se nos próprios autos em que a sentença é prolatada, podendo ser revista se houver o implemento de certas condições. Assim, por exemplo, a decisão de arquivamento do inquérito por falta de prova poderá ser modificada com o surgimento de novas provas que autorizem o oferecimento de denúncia (Súmula 524 do STF[39]).

A coisa julgada e a litispendência ocorrem quando se reproduz ação anteriormente ajuizada (CPC, art. 337, §1°) e cumprem a mesma finalidade: evitar *bis in idem*. Mas enquanto a coisa julgada exige trânsito em julgado da decisão, a litispendência pressupõe ações idênticas ainda em andamento, podendo ser reconhecidas de ofício ou a requerimento das partes.

3.3) Recurso cabível e revisão criminal

A coisa julgada pode ser alegada ou reconhecida de ofício a qualquer tempo, mesmo na fase de execução da pena. A exceção de coisa julgada

38. Nesse sentido, Daniel Mitidiero. Introdução ao estudo do processo civil. Porto Alegre: Sérgio Fabris, 2004, p. 201 e ss. E também Antônio do Passo Cabral. Coisa julgada e preclusões dinâmicas. Salvador: Juspodivm, 2019.

39. **Súmula 524.** Arquivado o inquérito policial, por despacho do juiz, a requerimento do promotor de justiça, não pode a ação penal ser iniciada, sem novas provas.

será processada em autos apartados e não suspenderá o andamento da ação penal (CPP, art. 111).

Da decisão que julgar procedente a exceção cabe recurso em sentido estrito (CPP, art. 581, III). Caberá, porém, apelação quando for reconhecida de ofício (CPP, art. 593, II). É irrecorrível a decisão que rejeitar a exceção, admitindo, no entanto, *habeas corpus* ou impugnação em apelação.

A *res judicata* é passível de rescisão por meio de revisão criminal ou de *habeas corpus*, mas com uma singularidade: somente a sentença penal condenatória e absolutória imprópria (que aplica medida de segurança) são passíveis de rescisão, no todo ou em parte, por se tratar de uma garantia do réu (CF, art. 5º, XXXVI).

Consequentemente, a sentença absolutória não admite revisão criminal ainda que presentes as graves hipóteses do artigo 966 do CPC, como concussão ou corrupção do juiz, razão pela qual até uma sentença penal absolutória *comprada* faz coisa julgada.

Daí dizer-se que é uma sentença *soberanamente* transitada em julgado. De acordo com parte da doutrina, mesmo a sentença absolutória proferida por juiz incompetente faz coisa julgada[40].

Só cabe, portanto, revisão criminal *pro reo*, não *pro societate*. Mas isso não significa que o Ministério Público, como defensor da ordem jurídica, do regime democrático e dos interesses individuais indisponíveis (CF, art. 127), também não possa propor a revisão criminal ou *habeas corpus* em favor do réu. O MP tem toda legitimidade para ajuizar tais ações, embora não seja comum fazê-lo.

---

40. Em sentido contrário, Fernando da Costa Tourinho Filho (Código de processo penal comentado. São Paulo: Saraiva, 2009, p. 417): "...Sem embargo, entendemos que nesses casos não houve um desenvolvimento válido do processo. Quando se diz que os pressupostos processuais da existência são um órgão jurisdicional, uma entidade provida de capacidade processual e uma petição dirigida ao primeiro, é de supor esteja o Juiz regularmente investido de jurisdição. Do contrário, se um Juiz cível absolvesse um homicida e não houvesse recurso, a decisão seria válida; se um Juiz processasse e absolvesse um Promotor de Justiça, não havendo recurso, o julgamento seria válido. Nesses casos a relação processual não teria regularidade perante o direito, visto que a decisão foi proferida por um órgão desvestido do poder jurisdicional. Devessem tais decisões absolutórias ser válidas, a absurdez seria manifesta".

A coisa julgada pode ser também superada ou atenuada por causas supervenientes, tais como: abolição do crime (*abolitio criminis*), lei posterior mais branda (*novatio legis in mellius*), anistia, indulto etc.

3.4) Requisitos da coisa julgada

Só existe coisa julgada quando há uma repetição da ação penal, vale dizer, os réus e os fatos são exatamente os mesmos. Mas é irrelevante quem figurou como autor na ação penal, se o MP ou o querelante. Absolvido o réu na ação penal, nada impede que uma nova denúncia ou uma nova queixa seja proposta contra pessoa diversa (autor, coautor ou partícipe do crime), se e quando houver prova nesse sentido. Também não importa o pedido, que é sempre o mesmo: condenação ou aplicação de medida de segurança.

Nem sempre é fácil determinar se existe identidade de causa. Há, porém, repetição da causa quando os fatos forem precisamente os mesmos, mas se pretender dar-lhes definição jurídico-penal diversa. Assim, se o MP denunciou alguém por crime de roubo, não pode pretender ver recebida nova denúncia por extorsão contra ele, ou alterar um homicídio simples para qualificado ou um furto para estelionato etc., ou o contrário. Existe, pois, coisa julgada independentemente da tipificação pretendida.

3.5) Limites da coisa julgada: casos especiais

3.5.1) Consumação no curso do processo

Nos crimes cuja consumação ocorrer durante a tramitação do processo, o MP (ou querelante) aditará a denúncia. Assim, por exemplo, quando houver denúncia por homicídio ou latrocínio tentado, e a vítima vier a morrer depois do seu oferecimento, o MP aditará a denúncia para imputar o crime na forma consumada e provar a relação de causalidade. Se, todavia, a morte se consumar após o trânsito em julgado da sentença condenatória, já terá feito coisa julgada por crime tentado, não podendo ser modificada.

3.5.2) Mutatio libelli

Quando o MP (ou querelante) deixar de aditar a denúncia na forma do artigo 384 do CPP (*mutatio libelli*), a sentença fará coisa julgada também em relação à imputação que poderia ser objeto do aditamento, mas que não o foi a tempo e modo (v.g., qualificadora ou causa de aumento de pena). Se houve aditamento, a coisa julgada se dará nos seus limites.

3.5.3) Coautoria e participação

Como regra, a coisa julgada não atinge coautores ou partícipes do crime que não figuraram no processo, razão pela qual podem ser criminalmente processados.

Quando, porém, se tratar de sentença absolutória cujo fundamento for aplicável ao coautor ou partícipe, faltará justa causa para a nova ação penal contra estes. Assim, por exemplo, se o juiz tiver reconhecido que o fato não constitui crime ou que o autor agiu em legítima defesa etc., faltará justa causa para se processar eventuais coautores ou partícipes.

A comunicabilidade ou não dos fundamentos da sentença absolutória dependerá da teoria adotada relativamente à coautoria/participação (teoria da acessoriedade limitada etc[41].).

Como vimos, a decisão do recurso interposto por um dos réus, se fundado em motivos que não sejam de caráter exclusivamente pessoal, aproveitará aos outros (CPP, art. 580). Assim, por exemplo, se for reconhecido que o fato não constitui crime, a decisão se comunicará ao corréu que não apelou.

Discute-se se o réu absolvido como autor ou coautor de crime poderia figurar noutro processo na condição de partícipe ou o contrário. O STF já admitiu que, embora absolvido pelo tribunal do júri como executor de um homicídio, o réu poderia ser novamente processado como mandante desse mesmo delito, pois novas provas surgiram nesse sentido[42].

41. Ver Paulo Queiroz. Direito penal, parte geral. Salvador: Juspodivm, 2019.
42. HC 64158-0/MG, de 1986, Relator Ministro Rafael Mayer.

Temos, porém, que essa variação da condição de autor para coautor ou partícipe, à semelhança da mudança da tipificação, não autoriza a rescisão da coisa julgada, razão pela qual a decisão que admite uma nova acusação pelo mesmo fato, ainda que com uma configuração penal diversa, é ilegal.

No caso apreciado pelo STF o que de fato houve foi a admissão pura e simples de nova denúncia com base em novos indícios de culpa do réu inocentado por falta de prova, como se a sentença do júri valesse apenas *rebus sic stantibus*.

Além disso, o Código Penal (art. 29) adotou, como regra, a teoria unitária ou monista, equiparando autores, coautores e partícipes, razão pela qual também por isso não cabe admitir-se novo processo.

Admitir nova acusação com esse fundamento é, pois, autorizar revisão criminal *pro societate*.

3.5.4) Concurso de crimes

Havendo continuidade delitiva (CP, art. 71), a denúncia compreenderá, em princípio, todas as infrações penais que a integram. Quando, porém, algum crime ficar de fora será objeto de processo próprio, procedendo-se, no caso de condenação, à soma ou à unificação das penas pelo juízo da execução[43].

Parece-nos, todavia, que, quando for aplicado o aumento máximo previsto em lei (2/3 ou o triplo), faltará justa causa para um novo processo[44]. Afinal, uma nova condenação nada acrescentaria àquela já imposta, nem mesmo para efeito de prescrição, visto que o aumento da continuidade não conta para tanto (CP, art. 119 e Súmula 497 do STF[45]).

---

43. Solução diversa é proposta por Ney Fayet Júnior. Do crime continuado. Porto Alegre: livraria do advogado editora, 2018.

44. De modo similar, Fernando da Costa Tourinho Filho. Código de processo penal comentado. São Paulo: Saraiva, 2009.

45. **Súmula 497.** Quando se tratar de crime continuado, a prescrição regula-se pela pena imposta na sentença, não se computando o acréscimo decorrente da continuação.

Quando a sentença for absolutória, a solução dependerá da fundamentação. Se, por exemplo, o juiz considerar que o fato não constitui crime ou o acusado não é o seu autor, a decisão obstará outro processo para apurar a continuidade. É que na continuidade delitiva, que não se confunde com a simples reiteração de infrações penais (concurso material), há um só crime e o subsequente é considerado mero desdobramento do primeiro. Logo, se faltar justa causa à acusação principal, faltará também à derivada (continuidade).

O que foi dito para o crime continuado vale, *mutatis mutandis*, para o concurso formal de crimes (CP, art. 70). É que também aqui o agente responde por um só crime, o mais grave, com pena aumentada. Incide, ainda, o artigo 119 do CP e Súmula 497 do STF, não contando o aumento para fins prescricionais.

O concurso material de crimes (CP, art. 69) não oferece dificuldades especais, já que não impede novos processos e, havendo várias condenações, somar-se-ão ou unificar-se-ão as penas, respeitado o limite máximo de trinta anos (CP, art. 75).

3.5.5) Crime permanente e habitual

Quando houver condenação por crime permanente, isto é, delito cuja consumação se dilata no tempo por decisão do autor do fato, a coisa julgada impedirá novo processo por fatos que já integravam a permanência. Assim, se sobrevierem duas condenações contra o autor pelo mesmo crime de extorsão mediante sequestro (v.g., a vítima ficou em cativeiro em mais de uma cidade, gerando mais de uma investigação e processo), somente a primeira a transitar em julgado prevalecerá.

Havendo condenação por crime habitual, isto é, delito cuja consumação requer uma reiteração de atos (exercício ilegal da medicina etc.), a coisa julgada compreenderá os fatos noticiados na denúncia e outros não referidos, mas que compunham a habitualidade.

Como os tipos permanentes e habituais não são incompatíveis com o concurso de crimes – é possível, por exemplo, crime permanente continuado -, podem também suscitar os problemas já mencionados e outros tantos.

3.5.6) Superveniência de mais de uma condenação e coisa julgada inconstitucional

Quando houver mais de uma condenação pelo mesmo fato (*bis in idem*), prevalecerá a que primeiro transitou em julgado. Mas há precedente do STJ pelo prevalecimento da sentença mais favorável ao réu[46].

Caberia discutir ainda se é possível falar-se de coisa julgada inconstitucional também em matéria penal. Assim, por exemplo, se seria rescindível decisão que decretou a prescrição de crime imprescritível (prática de racismo etc.).

3.6) Revisão criminal, habeas corpus e mandado de segurança[47]

3.6.1) Revisão criminal

3.6.1.1) Introdução

A revisão criminal é uma ação que se presta a rescindir, no todo ou em parte, a coisa julgada penal (sentença ou acórdão condenatório). Cumpre, pois, o mesmo papel da ação rescisória no processo civil. E tem uma dupla finalidade: revisar uma injusta condenação e proteger a dignidade do condenado.

Embora a doutrina costume vincular a revisão ao erro judiciário, tal não é de todo exato, visto que há hipóteses de revisão que nada têm a ver com isso (v.g., *abolitio criminis*). O erro judiciário é o principal fundamento da rescisão da *res judicata* penal, não o único.

Apesar de se destinar à correção de vícios graves da sentença e o próprio Código trate como recurso, a revisória recurso não é, visto que: a) pressupõe o trânsito em julgado da sentença, diferentemente dos recursos, que exigem a recorribilidade da decisão; b) não está sujeita aos requisitos recursais; c) não tem prazo, podendo ser requerida a qualquer

---

46. STJ, HC 281.101-SP, Relator Min. Sebastião Reis Júnior, publicado em 24/11/2017.
47. De um modo geral, a doutrina fala aqui de "ações autônomas de impugnação". Aparentemente, essa denominação é utilizada com a finalidade de evitar confusão com os recursos. Evito, porém, usá-la, por me parecer um pleonasmo, já que toda ação é, como regra, autônoma, não acessória ou dependente. E se prestam a impugnar algum ato administrativo ou judicial ou de outra natureza.

tempo; d) inaugura uma nova relação processual, instaurando um processo autônomo.

Somente as sentenças condenatórias (ou acórdãos) e absolutórias impróprias (que aplicam medida de segurança ao inimputável) são passíveis de revisão. A sentença absolutória (própria) não é rescindível, visto que a rescisão da coisa julgada penal só é admitida em favor do condenado. A lei veda a revisão *pro societate*.

A revisão criminal, embora pressuponha o trânsito em julgado da sentença, pode ser proposta a qualquer tempo, antes ou depois de extinta a pena e mesmo após a morte do condenado. É uma ação imprescritível. Não há necessidade de exaurimento das vias recursais nos autos da ação principal, se houve ou não interposição de apelação etc., bastando o efetivo trânsito em julgado.

Qualquer infração penal (crime ou contravenção) pode ser objeto da rescisória. É irrelevante se a pena imposta é privativa da liberdade, restritiva de direito ou multa, já que todas são revisáveis. Nem importa se a pena foi ou não cumprida, total ou parcialmente.

Embora a doutrina afirme que, à semelhança do habeas corpus e do mandado de segurança, a revisão criminal exige prova pré-constituída e, portanto, não comporta dilação probatória, temos que tal é possível, seja porque não há vedação legal no particular, seja porque incidem aqui, subsidiariamente, as disposições do Código de Processo Civil, que preveem essa possibilidade (arts. 972 e 973). A não ser assim, violar-se-ia o princípio da proporcionalidade, já que, por exemplo, poder-se-ia rescindir em tese uma sentença cível que impusesse uma simples multa de trânsito, mas não uma sentença penal que aplicasse 20 anos de reclusão. A revisão há, pois, de admitir a produção de prova, ainda que em caráter excepcional.

3.6.1.2) Sentenças passíveis de revisão

A revisória está prevista para as seguintes hipóteses (CPP, art. 621): a) quando a sentença condenatória for contrária ao texto expresso da lei penal ou à evidência dos autos; b) quando a sentença condenatória se fundar em depoimentos, exames ou documentos comprovadamente falsos; c)quando, após a sentença, se descobrirem novas provas de inocência do condenado ou de circunstância que determine ou autorize diminuição especial da pena.

Ao contrário do que diz a doutrina, temos que as hipóteses legais de rescisão da coisa julgada penal não são taxativas. Com efeito, casos há em que, embora não previstos no art. 621 do CPP, admitem perfeitamente a revisão da sentença, a exemplo da retroatividade da lei penal mais favorável.

Além disso, temos que são aplicáveis ao processo penal as hipóteses legais de rescisão previstas no art. 966 do CPC, a saber: 1) quando se verificar que a sentença foi proferida por força de prevaricação, concussão ou corrupção do juiz; 2) quando a sentença for proferida por juiz impedido ou por juízo absolutamente incompetente; 3)quando a sentença resultar de dolo ou coação da parte vencedora em detrimento da parte vencida ou, ainda, de simulação ou colusão entre as partes, a fim de fraudar a lei; 4)quando a sentença ofender a coisa julgada; 5)quando a sentença for fundada em erro de fato verificável do exame dos autos.

Ademais, todos esses casos de rescisão podem ser perfeitamente enquadrados no conceito legal de "sentença contrária ao texto expresso da lei penal ou à evidência dos autos", a que se refere o art. 621 do CPP.

Já vimos que, além das sentenças proferidas por juiz singular e pelo tribunal do júri, também os acórdãos condenatórios são passíveis de rescisão. Mais: podem ser também revisadas as sentenças absolutórias impróprias, ou seja, aquelas que aplicam medida de segurança ao inimputável ou semi-imputável. Afinal, são, em última análise, decisões *condenatórias*, visto que impõem uma sanção penal que implica a privação ou a restrição da liberdade. A rigor, são sentenças *condenatórias* (*impróprias*, se quiser) não absolutórias, porque exigem todos os requisitos de uma condenação (fato típico, ilícito, culpável e punível), exceção feita à inimputabilidade[48].

Submetido à medida de segurança (internação em hospital de custódia ou tratamento ambulatorial), o autor poderá propor a rescisão quer para demonstrar sua inocência (v.g., que não foi ele o autor do crime, que houve legítima defesa etc.), quer para atingir outro fim compatível com o

48. Ver Paulo Queiroz. Direito penal. Parte geral. Salvador: Juspodivm, 2020.

tipo de sanção que lhe foi imposta (prescrição etc.). Não caberia, contudo, com a finalidade de reduzir pena, já que, como não lhe foi aplicada pena em sentido estrito, seria impossível acolher semelhante pedido.

Há quem admita revisão criminal contra sentença absolutória própria com a finalidade de mudar o fundamento da sentença, em virtude dos seus efeitos cíveis[49]. Assim, por exemplo, para alterar a legítima defesa putativa, para a legítima defesa real. Temos, porém, que tal não é possível, por se tratar de uma sentença absolutória, não condenatória. Além disso, faltaria interesse de agir, já que, como vimos, a responsabilidade civil é apurada segundo critérios próprios, razão pela qual cabe, em tese, reparação do dano mesmo que a sentença penal tenha reconhecido, por exemplo, legítima defesa ou estado de necessidade reais.

Não cabe revisão criminal contra decisões homologatórias de acordos penais, já que não têm caráter condenatório, a exemplo das que homologam transação penal, suspensão condicional do processo, acordo de não persecução penal etc., que são impugnáveis por outros meios. A sentença de pronúncia não tem natureza condenatória e por isso não comporta revisão criminal.

Temos que a superveniência de causa extintiva de punibilidade (CP, art. 107) não é incompatível com a rescisória, desde que esta vise a provar a inocência do condenado, inclusive porque, no caso de morte do agente, a ação pode ser proposta por seus sucessores, independentemente do cumprimento de pena. Nesse sentido, uma vez proferida a sentença, a decretação da extinção da punibilidade pela morte do agente, pela anistia, graça ou indulto, pela *abolitio criminis*, pela prescrição, perdão judicial etc., não prejudicará a propositura da revisão. Há interesse de agir, apesar disso.

Quanto à prescrição, parte da doutrina tem que somente na hipótese de prescrição da pretensão executória, não no caso de prescrição da pretensão punitiva (prescrição retroativa etc.), seria admissível a revisão. Argumenta-se que a prescrição da pretensão punitiva rescinde a própria sentença, razão pela qual faltaria interesse de agir.

49. Fabiano Pimentel. Processo penal. Belo Horizonte: D'Plácido, 2020, p. 1.256.

Parece-nos que, apesar da distinção técnica entre as várias formas de prescrição, o dano moral para o réu injustamente condenado é o mesmo: sempre se poderá dizer que ele não é inocente, mas culpado, pois foi assim declarado pelo juízo competente. Logo, nenhuma forma de prescrição superveniente à sentença condenatória impedirá a rescisória. Em suma, para efeito de revisão criminal, não necessariamente para outros fins (apelação etc.), é irrelevante a distinção entre prescrição da pretensão punitiva e executória.

Como é óbvio, se a causa extintiva de punibilidade for decretada antes da sentença (v.g., prescrição ordinária), a rescisória não será cabível.

Também a sentença concessiva de perdão judicial, por pressupor a condenação, há de admitir a rescisão, pelas razões já declinadas.

As decisões do tribunal do júri, embora protegidas pela soberania dos veredictos, são também passíveis de revisão. Como escreve Tourinho Filho[50]:

> À primeira vista, pode parecer estranho, em face da soberania dos veredictos, possa a segunda instância rever decisão proferida pelo tribunal popular. É certo que a instituição do júri, com suas decisões soberanas, está prevista no art. 5°, XXXVIII, da Constituição Federal, vale dizer, no capítulo dos direitos e garantias individuais. Não é menos certo que a Lei Maior tutela e ampara, de maneira toda especial, o direito de liberdade, tanto que lhe dedica todo um capítulo. Assim, entre manter a soberania dos veredictos intangível e procurar corrigir um erro em benefício da liberdade, obviamente, o direito de liberdade se sobrepõe a todo e qualquer outro, mesmo porque as liberdades públicas, notadamente as que protegem o homem do arbítrio do Estado, constituem uma das razões do processo de organização democrática e constitucional do Estado. Se a revisão criminal visa, portanto, à desconstituição de uma sentença condenatória com trânsito em julgado, vale dizer, se é um remédio jurídico-processual que objetiva resguardar o direito de liberdade, há de sobrepor-se ao princípio da soberania, é óbvio. Entre o direito de liberdade e a garantia constitucional da soberania dos veredictos, a prevalência é daquele.

50. Código de processo penal comentado. São Paulo: Saraiva, 2009, p. 421.

Anulada a sentença do júri, discute-se, porém, se o tribunal pode proferir decisão absolutória ou de outra natureza ou se deve apenas submeter o réu a novo julgamento pelo tribunal do júri, em virtude da soberania dos veredictos. Temos que o tribunal pode e deve exercer juízo pleno e proferir nova decisão, visto que: a)a soberania dos veredictos é uma garantia individual instituída em favor do réu, não do Estado (CF, art. 5°, XXXVIII), razão pela qual não pode ser usada contra ele, autor da revisória; b)o art. 626 do CPP autoriza claramente isso, não fazendo distinção no particular; c)nem sempre é possível ou razoável realizar-se um novo júri (v.g., no caso de morte do réu ou de pena já cumprida); d) o tribunal poderá se limitar a corrigir a decisão do juiz-presidente, sem tocar na questão da soberania dos veredictos, procedendo, por exemplo, à revisão da pena.

3.6.1.3) Hipóteses legais de revisão

Como vimos, a revisória está prevista para as seguintes hipóteses (CPP, art. 621): a) quando a sentença condenatória for contrária ao texto expresso da lei penal ou à evidência dos autos; b) quando a sentença condenatória se fundar em depoimentos, exames ou documentos comprovadamente falsos; c) quando, após a sentença, se descobrirem novas provas de inocência do condenado ou de circunstância que determine ou autorize diminuição especial da pena.

3.7) Sentença condenatória contrária ao texto expresso da lei penal ou à evidência dos autos

Sentença contrária ao texto expresso da lei penal é toda decisão que viole manifestamente o ordenamento jurídico-penal e processual penal, aí compreendida a ordem constitucional e infraconstitucional, além das convenções internacionais. Não é cabível, por isso, quando se tratar de decisão que dá à lei interpretação razoável, ainda que controvertida ou minoritária na doutrina ou na jurisprudência.

Nesse sentido dispõe a Súmula 343 do STF: "Não cabe revisão criminal por ofensa a literal dispositivo de lei quando a decisão rescindenda se tiver baseado em texto legal de interpretação controvertida nos tribunais".

Apesar disso, é possível revisão criminal quando a jurisprudência houver se pacificado no sentido favorável ao condenado. Assim, por exemplo, se passar a entender que determinada conduta não constitui crime, por considerá-la atípica, lícita, não culpável ou impunível (v.g., admitindo a aplicação do princípio da insignificância). *Idem*, se de algum modo atenuar a pena etc. A propósito, segundo o art. 966, §5°, do CPC, aplicável analogicamente ao processo penal, cabe ação rescisória, por violação manifesta à norma jurídica, contra decisão baseada em enunciado de súmula ou acórdão proferido em julgamento de casos repetitivos.

Uma decisão pode contrariar a letra da lei de diversos modos. Pode, por exemplo, considerar como delito o que não o é, admitir como lícita uma prova ilícita, não decretar a prescrição de um crime prescrito, reconhecer uma qualificadora ou causa de aumento de pena não imputada pela acusação etc. As condenações com base em lei penal declarada inconstitucional estão também aqui compreendidas.

É possível inclusive intentar a revisória com a finalidade de mudar a definição jurídico-penal do fato, quando manifestamente equivocada, de modo a atenuar a pena, anular o processo ou decretar a extinção da punibilidade, alterando, por exemplo, a tipificação de roubo para furto ou de peculato para estelionato etc.

Cabe também revisão no caso de retroatividade da lei penal mais branda (*abolitio criminis* ou *novatio legis in mellius*), se tal não for reconhecido próprio juiz da execução ou pelo tribunal em habeas corpus ou em agravo em execução. Embora a competência para tanto seja do juiz da execução penal (Súmula 611 do STF), nada impede a eventual propositura da revisão no particular, especialmente se houver omissão ou decisão desfavorável daquele juízo.

Por fim, a sentença contrária à evidência dos autos é qualquer decisão que carecer, a toda evidência, de elementos de prova que autorizem a condenação, seja porque está amparada exclusivamente em elementos de informação do inquérito policial, violando, pois, o art. 155 do CPP, seja porque está fundada em prova fragílima, manifestamente inconsistente.

Em suma, a revisória tem aqui por fundamento ou a absoluta ausência de prova produzida em contraditório judicial ou a valoração teratológica da prova.

Não é possível rescindir o julgado, porém, quando houver prova minimamente consistente para a condenação.

De todo modo, ao contrário do que defende parte da doutrina, temos que, havendo dúvida razoável sobre a culpabilidade do autor/réu, a revisão criminal deve ser julgada procedente. É que, como vimos, o ônus da prova é sempre da acusação, nunca da defesa, devendo o princípio da presunção de inocência incidir também aqui. O ainda invocado *in dubio pro societate* não tem amparo constitucional algum, por implicar presunção de culpa.

No famoso caso de erro judiciário envolvendo os irmãos Naves[51], acusados de latrocínio consumado, ainda que a suposta vítima não tivesse reaparecido alguns anos depois da condenação, provando que tudo não passara de uma trágica história construída a partir de confissões obtidas mediante tortura, e persistisse dúvida razoável sobre a culpa dos condenados, seria justo rescindir a sentença.

3.8) Sentença condenatória fundada em depoimentos, exames ou documentos comprovadamente falsos

Cabe ainda revisão quando a sentença condenatória se fundar em depoimentos, exames ou documentos comprovadamente falsos.

Como a prova se destina a estabelecer a verdade dos fatos juridicamente relevantes, é mais do que razoável admitir a rescisão da sentença fundada em depoimentos, exames ou documentos comprovadamente falsos. A comprovação da falsidade pode resultar de investigação contemporânea ou posterior à sentença condenatória, mas desconhecida ou não considerada pelo juízo ou tribunal.

---

51. Os irmãos Sebastião e Joaquim Naves foram presos e condenados por supostamente roubar e matar, em 1937, em Araguari, Minas Gerais, Benedito Pereira Caetano, que havia desparecido; torturados continuamente, confessaram o suposto crime, embora não tivessem ideia do dinheiro subtraído. Em 24 de julho de 1952, Benedito Caetano reapareceu e declarou que, na madrugada de 29 de novembro de 1937, depois de ser assaltado por desconhecidos, endividado e envergonhado, resolveu partir da cidade sem dar notícia. Em 1953, os irmãos Naves foram inocentados. Joaquim Naves já estava morto (1948), Sebastião viria a morrer em 1964. Atuou como advogado João Alamy Filho. Para maiores detalhes, ver João Alamy Filho. O caso dos irmãos Naves – um erro judiciário. Belo Horizonte: Del-Rey, 2000.

A falsidade do elemento de prova é, contudo, uma condição necessária, mas não suficiente para a rescisão do julgado. Com efeito, é necessário ainda que o falso depoimento, exame ou documento tenha sido utilizado como fundamento da sentença. Logo, se a falsa prova tiver sido desprezada pelo juízo ou tribunal, a revisão será julgada improcedente. Idem, se for absolutamente irrelevante para a decisão que se quer revisar.

Em geral a doutrina e a jurisprudência exigem que a revisão já venha instruída com a prova da falsidade documental etc., a qual deve ser feita em ação declaratória autônoma ou em requerimento de produção antecipada de prova.

Não vemos, porém, por que, havendo indício de falsidade de depoimento, de exame ou de documento, não se possa admitir a produção da prova nos próprios autos da revisão, ainda que em caráter excepcional. Essa dilação probatória deve ser admitida, com maior razão, quando se tratar de fato novo ou de prova nova superveniente ao ajuizamento da revisória, até porque não há vedação legal no particular[52].

Já vimos que as regras do CPC sobre a produção de prova na rescisória incidem aqui, analogicamente.

3.9) Descoberta de novas provas de inocência do condenado ou de circunstância que diminua a pena

Por fim, é possível a revisória quando, após a sentença, se descobrirem novas provas de inocência do condenado ou de circunstância que determine ou autorize diminuição especial da pena.

Também aqui temos que é possível admitir-se, em caráter excepcional, dilação probatória.

Novas provas não são necessariamente provas produzidas após a condenação. O que de fato torna a prova *nova* não é o momento em que foi produzida, se antes ou depois da revisão, mas o fato de que, quando da sentença condenatória, a prova com a qual o autor pretende se ver inocentado ou atenuar a pena não foi juntada aos autos ou não foi considerada ou valorada pelo juízo. Também por isso, é possível a revisória

52. No mesmo sentido, Aury Lopes Júnior. Direito processual penal. São Paulo: Saraiva, 2020.

com a finalidade de colher os "mesmos" depoimentos que embasaram a condenação, mas cujos depoentes ou declarantes se retrataram, dando uma nova versão favorável ao acusado.

O que não se admite é a revisão com a finalidade de apenas reavaliar a prova, como se fosse uma segunda apelação ou um recurso qualquer, eternizando a execução da *res judicata*.

As novas provas devem se prestar a dois fins alternativos: inocentar o condenado ou diminuir a pena.

Prova de inocência deve ser aqui interpretada em sentido amplo. Significa, primeiro, que o condenado não praticou um crime, seja porque tal fato não ocorreu, seja porque não foi ele o seu autor, coautor ou partícipe. Mas pode também significar que o fato praticado pelo autor não constitui delito, pois milita em seu favor excludente de tipicidade (v.g., não houve dolo ou culpa), de ilicitude (legítima defesa etc.) ou de culpabilidade (coação moral irresistível etc.). Ou, ainda, que, embora o fato constitua crime, não é punível na forma da lei (v.g., incide causa especial de isenção de pena).

Não sendo hipótese de inocência, pode, no entanto, ser o caso de redução de pena (v.g., houve tentativa, não consumação etc.). O termo *circunstância que determine ou autorize diminuição especial da pena* deve ser entendido em sentido amplo para significar a presença de circunstâncias legais atenuantes e causas de diminuição de pena. Mas pode também designar prova da não incidência de qualificadoras, de causas de aumento de pena ou de agravantes reconhecidas pelo juízo condenatório, de modo a afastá-las.

Casos há em que o autor da revisão não aponta fatos ou provas novas, mas demonstra erros crassos na aplicação da pena, que traduzem, por exemplo, *bis in idem*. Nesse caso, a revisória deve ser admitida com base na violação ao texto expresso da lei penal (CPP, art. 621, I). Já falamos sobre os erros frequentes na aplicação da pena.

4) CONTEÚDO DO ACÓRDÃO QUE JULGA PROCEDENTE A REVISÃO ETC.

Normalmente o acórdão do tribunal que julga procedente a revisão criminal contém duas partes: a que rescinde a sentença (juízo rescindente ou revidente) e a que a substitui, reapreciando o processo (juízo rescisório ou revisório). Já vimos que o tribunal fará um juízo pleno (revidente e revisório), inclusive em relação às sentenças proferidas pelo tribunal do júri, apesar da soberania dos veredictos.

Havendo concurso de agentes, a decisão aproveitará aos coautores e partícipes, se a decisão não estiver fundada em motivos de caráter pessoal e, pois, não for comunicável aos demais corréus (CPP, art. 580).

Ainda que o autor proponha a ação incorreta ou com nome incorreto, o tribunal receberá como revisão criminal (fungibilidade), até porque é dispensada a capacidade postulatória, podendo ser proposta pelo próprio condenado.

Quando, porém, o tribunal tiver anulado o processo, em razão de vícios formais, determinará a remessa dos autos ao juízo competente para proceder na forma da lei. Ou proferirá desde logo acordão revisório no caso de vícios apenas da sentença (v.g., erros na fixação da pena etc.).

Como é óbvio, o conteúdo do acórdão variará conforme o pedido formulado na petição inicial. Mas nada impede que o tribunal, ao apreciá-lo, vá além do pedido formulado pelo autor, podendo, por exemplo, absolvê-lo ou anular o processo, ainda que o requerente tenha se limitado a postular redução de pena.

Quando a revisão for julgada procedente, o tribunal poderá, entre outras hipóteses: a) absolver o réu; b) dar nova tipificação penal; c) reduzir a pena; d) anular o processo ou apenas a sentença; e) decretar causa extintiva de punibilidade etc.

A absolvição implicará o restabelecimento de todos os direitos perdidos em virtude da condenação, devendo o tribunal, se for caso, impor a medida de segurança cabível (CPP, art. 627). Com a revisão da sentença condenatória, cessam, pois, todos os efeitos penais e civis que dela resultam (retomada do cargo ou função, afastamento da reincidência etc.).

A medida de segurança poderá ser aplicada nos casos previstos no art. 26 do CP, em razão da inimputabilidade ou semi-imputabilidade.

Pode ocorrer de o tribunal alterar, no todo ou em parte, a tipificação penal (*emendatio libelli*), reconhecendo, por exemplo, que houve furto, não peculato, ou roubo simples, não qualificado etc. Nesse caso, o tribunal não poderá agravar a pena imposta na sentença impugnada, já que a lei veda terminantemente a *reformatio in pejus* (CPP, art. 626, parágrafo único).

O que vale para o tribunal há de também valer para o juízo condenatório, de modo a vedar a *reformatio in pejus* indireta. Com efeito, no caso de anulação do processo pelo tribunal, o juiz, ao proferir nova sentença, deverá respeitar o máximo de pena imposto anteriormente, sob pena de a revisão produzir efeito contrário aos interesses do autor. Assim, se a decisão originária anulada havia imposto pena de 5 anos de reclusão por tráfico de drogas, a nova sentença não poderá fixar pena superior, embora possa aplicar pena igual ou inferior a 5 anos de reclusão.

Quando for o caso de *mutatio libelli* (CPP, art. 384), como não há a possibilidade de aditamento da denúncia ou da queixa nos próprios autos da revisão, o tribunal declarará a nulidade da sentença, determinando sua remessa ao juízo competente.

O tribunal poderá também, com ou sem alteração da tipificação penal, com ou sem pedido expresso, revisar a individualização judicial da pena, corrigindo erros formais, materiais ou que impliquem *bis in idem*, caso em que procederá a uma nova determinação da pena. Poderá, por exemplo, afastar qualificadoras, causas de aumento de pena ou agravantes legais. Ou afastar o concurso material de crimes e acolher a continuidade delitiva etc.

É possível ainda que o tribunal entenda que houve vícios graves de procedimento ou uso de prova ilícita etc., anulando, por isso, o processo ou apenas a sentença. Anulado o processo, determinará a remessa dos autos ao juízo competente.

Por fim, poderá declarar causas extintas de punibilidade (prescrição, decadência etc.), com ou sem requerimento formal.

5) LEGITIMIDADE DO MINISTÉRIO PÚBLICO, CAPACIDADE POSTULATÓRIA ETC.

A revisão criminal pode ser requerida pelo próprio réu ou por procurador legalmente habilitado ou, no caso de morte do réu, pelo cônjuge, ascendente, descendente ou irmão (CPP, art. 623). A lei não exige, pois, capacidade postulatória, podendo a revisão ser formulada pessoalmente pelo réu ou por seus sucessores.

Como o artigo não o refere expressamente, parte da doutrina considera que o Ministério Público não tem legitimidade para ajuizar a ação em favor do réu.[53]

O equívoco é manifesto.

Com efeito, se tal posição fazia algum sentido no contexto político da promulgação do Código de Processo Penal de 1941 (ditadura Vargas), com a atual configuração constitucional (CF, art. 127), que dá ao Ministério Público poderes amplíssimos, conferindo-lhe status de instituição permanente, essencial à função jurisdicional do Estado, incumbindo-lhe a defesa da ordem jurídica, do regime democrático e dos interesses sociais e individuais indisponíveis, é evidente que ele pode, sim, propor revisão criminal, para desconstituir sentença condenatória arbitrária, injusta ou ilegal, em favor do réu, especialmente se o membro do MP já houver se manifestado, em primeiro ou segundo grau, pela absolvição etc.

Se, com tão amplas e importantes funções, o Ministério Público pode determinar o arquivamento do inquérito, propor a rejeição da denúncia,

53. Nesse sentido, Aury Lopes Júnior: "Sobre a possibilidade de o Ministério Público interpor a revisão criminal, para além da polêmica doutrinária e jurisprudencial existente, pensamos ser uma patologia processual. Não se discutem aqui os nobres motivos que podem motivar um promotor ou procurador a ingressar com a revisão criminal, senão que, desde uma compreensão da estrutura dialética do processo (actum trium personarum) e do que seja um sistema acusatório, é uma distorção total. Não vislumbramos como possa uma parte artificialmente criada para ser o contraditor natural do sujeito passivo (recordemos sempre do absurdo de falar-se de uma parte-imparcial no processo penal) ter legitimidade para ação de revisão criminal, a favor do réu, para desconstituir uma sentença penal condenatória que somente se produziu porque houve uma acusação (levada a cabo pelo próprio Ministério Público, uno e indivisível). Não é necessário maior esforço para ver a manifesta ilegitimidade do Ministério Público. Ainda que se argumente em torno da miserável condição econômica do réu, nada justifica.". Direito processual penal. São Paulo: Saraiva, 2015, p. 1102. Admitindo a legitimidade do MP, Paulo Rangel. Direito Processual Penal. São Paulo: Atlas, 2014, p.1092. Idem, Eugênio Pacelli de Oliveira. Curso de Processo Penal. São Paulo: Atlas, 2016, p.1017. E Renato Brasileiro de Lima. Manual de direito processual penal. Salvador: Juspodivm, 2016.

requerer a absolvição sumária ou definitiva, recorrer em favor do réu, impetrar habeas corpus e mandado de segurança, por que não poderia ajuizar revisão criminal? Por que uma ação que dispensa capacidade postulatória, podendo ser proposta pelo próprio réu, pessoalmente, não poderia sê-lo pelo Ministério Público? Lembremos, ainda, que incide aqui o princípio da fungibilidade, razão pela qual um habeas corpus, por exemplo, poderia ser recebido como revisão criminal.

Ademais, se o Ministério Público, seja como autor da ação penal pública, seja como *custos legis* na ação penal privada, convencer-se de que a condenação está fundada em prova falsa ou ilícita, não só pode, como deve, postular a revisão, sob pena de incidir em grave omissão. O Ministério Público não pode ser conivente com erro judiciário, ainda que, ao propor a ação penal e insistir na condenação, tenha concorrido para tanto.

Finalmente, o processo penal será mais democrático/garantista se, ao invés de restringirmos, ampliarmos o elenco dos agentes legitimados a requerer a revisória.

Por último, a revisão criminal figura no rol dos recursos previstos no CPP, cujo art. 577 dispõe que "o recurso poderá ser interposto pelo Ministério Público, ou pelo querelante, ou pelo réu, seu procurador ou seu defensor". Também o Código de Processo Civil (art. 967, III) reconhece-lhe legitimidade para propor a ação rescisória.

Evidentemente que o que não é possível é a revisão criminal *pro societate*, contra o réu, isto é, para rescindir sentença penal absolutória própria, por mais equivocada.

Admitida a revisão, oficiará como *custos legis* promotor/procurador diverso daquele que formulou o pedido revisional.

Releva notar, por fim, que a legitimidade do MP para ajuizar a revisão criminal é pacífica no direito comparado, a exemplo do direito português e espanhol[54].

---

54. Respectivamente, Germano Marques da Silva (direito processual penal português) e Victor Moreno Catena e Valentín Dominguez (derecho procesal penal), já citados.

6) INDENIZAÇÃO POR ERRO JUDICIÁRIO

Quando houver pedido expresso, o tribunal poderá também reconhecer o direito a uma justa indenização pelos danos morais e materiais (CPP, art. 630). De acordo com o art. 5°, LXXV, da Constituição, o Estado indenizará o condenado por erro judiciário, assim como o que ficar preso além do tempo fixado na sentença.

Esse dever de indenizar é aplicável às ações penais públicas e privadas. A liquidação da sentença se dará no juízo cível.

No caso de erro judiciário, a responsabilidade civil do Estado é objetiva (CF, art. 37, §6°), razão pela qual o art. 630, §2°, do CPP[55], não foi recepcionado.

7) OUTRAS QUESTÕES

Julgada a rescisória, é vedada a reiteração do pedido, salvo se fundado em novas provas (CPP, art. 622, parágrafo único). É também admissível reiteração da revisão com novos fundamentos, ainda que sem inovação probatória.

A propositura e admissão da revisão não impede a execução da sentença, mas o tribunal, nos casos de decisões teratológicas, poderá conceder medida cautelar suspendendo o cumprimento da pena ou conceder habeas corpus de ofício.

A competência para julgar a revisão é do respectivo tribunal (estadual, federal etc.), seja para rescindir sentença dos juízes a ele vinculados, seja para revisar os acórdãos proferidos pelo próprio tribunal.

7.1) *Habeas corpus*

7.1.1) Introdução: conceito, natureza jurídica etc.

O habeas corpus é uma ação constitucional que se presta a proteger a liberdade de locomoção sempre que for, direta ou indiretamente, violada

55. § 2º A indenização não será devida:
a) se o erro ou a injustiça da condenação proceder de ato ou falta imputável ao próprio impetrante, como a confissão ou a ocultação de prova em seu poder;
b) se a acusação houver sido meramente privada.

ou ameaçada de violação por ato ilegal ou abusivo do poder público ou privado. É também uma garantia destinada a tutelar, de maneira eficaz e imediata, o direito de ir, vir e ficar[56].

E tão importante é o habeas corpus que, segundo o art. 654, §2°, do CPP, os juízes e os tribunais têm competência para expedi-lo mesmo de ofício, quando no curso de processo verificarem que alguém sofre ou está na iminência de sofrer coação ilegal. Nesse sentido, o art.647-A do CPP, incluído pela Lei n. 14.836/2024, positivou a possibilidade de concessão da ordem de ofício, mesmo quando "não conhecidos a ação ou o recurso".

O *writ of habeas corpus* cumpre, pois, um papel constitucional relevantíssimo na proteção dos direitos fundamentais quando violados ou ameaçados de violação, conferindo-lhes uma tutela pronta, eficaz e sem formalismos, dificilmente comparável a outra garantia ou remédio constitucional, podendo, inclusive, ser concedido sem provocação do interessado (*ex officio*). Mais do que proteger a liberdade individual ou mesmo coletiva, o habeas corpus é um instrumento de defesa da Constituição, já que serve à realização do devido processo legal e dos princípios e regras que o integram. Além disso, o seu mui frequente uso na prática forense, mais do que um suposto abuso do direito de defesa, é o resultado da violação sistemática de direitos individuais ou coletivos.

De acordo com o art. 5°, LXVIII, da Constituição, conceder-se-á habeas corpus sempre que alguém sofrer ou se achar ameaçado de sofrer violência ou coação em sua liberdade de locomoção, por ilegalidade ou abuso de poder. E são gratuitas as ações de habeas corpus e habeas data, e, na forma da lei, os atos necessários ao exercício da cidadania (CF, art. 5°, LXXVII).

De modo semelhante, o art. 647 do CPP prevê o seguinte: Dar-se-á habeas corpus sempre que alguém sofrer ou se achar na iminência de sofrer violência ou coação ilegal na sua liberdade de ir e vir, salvo nos casos de punição disciplinar.

O habeas corpus destina-se a proteger o direito de ir e vir seja quando há coação direta à liberdade (v.g., prisão ilegal), seja quando há coação indireta (v.g., recebimento de denúncia sem justa causa etc.). Não se presta à tutela de outros direitos (patrimoniais etc.), que devem ser garantidos por outras ações e recursos (mandado de segurança etc.)[57].

---

56. Tourinho Filho, cit., p.505.

57. Como lembra Rubem Nogueira, o habeas corpus foi uma criação do Código de Processo Penal de 1832 (art. 340). Era apenas liberatório, já que o preventivo

O habeas corpus pode também servir eventualmente à declaração incidental de inconstitucionalidade de lei, estendendo seus efeitos a todos quantos se encontrem na situação jurídica do paciente. No HC 82.959-7-SP, por exemplo, o Supremo Tribunal Federal declarou, incidentalmente, a inconstitucionalidade do art. 2°, §1°, da Lei n° 8.072/90, que vedava a progressão de regime em crime hediondo e afins, por ofensa ao princípio da individualização da pena.

Os juízes e os tribunais podem dar habeas corpus mesmo de ofício, sem provocação, quando no curso de inquérito policial ou do processo verificarem que alguém sofre ou está na iminência de sofrer coação ilegal (CPP, art. 654, §2°).

Apesar de o próprio Código tratar como recurso, o habeas corpus recurso não é, visto que: a) pode ser impetrado contra qualquer ato ilegal (público ou privado), dentro ou fora do processo; b) pode ser ajuizado contra decisões recorríveis e irrecorríveis, com ou sem trânsito em julgado; c) como não é recurso, não está sujeito aos requisitos recursais (tempestividade etc.).

7.1.2) Cabimento, espécies, requisitos etc.

O art. 648 do CPP refere as seguintes hipóteses de cabimento de habeas corpus: 1) quando não houver justa causa para a coação; 2) quando alguém estiver preso por mais tempo do que determina a lei; 3) quando quem ordenar a coação não tiver competência para fazê-lo; 4) quando houver cessado o motivo que autorizou a coação; 5) quando não for alguém admitido a prestar fiança, nos casos em que a lei a autoriza; 6) quando o processo for manifestamente nulo; 7) quando extinta a punibilidade.

---

surgiu 40 anos depois, com a Lei n° 2.033, de 1871. O habeas corpus se prestava então a proteger qualquer direito, não necessariamente a liberdade de locomoção, tanto era assim que o próprio Ruy Barbosa pediu e obteve habeas corpus para fazer publicar na imprensa diária, em 1.914, discurso feito no Senado. Somente com a reforma constitucional de 1926, foi substancialmente alterado o art. 72, §22, da Constituição, limitando o writ *of habeas* corpus à proteção da liberdade de ir e vir, fórmula que prevalece até os dias atuais. Curso de introdução ao estudo do direito. São Paulo: Noeses, 2007, p. 245 e ss.

No entanto, a ilegalidade da coação ou abuso de poder por falta de justa causa, quer dizer, ausência de previsão ou de amparo legal ou probatório para o ato impugnado, é termo generalíssimo que compreende todos os demais casos mencionados na lei. Afinal, a nulidade do processo ou a extinção da punibilidade, por exemplo, são hipóteses legais de ausência de justa causa para a privação ou restrição da liberdade. Ou seja, tantas são as possibilidades de impetração do *writ* que a enumeração aí prevista, meramente exemplificativa, é claramente desnecessária.

O *writ of habeas corpus* pressupõe ato concreto, não podendo ser oposto a atos hipotéticos ou improváveis. Assim, por exemplo, não pode impetrá-lo o motorista que, sem indicar fato concreto, pretende evitar possível prisão por recusa de submissão ao exame de alcoolemia com base no princípio da não autoincriminação, se e quando autuado pela autoridade pública.

Diz-se *liberatório* o habeas corpus quando a coação já está consumada e *preventivo* quando está por se consumar. No primeiro caso, quando preso o paciente, concede-se alvará de soltura; no segundo, salvo-conduto. Há casos, porém, em que a concessão da ordem não implica nada disso (alvará de soltura e salvo conduto). Assim, por exemplo, se for proposto apenas para admitir a produção de certa prova ou a progressão do regime fechado para o semiaberto etc.

É possível, em caráter excepcional, o trancamento de inquérito ou de processo sempre que o impetrante puder demonstrar, sem necessidade de dilação probatória, que a investigação ou a acusação é claramente arbitrária ou infundada. Assim, por exemplo, quando se demonstrar que o fato não constitui infração penal, que incide causa de extinção de punibilidade ou que a prova é ilícita etc.

Não cabe, pois, habeas corpus quando não estiver em causa a liberdade de ir e vir, mediata ou imediatamente, tais como (Súmulas 693 a 695 do STF): a) contra decisão condenatória a pena de multa, ou relativo a processo por infração penal punida apenas com pena pecuniária; b) contra a imposição da pena de exclusão de militar ou de perda de patente ou de função pública; c) quando já extinta a pena privativa de liberdade; d) contra a apreensão de bens etc.

Pode ser impetrado contra ato de autoridade pública ou privada, penal ou civil (v.g., prisão civil por não pagamento de pensão alimentícia, internação compulsória em clínica psiquiátrica). Não é, por conseguinte, uma *ação penal*, ainda que regida pelo CPP e normalmente vinculado a casos penais, mas uma garantia constitucional utilizável contra qualquer constrangimento ilegal à liberdade de locomoção, não necessariamente de natureza jurídico-penal.

Admite-se o *writ* contra atos ilegais ofensivos à liberdade de locomoção de indivíduos concretamente considerados (habeas corpus individual) e à tutela de direitos coletivos (habeas corpus coletivo).

Afinal, como é possível, em casos de concurso de agentes, estender os efeitos da ordem aos coautores e partícipes de crime (CPP, art. 580), e considerando, ainda, que pode ser deferido de ofício, sem provocação, nada mais razoável do que se permitir a sua impetração em favor de um grupo determinado ou determinável de pessoas.

É perfeitamente possível, por exemplo, requerê-lo em favor de todos os presos de um certo presídio que comprovadamente não atenda às condições mínimas da lei de execução penal (art. 88): a) alojamento em cela individual com dormitório, aparelho sanitário e lavatório; b) cela com salubridade do ambiente pela concorrência dos fatores de aeração, insolação e condicionamento térmico adequado à existência humana; c) cela com área mínima de 6,00m^2 (seis metros quadrados). Ou quando faltem as condições mínimas de segurança etc.

Na ADPF 347, considerando o quadro de superlotação, as condições desumanas de custódia, a violação massiva e reiterada de direitos fundamentais e a insuficiência das políticas públicas implementadas, o Supremo Tribunal Federal reconheceu que o sistema carcerário nacional pode ser caracterizado como **um estado de coisas inconstitucional**, a exigir a atuação de todos os poderes, conforme transcrição a seguir:

> CUSTODIADO – INTEGRIDADE FÍSICA E MORAL – SISTEMA PENITENCIÁRIO – ARGUIÇÃO DE DESCUMPRIMENTO DE PRECEITO FUNDAMENTAL – ADEQUAÇÃO. Cabível é a arguição de descumprimento de preceito fundamental considerada a situação degradante das penitenciárias no Brasil. SISTEMA PENITENCIÁRIO NACIONAL – SUPERLOTAÇÃO CARCERÁRIA – CONDIÇÕES

> DESUMANAS DE CUSTÓDIA – VIOLAÇÃO MASSIVA DE DIREITOS FUNDAMENTAIS – FALHAS ESTRUTURAIS – ESTADO DE COISAS INCONSTITUCIONAL – CONFIGURAÇÃO. Presente quadro de violação massiva e persistente de direitos fundamentais, decorrente de falhas estruturais e falência de políticas públicas e cuja modificação depende de medidas abrangentes de natureza normativa, administrativa e orçamentária, deve o sistema penitenciário nacional ser caraterizado como "estado de coisas inconstitucional". FUNDO PENITENCIÁRIO NACIONAL – VERBAS – CONTINGENCIAMENTO. Ante a situação precária das penitenciárias, o interesse público direciona à liberação das verbas do Fundo Penitenciário Nacional. AUDIÊNCIA DE CUSTÓDIA – OBSERVÂNCIA OBRIGATÓRIA. Estão obrigados juízes e tribunais, observados os artigos 9.3 do Pacto dos Direitos Civis e Políticos e 7.5 da Convenção Interamericana de Direitos Humanos, a realizarem, em até noventa dias, audiências de custódia, viabilizando o comparecimento do preso perante a autoridade judiciária no prazo máximo de 24 horas, contado do momento da prisão. (ADPF 347 MC, Relator(a): Min. MARCO AURÉLIO, Tribunal Pleno, julgado em 09/09/2015, PROCESSO ELETRÔNICO DJe-031 DIVULG 18-02-2016 PUBLIC 19-02-2016)

Também no habeas corpus nº 596.603 - SP (2020/0170612-1), Relator Ministro Rogério Schietti Cruz, o Superior Tribunal de Justiça concedeu ordem de habeas corpus coletivo para garantir: 1. Em relação ao paciente João Faustino Neto, fixar o regime aberto como modo inicial de cumprimento da pena. 2. Em relação aos presos que se encontrem em situação igual (condenados, por delito de tráfico privilegiado, a 1 ano e 8 meses de reclusão, em regime fechado), conforme informação da Secretaria de Administração Penitenciária do Estado de São Paulo, determinar aos respectivos juízes das Varas de Execução Penal competentes e responsáveis pela execução das sanções dos internos que procedam à mudança do regime de pena para o aberto. 3. Em relação aos presos condenados, por delito de tráfico privilegiado, a penas menores que 4 anos de reclusão – salvo os casos do item anterior – determinar que os respectivos juízes das Varas de Execução Penal competentes e responsáveis pela execução das sanções dos internos reavaliem, com a máxima urgência, a situação de cada um, de modo a verificar a possibilidade de mudança do regime inicial em face de eventual detração penal decorrente do período em que tenham permanecido presos cautelarmente. 4. Aos condenados que atualmente cumprem pena e aos que vierem a ser sancionados por prática do crime de tráfico privilegiado, determinar que não se imponha – devendo haver pronta correção aos já sentenciados – o regime inicial fechado de cumprimento da pena.

7.1.3) Limitações do habeas corpus: punição disciplinar, súmula 691 e dilação probatória

Diz a Constituição (art. 142, § 2º, e 42, §1°) que não caberá habeas corpus em relação a punições disciplinares militares, exclusão repetida pelo CPP (art. 647, parte final) e que tem por fundamento a preservação da disciplina e hierarquia militares.

Apesar disso, os tribunais têm admitido o *writ of habeas corpus* a fim de apreciar, não o mérito da punição militar, mas a sua legalidade. Cabe, pois, o *writ* sempre que se tratar de punição militar manifestamente ilegal ou claramente arbitrária. Assim, por exemplo, quando for imposta por autoridade incompetente.

Diz a Súmula 691 do STF: Não compete ao Supremo Tribunal Federal conhecer de habeas corpus impetrado contra decisão do relator que, em *habeas corpus* requerido a tribunal superior, indefere a liminar.

Apesar do enunciado sumular, os tribunais superiores e o próprio STF têm admitido, em caráter excepcional, habeas corpus quando se tratar de decisão monocrática manifestamente ilegal, teratológica ou desfundamentada.

O *writ* é uma ação constitucional de cognição sumária, devendo a petição inicial já vir instruída com os elementos de prova da pretendida ilegalidade ou abuso de poder, não admitindo, por isso, dilação probatória.

Estando a petição devidamente instruída na forma da lei, nada impede que nela sejam veiculados temas complexos. A maior complexidade da matéria discutida no habeas corpus não constitui óbice à sua apreciação e julgamento. O que a lei veda é a pretensão de produzir-se prova nos autos dessa ação constitucional especialíssima, como se fosse uma ação ordinária.

Mas, como regra, não cabe discutir em habeas corpus matéria que não foi submetida à apreciação da autoridade judiciária competente, sob pena de supressão de instância. Também por isso, ao menos como regra não é possível discutir a eventual inocência do investigado ou denunciado, já que são temas que devem ser tratados (ordinariamente) na ação penal.

Casos há (excepcionais) em que semelhante discussão é legítima e adequada. Assim, por exemplo, se o investigado é denunciado (em crime contra a ordem tributária etc.) pelo só fato de seu nome figurar no contrato social da empresa, apesar de comprovado que jamais participou de sua gestão. Haveria aqui uma responsabilização penal objetiva incompatível com o princípio da culpabilidade.

Apesar disso, é possível veicular diversos assuntos, como, por exemplo, a tipificação penal (a ilicitude da prova etc.), especialmente quando há manifesto excesso acusatório que pode repercutir sobre a liberdade de locomoção. O que pode ser tema de habeas corpus é praticamente infinito.

Quando a petição não for devidamente instruída, o juiz ou tribunal poderá indeferi-la, exceto quando o impetrante alegar, fundamentadamente, que é impossível fazer prova do alegado ou quando as informações da autoridade impetrada puderem complementar ou já tiverem complementado a petição. Nada impede ainda que o juiz ou tribunal abra prazo para que o impetrante complemente a petição, sendo recomendável que o faça. A proteção da liberdade há de prevalecer sobre questões formais, especialmente quando se tratar de petição feita ou subscrita pelo próprio paciente.

Não há de haver má vontade no particular.

7.1.4) Habeas corpus *como sucedâneo recursal ou após a coisa julgada*

A interposição de recurso adequado é perfeitamente compatível com a impetração imediata de habeas corpus, seja para conferir efeito suspensivo ao recurso, seja para evitar danos à liberdade de locomoção em razão da demora na apreciação e julgamento do recurso. É possível, por exemplo, na pendência de apelação, impetrá-lo para que o tribunal determine a imediata detração e assim alterar o regime inicial de cumprimento de pena.

Como regra, não cabe habeas corpus para se discutir prova ou para se fazer prova da inocência do condenado, pois não se trata de uma nova apelação, salvo quando há ilegalidade manifesta, hipótese em que se concede a ordem de ofício.

Em casos excepcionais, é possível ajuizá-lo inclusive após o trânsito em julgado da sentença, a fim de suspender a execução da pena. Não é incomum, por exemplo, alegar-se que não houve trânsito em julgado em razão de o réu não ter sido pessoalmente intimado da sentença, mas apenas o seu advogado, que, apesar disso, não apelou. Ou, ainda, que houve prescrição etc.

Um dos temas mais recorrentes, mesmo após o trânsito em julgado da sentença, é a impugnação de erros na individualização da pena, especialmente alegação de *bis in idem* e falta de fundamentação suficiente. De fato, frequentemente juízes e tribunais negligenciam a motivação da aplicação da pena e dedicam apenas um ou dois parágrafos à dosimetria e claramente violam o art. 315, §2°, do CPP. Decisões há que simplesmente atenuam ou agravam a pena sem motivar minimamente o percentual adotado, embora variável. Assim, por exemplo, quando reduzem, na tentativa de crime (CP, art. 14, II), a pena de 1/3, 1/2 ou de 2/3, sem dizer o porquê dessa escolha. Algumas cometem erros matemáticos crassos, inclusive. Já vimos quão frequentes são os erros na valoração das circunstâncias judiciais do art. 59 do CP, especialmente nos livros Direito Penal, parte geral, e Aplicação da Pena, em coautoria com Giovane Santin, ambos de 2.024.

Como não se exige capacidade postulatória, o habeas corpus poderá ser requerido por qualquer pessoa, em seu favor ou de outrem, bem como pelo Ministério Público, obviamente em favor do acusado. É um tipo de ação popular. A legitimidade para impetrá-lo é ampla e irrestrita.

Ele pode ser postulado contra a autoridade pública ou privada responsável pelo ato ilegal ou abuso impugnado (juízo, tribunal, MP etc.), não contra quem apenas cumpre a ordem (v.g., diretor de estabelecimento prisional).

7.1.5) Pessoa jurídica como impetrante ou paciente

Também a pessoa jurídica pode requerer habeas corpus em favor de seus representantes legais ou de terceiros. O que não poderia acontecer, segundo a doutrina, é figurar como paciente, nem mesmo quando fosse denunciada por crime ambiental, já que, como ficção jurídica, não deteria liberdade de locomoção.

Temos, contudo, que, uma vez acolhida a responsabilidade penal da pessoa jurídica, cabe admitir que também a empresa possa figurar como paciente nos processos em que for ré. Afinal, embora não tenha liberdade de locomoção, é passível de sofrer os mais diversos constrangimentos ilegais de caráter penal e não penal, como a suspensão ou proibição de exercício de atividade econômica etc. Nesses casos, é justo, pois, admitir-se o *writ*, inclusive nos casos em que a pessoa jurídica for denunciada em coautoria com a pessoa física[58].

Ainda que assim não seja, o juiz ou tribunal poderá receber a petição de habeas corpus como mandado de segurança ou como ação ou recurso de outra natureza, por força do princípio da fungibilidade.

Convém lembrar que, no caso de concurso de agentes, o juiz ou tribunal poderá, com ou sem pedido expresso, estender os efeitos da decisão concessiva do habeas corpus aos coautores ou partícipes que se encontram na mesma situação, se fundado em motivos que não sejam de caráter exclusivamente pessoal, devendo ser aí incluída a pessoa jurídica (CPP, art. 580).

7.1.6) Procedimento

A petição de habeas corpus conterá (CPP, art. 654, §1°): a) o nome da pessoa que sofre ou está ameaçada de sofrer violência ou coação e o de quem exercer a violência, coação ou ameaça; b) a declaração da espécie de constrangimento ou, em caso de simples ameaça de coação, as razões em que funda o seu temor; c) a assinatura do impetrante, ou dc alguém a seu rogo, quando não souber ou não puder escrever, e a designação das respectivas residências.

58. No mesmo sentido, Aury Lopes Júnior. Direito processual penal. São Paulo: Saraiva, 2020.

Quando endereçada à autoridade incompetente, o juiz ou tribunal fará chegar a petição à autoridade competente.

Com ou sem pedido, o juiz ou tribunal poderá conceder liminar, fazendo cessar, no todo ou em parte, o ilegal constrangimento. Da decisão que indefere o pedido de liminar, cabe agravo. O tema é controvertido, porém.

O tribunal pode dar mais do que o pedido, podendo, por exemplo, determinar o trancamento do inquérito policial ainda que o impetrante tenha requerido apenas a soltura do paciente.

Quando julgar necessário (embora na prática forense isso ocorra automaticamente), o relator requisitará informações à autoridade coatora. As informações são um relato circunstanciado do ato impugnado, não uma defesa em seu favor, especialmente quando prestadas pelo juiz ou tribunal, que têm dever de imparcialidade.

Nos tribunais, o Ministério Público deve ser intimado para se manifestar em habeas corpus (Decreto-Lei 552/69), que será julgado a seguir, independentemente de pauta. Embora não haja previsão de manifestação do MP em primeiro grau, é recomendável que o juiz o intime, a fim de assegurar o contraditório. O mesmo há de ocorrer, *mutatis mutandis*, na ação penal privada, relativamente à intervenção do querelante.

Nos tribunais, o impetrante poderá sustentar oralmente. Embora a lei preveja o julgamento do habeas corpus independentemente de pauta (Súmula 431 do STF), dada à urgência do procedimento, e, portanto, sem prévia intimação das partes, há quem proponha, com razão, que essa comunicação se realize, a fim de garantir-se o contraditório e a ampla defesa[59].

Quando houver requerimento expresso de sustentação oral, o tribunal deverá proceder à respectiva intimação, sob pena de nulidade do julgamento, conforme precedentes do STF (HC 104.264).

Se verificar que já cessou a violência ou a coação ilegal, o juiz julgará prejudicado o pedido (CPP, art. 659). Há aqui perda superveniente do interesse de agir.

59. Nesse sentido, Aury Lopes Júnior, cit.

Temos que a superveniência de sentença condenatória não prejudica o habeas corpus destinado a impugnar atos que são anteriores, já que uma prisão ilegal, por exemplo, não se converte em legal pelo só fato do advento da condenação, nem uma prova que se pretendia ilícita deixa de sê-lo só por isso. Mas o tema é controvertido, havendo doutrina e precedentes no sentido de que, com a sentença, o habeas corpus perde seu objeto, devendo a matéria ser discutida no respectivo recurso ou em novo habeas corpus.

Nos tribunais, a decisão será tomada por maioria de votos. Havendo empate, se o presidente não tiver tomado parte na votação, proferirá voto de desempate; no caso contrário, prevalecerá a decisão mais favorável ao paciente (CPP, art. 664, parágrafo único).

Como a decisão denegatória não faz coisa julgada, é perfeitamente possível a impetração de novo habeas corpus, desde que não seja repetição pura e simples do anterior.

Admite-se ainda novo habeas corpus para a instância superior em razão da demora injustificada na sua apreciação e julgamento.

7.1.7) Recursos

Cabe recurso em sentido estrito contra a decisão do juiz singular que concede ou denega habeas corpus (CPP, art. 581, X). Mas também é possível impetrar-se novo habeas corpus em caso de denegação ou concessão parcial da ordem. E em geral é isso que ocorre, dada a maior celeridade do procedimento do *writ*.

Embora o Código preveja reexame necessário da decisão concessiva de habeas corpus (CPP, art. 574, I), temos que tal previsão não foi recepcionada pela Constituição, seja porque a liberdade é a regra e a prisão é a exceção, seja porque o que é lícito presumir, a princípio, é a inocência, não a culpa. O reexame de ofício só faria sentido, portanto, se fosse previsto para as decisões denegatórias do habeas corpus, não o contrário.

Cabe recurso ordinário para o Superior Tribunal de Justiça das decisões denegatórias ou parcialmente concessivas dos tribunais (CF, art. 105, II, *a*). E para o Supremo Tribunal Federal nos casos do art. 105, II, a, da CF. Também aqui, pode-se pedir novo habeas corpus, em vez de interpor recurso ordinário, como normalmente ocorre, em razão da maior celeridade da prestação jurisdicional. Há, contudo, uma tendência dos tribunais superiores, especialmente do STJ, no sentido de não admitir o uso do habeas corpus em substituição ao recurso cabível.

Embora a Constituição fale de decisão denegatória, o recurso ordinário deve ser também admitido quando se tratar de decisão parcialmente concessiva da ordem, já que é em parte denegatória. Assim, por exemplo, se revogar a prisão preventiva, mas impuser um número excessivo de medidas cautelares diversas.

Como não é necessária capacidade postulatória para requerer habeas corpus, não faz sentido exigi-la para recorrer. Afinal, quem pode o mais (pedir o *writ*), há de poder o menos (reiterar o pedido). Mas o tema controvertido.

Não há previsão legal de contrarrazões no recurso ordinário, havendo diversos precedentes do STJ nesse sentido. No RHC n° 51.177, por exemplo, o Ministro Félix Fischer assinalou que "Não há previsão de contrarrazões no recurso ordinário em habeas corpus na Lei n° 8.038/90, razão pela qual é desnecessária a providência", visto que o Ministério Público já oficia nos autos. Apesar disso, é comum na prática forense proceder-se à intimação do MP para tanto.

O Ministério Público pode interpor recurso ordinário somente se o fizer em favor do acusado.

Embora a lei preveja o prazo de 5 dias para a interposição (Lei n° 8.038/90, art. 30, *caput*), tem-se admitido o recurso ordinário mesmo quando intempestivo, dando-se primazia à liberdade, além de ser passível de concessão de ofício.

7.1.8) Como redigir petição de habeas corpus

A petição de habeas corpus é uma peça importantíssima que deve ser escrita com o máximo de clareza, precisão e concisão.

Por isso:

1) Não dê destaque à figura do impetrante, mas ao paciente. Afinal, é ele quem está a sofrer a violência e é, pois, o seu protagonista.
2) Faça uma ementa. Não seja chato e vá direto aos fatos e ao direito.

3) Não seja prolixo. Escreva, no máximo, 10 ou 20 páginas. Os juízes são muito ocupados e não têm tempo para ler peças muito longas.

4) Evite matéria que exija dilação probatória, bem como teses que demandem análise aprofundada de prova, visto que o habeas corpus não se presta, como regra, a provar a inocência do paciente. Mas há exceções, como vimos.

5) Não cite doutrina, exceto se absolutamente necessário.

6) Não cite procedente, exceto se absolutamente necessário; quando a citação for necessária, dê preferência aos precedentes (favoráveis à sua pretensão) mais recentes do tribunal que julgará o *habeas corpus*.

7) Seja honesto. Não minta e sobretudo não diga coisas que serão desmentidas nas informações da autoridade coatora.

8) Evite parecer erudito, sobretudo evite falsa erudição (v.g., citando autores que nunca leu ou sem pertinência com o caso ou sem citar a fonte etc.). Petições não são peças literárias, mas técnicas.

9) Destaque as questões essenciais da petição, mas sem exageros (quem tudo destaca nada destaca).

10) Estude a matéria antes de peticionar e capriche na fundamentação da petição.

11) Quando cabível, formule pedidos cumulativos ou alternativos.

Não basta, porém, saber peticionar; é preciso manter contato pessoal com o relator (ou com sua assessoria) a fim de persuadi-lo quanto ao seu pedido. Idem, quanto ao órgão do Ministério Público que emitirá parecer. A sustentação oral no tribunal pode ser também relevante. Nesse caso, é importante destacar na petição o pedido de sustentação oral.

Exemplo:

- Tráfico de droga. Prisão preventiva ilegal. Investigado primário não indiciado nem denunciado que sempre colaborou com a investigação, tendo endereço certo e conhecido. Parecer do Ministério Público contra a prisão. Desnecessidade da prisão. Possibilidade de substituição da preventiva por medida cautelar diversa. Pedido de revogação da prisão, com ou sem medida cautelar diversa.

Exmo. Sr.....

O advogado Ruy Barbosa (qualificação sucinta) vem impetrar **habeas corpus com pedido de liminar** (CF, art. 5°, LXVIII) em favor de **Pedro Lessa** (qualificação sucinta), **preso preventivamente** por decisão do juiz da Vara tal, expondo e requerendo, em síntese, o seguinte:

O paciente está preso preventivamente desde o dia 27/7/2020, por decisão do juízo da Vara tal, que, acolhendo representação da autoridade policial, **e contrariando parecer do Ministério Público** (fls.), invocou, na fundamentação, a garantia da ordem pública (**mais exatamente, a gravidade abstrata do delito**), em razão de o paciente ser investigado no inquérito policial tal por suposta participação em crime de tráfico de **5 kg de cocaína** (art. 33, *caput*, da Lei n° 11.343/2006). A decisão destacou o seguinte: ...

Data venia, e como se vê da transcrição, a decisão é manifestamente ilegal e desnecessária, visto que:

1) O paciente não foi – ou é – **indiciado** no inquérito (como dito na decisão), mas simples **investigado**. É bem verdade que a autoridade policial poderá indiciá-lo, mas ainda não o fez mesmo depois de decretada a prisão. Como não houve indiciamento, é justo presumir que a autoridade policial não está – e não estava quando da representação pela prisão preventiva – convencida da efetiva participação do paciente no delito investigado. E de fato não há prova alguma de coautoria ou de participação no crime, como ficará demonstrado no tópico final (12).

2) Desde que passou a figurar como investigado no referido inquérito policial o paciente compareceu (sempre com seu advogado) a todos os atos determinados pela autoridade policial. Mais: não dificultou ou criou embaraços à investigação. Em suma: **sempre colaborou com a investigação.**

3) O **parecer do Ministério Público**, titular da ação penal, **foi contrário** ao pedido formulado pela autoridade policial, o qual destacou, em seu bem fundamentado parecer, o seguinte...

É justo, pois, reconhecer que a prisão, ao contrariar a manifestação do MP, violou o sistema acusatório de processo penal, que separa, claramente, as funções de acusar e julgar. Quem julga não acusa. É bem verdade que houve representação da autoridade policial, mas a polícia judiciária não é parte no processo penal; e, mais, exerce uma função investigatória auxiliar do órgão acusador (MP).

4) O crime sob investigação (tráfico de droga) foi praticado sem violência ou grave ameaça à pessoa e, em caso de denúncia e eventual

condenação, é passível de substituição da prisão por pena restritiva de direito (CP, art. 44), **incompatível com a prisão preventiva.**

5) O paciente tem profissão lícita (é enfermeiro e trabalha no hospital x, conforme fls.). Além disso, é primário, sem antecedentes criminais e tem endereço indicado nos autos (fls). A sua conduta social é irrepreensível.

6) A prisão é perfeitamente substituível por medida cautelar diversa (monitoramento eletrônico etc.), razão pela qual também por isso é ilegal.

7) A garantia da ordem pública, quando concretamente demonstrada nos autos, implica de fato a decretação e a manutenção de medida cautelar, mas não necessariamente a prisão preventiva, a mais grave das cautelares hoje admitidas pelo ordenamento jurídico, *ultima ratio* do sistema cautelar.

8) Com o advento da reforma processual penal introduzida pela Lei n° 12.403/2011, especialmente a criação das medidas cautelares diversas (CPP, art. 319), a prisão provisória, que já era uma exceção, tornou-se, agora, uma espécie de exceção da exceção, razão pela qual só pode ser decretada e mantida em casos de absoluta necessidade para a segurança dos cidadãos. A liberdade é, pois, a regra; a prisão, a exceção. Manter alguém preso injustamente é violar a letra e o espírito da lei.

9) Além da reforma mencionada, cabe lembrar que o Brasil ocupa hoje o terceiro lugar entre os países que mais encarceram, tendo atualmente mais de 700 mil presos1. Assim, tão importante quanto cumprir a lei, é evitar e combater a cultura do encarceramento.

10) A gravidade do crime (tráfico de droga) é sempre uma condição necessária, mas nunca suficiente para a decretação e a manutenção da prisão preventiva, sob pena de convertê-la em pena antecipada ou em prisão obrigatória, sem cautelaridade e com violação ao princípio da presunção de inocência (CF, art. 5°, LVII). Como é sabido, a prisão cautelar exige, além da prova do crime e indícios de autoria (*fumus commissi delicti*), o *periculum libertatis*, circunstâncias que não foram demonstradas na decisão impugnada, conforme indicado no item final desta petição.

11) Não bastasse isso, a decisão carece de fundamentação idônea, já que se limita a apontar a gravidade abstrata do crime como justificativa para a prisão, como se vê facilmente do seguinte trecho...

12) Por fim, a decisão não apontou elementos suficientes de coautoria ou de participação do paciente no crime investigado. Com efeito...

Por tudo isso, é evidente a ilegalidade e a desnecessidade da prisão, além da manifesta violação ao princípio da presunção de inocência, razão pela qual requer-se: a)**a concessão imediata de liminar**, determinando a soltura do paciente, ainda que com eventual decretação de medida cautelar diversa; b)a notificação da autoridade judiciária para prestar informações com urgência; c)a intimação do Ministério Público para manifestação; d)**a concessão definitiva da ordem nos termos da liminar deferida**.

8) MANDADO DE SEGURANÇA

8.1) Introdução

De acordo com o art. 5°, LXIX, da Constituição, conceder-se-á mandado de segurança para proteger direito líquido e certo, não amparado por habeas corpus ou habeas data, quando o responsável pela ilegalidade ou abuso de poder for autoridade pública ou agente de pessoa jurídica no exercício de atribuições do Poder Público.

Já o art. 1º da Lei n° 12.016/2009 dispõe que será concedido mandado de segurança para proteger direito líquido e certo, não amparado por habeas corpus ou habeas data, sempre que, ilegalmente ou com abuso de poder, qualquer pessoa física ou jurídica sofrer violação ou houver justo receio de sofrê-la por parte de autoridade, seja de que categoria for e sejam quais forem as funções que exerça.

O mandado de segurança é, pois, uma ação constitucional destinada à proteção pronta e eficaz de direitos individuais ou coletivos lesados ou ameaçados de lesão por ação ou omissão do poder público.

É uma ação subsidiária relativamente ao *habeas corpus* e ao *habeas data*, já que pressupõe o não cabimento daquelas ações, que têm prioridade sobre o mandado de segurança.

Assim, somente quando não for cabível o habeas corpus ou o habeas data, caberá mandado de segurança, que pode ser impetrado, por exemplo, nas seguintes hipóteses: a) para admitir o assistente de acusação; b) contra busca e apreensão de bens; c) em favor da pessoa jurídica que responda por crime ambiental etc. É comum também usá-lo para permitir o acesso do advogado aos autos do inquérito, embora seja também cabível reclamação (art. 988 do CPC) etc.

À semelhança do habeas corpus, o mandado de segurança pode ser ajuizado quando já consumada a violação ao direito ou na iminência de ser consumada (preventivamente), podendo servir à defesa de direito individual ou coletivo.

Poderá ser requerido por qualquer pessoa física ou jurídica, nacional ou estrangeira, titular de direito líquido e certo, contra qualquer ato ilegal de autoridade pública. Quando proposto pelo Ministério Público em matéria penal, é imperativa a citação do réu ou investigado como litisconsorte passivo necessário, sob pena de extinção do processo. Nesse sentido é o enunciado da Súmula 701 do STF: No mandado de segurança impetrado pelo Ministério Público contra decisão proferida em processo penal, é obrigatória a citação do réu como litisconsorte passivo. A extinção do processo por falta de citação do litisconsorte no prazo assinado está prevista na Súmula 631 do STF.

Como se exige ato de autoridade pública, não cabe mandado de segurança contra ato de agente privado, nem contra os atos de gestão comercial praticados pelos administradores de empresas públicas, de sociedade de economia mista e de concessionárias de serviço público (art. 1°, §2°, da Lei 12.016/2009).

No entanto, equiparam-se às autoridades, para os efeitos da lei, os representantes ou órgãos de partidos políticos e os administradores de entidades autárquicas, bem como os dirigentes de pessoas jurídicas ou as pessoas naturais no exercício de atribuições do poder público, somente no que disser respeito a essas atribuições.

Considera-se autoridade coatora aquela que tenha praticado o ato impugnado ou da qual emane a ordem para a sua prática.

8.2) Direito líquido e certo?

A lei exige que se trate de direito líquido e certo. A rigor, não é o direito que tem de ser líquido e certo, mas os fatos que o amparam. São os fatos, não o direito, que devem ser líquidos e certos. Afinal, o direito não preexiste à interpretação - isto é, à decisão do caso concreto -, mas é dela resultado. O direito pode, portanto, ser incerto, mas não os fatos que o constituem, que devem ser certos e incontroversos, isto é, comprovados documentalmente já com a petição inicial, não se admitindo dilação probatória. Evidentemente, se os fatos forem incertos, também incerto será o direito invocado com base neles. Por sua vez, um fato certo/provado pode significar um direito certo, incerto ou inexistente.

Daí dizer a Súmula 625 do STF que controvérsia sobre matéria de direito não impede a concessão de mandado de segurança. Assim, por exemplo, se o advogado alega que lhe foi recusado arbitrariamente o acesso aos autos do inquérito policial, tal alegação há de vir comprovada com a petição inicial e com os documentos que a instruem, ainda que o alegado direito de acessar determinada prova seja incerto ou controverso.

> De todo modo, segundo uma famosa definição de Hely Lopes Meirelles, "Direito líquido e certo é o que se apresenta manifesto na sua existência, delimitado na sua extensão e apto a ser exercitado no momento da impetração. Por outras palavras, o direito invocado, para ser amparável por mandado de segurança há de vir expresso em norma legal e trazer em si todos os requisitos e condições de sua aplicação ao impetrante: se sua existência for duvidosa; se sua extensão ainda não tiver delimitada; se seu exercício depender de situações e fatos ainda indeterminados, não rende ensejo à segurança, embora possa ser defendido por outros meios judiciais. Quando a lei alude a direito líquido e certo, está exigindo que esse direito se apresente com todos os requisitos para seu reconhecimento e exercício no momento da impetração. Em última análise, direito líquido e certo é direito comprovado de plano. Se depender de comprovação posterior, não é líquido nem certo, para fins de segurança"[60].

Apesar de não admitir dilação probatória, quando o documento necessário à prova do alegado se encontrar em repartição ou estabelecimento público ou em poder de autoridade que se recuse a fornecê-lo por certidão ou de terceiro, o juiz ordenará, preliminarmente, por ofício, a exibição desse documento em original ou em cópia autêntica e marcará, para o cumprimento da ordem, o prazo de 10 (dez) dias (art. 6°, §1°, da Lei).

De acordo com Rômulo Moreira, excepcionalmente, é possível a juntada posterior de documentos se, com as informações da autoridade coatora ou mesmo com a contestação do litisconsorte, novos fatos forem

60. Mandado de Segurança, Ação Popular, Ação Civil Pública, Mandado de Injunção, Habeas Data, 20ª Edição, Ed. Malheiros, São Paulo, págs. 34/35.

abordados. Assim, a doutrina e a jurisprudência permitem, nestes casos excepcionais, privilegiando o princípio do contraditório, que documentos novos sejam juntados para contrapor àqueles novos argumentos trazidos nas informações ou na respectiva contestação[61].

8.3) Hipóteses de não cabimento do mandado de segurança

Embora decisões judiciais sejam passíveis de impugnação por meio de mandado de segurança, a lei estabelece algumas condições para que isso ocorra. Como regra, tais atos são impugnáveis, salvo se não forem imediatamente executáveis.

Com efeito, segundo o art. 5° da Lei, não se concederá mandado de segurança quando se tratar: a) de ato do qual caiba recurso administrativo com efeito suspensivo, independentemente de caução; b) de decisão judicial da qual caiba recurso com efeito suspensivo; c) de decisão judicial transitada em julgado.

O mandado de segurança contra ato administrativo ou decisão judicial pressupõe que não haja previsão de recurso ou que o recurso previsto admita apenas o efeito devolutivo. O *writ of mandamus* será então admitido para dar efeito suspensivo ao recurso e, pois, sobrestar a imediata execução da decisão recorrida.

O mandado de segurança pode ser utilizado também quando o efeito suspensivo previsto em lei estiver condicionado ao pagamento de caução. De acordo com a Súmula Vinculante n° 21, é inconstitucional a exigência de depósito ou arrolamento prévios de dinheiro ou bens para admissibilidade de recurso administrativo.

Praticado o ato administrativo, o impetrante poderá impetrar de imediato o mandado de segurança, não precisando esperar a conclusão do respectivo processo. Ou seja, o impetrante não é obrigado a recorrer administrativamente; mas, se o fizer, e este recurso por ele interposto dispuser de efeito suspensivo sem exigência de caução, não haverá violação passível de *writ*, que, se proposto, será indeferido. Faltar-lhe-á interesse de agir.

61. https://jus.com.br/artigos/13336/a-lei-n-12-016-09-e-o-mandado-de-seguranca--em-materia-criminal.

A lei não repete a vedação prevista para o habeas corpus quanto a punições disciplinares. Apesar disso, vale aqui, *mutatis mutandis*, o que já foi dito sobre aquela ação constitucional.

Não caberá o *writ* quando tiver ocorrido trânsito em julgado da sentença, a qual poderá ser impugnada por revisão criminal ou habeas corpus. A despeito disso, é possível impetrá-lo para discutir o próprio trânsito em julgado (se não couber habeas corpus), que pode ter sido reconhecido injustamente. Admite-se, ainda, contra sentença teratológica, mesmo com trânsito em julgado, sobretudo quando fira direito de terceiro (Súmula 202 do STJ).

Também não cabe mandado de segurança contra lei em tese (Súmula 266 do STF), visto que não se presta à realização do controle (abstrato) de constitucionalidade das leis e dos atos normativos em geral, que há de ser feito na forma da Constituição. Não obstante isso, é possível impetrá-lo contra ato administrativo concreto fundado em lei que se pretende inconstitucional. Assim, embora não seja possível questionar abstratamente, por exemplo, a lei que instituiu o regime disciplinar diferenciado, é cabível mandado de segurança ou habeas corpus (individual ou coletivo) contra ato administrativo ou judicial concreto que o impôs a determinado preso ou grupo de presos.

Como escrevem Aylton Bonomo Júnior e Hermes Zaneti Júnior, tratando-se de lei em sentido formal e de atos normativos infralegais, com características de concretude, especificidade e pessoalidade, como são equivalentes a um ato administrativo nos seus resultados imediatos, sendo autoaplicáveis independentemente do agente executor, caberá mandado de segurança, pois presente ato concreto de autoridade, sendo que a ação será dirigida, em verdade, contra um ato administrativo. O mesmo ocorrerá com leis proibitivas e impositivas de obrigações, sempre que puderem violar diretamente direito individual[62].

8.4) Prazo para impetração

O direito de requerer mandado de segurança extinguir-se-á decorridos 120 (cento e vinte) dias, contados da ciência, pelo interessado, do ato impugnado (art. 23 da Lei).

---

62. Mandado de segurança individual e coletivo. Salvador: Juspodivm, 2019, p.76.

Trata-se de prazo decadencial, segundo doutrina majoritária, que atinge o direito ao ajuizamento específico do *writ*, não impedindo o seu exercício por outras ações judiciais (art. 19 da Lei[63]). Como prazo decadencial, não prescricional, não há suspensão ou interrupção. Não obstante isso, quando o termo final ocorrer em dia em que seja feriado ou em que não haja expediente forense, haverá prorrogação do prazo para o primeiro dia útil.

Embora haja quem considere inconstitucional a fixação de prazo por meio de lei para a propositura do *writ of mandamus*, alegando que a Constituição nada previu no particular, a Súmula 632 do STF assentou que "é constitucional a lei que fixa o prazo de decadência para a impetração do mandado de segurança".

O prazo começa a fluir a partir da ciência, pelo interessado, do ato impugnado, o que se dá com a sua publicação no Diário Oficial ou da intimação pessoal ao impetrante. Há precedentes no sentido de que a eventual reiteração do ato não implica a reabertura do prazo. O mesmo ocorre com o pedido de reconsideração, conforme Súmula 430 do STF: Pedido de reconsideração na via administrativa não interrompe o prazo para o mandado de segurança.

Quando destinado a corrigir omissão do poder público, o mandado de segurança poderá ser impetrado enquanto persistir a omissão.

8.5) Intervenção do ministério público como fiscal da lei

no mandado de segurança sobre matéria penal (individual ou coletivo), a intervenção do Ministério Público como fiscal da lei é sempre obrigatória, quer se refira à ação penal pública, quer se refira à ação penal privada. Quando o MP figurar como parte, a intervenção como *custos legis* é necessária em segundo grau.

De acordo com a Súmula 604 do STJ, o mandado de segurança não se presta a atribuir efeito suspensivo a recurso criminal interposto pelo Ministério Público. Assim, se o MP interpuser agravo em execução (que só tem efeito devolutivo) contra a decisão que concedeu livramento con-

63. Art. 19. A sentença ou o acórdão que denegar mandado de segurança, sem decidir o mérito, não impedirá que o requerente, por ação própria, pleiteie os seus direitos e os respectivos efeitos patrimoniais.

dicional ao réu, ele não poderá pretender conferir-lhe efeito suspensivo por meio de mandado de segurança, seja porque a liberdade é a regra e a culpa é a exceção, seja porque não existe um direito líquido e certo à prisão ou à revogação daquele benefício legal.

Quanto ao mandado de segurança em matéria civil, a intervenção do MP não depende do tipo de ação proposta, mas da natureza do direito em discussão. Assim, apesar do disposto no art. 12 da Lei 12.016/2009, o MP só deve intervir nos processos que discutam, na forma do art. 178 do CPC: a) interesse público ou social; b) interesse de incapaz; c) litígios coletivos pela posse de terra rural ou urbana.

Afinal, segundo o art. 127 da Constituição, incumbe ao Ministério Público a defesa da ordem jurídica, do regime democrático e dos interesses sociais e individuais indisponíveis.

8.6) Recursos etc.

Da sentença, concedendo ou denegando a segurança, cabe apelação (art. 14 da Lei). Da decisão do juiz de primeiro grau que conceder ou denegar a liminar caberá agravo de instrumento (art. 7°, I).

Do indeferimento da inicial pelo juiz de primeiro grau caberá apelação e, quando a competência para o julgamento do mandado de segurança couber originariamente a um dos tribunais, do ato do relator caberá agravo para o órgão competente do tribunal que integre.

A sentença concessiva (não a denegatória) da segurança está sujeita a reexame necessário (art. 14, §1°). Embora haja precedentes no sentido de que o art. 496 do CPC não incide aqui, em virtude do princípio da especialidade (a lei de mandado de segurança, por ser especial, prevaleceria sobre a lei geral, o novo CPC), não vemos por que não limitar a remessa oficial àquelas hipóteses previstas no Código de Processo Civil. Aliás, em matéria penal o reexame necessário não faz sentido algum, especialmente quando o *writ* for concedido em favor do acusado. Aqui vale, *mutatis mutandis*, o que foi dito sobre o *habeas corpus*.